昭和前期の神道と社会

國學院大學研究開発推進センター編
阪本是丸 責任編集

弘文堂

序

国家神道研究会の成果論集として、『国家神道再考―祭政一致国家の形成と展開―』（弘文堂、平成十八年）が刊行されてからおよそ十年が経った今、「国家神道」研究は以前にも増して盛況を呈しているかのように見える。その一方で、本書のテーマである「昭和前期」の神道と社会との関係性を問う具体的かつ実証的な研究成果の蓄積については、未だこれからの課題であることは否めない。

こうした研究状況は、昭和六年の満洲事変から同二十年の敗戦に至る時期を「ファシズム的国教期」もしくは「ファシズム期」と称して、それを単に概念的に捉えて済ませるのではなく、当該テーマを具体的かつ実証的に把握すべきことを自覚する個々の研究者が一つ一つその実態を検証することなくしては打開することができない。

特に「総力戦体制」の整備を急務として、国家総動員体制が構築されていく当該期を捉える際には、具体的な神社行政や個々の神社、神職の動向を捉えることはもちろんのこと、「日本精神」、「皇道」、「国体明徴」、「肇国精神」、「八紘一宇」、「惟神の大道」等の言葉が至るところに氾濫していく時代背景と、これら「神道的イデオロギー」ともいうべき言論が時勢の推移と密接に結びついた実態を把握するべく、これらに関わる多様な組織や人物の具体的事例を示す諸資料に可能な限り丹念にあたり、個別具体的にかつ総体的に見ていくことが肝要であろう。

本書は、こうした研究状況や問題意識に基づき、平成二十四年度以降、國學院大學研究開発推進センター研究事業「昭和前期の神道・国学と社会」として、当該テーマの共同研究を継続的に実施してきた成果をもとに編集した成果論集である。同研究事業の運営については、研究開発推進センター所属の専任教員を中心として推進されたが、兼担教員、研究員に加えて、赤澤史朗立命館大学名誉教授（國學院大學研究開発推進機構客員教授）をはじめとする優れた業績を発表している研究者にも参加頂き、今般二十四人の研究論文を収める大部な著作として弘文堂より刊行される運びとなった。全体の総論として拙稿を収め、第一部には人物・思想を中心とする論考、第二部には制度・組織を中心とする論考を収める形とした。

なお、本書収録の論文は、それぞれが単に当該テーマを概念的に捉えるのではなく、「昭和前期」という時代背景と思想や制度がどのように結びつくのかを検討する問題意識を共有しながら、「昭和前期の神道と社会」の実態を具体的かつ実証的に考察することを課題とした。そのことを本書全体から汲み取って頂ければ幸いである。最後に、本書に寄稿された各位に感謝すると共に、本書を契機として「昭和前期の神道と社会」の実態を問う研究の機運が高まることを衷心より祈念したい。

平成二十八年一月二十九日

國學院大學研究開発推進センター長　阪本是丸

◆昭和前期の神道と社会◆目次

第一部

戦時期村役場文書にみる無格社整理
――新潟県矢代村・上郷村を事例に――

畔上直樹　463

昭和戦前期の「神道と社会」に関する素描

――神道的イデオロギー用語を軸にして――

阪本是丸

はじめに

昭和十九年六月下旬、マリアナ群島のサイパン島とその周辺海域で日米両軍の壮絶な戦闘が繰り広げられていた。大本営は相変わらず過大（誇大）な戦果と過小の損害を連日発表して国民を鼓舞していたが、戦況の不利を誰よりも知り「開戰以來重大の戰局に直面」していた東條英機首相は二十四日の早朝、明治神宮に参拝し「必勝の祈り」を捧げた（『毎日新聞』戦時版、六月二十五日付）。その二日後の六月二十六日、神祇院編纂による『神社本義』と題する冊子が印刷局から発行された。扉には「本書は尊嚴なる我が國體に基づく神社の本義を闡明して、國民の神祇崇敬の念を愈々篤からしむると共に、惟神の大道に則とる臣民の道を明らかならしめんが爲編纂したものである」との編纂趣旨が記されている。一見するところ、敗色濃厚となった苛烈な戦時下を生きる「臣民」に、

「惟神の大道」を体した生き方とはいかにあるべきかを説いた、当時ならざらにある戦意高揚本の官製版のように受け取られるかもしれない。だが内容的には極めて穏和なものであり、大部分は通俗的な「平時の神社読本」としても通用する内容となっている。そのことは同じ神祇院が「戰線及び道府縣より報ぜられた敬神實話」等を編纂して作成した『戰ふ神國』（日本青年教育会出版部、昭和十八年十二月）と比べればすぐに了解されよう。

しかしながら、『神社本義』の内容が「穏和」であるということは、同時にその内容が「微温的」であるということも意味している。すなわち、『神社本義』が「穏和」に見えるのは神祇院そのものが「神道」に対する確乎たる独自の主義主張を持っていなかったことの表れでもあり、従ってその公式の見解は一定の権威ある雑多な典拠を折衷した微温的なものにならざるを得なかったということである。そうした例は同書の「結語」の最末尾にある次の文章にも見て取ることが出来る。

この際、我等日本人が先づみづから據り進むべき道は、古今を貫いて易らざる萬邦無比の國體に絶對隨順し、敬神の本義に徹し、その誠心を一切の國民生活の上に具現し、もつて天壤無窮の皇運を扶翼し奉るところにある。これ即ち惟神の大道を中外に顯揚する所以である。まことに天地の榮えゆく御代に生まれあひ、天業恢弘の大御業に奉仕し得ることは、みたみわれらの無上の光榮であつて、かうして皇國永遠の隆昌を期することができ、萬邦をして各々その所を得しめ、あまねく神威を諸民族に光被せしめることによつて、皇國の世界的使命は達成せられるのである。

多少なりとも古典や詔勅に知識があれば察知されるように、このわずか二〇〇字ほどの美辞麗句を連ねた勇ましい文章に盛り込まれている語句の多くは「教育勅語」や昭和天皇の詔勅、あるいは「国体明徴声明」や『日本書紀』などの「権威ある典拠」から採られたものである。また「まことに天地の」以下の文章も武田祐吉が「格調といひ、歌詞といひ、實に名歌と稱すべき」(『萬葉集と忠君愛國』文部省思想局、昭和十一年一月)と絶賛した『万葉集』巻六にある海犬養岡麻呂の有名な歌を下敷きにしたものであることは言うまでもない。神祇院らしいと言えなくもないのは「敬神の本義に徹し」とか「あまねく神威を諸民族に光被せしめる」という箇所くらいのものであろう。この程度の陳腐で微温的な文章しか書けなかったのが神祇院の実態であったとすれば、その背景・要因とは一体何であったのか。その全体的かつ精緻な解明はここでは不可能としても、取り敢えず『神社本義』からでもその糸口くらいは見つけられるのではないか。

筆者が『神社本義』に関心を寄せるのは、何よりも『神社本義』が昭和十五年十一月に設置された神祇院の新たな「事務」である「敬神思想の普及」に関する最初にして最後の成果であり、神祇院流の「神道的イデオロギー」の表明と考えるからである。その神祇院の「神道的イデオロギー」を構成する中核的要素となるのが前記引用文にも出てくる「権威ある典拠」を有する語句、すなわち筆者の称する神道的イデオロギー用語(以下「神道的用語」という。)である。だが一方では、その語句等をめぐってはこれまた様々な「権威ある解釈」が存在した。『神社本義』にはそうした「惟神の大道」や「皇道」、「祭政一致」、「現御神」、「天壌無窮」などの語句等があちこちに鏤められており、例えば「惟神の大道」などの神道的用語を神祇院がどう公式に理解し、説明していたかを知るための最も重要な公的文献と筆者は考えている。

「惟神の大道」について同書は、「惟神の大道とは、本居宣長が天皇の天下をしろしめす道であると解してゐるやうに、現御神にまします天皇が神の御心のままにこの國を統治し給ふ道のことである。天神より承け繼がせ給うた天皇御統治の道であるから、神皇の道又は皇道ともいひ、廣くはこれを神道とも稱する」と説明している。何やら河野省三の「惟神の大道」の説明に酷似しているが、その詮索はここではしない。それよりも筆者が重要と思うのは、『神社本義』には最も重要な神道的用語である「惟神の大道」ですら明確で具体的な説明がなされていないという事実である。昭和十九年六月の段階に至っても、「惟神の大道」は「神皇の道」や「皇道」と同義であり、広くは「神道」とも称するという説明しか出来ないことに国家（神祇院）の神道的イデオロギーの本質とその限界を見て取ることも可能であろう。

そこで想起されるのが、かつて赤澤史朗が提起した「神道用語は国家への絶対服従を指示するむき出しの政治の論理の美化・聖化の役割をはたすものに転化することになる」（『近代日本の思想動員と宗教統制』校倉書房、一九八五年）という指摘である。赤澤のいう「神道用語」を「惟神の大道」に当て嵌めるならば、「惟神の大道」というまぎれもない神道的用語は、果たしていかにして「政治の論理の美化・聖化の役割をはたすものに転化」されたのだろうか。この赤澤の今なお検討に値する重要な指摘に改めて触発されて、筆者は以下のように考えて本稿を認めることにしたのである。すなわち、さまざまな個人や集団が赤澤の謂う「神道用語」、すなわち筆者のいう神道的用語をそれぞれの主張・思想に取り込んで社会に国家に、延いては国際社会に向けての発信を可能にした時代。それは「あらゆる神道的用語は国家と世界への絶対的貢献（「皇国の使命」！）を指示する自己むき出しの神道的イデオロギーへと転化する」ことを可能にさせることを準備した時代であり、その時代こそが昭和戦前期ではなかったのか、と。これをごく大雑把に検討するだけでも、戦中期を含む昭和前期における「神道と社会」との相関関係の実態を解明する多少の手掛かりなるのではないかと思料する。

ただし、単に「大雑把」というわけにもいかないので、「天壌無窮」や「惟神の大道」などの神道的用語とその典拠となり且つそれらを権威づけた『古事記』や『日本書紀』、あるいは歴代天皇の詔勅類などを軸にして昭和戦前期の「神道と社会」について聊か考えてみることにする。因みに、本稿で謂う「神道的イデオロギー」とはさほど大袈裟なものではなく、例えば昭和十五年九月の日独伊三国条約締結の際の外務大臣であった松岡洋右が「支那事變は興亞の大業の道行であり、興亞の大業は皇道の世界宣布てふ大使命完遂への過程である。…興亞の大業のイデオロギーは何か？　理想は何か？　此れは前述の如く神武天皇の御詔勅の實現であり、天業恢弘である。併し、此の肇國の精神の實現されて行く形式や大業恢弘の方法は、日本國民の發達の歴史と日本國の置かれた周圍の事情即ち世界情勢に應じて種々に變つて來て居るのである」（『興亞の大業』教学叢書第九輯、教学局、昭和十五年十月）と述べているような類のものを主に指している。なおも附言しておくならば、かかる松岡の発言に端的に表れているように、昭和戦前期において「皇道」や「惟神の大道」といった語句（標語でもある！）がイデオロギーとしても存立し得たのは、そのつどの或る出来事や事件（関東大震災、満洲事変、天皇機関説問題、支那事変等々）を始原とする現在進行形の「天壌無窮の中今」の可変性を担保し追認する便利な「用語」でもあったということである。ただし、本稿でこれを精緻に検証することは種々の意味で不可能であるので、前記したようにごく大雑把に論を進めていくことを予めお断りしておく。

一　詔勅に見る神道的用語

戦前期日本の社会においては、「惟神の大道」や「皇道」、あるいは「天壌無窮」といった神道的用語が個人・団体を問わずかなりの自由さを以て語られていた。有名無名の人物や団体がそれぞれの主張になにがしかの神道的用語を鏤めて自己の奉ずるイデオロギーを社会に向けて発信したのである。松岡洋右の前記『興亞の大業』もそのほんの一例である。だが、松岡ほどの人物であっても「皇道は…全人類へと及ぶのである」と述べるに際しては、その記述の正当性を明治元年三月十四日の「億兆安撫國威宣布の御宸翰」によって権威づけるしかなかった。松岡にしてみれば、「御宸翰」がたとえ明治維新に際しての国内向けのものであっても、自己の主張する「皇道」の宣布を「國際關係に及ぼ」すことを主張するためにはその裏付けとなる権威の典拠が必要とされたのである。

これは何も松岡に限ったことではなく、誰であれ天皇の公的文書であり、謂わば「国家の意思」の表明でもあった詔勅類を自家薬籠中のものとして自己の神道的イデオロギーを権威づけることは可能であった。何故なら、詔勅類そのものが神道的用語を自在に使用して多様な解釈を許容する包含性を有していたからである。記紀所載の神勅、宣命ですら様々な解釈が歴史的には施されてきたのであるから、「惟神の大道」や「皇道」といった近代の詔勅類に記された神道的用語が時と場合（時勢）によって多様に解釈され、「銘々の独り歩き」が社会的に普及したとしても別段奇異ではなかったのである。「皇道」や「惟神の大道」、「天壌無窮」などの語が「国家への絶対服従を指示」する「神道用語」であるとするならば、まずはその用語が「詔承必謹」としての詔勅類にどう用いられていたのかを検討することから始めるしかない。

大正十五年（一九二六）十二月二十五日、大正天皇の崩御により元号が「昭和」と改められ、「昭和」の元号を冠した時代がスタートした。昭和元年十二月二十八日、践祚したばかりの昭和天皇は朝見の儀において、「有司」に「億兆臣民ト倶ニ天壌無窮ノ寳祚ヲ扶翼セヨ」との勅語を賜わった。この勅語にある「天壌無窮ノ寳祚」という語句は大正天皇の朝見の儀では見られなかったものであるが、大正四年十一月十日の大正天皇の即位礼当日紫宸殿の儀での勅語には「朕祖宗ノ遺烈ヲ受ケ惟神ノ寳祚ヲ踐ミ爰ニ即位ノ禮ヲ行ヒ普ク爾臣民ニ誥ク　朕惟フニ皇祖皇宗國ヲ肇メ基ヲ建テ列聖統ヲ紹キ裕ヲ垂レ天壌無窮ノ神勅ニ依リテ萬世一系ノ帝位ヲ傳ヘ」云々とあるように天壌無窮ノ寳祚が「惟神ノ寳祚」となっている。注目すべきは、「天壌無窮ノ神勅」という昭和前期に人口に膾炙した語句がここで使用されていることであろう。

このように、「天壌無窮」や「惟神」という語句は詔勅での使用頻度は少ないものの、詔勅の目的・内容に応じた謂わば修飾語としてかなり自在に用いられていたのであり、例えば、明治二十二年二月十一日の皇室典範及び憲法制定についての御告文では「皇朕レ天壌無窮ノ宏謨ニ循ヒ惟神ノ寶祚ヲ繼承シ」とあり、明治二十三年十月三十日に渙発された「教育勅語」では「天壌無窮ノ皇運ヲ扶翼スベシ」という有名な文言が使用されている。

また、「昭和の時代」の実質的な幕開けとなった昭和三年の十一月十日に執行された昭和天皇の即位礼当日紫宸殿の儀における勅語では、「朕惟フニ我カ皇祖皇宗惟神ノ大道ニ遵ヒ天業ヲ經綸シ萬世不易ノ丕基ヲ肇メ一系無窮ノ永祚ヲ傳ヘ以テ朕カ躬ニ逮ヘリ」とあるように、「天壌無窮」の語句はなく、代りに「一系無窮ノ永祚」が使用されており、さらには「惟神の大道」という、かの明治三年一月三日の「大教宣布の詔」を想起させるような語句も使用されている。この勅語と似たようなものに昭和十五年二月十一日の「紀元二千六百年」に際しての詔書があり、それには「朕惟フニ神武天皇惟神ノ大道ニ遵ヒ一系無窮ノ寶祚ヲ繼キ萬世不易ノ丕基ヲ定メ以テ天業ヲ經綸シタマヘリ」とある。さらには同年十一月十日に開催された「「紀元二千六百年記念式典ノ勅語」にも「我カ惟神ノ大道ヲ中外ニ顯揚シ以テ人類ノ福祉ト萬邦ノ協和トニ寄與スルアランコトヲ期セヨ」とあるように同じく「惟神ノ大道」の語は見えるが、その用法は全く違ったものとなっている。因みに、前記した「教育勅語」で普及した「天壌無窮ノ皇運」は「紀元二千六百年特別観艦式」と「「紀元二千六百年観兵式」での勅語、あるいは昭和十五年九月二十七日の「日獨伊三國條約締結ノ詔書」で「天壌無窮ノ皇運ヲ扶翼セヨ」という用法で踏襲されている。

以上ざっと見て来たように、明治初期から昭和期にかけての詔勅類に「天壌無窮」や「惟神の大道」といった語句が使用された例は決して多くはないし、また人口に膾炙した「八紘一宇（八紘為宇）」に関しては前記「日獨伊三國條約締結ノ詔書」の「大義ヲ八紘ニ宣揚シ坤輿ヲ一宇タラシムル」があるだけである。ましてや「皇道」に至っては詔勅には見られず、権威ある典拠と言えるのは明治二年五月の「皇道興隆の御下問書」に過ぎない。

にもかかわらず、これらの語句は昭和前期、とりわけ「日本のファシズム期」と称される時期における神道的イデオロギーの代表的用語として官民を問わず自由自在に使用されて「非常時・戦時」の社会に広まっていった。このことは戦前の代表的な真宗僧侶である暁烏敏が開戦後間もない昭和十六年十二月二十二日の時点で、「男子は空間的だ、女子は時間的だ。八紘一宇の　大御心は男子がこれを承はらねばならぬ。天壌無窮の　大御心は女子がこれを承はらねばならない」と述べているように、いかにも説教者に相応しい応用に典型的に表れていると言えよう（「長期戦について女子に望む」『臣民道を行く』一生社、昭和十七年八月）。暁烏は「空間（八紘一宇）」としての戦争は男子、「時間（天壌無窮）」としての銃後は女子の務めであると説いて長期戦への心構えを早くもプロパガンダしているのであるが、こういった説法は昭和六年の満洲事変以前から『古事記』や『日本書紀』に親しんでいた暁烏敏ならではのものであり、必ずしも時局便乗型の付け焼刃でなかった（『日本精神』香草舎、昭和五年七月、参照）。

二　陸軍と神道的イデオロギー

「惟神の大道」と並んで最も重要な用語に「祭政一致」がある。この「祭政一致」を掲げて内閣総理大臣となったのが林銑十郎である。その林に『興亜の理念』（文松堂書店、昭和十八年六月）という遺稿集がある。林は回教をはじめ世界の宗教にも造詣が深く、同書にもその蘊蓄が盛られているが、やはりその面目は長年にわたって体得した林なりの「国体の本義」について述べているところにあろう。そこには「神国」をはじめ、「八紘一宇」、「現人神」、「神ながらの道」、「天壌無窮」、「三種の神器」、「皇道」、「惟神の大道」、「肇国」といった語句が随所に使用されている。中でも林が重視するのは「三種の神器」であり、それは「皇道」の象徴であると述べている。すなわち、鏡は善悪の判断・識別、剣は判断・識別の裁断、玉は善・正の統合・大和、をそれぞれ表すというのである。もちろん、かかる類の「三種の神器」論は北畠親房の『神皇正統記』以来近代に至るまでいくらもあるが、こうした林の「三種の神器」理解に代表される軍人の思想的傾向は何も「戦時下」に突如現出したわけではないことに留意すべきであろう。また、林の思想の根幹にあるのが「惟神の大道」や「皇道」の源泉的テキストとしての『古事記』と『日本書紀』にあったことにも注意が必要である。それは林が「神に生きる日本民族は、その表現せられたるところの古事記を有し、日本書紀を有する。われわれはこの古事記、日本書紀等による天地開闢の説を通じて、有難くも日本民族の優性をよく認識することが出來る」と述べていることからも知られよう。さらに林は『古事記』や『日本書紀』を「神話」として扱う「歐米者流の神話傳説に、これら古典の神代をなぞらへてともすると識者ぶる徒輩」の存在に触れて「古事記、日本書紀の成立は、實に單なる傳説や歴史ではない。それ等を超越せるところの日本民族の信仰である」とも主張し、神道的用語の源泉である記紀そのものを神聖視している。

昭和前期においては、こうした林のような記紀双方に対する信仰的態度を有する者は数多くいたのであり、他方ではそのどちらか一方を重視して自己の神道的イデオロギーを主張する者もいた。そして、それらが互いに反目・対立し合うこともあった。それは記紀なしでは成立し得ない神道界においても同様であった。神道的イデオロギーを構成する語句の源泉であり、また「原神道的イデオロギー」とも言える「記紀の世界」の解釈如何をめぐる思想的学問的対立は現実の祭祀や「祭政一致」制度にも直接影響する深刻な問題を惹起する危険性を孕んでいた。

だが、そうした見解の相違や対立はあくまでも民間・個人の次元でのことであって、少なくとも東條英機政権時代の昭和十七年に「別天神論争・神典擁護運動」が起こるまでは国家が権力的に介入すべき問題とはされていなかった。国家（文部省）は記紀の解釈に興味はなく、記紀に記載されている神道的イデオロギーに使用できる語句に関心を示したのである。それは林銑十郎が首相兼文相であった時期に文部省昭和十二年三月三十日付でが発行した「国家神道」の国定教義書ともいうべき『國體の本義』の記述方針にも明瞭に示されている。「本書に於ける古事記、日本書紀の引用文は、主として古訓古事記、日本書紀通釋の訓に從ひ、又神々の御名は主として日本書紀によつた」と断っているように、『國體の本義』にとって記紀は単なる引用文でしかなかった。それは「肇國」に触れて「かゝる語事、傳承は古來の國家的信念」とあっさり片付けて、記紀を「天地開闢」や「三種の神器」の単なる謂われとして引用・紹介していることに端的に表れている。また「三種の神器」についても、「或は政治の要諦を示されたものと解するものもあり、或は道徳の基本を示されたものと拜するものもあるが、かゝることは、國民が神器の尊嚴をいやが上にも仰ぎ奉る心から自ら流れ出たものと見るべきであらう」とあえて弁解がましく「微温的」に記述するしかなかったのである。これが果たして「国家への絶対服従を指示」しているかどうかは即断できないが、いかにも気配りを効かせる官僚的姿勢は、そっくりそのまま神祇院の『神社本義』にも継承されていることだけは確かであろう。

この『國體の本義』の優柔不断とも思える解説に比べれば、荒木貞夫の『昭和日本の使命』（社会教育協会、昭和七年二月）の「三種の神器」論のほうがより単純明快で迫力があり、だからこそ満洲事変下の国民も進んでこれを受け入れたのである（荒木の『昭和日本の使命』は発売後二カ月で一〇〇版を超えている）。これを荒木など陸軍軍人の単なる独りよがりの日本精神論であり、国民は時局柄それに迎合したに過ぎないと一蹴することはできない。というのも、陸軍は昭和三年には当時の国際状況及び日本の社会的思想的状況を見据えての「精神教育」に組織的に取り組むようになっていたのであり、荒木も林銑十郎も陸軍の教育を担当する教育総監部の本部長経験者であった（林は教育総監も歴任）。

この陸軍の「精神教育」の大要は教育総監部が昭和三年に編纂・刊行した『精神教育の參考』（偕行社、三月）と『精神教育の參考（續其二）』（偕行社、九月）によって知ることができる。特に後者は「我大日本帝國の國體は宇内に冠絶せること勿論であるが、唯漠然と之を高潮したのみでは萬人をして十分満足せしむることが出來ない、必ずや我建國の大理想、歴朝御統治の史實を究め是を西洋諸國の建國、其後の治亂興亡に比較し以て我國體の萬邦無比なる所以、吾人國民の自重自奮すべき因由を會得せなければならぬ」との趣旨から編纂されたもので、内題は「我國體の萬國に冠絶せる所以」となっている。同書には「天壤無窮の神勅」（建國精神の第一）、「三種の神器」（同第二）、「神武天皇の聖詔（八紘爲宇の詔）」（同第三）などが時系列的体系的に丁寧に紹介・解説されており、丸山正彦の『大日本者神國也』や高木敏雄の『日本建國神話』、津田左右吉の『神代史の新らしい研究』などの神代史・神道史関係書籍を含む豊富な「参考書目」を使用して編纂された同書が陸軍軍人の「国体観念」の培養に相当の影響を与えたことは想像に難くない。さらに注目すべきは「天皇は國民の家長」であるとともに「天皇は一方に於て憲法第三條に明記せる如く神胤に坐します現人神でもある」と述べ、天皇が「人格神」であることを強調していることである。こうした「精神教育書」を用いての軍隊教育によって、陸軍将兵が国内外の情勢を自ら判断しつつ「八紘一宇の国体精神」を体して蹶起したとしても決して不思議ではないような環境が神道的用語を媒介にして徐々に社会にも陸軍にも形成されつつあったのである。軍部によるキリスト教系学校への教育介入とされる昭和七年の「上智大学事件」や十年の「同志社高商神棚事件」が起こった直接の契機・要因が満洲事変であったことは確かだが、それを惹起せしめる社会的素地はすでに存在していたのである。

以上、これまで述べてきたわずかな事例からでも、『國體の本義』が発行された昭和十二年の前後においても『國體の本義』のそれに比べればはるかに個性的で自由自在な神道的用語をめぐる理解・解釈が存在したことは確認し得たのではないだろうか。改めていうまでもなく、「皇道」や「惟神の大道」という語句はそもそもが明治天皇及び昭和天皇の詔勅類に直接淵源している。その権威を背景に、それぞれの「皇道」や「惟神の大道」が自由自在に説かれたのである。

無論、昭和期に入った神社界も「惟神の大道」や「皇道」の語句を用いて本格的な活動を開始していた。しかし、そこには軍部のような単なる神道的イデオロギーの形成・構築だけではすまされない神社界特有の困難な問題が横たわっていた。すなわち、いかなる神道的イデオロギーに依拠して、どのような理想的「祭政一致」体制を国家制度として具現化すればよいのか、という明治初年以来の課題を解決することであった。明治三十三年に設立された全国神職会（全神）を推進母体として神道界は「神祇に関する特別官衙」設置運動を展開し、同三十三年には内務省に「神社局」を設置させることに成功したが、それは単に神社・神職に関する「国の事務」を執行するだけの小規模な一行政部局に過ぎなかった。以後、神社界は大正末期まで帝国議会をも巻き込んでの「立官運動」を推進してきたが、神社界内部の軋轢・対立も大きく影響して結果的には「立官問題」は未解決のまま「昭和の御代」を迎えることになったのである。

三　昭和初年の神道界と「皇道」

「祭政一致」をいかにして「国家」の神道的イデオロギーとして定位し、それに基づく具体的な「祭政一致」の体制をどう構築するか、が神社界の最重要課題であった。実質的な「昭和の時代」の幕開けとなった昭和三年は即位の大礼という一世一度の国家的大典が斎行される年であり、翌四年には伊勢の神宮の式年遷宮が控えていた。とりわけ即位の大礼は、天皇が「大孝ヲ申ヘテ皇道ノ大本ヲ明示」することに応えるべく神社界が、「惟神ノ大道ヲ奉」じて奮起し、「皇道振興」に邁進するまたとない機会であった。その神社界の決意と運動を権威あるものにしたのは前記「皇道興隆の御下問書」であることはいうまでもない。

我　皇國　天神　天祖極ヲ立基ヲ開キ給ヒシヨリ　列聖相承天工ニ代リ天職ヲ治メ祭政維一上下同心治教上ニ明カニシテ風俗下ニ美シク　皇道昭々萬國ニ卓越スル然ルニ中世以降人心偸薄外教コレニ乘シ　皇道ノ陵夷終ニ近時ノ甚キニ至ル天運循環今日維新ノ時ニ及ヘリ然トモ紀綱未タ恢張セス治教未タ浹洽ナラス是　皇道ノ昭々ナラザルニ由トコロト深ク　御苦慮被爲遊今度祭政一致天祖以來固有之　皇道復興被爲在億兆ノ蒼生報本反始ノ義ヲ重シ敢テ外誘ニ蠱惑セラレス方嚮一定治教浹洽候樣被爲遊度　思食候其施之方各意見無忌憚可申出候事

この明治天皇の六十年前の「御下問」に対し改めて応えるべく、全神は昭和三年五月十九日の第三回評議員会において、「祭祀ヲ振興シ肇國ノ精神ヲ發揮スルハ我カ國體ヲ擁護シ皇道ヲ宣揚スル所以ナリ吾人ハ深ク現下ノ世相ニ鑑ミ愈々益々奮勵努力シ以テ此ノ目的ヲ貫徹セムコトヲ期ス」と「皇道」の宣揚を盛り込んだ「宣言」を採択し、併せて「皇道振興に関する建議」を政府に建議し、その具体的方策である「神祇會議設置案要綱」を提示した（『皇国』三五四）。

当時の神社界が最も重視したのは、「皇道」や「惟神の大道」の語に内包される「國家が神社を祭祀することは、其の淵源は遠く皇祖の神勅に依る」ことを大前提として、宮中祭祀はもちろんのこと、神社祭祀もまた不文の「重要なる國務」であることを強調し、それを公式に政府に認めさせることであった。全神専任理事の宮西惟助は前記評議員会で「神社の祭祀は宗教的である」ことは事実であるが、その「本質は祖先に對する崇敬追慕を根柢として居る國家的なもの」であり、従って「事實上尊貴なる神社や國體に對して敬意を表するのは國民の義務である」と説明している。これは神社界の共通した認識であり、全神はそれを天皇・国家の意思として審議・確定するための「宮中府中に跨った天皇直属の諮問機関」たる「神祇会議」の設置を政府に要望したのであった。

この全神の「神祇会議」構想には、「一、宮中諸神殿の祭祀に關する重要なる事項」、「二、神宮其他神社の祭祀に關する重要なる事項」、「三、宮中諸神殿神宮其他の神社等に於ける重要なる祭祀に付宮中府中に關係する事項」が最重要事項として挙げられている。このことからも分かるように、宮中祭祀と神社祭祀の淵源を「皇祖の神勅」に求めて、その一体不離の性格を「神祇会議」で確認し、国家公認の意思として確立することがこの構想の最大の目的であった。そしてその具体的現実的な狙いは、「神社に對する國民の崇敬は、宗教的、信仰的なるものと、道德的、敬禮的なものがある。其何れであつても、それは憲法上自由である。然れども相當の崇敬を爲すことは、憲法第二十八條の所謂臣民たるものゝ義務に屬する」ことを国家の公定意思とすることによって、神社制度の整備充実を図るとともに依然として社会的学問的問題である「神社対宗教」に決着をつけることにあった。

だがこの狙いは「神祇會議を設置することを第一段として實現を圖り、さうして後に特別官衙の組織、内容等」を決定してはじめて実現出来るものであった。だが、その特別官衙の組織・内容を決定することは容易ではなく、内務省にも神社界内部にもさまざまな意見があり、また当の「神祇会議」すら設置することは困難であった。結果的には、その構想は大幅に縮小されて昭和四年十二月の神社制度調査会の設置となるのであるが、神社界にとっては「昭和四年官制を以て設置せられたる神社制度調査會は右神祇會議設置案中幹事會に屬する程度」(『全國神職會沿革史要』全国神職会、昭和十年)の組織であり、政府(内務省)だけが「権威ある諮問機関」と自称しているに過ぎなかった。同会での議論は「神社の維持」や「神社対宗教」、「神社の本質」などをめぐっての各委員の自論開陳の場に終始していたのであり、いみじくも会長の山川健次郎が開会に際して述べた「本會ノ事務ハ洵ニ重大デアルト申サナケレバナラヌ、随テ本制度ハ愼重ナル審議ヲ遂ゲ、其ノ萬全ヲ盡スベキモノデアリマス、徒ラニ其ノ完了ヲ急グガ如キハ最モ謹ムベキコトデアルト存ジマス」という挨拶が神社制度調査会の在り方を象徴していたと言えよう。内務省としては「神社に対して消極的な考えを持っておられる人からは、意見を聞いても仕方がない」（『飯沼一省氏談話速記録』内政史研究会、昭和四十四年）というのが本音であったのであり、それは逆にいうならば、主に筧克彦や今泉定助、神崎一作らの「宗教的神道人」たちの持論を吐きださせる「ガス抜きの場」として機能したのである。要するに、内務省としてはその神社行政の正当性を担保してくれる「権威ある諮問機関」であれば十分だったのであるが、神社界としても手を拱いてばかりはいられなかったことも事実である。

前述したように、昭和三年に斎行された昭和天皇の即位の大礼と四年の神宮式年遷宮が「神道的」なる雰囲気を社会に醸成する大きな国家的行事となったことは確かであり、ことに大礼に関しては各新聞も大々的に報道していた。大阪朝日新聞は昭和三年十一月十日の即位礼当日に出した号外で、「即位禮當日賢所大前之儀　帛の御束帯神々しく嚴かに即位の御告文　神靈御照應まします金鈴の響　建國の昔偲ばるゝ春興殿の儀」、翌十一日には「即位当日紫宸殿の儀」を報じて「御神容いや輝かしく天日嗣の高御座に昇御」といった見出しや記事で、「現御神としての天皇」や日本が「神国」であることを受容する社会的素地の地ならしに一役も二役も買ったのである。神社界がかかる状況の到来を歓迎し、自らの「皇道」や「惟神の大道」を社会にアピールする好機と捉えたのはいうまでもない。四年秋の式年遷宮に合わせて開催された全国神職大会では「今や現下の世相に鑑み教化總動員の行はるる秋吾人は益神明奉仕の重責を痛感す」として「皇威の宣揚と斯道の振作」を期すことが宣言され、当時文部省の音頭取りで実施されていた「教化総動員」運動の一翼を神社界も担った。

他方、当時は「敬神思想の普及」を「主管事務」としていなかった神社局も地味ではあるが「敬神思想」の涵養・普及に役立てるための基礎的調査（「官国幣社特殊神事調」や各地の府県社以下神社の調査など）を大正期から継続して行っており、その成果を神社局の広報雑誌ともいうべき『神社協会雑誌』に毎号のように掲載している。

また地方の神社行政の整備を念頭において四年十二月には内務次官名で「國民精神ノ振作ニ關スル件」を地方長官宛に発し、「特ニ一般神職ヲ督勵シ」て神職に「世相の推移」を十分に認識させ、「国民精神の振作」に貢献させるような地方神社行政の遂行を促している。さらに翌五年一月の『神社協会雑誌』の「巻頭言」では「敬神思想の啓發普及に盡るゝ神職諸氏」に対して「須く全國總動員的に各氏子をして神宮に參拜せしめ、以て吾が惟神の道を體得せしめ益々皇國の丕基を鞏固ならしめんことを希望」する、あるいは「日本精神の眞道、換言すれば天照大御神の教示せられし惟神の道」などと述べて神職の奮起を通しての「惟神の大道」の宣揚を訴えている。注目すべきは、この「巻頭言」にも表れているように、内務省にとって「惟神の大道」とは国民の神宮参拝や神宮大麻拝受によって具現されるものという認識であり、それは国民の教育・教化を担当する文部省も同様であった。文部省は大正末年頃から全国の小学校に「天照皇大神宮」(神宮大麻)を奉祀し、「学校の家庭化」を通して「敬神崇祖ノ観念養成」を図っていたのである。こうした内務省や文部省の施策は、昭和二年に神宮神部署官制が改正されて神宮大麻頒布の委嘱を神宮奉斎会から道府県の地方神職団体へと変更されていた神社界にとっては強い「追い風」となったのであり、全国の神職には内務省の指し示す「惟神の大道」は抵抗なく受け入れられるものであった。一民間の財団法人である神宮奉斎会に替って、いやしくも「国家の宗祀」たる神社に奉仕する神職の組織である道府県の地方神職団体が神宮大麻を頒布するようになったのであるから、大正期以来の神宮大麻を中心とする「神社対宗教」問題の解決に神社界が総力を挙げて邁進するようになるのも当然であった。

その「神社対宗教」問題をはじめとする神社界の「皇道」論や「惟神の大道」論、そしてその具現化である「祭政一致」体制をめぐる議論などが昭和五年一月に月刊『皇国』を改組・拡充した旬刊『皇国時報』誌上でより活発に展開されることになる。照本亶に替って編輯人になった田尻隼人は昭和五年一月に出された真宗各派の神社問題に関する「意見書(声明書)」を受けて、「神社非宗教」の徹底を求める「佛基兩派」の攻勢が一層強まり、「神道人對佛基兩派」の全面的衝突が社会的に生じることの可能性を指摘し、「神道人」の理論武装と言論活動の重要性を強調して『皇国時報』こそが「神道人の對社會的運動の有力なる武器」となると訴えた。以後、速報性を有した『皇国時報』は時事刻々と変化する時局に対応した記事や多彩な執筆者による論説等を掲載し、その誌面はさながら「神道と社会」の縮図のような有様を呈するようになっていく。その最も白熱した議論が神社の宗教性・非宗教性をめぐる「神社問題」に集中したのは無論のことであり、それは神社制度調査会や宗教界、学界でも広く議論された。この「神社問題」は真宗各派の「声明書」に続く五月の日本基督教会などの「神社問題に関する進言」によって社会的にもますます拡大し、単なる「神道人對佛基兩派」の対立を超えた「国体」そのものをどう考えるかの問題にまで発展するようになり、そうした事態を収拾する妙案は誰にもなかった。それを一挙に解決する契機がやがて到来する。その契機とは、いうまでもなく「満洲事変」である。

四　満洲事変と神社界

昭和六年九月、満洲事変が「勃発」し、わずか半年ほどで五百人近くの戦歿者が出たことは国家及び国民にとっても大きな衝撃であった。翌七年四月に執行された満洲事変で戦死した「英霊」を合祀する靖國神社の臨時大祭には天皇だけでなく皇后も揃って参拝するという「日清日露戰役以來の莊嚴な祭典」となり、『皇国時報』も国民は「宜しく氏神の社頭に詣で國民たるの本分を全うすべきことを固く神明に誓」うべきであり（四五三号）、さらには「國民は更にこの祭祀の意味を徹底せしめる爲めに、その責任の重大なるを痛感し、戮力協心、皇國のこの難局を打開し、我が國體の本義に基き、外皇道宣揚の爲の國防安固を期し、内萬民同福のための國德布施の實を擧ぐるべく、躍進することが、最大の義務」と国民に訴えている（四五四号）。しかしながら、国民の多くはこうした神社界による靖國神社に対する国民の義務の自覚どころか、当の靖國神社の実態についてすら十分には理解していなかったようである。当時の靖國神社宮司・賀茂百樹が満洲事変の戦死者等を合祀する同年四月二十五日からの臨時大祭の十日前に、東京中央放送局から「国家の生命と靖國神社祭神」を放送したのも、靖國神社の祭神に対する国民の理解が浅く、「名士」でさえも靖國神社は「軍人のみ」を祀っているものと誤解しているというのが主な理由であった（『皇国時報』四五三・四五四）。

ところが、その靖國神社とは国民にとって何なのか、を具体的に社会に知らしめる事件が「勃発」した。昭和七年九月に表面化した上智大学学生靖國神社参拝拒否問題である。これは上智大学予科の学生が「宗教上の理由」から軍事教練の一環としての靖國神社参拝を拒否した、というただそれだけのことに端を発する事件である。表面的には、これまでにもあった「神社強制参拝」の一事例に過ぎない話である。だが実際には、それは従来の「神社対宗教」問題の範疇を遥かに超える事例となっていた。「国民的覚醒」を促した満洲事変の張本人である「軍部」（陸軍）が神道的イデオロギー（皇道主義）に本格的に関与するようになったからである。その最大のイデオローグが当時の陸軍大臣の荒木貞夫であった。荒木は大正末期から平沼騏一郎を会長とする国本社理事も務めており、かねてから「皇道」論者として知られていた（そのことは土井晩翠が荒木のために作った詩「光は東方より」で「三種の神器いや高き」と詠っていることからも知られよう）。

荒木は満洲事変に際して、「この時に當つて滿洲事變の發生したことは、誠に天の攝理であつて、天が日本國民の覺醒を促すために亂打する警鐘とも聞くべきである。吾人は決して今日の難局を悲觀しない。今日の國際的情勢は、國民が建國の大精神に甦り、日本國民たる意氣を發揮しさへすれば、立ちどころに好轉せしめ得るのみならず、軈ては、萬邦をして、我が皇道を欽仰せしめ得る日の到來すべきことを、強く固く信じて疑はない」（前掲『昭和日本の使命』）と述べている。荒木の謂う「皇道」とは「三種の神器」が意味する公明正大・仁愛・勇断を貫いてきたのが日本の歴史であるという単純明快なものであり、「一殺多生、三種の神器の劍の徳を輝かして大理想に進むべきである」といかにも軍人らしい実践的「皇道」論を展開している。

この荒木に代表される陸軍の「皇道」主義が軍隊外の社会（「地方」）で合法的に具現化されたのが上智大学事件であった。陸軍側は文部省と形式的には協議しつつ、上智大学に軍事教練の目的である「国体観念の涵養」に相応しい対応を求め、その実効が表れない限りは将校の配属は出来ないとの強硬な姿勢を貫いたのである。大学側はもとより文部省が困惑したのは言うまでもない。一般紙の煽動的報道が相次ぎ、『皇国時報』(四七二)も「其の監督の責に任ずる可き立場にある文部當局者の周章狼狽は、見るも哀れ」と文部省を嘲笑・罵倒し、「抑も神國日本は現神人天皇命に神習ふみことの國」であって、天皇の敬神に倣うならば「憲法に於ける信仰の自由も神社崇敬を沒却すべき何等の根據をも有しない」とまで断言している。また『國學院雜誌』(昭和七年十一月号)も「カトリック学校生徒の神社参拝拒否問題」を掲載し、「神社が國家の宗祀であり、日本民族の生活意識である以上斷じ許さるべきことではない」として靖國神社宮司・賀茂百樹や明治神宮権宮司・秋岡保治、神宮奉斎会会長・今泉定助の「意見」を掲載している。さらに『神道学雑誌』(第十三号)も上智大学事件を題材にした上田万年の「神社崇敬」、加藤玄智の「繰り返さるゝ神社対宗教問題」を掲載し、田中義能も「神道と皇道」と題して「要するに神道は即ち皇道であつて、政治、宗教、道徳に亘り、我が國民生活の原理で、國民の百般の行動の規範となり、根柢となる所のものである」と述べている。このように、上智大学事件は神社界はもちろんのこと、広く社会にも満洲事変を機に「軍部」という強大な「皇道」の宣布者が登場したことをはっきりと認識させたのである。

この上智大学事件が起こった昭和七年は二月に血盟団事件が起こり、三月には「満洲国建国」が宣言され、五月十五日には所謂五・一五事件が起こるという激動の年であった。そして翌昭和八年二月には国際連盟が日本軍の満洲からの撤退勧告案を圧倒的多数で可決したことにより、ついに三月二十七日に「国際連盟脱退の詔書」が発布され、日本は世界から「孤立」した。既定事実の国際連盟脱退を前にして、神社界も昭和八年三月七日に全国神職会、皇典講究所・國學院大學、神宮奉斎会、東京府神職会の共催で「國威發揚大祈願祭・大講演會」を日比谷公会堂で開催した。その開催趣旨は「この非常時」に際して「高明なる神道精神を宣揚し、以て國民の自覚を促し、難局打開國威發揚の實を擧ぐること」にあり（『皇国時報』四八四）、神社界は「一致団結」して「皇道精神」ならぬ「神道精神の強調！」を社会的にアピールした。祈願祭には陸軍大臣の荒木貞夫も参列し、講演会でも「凛然皇道」を説いて「數千の聽衆」を感激させたという（『皇国時報』四八五）。

しかし、こうした大衆動員的手法だけが神社界の姿ではなかった。この祈願祭と同じ頃に『皇国時報』は、全国神職会専務理事・秋岡保治（明治神宮権宮司）の「この難局に當り徒らに大言壮語各自勝手の立場に於て主張を曲げざるが如き小我に至る事あらんか、遂に不慮の不覺を招き、外、外國の侮りを受くる事なきを保し難し」との冷静な同職への呼びかけを掲載し、また神道管長の神崎４一作、出雲大社教の千家尊建、国教学館長の田中治吾平、神宮奉斎会の當山春三、さらには「民社の論客」の高野義太郎などに「時局に關する神道家の覺悟」の寄稿を依頼し、「全國の神職神道家各位が天祖の神勅に示し給ふ惟神の大道を以て」難局を打開する「好指針好資料」となるような企画を立案・実施し得る雰囲気も当時の神社界にはあった。そこには一致団結の象徴である全国神職会、そしてある程度の独立性と地域性とを有した地方神職団体の二重構造からなる多様性が未だ存在していたのである。

このように、満洲事変から国際連盟脱退に至るまでの神社界は「惟神の大道」という共通の神道的用語で大同団結しつつ、内容的には多種多彩な「神道思想」を包含して「国内の国家神道体制」の土台を維持・形成してきたのであるが、「惟神の大道」や「皇道」という言葉やスローガンは神社界以外の「社会」にもこれまで以上に拡大していった。そうした状況は昭和八年の神兵隊事件、昭和十年に「勃発」した「天皇機関説問題」とそれに端を発する「国体明徴」運動、さらには翌十一年の二・二六事件などを通して急速に露わになっていく。

五　内務省・文部省の「国体明徴」

昭和十年以降、「天皇機関説」は完全に葬り去られた。大正十年に内務省神社局が発行した『國體論史』（内務省神社局嘱託の清原貞雄が執筆）の客観的冷徹な記述は遠い昔のこととなり、昭和十四年二月には清原が同じ書名で出した本には美濃部達吉の説を引用した後、「現在に於ては天皇機關説は葬られて居るのであるから今こゝに批判を加ふる必要はない」と淡々と記されているだけである（『國體論史』東洋図書）。それでも昭和十二年七月の支那事変勃発以後の時期にあっても美濃部の説が論評抜きで紹介されていることに留意すべきではあるが、それは「国家権力」の検閲能力の問題でもあろう（余談であるが、清原の「惟神の大道」論は、明治の新政の根本方針は「惟神の大道に據る祭政一致の古制の上に打ち立てられた所の立憲君主政體を確立することにあつた」とするものであったが、かかる一貫した「立憲政体」論も当時までが限界であった。清原が広島文理科大学を依願免官となるのも時勢の流れであった。『日本政體史論』中文館、昭和十八年七月）。いずれにせよ、昭和十年の天皇機関説問題に端を発する「国体明徴」運動の止め処ない進展によって「天皇＝現御神」論や「皇道」を正面切って論じ、また論じられなければならない雰囲気が日本の社会に充満するようになったのである。

それはキリスト教界にも押し寄せていたのであり、「皇道」はカトリックも称揚する（せざるを得ない）イデオロギーへと上昇していく。上智大学事件から三年近く経った昭和十年六月、上智大学教授のヨハネス・クラウスは『教育原理としての皇道』（カトリック思想・科学研究所）を刊行した。やや大仰にいうならば、この書によって神道的用語としての「皇道」は「普遍的（カトリック）」なるものとしてのお墨付きを得たのである。クラウスは「神國日本は上に現人神としての天皇を戴き、君民一體、一君萬民の大家族國家を形成してゐる」と述べ、天皇による日本国家の統治は「祭政一致」に基づく「日本神道の統治イデオロギー・神道イデオロギー」に由来するとも解説している。これが「日本カトリック」の屈服を意味するか、一時の方便であるかは知らないが、少なくともかかる書が出版された時代と社会があったことだけは事実である。

「皇道」も「現人神（現御神）」も日本「国内」限定の神道的用語から「普遍」へと飛翔する跳躍台が「天皇機関説」排撃を契機とする「国体明徴」運動の開始にあったことは確かであり、その先頭に立った国家機関が内務省と文部省であった。内務省神社局は神宮・神社という全国に張り巡らされた地域拠点での「敬神崇祖」の具現化による「国体明徴」を図り、警保局は「反国体思想」による言動の取り締まりによりネガティブかつポジティブに「国体明徴」に取り組んだ。一方の文部省は、教育機関からの「反国体」的思想の除去・撲滅と同時に、「国体明徴」のための学問・思想を樹立するという離れ業を遂行しなければならなかった。ましてや「思想・信条」を超えた「信仰」の世界を管轄しているのだから、内務・文部のどちらが不利かは自明のことであった。

かかるお役所の事情はともかくとして、「国体明徴」を合言葉に「現御神」としての天皇を奉戴して「国難打破」や「国家改造」を叫ぶ各種の勢力・団体は各界・各層に日々拡大していった。神社界もその一つであり、昭和初年以来の懸案である「神祇会議」構想の中核である「神祇に関する特別官衙」の早期設置に向けての運動を本格化させた。昭和十年五月には第一回の全国神職大会を開催し、「惟神の大道を宣揚し國體を明徴ならしむるの途祭祀の擴張より急なるはなし」として「神祇に関する権威ある特別官衙の設置」を要望する決議を行った。その後、全国神職会はその実現方の第一段階として「神社局を擴張して権威ある外局として獨立せしめ、内務大臣を總裁」とするなどの具体案を政府に建議している。これを受けて政府の神社制度調査会でも同年九月二日付で会長の平沼騏一郎宛てに今泉定助など十四人の委員が建議し、同年十月二十一日開催の第七回総会で審議され、改めて特別委員会で審議することが承認された。その後、同建議案は特別委員会で一年余り審議され、種々の意見が各委員から開陳された結果、昭和十一年十一月二十五日付で次のような建議を「関係各大臣」としての内閣総理大臣廣田弘毅に提出した。

方今時局重大ノ秋祭祀ノ本義ヲ明ラカニシ敬神崇祖の美風を昂揚し以て民心を作興するは正に緊要のこととす

然ルニ神祇ニ關スル制度ノ現状ヲ見ルニ敍上ノ目的ヲ達成スルニ遺憾ノ點鮮シトセズ依ツテ政府ハ神祇ニ關スル行政機關ニ就キ速かに考究善處スルト共ニ祭祀ノ根本ニ關シ深ク方途ヲ講じて益之ヲ明ラカニシ以テ斯道ノ興隆ニ資セラルルノ要アリト認ム

右神社制度調査会官制第一条第二項ニ依リ及建議候也

この建議は十二月四日に廣田首相らの「供覧」に付されたが、内務省神社局には建議に対応する余裕もその力量もなかった。せいぜいが内務省官制等を改正して同年九月から神社局に専任考証官一人を二人に、同考証官補一人を三人に増員し、併せて「神社の祭祀に関すること」を担当する専任の祭務官と祭務官補を各一人、それに「神官神職の教養に関する事務」を担当する教務官と属各一人を新設するのがやっとであった。

それとは対蹠的だったのが文部省であり、その存在感を示すために「国体明徴」に全力を投球する態勢を着々と整えていた。それは昭和七年の上智大学事件、十年の同志社神棚事件、そして「天皇機関説」問題等で後手後手に回った文部省の「失地回復」作戦とも評すべきものでもあった。昭和七年八月に設置された国民精神文化研究所の活動は所員等の個人的な「皇道ノ闡明」に陥りがちであり、また昭和九年六月に学生部を昇格して設置された思想局も『日本精神論の調査』(『思想調査資料特輯』昭和十年十一月)など各種の調査資料集の刊行や、「我国古来の古典籍中より、精神教育上適切なるものを選択」する趣旨で刊行された河野省三の『歴代の詔勅』(昭和十年八月)などに始まる雑多な「日本精神叢書」の刊行などの活動に止まっていた。そこで文部省は「國體觀念、日本精神ヲ根本トシテ現下我ガ國ノ學問、教育刷新ノ方途ヲ議」すために教学刷新評議会を同年十一月に設置したのである。ここで注目すべきは、その「設置ノ趣旨」に「儒佛二教ノ如キモ我ガ國體、日本精神ノ下ニ醇化セラレ、純然タル日本的教學となりて我ガ國精神文化ノ發展ニ寄與シタル所極メテ大ナルモノアリ」と認識している点であろう。

同評議会には特別委員として筧克彦や山田孝雄、三上参次など神道界に所縁の人物もおり、また委員には河野省三、宮地直一、平泉澄、紀平正美なども入っていた。それ故、同評議会の大勢が反映された「答申」に「我ガ國ニ於テハ祭祀ト政治ト教學トハ、ソノ根本ニ於テ一體不可分ニシテ三者相離レザルヲ以テ本旨トス、ヨツテコノ本旨ヲ發揚シ、教學ノ根基ヲ明ニスルノ方策ヲ講ズルハ、時勢ニ照シ緊要トスルトコロナリ」、「國體・日本精神ノ眞義ノ闡明ハ、天祖ノ神勅、歴代ノ詔勅竝ニ教育ニ關スル勅語ヲ初メトシ明治以後屡下シ給ヘル聖詔ヲ本トシ、更ニコレヲ我ガ國開闢以來ノ歴史ニ照シ、苟モ謬リナキヲ期サザルベカラズ」などとあるのは当然だったと言えよう。

だが、その半面で「東洋教學・東洋文化の振作」や「歐米文化の攝取醇化」も同時に謳うなどの配慮も見られた。こうした文部省の姿勢を反映した「国定教義書」が『國體の本義』であった。前述したように、そこに記載されている神道的用語は多数あるが、この時点では「八紘一宇(八紘為宇)」は未だ出ていない。だが、文部省はこの程度の出版物でも教学刷新評議会の使命は「完了」したと踏んで、昭和十二年六月には教学刷新評議会官制を廃止し、また七月にはその運営部署である思想局を廃止して新たに外局の教学局を設置する。教学局は国民精神文化研究所や前年の九月八日に訓令で設置した日本諸学振興委員会に関係する学者・研究者等をフル動員して「国体、日本精神の本義」を闡明し、プロパガンダするための体制を固めていく。

その体制の構築になくてはならない学者の一人が河野省三であった。河野は当時を代表する神道学者であり、かつ最も穏健な「神道イデオローグ」でもあった。かくして河野省三は国民精神文化研究所と日本諸学振興委員会の双方に関わってさらなる活動を展開することになるのである。「神がかり」と評された筧克彦の「筧神道」を中和する上でも河野の幅広い常識的な神道論は文部省にとっては貴重な存在であり、それは内務省や神社界も同様であった。『國體の本義』にある「祭政教一致」なる耳慣れない用語も河野の解説にかかれば何となく理解した気持ちになるのである。しかし河野は明治維新以降の「祭政一致」に関わる「神道の歴史」を詳細かつ現実的に知っているだけに、河野にとっては実際には厄介な「神道用語」であった。それは単なる語句の解釈で済むものではなく、歴史的現実的な国家制度として具現化されなければ意味を有さない神道的用語の最たるものであったからである。古代律令制の神祇官・太政官二官制の消長は措くとしても、直近の明治初年の神祇官・太政官制度がわずか二年にして潰えた原因・背景の縁密な検証による「祭政一致」体制の樹立は神社界の宿願であったが、その構築・樹立の前提となる具体的現実的な構想すら統一的にはなされていなかったのである。かかる「祭政一致」制度をめぐる困難な状況に河野は置かれていたのであるが、そんな時にひょっこりと登場したのが「祭政一致」を標榜する林銑十郎内閣であった。

六　「祭政一致」内閣登場の意義

『國體の本義』には前記したように「祭政教一致」の語句が使用されているが、明治天皇の詔勅にも用いられた「祭政一致」の語ほどの「権威と由緒」はなかった。それ故、昭和十二年二月に退陣した廣田内閣の後継に担ぎ出された林銑十郎がそのスローガンに掲げたのは「祭政教一致」ではなく「祭政一致」であったのは当然であった。林が内閣発足に際して「祭政一致の精神の發揚」を「政綱」で公表したことは周知のことに属するが、常套句となった「国体の明徴」に「敬神尊皇」と「祭政一致」を加えたことは神社界では「在來の内閣に多く見なかつた異數のもの」と評価し、「明治天皇大教宣布の詔旨に從ひ奉つて速かに神祇官衙の獨立を行」うことを注文している（『皇国時報』六二七）。だがこの期待はすぐに裏切られることになる。真宗地帯に生まれ、かつ川合清丸に私淑していた林には独自の宗教観・信仰心があり、「大命降下」前の一月十六日には「國家と宗教が別々に歩くことになつては困るから、佛教でも、神道でも、皆そこに着眼して國家と一體となるやうにお骨折り願ひたい」と『大法輪』の座談会でも発言している（四巻三号、昭和十二年三月）。こうした林の宗教的傾向は神社界でも察知していたことは、「声明」の文中に「一二ならず聖德太子の聖句を援引してゐることに微妙なる含蓄を感ずる」と記していることからも推察できよう。

かかる林の「傾向」を神社界以上に知っている仏教勢力はすぐさま手を打つ。三月六日、浄土宗の現役僧侶で仏教学者の椎尾辨匡は衆議院議員の特権を活かし、林首相に「文政教育ニ關スル質問主意書」を提出。椎尾は林内閣が「祭政一致」を掲げているのは「一國一教の主張」を意味するのかと質したのであるが、三月二十三日付けの政府答弁は「祭政一致ノ精神ニハ一國一教ノ主張ヲフクムコトナシ」というものであった。『國體の本義』には歴代の天皇が「臣民の守るべき道」として示したものが「推古天皇の御代」の「憲法十七條」と明治天皇の「教育勅語」であるとし、「まことに聖徳の宏大無邊なる、誰か感佩せざるものがあらうか」と記してある。林個人としても政府（文部省）としても「祭政一致」をそのまま「一國一教」に繋げようとは思ってもいなかったのであり、聖徳太子に権威の源泉を求める巨大な「日本的仏教」勢力が「國家と一體」化することを促進することはあってもそれを阻害・排除する必要は毫もなかったのである。「日本精神と仏教」との密接な関係を強調し、「皇道仏教」を標榜する真宗教団をはじめとする仏教勢力をいかにして国家に取り込むことができるか。この井上毅以来の「宿題の総仕上げ」への第一歩が林銑十郎内閣によって踏み出されたと理解するならば、林内閣の出現とそのあっけない退陣にも十分な意味はあったのである。さらにいうならば、林銑十郎内閣の登場の歴史的意義は、林が陸軍大臣時代の昭和九年十月に陸軍省新聞班が公表した『國防の本義と其強化の提唱』に謳う「皇國の理想、皇國の使命に對する確乎たる信念」、「盡忠報國の精神」、「自己滅却の精神の涵養」、「國家無視の國際主義、個人主義、自由主義思想の芟除」、「擧國一致の精神」など昭和十年以降の「国体明徴」を経て実現される「国家総動員体制」への地均しにあった。しかし、その体制が未だ整っていない状況では「『祭政一致』の政府聲明に呼應して『神祇官』の如き特別官衙の設立を要望すべきではない」と神社界に訴える蓑田胸喜の指摘は的を射ていたというべきであろう（「祭政一致と教學刷新」『皇国時報』六二七）。

林銑十郎が掲げた「祭政一致」のスローガンの狙い・真意がどこにあったのかは不明であるが、林が岡田内閣以来の「教学刷新」による「国体明徴」を推し進める意図を有していたことは文部大臣を退陣まで兼任していたことからも確かであろう。林内閣の退陣を受けて『皇国時報』は見るべき業績はなかったとしつつも、「林内閣の置土産として追賞したいのは、その國體明徴の徹底に主力を向けた事である」として、「祭政一致を黜出し、教育刷新の實施として、教授要目を改正したり、文教審議會を設置したり、これを以て地方官に國體観念を鼓吹したりした」ことを評価し、後継の近衛内閣がこの路線を破棄しないよう求めている。事実、中学校・師範学校の「修身」と「公民科」の「教授要目」の改定は三月二十七日に行われているし、五月二十五日には内閣総理大臣の諮問に応じて「國體觀念の徹底及國民精神の作興に關する重要事項を調査審議」するための文教審議会が設置されていた。神社界にとっては、短命の林内閣が掲げた「祭政一致」が一種のプロパガンダであったとしてもそれなりの意義は十分にあったのである。だが、肝心要の神社界・神道界自身の「惟神の大道」としての「祭政一致」論は依然として区々であり、神道界以外からも多彩な人物がそれぞれの「大日本國體曼荼羅」（井上哲次郎『祭政一致と惟神大道』東亜民族文化協会、昭和十二年四月）を掲げた「皇道」や「惟神の大道」に関する神道的イデオロギーを続々と語るようになる。その最大のエースが独自の神道的イデオロギーで味付けされた「皇道政治学」を提唱した藤澤親雄であったことはいうまでもない。年来の「皇道政治学」研究を纏めた『日本民族の政治哲學』（厳松堂書店、昭和十二年八月）に欧州旅行から帰国したばかりの藤澤は昭和十二年七月八日付けで「この一書を昭和十二年五月廿三日神去れる愛児壽音雄に捧ぐ」と記した。その前日の七日には中国大陸である「事件」が起こっていた。無論、藤澤も含めて誰もが知る由のない「事件」であった

七　支那事変と学界の「皇道」論

林銑十郎内閣が総辞職した五月三十一日、文部省は『國體の本義』を全国の学校等に配布した。四日後の六月四日には近衛文麿を内閣総理大臣とする「挙国一致内閣」が成立した。この内閣の成立を待っていたかのように、軍部は近衛に試練を与えた。七月七日に起こった盧溝橋での「事件」がその試練の始まりであった。「事件」はやがて「事変」へと拡大し、その呼称も「北支事変」から「支那事変」、あるいは「日華事変」と拡大し、ついには

「大東亜戦争」へと吸収される大戦争へと展開していく。短期間で終結すると軍部も政府も、そして多くの国民も高を括っていたが、戦火はますます拡大し、事実上の戦争となっていった。知識・見聞だけの「総力戦」だったものが現実のものとなろうとしていた。

事実上の「戦争」である支那事変は同年十二月の「南京攻略」によっても終息せず、ますます泥沼化・長期化するばかりであった。事変での死歿者は増大し、十三年十月の臨時大祭で靖國神社に合祀された陸海軍の「死歿者」は前回十三年四月の支那事変での死歿合祀者数約四千名の二倍以上となる一万人余りとなり、以後十六年までの春秋の臨時大祭での合祀者数は毎回一万人を超えるようになっていった。事変直後から執行されていた神社での武運長久祈願祭も全国各地で数多く執行されるようになり、また神式・仏式の合同慰霊祭も各地で執行された。例えば埼玉県でも昭和十三年十月二十二日に県が主催する「支那事変戦病死者慰霊祭」が執行され、知事が「七百六十一柱ノ英霊」に祭文・追悼文を奏上している。戦病死者の増大につれて慰霊祭の方法をめぐる「神仏の抗争」も激化し、それはやがて「戦時下の英霊公葬問題」へと発展し、かつての「神社対宗教問題」とは比較にならない緊迫感を生じさせることになる。だが、天皇・国家のために戦うべきという意志と姿勢は神仏ともに変わりはなかった。

当時の真宗教団を代表する「反神道」の論客である西本願寺僧侶の伊藤義賢ですら支那事変勃発後間もない昭和十二年九月には『支那事變に對する佛教徒の覺悟』(竹下学寮出版部、昭和十二年九月)と題するパンフレットを出版し、「我が帝國の大乗佛教徒が、支那軍閥の惡夢を覺醒せしむべく起つた仁慈の皇軍に參加してゐる」ことの意義を中国の「大乗仏教徒」に対しても強調したのである。それは東本願寺の曉烏敏の「皇道」論と全く一致するものではないが、「皇國の正義の戰鬪行爲」を是認する理論としては大同小異のものであった。伊藤にとっては、いかに「皇國の正義」のための「総力戦」を戦い抜く「信仰」を有しているかの問題が第一義とされたのである。

かかる日本社会における仏教勢力の存在を無視しては「総力戦」は到底戦えないだけでなく、戦死者を出した遺族の心情を蔑ろにする危険性も有していた。そうした事態を防ぐためにも地域の民情に通じた自治体レベルでの一定の配慮が必要とされたのである。例えば時期は後になるが、京都市役所は大東亜戦争開戦直後の昭和十六年十二月二十五日付で京都市防衛部軍事課が友松圓諦に執筆を依頼した「轉迷開悟」と題する冊子を『遺族讀本』の第一集として発行している。その冊子は内容から装丁に至るまで仏教色に溢れており、これだけを見ればとても当時の社会が「神道一色」に染められていたとは思えないほどである。これは何も京都市だけの特異な例ではないのであり、それが「総力戦」の実態の一面でもあることは確かであろう。

そうした総力戦体制下の日本社会には「国体の本義」と「皇国の使命」を謳うさまざまな「総力戦用語・スローガン」が氾濫しはじめる。準戦時下の日本社会において、多様で雑多な種類の神道的イデオロギーを形成するためのヒト・モノならぬ「言霊の動員」が神社界は無論のこと、アカデミズムの世界や論壇、宗教界、地域社会などさまざま「時と場」でなされていくようになる。人々の眼前に起こりつつある歴史的現実が歴史的精神に投影され、それが現実的なイデオロギーを生み出していく。そして、そのイデオロギーが現実を変革するイデオロギー装置たる国家の機構・制度の創出を促す時代。そうした時代に誰でもが必須とした「魔法の言葉」がまたしても「皇道」であり、それは「学界」でも重宝がられた語句であった。

昭和十二年十月七日、日本諸学振興委員会の第一回哲学会で文部大臣の安井英二は明治天皇の「五箇条の御誓文」を引き合いにして「漢土西洋の學は共に皇道の羽翼たることに於て、始めてその意義が見出される」と挨拶した。その二日後の九日、日比谷公会堂で開催された同委員会の公開講演会で西田幾多郎は「我々の歴史的精神の底から(我々の心の底から)、世界的原理が生み出されなければならない。皇道は世界的とならなければならない」(「學問的方法」『日本諸學振興委員會研究報告　第二篇（哲學）』教学局、昭和十三年三月）と述べた。安井の挨拶を聞く由もない西田ではあったが、西田にとっても「皇道」は便利な言葉であった。それ以後も、「今日では世界が具體的になつた。…それで我々は本當に世界の日本として國家主義とならねばならぬ」、「我々は我々の歴史的發展の底に、矛盾的自己同一的世界そのものに自己形成の原理を見出すことによつて、世界に貢獻せねばならない。それが皇道の發揮と云ふことであり、八紘一宇の意義でなければならない」(『日本文化の問題』岩波書店、昭和十五年三月)などと述べている。

「皇道」を論じて「八紘一宇」まで西田に言わせるようになったのは、まさしく「皇道」なる語の持つ恐るべき「言霊」の威力であろうが、同時に西田は「皇道と云ふ如きものを概念化すること」によって語られた「皇道の信念」を聞いたことがないとも述べ、「信念は單なる感情であつてはならない」と述べている。いかにも西田らしいが、西田自身は何故に多少なりとも自己が「皇道」に言及せざるを得ないのか、について明確には語ってはいない。それに比べれば、同じ第一回哲学会で羽溪了諦が「皇道精神の具現と佛教の無我觀」と題する研究発表で述べているほうがはるかに明快であり、「皇道」とは「惟神の道」と断言し、「神は鏡」、すなわち明鏡であり、仏教にも明鏡に相応する性質が存すると述べている。これを骨子として羽渓は教学局から『惟神の大道と佛教の無我觀』(昭和十六年九月)と題して刊行するのであるが、いずれにせよ、「皇道」という語句は西田や羽渓、そして文部省・教学局にとってとても便利なイデオロギー用語であった。

かくして支那事変後の日本の学界は仏教学のみならず、キリスト教思想や中国思想をも「皇道の羽翼」化すべく奮闘努力する。日本メソヂスト教会の今井三郎は「新日本精神とキリスト教」でキリスト教の「義と愛」が「國體」に最も相応しいことを力説し、東京帝国大学の高田眞治は「天命思想と國家」で神武天皇の詔にある「皇天」や明治天皇の「皇室典範制定の詔」にある「天佑を享有」を引いて儒教の「天命思想」の意義を強調した。このように、支那事変の拡大と深刻化につれてアカデミズムの世界にも「皇道・惟神の大道」イデオロギーは急速に浸透していく。そしてその社会的機能は、九月の第七二回帝国議会での「中華民國に對する反省と東亞の安定」を盛り込んだ「優渥なる勅語」を受けて同年九月末から本格的に始まった「国民精神総動員」運動にも有効活用されることになる。そして、それは国民精神文化研究所や日本諸学振興委員会に関係する学者・研究者に今まで以上に厳しい「日本精神」や「国体明徴」、「皇道ノ闡明」とは何か、に対する解答が求められる時代となったことを意味していた。

最早、それに解答を与えるためには東洋文化を醇化した一国主義的な「日本精神」を論じているだけではますます観念の肥大化による自己閉塞に陥るしかない。天皇機関説を生んだ個人主義・自由主義を打破し、それに代わって世界に通用する「日本的思想・イデオロギー」を国内外に宣揚し、「東亜の安定」、延いては世界の「共存共栄」を実現しなければならない。そのためには「思想戦」によって「総力戦」たる「聖戦」を勝利に導くしかない。こう考えた有象無象の学者や思想家、評論家等が続々と支那事変以降の「戦時下」という舞台に登場しつつあった。そして、その登場をさらに権威づけ、意義あらしめる「時と場」が「天壌無窮」を時間的空間的に実感させてくれる「紀元二千六百年」という「中今」であった。それに向けて古参・新参取り取りの神道的イデオローグたちが自己のイデオロギーを内外に宣布しようとして本格的に競い合う時代が到来していた。「今日では世界が具体的になつた」という西田幾多郎の「皇道」に関する言は彼らイデオローグだけでなく、西田自身やその門下にも向けて発せられた「言霊」でもあったのである。

「惟神の大道」や「皇道」を以て「八紘一宇」の理想世界を実現しようとするイデオロギーによる戦いは「総力戦」であると同時に、勝利するまでの「持久戦」であり「日本百戦戦争」でもあった（『日本世界総力戦』皇戦会、昭和十四年九月、など参照）。しかし、かかる戦争イデオロギーを鼓吹する、威勢のいいばかりの戦争賛美主義者やナチズムの信奉者を一貫して批判し続けた葦津珍彦のような神道人もいた。戦争によって「惟神の大道」や

「皇道」を「八紘一宇」に光被せしめるとはいっても、その内容には大きな違いがあったのである。

八　「紀元二千六百年」と神祇院の設立

支那事変の長期化は神社局にも深刻な影響を及ぼし、明治三十五年三月の創刊以来、神社局の広報誌であり神道界のオピニオン雑誌でもあった『神社協会雑誌』が昭和十三年八月の「第三十七年第八号」を以て廃刊となり、その「使命」を『皇国時報』に託することになった。翌十四年四月には招魂社が護国神社と改称されて「神社」となり、七月には支那事変二周年を期して大日本忠霊会が外務、内務、陸軍、海軍、拓務各省の認可を得て発足した。同会が発足した背景には支那事変による大量の戦殁者の慰霊・顕彰に係わる「施設」の質的区別と量的規制の問題があり、特に「日清・日露戦役」以来盛んに建立された「記念碑」がともすれば「記念碑建立者の記念碑」となりかねない状況があり、「自然建設ヲ競フコト」を惹起する危惧を内務省警保局・神社局は抱いていた（昭和十三年二月十六日付道府県長官宛通牒）。内閣情報部が「忠霊顕彰について」を『週報』（一四三）で広報したのもかかる社会的事情があったからである。一方、神社界は忠霊塔の建設促進には批判的ないし警戒する傾向が強かった。それは「忠霊の祭祀」方式と「神社祭祀」との区別が曖昧になることを危惧したからであり、内務省も神社境内に忠霊塔・忠魂碑はもちろんのこと記念碑の建立も認めない方針を堅持した。

「紀元二千六百年」を翌年に控えた十四年はこの他にも「神道」に関する重要な制度・法律が整備、あるいは準備された年でもあった。その最も大きなものは昭和十一年以降据え置きにされていた「神祇に関する特別官衙」の設置に向けて具体的に動き出したことである。その動きには総理大臣が近衛から神社界と所縁の深い平沼騏一郎に交代したことや全国神職会会長が水野錬太郎であったことが政治的にも影響していることは確かであろうが、実際に神社行政を担当する神社局の規模・人員構成ではとても「紀元二千六百年」を控えて多忙を極める「事務」に対応出来ないという現実があったからでもある（昭和十五年十月現在で神社局職員は三〇人であり、神祇院設置で四八人となった）。

この他、宮内省関係では同年十二月に「掌典職官制」が皇室令第四号として制定され、宮内省の外局に昇格することになった。掌典の星野輝興は「祭事課長」に就任することになり、年来の持論であった「行政官」と対等の「祭祀官」を実現させた（これ以降、星野は祭事課長として神道界などでの発言力を一層強めることになるが、結果的には「在野神道人」から批判され、失脚することになる）。さらには文部省（大臣は荒木貞夫）関係では明治期以来の懸案であった「宗教法」である宗教団体法が貴衆両院で通過・成立し、同年四月に公布された（施行は十五年四月一日）。文部省は宗教を「死なねばならぬ時には従容莞爾として死に就き、生きねばならぬ時には石にかじりついても生きて生きて生き抜くだけの力を授ける」存在と評価し、支那事変下の宗教団体による国民教化活動に大きな期待を寄せたのである（『週報』一一九）。かくして「神道」に関係する制度・法律等も整備されるようになり、いよいよ昭和十年以来官民挙って準備してきた「紀元二千六百年」を奉祝する記念すべき年を迎えることになる。

昭和十五年二月十一日、昭和天皇は宮中三殿に出御し紀元節祭を親祭した。伊勢の神宮と橿原神宮及び神武天皇陵と大正天皇陵には勅使が差遣され、官国幣社へは奉幣、府県社以下神社には地方公共団体から神饌幣帛料が供進がされて祭典が執行された。この日、「朕惟フニ神武天皇惟神ノ大道ニ遵ヒ」で始まる「紀元二千六百年紀元節ノ詔書」が発布された。この詔書は数日前に政府が「光輝ある紀元二千六百年に際して肇國の精神の作興を圖る爲」に臣民に向けて天皇が詔書を渙発するよう奏請して出されたものであり、政府の意図にふさわしく「君民一體」「和衷勠力」などの文字が使われている。

ただここで注意すべきは、前に少し触れておいたように、この詔書にある「惟神の大道」は前記した昭和三年の昭和天皇即位の勅語にある「惟神の大道」と同様の用法であるが、それらと同年十一月十日の「紀元二千六百年記念式典ノ勅語」にある「我カ惟神ノ大道ヲ中外ニ顯揚シ以テ人類ノ福祉ト萬邦ノ協和トニ寄與スルアランコトヲ期セヨ」とは用法が大いに異なるということである。すなわちその意味するところが変質しているということに他ならないのであり、この相違を鋭く衝いたのが星野輝興であった。星野にとっては「惟神の大道」とは天皇に係わって使用されるべき「語句」であり、「仰ぐものであつても説くものではない」ものであった(「惟神の大道」『興亞』二―九)。それは星野の掌典としての宮中祭祀における長年の実体験から生まれた信念であったが、星野はこの勅語によって「これまでの立場を棄てて、説く」ことになったという。星野でさえ「惟神の大道」を「臣下」として説くようになった根拠がこの勅語に存したのであるから、銘々の「惟神の大道」論が今まで以上に権威づけられて説かれるようになったのは自然の勢いであった。

この勅語と一体の関係にあるのが九月二十七日に発布された「日獨伊三國條約締結ノ詔書」の「大義ヲ八紘ニ宣揚シ坤輿ヲ一宇タラシムル」である。「八紘一宇」の語はすでに同年七月二十六日に閣議決定された「基本國策要綱」の「基本方針」に「皇國の國是は八紘を一宇とする肇國の大精神」とされており、この勅語はそれをさらに権威づけるためのものであった。また十月三十日には「教育ニ關スル勅語渙發五十周年記念式典ノ勅語」が発布され、その結びにある「以テ德煇ヲ四表ニ光被センコトヲ期セヨ」という文言と対になって、「惟神の大道」を中外に顕揚・光被せしめ、世界を「八紘一宇」の理想社会とするための詔勅類による権威づけが整備された。後はこれらの権威ある神道的用語を使用した様々な神道的イデオロギーが氾濫していくのである。「はじめに」で引用した『神社本義』の末尾の文章はその神祇院版に過ぎない。

以上述べてきたように、「紀元二千六百年」に当たる昭和十五年には昭和前期における「神道と社会」を考える上での重要な詔勅類が出された。たとえその数は僅かであっても、凡百のプロパガンダでは到底凌駕出来ない「神道的イデオロギー」を社会に発信し、さらにはその装置としての「神社」の日本における存在意義の重要性を示したのである。「八紘一宇」の精神でこの日本を「肇国・建国」した神武天皇を祀る橿原神宮及び宮崎神宮の境内整備事業は完了し、世界の平和を祈る昭和天皇の「大御心」を体した多忠朝作の「浦安の舞」も披露された。そして、神社界の長年の念願であった「神祇に関する特別官衙」(神祇院)の設置案が枢密院での審査を通過し、「神祇院」という名称の内務大臣を総裁とする同省の外局として記念式典の前日の十一月九日に設立された。

ただ、この神祇院官制案を枢密院で審査した審査委員長の有馬良橘が、「神祇院官制ハ現下ノ世局ニ際シ殊ニ神祇祭祀ヲ尊重シ敬神崇祖ノ美風ヲ振作スルノ必要アルニ由リ神社ニ關スル行政機構ヲ擴大整備シ以テ神社行政ノ更張刷新ヲ圖ラントスルモノニシテ其ノ趣旨ニ於テ妥當トスベク其ノ條項ニ於テモ是認スルノ外ナキモノス」と甚だ事務的な説明をしていることからも分るように、内務省の神祇院設置理由は明治元年の氷川神社親祭の詔を下敷きにしたものであるが、詔に謳われている「祭政一致」には何ら触れていないものであった。内務省は「國體ノ精華」や「敬神崇祖」、「國體ノ本義」といった国家神道イデオロギーに用いられる常套語句を列挙して尤もらしい理由を述べているが、内務省の本音が「神社ニ關スル行政ハ從來内務省ノ一局タル神社局ニ於テ之ヲ掌理シ來リタルガ近時其ノ事務甚ダ繁劇ヲ加ヘ爲メニ神社祭祀及神職等ニ關スル基本的調査竝ニ敬神思想ノ普及等ニ至リテハ到底現在ノ機構ヲ以テシテハ之ガ遺憾ナキヲ期スル能ハズ」ということにある以上、枢密院としても神祇院設置に要する財政的裏付けがあれば単なる事務的処理で済む事案であったのである。因みに、枢密院では清水澄だけが発言し、地方庁での神社行政が社寺兵事課の管掌であり、「兵事」と「宗教事務」が多忙・多端な状況にあるので「神祇院ヲ設クルニ當ツテハ地方廳ニ神社課ヲ特設シ以テ之ガ事務ノ萬全ヲ期サレンコトヲ望ム」と要望したのは内務省のかかる現状を正確に認識しての「応援」発言である(これが翌昭和十六年一月の地方祭務官制度の新設に繫がっていることは言うまでもない）。

神祇院の設立は神社界にとっては「神祇官衙の理想的形態」のあくまでも第一歩に過ぎなかったが、その第一歩には歴史的な意義があったことも事実である。明治三十三年以来、形式上はともかくとして内務省の一部局に過ぎない官僚が長を務める神社局ではない、内務大臣を総裁とする「神祇に関する特別官衙」が設置されたことにはそれなりの意義はあったのである。だが、河野省三が「神祇院の創設を迎へて」で、「神祇院と祭祀との関係については、古昔の神祇官と、明治初年の神祇官との実情を稽へ、宮中三殿を中心とする御祭祀とそれに対する国民の心理状態を察し、明治中葉以来馴致された政府（役人）に対する国民の気持と祭祀の性質とに案じ、維新以降に於ける国家の宗祀としての全国の神社を一体として、其の事務を管掌しつゝ、国家に奉仕する傾向を執つてゐる神祇行政の性質を考慮するならば、所謂祭祀を伴ふ特別官衙の設置といふことは、極めて慎重を要する問題」と述べているように（『皇国時報』七六二）、神祇院設立が明治初年の太政官の「大臣」が神祇官の「伯」を兼ねる祭政一致の再来を目指すかどうかなどをめぐって神社界（神道界）には依然として種々の意見が存在していた。さらには内務省の考えも必ずしも神社界とは一致していたわけではなく、安井英二内相は神祇院設立当日のラジオ放送で、神祇院の設立はあくまでも「神社行政の伸張を図りますことがその根本」と強調、これまで通りの内務省の立場を表明している（「神祇院の開設に当りて」、『皇国時報』七六一）。

かかる姿勢の内務省に圧力をかけ、かつ神道界の「祭政一致」に関する多様な国家的機関構想を統一しようとしていたのが平沼騏一郎であった。平沼は昭和十四年の内閣総理大臣時代に神祇院設置構想を推進した、謂わば神祇院の生みの親ともいうべき存在であった。昭和十五年十二月には安井の後任として内務大臣・神祇院総裁に就任している。平沼はかねてから神社界や宗教界とも関係の深い人物でもあった。平沼は独自の「祭政一致・神勅」論を有していた。そうした経歴や思想傾向を持つ平沼は神道界にとっても貴重な存在であり、神道界の一翼を担う皇典講究所は翌十六年三月に平沼を副総裁に迎えている。神道界の期待に応えて平沼もかねてから関心を有していた「祭政一致」構想に本格的に取り組むことになり、同年七月に全国神職会が改組・強化された大日本神祇会（水野錬太郎会長）と協力しつつ、皇典講究所内に祭祀審議会を設置して「あるべき祭政一致」体制の実現に向けての調査・研究を開始することになったのである。これ以降、祭祀審議会は昭和二十年初頭に至るまで様々な調査・研究内容や議論を重ねた末に、宮中祭祀・神宮祭祀・神社祭祀を一体化・統合化した「宮中・府中」に跨った天皇直隷の「大典府」構想の実現を図ったが、結果的には戦局の悪化と神道界の頼みとする小磯国昭内閣の退陣によってあえなく頓挫することになる。

九　開戦前後の「惟神の大道」論

神祇院の設立があり、「紀元二千六百年」の奉祝ムードに包まれていた昭和十五年も終わって、明けて昭和十六年となった。一月八日には支那事変の長期化を予想して陸軍大臣東條英機は「戦陣訓」を示達、また情報局も支那事変を武力的には「中國大陸大自然」、経済的には「ポンド・ドル」との戦い、そして文化的には「東亞の革新思想戰」と捉え、その戦いは「前途なほ遼遠で眞に長期戰の覺悟を要する」と国民に訴えた（情報局『週報』二二一）。まさしくすでに日本社会は実質的な「戦時下」に突入していたのである。

そうした緊迫する状況のなか、近衛首相は一月二十一日の第七六回帝国議会貴衆両院の本会議で「國體ノ本義ニ基キ庶政ヲ一新シ、以テ國防國家體制ヲ確立スルハ、現下内政ノ急務デアルト信ズルノデアリマス、之ガ爲ニハ先ヅ敬神崇祖ノ美風ノ涵養ニ努ムル」ことが必要と演説している。この演説部分だけを見るならば、まさに日本は「神道国家・祭政一致国家」と呼ぶに相応しい国家と言えよう。だが、近衛の強調する「敬神崇祖」とは政府にとって具体的にはどのようなことを意味しているのか。それを問う声は議会にもあったのであり、政府の口先だけに見える「神道的用語のプロパガンダ」への批判でもあった。

その第一弾を放ったのが衆議院議員の中山福蔵であった。中山は政府が大政翼賛会の成立精神が「肇國」や「八紘一宇」にあると盛んに宣伝していることに対し、その精神の「源泉」は『古事記』と『日本書紀』にあり、そこには「個人主義」も「自由主義」、「共存共榮」もあることを国民に体得させればよいでないかと迫った。中山は「敬神思想の普及」を担当する神祇院副総裁の飯沼一省に名指しで答弁を求めたが、飯沼は国民が記紀を通して体得する「精神」はそれぞれ違うのであり、「其ノ最小限度ニ於テ、總テノ國民ガ神樣ヲ拜ムコト」で「其の境地に到達」する第一歩になると考えて神祇院は施策していると答弁するに止まった。中山は「只今ノ政府ガオヤリニナツテ居ルヤウナ淺薄ナコトデハ、國民ハ蹤イテ來ナイト云フコトヲ頭ニ置イテ戴キタイ、サウシテアナタ自身神樣ニナツテ戴キタイ」と皮肉って質問を終えている。

こうした政府の「神道的用語」に対する確乎たる信念のなさを露呈する例は他にもいくらもあり、少なくも議会においては「敬神崇祖の美風」や「肇国」、「八紘一宇」などについての具体的明快な説明はなされなかったのが実情であった。だからこそ、森田重次郎のように「八紘一宇」や「肇国」という言葉が概念化することによって「生命力のない」ものになってしまう点を指摘して、古典に依拠する「復古思想」が「一つの神學的な「イデオロギー」と云ふものを立てて、それが恰も外の一切の思想を克服するかの如き考へ」を持つ「先達」への反発が「マルクス主義」などを信奉する青年を生んでいる、とかなり過激な発言する議員がいても、政府(村田省蔵逓信大臣)は「先達」の中には「聊か誤りではなかつたのかと思はれるやうな考へを持つて居つたことは、どうも是は肯定しなければならぬ」と認めるしかなかったのである。これが「国家神道」の実態そのものというつもりはないが、少なくとも「神道用語」をめぐる政府の「国家への絶対服従を指示するむき出しの政治の論理の美化・聖化」の一面であることは確かであろう。

国是とする「八紘一宇」の説明ですらまともに議場では答えられない政府に対して、末松偕一郎は「惟神の大道」に関する質問主意書を提出し、政府（内務大臣・文部大臣）から具体的な答弁を引き出す「作戦」に出た。末松は三月十五日付で「我カ惟神ノ大道ヲ中外ニ顕揚シ以テ人類ノ福祉ト萬邦ノ協和トニ寄與スルアランコトヲ期セヨ」との前記勅語に触発されて「惟神ノ大道顯揚ニ關スル質問主意書」を政府に提出、「祭政一致、治教一本ノ本義ニ則リ政治、教育、産業及國民生活ノ各般ニ亘リ適當ナル施政ヲ講スルハ喫緊ノ要務ナリト思考スルカ政府ノ所見如何」として一一項目に亘る質問に対する政府の答弁を求めた。この末松の質問の背景には、当該勅語が下賜される前日の昭和十五年十一月九日の神祇院設置があることは一番目の質問に「政府ハ神祇院ノ設置及神官神職ニ對スル内務大臣ノ訓令以外ニ於テ今後如何ナル施設ヲ爲サムトスル考ナリヤ」からも明らかであるが、末松の質問で注目すべきは「祭政一致」に直接関連する「神勅」を取り上げていることである。

末松は「國定教科書中ニ天壤無窮ノ御神勅ト表裏一體ノ關係ニ在ル天津神籬、天津磐境ノ御神勅、齋鏡及齋庭ノ穗等ノ御神勅ヲ載スヘキニ非スヤ」と質問したのであるが、それに対し政府は「神勅ハ國定教科書ニ於イテハ兒童ノ理會ノ程度ヲ考慮シテ出來得ル限リ奉掲シ、又其ノ教師用書ニモ奉掲シテ其ノ御精神ヲ知ラシムルコトニ努メ來レリ目下編纂ノ國民學校初等科第一學年用「ヨイコドモ」上ノ教師用書ニ於テハ齋庭ノ穗ノ神勅ヲ奉掲ノ豫定ナリ、又天津神籬、天津磐境ノ神勅モ、今後機會アル毎ニ、兒童ノ理會ノ程度ヲ考慮シテ奉掲スルコトニ努ムル所存ナリ」と答弁している。末松の質問は「天壤無窮の神勅」と祭祀に関わる「天津神籬、天津磐境ノ御神勅」及び「齋鏡及齋庭ノ穗等ノ御神勅」の「二つの神勅」を表裏一体とする今泉定助などの説に依拠したものであったから、答弁書を書いた神祇院もかねてから問題のあった「天津神籬、天津磐境ノ御神勅」については「考慮」するとしか答えようがなかったのであり、文部省も同様であった。周知のように「天壤無窮の神勅」は昭和十三年三月発行の『尋常小學修身書（巻五児童用）』の「第一　我が國」で全文が引用されており、「寶祚とは、皇位即ち天皇の御位のことであります」との説明も付されている。「天壌無窮の神勅」は「教育勅語」に「天壌無窮の皇運を扶翼すべし」とあることから国民にも馴染みがあったろうが、「齋庭ノ穂ノ神勅」、ましてや「天津神籬、天津磐境ノ神勅」となると殆ど知られていなかったというのが実情だろう。昭和十六年一月発行の『ヨイコドモ　上』には「コトシノオコメガデキマシタ」という一文があるので、政府はその教師用として「齋庭ノ穂ノ神勅」を取り上げたのであるが、児童はもちろんのこと、教師ですらどれほどその意味と意義を理解していたのか疑問である。

また、文部省は昭和十五年六月の段階で同省著作の『師範國史』上巻（教学図書発行）を作成していたが、その「祭祀の淵源」には「斎鏡の神勅」と「斎庭の穂の神勅」が天皇祭祀に関わる神勅として挙げられているだけで、「神籬・磐境の神勅」には触れていない。かかる現状からするならば、当の内務大臣である平沼騏一郎が前記した祭祀審議会を皇典講究所内に設けて「祭政一致」に関する調査・研究を始めるのも当然のことであった。

このように、「国是」である「八紘一宇」や「肇国」などの政府が鼓吹する用語には議会からも疑問が出ていたのであるが、文部省の外局である教学局だけが独り気を吐いていた。支那事変勃発からまる四年が経った十六年七月には『臣民の道』を刊行し、「臣民の道」は「抽象的規範にあらずして、歴史的なる日常實踐の道であり、國民のあらゆる生活・活動は、すべてこれ偏へに皇基を振起し奉ることに歸する」と宣言している。

『臣民の道』は「世界史の転換旧秩序世界の崩壊」を前提に、日本の「道義」による世界新秩序建設の重要性を「臣民」に訴え、「自我功利の思想を排し、国家奉仕を第一義とする皇国臣民の道を昂揚実践する」ための教本として作成されたものであるだけに、『國體の本義』と比べてもその内容はすこぶる過激かつ煽動的である。そこでは古今の種々の詔勅や記紀などの古典、あるいは史書などが総動員され、しかも現在進行中の「時代」に収斂されるように記述してあり、それなりの迫力を持っている。「修理固成」、「天壌無窮の神勅」、「寶鏡の神勅」、「齋庭の穂の神勅」、「惟神の道」、「現御神」、「敬神崇祖」、「神國」、「八紘一宇」、「祭政一致」などあらゆる神道的用語が登場し、「みこともち」までもが動員されている。その内容を逐一考察する余裕はないが、ここでは近衛も前記演説で言及している「敬神崇祖」について簡単に触れておこう。

「敬神崇祖」という語句は神社界にとっては「神社」を抜きにしては語れない。『神社本義』が「敬神は即ち崇祖であり、崇祖の念は、神社の崇敬と融合し」と述べる所以である。しかるに『臣民の道』にあっては、「敬神崇祖」とはあくまでも「忠孝一体」を家庭において具現化することであった。「敬神の精神を一貫するものは神を通じて天皇に歸一」することを意味し、「家々に於て先祖祭を行ふことは、宮中の祭祀の御精神を體する我が古來の國ぶりである」(忠)として、天皇の皇霊祭に倣って家庭での「先祖祭」(孝)を営むことの重要性がまず強調されているのである。

従って、「戸毎に神棚を設け大麻を奉齋し、また祖先の靈を祭り、一家擧つてよく敬神崇祖のまことを致す」ことが「敬神崇祖」の第一義とされたのである。「神宮大麻」の奉斎が「敬神」、「先祖祭」が「崇祖」であることは言うまでもない。「氏神」への参拝も「氏神は本來氏の神を祀つたもの」であることを前提に「如何なる土地にも氏神があり、我々は必ず何れかの神社の氏子であるから、氏子として氏神に奉仕することを怠つてはならぬ。即ちその祭禮には勿論、家に於ける慶祝その他特別の日等、または毎月或ひは毎日、氏神に詣でることを勵行することが肝要である」と述べた後、「更に彼岸會・盂蘭盆會等は先祖祭の機會であるから、これ等の行事をも有意義ならしむることが望ましい」と結んでいる。

ここには「臣民」の「敬神崇祖」を説くにも仏教的な「先祖祭」を組み込まねばならなかった「国家」の実態が如実に表れている。「少しでも、お天子様のお喜びになるやうなことをして、南無阿彌陀佛をよう知つて、淨土へやつて頂いて、子供と面會するのが樂しみですわいな」と支那事変で息子を失った母親が語ったのが昭和十四年四月のこと。「国家」はそれを否定してまで「信仰」としての「敬神崇祖」を国民に強制することはしなかったし、また出来もしなかった。前記した神祇院副総裁の飯沼がいみじくも述べた「其ノ最小限度ニ於テ、總テノ國民ガ神様ヲ拜ムコト」くらいが国家(神祇院)として実行可能な「敬神崇祖」の具現化であったのである。無論、その施策は昭和十六年十二月八日の「大東亜戦争」開戦以降は「大政翼賛」体制の強化とともに拡充され、道府県に指示して氏子崇敬者総代連合会などと共催して「敬神思想」の普及活動を推進したり、神宮大麻の「部落会・町内会・隣保会」を通しての「全戸」頒布・奉斎運動、あるいは昭和十七年十二月十二日の昭和天皇の「神宮親拝」を記念する「一億総神拝の日」を設けるなど、様々な施策を講じてはいる。そうした施策が国家の神道的イデオロギーの具現化と捉えることも可能であろう。だが、それは「米英撃滅」の「聖戦」を勝ち抜くための「手段」ではあっても、「目的」ではなかったのではないか。そこには果していかほどの、「神道用語」が国民に体得されていたのであろうか。国家も大多数の国民も「皇国完勝」の後に来る「理想的八紘一宇の世界」を描くことなしに「聖戦」を戦っていたのではないか(仁宮武夫『皇國完勝の體制』旺文社、昭和十九年六月)。小泉信三が「アメリカ人と残忍性」(『三田文學』一九—八)を語るような時代の来る前には、もう少しは伸びやかな神道的イデオロギーがあったのである。

支那事変下の昭和十四年、西田門下の高山岩男は「日本は現代に於て始めて真実の世界に進出し始めた。日本は現代新しき世界に直面しつつある」という現状認識から世界を通観すべく『文化類型學』(弘文堂書房、昭和十四年二月)を書いた。高山は「日本文化の類型」で「皇室の起源を語る国家神話」の独自性を強調してその特徴を「罪観念」の希薄さ(現世主義)に求めた。高山にすればこれも一種の「皇道」論なのであったが、葦津珍彦はこうした見方に対して「神道信仰」の立場から、「日本民族の罪観念」に見られる信仰こそがユダヤ教の「偏狭」とキリスト教の「異端排除」による「世界万邦の異端」の存在を救済出来ると批判した。葦津もまた「神道の世界性」を主張することによって「世界に直面」していたのである（「基督教聖書を讀む」『論集』兄弟社、昭和十七年一月）。葦津にとっての「八紘一宇」の世界とは「日本民族の世界観」の確立がなければ存在し得ないのであり、それは「一面に於て極めて特殊的民族なるとともに（萬邦無比の信仰）その半面に於ては徹底的に普遍的世界的なり（四海同朋、八紘一宇の信仰）」（『皇国時報』七八四）を有してはじめて実現さるべきものであった。だが、これも葦津個人の神道的イデオロギーであることに相違はなく、そうした多様な「惟神の大道」や「皇道」について論じる神道的イデオロギーが続々と出現する「時と場」は着々と戦前期に用意されていたのである。

やがて、「皇道仏教」を主唱した佐々木憲徳が「聖徳太子の御創意にありては、日本國のための直枉の佛教であつて、惟神の大道にかなへる純乎たる皇道佛教であつた」（『恩一元論―皇道佛教の心髓―』興教書院、昭和十七年六月）と述べ、国民精神文化研究所の大串兎代夫がいかにも「神道人」らしく「十二月八日の國民的歡喜の日に、われら日本民族が直ちに思ひを至したものは、「祖先」であつた」と書いて、「全國津々浦々の神社はそのために存する」とその神道論を吐露したように（「大東亞戰爭の曉に立ちて」『日本評論』一七―一）、あらゆる神道的イデオロギーと神道的用語が飛び交い、誰もが「惟神の大道」や「皇道」、「八紘為宇」を語れる「時と場」の幕が切って落とされる。藤澤親雄は「八紘為宇の本地」日本を証明するために「ミュウ大陸」の実在を主張し（『國家と青年』潮文閣、昭和十八年四月）、犬塚惟重も藤澤と立場は違うが日本こそは「人類の母国」と主張した（『人類の母國「神國日本」』八紘會、昭和十八年十月）。また、「神道界の大御所」今泉定助も老躯を駆って全国各地で道義を重んずる「皇道精神」による「世界皇化」を講演して回った。その今泉を批判する星野輝興は「惟神の大道」は『日本書紀』にある「皇祖天照大神」の神勅による地上における天皇祭祀にあることを主張し、『古事記』の「造化三神」を中国的観念的として退けた（「惟神の大道」『興亜』二―九）。他にも無数の神道的イデオローグが戦時下の日本社会に出現し、そしていつしか消え去っていった。だが、彼らが一時であれ「惟神の大道」論を社会に向かって語り得たのは『古事記』や『日本書紀』、あるいは詔勅類にある「神道的用語」があったからではないだろうか。それをより精緻に検証することによってのみ、赤澤の「神道用語は国家への絶対服従を指示するむき出しの政治の論理の美化・聖化の役割をはたすものに転化することになる」という指摘に対する具体的実態的な解答は導き出されなければならない。

おわりに

昭和二十年十二月十五日に占領軍が発出した「神道指令」によって、「国家神道」なる用語が戦後日本の社会にも広く浸透した。その「国家神道」の語には負のイメージが刻印されて現在に至っていることは否定しようのない事実であろう。だが、そのイメージが「戦時下の神道と社会」を中心にして語られていることも事実である。確かに国家は戦時下の国民に様々な施策・方法で「神道的なるもの」を注入した。しかし、そのこと自体と国家あるいは国民が有する神道的イデオロギーの鼓吹とその「国家的乃至社会的装置の構想」を実現しようとした動きとは区別されて然るべきではないのか。神祇院が設立以来敗戦間際に至るまで神祇行政の一環として「無格社」整理問題に力を入れたのはいかなる神道的イデオロギーによる構想があってのことなのか（神祇院は昭和十七年三月二十四日の段階で千葉県姉崎町の「無格社」整備の具体案を作成している）。また「敬神思想の普及」においても、『神社本義』とは明らかに「イデオロギー」の異なる各個人の多様な「神道観」に基づいた「敬神思想普及資料」を敗戦直前まで出し続けたのはどういう事情からなのか（昭和二十年六月には神宮皇學館大學の新開長英の『神道世界觀』が神祇院指導課から刊行されているが、これも「むすび」と「ことよさし」を重視する新開独自の「神道観」が述べられており、とても国民の標準とすべき神道的イデオロギーとは言えない代物である)。

このように、神祇院に関してですら筆者には未だ不明な点が数多くある。ましてや他の政府機関、あるいは個人の神道的イデオロギーの多様性とその意味内容、さらにはそれが及ぼした対社会的(対国際的も含む)影響の程度如何、等々を問うにはまだまだ膨大な調査・研究が必要と痛感している。本稿は上記した筆者なりの課題を考察する上での「鍵語」となる神道的用語に焦点を当て、天皇の統治を権威づけ、さらには「日本仏教」の権威をも担保した天皇(皇室)に関わる少数ではあるが、それだからこそ「権威」あるものとされた神勅や詔勅類に依拠する神道的用語が「戦時下の社会」が到来するまでにどのように理解され、神道的イデオロギーとして使用されていたのか、その過程をごく大雑把にデッサンしたものに過ぎない。この素描そのものをしっかりした「絵」に仕上げて後に、改めて「戦時下の神道と社会」を素描したいと念じているが、幸いなことに本書には「戦時下の神道と社会」に言及した論考が多数ある。本稿が、それらの論考を読み進めるための一助ともなれば、筆者の「デッサンの使命」の幾分かは達せられるかもしれない。

第一部

照本亶と『皇国』

――大正期・昭和初期の神社人の言説――

藤本頼生

はじめに

「大正七―八年は、明治以後現代に至る間の日本の社会の巨大な曲り角であった」[1]とは、今は無きオピニオン誌『諸君!』において連載されていた「共同研究『大正時代』」での経済学者中村隆房の言である。十五年という年数を長いと考えるか、あるいは短いと考えるかは別としても大正期は、日露戦後から第一次世界大戦の前後にかけての産業の発展、市民社会の発展に伴って高揚した自由主義、民主主義的風潮である「大正デモクラシー」と呼ばれる、多種多様な民衆による社会運動や労働運動、教育運動が噴出した時期であったといえよう。あるいは、日露戦争後から、第二次世界大戦での日本の敗戦に至るまでの道程の一部でもある「大正」という時期は、社会主義思想の登場とも相俟って、様々な運動や言論が沸出、民本主義思想が拡大した時期でもあるが、この時期において神祇を奉祀することを第一義とする神職においては、どのような考えを持っていたのであろうか。とくに昭和初期の国学やナショナリズムなどの問題も踏まえながら考える場合、筆者は、その前段階の時期にあたる明治末期から大正期における神社人の思想と言説にも着目しておく必要があると考えている。

そこで注目すべき人物として、全国神職会の機関誌であった『皇国』にて主筆として活躍した照本金川こと、(2)照本亶《てるもとゆたか》をとりあげてみたい。照本は、『皇国』誌にて巻頭言、論説や時事小論等を著しており、編輯主任という立場柄、まさに「ミスター『皇国』」ともいうべき立場にあり、神社界のオピニオンリーダーとして活躍した一方、横浜の郷社の一神職として神明奉仕していた人物でもある。そこで本稿では、『皇国』誌を中心とした照本亶の著述と、照本の活躍の場となった全国神職会の動きにも触れながら、大正期から昭和初期における神社人の神祇行政に対する考え方と神社観の一端を窺おうとするものである。

照本が活躍した時代は、明治末期の大逆事件やロシア革命などの起きた時期を経て、米騒動や昭和初期の金融恐慌、支那事変に至るまでの時期であり、その中心は、大正期の後半から昭和初期にあたる。この時期は、社会主義思想の流入といわゆる大正デモクラシーの時期にもあたるため、こうした時代において、神社協会のような官製の団体ではない、民間の神職団体である全国神職会にて論陣を張った照本の言説は、一体どのようなものであったのか、この点に注目しつつ、照本の事績とともにあとづけてみたい。

また、本稿は大正デモクラシー期、昭和恐慌から戦間期という昭和初期に至るまでの激動の時代に、どのような形で神社界が社会主義思想を受け止めようとしたのかという、神祇思想や国体論との共存、対立問題を考えることにもつながるものである。この点については、すでに赤澤史朗や畔上直樹による研究(3)もあり、参考となるが、いずれもいわゆる大正・昭和期の神道・国学への展開を主とするものではない。そのため、本稿では対社会主義思想と神社人という観点からも照本の言説を窺ってみたいと考えている。

一　全国神職会と同会の機関誌の変遷

まずは、『皇国』を発刊していた全国神職会と同会の刊行していた機関誌の変遷について、少し述べておきたい。全国神職会は、明治三十一年十一月十五日に設立され、昭和二十一年二月三日に神社本庁が設立されるまでの約五十年間、いわゆる民間神祇関係三団体の一つとして戦前の神社界において有力組織の一つであった(4)。全国神職会は、当初平田盛胤、久保悳鄰、高階幸造、丹治經雄、塙豊樹、佐伯有義、立花照夫ら当時の有力神職を中心とする有志二五名によって発足したが、同会は、明治末期から大正初期にかけて各府県に設立される地方神職会よりも先んじて発足した団体であったこともあって、全国各地の皇典講究分所などを改組、枝分かれする形で発足した地方神職会とは、もともと本支関係にはなく、発足当初より、会の財務・維持基盤、地方組織が脆弱な状態にあった(5)。

全国神職会の発足経緯については、照本亶が同会より沿革史編纂を嘱託されて作成した「全国神職会沿革概要」及び、のちに全国神職会主事を務めた太田真一が纏めた『全国神職會沿革史要』に詳しいが(6)、ここでは太田の『全国神職會沿革史要』を元に全国神職会と各府県の神職会の設立経緯について概略を述べておく。まず、各府県神職会については、明治八年に神道教導職が東京有楽町に組織した布教・教義研究機関である神道事務局が各地に神道事務分局を設けていたことに端を発する。その後、明治十五年の神官教導職の廃止に伴って皇典講究所が設立され、各府県に皇典講究所分所が設立されたのち、神職資格の付与に関わって各府県神職取締所が（各皇典講究所分所内）に設置されていたものが、明治四十年前後から改組する形で各府県神職会の発足へと至る(7)。各府県神職会の前身たる神職取締所の成立については、明治二十四年七月六日の府県郷村社神官奉務規則の改正と同時期（同七月十日）に出された社甲第十四号（内務省）通牒にて、適宜神官取締規則を設けしめ、管理の方法を依頼したことに伴って各県の神職取締所が発足していくが、これより前の明治十五年八月三十日の内務省乙第四十六号達（皇典講究所設置につき、府県社以下の神官に皇典講究所本分所の試験を受けさせて、皇典講究所の卒業証書、試験済証書をもってして神職に撰挙するという意の達）が分所の設立、その後の各府県での神職取締所の発足に大きく影響しているものと考えられる。(8) つまり、各府県神職会の設立については、皇典講究所、皇典講究分所との関係のもとで考えなければならないものであるといえる。

つぎに全国神職会の発足について述べておきたい。元々、各府県神職会と全国神職会とは直接的な関係はなく、神祇官興復運動を中心とする各地での有志神職の連合体の活動が全国神職会の設立へと繋がることとなるが、その経緯についておおまかに触れておくと、まず、明治十五年の神官教導職分離以降の神社制度変革のなかで、明治二十年の官国幣社保存金制度と府県社以下の神職の任用資格の制度改変に伴って、憤慨する有志神職六十余名が神職同盟を成し、いわゆる神祇官興復運動となったことに起因する。明治二十二年六月の西海連合会での決議、二十二年十一月の各府県神職代表者の会同、二十三年春の有志神職連盟の会同、同年十一月の神官集議所の結成、翌二十四年一月には神祇官立官の必要性を早川龍介、大津淳一郎、小田貫一の各衆議院議員らに説き、第一回帝国議会への建議案の提出を働きかけるなどしたものの、具体的な進展を見るに至ることなく、同年四月には官国幣社宮司総代会事務所設立に伴い、同所に神官集議所を併置し、機関誌『随在天神』を指定して、組織を整えることとなり、全国神官取締本部の設置が決議されている。その後、神祇官興復運動と相俟って、三十一年十月に全国神職同盟会が組織され、明治三十一年十一月十五日に全国神職同盟臨時会が開催されたが、これが全国神職会創立大会とされ、「臨時全国神職会約則」が決議可決されて、爾来全国神職会と称されるようになり、常務員に久保悳隣、丹治經雄、佐伯有義が就任。これが全国神職会の創立とされている。三十三年の貴族院での建議可決により、内務省神社局の設置となるが、この折に地方との連絡、意思の疎通を図るためにも機関誌刊行の必要性が示され、『全国神職会会報』の発刊に至ることとなった。

全国神職会では、神祇官興復運動、官国幣社経費国庫支弁、府県社以下神社神饌幣帛料の供進という創立以来の三大問題の解決に向けた運動などの会の事業が拡張されていく一方で、大正期に入り地方神職団体の公設問題が解決され、地方神職会との本支関係が図られて組織が強化される時期までは[9]、会の経済基盤は非常に脆弱な状態にあり、常に皇典講究所からの人的、物的な支援を受けながらの活動であった。明治三十一年の創立当初は、皇典講究所にほど近い、麹町区飯田町五―三〇に事務所を設けたが、明治三十三年六月から皇典講究所の一室を間借りして事務局（当時、皇典講究所は飯田町五―八）をおくこととなり、全国神職会の通常会は、その大半を皇典講究所において開催していた。その後、飯田町六―一七に設置と協議決定された後、靖國神社社務所内に事務所移転したが、皇典講究所内へ再移転。以後、虎の門金刀比羅宮などへも事務所を移すが、昭和七年の全国神社会館建設前までの大半は[10]、皇典講究所の一室を充用している状態にあったため、皇典講究所との間で事務所費用などの面で問題となることもあった[11]。大正十五年には、ようやく財団法人への申請を行い、主務官庁からの許可を得て、法人格を取得する。その後、昭和三年に國學院大學の拡張計画が出されてからは、全国神職会事務室の移転問題が取りざたされることとなり、昭和七年四月に全国神社会館（戦後、昭和六十二年まで神社本庁庁舎として使用）が建設、完成されたことにより事務所も同会館内に移転、組織も充実されることとなった。かたや官製の神社関連団体として内務省神社局の意向を伝えた神社協会が[12]、機関誌である『神社協会雑誌』を「皇国時報に根據を置き、本誌の使命を承継せしむることにした」として昭和十三年八月に廃刊してからは、全国神職会の機関誌であった『皇国時報』が神社界で唯一の機関誌[13]ともいうべき存在となるに至った。

そのような経緯ではあったが、全国神職会は、発足当初から機関誌『全国神職会会報』（明治三十二年八月〜大正九年十二月、以下『会報』と略す）を発刊しており、同誌の発刊によって「其の言論はよく斯界の動向を指導し、或は祀職の向上に資し、或は輿論の喚起に努め、其の報導は全國神職の耳目となりて斯界に貢献したる」[14]こと頗る大であったという評価がなされている。その後、『会報』を改題した『皇国』（大正十年〜昭和四年十二月）、『皇国』誌を改題、月刊誌から旬刊となった『皇国時報』の三誌がある。とくに『皇国』に関しては、『会報』同様、月刊誌であったが、『会報』が「内務省神社局の代弁誌たる「神社協会雑誌」への反撥からも理解されるように、他面において全国の在地の神職の日々の声と感情を率直に、そして強烈に表現しつづける」、「誌上ではこのような多くの神職の主張やつぶやきは戦前の所謂国家神道が一貫して内在していた矛盾の鋭い反映でもあった」と宮地正人が説くように、個々の在地神職からの強烈な主張、個性が出される雑誌でもあった。同様に阪本是丸も「なぜ『神社協会雑誌』という半ば官製の神祇関係機関誌があるにもかかわらず、全国の神職は『全国神職会会報』という独自の機関誌を持たねばならなかったのか。その背景・理由は何なのか。それはまさに政府の「国家神道」に対する「草莽の神職」の精一杯のプロテストでもあったのだ」、「『神社協会雑誌』とは違って、神社は民衆とともにあるべきだという大方の神社人の願いを、かなり色濃く打ち出している」と述べて、現場の神職の生の声を伝える『全国神職会会報』の性格を指摘しており、その記事内容が単に神社界内部の問題にとどまらない広範囲にわたるもので、かつ政界、官界、学界、思想界など各界の指導的地位にある人々の論考が加わっていることも同誌の性格として述べられている。

『皇国』誌については、先に述べた宮地、阪本の指摘のような『会報』誌の性格を受け継ぎつつ、いわゆる大正デモクラシー華やかなりし頃に発刊されていたこともあり、『神社協会雑誌』や『会報』と比べても、より自由闊達な論調である。神社界の関係者の論考についても葦津耕次郎や今泉定介のような著名な神道人はもとより、有力大社の神職から地方の一神職、皇典講究所や國學院大學の教授や講師、あるいは神社局関係の官僚などの論説なども掲載するとともに、『会報』と同様、神職から投稿された和歌や各県神職会の雑報記事、皇典講究所の記事なども多く収録され、さらには帝国議会の議事録のような全国神職会の評議員会速記録も掲載されていた。また、神職の立場、神社制度、教育、宗教、民俗、思想、軍事などの多方面の論説記事が掲載されていることも、『会報』と同様であり、その点でも当時の神社界が何を知り、何を考えようとしていたのかという点や当時の社会情勢とその反応をつぶさに窺い知ることができるものである。

なお、全国神職会における各機関誌の編輯担当については、表1に示してみたが、照本が『会報』、『皇国』の主筆を担当した十年余という期間は、これは会報発刊時の最初の編輯主任として十三年余を編輯に尽力した佐伯有義に次ぐ長さであり、とくに『皇国』に関しては、昭和五年一月に『皇国時報』と改題するに至るまで交替することなく、一貫して照本が誌面の編輯を担当している。なお、比較の対象とするには、月刊と週刊という刊行回数の問題があるが、戦後、神社界の機関紙として創刊されている『神社新報』（週刊）は、創刊時から七十年間で、十三名の編輯長が就任、交替しているが、うち、十年を超えているのは、西田重一、西田廣義の二人のみである。(15) 全国神職会における歴代の機関誌編輯者の顔ぶれをみると、官社宮司や宮内省掌典を務めた佐伯は、國學院大學教授を務めるなど神道学者としての側面があることに対して、目黒和三郎や櫻井稲麿（東花）、照本は、いわゆる民社の神職出身であり、目黒や櫻井はのちに官国幣社の宮司を務めたが、照本は、家庭の事情もあったこともあって、官社へは赴任することなく、一貫して、民社の神職、社司であり続けたところに一つの特徴があるといえよう。

表1　『全国神職会会報』『皇国』『皇国時報』の編輯担当者等について

①『全国神職会会報』（月刊）の編輯担当者と編輯にも関与したと考えられる論説の主要執筆者

氏名	所属（委嘱当時）	論説・雑纂等の執筆開始時期	論説が散見されなくなり始める時期	備考
佐伯有義	古事類苑編纂事務嘱託・全国神職会総務委員宮内省掌典（明治25～28、37年～）	明治32年8月～	大正2年1月	創刊時からの編輯主任（編輯主任としては～明治44年12月まで在任）。
宮地巌夫	宮内省掌典・全国神職会評議員	明治32年8月～	大正元年12月	創刊初期より論説等を寄稿。
逸見仲三郎	全国神職会評議員図書寮御系譜課大山阿夫利神社社掌	明治32年8月～	明治40年3月	創刊初期より論説等を寄稿。権田直助に師事。國學院講師の他、『大八洲雑誌』の編輯に従事していたことでも知られる。
宮西惟助（星岡）	全国神職会常任幹事（根津神社社司、のち官幣大社日枝神社宮司）	明治44年10月～	大正2年2月	宮西星岡の名で特に明治末～大正初期に論説を執筆。「記者の領分」欄にも多く記載あり。國學院講師、教授も務めた。
目黒和三郎（雨峰）	全国神職会評議員（皇典講究所幹事兼國學院主事：のち大山阿夫利神社社司）	大正2年5月～	大正10年6月	佐伯の次の編輯主任を担当。権田直助に師事。会通社に委託していた発刊事務を全国神職会から明治38年4月より高山とともに担当していたが、高山が厳島神社宮司へと転任する大正2年5月から全国神職会より正式に編輯主任が委嘱されている（『全国神職会沿革史要』）。のちに全国神職会会報編集顧問となる。大正3年に県社大山阿夫利神社社司となり、八年に龍田神社宮司、10年に大神神社宮司となり歿。
高山昇	全国神職会評議員	明治38年10月～	大正元年12月	発刊事務担当（明治38年～大正2年：『全国神職会沿革史要』）実際には論説よりも雑纂欄などを中心に記述。
櫻井稲麿（東花）	小川神社社司（埼玉県）（のち別格官幣社東照宮禰宜、国幣中社敢國神社宮司）	大正元年～（実際には大正5年5月以降に編輯主任となっての論説執筆）	大正8年5月	目黒の次の編輯主任。大正5年5月より編輯主任を担当するが（『全国神職会沿革史要』）、大正元年頃から既に会報の編輯事務を担当。論説は、大正2年頃より散見され、当初は雑纂欄に多く著述。目黒の論説が減少する大正6年頃から多く論説を執筆するようになる。大正7年に神宮神部署主事、群馬支署長となる。なお、大正8年5月号より会報が全国神職会の直接経営となる。

照本亶（金川）	熊野神社社司（神奈川県）	大正8年5月～	大正9年12月	櫻井の次の編輯主任。記名入りの論説は大正8年6月号「民力の涵養に就いて」より。

②『皇国』（月刊）編輯主任（主筆）

氏　名	所　属	開　始	終　了	
照本亶	熊野神社社司	大正10年1月（二六六号）	昭和4年12月（三七二号）	『皇国』誌面刷新計画の具体化および、家庭の事情による退任。

大正15年4月から編輯事務担当の嘱託として進藤譲（『國學院雑誌』の編輯者）が委嘱されているが編輯主任ではない（『全国神職会沿革史要』、『皇国時報』七〇〇号）

③『皇国時報』（旬刊）編輯主任（主筆）

氏　名	所　属	開　始	終　了	
田尻隼人	全国神職会嘱託（のち満州帝国共和会顧問）	昭和5年1月1日号（三七三号）	昭和5年10月21日号（四〇〇号）	『皇国』誌からの改題当初から日刊新聞の編集者との兼任として皇国時報主筆の地位にあったが、『皇国時報』編輯の目途が付いたとして4月より辞任の意思あり、10月いっぱいをもって退任。退任後も『皇国時報』へ時折寄稿。
梅本寛一	皇国時報発行所所員（全国神職会）	昭和5年11月1日号（四〇一号）	昭和6年1月1日号（四〇七号）	四〇一号の編輯人名は田尻隼人であるが梅本による実質的な編輯は四〇一号から。家庭の事情により退任。
宮崎茂樹	八幡神社社司（東京府）	昭和6年1月21日号（四〇八号）	昭和7年8月21日号（四六五号）	國學院大學国史学科出身（大正14年卒）、官幣大社熱田神宮禰宜への転任に伴う退任。
入江晃	皇国時報発行所所員編輯主任（昭和6年9月より）（昭和8年1月より：全国神職会編輯係書記としても任用）	昭和7年9月1日号（四六六号）	昭和14年3月1日号（七〇〇号）	奥付の編輯人については、入江が編輯主任となってから全国神職会主事の太田真一名で記載（六七六号まで）、編集後記については入江生の名で入江自身が記載。昭和9年1月（五一七号）より國學院雑誌編輯主任、進藤譲および野津康雄を全国神職会嘱託として招聘（進藤は昭和10年3月まで）。入江就任後は太田が「春風秋雨」と題して巻頭にコラムを掲載。入江は、茨城県出身。昭和6年國學院大學高等師範部を卒業後、編輯部入り。昭和14年に朝鮮神宮主典へと転任し、編輯主任を退任（八代宮宮司などを経て戦後、東京大神宮権宮司）。
金子道男	全国神職会書記（庶務担当）	昭和14年3月11日号（七〇一号）	昭和14年6月1日号（七〇九号）	國學院大學を昭和6年に卒業後、全国神職会へ奉職。入江の後の編輯主任となるが、国幣小社戸隠神社主典に転任となり退任。

西田文四郎	全国神職会嘱託（元中外日報神道担当社員）	昭和14年6月11日号（七一〇号）	昭和17年6月11日号（八一九号）	『皇国時報』の編輯以外に大日本神祇会教導部情報科主任も担当していたが、自身の上海神社禰宜（中国）への転任につき退任。
千種宣夫	大日本神祇会調査部兼教導部嘱託、皇国時報編輯主任兼情報科主任（その後、19年に大日本神祇会主事）	昭和17年6月21日号（八二〇号）	昭和19年7月11日号（八八六号、以後記事未見につき確認できず）、実際の退任時期は不明）同年7月以降は旬刊から月2回の刊行へ変更。	神宮権禰宜より転任。西田転任決定後は、八一四号より太田真一主事の時代と同様、巻頭頁下のコラム欄を執筆昭和20年に阿部野神社宮司、30年に菊池神社宮司。

なお、改題当初の昭和5年1月に主筆の照本の穴を埋めるべく、河野省三に皇国編輯に関する相談役が全国神職会より委嘱されている。

このほか、主たる編輯係書記として永井暁（昭和7年5月～8年5月）がいたとされる（『皇国時報』七〇〇号に記載あり）

＊論説執筆者以外に全国神職会会報、皇国の発行に携わった編輯事務局（一部）

梁川保嘉　会通社設立者（発行・販売営業責任者）　太田真一　全国神職会主事

津田茂麿　発行兼印刷人　田村克喜　全国神職会常務理事

吉岡米吉　編集事務局　三宮千春　全国神職会常務理事

永松山太　発行人（全国神職会書記）　秋岡保治　発行人（全国神職会常務幹事）

（参考文献）『全国神職会沿革史要』（昭和十年）、『全国神職会会報』『皇国』『皇国時報』各記事、『神道人名辞典』（昭和三十年）、『神道人名辞典』（昭和六十一年）

二　『皇国』編輯主任―照本亶

照本亶は、『会報』の編輯主任として主筆を務めていた櫻井東花(16)の後を承け、大正八年六月から『会報』の編輯主任となり、編輯業務及び、論説等の執筆を担当する。(17)照本自身、『会報』誌上には、既に社会問題や社会政策、はたまた外交問題や教育問題に至るまで鋭い論調で論説を記しており、『皇国』へと改題された後も誌上で、巻頭言(18)ならびに巻頭言の代わりに書かれることもあった「批判と主張」、いわゆる時局問題にかかる主張である「時論」をはじめ執筆しており、記事の最後にカッコ付で金川、あるいは金川生と書かれたものは、すべて照本の執筆であった[19]。照本は、『皇国』の編輯主任として、奥付の編集人にその名が記されており[20]、梁川保嘉の逝去、秋岡保治の全国神職会の常務幹事退任後は、発行兼印刷人にも照本の名が見られようになる。『会報』では、元々、佐伯有義が編輯を担当し、梁川保嘉が印刷・発行、誌代回収の経営面を担当するということで機関誌としての発行がスタートしたこともあって[21]、発行人・印刷人と編集人は別の人物が務めていた。そのため、照本が編輯人・発行人・印刷人として名を連ねて発行されていた大正十二年八月から昭和四年十二月までの『皇国』の発行は、前身の『会報』の形態と比べ、対照的な形で、まさに照本を抜きにしては語れない機関誌刊行であったともいえる[22]。

照本の『皇国』における論説の一覧は表2に示した通りであるが、こうした照本の時流を見据えた論説は、人物、文体は異なっても、戦後、神社新報主筆を務めた葦津珍彦の「論説」や「時の流れ」などの『神社新報』紙上での時局に敏感な評論、主張とも少なからず相通じるものがあるといえる。なお、『皇国』の編輯については、全国神職会の幹事長ら幹部が集う幹部会などでも編集方針が話し合われることがあり、全国神職会関連の様々な重要な会合へも照本自身が出席することも多かった[23]。そのため編輯主任を務めていた照本と一部の全国神職会書記・嘱託だけで行っていたものではないことも注目すべき点である[24]。

表2　『全国神職会会報』『皇国』誌における照本亶（金川・金川生）名の論説・主張一覧（祝辞・講演録の感想記を除く）

	種類	題名	雑誌名	号数	発行年月	備考
一	論説	民力の涵養に就いて	『全国神職会会報』	二四八	大正8年6月	照本亶
二	論説	敬神思想の徹底的研究を促す―不謹慎なる言語を取締神社の参拝を奨励せよ（上）	『全国神職会会報』	二四九	大正8年7月	照本亶
三	論説	御饌神酒の問題　米価問題と禁酒問題	『全国神職会会報』	二五〇	大正8年8月	照本金川
四	論説	社会改造の中心　皇室中心主義と神社中心主義	『全国神職会会報』	二五一	大正8年9月	照本金川
五	論説	朝鮮統治の将来　附朝鮮神社の創建に就て	『全国神職会会報』	二五二	大正8年10月	照本金川
六	論説	神職の社会的施設如何　社会問題より社会政策へ	『全国神職会会報』	二五三	大正8年11月	照本金川

七	論説	全国神職会開催せらる　緊張し結果して起つべし斯道発展のとき将に来れり	『全国神職会会報』	二五四	大正8年12月	照本金川
八	論説	日英同盟の過去および将来	『全国神職会会報』	二六一	大正9年7月	照本金川
九	論説	世界日曜学校大会に就て　国民教育と宗教教育	『全国神職会会報』	二六二	大正9年8月	照本金川
一〇	論説	教育勅語煥発せられて玆に三十年　我が国民思想の現状果たして如何	『全国神職会会報』	二六三	大正9年10月	照本金川
一一	論説	明治神宮と漂蕩へる民心	『全国神職会会報』	二六四	大正9年11月	金川（文末に記載）
一二	論説	歳晩追憶　多事多端　変化に富める一歳	『全国神職会会報』	二六五	大正9年12月	金川（文末に記載）
一三	批判と主張	人格的修養	『皇国』	二六六	大正10年1月	金川（文末に記載）
一四	批判と主張	神職と社会事業	『皇国』	二六六	大正10年1月	金川（文末に記載）
一五	批判と主張	宗教家巷に出でよ	『皇国』	二六六	大正10年1月	金川（文末に記載）
一六	批判と主張	家族日を作れ	『皇国』	二六六	大正10年1月	金川（文末に記載）
一七	批判と主張	神祇崇敬に対する道徳的疑義に就いて	『皇国』	二六六	大正10年1月	金川（文末に記載）
一八	論説	修学旅行と神社参拝　学校側の注意と神社側の取扱	『皇国』	二六九	大正10年4月	金川（文末に記載）
一九	論説	葬儀の改善と其の弊風の二三	『皇国』	二六九	大正10年4月	金川（文末に記載）
二〇	巻頭言	基礎づくらるべき全国神職会	『皇国』	二七〇	大正10年5月	金川（文末に記載）
二一	主張と批判	学生団体の神社参拝に就て	『皇国』	二七〇	大正10年5月	金川（文末に記載）
二二	巻頭言	真の協調へ	『皇国』	二七一	大正10年6月	金川（文末に記載）
二三	巻頭言	斯道と学術研究	『皇国』	二七三	大正10年8月	金川（文末に記載）
二四	巻頭言	神社と社会、民衆運動	『皇国』	二七四	大正10年9月	照本金川
二六	巻頭言	滔々これ皆職業的宗教家	『皇国』	二七五	大正10年10月	照本金川
二七	社会時評	太平洋会議・教育費節約問題・宗教団の簇出	『皇国』	二七六	大正10年11月	照本金川
二八	巻頭言	辛酉歳晩の感	『皇国』	二七七	大正10年12月	照本金川
二九	社会時評	首相の死・白蓮事件・帝展と世相・熱情ある社会家出でよ	『皇国』	二七七	大正10年12月	照本金川
三〇	巻頭言	旭光照波	『皇国』	二七八	大正11年1月	照本金川
三一	論説	神祇特官問題に就て　第四十五議会へ	『皇国』	二七九	大正11年2月	照本金川
三二	巻頭言	事業と功績	『皇国』	二八〇	大正11年3月	照本金川
三三	時評	再び神祇に関する特別官衙設置に関する意見　府県社以下神社経費補助に就て	『皇国』	二八〇	大正11年3月	金川（文末に記載）
三四	説苑	「一日の素戔嗚尊」を観る	『皇国』	二八〇	大正11年3月	金川（文末に記載）

三五	巻頭言	権威ある神社調査会の設置の急務　決議と実行	『皇国』	二八一	大正11年4月	金川（文末に記載）
三六	時評	伝統の破壊と維持	『皇国』	二八一	大正11年4月	大正11年4月
三七	説苑	黒板博士「神社発達の一観察」を聴きて	『皇国』	二八一	大正11年4月	大正11年4月
三八	時評	英皇儲の御來朝と日英交驩	『皇国』	二八二	大正11年5月	照本金川
三九	時評	支那の反基督教運動	『皇国』	二八二	大正11年5月	金川（文末に記載）
四〇	時評	全国神職会通常会を送る	『皇国』	二八三	大正11年6月	金川（文末に記載）
四一	時論	ロシアの飢饉について	『皇国』	二八四	大正11年7月	照本金川
四二	時評	神職任用上の重大問題	『皇国』	二八七	大正11年10月	照本金川
四三	時評	勃興せる神社の祭礼に就て	『皇国』	二八七	大正11年10月	照本金川
四四	巻頭言	大正十二年を迎へて　新年の標語「モット生活に喰入れ」	『皇国』	二九〇	大正12年1月	照本金川
四五	時論	頻々たる不祥問題　羅馬法王廳使節派遣問題　本間神社創建にからむ紛転　福岡米国宣教師不敬事件	『皇国』	二九一	大正12年2月	照本金川
四六	時論	我国教育の根本的改造　神の所有神の智識神への労働　宣徳の火鉢　祭儀執行中の一注意	『皇国』	二九四	大正12年5月	照本金川
四七	時論	田澤幹事長を送る　女性としての婦人運動　借ものの世界主義	『皇国』	二九五	大正12年6月	照本金川
四八	時論	罹災神社復興の急務　神職と参政権―普通選挙実施の後―	『皇国』	二九九	大正12年11月	金川生（文末に記載）
四九	時論	履違の生活改善―門松廃止につき―	『皇国』	三〇二	大正13年2月	金川生（文末に記載）
五〇	時論	建て直しの神祇院―建て直しに邁進せよ―	『皇国』	三〇八	大正13年8月	金川（文末に記載）
五一	論説	危険思想の批判	『皇国』	三一四	大正14年2月	照本金川
五二	説苑	山陰山陽京阪紀行記（その一）	『皇国』	三一五	大正14年3月	照本金川
五三	論説	社会主義思想の諸系統	『皇国』	三一六	大正14年4月	照本金川
五四	説苑	山陰山陽京阪紀行記（その二）	『皇国』	三一六	大正14年4月	照本金川
五五	時論	神社研究の二つの道　神社對宗教問題　神社の現代的研究	『皇国』	三一七	大正14年5月	金川（文末に記載）
五六	時論	全国神職会通常会を終りて　危ぶまれた通常会　院館の握手　親和会の成立　全国社司社掌會　財団組織の拡充　神社職員共済組合　事業費に就て　建議案の始末　幹事の補欠　神祇省と神社調査会	『皇国』	三一八	大正14年6月	金川（文末に記載）
五七	時論	神社講社令に就て　尚、慎重考慮を要す	『皇国』	三一九	大正14年7月	金川生（文末に記載）
五八	時論	フランス第十八世紀の風潮を論じて我国現代の世相に及ぶ	『皇国』	三二〇	大正14年8月	金川（文末に記載）

五九	時論	神社境内解放論について	『皇国』	三二一	大正14年9月	金川（文末に記載）
六〇	時論	全国神職会財団法人基金募集に就いて多大の御助力を望む	『皇国』	三二一	大正14年9月	金川（文末に記載）
六一	時論	神社局長の更迭　社頭奉仕の意義兼務制の可否　斯道宣伝と活動写真　神社行政官吏の特別任用	『皇国』	三二二	大正14年10月	金川生（文末に記載）
六二	時論	時事小言　建国祭に就て　神仏分離史料　普通選挙と解散　神嘗祭と時間問題	『皇国』	三二六	大正15年2月	金川（文末に記載）
六三	論説	新國劇「天の岩戸」を観て	『皇国』	三二六	大正15年2月	照本金川
六四	時論	斯界苦言　悪神社とは　神職家庭の不良　思想の波及するところ	『皇国』	三三一	大正15年7月	金川（文末に記載）
六五	時論	斯界苦言	『皇国』	三三二	大正15年8月	金川（文末に記載）
六六	時論	斯界苦言　神社局長の更迭　神職の政治運動について　井上博士の不敬事件　自治論と官民一致論　神社法の将来	『皇国』	三三四	大正15年10月	金川（文末に記載）
六七	時論	全国神職会財団成る	『皇国』	三三五	大正15年11月	金川（文末に記載）
六八	時論	当面の諸問題に就いて	『皇国』	三三七	昭和2年1月	照本金川
六九	時論	表現汎神論から	『皇国』	三三八	昭和2年2月	照本金川
七〇	時論	斯界苦言　建議案と重要問題　府県社以下神職の優遇　神部支署の廃止　宗教法案と神社法	『皇国』	三三九	昭和2年3月	金川
七一		古本随筆	『皇国』	三三九	昭和2年3月	金川子
七二		全神映画班の活動（一）	『皇国』	三四〇	昭和2年4月	金川（文末に記載）
七三	時論	消極政策か積極政策か	『皇国』	三四四	昭和2年8月	金川（文末に記載）
七四	時論	最近の体験から　神職と信用　人物の選択　神職の世襲　兼務社の制限　神職と内職　神社は我国独自の存在である	『皇国』	三四五	昭和2年9月	金川（文末に記載）
七五	時論	神社の本質　神職と政治活動	『皇国』	三四六	昭和2年10月	金川（文末に記載）
七六	時論	外国語偏重　神社費の削減　道徳的信仰宗教的信仰	『皇国』	三四七	昭和2年11月	金川（文末に記載）
七七	時論	神社調査会愈々設置と決定　所謂神社解放論について	『皇国』	三四八	昭和2年12月	金川生（文末に記載）
七八	時論	神社制度上の自由主義に就て　新しい指導者と新しい大衆	『皇国』	三四九	昭和3年1月	金川（文末に記載）
七九	論説	大國隆正の神道観	『皇国』	三四九	昭和3年1月	照本亶
八〇	時論	氏子総代の権限に就て（法令より來たる疑義　運用上に就いての疑義　神職の本質から見ての疑義）	『皇国』	三五〇	昭和3年2月	金川（文末に記載）
八一	時論	竹越氏の問題　再び氏子総代の権限に就て　宗教味人間味	『皇国』	三五一	昭和3年3月	金川（文末に記載）

八二	時論	宗教教育樹立神饌田の経営　全国神職会評議員会開かる　氏子総代会の運用	『皇国』	三五二	昭和3年4月	金川（文末に記載）
八三		古本漫談	『皇国』	三五二	昭和3年4月	照本金川
八四	時論	共産党根絶の方策　二つの誤解へ	『皇国』	三五三	昭和3年5月	金川（文末に記載）
八五	時論	共産党事件と治安維持法改正　奏任待遇神職の増加に就て　評議員会を終りて　日本宗教大会	『皇国』	三五四	昭和3年6月	金川（文末に記載）
八六	時論	人情論　頻々たる直訴　敬神訓示神社予算　神社哲学の把握	『皇国』	三五五	昭和3年7月	金川（文末に記載）
八七	時論	対支外交緊張　中学教育の大改革　神社制度上の悪傾向　宗教法案の再提出	『皇国』	三五六	昭和3年8月	金川（文末に記載）
八八	時論	狂信的暴挙　若い神社行政官の悩み　神祇崇敬と細胞組織	『皇国』	三五七	昭和3年9月	金川（文末に記載）
八九	時論	秩父宮殿下御成婚　共産党の国際的進出　国体観念の闡明が急務　地方賜饌の問題	『皇国』	三五八	昭和3年10月	金川（文末に記載）
九〇		古本漫談	『皇国』	三五八	昭和3年10月	照本金川
九一	論説	聖徳を仰ぎ奉りて	『皇国』	三五九	昭和3年11月	金川（文末に記載）
九二	論説	御大礼の精神	『皇国』	三五九	昭和3年11月	金川（文末に記載）
九三	時論	優渥なる御沙汰を拝して　意義ある全国神職大会　神職は特に礼節を尚ぶべし	『皇国』	三六〇	昭和3年12月	金川（文末に記載）
九四	時論	神社行政確立の礎石としての神社の合理化　尾崎行雄氏の失言と神宮皇學館当局の責任問題に就て	『皇国』	三六一	昭和4年1月	金川（文末に記載）
九五	新刊紹介	二つの随筆を読んで	『皇国』	三六一	昭和4年1月	金川（文末に記載）
九六	時論	現今神社制度の展望　―神社制度といふ語　他の諸制度に比較して　思想国難に直面して　神社制度の将来　我等は何を為すべきか	『皇国』	三六三	昭和4年3月	金川（文末に記載）
九七	時論	皇典講究所新総裁宮　神宮御遷宮式典を国民的に　仏教側の神社制度調査会　現代神社制度展望（二）―職業的神職　官社と民社　神職の問題	『皇国』	三六四	昭和4年4月	金川（文末に記載）
九八	時論	神社と社会主義　神職試験に社会主義・経済学を課せ	『皇国』	三六五	昭和4年5月	金川（文末に記載）
九九	論説	思想善導に就て	『皇国』	三六五	昭和4年5月	照本金川
一〇〇	時論	宮司談合會と社司社掌談合會　祝詞及び祝詞に関する諸式に就いて	『皇国』	三六六	昭和4年6月	金川（文末に記載）
一〇一	時論	国体観念の講明　新内閣と小橋文相	『皇国』	三六七	昭和4年7月	金川（文末に記載）

一〇二	時論	神社制度調査会復活　池田神社局長を迎へて	『皇国』	三六八	昭和4年8月	金川（文末に記載）
一〇三	時論	教化総動員と全国神職　神職養成の根本改正	『皇国』	三六九	昭和4年9月	金川（文末に記載）
一〇四	時論	遷宮と宣伝　刑務所に語る	『皇国』	三七〇	昭和4年10月	金川（文末に記載）
一〇五	時論	神都に於ける全国神職大会　神宮崇敬の国民化　池田神社局長の所感談　共産党事件	『皇国』	三七一	昭和4年11月	金川（文末に記載）
一〇六	退任挨拶	読者各位に（編輯主任辞退の挨拶）	『皇国』	三七二	昭和4年12月	照本亶（金川）

照本の事績については、かつて拙稿でも若干述べたところであるが[25]、本章でも少し触れておきたい。照本亶は、明治二十二年二月二十日に横浜市神奈川区御殿町（現、横浜市神奈川区東神奈川一丁目、東神奈川駅前）一〇番地の郷社熊野神社社司、照本肇[26]の長男として出生した。大正四年に國學院大學大学部国文科を卒業、栃木県や神奈川県内の中学校教諭を経て、全国神職会へと奉じ、大正八年六月から昭和四年十二月までの十年余にわたって機関誌の編輯の任にあった。父の逝去後は、熊野神社並びに兼務十余社の社司に就任。祠職を継ぎ神奈川県神職会理事としても活躍していたが、昭和十三年六月二十六日に四十九歳で逝去。葬儀は同二十九日に熊野神社の氏子葬として営まれた。実弟には杉山神社宮司を務めた照本郁三がいる。

主な著書に『神饌の作り方』（帝国神祇学会、昭和七年）、『御幣の切り方』（のちに実弟の照本郁三が『各種御幣の作り方』として昭和五十四年に改編発行）、『神社概説』（京文社、昭和九年）があり、とくに『神社概説』は、現在の神職養成の学科目でいうところの「神社神道概説」の教科書にもあたるような書といえる。照本の著書の特徴としては、郷社の社司という境遇もあって、神職に身近な神明奉仕とその研鑽に資する実務的なものを執筆していたことが挙げられるが、これら以外にも照本は、昭和六〜七年にかけて編纂された『皇典講究所五十年史』の編纂事業にも携わっていたことでも知られている。『皇典講究所五十年史』は、現在でも國學院大學の大学史、いわゆる校史を語る上でも必須の書であり、『國學院大學七十年史』、『同八十五年史』、『同百年史』などを編纂する際にも参照された校史の基礎書というべきものである。大学移転や関東大震災などを経て事務日誌ほか記録の亡失などもあったなかで、照本は、「全国神職会沿革概要」などの沿革史編纂の成果も踏まえ、同じく編纂委員であった堀江秀雄、河野省三國學院大學教授と当時、國學院大學研究科に在籍し、編纂助手を務めた阪本健一[27]とともに編纂作業を担当していた[28]。

なお、表2に掲げた通り、照本が、『会報』、『皇国』誌に執筆したと明確に判別できる時論・論説は、筆者の分析によれば一〇六本ある。また、これらの時論・論説では、照本亶という本名よりも、神社の鎮座する地である東神奈川に因んだ「金川」、「金川生」という名を記載した文章が大半を占めている[29]。照本の時論や論説は、ほぼ毎月、記名入りで『皇国』に掲載されていたが、この著述は大きく五つに分類することができる。それは、①当時の神社界の大きな話題であった、府県社以下の神社経費国庫補助問題、神社法制定問題や神祇特別官衙設置運動（神祇院設置問題）、神祇崇敬に関する建議案など、神社界を挙げて帝国議会へ建議案を提出するよう運動した問題、②ロシア革命や共産・社会主義の流入や大正デモクラシーという当時の社会思潮に絡んでの思想善導の問題に対して神社人としての主張、③神社観、神職観、神道観についての問題、④神社法や神祇院設置問題にからむ神社制度、神職制度についての問題、⑤神社と社会事業・社会教化事業、神社と内務省の社会政策についての問題、という五点である。

とくに②は、社会主義と神社という問題を考えることにつながるもので、照本が『皇国』を通じ、神社界のオピニオンリーダーを務めた時期は、米騒動や労働争議、世界恐慌、ロシア革命と共産主義の流入という歴史的事象が世情を揺るがした時期でもあり、神社・神職そのものの役割、あり方があらためて問われるなかで、神社・神職にとって資本主義、共産主義、社会主義というものをいかに考えるべきかという主張を示さなければならない時期でもあった。この点、『皇国』誌上では、大正十四年二月「危険思想の批判」という論説にて無政府主義、マルキシズム、共産主義などを詳しく紹介した文章があり、これが照本によるマルキシズム関連の批判文の嚆矢ともいうべきものである。

その後、とくに編輯主任を退任する直前の昭和三〜四年あたりに入ってから、照本は社会主義思想の流入に伴う思想善導問題に対して自身の考え方を鮮明に打ち出している。一例として、神職養成・試験に社会主義、経済学を課せよと述べた「神社と社会主義」という時論[30]があるが、この時論では照本自身が、社会主義と神社崇敬とは、何といっても唯物主義という点で根本相容れざるものがあり、社会主義のもつ無神論には絶対反対であって、これは皇室に対する冒涜でもあり、かつ国体上許すべからざることであると述べている。その上で、社会主義は「環境を超越した人の力を忘れている」と指摘している。さらに照本は、「吾々（筆者注＝神社界・神社人）は、神第一である。品性とか人格とかいふものが中心になつて積極的態度を持するのである。精神が組織を作り、精神が環境を統一するのだと考へて居るのである。此の點が社会主義と永遠に相別れ、永遠に相容れない所である」とも述べており、こうした前提に立って、思想善導と神職とを考えると、従来の神職養成、試験はあまりにも専門的過ぎて、時代の趨勢に没交渉であったということを批判しており、照本は神職には、時代思想の何者かを研究識別するところがなくてはならず、神職が単に社会主義が何かを知らずに徒にこれを侮蔑、恐怖するというのは、その本質に無知であるということであって、あくまで公平無私に社会主義を批判して行かなければならないし、そのためにも社会主義をしっかりと学んでおくべきだと述べている。また、共産党問題に絡んでの根絶の方策として企図された政府の治安維持法改正の厳刑主義や教化団体をしての宣伝については、照本は、これは解決の消極的方策であり、これはこれで宜しいものであるとする一方、共産主義の起こる環境についてもっと考える必要があると述べている。そのためには、危険思想撲滅の積極方策として、「資本主義的の社会といふものは幾多の缺陥があり、又、私有財産制度の上に於ても改正すべき点があろう」とした上で、まず「社会組織、経済組織について改良していく必要がありはしまいか、かかる組織から思想が生み出されるのであるから危険をはらむ空気を一掃し、環境を浄化する必要があるのではなからうか。共存共栄の出来る住みよい社会にするやうに缺陥を除去することが、共産党撲滅の積極的の方法である」と述べている。また、政府当局に対しても「當局は動もすれば思想の善導とか、国体思想の涵養とか、敬神思想の普及とか何とかいつて居るが、一體、かういふ方面にドレだけの施設経営をして居るか、モット具體的にいへば此の方面に幾何の経費を予算に計上して居るか。冀くは在職中に十分此の方面に努力して欲しい」と手厳しい意見を述べている。

社会主義思想に対して照本は、多種多様な社会主義に対してその善悪を決定するのは、「いふまでもなく神道の大精神を基調とするより外はない」と考えていた。さらには「若し社会主義が平和を愛し、福祉を求めんとするに於ては思想其のものとしては相共鳴する所なきにしもあらず」であったとしても「而し神道にしても神社にしてもそれが霊的存在である以上社会主義とは到底相容れざるものがある」と述べており、この言は照本の対社会主義観を窺う上で簡潔明瞭な言であるといえる。当時、神職が社会問題や社会思想に触れてはならない、あるいは大いに論議すべき、その中間でよいという三つの考え方があったなかで、照本は、「社会主義者たれとか資本主義擁護者たれとか、直接運動をやれといふのではない」と述べており、一般神職はなるべく現実の問題、思想の推移に気を付けて氏子崇敬者を指導するのがより良い道であり、国民思想の善導を目的として神明に奉仕する神職が現代の社会を指導していくためには、常に神職が社会状況や労働団体の消息などにも注意しつつ、神々への信仰と奉仕の精神によって社会を導いて行かねばならないと指摘している。また、「マルクス学派の主張といふものが現代の国民思想を横断して居る主潮であるので、我々は此の思潮を正しく指導していくことにはマルクス主義の缺陥を指摘すると共に國民の経済生活を改良して行くといふことも確かに真理」であり、「思想国難の今日にあたつて國民伝統の大精神—惟神の大道によつて國民精神を善導することが必要である」とも説いており、照本(31)

は、神職が社会主義や経済学のこと、ひいては世界の動きに無知であってはならないと考えていたのである。このことは他の「宗教味人間味」という時論の一部や「思想善導について」など、『皇国』掲載の各時論からも窺い知ることができる。また、他にも昭和三年〜四年頃の時論の著述の端々に「無産階級」、「資本階級」、「資本主義的傾向」という言葉が記され、社会主義思想に対する自身の考え方が登場してくることからも、社会主義思想とは相容れない部分を持つ神社・神職が、いかに国民思想を善導してゆくべきかということに殊の外、思いをめぐらせていた照本自身の考え方を窺い知ることができる。

三　『皇国』誌にみられる神社法制定運動

大正期の『皇国』の紙面構成においての特徴としては、①神社法の制定運動と地方神職会の本支問題に伴う組織整備の問題、②関東大震災後の罹災神社復旧、恤救問題、前節で触れた、③社会教化事業と神社の事業に関して各神職・神道人らへ寄稿を願う、という三点が挙げられる。とくに社会教化事業については、大正十二年当時では『皇国』編集部が購読の神職各位に寄稿を求める項目が五点ほどあったなかに[32]、「神職と社会事業」という項目がある。この点については、当時の思想善導運動と社会教化事業にかかわる動きや、近代における社会事業と宗教との関わりの中で考えなければならない問題でもある。そのため、かつて拙著にて幾分述べたところではあるが[33]、本問題については後日稿を改めて述べることとし、本章では、①の神社法制定運動について少し述べておきたい。

明治三十一年に施行された民法では、第三四条（現在は改正され、第三三条二項が該当）に「祭祀、宗教、慈善、学術、技芸其他公益ニ関スル社団又ハ財団ニシテ営利ヲ目的トセサルモノハ主務官庁ノ許可ヲ得テ之ヲ法人ト為スコトヲ得」という条文が設けられ、民法施行法第二八条にて「民法中法人ニ関スル規定ハ当分ノ内神社、寺院、祠宇及ヒ仏堂ニハ之ヲ適用セス」という扱いがなされた。つまり、神社や他の寺院や教派神道などの宗教団体に対しては別途特別法を制定することが予定されていたのであるが、この点、阪本是丸の研究によれば、政府が「神社法規定の必要性」を感じ始めたのは、「明治二十二年の帝国憲法発布および二十三年の議会開設を契機として政府部内で検討されはじめた」としており[34]、さらには、内務省は神祇特別官衙設置の前提には神社法の制定が必要であるとした建前とは別に、実際には、政府・内務省が官国幣社保存金制度の導入に象徴されるように、神社と国家との分断を目指しており、宗教行政の合理化、行政整理の中でまずは、寺院、教派神道の行政に忙殺されていた事情から、寺院法、宗教法の制定を企図し、それが制定された上で神社法の制定を志向していたということを明らかにしている。阪本は、神社法の草案が、寺院法、宗教法の草案とともに清水澄の手によって起草されたことも指摘しており、その草案の詳細な解説と翻刻により、明治期における神社法の制定事情を明確化している[35]。ただし、阪本は、その後の神社法制定の問題については、「他日詳細に論じる」と述べ、西田廣義の先行研究を取り上げて[36]、ひとまずは明治期の神社法草案にかかる史料紹介と解説でその「予備的作業」とすると述べている[37]。そのため、本章では、照本が著した『皇国』誌の時論や論説にも関わる問題として、大正期の神祇特別官衙設置運動と神社法制定問題についても大正期から昭和初期の歴史的経緯と関連する照本の言説とをあとづけることで、大正期における神祇行政への社会運動、つまり、その後の神祇院設置運動、神社法制定運動の前提となる問題について少し触れてみたいと思う。

照本が『皇国』主筆として活躍した時期における神社法制定と神祇院設置問題については、明治末から昭和初期までに帝国議会において幾度も神祇行政にかかる建議案が提出され、結果的に昭和十五年十一月に神祇院が設置されるまでに神祇特別官衙の設置運動が継続して行われている。この運動の経緯については、先に述べた西田廣義や赤澤史朗が詳しく整理、分析を行っており[38]、本章でも西田や赤澤の言及と重なる箇所もあるが、『皇国』改題前の昭和四年までの大略を述べておく。

明治三十三年の神社局設置以後の神祇特別官衙設置運動は、明治末年の第二次西園寺公望内閣において省庁の行財政整理が取沙汰されたことによって神社局の合併や縮小が噂され、明治四十五年二月から全国神職会によって運動が本格化したもので、この運動により同年三月の帝国議会（衆議院）において「神社崇敬ニ関スル建議案」「神社行政統一ニ関スル建議案」が提出、可決通過するに至った。その後、神社局と造神宮司庁を合併して神祇局とするという政府案は実現には至らなかったが、山本権兵衛内閣の大正二年六月に勅令にて内務省に置かれていた宗教局が文部省へ移管された他、多くの単行法令にて規定されている現行の神社法規のうち、内務省限りでできるものについては統一、整理をして法令を纏めることがまずは必要であるとの井上友一神社局長の主張があり[39]、宗教局移管前の大正二年四月に、内務省令第六号にて「官國幣社以下の神社の祭神・神社名・社格・明細帳・境内・創立・移転・廃合・参拝・拝観・寄附金・講社・神札等に関する件」が出され、従前の七五件の法令が纏められることとなった。その後も大正七年三月に全国神職会が再度運動を起した結果、第四〇帝国議会（衆議院）にて岩崎勲議員らによって「神祇ニ関スル特別官衙設置建議案」が提出され、可決されたものの政府が神祇院の設置に動くことはなく、政府は神社に関する統一的法規の整備が必要と述べるにとどまっていた。そのため、大正十一年になり全国神職会は、神祇に関する特別官衙設置及び府縣社以下神社の百萬圓増額補助の建議に関して連日運動をなし、同年二月に第四五回帝国議会（衆議院）にて岩崎勲議員らが提出した「神社調査会設置」「官国幣社国庫供進金」、「府県社以下神社経費国庫補助に関する建議案」が議会を通過すると、神社調査会設置の運動をさらに進めることとなった。翌十二年七月二日に勅令第三二七号にて神社調査会官制が公布、審議が開始されて神祇特別官衙の設置について答申が出されるまでに至ったが、九月一日に関東大震災が発生し、政府は震災罹災者の恤救と帝都復興事業へ一丸となったこともあり、神社局と造神宮司庁、明治神宮造営局を合併して神祇院とし、皇族を総裁に奉戴するという具体的な政府案の計画実現は延引することとなった。大正十三年一月に第二次山本権兵衛内閣の総辞職を受けて発足した清浦奎吾内閣では、首相自らが帝国議会の施政方針演説で神祇特別官衙の設置を宣言し、神祇院創設費を追加予算として提出。閣議でも承認されたが、内閣自体が第二次護憲運動に伴って総辞職、短命に終わったため成立せず、これにより神祇院創設への絶好の機会を失うこととなった。(40)

この一方で清浦首相退陣直前に「豪腕局長」と称され、意欲的に神社行政の建て直しを目指していた地方局出身の内務官僚佐上信一が神社局長に就任したが、佐上は、湯浅倉平内務次官とともに神祇院設置には反対の立場をとっており、高山昇ら当時の重鎮神職らとの間で火花を散らす議論があったことが知られている。佐上局長は神社関係法規の整備と統一を打ち出し、(41)神社講社令なども企図するが、(42)清浦内閣の後を承けた加藤内閣でも神祇院設置よりもまずは神祇行政に関しての統一法規の必要性を説くことに固持し、その統一法規すらも具体化することはなかった。大正十三年十一月には神社調査会が廃止され、以後の若槻内閣、田中内閣でも神祇院設置問題は大きな進展を見せることのないままに、浜口雄幸内閣において昭和四年十二月の神社制度調査会官制の公布に至り、結果的にその十年後の昭和十五年まで神祇院の設置は遅れることとなった。

大正期における神祇特別官衙の設置問題については、全国神職会の強力な運動が功を奏し、帝国議会を通過するものの、関東大震災という災禍に加え、政治的な思惑に翻弄され実現までには至らなかった。他方、宗教法案(のち宗教団体法案)についても、仏教各宗派の反対・干渉のなかで思うように進まなかったこともあって、神社法案の制定問題自体、議論の俎上にも載ることはなかった。この点、『皇国』では記名なしの巻頭言や時論で神祇院問題、神社法案について批判が重ねられているが、照本自身の記名入りの時論には、神祇院設置問題に絡んでの著述は、大正十三年七月の時論を除き、ほとんど見られない。(43)その後、昭和に入ってからようやく神社制度に関連しての論及がなされている。照本は、「現今神社制度の展望」という文において、神社には、個人的方面（個人の崇敬）と国家的方面乃至社会的方面という公私二方面がある中で[44]、今後は社会民衆的に神社の本質を活動させていくことが必要と述べており、現今の神社制度を展望する上で、神社の問題、神職の問題、教育の問題にわけて考えるべきだと述べている。とくに神職の問題については、任用、待遇、服務という三種類の問題があるとも指摘している[45]。

また、佐上局長時代に企図された神社講社令の問題が頓挫した大正十四年十月に佐上局長の後を承けて神社局長となった松本学は、「神社のことたる第一條何々、第二條何々として定むべきものでない[46]」と、神社法の制定について述べたが、これに対して照本は「吾人の大いに共鳴すべき、所である」と述べており、さらには「法は時と場合とによって夫々異なる事情を固定せる條章によって果して規律し得べきか、殊に神社の法規に関する法規の如きは融通性に富んで居るものでなければならない従来の如く必要な場合に必要な規定を定めることが、よりよく神社行政をなすものではなからうか」として神社法の制定に対しては慎重な考慮を必要とするという意見を述べている[47]。

照本は、別の時論にて「神社哲学の把握[48]」ということも提唱している。これは、神社法規・神社制度以前に今後の神社・神職のあり方に関して「神社の本質を明らかにし、その崇敬の意義を純ならしむることにある」と述べており、あるがままでは近代思想に対抗できないため、近代人を導き得る神社・神道の哲学を有せなければならないと考えている。照本は、古典・神典は十分に神社の哲学を教えており、先学に追随して大いに古典の真価を発揮して神社の本質を闡明にすべきで、神社の設備を如何に整善にしても、その神社の哲学を把握して教化の道に励まなければ、神社の神徳宣揚を完うすることはできないと述べている。加えて「神社の崇敬は矢張、氏子崇敬者の生活の反影」であり、「勢うて宏大なる神社設備をなす事を以て敏腕なる神職」という土木工事を以て唯一の神威発揚と考える神職が多くいるという昭和初期の神職の風潮に対しては、これを強く戒める言も述べている。

また、昭和四年九月の論説では、照本は神職養成に関して「社会は活き物」であり、常識の修養が大事で古典や祝詞を学んだだけの神職では、資格教養が不十分で到底大衆に対してモノをいうことができず、神職高等試験のようなものでは、科目構成からみても本当の高等神職は養成・輩出できないという考えも打ち出しており[49]、土地との関係（つまり神社の鎮座由緒やその鎮座地の地域性）が没却され、神社と氏子との間との距離が隔絶してしまいかねないと危惧している[50]。そして「神職は社会的に教化運動へたづさはらねばならない本質にもあ」ると述べている。さらに照本は、神職は職業的神職となってはならない、神職は募集するものでなく、養成するものである、神職は宗教家でなくても少なくとも精神家であって欲しいという神職観も述べている[51]。

おわりに

本稿では、照本亶の論説等の著述を中心に、大正期から昭和期にかけての神道人の言説と神社行政との関わり、あるいは共産主義、社会主義思想の流入のなかでの当時の神職の考え方、神社観、神職観を検討してみた。無論、『皇国』という神社界を代表する機関誌に掲載される論説であったという文章の性格をもつ以上、大正時代当時の全国神職会の会としての考えを少なからず反映した言であると思われるが、照本の記名入りの論説は、あくまで照本亶という横浜市内の郷社の一神職の考え方でもあり、今後は、他の当時の代表的な民社神職、官社神職の考え方との比較・検討が加えられなければならないものと考える。

また、本稿で取り上げた照本の言説からは、大正デモクラシーや関東大震災、昭和の大恐慌という時代背景のなかで拡大する社会主義思想に対しても、当時の社会風潮に乗じてこれを単純に危険思想と批判し、一方的に切り捨てるのではなく、相容れない思想であってもまずは、神道的な価値観、考え方に冷静に照らし合わせてみて、思想善導の兼ね合いも考えながら淡々と批判・分析を加えるという姿勢であったことを窺い知ることができた。それは、先に掲げた「神社と社会主義」という時論の冒頭にも『社会主義は神社にとつても国体にとつても、均しく敵である。故に社会主義は絶滅して仕舞ふべきである』と簡単に取扱つてしまへばそれまでゞあるが、併し、かなり複雑になつて居る近代社会主義を解析して行くことはまことに至難な業だ。神道乃至神社といふ立場から社会主義に対し、神道は社会主義に対しかういふ態度を採るべきであると論断したものが今までにあまり多く見受けない。かういふ態度を明らかににして天下に發表すると云ふことが思想善導上重大なことでないかと思ふ」と述べていることからも、社会主義思想と思想善導に対する照本自身の向き合い方の一端を窺い知ることができよう。

さらに「神社と社会主義」の論の中では、「神社が餘りにも財物を尊重し、資本家、有産者の奴隷のやうになるといふことは危険である。不幸なる国民（「おおみたから」とルビあり）に同情するといふことは必要で、資本家にのみ諂び、獨り有産者の擁護者となることは危険性が多いやうだ。神社はどこまでも両者の和衷協同を説いて社会が安けく行くことを求めるべきである」と述べている点は、社会主義と相容れざる面があることを十分理解した上で、これをどのように捉えるか、そして行動するかで地域における神職が氏子とどのように距離を縮めて共同体の安寧のために協同できるかということを示唆したものといえよう。翻って現代社会に照射してみると、神社や神職の社会的活動やその本質を考えるなかでは、現代にはさまざまな考え方をもった氏子・崇敬者が地域社会にいる中にあって、本稿で取り上げた照本の言説の一つひとつは、多様な思想や主義主張があるなかで、今後の神社や神職のあり方や神道教化活動の意義を考える上でも非常に大切な視点を提示しているものと考える。

加えて、神社法制定と神社行政に関しての特別官衙の設置問題についても、照本はこれまでの神社制度を概観しつつ、あるべき神社・神職の姿というものを、とくに府県社以下の神社という点に留意しながら、当時の建議などにも触れた時論を記している。その点でも照本が国内外の社会的、政治的な動き、つまり時局・時流というものに非常に敏感に反応しつつ、誌上においてオピニオンリーダーとしての役割を果たしていたのではないかということを幾許かでも窺い知ることができたのではないかと考える。なお、本稿では神祇特別官衙設置の問題と神社法制定問題については、西田や赤澤らの先学が明らかにした歴史的な経緯も踏まえつつ、照本の言説から当時の神社人の考え方を窺い知ろうと試みたが、実際には紙幅の都合上、言及できなかった点も多く、その点は今後の検討課題(52)としたい。

筆者は、『皇国』とその後継誌である『皇国時報』、地方神職会の会誌などの記事内容の分析は、昭和初期以降の神社人の言説や全国神職会の社会的運動や、近年、畔上直樹の分析を通じて知られるようになった、いわゆる「在地神職(53)」と称される地域神社の神職の社会活動と神祇行政施策の展開とその反響、近代の神社制度と地域社会との関連の検討にも繫がるものと考える。それだけに今後も、大正、昭和初期の神社界の機関誌の検討・分析を通じ、当時の神社や神職、神社人の活動や実態を明らかにすることによって、神社や神職のあり方を問い直すヒントを少しでも拾い出すことができればと考えている。

註

(1)「共同研究「大正時代」9 三宅正一氏に聞く」(『諸君!』第一一巻一〇号、昭和五十四年十月)、一七八頁。

(2)照本亶は、『皇国』誌においては、自身の氏名を記名するよりも、照本金川、金川、金川生という名を主に使用している。なお、一例ではあるが、同誌で登場する、「旭川」は秋岡保治、「東花」は櫻井稲麿、「星岡」は宮西惟助、「刀水」、「刀水生」とは、『國學院雜誌』の編輯人を務めた進藤譲のことである。また『皇国時報』にてよく登場する澁川悟六は、全国神職会主事を務めた太田真一のことである。

(3)赤澤史朗『近代日本の思想動員と宗教統制』(校倉書房、昭和六十年)、畔上直樹『「村の鎮守」と戦前日本―「国家神道の地域社会史―」』(有志舎、平成二十一年)。

(4)他の二つの民間神祇関係団体は、國學院大學を経営し、内務省より神職養成と神職資格の付与について委託を受けていた財団法人皇典講究所と、神宮司庁東京出張所と神道事務局、神宮教からの流れをくむ、財団法人神宮奉斎會であった。

(5)全國神職會以外の民間神祇関係三団体を見てみると、神宮奉斎會については、明治五年に神宮の教化を目的として設置された神宮司庁東京出張所遥拝殿以来の歴史を持ち、教派神道の一つ神宮教となっていたものが財団法人化されたという経緯を持つ。他方、神道事務局生徒寮からの教育を引き継ぎ、明治十五年に設立され、國學院の母体でもある財団法人皇典講究所は、国より神職資格の付与を委託され、全国に皇典講究分所を持っていたという経緯と比べても、全國神職會は発足当時、本支関係の地方組織もなく、全国の有力神職の有志組織よりなる会の財務基盤は非常に脆弱なもので、大正十五年にようやく財団法人化されるに至ったという経緯がある。

(6)太田真一が昭和になって記した『全国神職会沿革史要』の記載と、大正十五年に照本らが中心となって全国神職会の編で出された「全国神職会沿革概要」(『皇国』三三三号、大正十五年九月)とでは、全国神職会の創立年次について、やや差異があるが、ここでは太田真一の記述にしたがった。

(7)名称は各府県で異なっていた(神職取締所、神職督務所、社司社掌管理局、神職合議所、神職集議所など)。

(8)この点については、藤田大誠「財団法人大阪國學院の創立過程」(『浪速文叢』第二二号、平成二十四年三月)、一―一一一頁、藤本頼生「東京府神職会会報からみる近代の神社・神職」(『宗教研究』第八八巻別冊、二〇一五年三月)、一四九―一五〇頁。なお、藤田による近年財団法人大阪國學院の設立過程について詳細に検討した論考は、神道事務局大阪分所から大阪皇典講究分所、さらには大阪神官取締所から大阪府神職会へと、その変遷の過程について諸資料を博捜して歴史的に跡付けたものである。

(9)全国神職会の結成後、地方神職会との本支関係の構築はなかなか進まず、財団法人化の際に作成公表された「全国神職会沿革概要」によれば、大正期に入るまで全国神職会のもとに加盟した地方神職会は一道一府三一県であり、明治四十二～四十三年にかけて社団法人化への組織変更の決議がなされたものの実現せず、大正三年三月に至って、ようやく全国神職会に各地方神職会が加盟するという状態であった。

(10)全国神職会館は、昭和三年の國學院大學拡張計画に伴い、同大学に隣接した渋谷若木の宮内省御料地を年賦にて払下げ戴けることとなり、昭和七年八月に竣工。会館の建設には会長であった江木千之の尽力があったことで知られる。

(11)全国神職会と当時、皇典講究所会計課長事務取扱を務めていた山下三次（国幣中社志波彦神社鹽竈神社元宮司）との間で大学の一室を間借りしていた事務所室料などの件で問題化することもあった。

(12)神社協会は、内務省神社局による官製の団体であり、会員組織で、支部を各府県に設けて各府県庁の社寺兵事課主任を以てその事務担当者としていたとされる。また、編輯事務を長年、担当していた八束清貫（宮内省掌典）によれば、雑誌刊行については、内務省警保局が『警察協会雑誌』というものがあったのに範をとって発刊されたとされるが、神社局の意志発表機関であり、神社界の動静を内外に広く伝える報道機関としての目的をもって『神社協会雑誌』の発刊がなされていたが、その発刊が協会の活動の主たるものとなっていた。なお、当初は東京市下本郷区内に事務所を構えていた時期があるが、関東大震災後、同誌の廃刊時（協会解散時）には、神社局内に事務所を設けていた。参考として、八束清貫「懐ひ出の記」（『神社協会雑誌』第三七年第八號、昭和十三年八月）、四―七頁、を掲げておく。同誌の編輯事務を長年にわたって主に担当していたのは、荻野仲三郎、宮地直一、八束清貫の三氏であるが、廃刊直前の昭和十一年から十三年までは、神社局に勤務し、神社協会書記を務めていた近藤喜博（戦後、文化庁文化財調査官）が担当していた。なお、近藤は廃刊直前に最初の応召となり、その後神祇院属となった。

(13)なお、機関誌ではないが、他の団体が出した雑誌等で大正期や昭和初期に神社界を相手にしていたものがあったことが知られており、宮井鐘次郎が三十年余にわたって主宰、四〇〇号を超える発刊をなしていた『神風』については、しばしばその記事内容をめぐって対立しており、宮井が『神風』の休刊に伴い、編輯を退任するまで、照本ら『皇国』誌の側が、その筆致に怒り、『皇国』誌で宮井への批判や神社界への誤解を解くといった記事が見られることもあった。

(14)財団法人全國神職會編『全国神職会沿革史要』昭和十年十月、一二頁。

(15)主筆および編輯主幹であったが、社長代行・専務取締役として実質的に神社新報社の経営を担当していた葦津珍彦は、編輯長ではなかったため、十三名の中にはカウントしていない。

(16)櫻井東花は、筆名であり、本名は櫻井稲麿《いなまろ》。明治十七年に埼玉県小川町に出生。明治三十七年に國學院を卒業後は無格社上小川神社社掌を皮切りに全国神職会へ入り、その後、神宮神部署主事に任ぜられ、群馬支署長を務める。別格官幣社東照宮禰宜をへて、国幣中社敢國神社宮司を務めた。

(17)照本が『全国神職会会報』で最初に著した「民力の涵養に就いて」という題の論説は、照本亶ではなく、「金川」名であり、文末に記載がある。照本亶の名で記名したものの初見は、翌月に掲載された「敬神思想の徹底的研究を促す　不謹慎なる言語を取締　神社の参拝を奨励せよ」という題の論説であり、文頭に氏名、文末に金川という名が記されている。なお、照本は全国神職会嘱託という立場で『皇国』誌の編輯を担当している。

(18)巻頭言については、『皇国』では、「金川」の記名があるものもあるが、主に全国神職会の機関誌の編集子として、会の考え方や訴えが著したものであるため、記名がないものが大半である。しかし、その個々の巻頭言の執筆内容と巻頭言の後に書かれる照本の記名入りの時論の内容との整合性、執筆文章の癖、筆致、さらには照本の編輯主任という立場からみても全てではないにせよ、多くの巻頭言を執筆、あるいは執筆に関与しているものと推測できる。同様にして巻末の編集室、編輯後記なども記名がないものが大半であるが、一部、照本の記名があるものもあり、こちらも執筆内容、筆致からみても照本の執筆ではないかと推定できるものもある。

(19)照本は通常、本名以外に「照本金川」、「金川生」、「金川」と称していたが、編輯後記などでは、「照本皇国子」と記されている箇所もある。

(20)奥付上の『皇国』編輯人は改題当初は、全国神職会書記の永松山太。永松の全神退職後は常務理事の秋岡保治となっていたが、秋岡が退任した後からは、巻末の奥付に照本の名が記されるようになる。

(21)前掲「全国神職会沿革概要」、四頁。

(22)『全国神職会会報』において編輯とは別に、明治四十三年から大正九年までの長きにわたって会報の発行元でもあった会通社の代表として発行人兼印刷人を務めたのは、全国神職会の評議員でもあった梁川保嘉である。梁川の事績については、近代宗教アーカイヴス研究の面からみても興味深いため、簡単にその略歴を記しておく。梁川は嘉永元年生まれ。旧姓は風祭（練馬氷川村　郷社氷川神社祠官風祭保賢の次男にて、井上頼圀翁に国学を学ぶ）。明治六年に神職となり、国幣中社籠神社主典となり、教導職を兼補、大原美能理らとともに神宮教の為に尽くすとともに、神道事務分局のことにあたる。明治十一年に国幣中社沼名前神社主典となるが、十四年に帰京。梁川家に養嗣となり、伊勢山皇大神宮に奉職。その後、丸山作楽の忠愛社へ入り、

『明治日報』発刊の事務にあたる。その後、明治十六年に玉鉾會を発足し、明治十九年に会通社を設立、『会通雑誌』を発行する。また同時期に神道本局においても『随神天神』誌を発刊している。明治二十四年に（のち官幣大社となる）日枝神社禰宜となり、神官伝習所委員、神官連合会委員となり、神祇官復興運動に携わる。二十八年に府社神田神社、三十七年に郷社須賀神社に奉仕するが、明治四十三年より、「冠はよしや掛くとも道のため盡くすは同じ誠なりけり」との一首を詠じ、全国神職会の会誌である会報発行の任に専任として携わる。晩年、遺著を櫻井東花に託して大正十年一月二十六日に逝去。享年七十二歳。会通社は神社関連の冊子、書籍などを数多く刊行しており、皇典講究所の近藤活版所などとともに当時の神社関係のメディア刊行に尽力した出版社であった。梁川はそのため、編輯とは別に『会報』発行に陰ながら尽力した人物であったといえよう。

(23)『会報』や『皇国』に掲載された全国神職会、各地方神職会関係の彙報欄にある諸会合等の出席者には、『皇国』編輯主任として照本の名が記されていることが多く、一例ではあるが、神社局長の交替に伴う全国神職会主催の歓送迎会の席などの会合にも照本はこまめに出席していたことがわかる。

(24)なお、昭和に入り、昭和二年四月の第三四〇号から三四三号までは、表紙ほか、体裁、記事の編輯内容、スタイルが変化している。これは照本の父である照本肇（郷社熊野神社宮司）の逝去に伴い、照本が葬儀、社務などの多忙から編輯に一時期携われなかったためであり（昭和二年七月の第三四三号の編集後記に自身が記載あり）、編輯人・発行人・印刷人の名は照本であるが、実際には、『國學院雑誌』の編集担当であった進藤讓（刀水）による編輯となっている。ただし、編集後記にも進藤自身が記しているが、一部から不評であったようで、表紙のみ、次号より元に復し、照本が復帰した三四四号からは、時論などを照本が著している。

(25)藤本頼生「解説」（『皇国総目次』平成二十一年、神社本庁総合研究所）。

(26)父の照本肇は、当時奏任待遇神職であり、府県社以下の奏任待遇神職で組織された「庚申会」の結成時からの幹事の一人であった。

(27)阪本健一は、國學院大學道義学科倫理科出身で、編纂当時は同大学研究科に所属し、堀江秀雄や阪本の恩師である河野省三、照本らの編纂作業の手足となり草稿の作成に尽力した人物である。編纂が終わった後、神宮宮掌へと転じ、官幣中社北野神社主典を経て、神祇院教務課調査課属、別格官幣社山内神社宮司、静岡県にて地方祭務官などを歴任。戦後は神宮教学司や神社本庁常任講師、住吉神社宮司などを歴任し、葦津珍彦の信頼も篤かった学究肌の神職で戦後神社界の重鎮の一人であった。詳し

くは、拙稿「阪本健一小伝」(阪本健一著『明治神道史余話』平成二十七年)、一八〇—一九一頁。

(28)照本自身はこの時期、既に『皇国』の編輯主任を退いていたが、『皇典講究所五十年史』の跋文には、当時の皇典講究所専務理事であった岩元禧が、編纂委員であった堀江秀雄、河野省三國學院大學教授、照本亶の三氏と編纂助手として尽力した阪本健一の名を記して、編纂の任、執筆の労苦に感謝の意を表している。

(29)『皇国』では出身地や奉仕する神社の鎮座地にかかわる地名などをある種ペンネーム的に用いて使うことが多かった。例えば、雨降らしの霊験で知られる「大山」の峯に鎮座する大山阿夫利神社の神職でもあった目黒和三郎は「雨峯」、日枝神社の鎮座する星ヶ岡に因んで宮西惟助は「星岡」、岡山県の出身であった秋岡保治は、「旭川」などが挙げられる。

(30)照本金川「神社と社会主義」(『皇国』三六五号、昭和四年五月)、一—六頁。

(31)照本金川「現今神社制度の展望」(『皇国』三六三号、昭和四年三月)、五—六頁。

(32)五点とは、例えば大正十二年七月号の『皇国』では、①国民近来の敬神思想の推移状態、②水平運動と小作問題の神社に及ぼす影響、③神社と社会事業、④社殿及び本殿を有せざる神社の状況、⑤其の他斯道に関する論説通信等であり、大正十年頃の号では七点であったが社会事業に関しての寄稿依頼はどちらも含まれていた。

(33)拙著『神道と社会事業の近代史』(弘文堂、平成二十一年)。

(34)阪本是丸「明治期の神社法関係草案—解説と翻刻—」(『近世・近代神道論考』弘文堂、平成十九年)、三三四頁。

(35)清水はのちに学習院教授や樞密院議長を務め、宮内省御用掛として昭和天皇に憲法を講じていた法学者。清水によって起草された草案は、当時、国の営造物法人と考えられていた神社のあり方を考慮に入れて作成されたもので、非常に整備された統一的な神社法規ではあったものの、実際には議会の審議に付されることはなく、神社局時代には、極秘資料として局内で参考に供される程度であった。

(36)西田廣義「明治以後神社法制史の一断面—「国家の宗祀」の制度的充実と神祇官復興運動—」(『明治維新神道百年史』第四巻、財団法人神道文化会、昭和四十一年)、五九—一四三頁。西田は、ここでは、明治の神社法制定の問題と明治三十三年の神社局の設置問題、昭和十五年の神祇院設置について主に述べており、大正期の神社法制定問題については、神祇特別官衙設置運動に伴う問題として神社法の問題が若干の経緯として述べられているにとどまっている。

(37)前掲阪本「明治期の神社法関係草案—解説と翻刻—」、三三六—三三七頁。

(38)前掲赤澤書第二章及び前掲西田「明治以後神社法制史の一断面―「国家の宗祀」の制度的充実と神祇官復興運動―」、一三一―一三六頁。

(39)長野幹「省令六號の制定」(神祇院教務局調査課編『神社局時代を語る』昭和十七年)、四七―四八頁。なお佐上信一については、かつて拙稿「近代の都市行政官僚と神社」(前掲『神道と社会事業の近代史』所収)でも指摘したが、地方局土木課時代に井上友一の薫陶、影響を受けていたことでも知られている。

(40)併せて皇族を総裁とすることに対して宮内省が強く反対したこともこの段階で設置実現に至らなかった原因の一つであるものと考えられている。

(41)佐上信一の神社行政施策については、前掲拙著『神道と社会事業の近代史』第四章の他、前掲赤澤、畔上書にも詳しい。

(42)神社講社令については、拙稿「近代における神社講社制度の沿革と稲荷講」(『朱』五八号、伏見稲荷大社、平成二七年二月)、一〇七―一二六頁を参照。実際には神社講社令の制定までには至らなかった。

(43)こうした記名なしの巻頭言や時論、あるいは照本自身の記名入りの神祇院設置問題や神社法制定問題の論及がこの時期に少ないのは、当時の神祇院設置問題に絡み、湯浅内務次官が全国神職会協議員会での経過説明の記録を『皇国』で公開する折に検閲をかなり受け削除された他、神社の社会的教化活動や社会事業を行うことに対して、批判的であった佐上信一神社局長とは、照本は全く正反対の立場にあったことも一つの要因ではないかと考えられる。

(44)前掲「現今神社制度の展望」、八頁。

(45)照本金川「現代神社制度の展望(二)」(『皇国』三六四号、昭和四年四月)、四―一五頁。

(46)のちに松本は「我國の神社制度は私共の大學で習つた西洋流の行政法では解決が著かぬからであります。日本の神社を所謂行政法で解決しようとする所に非常な過があるのではないか」、「神社行政は所謂一般行政ではなくして、日本独特の特殊行政ではなければならぬ、又特殊行政と云ふことが神社行政の誇ではないかと云ふやうなことを感じた」と煩悶したと回顧しており、その言を裏付けることができる(松本學「神社行政は特殊行政」前掲『神社局時代を語る』、七五―七七頁)。

(47)照本金川「斯界苦言　神社法の将来」(『皇国』三三四号、大正十五年十月)、七頁。のちに照本は前出の「現在神社制度の展望」の時論の冒頭において、そもそも「神社制度」という言葉そのものが適当な言葉とも思われないと述べている。

(48)照本金川「神社哲學の把握」(『皇国』三五五号、昭和三年七月)、三―四頁。この神社哲学なるものの提唱については、反響の本旨について読者諸賢に考えさせる論を述べている。

があったのか、照本は次号にてさらに「神社制度上の悪影響」と題した時論のなかで、この語を用いた理由などを記し、神社

(49)神祇院設置に反対姿勢をとり、照本自身とは真逆の立場をとっていた佐上信一が神社局長時代に初めて実施した神職高等試験に対して、照本はあえて苦言を呈しているような著述をとっているものと考えられる。

(50)照本金川「神職養成の根本的改正」(『皇国』三六九号、昭和四年九月)、四—五頁。

(51)前掲「現代神社制度の展望(二)」、五—一〇頁。

(52)この点、例えば、昭和初期の宗教法案や宗教団体法案については、無論、仏教側やキリスト教側からも法案そのものに対する批判がなされていたが、「国家資本主義トラストの宗教政策」と宗教法案を切り捨て、「辯證法的唯物論者の宗教政策」をとめて支配階級との闘争だと政治的批判を行い宗教法案に反対していた当時のプロレタリアート、無産階級運動の機関誌の論(一例では同人社の月刊『政治批判』など)と、宗教界の批判、あるいは『皇国』などの神社界の機関誌の諸論とも比較がなされなければならないと考える。

(53)なお大正期の「在地神職」の実態と活動事例については、前出の畔上書に詳しい検討がなされており、在地神職の社会的活動、運動について、とくに府県社以下神職の運動体の一つである全国社司社掌会の存在が広く知られるようになってきたという現状にある。

河野省三の時代認識と神道学構想

髙野裕基

はじめに

本稿の目的は、昭和前期における神社・神職がどのように時代を認識し、社会と関わろうとしたのかを、埼玉県の神職であり、神道学者でもあった河野省三（一八八二―一九六三）の事績と言説から分析することにある。

河野は埼玉県北埼玉郡騎西町（現・加須市）に鎮座する玉敷神社の社司であり、また、神職養成機関たる國學院大學の学長を務めるなど、昭和前期における府県社以下の神職の中で、最も発言力を有した人物であるといえよう。同時に、国民精神文化研究所研究嘱託、教学刷新評議会委員、日本諸学振興委員会委員、神祇院参与などを歴任しており、昭和前期における内務・文部行政及び神祇行政関連の役職を得ている。このような、学術・教育・祭祀といった分野にわたる河野の事績と言説から、昭和前期における神社・神職と社会との接続の一端を明らかにできるのではないかと考える。

昭和前期においては、「天皇機関説問題」に端を発する「国体明徴」運動とそれに伴う教学刷新評議会の設置、その答申による『国体の本義』の編纂といった事業が展開していた。一方で、国民精神文化研究所や日本諸学振興委員会の設置といった所謂「学問統制」も行われた。元来、我が国の国体をめぐる議論は、法的・政治的概念としてアプローチされてきた傾向にあるが[1]、昭和前期においては、極めて神道的・神話的性格を有する議論が多くなってきた時代ともいえる。このような時代において、その当事者でもある神社・神職が、どのように当該期を理解し、活動したのかを問うことが本稿の主題となる。大正期に神社局長を務め内務次官や貴族院議員などを歴任した塚本清治は、神祇院が創設されて以後、神社局時代と当時とを比較して「時世が非常に有難いことになつた」[2]と述べており、前記のような運動や委員会の結実として、昭和前期における神社・神職を取り巻く環境は良好であったかのようである。塚本の時代認識への個別的分析はここではおくとして、神職としての立場から発言する河野の言説を分析することにより、塚本と河野両者における時代認識の差異は明らかになると考える。

河野に関する研究は、履歴的・概説的研究[3]をはじめ、神道・国学研究を分析したもの[4]や、河野と他の学者との関係を論じたもの[5]の他に、昭和前期をめぐる河野を論じた阪本是丸の研究がある[6]。阪本は河野省三、折口信夫、武田祐吉といった「國學院」を代表する「国学者」の比較を通して、三者の相関はもとより、昭和前期の「非常時」における国学について詳細に論じている。河野については、『国学の研究』（大岡山書店、昭和七年）と『国学史の研究』（畝傍書房、昭和十八年）の「はしがき」の比較から「十年余前の河野の『國學の研究』の「はしがき」との違ひは、「先づ勤みて護國の英靈に感謝し、皇軍將士の武運長久を祈る心が切である。」と記さざるを得ない状況が到来してゐたことであつた。難波田春夫までもが参入した「皇国学」としての国学の展開を明快に、かつ前向きに遂行することが、河野省三にとつての「非常時の国学」研究なのであつた」[7]と、戦前・戦後を一貫して国体を説いた「国学者」河野省三の「非常時」における国学の在り方を「土着の神主」としての特性に注目して分析している。

そこで本稿では、「記さざるを得ない状況が到来してゐた」とされる昭和前期において、府県社以下の神職としての河野の神社・神職界内外への発言の相違に注目しながら、神社・神職を背景とした学問を、神社・神職界の現状と課題を踏まえて、どのように理解・考察し、社会へ還元させていったのかを検討したい。河野の言説や活動が、即ち神社・神職全体の主張とはならないまでも、全国神社の大多数を占める府県社以下の神職として、その実態と課題を肌で感じてきた河野の言説や活動は、昭和前期の神社・神職の特性を知る上で最良の対象であろうと考える。

一　河野省三の問題意識と学説の概観

河野省三は國學院師範部国語漢文歴史科を卒業した明治三十八年に、郷社玉敷神社の社司、埼玉県神職取締所北埼玉郡分所長となり、埼玉県における地方神職としての活動を始めた。その後、明治四十一年に國學院研究科（道義科）を卒業、大正四年に國學院大學講師となったことにより、國學院大學に神道学者としての活動拠点を得ている。また、大正八年には全国神職会幹事、國學院大學長在任中の昭和十六年には全国府県社以下の神職による全国社司社掌会の会長を務めるなど、全国的な神職組織において役職を得ている。このような國學院大學に根差した神道学者であり、一方で地方の一社司でもあり、さらには中央の神職組織と関わる経歴から、本節では第一に神社への信仰及び神社の行政的位置付けにより生じる河野の問題意識を整理・分析する。第二にこの問題意識によって形成されたと考えられる神道研究、即ち自ら「神社の総合的、組織的研究」、あるいは「神道学の組織的研究」と称する「神道学」の意義について分析する。この二つの分析を通して、河野が社会に何を還元させたかったのかを考察し、次節以降に検討する昭和前期の活動と言説の意義を分析していくための基礎的考察とする。

まず、河野の問題意識を端的に示すものとして、全国神職会幹事となった大正八年に発表された、「大戦後に於ける神職の覚悟」（『神社協会雑誌』第十八年第一号）をみると、第一次世界大戦後の社会における神職は「必ずしも行政上の勢力を要求するに及ばない」が、「精神界」にあっては実力を伴って「確乎たる社会上の地位を占めなければならぬ」と説いている。「精神界」、つまり思想的方面において神職がどのような方法によって社会上の地位を占めていくのかについては、

特殊の教典を有せず又熱烈な布教をなし得ない神職の立場としては、各自有為な学者となり、崇高の人格を養うて、我が学界、教育界に於ける特殊な地位を占めることを考へねばならぬ。之れ今後、我が神社の尊厳、敬神の価値を的確に高めて行く堅実な途であると信ずる。

として、神職が学術界・教育界を通して社会へ進出し、その活動の中で神職としての素質を磨くことこそが、「神社の尊厳、敬神の価値」を高めていく堅実な方策であると説いている。(8)さらには、「従来学問と修養とを神職の実際活動から遠ざけつゝあつた傾向は、将来の神祇問題上、最も憂ふべき現象である」（同右）とも説き、将来の神祇問題として、現今における神職の学問及び修養と神社奉仕との疎遠的関係を憂えている。このような神社・神職と学問との関係を社会的な位置付けの中で論じる言説は、明治後期から大正・昭和前期にかけて、『神社協会雑誌』や『全国神職会々報』、『皇国』、『皇国時報』などの神社・神職関係雑誌を通して、神社界にとって喫緊的課題としての共有が志向されていく。(9)この傾向は、神社の「非宗教」という行政的位置付けを前提とした神社の特

性をめぐる問題に端を発しており、ここでいう「神祇問題」とは、神社の特性をめぐる議論、即ち「神社対宗教問題」であったといえよう。

昭和前期における事例としては、昭和十二年の『皇国時報』（六四七号）に「力の充実」と題した論考を発表し、「神職の立場に対する不透明な理解に基づく要求が多く、神道の研究に対する不十分な認識に基づく議論の多い現代の社会に、神職の一致して進出すべき途は、正に此の「力の充実」に在る」と論じて、神社対宗教問題に代表される神社の宗教性・非宗教性をめぐる議論の一因となる、神道・神社・神職に対する不認識を指摘し、このような時勢にあって神職の「力の充実」を求めている。[10] この「力の充実」とは、神職自身による学問と修養を意味し、併せて現代社会における神職の活動のあり方について論じた問題意識は生涯一貫している。

次に、このような神職の立場に依拠した言説を裏付ける学術的根拠について整理する。

河野の学問は、神道・国学・国民道徳の三分野が史的考察による接続によって形成されている。まず、国学と国民道徳との接続をみると、『国学の研究』（大岡山書店、昭和七年）に、「専ら著者の専攻する国民道徳史の立場から、近代の文化現象たる国学の性質を考察したものである」（序、三頁）とあり、河野の国学研究は国民道徳史の立場からの分析であることが明示されている。次に、国民道徳史研究において、神道は国民道徳の「歴史的基礎」として、同じく「実効的勢力」とされる武士道とともに、「国民道徳の二大組織体」として位置付けられている。[11] 即ち河野の国民道徳史の研究は神道を「歴史的基礎」と位置付けていることからも神道史を軸として考察がなされたものであり、国学の研究は、そのような国民道徳史の立場から考察されたということになるだろう。ここからは、河野の学問が多岐の分野にわたっていても、その基盤には「歴史的基礎」としての神道、即ち神道史の探求という一貫した視点を確認することができる。[12]

このような国学を国民道徳や満州事変前後に勃興した日本精神などと関連させて説く事由は、近世以前の神道説における国家観念が内外的要因によって形成された事実を踏まえ、「近世に於ける我が国家観念の発達は、我が国民の精神生活の手近な一側面として、最も注意を要する研究問題である」（『日本精神発達史』大岡山書店、昭和七年、一四二頁）と論じているように、国家観念の形成が現代の国民思想の展開において重要な役割を果たすと考えていたことにある。さらには、昭和十六年刊行の鹿子木員信編『皇国学大綱』（同文書院）に収録された「皇国学の史的展開」に、昭和前期の思想展開を「此のやうな内外の国情と、それに伴なふ国民の国体並に日本精神に対する自覚の進展とは、頗る幕末乃至明治維新の日本に似たものがある」（六二頁）と説くように、幕末維新期と昭和前期の類似性を認めていることからも、その事由は窺える。[13]一方で『日本精神研究の本流を溯る』（日本文化協会出版部、昭和十一年）では、「昨今出版されてゐる日本精神に関する著書は、史的考察を遂げたもの、教育上の実際に適用したものが漸く多く、其の研究内容もみるべきものが、少なくないが、過去に於ける先人の研究を踏査し、また歴史上に於ける日本精神鍛錬の事実に対して忠実に研究した物が、割合に少ないやうである」（三頁）として、日本精神に関わる学説の史的研究上における不備を指摘していることからも、日本精神に関する著書の増加を無批判に肯定しているわけではないことが理解される。

以上のような神道、国学、国民道徳といった一連の領域にまたがる河野の学問は、大正期から昭和前期にかけて「神社の総合的、組織的研究」、または「神道学の組織的研究」と称する学問として体系化されていき、数多刊行された河野の著作もこの体系的・組織的研究に位置付けられていく。[14]

その概要が示された『神道学序説』（金星堂、昭和九年）において、河野が論ずる神道学とは「神道の研究を目的とし、且つ其の精神を発揮する学問を神道学と名づけることゝすれば」（二〇頁）とあり、「而して、就中、国学若しくは皇国学が神学を力強く生かしてゐる場合に、神道学の成立に最も直接の関係を有して来るのであつて、此の点から看て、宣長と篤胤の二大国学者の寄与した貢献の最も顕著であることが自ら明かである」（二三頁）と論じている。これは、『国学の研究』において河野が国学は一面からすれば宗教改革であるとする指摘と合致しており、中世以来の神観念を改めた国学の業績を重視したものといえる。国学が発達した意義については、『国学の研究』における結論を踏まえた上で、「神道の学術的組織」、「神道の国民道徳的発達」、「神道の実際化」という点において貢献したことをあげている。その中でも古典の忠実な研究を進めて、神道説に学術的根拠と内容を与え、神道学として成立させた事柄を強調している。

前述した神道史を基盤とした国民道徳史上において国学を重視する事由については、『国学の研究』において、「案ずるに、国学は、一の古典教育説である」とし、古典を研究するには古典の教育が必要であり、それは荷田春満以来の国学者の事績からも知ることができるという。この古典の教育とは「国語・国文・和歌・国史・法制・故事・神道の学習」であり、道義・文学・史学・制度の方面から国学者が活動してきたとする。つまり、河野において国学は「古典教育説」であり、ここに、明治後期から唱道され、大正期において学校教育において徹底されることとなった国民道徳の史的研究上において国学を重視する事由が窺えるのである。

このような学問と日々の神社における奉仕との関りについては、晩年、『一日本人の生活』(宗教研究室(国学院大学内)、昭和二十八年)において、「私は専ら之を近世国学者の自覚と識見と業績とに基礎づけしつゝ、現代的に健全に、その研究と教養と指導とを実践したいと念願した。此のやうな学問と心がけとが、神明に奉仕し、神社を運営し、神道を発展させる上にとつて、最も適切な奉仕であり、神社奉仕の最も自然な太い線であると信じてゐた」(八八頁)と回想するように「最も適切な奉仕」として「研究と教養と指導」とを実践していた。そして、その学問の核となるものは「近世国学者の自覚と識見とに基礎づけ」されたものであったとの認識をみることができる。この言説からは、河野が考える「神社奉仕の最も自然な太い線」としての「学問と心がけ」は、神社・神道の総合的研究を、「古典教育説」という特性をもった国学を用いて行うことで、「特殊の教典を有せず又熱烈な布教をなし得ない神職の立場」（前掲）からの国民教化へつながると認識していたと理解される。そして、このような神職としての問題意識にこそ、河野が「神社の総合的、組織的研究」、または「神道学の組織的研究」と称する「神道学」の形成を必要とし、「古典教育説」たる国学を通した国民教化活動を志向していく動機となっていると考えられるのである。

二　昭和前期の神社界と河野省三

ここからは、前節において考察した河野省三の問題意識と学問を踏まえた上で、昭和前期における具体的活動と言説から、それらがどのように社会へ還元されていったのかを分析する。その際、神社に直接的に関わる場とその他公的な場における社会に二分して分析を行う。まず、本節では、神社に関わる活動と言説を分析するが、第一に神社界における河野の位置付けを整理したい。

前述の通り、河野は明治三十八年に國學院を卒業した同年に、郷社玉敷神社の社司、埼玉県神職取締所北埼玉郡分所長となり、埼玉県における地方神職としての活動を始めている。翌三十九年から大正四年に私立國學院大學講師となるまでの間は、社務と並行して母校である私立埼玉中学校において国語・国史の教鞭をとっている。この経歴からは、社会的活動を開始するとともに、神職と教育者という二重の立場を有していたことがわかる。國學院大學にて教鞭をとるようになってからは、毎週土曜日から月曜日は帰郷し神社に奉仕した。平日の社務については玉敷神社社掌の新槙栄助が社務の多くを取り持っていた(15)。玉敷神社はそののち大正十三年に県社へと昇格し、それに応じて神苑整備事業が進み、河野が考える神社を背景とした教化活動が一段と展開されていくことになる(16)。

前述のように、これと並行して大正七年には皇典講究所兼國學院大學主事（教務課長）、同九年には國學院大學教授となり、昭和前期においては、國學院出身者として初の國學院大學の学長となり、神道学者としての活動基盤が形成されていく。神職養成機関として、さらには全国でも稀な神道系大学においてこれほどまでの地位を学者として確立していった河野であったが、神職としての位置付けはどのようなものであったのだろうか。これを顕著に示すものとしては、神祇院参与に就任した昭和十六年に、全国府県社以下の社司社掌によって組織される全国社司社掌会が、神祇院の設置及び全国神職会の大日本神祇会への発展的改称などに呼応する形で組織拡充を行う際に、「県社玉敷神社々司國學院大學長文学博士」（『皇国時報』七八五号、六頁）の肩書で同会の会長に就任した事柄が挙げられる。河野は「私は大正七年八月に國學院大學の教務課長となり、皇典講究所主事、全国神職会幹事をも兼ねて、殆ど中央の人とならねばならぬ事情に置かれた[17]」と回想しているが、河野の全国社司社掌会での活動をも考慮に入れて考察するならば、河野は國學院大學の学長や、種々の公務における役職に就きながらも、その根底には府県社以下の神職としての立場を常に有していたのであり、当時の神職界においてもそのような認識の下にあったと考えられるのである。ちなみに、『皇国時報』（七八五号、昭和十六年七月十一日）には、「神宮皇學館大學長　正五位」の山田孝雄とともに神祇院の参与を委嘱された時の記事があるが、河野の肩書及び位階は「國學院大學長　正七位」とあり、神宮皇學館大學長である山田の位階よりも低いことがわかる。この正七位という位階は國學院大學長ではなく県社玉敷神社社司として与えられたものであり、如何に肩書が國學院大學長であっても地方神職としての立場に依拠した位階が与えられていることが理解される。つまり神道学者としての確固たる地位とともに地方神職としての立場が河野には常に付随しており、ここに学者であり神職でもあったという本稿における主題の重要性が垣間見られるのである。さらに学者であり神職でもあったという事柄の重要性は、昭和六年に「神職として学位を得た嚆矢」（『皇国時報』四三七号）と自ら述べ、さらに「恩師田中博士が先づ此の意味で殊更深くお祝ひ下すつた」(同右)と同じく神道学者の田中義能に祝されたことを述べていることからも、自他ともに神職として学位を得たことの重要性が共有されていたと理解されるだろう[18]。

次に、このような学者であり神職でもあった立場と、さらには國學院大學の学長でありながらも、県社の社司という立場を踏まえた上で、河野の昭和前期の社会における言説の特質を、主に神社制度調査会の議事録から分析する。

神社制度調査会には昭和十一年十一月十七日の第八回総会より参加している。参画した主な議題としては、護国神社の名称、神職の待遇及び無格社整備に関する件である。神社制度調査会全体に関わる論点については、「『神社の本質論』、即ち全ての現実的制度に対する審議の前提として、『神社とは何か、宗教との関係如何』について大真面目な議論が延々と戦わされる事になった[19]」と指摘されているように、内務大臣の諮問内容とは異なり、神社の特性をめぐる議論が繰り広げられていた。

第八十二回特別委員会(昭和十六年九月三十日)では、無格社整理に関する議論が始まり、河野は主に無格社という社格に関する質疑を行っている。しかし、ここにおいても「是トハ違ヒマスガ、神社ノ維持経営ニ関係シテ居リマスノデ府県社以下神社トハ限リマセヌガ、府県社以下ノ神職ノ養成ト云フコトヲ時代ヲ考ヘテ十分力ヲ籠メテヤツテ頂キタイ、神職ノ養成ト云フコトハ極メテ重要ナ問題デ、年月ヲ要スル問題デ極メテ重要ナ問題ト思ヒマスカラ、出来得レバ成ルベク早ク触レテ頂キタイト思ツテ居リマス[20]」として、神職養成に関する議論を早急に始めるとともに、年月をかけての慎重な議論を要請している。これは、先の内務大臣の諮問による「神職ノ待遇改善ニ関スル件」を審議した第十二回総会(昭和十六年七月八日)において、府県社以下の神職における経済的待遇問題に関連して、神職の任用問題と養成問題とを関連させた議論を提示し、神社局総務課長の石井政一がその重要性を認め「教育機関ニ対スル監督並ニ助成」について考慮するとともに、神職の待遇・任用制度・教育機関について一体的に考慮していく旨を答弁している経緯と接続する要請である。この間の七月十一日には、神宮皇學館大學長であった山田孝雄とともに國學院大學長として神祇院参与に任命され、より神祇行政の中枢へと位置付けられていく。そのような中にあっても、神職の現状を議論に反映させたいという問題意識は一貫しており、例えば第八十七回特別委員会（昭和十七年三月二十四日）での無格社整理に関する議論においても、「元来神職社会、又社会一般ノ間ニ無格社ニ関シテノ斯様ナ問題ガ起ツテ居ルノハ、無クシテシマフト云フノデハナク、如何ニ尊崇スベキカ、サウ云フ心持カラ斯ウ云フ問題ガ出テ居ルト思フ」[21]として、当該無格社整理に関する議論が神社・神職界の実際問題が等閑視され、如何に無格社を整理するのかといった視点から論じられることへの批判が述べられている。

前述のように、河野は昭和十五年の神祇院設立の翌十六年に神祇院参与となっているが、神祇院設立に際して、昭和十五年十一月十一日付の『皇国時報』（七六一号）の巻頭において私見を述べている。そこでは慎重な調査審議の末に具体化された神祇院に対し祭祀設備の不備、即ち「八神殿問題」[22]に関する議論が少なくないことを挙げ、それらの主張は「大抵抽象的であり、非実際的であり、又此の辺の研究が不十分であるといふ憾みを抱かしめるものが少くない」とし、この問題については「単なる調査も無意味であるが、拙なる断行は一層之を慎まねばならず、そのような拙なる断行は、「之れ実に所謂神祇特別官衙の問題が屡々瀬戸際まで行つて、空しく其の成功の水泡に帰した所以である」と戒めて次のように主張する。[23]

神社局でも神祇院でも、今日のやうな国情乃至国民思想を背景としてゐる場合には、神祇奉仕そのものが、祭祀と教化とに於いて、神道的な力に充たされてゐるならば、其の機関や組織の経費などの限度以上に其の能力を発揮することは決して至難ではないのである。然しながら、最近の努力はともかくもとして、従来の神社奉仕者の祭祀乃至教化に於ける修養と活動と教化と施設とは、決して役所そのものゝ権威を強くし、其の行政の社会的効果を多くする点に於いて、どうしても其の多くを望み得ない実情であつたと言はねばならない。

つまり、神社局や神祇院といった官衙の権力に頼るのではなく、神職個人の日頃の神祇奉仕を徹底することこそが、社会的効果を最もよくあげるのだとの主張がみられる。そこには河野がこれまで主張し続けてきた神職における修養の重要性が改めて主張されており、神職個人個人がこれらを完遂することが得策であり、神祇院にあっても神職に対しそのように指導・督励・協力するべきであるとする。そしてその結果として「神祇院が其の権威と親切とに於いて、他の多くの官衙に自らなる感化を与へる時、祭祀を伴なふ特別官衙としての昇格を容易ならしめるであらうと思ふ」と説いている。

そのような神祇院の発展向上に向けて必要なこととして、「祭祀の研究と興隆、神職の教養と活動、神祇思想の普及と善導、神職の養成と任用と待遇、神祇を中心とした風習儀式の調査や保護や徹底、神祇崇教と宗教信仰との関係、地方に於ける諸団体との思想的、教育的関連、神道精神を根柢とした種々なる教学的問題」をあげ、これらの従来不十分であった分野を考慮し、対処する方法を検討する必要性を説いている。そして、「而して神職が全国に在つて、或は神社自体として、或は神道家といふ立場よりして、或は又、将来に於ける特殊な機関として、如何に活動し、如何に展開すべきかは、特に重要性を有する問題である」としている。ここからは、いたずらに時流に乗るのではなく、神社・神道の本質を見極めた上での神職及び神道家の今後の身の振りに関する議論を、たとえ時間がかかってでもなさなければならないという主張をみることができるのである。

本節では神社制度調査会と神祇院の設置という二つの事例を提示した。筆者は河野の国民道徳論が宗教的な性格を有していたことについて言及したことがあるが(24)、ここにおける神社の宗教性をめぐる議論、即ち神社の特性と神祇院における祭祀機能という議論は、これまで河野が幾度となく主張してきた神社の特性・敬神観念・宗教情操といった議論と一致する点が多い。しかし、昭和前期におけるこれらの言説を分析するとそこには極めて慎重な言説と姿勢をみることができる。ここに神職であるとともに、神道学者としての河野の識見と節度をみることができるのである。

三　国体明徴・教学刷新と河野省三

昭和十年の「天皇機関説問題」に端を発する「国体明徴」運動とそれに伴う教学刷新評議会の設置、その答申によって『国体の本義』の編纂といった事業が展開していた。一方で、国民精神文化研究所や日本諸学振興委員会の設置といった所謂「学問統制」も行われた。これら昭和前期の思想・学問・教育に関する分野については、相当量の研究蓄積があり、その概観については周知の事柄となっている。しかしながら、これらの分野における神道や神社、ひいては神職がどのような活動を行ったのかについては、いまだ研究の余地が残されているだろう。これら一連の事柄には神道人も数多く名を連ねており、河野省三もまたその一人としてあげることができる。本節では、国体明徴・教学刷新に関わる河野の事績を整理する作業から、神社に直接的に関わる場以外における公的な活動の意義を明らかにしたい。

河野は教学刷新評議会において全四回の総会に委員として出席しているが、目立った発言としては、昭和十年十二月十九日開催の第二回総会のみ確認できる。第二回総会の出席者は、会長・松田源治をはじめ、委員として四十七名が、番外として一名が、幹事として十一名が出席している。先学において河野は、紀平正美、西晋一郎、作田荘一、吉田熊次とともに「国民精神文化研究所関係者」として分類されている。[25]ちなみに同研究所における河野の活動は著作活動以外にも講演活動や座談会活動がなされており、そののちの教学錬成所における役職とも接続する。また、同研究所においては、神道研究嘱託として、国体・神話関係の他は、多く近世から幕末維新期における国学に関する著作を多く残している。これは、本稿で既に整理した河野の学問が、同研究所での活動を介して社会へ還元されていたことを表すものといえるだろう。[26]このような同研究所における活動から、教学刷新評議会においては国民精神文化研究所関係者として分類されていると考えられる。この顔ぶれからは、國學院大學長としての河野とともに、神宮皇學館大學長の山田孝雄が神道系大学の教員として、また、神社局及び行政関係者としては宮地直一、田所美治が出席しているが、神社界に位置する人物、厳密に言えば神職としては河野のみが委員として参加していることがわかる。本稿において整理した河野の問題意識と学問とを勘案すれば、教学刷新評議会における河野は、神社・神職の代表としての位置付けをもっていたと考えられるだろう。

第二回総会における発言を順に従いあげると、西晋一郎、高楠順次郎、二荒芳徳、小西重直らの発言、河野省三、そして「日本精神派」と分類される平泉澄、紀平正美、「儒教・仏教グループ」とされる宇野哲人、また、外交官としての経歴をもつ石井菊次郎と続く。さらに三上参次と紀平の議論があった後、もう一人の日本精神派の主役とされる筧克彦が発言する。

先学において河野の発言は西以下四名の発言の後、「日本精神派」への「露払い」として位置付けられているが、内容の分析についてはなされていない。ただし、「五番目は河野省三委員である。みられるように、ここから当局に対する突き上げと発破かけ（けしかけ）が強調され、明治維新に還れとの新たな復古主義が強調され始めるのである」[27]との解説が河野発言の引用前にあり、河野発言の位置付けがなされている。ここでは教学刷新評議会の議論対象となる諮問「我ガ国教学ノ現状ニ鑑ミ其ノ刷新ヲ図ルノ方策如何」[28]に対する河野の意見を整理したい。

河野は、そもそも教学上の指導精神は、軍人勅諭と教育勅語が渙発された明治十五年から二十三年にかけて既に成立していた事実と、「教育関係者ノ有ツテ居ル信念ト、其実施上ニ於ケル方針トニ於テ」指導精神に対する認識や理解が不十分であったために、現今の状況を招いているとの認識と前提によって論を進めていく。そして教学刷新上の二つの急務として「当局ニ於ケル各方面ニ亙ル実行方針ノ鮮カナ確立」と「指導精神其モノニ付テ、教学関係者ガ深イ理解並ニ適切ナ解説ヲ有ツ」ということを説き、これを達する上で緊要な問題として「此審議内容ノ見込ニ於テ先ヅ第一ニ示サレタ「我ガ国体、日本精神ノ本義ノ闡明」」をなし、「此事ニ依ツテ真ニ指導的精神ノ確立ガ見ラレルノデアリマスカラ、第二、第三ノ各項ニ議セラルベキ教学刷新ノ方針ト云フコトモ自然ニ確立スル」であろうと私見を説いている。この分野においてはこれまでも種々の議論が行われてきたが実現力に乏しかった事由は、「一ツハ此皇国ノ国体ニ対スル闡明ガ不十分デアリ日本精神ニ対スル自覚ガ薄弱デアツタ」からであると指摘する。外来思想及び文化に対する意見としては、「此方面ニ於ケル重大ナ経験、例ヘバ遠ク昔カラ東洋ノ大陸文化、儒教若クハ仏教ト云フヤウナモノヲ執入レテ、日本化シタ根本ノ力」、即ち国体や日本精神にたいする認識を透徹する必要があるとする。さらに明治以来種々の西洋思想及び学問を採用し、利害長短を認識した現在においては、自主的にそれらを用いていく必要と、「明治維新当時ノ精神ニ立返ル必要ガアル」と説いている。それには、「敬神尊王、敬神愛国、敬神崇祖、ト云フヤウナ信念ノ下ニ、堂々タル皇道ノ精神ヲ発揚シタル所ノ明治維新当時ニ於ケル識者ノ信念ト意気トニ還ラナケレバナラヌ」と力説している。最後に「以上此御諮問ニ対スル一般的ナ所感ヲ申述ベタノデアリマスガ、特ニ只今申上ゲマシタ国体並ニ日本精神ノ本義ノ闡明ニ付キマシテハ、何等カ適当ナル方法デ成ルベク各方面ノ委員ノ御意見ヲ隔意ナク承ルコトガ出来マスルヤウニ、特ニ大臣ニ於テ御取計ヒヲ願ヒタイト存ジマス」と希望を述べている。(29)

この河野の意見は、教学刷新評議会と並行して進められた『国体の本義』編纂とも関わる。この『国体の本義』

の編纂過程については、既に久保義三による詳細な分析がなされており、ここでは繰り返さないが、その実質的筆者として志田延義、監修的立場として久松潜一が知られている。このような研究状況から河野の同書への関与については、その解説書の一つである『我が国体と神道』（教学局編纂『国体本義解説叢書』内閣印刷局、昭和十四年）を基に分析するのが有効であると考える。ここにその詳細な分析を記述することは出来ないが、例えば『国体の本義』の「四　祭祀と道徳」（『国体の本義』）における「神社は国家的の存在であるのを根本義とするものであるから、令に於ける神祇官以来、国家の制度・施設として有して来たのであつて、現在に於ける各派神道、その他の一般宗教とはその取扱を異にしている」（一〇六頁）との箇所に相当するものとしては、「五、神道の表現としての神社と其の崇敬」（『我が国体と神道』）が、国学者等についても記述がみられる「五　国民文化」（『国体の本義』）については、「七、神道説発達の大要」（『我が国体と神道』）が相当しており、『国体の本義』における河野の関与がどの箇所に相当するのかを理解することは可能である。

この『国体の本義』が刊行された三年後の昭和十五年には、全国神職会編『神社読本』（日本電報通信社）が刊行されている。『神社読本』は昭和九年の全国神職会評議員会における決議に基づき、主に中等教育の公民教育用に配布することを目的として計画され、全国神職会の紀元二千六百年奉祝記念事業の一端として刊行された。河野をはじめとする宮地直一、植木直一郎、佐伯有義、星野輝興の編纂委員による審議の結果、河野が原稿執筆を行うこととなった[30]。この『神社読本』の編纂委員に教学刷新評議会委員の神道系委員である宮地と河野が名を連ねていることは注目される。河野による「巻尾の添へ言」として「今回の計画は、新しい師範学校用の公民教科書の神社に関する教材を範囲として、教授上の参考に供する目的を主とし、同時に又一般国民の神社に関する読み物として、広く現代教育界に提供しようとするに在る」（二四三頁）とあるように、学校教員への参考書として、また一般大衆向けの読本として二重の意義が込められている。ここからは、神社・神職界全体として社会における神社理解への希求という姿勢が看取されるのである。また、「幾度か筆を進めようとしてゐる間に、昭和十四年が過ぎて、文部省の方でも公民教科書の下巻や修身教科書の第二巻の原稿が出来たので、其等のうちに於ける神社乃至祭祀に関する事項もほゝ見極めがついた」（二四四頁）ともあり、本書が文部省刊行の教科書における神社及び祭祀関係の記述を踏まえて著されたものであることが理解される。同書には『国体の本義』の名称はあげられていないが、公民教科書・修身教科書とともに『国体の本義』もまた、『神社読本』執筆中の河野の念頭におかれていたことが推察される。

本書の巻頭には、「天壌無窮の神勅（日本書紀）」、「同床共殿の神勅（同）」、「神鏡奉斎の神勅（古事記）」、「侍殿防護の神勅（日本書紀）」、「斎庭之穂の神勅（同）」、「神籬磐境の神勅（同）」、「神武天皇橿原奠都の詔勅（同）」、「武蔵国一宮氷川神社を祭りたまふ詔勅―明治元年十月十七日（法令全書）」、「神祇鎮祭の詔勅―明治三年正月三日（太政官日誌）」、「大教宣布の詔勅―（同日）（同）」といった歴代の神勅が掲載されている。ここには、学校教育上における参考書として計画された本書の巻頭に、教育勅語が掲載されていないことから、あくまで、本書の目的が神社の特性を明らかにすることにあったと理解される。河野は晩年に、自身の教化活動と明治初年の大教宣布運動との関わりについて以下のように述べている。(31)

この明治初年における神祇奉仕者の教化活動に関する重要な経験にみられる失敗、不成功の原因には、時代や社会の急激な変化進展とか、為政者、指導家の期待要望の過大とか、教導に当つた一般神職の識見学力不足とか、いろいろ数へ上げられてゐる。而してそれはあの教化運動の内面的、実質的不調若しくは欠陥として参照されねばならない経験そのものの意義が深いであらう。私は身を神職界に置いた明治の末、大正の初、丁度、神祇史、神道史、国学史また日本思想史の研修に興味を深めて行つた折柄、特にこの明治初年の教化活動に反省して、神職として、又社会教育家としての教化事業に力を与へ、光を注がねばならぬことを痛感した。

河野は、神職としての国民教化事業の原点として、明治初年の大教宣布運動への反省こそが、現代における神職の社会教化事業を行う上での原動力であると認識しており、ここに『神社読本』における「大教宣布の詔勅」の記述がなされた意義が理解されるのである。さらには、教学刷新評議会における「明治維新当時ノ精神ニ立返ル必要ガアル」との発言の根底には、このような明治初年における「神祇奉仕者の教化活動」への反省という問題意識が存在していたと考えられ、単純なる「復古」を目指すものではなかったと併せて理解されるだろう。

最後に河野の中等教育への関心についてみてみると、『国学の研究』に、「近来奨励されつゝある中等教育に於ける公民科なるものも、それに日本的独自性を付与し、それによつて真に日本国民としての堅実な知識と信念と情操とを教養しようとするならば、現代の公民科を更に一段と国学化せしめる必要があると信ずる。換言すれば、国学は将来、現代の公民教育をして、日本人の血や肉たらしめる特性を有つてをると見なければならぬと思ふのである。」(「はしがき」九―一〇頁)とあり、中等教育における公民科に対する関心の強さがみえるとともに、客観性をもった日本の文化研究の核として国学が設定され、それを「日本学」と称している。河野は『国学の研究』刊行の五年後にあたる昭和十二年二月には臨時教科書審査会委員を、同八月には中等学校教科書調査委員会委員をそれぞれ嘱託されており、学校教育における教科書編纂という活動においても国学が常に意識されていただろうことが理解される。これは、河野が蓄積してきた学問と私立埼玉中学校での教諭時代の経験によって形成されたと考えられるのである。

おわりに

以上、本稿では、河野省三の言説と事績とを通して、昭和前期の時勢を神社・神職がどのように解釈し、活動してきたのかをみてきた。

河野の問題意識と学問については、神職という立場に依拠した言説、即ち神職自身による学問と修養による学術界・教育界における社会上の地位の確立を主張し、それらの活動を支える学術的根拠には、神道史研究を基盤とした国学史・国民道徳史の研究が存在していたことを明らかにした。その学問において国学は、「古典教育説」とされ、河野の神社奉仕と学問とが融合した国民教化の根幹に位置付けられていたことも指摘した。

これらの基礎的考察を踏まえ第二節においては神社に関わる河野の言説と活動を分析した。神社界における河野の位置付けは、あくまで府県社以下の神職という立場であったとともに、神職として学位を得た嚆矢として、自他ともに認識していたと指摘した。そして、神社制度調査会・神祇院設立に関する言説から、河野があくまで神職養成や神社及び神道の総合的研究の必要性を主張し続けていたこと、さらに、それらの議論は府県社以下の神職としての現実性を重視した主張であったことを指摘した。

続く第三節では、その他公的な場における河野の活動と言説を教学刷新評議会における議論から論じた。ここにおいては、河野の、「明治維新当時ノ精神ニ立返ル必要ガアル」との発言の根底には、大教宣布運動への反省という視点があったことを指摘した。

これらの論考を踏まえて河野にとっての昭和前期を考察すると、神道学者、國學院大學学長、そして府県社以下の神職として文部行政・神祇行政に関与し、「神職の立場に対する不透明な理解に基づく要求」や「神道の研究に対する不十分な認識に基づく議論」を学術的根拠に基づいて解消していくために、自身の言説を社会へ還元し続けた時代であったと考えられる。皇国学の文脈においても、如何に皇国学としての国学が、近世における内外の国情に左右されて発達してきたのかを強調し、それを見本として昭和前期の内外の国情、それに対するための神社・神職界内外の状況を正視する必要性を説いている。そこには学術的研究としては立ち遅れていた神道・神社研究に対する憂いがあり、その解決のためには神職による自発的修養が必要であるとの認識から、生涯を通してこれを希求したのであった。

河野が講究し、社会に還元しようとしたものは、河野の言葉を借りれば、「知られざる神社」と「説かれざる神道」を総合的に明らかにしようとした学問、即ち河野による「神道学」といえよう。一方で神社・神職界内部に対しても同様の言説を残しており、これらの問題意識は神社・神職界の内外に対する一貫した問題意識としてみることができるが、その記述の相違は、神社・神職界に対して、まずもって神社に奉仕する神職自身が学問をなし、誤解に基づいた神社理解を解消するよう求めている点にある。当然これらの問題意識は河野一人の問題ではなく、明治初年から神社局設置前後に至るまでの神社・神道の行政的変遷と神道を学問的に講究していこうとする神社・神職界における機運の中で形成されたと考えられる。すなわち非宗教としての神社という行政的立場を念頭において、「特殊の教典を有せず又熱烈な布教をなし得ない神職の立場」（前掲）からの国民教化、即ち「古典教育説」としての国学を用いた神道研究こそが河野の社会への還元という活動であったといえよう。河野が近世の国学者達は中世以来の神道説に学術的根拠を与えたと評価するように、自身も昭和前期における神社の行政的な在り方、さらには神職の思想と祭祀、あるいは社会における活動に学術的根拠を与えることが河野の学問であったといえる。それは史的研究により、古代・中世・近世・近代と変わらずに存在した「日本人の生活原理」たる神道を学術的に再考察して還元するものであった。ここに河野が「国学者」と称される事由の一端が窺えるのである。

しかし、結果的にみれば河野にとっての昭和前期とは「還元の途中」の時代であったといえよう。その思いは晩年に、

明治以降に於ける日本国民の心理的流動とそれに伴ふ国民教育の方向を考察して、明治時代は国民生活の展開の時代、その末から大正の初にかけて国民道徳に目ざめた時代、大正期は国民精神を振興する時代、それが昭和に入って、特に国際的立場から国民性格陶冶の時代となったが、国家内外の緊張が余り速く且つ複雑であった関係上、急に日本精神の覚醒期に迫られたものと考へてゐました。この目ざめの波が余りに急で国民性格の鍛錬期を跳び越えて、興奮的に日本精神の発揚が叫ばれた。その覚醒が急激であった結果、それに関する考へ方も、とかく狭く一方的であったやうに思はれた。


といった形で回顧されることとなった[32]。しかしながら戦後も一貫して国体を論じ続けたことは、「国民の生活原理」たる神道と、その表象としての国民道徳及びその根底に一貫して存在する日本精神といった自身の学説と、近世にそれらを講究した国学の先人に対する信念を提示しているものと考えられるのである。換言すれば、社会の変化に伴い神道は発展及び変遷してきた経緯をもっとの認識とともに、如何に社会状況が変化しようとも、「国民の生活原理」たる神道の本質は変わらないという河野の視点を見出すことができると考える。

このような論考からは昭和前期の神社・神職をとりまく社会は、「時世が非常に有難いことになつた」という内務官僚・塚本清治の認識が存在していた一方で、神職・神道学者である河野省三からの視点としては、神社・神職の現実性や学術的根拠を欠いた時世であったと位置付けることができるのである。

註

(1)大原康男「明治前期の国体観と井上毅」(『國學院雜誌』第八一巻第五号、昭和五十五年)等を参照。

(2)「神社局時代を語る」(『近代神社行政史研究叢書Ⅴ』神社本庁教学研究所、平成十六年)、八〇頁。

(3)安津素彦「河野省三」(『神道宗教』四一、昭和四十年)、岸本芳雄「河野省三」(山田孝雄『近代日本の倫理思想』大明堂、昭和五十六年)、土岐昌訓「河野省三」(『悠久』三〇、昭和六十二年)。

(4)松本久史『荷田春満の国学と神道史』(弘文堂、平成十七年)、西岡和彦「河野省三」(『國學院大學日本文化研究所報』四二―五、平成十八年)、戸浪裕之「河野省三の国学研究」(『モノと心に学ぶ伝統の知恵と実践』、平成二十四年)。

(5)宮本誉士「国家的神道と国民道徳論の交錯―加藤玄智の「国家的神道」の意味―」(阪本是丸編『国家神道再考―祭政一致国家の形成と展開―』久伊豆神社小教院叢書四、弘文堂、平成十八年)、宮部香織「宮西惟助の『日本制度通』講義―河野省三の講義筆記ノートを通じて―」(『國學院大學　校史・学術資産研究』第三号、平成二十三年)。

(6)阪本是丸「「日本ファシズム」と神社・神道に関する素描」(『國學院大學研究開発推進センター研究紀要』第六号、平成二十四年)、同「國學院の「国学」―「非常時」に於ける河野省三・折口信夫・武田祐吉の国学―」(『國學院大學　校史・学術資産研究』第四号、平成二十四年)。

(7)阪本前掲「國學院の「国学」―「非常時」に於ける河野省三・折口信夫・武田祐吉の国学―」、七七頁。

(8)「大戦後に於ける神職の覚悟」(『神社協会雑誌』第十八年第一号)、七頁。

(9)例えば、「愛国心とは何ぞや」(『全国神職会会報』八一号、明治三十九年)、「鳥居を背景にして」(『皇国』二八〇号、大正十一年)、「現代日本と神職」(『皇国時報』四八四号、昭和八年)などがある。

(10)加藤玄智編『神社対宗教』(明治聖徳記念学会、昭和五年)所収の「神社対宗教問題に対する私見」では、「而して神社の本質からこの宗教的信念を取去ることは、甚だ危険なことであつて、たとひ如何にその信仰の存在を認めたにしても、あまり宗教でないくと言ひ張つてをるならば、何時しか此の宗教的感情が薄らいでいつて、神社といふ特殊の觀念が全く変化してしまうであらう」(一三七頁)と説いているように、その根底には神社信仰における特殊観念即ち宗教的感情の欠如を遺憾とするとともに、神職としてそれらの信仰を堅守しようという姿勢がみられる。詳細については、拙稿「国民道徳論における祖先崇拝の宗教性―河野省三の敬神観念からの一考察―」(『國學院大學研究開発推進機構紀要』第七号、平成二十七年)を参照。

(11)『国民道徳史論』(森江書店、大正六年）参照。
(12)このような視点の原点としては、最初の著作である『神祇史要』(法文館書店、大正四年）をあげることができる。
(13)河野の国民道徳論及び日本精神論と時代背景との関わりについては、拙稿「日本精神論と国民道徳論―河野省三・村岡典嗣の学説を中心として―」(『明治聖徳記念学会紀要』復刊第五十一号、平成二十六年）を参照。
(14)「神道学」構想の経緯については、「神道学組織の進展」(『神道学』出雲復刊第一号、昭和二十九年）に詳述されている。
(15)新槙と河野のやり取りについては、刊行された河野の日記、『吾が身のすがた』などから窺える。新槙は昭和十五年に全国神職会長表彰神社功労者となるなど、河野の神社奉仕を支える有能な神職であったことが理解される。
(16)玉敷神社は、現・埼玉県加須市騎西町に鎮座する延喜式内社である。大正十三年に県社昇格事業として玉敷神社神苑が整備された。広さ一町余の境外神苑にはグランドが設けられ、学校生徒や青年団などの体育、消防団の訓練にも利用された。これらの神社運営からは、地域おいて神社が果たすべき役割を河野がどのように捉えていたのかを知る上でも加味されるべき事項となるであろう。
(17)福田彌助（埼玉県立不動岡中学校）編『開校五十年史』(創立五十週年祝賀協賛会、昭和十一年)、二三頁。
(18)大正十年十二月の全国神職会における講演録である前掲「鳥居を背景にして」には、鳥居を「我が国体の表象《シムボル》」とし、「其の鳥居を背景として、我が国体を窺ふ」ことは、「神職の国体観の立脚地である」と説かれており、その研究の背景には「鳥居」を核とした神社への信仰が存在することがわかる。続けて同書には、鳥居を背景とした神職の国体観の本質は、「国民が同心一体となつて、天皇に奉仕しつゝ、日本民族永遠の活動によつて、道徳的国家を完成するに在る」と論述されており、これらを実践していくための柱として、河野自身、学問を神社奉仕の中に位置付けていたと考えられる。
(19)藤田大誠「国家神道体制成立以降の祭政一致論」(前掲『国家神道再考』弘文堂、平成十八年)、三八四頁。及び阪本是丸『国家神道形成過程の研究』(岩波書店、平成六年）を参照。
(20)神社本庁編『近代神社行政史研究叢書Ⅲ　神社制度調査会議事録③』(神社本庁、平成十三年)、五一五頁。
(21)前掲、六五二頁。
(22)この神祇特別官衙における「八神殿問題」については、前掲藤田「国家神道体制成立以降の祭政一致論」及び前掲阪本『国家神道形成過程の研究』を参照。

(23)「神祇院の創設を迎へて」『皇国時報』(七六一号、昭和十五年十一月十一日)、一頁。

(24)拙稿「河野省三の国民道徳論―『国民道徳史論』を中心に―」(『神道宗教』第二三一号、平成二十五年)、前掲拙稿「国民道徳論における祖先崇拝の宗教性―河野省三の敬神観念からの一考察―」。

(25)高野邦夫『新版 天皇制国家の教育論―教学刷新評議会の研究―』(芙蓉書房出版、平成十八年)、一二八頁。

(26)一方、日本諸学振興委員会においては、『日本諸学振興委員会研究報告』(第二篇〔哲学〕、教学局、昭和十三年)所収の「近世に於ける指導精神としての神道」と題する研究報告がある。同報告では、国学はもとより儒学・石門心学などの幅広い視点から、国史を一貫した指導精神とされる神道精神に言及しており、神道史を基盤とした国民教化論が展開されている。神道教化については、国民精神文化研究所からも「近世における神道的教化」(『国民精神文化研究』第四三冊、昭和十五年)が刊行されるなど、本稿でも指摘したように河野の学問において中核に位置している。これら一連の研究は、後に『近世神道教化の研究』(宗教研究室、昭和三十年)として改めてまとめられている。

(27)前掲同、三三一頁。

(28)近代日本教育制度史料編纂会『近代日本教育制度史料』(第十四巻、大日本雄弁会講談社、昭和三十二年)、二五七頁。

(29)前掲『近代日本教育制度史料』、三一五―三一七頁。

(30)中学教科書における河野の著作の扱いには、例えば吉田彌平編『中学国文教科書修正第二十三版』に『ラジオ講演集第三集』(東京放送局発行、大正十四年)として刊行された「さわやかな心」が掲載されている。その解説書である光風館編輯所編『中学国文教科書教授備考』(巻三、光風館書店、昭和十年)には、本講演を掲載した事由として、「我が国性を明らかにし、我が国民精神の特性を理解する助とし、併せて我が国の文化・国語・歴史を通じて流れてゐる日本的なものを知らしめようとするのである」(二五頁)とされる。「取扱上の注意」として種々の指摘点があるものの、「この文の第一節は、ラヂオ講演として甚だ着想がよい。通俗的であつて、しかも挙例が上品である。それから次々の各節も、通読に従つて一通りは了解されて行く。これは作者が講演の数をこなし、自然と話術に長じてゐる故であらう。話の内容・要旨も誠に結構づくめである。かうした話はすなほに聴かせて、是非とも作者と同じやうな気分、心持に到達せしめたいものである」(一六―一七頁)と高評している。

(31)『私の教化の歩み』(神社本庁、昭和三十七年)、二頁。

(32)『嗜みの生活』(玉光会、昭和三十三年)、一八頁。

今泉定助の思想と皇道発揚運動

武田幸也

はじめに

今泉定助は、東京大学古典講習科の出身で明治期の著名な国学者であり、大正から昭和前期における神道界の「大御所」として、先行研究ではその生涯と思想が論じられてきた。(1)しかしながら、今泉を通して昭和前期の神道と社会の関わりを論じようとする研究は、さほど多くない。

そもそも、近代神道史における今泉の重要性を指摘したのは、葦津珍彦であった。葦津は、あらゆる人々が今泉の教説を聞いたことを指摘した上で、「近代神道史の上で、今泉先生ほどに広汎な社会層に大きな精神的影響を及ぼした神道思想家は、見当たらないやうに思ふ」と述べたが、同時に「先生の意見も、明治いらいの国家神道の枠の中で、実行され得る限度においてのみ、実行されたに過ぎな」く、「神社は国民道徳を表現するものである。

しかしながら、その国民道徳といふものは、国民の常識によって自然成長的に形成されるものであって、神社の側から、明示的な指導精神を出すべきではない、とする明治いらいの国家神道の体制理念」を打破できなかったとし、国家神道体制への批判者としての今泉像を提示した。[2]

このような葦津の理解を踏まえ、阪本是丸は、今泉が「戦前の国家神道体制を支えた有力な組織」である神祇関係三団体や「政府の神祇機関」に関係した「戦前における国家・民間を含めた広義の神社界の大立て者でもあつた」ことを指摘しつつ、「今泉がこのように戦前における神社界の有力な位置を占めていたにもかかわらず、その位置は決して神社界の主流を占めるものではな」く、「むしろ今泉は政府の国家神道体制やその体制の下で神社界や神職の待遇向上を望む多数派に対しては、かなり批判的立場を採つて」おり、それは「神社界のみならず、国家の思想・イデオロギー政策に対しても貫かれて」いたため、「要するに、今泉は神道界の巨大なる異端者」であったと位置づけ、大正期以後の今泉が「神社界のみならず、ますます広く国民各層に自己の信じ、実践している神道思想・皇道思想を説くようになつた」と論じた。[3] 以上のように葦津珍彦と阪本是丸は、今泉定助を狭義の「国家神道」における批判者として位置づけ、今泉が自らの思想を昭和前期の社会に広く普及しようとしたことを示したのである。

それに対し、狭義の「国家神道」論を批判しつつ、葦津珍彦がいう、今泉定助を含む「右翼在野神道」を、広義の「国家神道」に位置づけようとしているのが島薗進である。島薗は、葦津の「在野神道諸流」という言葉を引きながら、「葦津はもし国家神道という語を、尊皇や敬神を掲げる精神運動という意味で用いるとしたら、これらの「在野神道諸流」がそれにあたると読み取れないこともない」という理解を示し、[4] さらに「大正・昭和前期の神道と社会」シンポジウムにおいて阪本是丸が提示した今泉定助等の神道論・思想がどれほど社会において理解されていたのかという疑問に対し、「在野神道諸流」の指導者達の「理論は小難しくて、ある意味では非常に洗練されているけれども、人々の頭の中には入らない。しかし、リーダーがそういうものをもっているからこそ（筆者註―青年団や少年団といった社会集団が）動いていける」と答え、「人々の大衆動員のほうへ向かっていく時代」において「皇道主義みたいなものが台頭」すると主張した。[5] ここからは島薗が今泉を昭和前期の思想的イデオローグの一人として理解していることが看取されるが、同時にこうした人々の神道思想が社会的に受入れられなかった可能性を残しつつも、そうした思想の存在により「非常時」において「国家神道」による「大衆動員」や「国民統合」が行われていったと見做していることが窺い知れる。

いずれにせよ、今泉定助の位置づけは、「国家神道」理解の枠組みとも関わって、複雑なものがある。しかしながら、ここで検討されるべきは、今泉の社会的活動や、その神道思想・皇道思想なるものが、昭和前期の社会においてどのような意味を有していたのかを問うことであることは間違いなかろう。以上を踏まえ、本稿では先行研究の成果に立脚しつつ、昭和前期における今泉の活動を再確認した上で、当該期の社会的状況の中で彼の思想を理解することにより、昭和前期の神道と社会の一端を明らかにしたい。

一　神社界における今泉定助

明治十九年九月に東京大学の古典講習科を卒業した今泉定助は、『古事類苑』の編纂に携わりながら、二十一年に皇典講究所が経営する補充中学校に関係し、二十三年に國學院が設立されるにあたって皇典講究所に奉職する。明治三十五年に今泉は、皇典講究所の役職を退任したが、それ以後も皇典講究所の理事等を務め、密接な関係を持ち続けた。[6] また神宮奉斎会に対しては、明治三十三年八月に奉斎会の講師及評議員となって以降、三十八年九月に奉斎会宮城本部監督、四十一年十二月に宮城本部長、四十四年九月に理事、大正元年五月に新潟本部長等を経て、大正十年五月に神宮奉斎会会長に就任する。(7) さらに全国神職会については、大正九年九月に協賛、十二年四月から十三年十月まで幹事長、昭和八年五月から顧問を務めた。(8) また、大正十二年には神社調査会（大正十三年十一月に廃止）が設置されると委員となって神祇官衙設置運動に尽力し、昭和四年十二月に神社制度調査会でも委員に名を連ね、十五年に設立された神祇院では参与に就任した。(9) このように今泉は、大正後期以降、皇典講究所理事、神宮奉斎会会長、全国神職会幹事長といった神祇関係三団体の要職を歴任し、昭和前期の社会に重きをなしていた。

かかる今泉は、神社界、あるいは神職達に対し、神社界の機関誌を通じて、神社神道の位置づけを明確にしながら神職の役割を説き、同時に祭祀における精神性を強調して神職の精神的な修養の必要を主張していった。

前者については、大正十年四月に神宮神部署東京支署長として発表された「拡充さるべき神道の意義」(10) がある。今泉の論旨は、「今日唱へられて居る神道」が「狭義」であることを批判し、神道の変遷を踏まえつつ、神道が「其の内容意義に於ても現代化社会化して現代の生活を指導して行くもの」としなければならないことを主張し、教育勅語の「斯道」である「皇祖皇宗の遺訓」を神道と解釈した上で、「宇宙の本体」として造化三神、なかでも天之御中主神の「働」きを捉え、神道が「個人を救ふと共に社会国家を救ふ」ものであると位置づけて、「仏基の両教を排斥しはしないが」、神社信仰を迷信として退けるキリスト教に対し、「誠心誠意神に捧ぐる熱誠が何の差支あり、何の不都合があろうか」と喝破する。(11)

また、昭和八年一月の「神道の大威力を発揮せよ」(12) では、神道が「凡百の科学、哲学、宗教を超越しつゝ且つ之れを統一し得る」存在と位置づけ、「我が国体の精華たる祭政一致君民一体挙国一家の国体生命を蠧毒し又は紊乱し、破壊せざる限り」と限定しつつも、「如何なる化学、哲学、宗教をも悉く寛容、認許、歓迎、包容」して、「外来の科学も、哲学も、宗教も総べては我が神国体に帰入同化」させることにより、「神国の大光明を添へ、神道の大威力を増し、彌々益々世界天照の皇運を翼賛し奉らねばならない」ことを説いた。つまり「拡充さるべき神道の意義」では、内務省流の「神社非宗教論」を批判しつつ、神道の役割を社会国家を救うものとして位置づけ、神道が「現代化社会化」することによって、国民の「生活を指導」するものとしなければならないことを説き、「神道の大威力を発揮せよ」では、神道を科学・哲学・宗教をも包括するものと位置づけ、これによって「皇運を翼賛」することを説いた。いずれも神道の理解・位置づけを明確化することにより、神職の社会的活動の重要性を論じたものである。これは今泉が神職を国民精神の指導者と考えていたことによるといえよう。

そのため今泉は、時局を反映した論説も発表している。例えば昭和十二年一月の「皇道の世界光被」[13]では、満州事変以降の非常時に対し、日本が「終始皇道を以つてこれに臨みつゝあるが、又皇道を発揚することによつて所期の目的を達成せねばならぬ」ことを説く。今泉のいう「所期の目的」とは、「天地の公道」によって諸外国に臨み「第三国の我国に対する非友誼的不信行動に対しても断然たる措置を講じ禍根を断ち、世界の和平を促進」することである。こうした考えは、「祭政一致の精神から拝すれば世界、宇宙万有の天皇」が「日本にのみ利益のあること日本人にのみ結構なことを以つて日本の天皇は御満足遊ばされる御方」ではなく、「破邪顕正の御境地に御立ち遊ばされる陛下の大御心を顕現」せねばならないという理解を前提として展開されている。即ち、「祭政一致」の精神を前提とする世界の天皇による世界平和の実現が外交・戦争の目的と設定されていた[14]。

一方で後者については、大正十三年九月に『皇道』に掲載された「祭祀を重んずべし」がある[15]。ここで今泉は、自らを「貧弱なる神主」と位置づけ、「自分の最も多い欠点」をあげながら「神職」への批判を展開する。今泉にとって「祭祀」は「孝敬といふことを延長したこと」であり、その「祭祀」に「精神を籠め」なければならないことを主張して、「人を祓はんとするものは普通の人よりも十倍二十倍、よく禊も祓ひもした清浄なる身体でなければ人に向つて祓ひをする資格はない筈であります」と祓の意義を例示しながら、現実の神社制度が「形式であり模倣」であることによって祭祀の精神が顧みられていないことを批判するとともに、神職が「修養」により「人格を向上」させて「神も感応する」超越した「精神」を体得する必要を説き、「礼は敬虔の念が内に充ち満ちて、それが溢れて出て来たものでなければならない」と述べている。

また、昭和二年六月十四日の神職部での講演を活字化した「形式と精神」[16]でも、「祭祀」を「孝敬の延長」とした上で、「祭祀」を執行するためには、「神の心持にならなければならん、それは至誠と言ふことである」と指摘し、明治維新以前の「神官にしても学問はなかりかとも神様に仕へると謂ふ事に於ては現在の神職に劣つてはゐないと思ふ」と述べ、近代の西洋合理主義によって祭祀の精神的側面が不合理として蔑ろにされた点を痛罵して、「神職養成部の生徒にしても如何に書物ばかり多く読んでも、真の神に仕へると云ふ精神的方面を深く修養する」必要を説き、精神的「修養」と「形式」の「並行」を諭した。

要するに今泉は、祭祀の精神性の欠如を批判し、さらには祭祀の執行者としての神職の精神的修養、即ち強固な信仰の確立を説いたのである。

かかる祭祀に対する今泉の考えは、具体的には神社祭祀制度の変革を求める活動として展開される。昭和二年には、神宮奉斎会の「寄附行為」第二条第一項に「神宮並ニ八神奉斎所ヲ設ケ聖寿万歳、国家隆昌ヲ祈念シ、評議員及会員、賛成員其ノ他有志者神宮并ニ八神奉斎ノ為メ祭儀ヲ行フ」の一文を追加し[17]、十年十二月十七日の第五十四回神社制度調査会で高山昇から「御鏡ノ祭祀ト神籬ノ祭祀」について質問された際も、「御鏡ノ祭」を皇室祭祀、「神籬ノ祭」を国民の祭祀とし、両者が表裏一体であることを述べ、「御鏡ノ神勅ト神籬ノ神勅ト云フモノガ完全ニ行ハレルト云フコトガ日本精神ノ一番ノ基調」であることを指摘し、これまでの神社行政官衙の変遷が「丸デ精神ノ無イモノ」とした[18]。さらに十一年十一月四日の第五十九回神社制度調査会では、「是迄ノ神社行政ト云フモノ、足リナイ所ハ祭祀ニ関スルコト、精神ニ関スルコト、ガ出来テ居ラヌ」と主張し[19]、十二年六月十八日の全国神職会の神社制度調査委員会では、今泉の「八神に関する講説」も行われていた[20]。

ここまで確認してきたように今泉定助は、大正後期から昭和前期の神社界に対して、内務省流の「神社非宗教論」を批判しながら神道の意義を明確化させつつ、神職の精神的修養の必要を説き、国民精神の指導者としての役割を神職に求めた。その上で神職達に神道を前提とする時局論を説いていったのである。同時に今泉は、精神性、即ち信仰を欠いた神社制度に対して神祇官衙設置運動や八神殿奉斎運動に関わりながら、神社祭祀に精神性を付与すべく活動を展開していったのである。

二　今泉定助の活動と人脈

大正後期以降、今泉定助は神社界を基盤としながらも広く国民各層に自らの思想を説くことにより、在野右翼や政治家、軍人などに支持者を獲得していくこととなる。かかる運動の出発点となったのが、大正十三年九月に「国民三大行事奨励に関する宣言」を基に頭山満、野田卯太郎、肥田景之、杉山茂丸、小橋一太、高山昇、篠田時化雄、葦津耕次郎と今泉が設立発起人となり、神宮奉斎会の附属団体として設立された敬神護国団であった。敬神護国団の設立に関する「国民三大行事奨励に関する宣言」では、「国民の各家庭に、皇太神宮を奉斎せしむる事」「国民の各家庭に、正月元旦門松を樹立せしむる事」「国民の各家庭に、大祭祝日国旗を掲揚せしむる事」を奨励し、「我国民精神の復活作興を期」するとされ、十四年九月の「敬神護国団宣言」では「敬神崇祖の道は、大和民族最高の道徳にして、又其の最大幸福の源泉」と位置づけ、祖先祭祀の重要性を説きながら「神明造の神棚安置を推奨」するものとした。また「敬神護国団信条」には、「敬神崇祖と忠孝」「宇宙真理と人倫五常」の宣揚を具体的な目標として設定している。さらに昭和三年七月五日には、「大臣官邸に神棚奉斎の件に付申請」を田中義一に提出している。(21)

敬神護国団が神宮奉斎会の附属団体であったのに対し、奉斎会を「政治活動をする結社の本拠」とできないため、代わりに「皇威宣揚の目的を以て実践活動をする組織」として昭和三年一月に結成されたのが、日本皇政会である。(22)日本皇政会の「綱要」には、「大日本建国ノ皇謨ニ基キ　天皇親政ノ大義ヲ宣昭ス」「天皇政治ノ天則ニ悖ル不良分子一切ノ掃払ヲ期ス」「天皇意志并国体観念ヲ明徴ニシ民心ノ統一ヲ期ス」ことが定められた。また会則には、「欽定憲法ノ真義ヲ闡明シ惟神ナル天皇政治ノ実行ヲ期スルヲ以テ目的」とし、「惟神ナル皇政教化団体トシテ永久存続」して、具体的な事業「図書ノ出版」「政治ノ研究」「講演会、講習会」「武道ノ練習」「事業部ノ設置其他理事会ノ決議ニ依ル各種ノ事業」を行うと設定していた。(23)こうした日本皇政会には、国井道之、古賀義秋、小泉太志、伊藤彰道、栖原徹舟、小谷文済、刈屋守弘が参加している。(24)

日本皇政会が発展的に解消し、昭和八年九月に皇道発揚会が設立される。皇道発揚会は、総裁を今泉、顧問に田中光顕、清浦奎吾、頭山満、有馬良橘、小笠原長生、水野錬太郎、南次郎、鈴木荘六、鈴木孝雄、阿部信行、荒木貞夫、山岡萬之助を迎え、相談役には千坂智次郎、山口鋭之助、五百木良三、伊藤長次郎、馬場愿治、大谷竹次郎、大倉邦彦、賀茂百樹、吉田静致、中山久四郎、山田安民、佐藤鉄太郎、佐藤皐蔵、佐藤運雄、紀平正美、白川資長、進藤信義、三上参次が名を連ねていた。(25)かかる皇道発揚会の「創立趣意書」(26)は、今泉の神学を明確に踏まえながら、「従来、皇道を軽視して、動もすれば王道と同視し、我が国体を説くに、王道を以てするの矛盾あるもの、往々にこれあるを見る」ような現状を憂い、「国家の国民精神を作興」し、「伝統の民族意識を保護し哺育し、後世無限に創造し伝達する」ことを目的としていた。また会の「綱領」では、「皇道ノ本義ヲ発揚シテ教育ノ根本ヲ樹立ス」「皇道ノ精神ヲ闡明シテ政治、経済、学術等百般ノ指導原理ヲ喚起ス」「国民倫理ヲ宣布シテ思想ノ浄化ヲ図リ人心ノ帰趨ヲ統一ス」の三項目が目的として掲げられていた。[27]

次いで昭和前期において今泉が最も傾注した皇道学院も昭和十四年四月十五日に開講された。皇道学院は、そもそも昭和八年十月から日本大学において毎週月曜日午後七時から今泉によって開講されていた「皇道教育の特別講座」に淵源し、十二年六月二十日に日本大学本部内には「国体明徴および日本精神発揚に関する事項」「皇典文献、行事の研究調査に関する事項」「講習、講演、図書出版に関する事項」を目的とする皇道研究所が設置され、十三年三月三十日には「建学の精神に則り、皇道講座を設け、皇道を講明し、国体の本義を明徴ならしめ、国家有用の人材を養成」することを目的とした「日本大学皇道講座」も開講されていた。この皇道講座が十四年一月二十日に「将来皇道科建設ノ準備手続ノ為」皇道学院として改称されるのである。[28] 皇道学院には第一期から第八期にかけて応募者が約二千名いたが、入学許可者が七割、卒業を認定されたものは約六百名であった。[29]

そして昭和十五年八月に皇道社が設立される。皇道社は、昭和十一年に今泉が構想した「国体研究所創立趣意書」[30]を前提とするが、直接的には昭和十四年十一月に開催された「今泉先生皇道発揚祝賀会」[31]の趣意書に会の記念事業として「皇道研究所の建設」が盛り込まれていたことによる。この皇道社は、「重大ナル時局ニ直面」したことを踏まえつつ、「我等臣民トシテ天業扶翼ノ本分ヲ果ス為」に「皇道精神ノ真髄ヲ認識シ之レガ発揚ヲ期ス」ことを目的とし、その「深遠ナル皇道ノ真髄ヲ究明シ悠久不滅ニ発揚ノ実績ヲ挙グル為」の「周到ナル組織ヲ以テ確実ナル基礎ヲ有スル真摯ナル研究機関」として設立することが趣意書に謳われていた。事業計画には「研究所ノ建設」「研究機関ノ設置」「発揚機関ノ設置」「教養機関ノ設置」とあり、寄附行為では財団の目的を「皇道ノ真髄ヲ闡明シ皇道精神ノ発揚ヲ期スル」こととし、具体的事業は「皇道講究ニ必要ナル調査並ニ施設」「講演会及講習会ノ開催並ニ講師ノ派遣」「皇道精神発揚ニ関スル指導者ノ養成」「雑誌及図書ノ刊行」「前各号ノ外本財団ノ目的達成ニ必要ナル事業」と定められていた。皇道社の総裁には今泉が就き、理事には、簡牛凡夫、松井七夫、守屋榮夫、吉田光長、刈屋守弘が、監事には成富道正、藤岡好春が就任している。[32] また皇道社の設立を記念して「皇道社発会記念国体明徴大講演会」が計画され、昭和十五年十月二十八日に開催された。[33]

かかる活動と並行して、今泉が広く支持を獲得していく契機となったのが、次に取り上げる大日本運動や皇運扶翼運動での活動であった。

大日本運動は、衆議院議員林路一[34]によって企図されたものである。この運動は、昭和十二年七月、国会議員を中心に神宮奉斎会本院で今泉から「国体原理」の講義を七月二十四日、二十七日、三十日、八月二日、五日、八日の六日間にわたって受けたことに始まる。この時の講義には坂本宗太郎、長野綱良、末松偕一郎、簡牛凡夫、蔵園三四郎、山道襄一、林路一、田中武雄、平川松太郎、岡野竜一、松田武千代、長井源、添田敬一郎、宮沢胤勇、藤田若水、多田満長、渡辺玉三郎、蔵原敏捷、岡田春夫、安藤孝三、高見之通、俵孫一、小野謙一、前田房之助、永山忠則、出井兵吉、桝谷寅吉、吉田茂、佐藤与一、肥田琢司、石坂繁、椎尾弁匡といった人物が参加していた。[35] その後、十二年十月以降に「第一回ハ今泉会ナル名称ノ下ニ会談」[36]が行われ、十三年二月二十一日に大日本運動結成の宣誓式、結成式、記念講演が開催されて、大日本運動の結成を「支那及独逸国民」に知らせるための海外放送も行われた。[37] この運動の目的は、その「宣言」によれば、「未曾有の重大時局に際会」したものの「我が国民は、速に国内に於ける相剋抗争を解消して挙国一体、億兆一心の実を挙げ」つつあるが、さらに「国体に淵源する醇乎たる全個融合の日本精神をして国民生活の総ての分野に透徹せしむ」ことにより、「日本臣民たる者、各々其の分に応じ全能力を発揮して此の崇高絶大なる聖業を翼賛し奉り内、道義家族国家を完備し外、正しき国際秩序の建設に資し、以て大日本の真姿を顕現」することにあった。また「綱領」には、「国体観念を明徴にし皇道翼賛の実を挙くへし」「教育勅語の聖旨を徹底し現代教育の弊を一掃すへし」「家族制度国家を完成し個人主義思想を矯正すへし」「道義的経済観念を滋養し利己的経済思想を是正すへし」「皇道に基き国際正義を確立し世界平和の実現に貢献すへし」が掲げられ、具体的な本部事業として「全国的遊説」「パンフレット等ノ発行」「講演会及研究会ノ開催」「其他目的遂行上必要ナル運動」が設定されていた(38)。

皇運扶翼運動は、中島飛行機の創業者として知られる中島知久平の後援により政友会中島派所属代議士八角三郎、箇牛凡夫、助川啓四郎が中心となって、昭和十五年二月十一日に結成した「日本主義鼓吹団体」であり、元司法大臣塩野季彦や小磯國昭、今泉が顧問となっていた(39)。運動の目的は、「本運動ハ聖旨ヲ奉戴シテ皇運扶翼ノ精神ヲ「行」ノ訓練ヲ中心トシ実践的ニ国民ニ徹底セシヲ以テ国難ヲ突破シ八紘一宇ノ皇謨ヲ完遂」することにあった。ちなみに本部指導員には前記した八角三郎、箇牛凡夫、助川啓四郎以外にも守屋榮夫がおり、講師には小磯國昭、吉田茂、塩野季彦、中島知久平、今泉定助、藤澤親雄、難波田春夫、武田祐吉といった名前がある(40)。運動の結成から十六年二月十一日にかけて本部では、「本部指導者錬成講習会」を開催し、支部が岩手・福島・長野・茨城・愛知・三重・大阪・福岡・宮城県に結成され、他に鹿児島・千葉・富山・山口県で支部結成の準備中であり、活発な運動を展開していた(41)。

このように今泉は、大正末から昭和前期の活動を通して自らの思想を社会的に普及することに尽力したのである。特に注目されるのは、今泉と関わった人物や後援者に小磯國昭や林路一をはじめ吉田茂、箇牛凡夫、八角三郎、守屋榮夫、山岡萬之助といった人物がいたことである。例えば国民精神総動員運動では、昭和十四年五月十五日の段階で会長を今泉と交友の深い有馬良橘が務め、理事に守屋榮夫、吉田茂がおり、十五年五月一日の国民精神総動員本部役員には、今泉とともに小磯國昭、吉田茂、中島知久平が顧問、守屋榮夫が参与となっていた(42)。また大政翼賛会が成立すると八角三郎や箇牛凡夫が翼賛会に関わることとなり、今泉が重視した禊が国民運動として採用されることとなる(43)。かかる人脈を介して、今泉の思想と実践は、国民精神総動員運動や大政翼賛会にも広がっていくこととなったのである。

三　今泉定助の皇道論と非常時

これまで見てきたように今泉定助は、神社界を中心としながら、国民運動に関わって多くの講演を行い、それが活字化されたことにより、彼の思想は社会的に広く普及する。本節では、かかる今泉の思想を、特に『皇道の真髄』[44]に注目して検討する。

今泉が説く皇道は、「我が大日本帝国が、世界万国に秀でた国体を有して卓立し、万世一系の天皇が、絶対尊厳の御身に御在しまして、然も国家国民と不二一体として此の国を知ろしめし給ひ、国民が赤誠を捧げて君国の優恩を蒙りつゝ、上下共に天壌無窮に興隆し世界人類と其の慶を共にする所以の大道」である。[45] かかる皇道は、「宇宙の根本の大道」であり、「大自然の精神」にして「天御中主神の御神徳の発動」とされ、この御神徳は「末梢であり、分派である所の万有に向つて活躍し、万有が常に其の御神徳を蒙り、其の御神徳を慕ひ、中心に向つて還元集中し、斯くて万有の生成化育を続けるのが大自然の精神」であって、「此の精神の人生に反映したのが皇道」と理解される。この「大自然の精神」を「人生に反映した者」が天皇であり、天皇は「宇宙における天御中主神の如き御方」と位置づけられる。そのため皇道は「天皇の道」であり、具体的には「天皇を中心とした此の国家が、天皇の御偉徳の活躍に依つて、天壌と窮り無く、生成発達する所以の道」と説明される。同時に今泉は、「天皇の道」が「天皇が国家を治め給ふ道」に限定されることを批判し、「皇道は又国民の道」とも位置づける。ここでは国民が「国家の一部分であり、根本中心の天皇の分派」と理解され、「天皇の慈恵は皇道である。国民の忠敬も亦皇道である」と解釈される。また「皇道は国民相互の利害得失」ではなく「末梢分派の国民同士」の「御互に大自然の霊徳至誠に立脚して人生の幸福を全うする大道」とも述べられている。さらに皇道は、「我が国内に於てのみ行はれる道」ではなく、「自国と外国とは我境一体であり、全世界と一体」であって、「生成化育の大自然の幸福を全民族と共にするを楽しむ」ものとされる。このような皇道は、「神道」[46]の「異名同体」とされ、「天地創造の主神たる天御中主神と国土修成の祖神伊弉諾伊弉冉二神との御神徳を総合して、天業を確立せさせ給うた天照大御神の御系統と御神徳とを伝へ給ひ、神ながらに国家を知ろしめす天皇の御聖徳の活躍」であり、「大自然の神威の活躍」と位置づけられる。こうした皇道論は、端的に次のように結論づけられる。即ち、

皇道は、国家の中心たる天皇が、天御中主神の宇宙の中心としての霊徳と、伊弉諾、伊弉冉二神の国土修成の偉徳とを総合せられ、天照大御神の光華明彩六合に照徹し給へる崇高偉大な大御心を以て心とせられて、国家を知ろしめし給ひ、国家が是に依つて天壌無窮に興隆し、国民が天皇の御心を奉戴して、皇運を扶翼し奉り、国民相互に其の幸福を完うし、世界万国と其の慶を共にする至誠明直の道である。

と[47]。このように皇道とは、「宇宙の根本の大道」であり、「天御中主神の御神徳の発動」であって、「万有の生成化育を続」ける「大自然の精神」とされ、これを「人生に反映」することにあった。より具体的には、天皇が「天御中主神」と「伊弉諾、伊弉冉二神」の神徳を総合した天照大御神の「大御心」に従って国家を治め、国民が天皇の「御心」を奉戴する。これは天皇の「慈恵」と国民の「忠敬」の相互関係を前提とした「国民相互」だけではなく「世界万国」をも「幸福」にすることを目的とした「至誠明直の道」であったのである。

以上の皇道論は、今泉の国体理解と密接不利な関係にある。今泉の国体観が三大神勅、即ち「天壌無窮の神勅」「斎鏡斎穂の神勅」「神籬磐境の神勅」によっていることは、大正十四年の『国体観念』(教化団体連合会、大正十四年四月)以降、国体に関して論じる際、しばしば主張されるところであり、例えば『国体原理』では、「天壌無

窮の神勅」を「結果であり外観」とし、「斎鏡斎穂の神勅」と「神籬磐境の神勅」が「内容となつて第一の神勅が実現するのである」と指摘している。(48)

この内「神籬磐境の神勅」は、今泉の思想において決定的な意義を持っている。『皇道の真髄』に戻ると、「神籬」と「磐境」は、「別々の名でありながら、実は一つの物」とされ、「神籬は磐境と云ふ所が有つて存在する事が出来る。磐境も亦神籬と云ふ物が在る為に尊い所」と説明される。こうした考えは、「神籬を人に譬へて我とすれば、磐境は其の境地」とされ、これを切り離すことが出来ないため「我と境は一体」という「我境一体」の考えに展開し、「我境一体を人に映じて云へば、天皇と国家とが我境一体である。天皇と国民ともそれである。国民に就いて云へば、我は家庭の一人である。家庭は我の境地」という「本末不二一体の原理」へと繋がり、「中心」と「分派」の関係が実は一体であるという観方へと連続して、「祭政一致」を軸としながら、天皇と国民の関係性に適用されることとなる。(49)今泉のいう「祭政一致」は、「祭祀が即ち政治であり、政治が祭祀」という関係のことであり、それは「祭祀の精神即ち神に奉仕する純真な清明心を以て政治を行ひ人生に処する意義」として説明される。これは天皇が祭祀によって「神としての身の延長たる人の身となり、人の身としての神たる身と同化して、初めて茲に天津日嗣の天皇たることを得」ることにより、「神の心としての人間の心である明津神、神の身としての人間の身たる荒人神」として「天業」を行うことを指す。この「天業」とは、

独り日本の国土を経綸するばかりでなく、世界を経綸せねばならない。否、宇宙を経綸せねばならないのである。独り我が日本国民の生活を思ふばかりでなく、人類一般の生活を思はねばならない。否、万有同根の生活を思はねばならないのである。天津日嗣の天皇としては、過去を忘れ給はず過去を記憶して祖先に感謝し給ひ、現在は過去の延長であるが故に、現在を重んずると同時に過去を重んじ、未来は亦現在の延長であ

るが故に、現在を愛すると同時に未来を慮り、子々孫々の末迄愛して止まず、所謂過去現在未来を一貫し、世界を一国とした大経綸の下に、創造整理大成させ給ふのが即ち天皇の天業である。

という「過去現在未来を一貫し、世界を一国とした大経綸」として理解される[50]。要するに今泉は、天皇の役割が祭祀によって神としての心と体を獲得し、「神に奉仕する純真な清明心」によって世界を統治することにあると位置づけたのである[51]。同時に注意されるのは、

政治家は此の意義を以て政治を行ひ、教育家は此の心を以て身を修め人を導き、軍人は此の心を以て他を愛撫し、外交家は此の心を以て外人を敬愛し、実業家は此の心を以て事業に生命あらしめ、其の他百般の業務に亙つて老幼男女各々自己の使命を守つて神に合一し、神意を体得し、純真清明の心を以て之に当らば、茲に初めて上下一致、祭政一致の実を挙げ、君民一体の国是を大成し、普及徹底した皇道の実現を見る所以である、即ち知る祭政一致の意義を明かにする事に依つて、皇道の淵源を深うする事を。

とも論じていることである[52]。ここから窺い知れるように、今泉は単に天皇だけが祭政一致の精神を体現すればよいのではなく、国民にとっても「自己の使命」を果たしていく上で、「神に合一し、神意を体得」する必要があり、天皇と国民の相互が、この精神を獲得することによって「君民一体の国是を大成」することが皇道の実現であると説いていたのである。

かかる今泉の皇道論は、時局の進展に関わって、「皇道精神」による思想浄化が課題として浮上してくることとなる。例えば昭和十年二月の『皇道精神を以て思想界を浄化せよ』では、今泉独自の霊魂観を披瀝し、霊魂の活

動が発顕・統制と還元・分解の態様があることを指摘して、発顕・統制を「直霊」、還元・分解を「禍津毘」と位置づける。[53] その上で「明治以後滔々として我国に輸入された西洋型の思想は、概ね分裂解体の思想」と述べ、「主観と客観とを分裂させ、我と境地との間に区別を設けること」と解釈して、西洋型の思想に導かれた思想が「対立主義と個人主義とは、必然に功利主義、享楽主義に導かれ」て「腐敗堕落、家族の分裂、国家の解体」をもたらすものと結論づける。[54] このような思想混乱に対して、今泉は「皇道精神」たる「直霊」の作用によって「世界に横溢する滔々たる頽廃思想を匡救する為めに威力を発輝し、人類世界を生成化育の本道へと復帰せしめること」が「皇道精神の使命」と論じている。[55]

この「皇道精神」を支える霊魂観は、先行研究において指摘されるように、川面凡児由来の行によって保障されたものである。今泉は、昭和八年四月の『文献と行事』で、行を通して神典を解釈する必要を説き、神典に内在する「神霊神体を体察体顕せんとすれば、先づ茲に祓を為し、禊を為し、全身鎮魂して、其の神と道交感応し、其の神と共に念ひ、我と神と観照し、我と神と同霊同体たることを自覚し、体得」せねばならないと述べている。[56] これを今泉自身に敷衍すれば、今泉は行を通した神との一体化によって神祇信仰を確固たるものとし、そこから古典を解釈して、天御中主神を中心とする思想を確立した上で、この行と学問によって獲得された思想を社会に普及せしめることにより、思想混乱の危機を克服しようとしたということができよう。

同時に、今泉は、時局の進展によって戦争の意義を自らの思想に位置づけていくこととなる。昭和十七年四月に刊行された『世界皇化の聖業』では、日米開戦の詔勅の一節が「肇国以来の天皇の大御心所謂「シラス」の御精神、八紘一宇の大御心」によるとし、「我が天皇の御軍は神代の古から今日に至るまで無名の軍」は無く、「彼か若し我に仇をなします時は先づ神問はしに問はし給」いて、「懇々切々と諭し彼をして反省せしめ悔悟」させ、「遺憾なくその事情をお問ひ質しになつて、それでもなほ肯かぬ時には神掃ひに掃」うと述べ、「天皇の御軍は一度刃向ひました者でも、彼が遂に服従致しますれば、之を御慰めにもなり或はその子孫をして安養せしめらる思召も十分である」と注意を促した上で、

実行の上に於て政治経済でも産業でも外交でも一切のものが、人間一個の利慾などといふことを離れ、人類の平和幸福を目的としたものでなければならぬであります。この心持を忘れてやりますれば外国の侵略とか占領とかいふことと一緒になつてしまふ。この心持では日本天皇の大御心を達成するといふやうなことは出来ないのであります。為政者をはじめ各部門を担当する国民の深く心掛けなければならぬ点であります。

と指摘し、皇軍の目的が「世界に於ける破邪顕正、どんな大国でも悪ければ抑へ、どんな小国でも正義であるならば保護」することと位置づけ、「国民が各々その持ち場につきまして、道義を昂揚致しまして、大政翼賛の実を発揮」すれば「天皇の「シラス」御精神、八紘一宇の大理想」が実現することを「断じて私は疑はぬ」と述べている。(57)本書で注目されるのは、開戦を前提として「人間一個の利慾などといふことを離れ、人類の平和幸福」を実現することが「天皇の大御心を達成」することとされたことであり、それを達成する具体的な方法の一つとして戦争が位置づけられていることである。こうした理解は、靖国神社の祭神を「皇道精神」の極致とする思想へ展開されることとなる。今泉は、「靖国と我が国体」において「靖国神社の祭神は、立派な人もあるけれども、多くは兵士にして身分の低い人々である」が、そうした祭神に対し天皇が「大祭には御親拝遊ばされるといふことは、他の神社には類例のないこと」と指摘し、

靖国精神の実行者たる、靖国神社の祭神は全生命を皇運扶翼に捧げ、完全に　天皇に帰一し奉つた人々であ

る。全身全霊を捧げて臣節を全うした靖国の神々は、天津日嗣の天業を翼賛し奉り宇宙の大生命と一体化する。上、天皇は中心として万民に処を得しめ給ひ、下、万民は　天皇に帰一し奉つて宇宙万有生成化育の大道を実現する、君民一体、万邦無比の皇国体の生ける姿はこゝに見出される。大命を奉じて漂へる世界を修理固成し、八紘一宇の世界実現のために身命を捧げる靖国精神こそ実に皇道精神の精粋であり国体の顕現であるといふべきである。

と述べ、「靖国精神」を「皇道精神の精粋」と論じている。(58)

以上のような今泉の皇道論は、「天御中主神の御神徳の発動」たる「宇宙の根本の大道」を「神に奉仕する純真な清明心」によって天皇と国民が獲得し、それによって天皇が国家を治め、国民も天皇の治世を扶翼して、「君民一体の国是」を世界に実現していくことにあり、これは行を前提とする古典解釈、即ち神祇信仰に裏打ちされたものであった。かかる皇道論は、時局の進展に伴って「皇道精神」による思想混乱の矯正が打ち出され、同時に昭和前期の戦争が「皇道精神」の世界への実現を目的とする戦いとして位置づけられていくこととなったのである。

おわりに

本稿では、昭和前期の神道と社会の関係を検討するべく、今泉定助に焦点を当てながら、その活動と思想を見てきた。最後に今泉の思想と信仰が社会にどれほど普及しえたのかという点について私見を述べ、結びとしたい。

これまで検討してきたように、今泉の言説は、活動の拠点となった神社界をはじめ、講演活動や、関係人物を通して、広く社会に普及したことは間違いない。しかし、昭和十五年七月に金沢市で開催された日本精神に関する座談会では、今泉の講演を前提としながらも、かなり噛み合わない議論が展開されている。その中でも「結局日本が世界を統一するといふことになりますが…」という質問に対して、今泉が「それ迄行かなければいけない。それでなければ八紘一宇といふことは空手形でせう」と述べた上で、天皇の下に世界を一つとする使命を「補弼し奉るのが臣民の分である。少くとも吾々の責任といふものがそこ迄行かなければならぬ。といふ所から何もかも割出して来なければならぬのです。それが日本精神でなかればならぬ。（中略）其のやうな心持が判りますか」と答えたが、「チツト漠然として居ります」と返されている[59]。こうした今泉と質問者の応答に看取される食い違いは、今泉の日本精神論が具体的な説明を欠いていたことにも求められるが、やはり、今泉の思想が行と古典解釈に裏付けられた信仰を基盤にしていたことにあると考えられる。要するに今泉の有する宗教性が、一般社会で受入れられる際の障壁となっていたことを示しているといえよう。他にも西田幾多郎は、昭和十九年八月三十一日の堀維孝宛書簡に「小磯といふ男今泉定助を先生〳〵と云つて尊敬崇拝し居る由　困つたものだ　私は聞かなかつたがラディオの演説にて中学生でも笑つた様な平田流なことを云つたとか」と記すなど、今泉の信奉者である小磯國昭を警戒していた[60]。このように鑑みると今泉の思想の前提となる信仰が広く社会で理解されえたとはいい難い。

他方で、今泉自身が昭和前期に構築されていく国家的イデオロギーに批判的な態度を取っていたことにも注意を要する。昭和前期の国家的イデオロギーと今泉の思想がかなり近似していることを示すことは難しくない。だが、今泉は『国体の本義』刊行を「文部省の官選公刊物が、吾等の多年主張した根本思想の域内に到達したことは、誠に歓喜の至りである」と歓迎しつつも、「此の書に多くの欠点」があり、国体の「真価を自覚せしめ、信念と熱意とを喚起せしめる迫力が無い」と述べ、『国体の本義』の「神勅」の理解が「従来の多くの著書と大差なく、甚だ浅薄、不十分である」と批判し、霊魂観の欠如を指摘している(61)。つまり、国家的イデオロギーに対して、今泉は信仰の欠如を批判したのである。しかも、昭和十七年二月には、今泉の「皇道史観の展開」が発禁となり、神典擁護運動が発生するのである。

このように今泉定助が昭和前期の社会に最も普及させたかったものは信仰にあったのである。この点が今泉と国家的イデオロギーとの一線を画すものであった。同時に、今泉の思想と信仰を理解しえたのは、今泉に近しい人物や皇道学院の卒業生を除くと、かなり限定されたものであったといえよう。

その後の昭和十九年七月二十二日、東条内閣が瓦解し、今泉が期待する小磯内閣が成立したが、今泉は八月二十二日に「世界皇化」の絶筆を記し、九月十一日に死去する。昭和二十年四月七日には小磯内閣が退陣、八月十五日に日本は戦いに敗れた。果たして、今泉定助の理想は、昭和前期の社会においてどれほど実現されたといえるのであろうか。

註

(1)『今泉定助先生研究全集』全三巻(日本大学今泉研究所、昭和四十五年)、今泉定助先生五十年祭記念事業実行委員会編『源泉への回帰』(新生創販、平成六年)、葦津珍彦「神道学史上の今泉定助先生」(『日本大学今泉研究所紀要』第一集、昭和五十八年)、昆野伸幸「日本主義の系譜―近代神道論の展開を中心に―」(『岩波講座　日本の思想』第一巻、岩波書店、二〇一三年)、川島啓介「今泉定助と西田幾多郎の世界新秩序論」(『神道研究集録』第二八号、平成二十六年)。

(2)葦津珍彦「今泉先生を語る―その思想と人間―」(『今泉定助先生研究全集』第一巻、以下『全集』と略す)、二一・六五頁。

(3)阪本是丸「大正期の神社界と今泉定助」(前掲『源泉への回帰』)、八四・九八頁。

(4)島薗進『国家神道と日本人』(岩波書店、二〇一〇年)、八九頁。

(5)公開シンポジウム「大正・昭和前期の神道と社会」(『明治聖徳記念学会紀要』復刊第五一号、平成二十六年)、四〇〇頁。

(6)高橋昊「今泉定助先生正伝研究―その国体論と神道思想上の地位―」(『全集』第一巻)。

(7)岡田米夫編『東京大神宮沿革史』(東京大神宮、昭和三十五年)、二五四—二五六頁。
(8)神社本庁編『神社局時代を語る　全国神職会沿革史要』(神社本庁教学研究所、平成十六年)、一六八—一七二頁。
(9)阪本健一「今泉定助大人に縁りの神道人」(『全集』第一巻)。
(10)『皇国』第二六九号、大正十年四月。
(11)かかる今泉の神道観は、大正期に問題となった「神社対宗教問題」に関して、大正十五年八月に公にした論説「神社非宗教論」(『皇国』第三三二号、大正十五年八月)においてより積極的に主張されている。
(12)『皇国時報』四七八号(昭和八年一月)。
(13)前掲同、第六五三号(昭和十二年一月)。
(14)かかる理解は、「皇道外交の根本義(上)(下)」(前掲同、第六八三、六八四号、昭和十三年九月)においても主張されている。
(15)『皇道』(大正十三年九月、『全集』第三巻)。
(16)『皇国』第三四六号(昭和二年十月)。
(17)前掲『東京大神宮沿革史』、二四七—二四九頁。
(18)神社本庁編『神社制度調査会議事録②』(神社本庁、平成十二年)、五六四—五六五頁。
(19)前掲同、六五七—六五八頁。
(20)『皇国時報』第六四〇号(昭和十二年七月)。
(21)『あし牙』(葦牙会、昭和十四年二月)、七〇—七四・九五—一〇四・一八八—一九〇頁。
(22)前掲高橋「今泉定助先生正伝研究」、二二五頁。
(23)日本皇政会では、今泉が昭和四年に式年遷宮を記念して講演した「神宮と国体」、同十一月の「皇室と国体」の講演を編集し『日本皇政会講演集　第一輯』(日本皇政会事業本部、昭和六年十二月)として刊行している。本書は、後、『神宮と国体　皇室と国体　に就いて』(日本皇政会事業部、昭和十二年二月)と改題して再刊されている。他に今泉の『国体の根本精神』(日本皇政会本部、昭和八年八月)も刊行された。尚、日本皇政会の「綱要」と「会則」は、『日本皇政会講演集　第一輯』に掲載されているものを参照している。

(24)前掲高橋「今泉定助先生正伝研究」、二二五頁。
(25)前掲同、二三二頁。
(26)前掲同、二三〇―二三一頁。
(27)前掲同、二三一―二三二頁。皇道発揚会からは、今泉の『皇道精神を以て思想界を浄化せよ』(皇道発揚会本部、昭和十年二月)が刊行され、機関誌として『皇道発揚』が昭和四年九月から今泉歿後の昭和二十年三月まで一一二号が刊行された。「今泉定助先生著作目録」(『全集』第一巻、三七三―三八一頁)による。
(28)日本大学百年史編纂委員会『日本大学百年史』第二巻(日本大学、平成十二年)、四八八―四九一頁。同『日本大学百年史』第四巻(平成十六年二月)、五六八―五七三・五九一・五九四―五九六頁。
(29)前掲高橋「今泉定助先生正伝研究」、二七〇―二七一頁。高橋は、皇道学院の卒業生について、「みな確実に先生の大精神を心身に植えつけた精鋭であり、悉く禊行事の体験を経て本来的日本人としての自覚を持つ国家の人材であった」と評している。
(30)前掲同、二五〇―二五一頁。
(31)尚、今泉先生皇道発揚祝賀会の発起人総代には、一条実孝、池田清、林銑十郎、頭山満、小笠原長生、中川小十郎、宇垣一成、山岡萬之助、山本英輔、松井石根、真崎甚三郎、小磯國昭、有田八郎、有馬良橘、荒木貞夫、佐々木行忠、菊池武夫、水野錬太郎、末次信正、鈴木孝雄、鈴木喜三郎が名を連ね、実行委員長が山岡萬之助、実行副委員長が簡牛凡夫、高階研一、松井七夫となっていた。前掲同、二五二―二五四頁。
(32)前掲同、二五四―二五六頁。
(33)この講演会の内容は、後に国体明徴運動編『道義国家建設乃経緯』(皇道社、昭和十六年二月)として刊行された。また皇道社からは、今泉の『世界皇化の聖業―大東亜戦の大詔渙発記念放送速記―』(皇道社本部、昭和十七年四月)、『皇道論叢』(皇道社、昭和十七年八月、桜門出版部からも刊行)が刊行されている。
(34)林路一の詳細については、山下龍門『林路一伝』(林路一伝刊行会、昭和十四年六月)を参照のこと。
(35)前掲高橋「今泉定助先生正伝研究」、二三七―二三八頁。
(36)『右翼運動の現況について』(内務省警保局、昭和十三年二月、由井正臣編『資料　日本現代史6』大月書店、一九八一年)、二一七―二一九頁。

(37)前掲『林路一伝』、二一七―二二〇頁。

(38)大日本運動では、清明会において刊行された『国体の原理』を昭和十三年二月に大日本運動本部から再刊し、また同年十二月に日本講演通信社から「国体の原理と家族制度」を加えて『国体講話』として刊行、さらには昭和十九年に京城日報社からも『国体講話』として刊行された。そのため『国体の原理』は、今泉の著作の中で最も社会的に普及したものといえる。前掲高橋「今泉定助先生正伝研究」、二三九頁。他に大日本運動本部からは、今泉の『御国体の実相』(大日本運動本部、昭和十三年四月、後の昭和十四年十一月に神宮奉斎会本院内今泉先生皇道発揚祝賀会から再刊)も刊行された。尚、大日本運動の「宣言」「綱領」については、大日本運動本部から刊行された『国体の原理』に掲載されたものを参照した。

(39)国立国会図書館所蔵『昭和十六年十月現在　全国国家主義団体一覧』、一四八―一五一頁。

(40)『写真帖―自昭和十五年三月一日至同三月十五日―』(皇運扶翼運動本部)の「皇運扶翼運動第一回中央指導員修練者講習会関係者名簿」による。

(41)『皇運扶翼運動経過報告(摘要)―昭和十六年二月十一日現在―』(謄写版、群馬県立図書館所蔵)による。

(42)国民精神総動員中央連盟『国民精神総動員運動』(国民精神総動員本部、昭和十五年十月、長浜功編『国民精神総動員運動民衆教化動員史料修成』第二巻、明石書店、一九八八年)。

(43)柳川久雄編『御民我等―第一回中央錬成感想文集―』(大政翼賛会中央訓練所、昭和十六年三月)の「第一回中央錬成講習会名簿」には、本部所長八角三郎、部長簡牛凡夫とあり、「行指導者」として神宮奉斎会専務理事藤岡好春の名がある。

(44)『皇道の真髄』(東方書院、昭和九年三月、佐野豊『神理教』と合本)は、東方書院発行の『日本宗教講座』の一つとして物されたものであり、今泉が「始めて皇道思想そのものを体系的に詳論」したものである。『全集』第三巻、一六頁。

(45)前掲『皇道の真髄』、二頁。

(46)ここでの「神道」観が「拡充されるべき神道の意義」や「神社非宗教論」で展開された、神道が神社神道に限定されるものではなく「立体的」なものとする理解であることは言うまでもない。前掲註(11)も参照のこと。

(47)前掲『皇道の真髄』、二六―二九頁。

(48)『国体原理』(立命館出版部、昭和十年十二月)、二一・四四頁。

(49)前掲『皇道の真髄』、六―八頁。

(50)前掲同、三一―三二頁。
(51)このような天皇統治論の前提には、「当り前に領有私有する意味」の「うしはく」政治に対して、「領有とか私有とかいふ意味は絶対にな」く「神が宇宙万有生成化育する心持を以て御臨みになる」ことが天皇の「しらす」政治であるとする理解がある。前掲『国体講話』、四五―四七頁。
(52)前掲『皇道の真髄』、三三頁。
(53)前掲『皇道精神を以て思想界を浄化せよ』、八―九頁。
(54)前掲同、一二―一三頁。
(55)前掲同、二〇―二一頁。
(56)『文献と行事』(臨時神道講習会叢書、大倉精神文化研究所、昭和八年四月)、八―九頁。本書は、昭和七年の十一月頭に大倉精神文化研究所において「動もすれば不振に陥らんとする神道の精神をば、本会を通じて発揚し、その懿徳を後代無窮に伝へん」ことを目的とし、一週間開催された臨時神道講習会での講演を活字化したものである。
(57)前掲「世界皇化の聖業」、四一―四九頁。本書は、「序」によれば昭和十七年の「新年初頭、中央放送局の依頼により「御詔勅謹話」の題下に四日間」行われた放送の「速記に加筆印刷」したものである。
(58)中川暉敏編『護国の書』(直霊出版社、昭和十八年四月)、一〇一―一〇四頁。
(59)旭野正信編『日本精神に関する今泉定助氏を囲む座談会』(北陸昭徳会、昭和十五年十月)、一五―一八頁。
(60)『西田幾多郎全集』第二十三巻(岩波書店、二〇〇七年)、二四九頁。
(61)『皇道発揚』第二十八号(昭和十二年五月)。

葦津珍彦小論
——昭和初期における一神道青年の軌跡——

藤田大誠

はじめに

現在、葦津珍彦（明治四十二年〔一九〇九〕～平成四年〔一九九二〕）は、「戦後神社界に多大な影響力を発揮した卓越した神道思想家[1]」と評されている。戦後日本社会における彼の具体的な位置付けについては、阪本是丸による次の記述が最も適切であろう。

葦津珍彦は自他ともに「神道ジャーナリスト」を以て任じ、心中奥深く秘めた神道信仰を基盤に、膨大な時局論や天皇論、史論、憲法論、政教問題論、国家神道論等をつぎつぎに発表した。その言論・思想活動は戦後の神社界のみならず、いはゆる民族派と呼ばれる人々にも大きな影響を与へ、戦後の民族精神高揚運動、すなはち紀元節復活問題や神宮制度是正問題、あるいは政教問題、元号問題などの諸運動の理論的指導者として活躍し、その理論的水準は他の陣営に属する思想家や学者からも高く評価された(2)。

事実、葦津は思想的立場を異にする知識人や宗教者たちから一目置かれていた。とりわけ、革新知識人たちの一大拠点「思想の科学研究会」メンバーとの人間的・思想的交流は、まさに「和而不同」を地で行くものであった。葦津と彼らとの逸話は事欠かないが、例えば、鶴見俊輔が葦津の論考「韓国の人心と日本の知識人」に触れ、「明治以来の右翼左翼知識人の韓国との連帯への努力が失敗に終わった歴史をのべ、いまの日本人の連帯への運動に警告する。日本人の条件をすてさり韓国人とおなじになって生死をともにする決意があれば、それはそれで大いにいいが、そういう覚悟のないものの立場においては、政治的不介入のみを主張する、という。刃でまず自分をさし、あまったきっ先で論敵をきるという流儀でこの論文は書かれており、論旨は重い」と論評している(3)。

かかる葦津の思想・信条を越えた知的交友は昭和三十七年(一九六二)、市井三郎に請われて『思想の科学』の「天皇制」特集号に論文「国民統合の象徴(4)」を寄稿し、唯一の「天皇制支持論」として注目を浴びて以来のことであったが、編集委員会の断り書きには「同氏は現在、『神社新報』紙論説委員であり、昭和初期いらいいわゆる左右両派の革新運動に体験をもつ数少ない人の一人です」と記された(5)。固より、青少年期の葦津が社会主義文献に親しみ、共産主義者との交友もあったことは関係者には周知の事実であった(6)。

近年、戦前の葦津珍彦に関して最も精力的に考察している日本思想史専攻の昆野伸幸(7)は、「神社界では、多くの人が戦後の葦津の残した巨大な業績に目を奪はれるあまり、戦前の葦津に対してはおほむね関心が低いやうである。結果として、戦前の営為についてはもはや断片的な事件・運動との関係でしか分からず、その全体像が不明なまま、理想を堅持した戦闘的民族主義者といふ戦前葦津像が独り歩きしてゐる」として、「戦後における葦津の長期にわたる精力的な言論活動の意味をきちんと歴史的に捉へるためには、まづは彼の思想形成期にさかのぼって、彼の交友関係も視野に入れながら、彼の思想を実証的に検討する必要がある」と指摘している[8]。

実際に平成八年（一九九六）、神社本庁教学研究所資料室と葦津珍彦選集編集委員会は、戦前における葦津の著作について、「それは「日本の極端に思想統制されてゐた時代の、時流に抗して明治維新の理想をひたすら掲げて戦ひ続け、決して為政者の弾圧に屈しなかった戦闘的民族主義青年」が日本には存在し、父祖より継承した信仰の立場を貫き続け、あらゆる弾圧にも屈しなかったといふ一資料にはなり得ても、広範囲の神道全般といふ立場から見れば、一神道人の発言といった性格のものであり、生前に故人自身が後輩に語り残したやうに、それは氏の思想形成期のものであり、目に触れる機会があれば、「資料として保存をしたい」といふ程度にとどめておきたいと思ふ」[9]と記している。斯様な神社界の研究姿勢と葦津自身の「遺言」による強い拘束があるために戦前の葦津研究は低調であったともいえるが、現代神道人の思いは、葦津珍彦の「「謎」を無慈悲、乱暴、明け透けに解き明かすのが歴史学の一つの使命であるとするならば、私は「歴史学者」でも「神道学者」でもなく、「一神道人」として此の世を全うしたいと願ふだけである」という阪本是丸の言に尽きている[10]。しかし同時に阪本が、『新版国家神道とは何だったのか』の解説文を書いた齊藤智朗、藤田大誠、あるいは本紙〔引用者註・『神社新報』〕に最近掲載された昆野伸幸など各氏に代表される近年の「葦津珍彦研究」の進展・深化を期待すること切なるものがある」と述べていることにも注意すべきであろう。

すでに昆野により賽は投げられ、戦前の葦津珍彦に関する本格的研究の幕は開かれた。かかる研究動向を前に近代神道史研究者や神道人を自認或は自任する者が座視する訳にはゆかない。それ故、本稿では、「無慈悲、乱暴、明け透けに解き明かす」暴露的研究にならぬよう努めつつ、葦津珍彦の青年時代、即ち昭和十年頃までに焦点を当てて、その思想遍歴や人的交流の一端について検討したい[11]。

一　社会主義時代と昭和七年の「回心」

葦津珍彦は明治四十二年（一九〇九）七月十七日、葦津耕次郎の長男として福岡県筥崎で出生した[12]。珍彦は、幼年期より侠客の元祖たる「幡随院長兵衛」を好み、赤坂氷川小学校時代においては激情的で毎日喧嘩ばかりしていたが、父兄会で母ナニハと接した教員の細井長策から、激情して狂暴化する欠陥を叩き直すことができれば「思想家になり得るにちがひない」との期待を告げられたことが胸の底にまでしみ通ったという。大正十一年（一九二二）、東京府立第五中学校に入学するが、早熟な珍彦は、正規の学業もそこそこにロマン・ローランのガンジー論をはじめとする思想書をはじめ、クロポトキンやマルクスなどの様々な系列の社会主義に関わる社会科学の著作に興味を持って次々に読破した。珍彦は、関東大震災時に殺された大杉栄には「多少の好感を感じた」程度であったが、彼が翻訳したアナーキストのクロポトキンには「深く感動」し、「心酔した」。また、エゴイスト的人間社会を齎した権力機構（国家権力と私有財産制）の破壊のため自己を犠牲にして戦えと訴え、自身もそれを実践した「クロポトキンの理想を不可能と評する者は、かれを評する前に、まづ自らが理想に殉じえないエゴと卑劣とをはぢよ」と思っていた。実際に社会主義的文献に接するようになったのは、「十六歳（中学三年生）」の頃[13]からで、「中学三年の時（一九二三年）に「上海労働者の反英運動を支持せよ」との演説をして、学校から父へ注意を受けたが叱られるほどではなかった」。そして、中学四年生の時にチブスで青山の病院に入院中、高畠素之を読んでマルクス・レーニンの国家理論を初めて知り、理論的精緻さを感じた。そこでマルクス主義も知らねばならぬと思ったため、中学五年生の終わり頃には実際に社会科学の研究会に出入りするようになり、「コムミニスト」（共産主義者）とも交流した。一方、父・耕次郎の勧めで中学三、四年には度々、川面凡児が道彦（先導者）を務める「みそぎ」も体験しており、また、中学三年か四年の夏には、耕次郎とともに内田良平宅に行っている。[14] 中学卒業後、耕次郎が無理やり國學院大學に入れたが、珍彦はそれに従ったふりをして別に官立東京外国語学校に入学し、それが露見して親子喧嘩となり、両方とも殆ど登校せず退学してしまった。その後一ヶ月ほど耕次郎から『孟子』の教授を受け、満洲旅行の後、昭和三年（一九二八）には官立福島高等商業学校に入学するも、結局翌四年退学し、父の跡を継いで「葦津鉱業公司」の経営に参画することとなる。因みに福島高商時代に知己となり、後年まで深く交わることになるのは、汪精衛（兆銘）と日本を結ぶ地下活動家となった伊藤芳男と、後に葦津が経営した「社寺工務所」や占領期の「神社新報社」で経理を担当した熊坂恒司である。[15]

耕次郎は、福島から帰った珍彦に「狂犬」のレッテルを貼り、頭山満や今泉定助の所に連れて行った。しかし、この両巨頭（三、四年後に緒方竹虎も紹介される）を訪問しつつも、珍彦は未だ、中学以来の友人で日本共産党員のOら地下活動中のコミュニストとも往来し、非合法的手段で社会主義関係の資料や情報を得て研究していた。なお一時期、Oの義兄T（某私立大学の経済学者でありマルクス主義を講義していた党外の間接同伴者で「理論研究や訳文の私的コンサルタント」だったという）にその将来性を見込まれて熱心に教えを受け、「モスクワに往来する指導者にも会はせる機会を作ってくれた」ともいうが、後に弟のOに珍彦と絶交するよう言い渡し、党指導部も絶交を命じたため、Oとの交際は途絶えることとなる。[16] 珍彦が述べるところでは、「私は決して一日も共産党に入ったことはない。私が共産党員だったと証するものは、共産党の秘文書にも警察文書にも決して一字もありえない」が、「私が、親友のコムミニストに対してコミンテルンに対して諒解しがたいとして、質疑したり不信を表明した文書はあり得る」という。[17] なお、「葦津珍彦先生略年譜」には、昭和六年の項に「友人で共産党員の某の勧めにより『アカハタ』巻頭論文執筆（無署名公開第一号論文）」との記載がある。[18] コミュニストOとの訣別直前の様子について珍彦は、「私は不満だった。血盟団事件がおこった直後のころ私はコムミニストの友人に対して「今の共産党の政治情勢判断は、全く無知で公式主義の甚しいものだ」と激しく痛罵した。かれらは私に対しては直接には反論しなかったが、これはかれらにはショックだったらしい。約束の場所に行っても相手は来なくなった。(絶交の決議ができたらしい) そのころ例のOは、マルクス・レーニン・スターリン宗のもっとも忠誠な信者であり、指導部から私との絶交を命ぜられて、その命にしたがった」と記している。血盟団事件(井上準之助暗殺)の昭和七年二月九日直後のことであったという。

珍彦は、「地下共産党の時代で、私の友人にも地下非合法活動に入って、感嘆すべき殉教者的な生涯をおくった者もある。私は、それらの友人に好感をもち、同情者としての援助もした」[19]。昭和六年七月、交流していたマルクス的革命青年Tが警察に追及され、珍彦は彼が地方組織に逃げるための旅費を作ると約束していたことから、自身が渋谷署に身柄を拘束されてしまった。ここで珍彦は猛烈な追及を受けたものの拷問までは受けず、三日目に釈放された。この処置の裏には、二日目に父・耕次郎を訪問した署長による特別扱いがあったという。この際に耕次郎は、「私の子は、誤れる知識に毒されてゐるが、良心には背かぬ奴なのだ。あいつを教育することができれば、政府も警察も足利勢になびいても、たゞ独りでも湊川に行く奴なのだ。おれはそれを信じてゐる」と語ったと、珍彦はその少し後に母ナニハから聞いており、また、耕次郎は、Tの逃亡旅費に使われることを知りつつ、釈放後の珍彦に黙って財布を投げている。斯様に珍彦は、母を父との「直接的な仲介者」としていたが、「この時のおやぢの言動は、私の回心を準備させた一つの前提だったと思ふ」と述べている。この他、間接的に影響を与えられた人物として、二十歳上で頭山満・今泉定助・杉山茂丸などの像も造っていた当時新進彫刻家の雨宮治郎[20]の名を挙げている。雨宮のアトリエによく遊びに行っていた葦津は、その「「美と理想」を求めて、ひとすぢに精進されてゐる生活は、私の心を強くひきつけるものがあった」と述べ、また、「雨宮さんは、イデオロギー論争などはされなかった。しかし私は、雨宮さんに接することによって、私なりの思想を固めて行った。「人間の思想にとって大切なのは、技術・理論の功（引用者註・巧）拙ではなくして、心情の美しさにある」と記している。

珍彦は、昭和七年二月のコミュニストとの訣別後も耕次郎と論争し続けていたが、「ところがある朝、私は父の深い憂色にみちた顔を見た瞬間に、突如として回心し、今まで考へつゞけて来た思想理論を一挙に放棄する決断をした」。ここに至って珍彦は、「思想家としての第一義は、情意の深くして高きことにある。その志の明確にして強きことにある。それを解明する理論構造が、賢明であるのは愚昧なるに優ること云ふまでもないが、それは第二義の事にぞくする。日本人を信ずるの情意の美しさ、高貴さを私は確認した。その美しさ貴さを教へてくれたのは父であった」という確固たる境地を得た。また、昭和二十八年における別の回想では、「ある一日の朝、私は黙然として対座した父の表情に接した瞬間に、一切の解決がついたと思つた。私はこの時に、私の父こそは、私以上に私の生命と人格をいつくしむ者であることを知り得た。私の父が敬慕してやまざる陛下こそは、私共日本人の命を私共以上にいつくしみ給ふ御方であると信ずることができた。そしてこの日に、私の思想は急転回をとげた。二十余年前のことであつた。私は陛下の大命があり、父の命令があれば、勇んで自ら死すべきであると信ずることができた。／私のこの急転回は一瞬のことであつた。一瞬の心理的出来事を理論的に説明することは、却つて事の真に遠ざかるやうな事になり易い。しかし敢て理論的な言葉で説明するとすれば、私はこの時に、人間としての父の底に秘む霊性を認めた、しかして人格としての天皇の底に秘む神格を認めることができた〻〔引用者註・「め」抜け〕とでも云ふべきであらう」（／は改行）[21]と述べている。

さらに珍彦は「回心」後、「自分は償ひ難い過失を犯した。自分は決して日本人としての正しい一生を送れるものではない。何となれば、一旦犯せる過失は永劫に消えないからである。私は新しい生活に於ては、断じて名誉の地位に立たぬ、決して名を受けぬ。自分は正しい人物の影の人物としてのみ努力しよう」と決心し、「私は父の生前に於ては、ただ父の助手としてのみ活動した。父の死後に於ても、私は表に立たうとは決して思はぬ。公的地位には断じて就かぬ。それは生涯に於て、過失を犯せる者に課せられたる道義的責任である。私が好んで文名を用ゐるのは、この決心を忘れないがためである。白旗士郎――筥崎八幡の神威に仕へ奉る武夫――とは、実は父「葦津耕次郎」その人に外ならぬ。私は父の代筆者代弁者たらむとする者である。不孝の子「葦津珍彦」は未来永劫に、公的社会より抹殺せらるべきである」と自己規定した。[22]後年、「もしも私が、葦津耕次郎といふ神道人の子といふ血縁がなかったとすれば、「個」としての私の天性は、当然にラジカルな社会主義者になってゐて然るべきだと常に思ふ」、「結局、父の子として生まれた私は、社会主義者より神道人の道を選ばざるを得ない心理構造をもって生れついてゐた」[23]と述べた珍彦にとって、父・耕次郎との父子関係は生まれながらの決定的なものであった。「回心」以後の珍彦は、社寺工務所の代表として神社建築に携わり、昭和九年には所長となる。

二　前田虎雄との出会いと民族派青年運動における同志関係

昆野伸幸は、「昭和七（一九三二）年二月以降、葦津は民族主義者として出発し、理想主義的外交論と国内改造論を柱とする議論を展開し、昭和維新運動の一翼を担う存在となっていく。そして、神道信仰＝天皇信仰を核とする彼の思想は、父耕次郎から大きな影響を受けたものであり、かつ彼の親友千葉直太郎をはじめとする昭和維新運動の中心人物たちの思想に通じるものであった。昭和八（一九三三）年の千葉の死以降も、葦津は千葉の遺産（思想的にも人脈的にも）を受け継ぐ形で活動を展開する」[24]と指摘している。当時の民族派青年たちが互いに影響し合う中で各自の思想形成や実践に結び付けたことは想像に難くない。但し、珍彦が早くから父・耕次郎を介し親炙していた頭山満や今泉定助は、民族派諸団体の党派性を超越した存在で、彼ら御大クラスが齎す葦津への影響力は、青年間の同志関係とは次元を異にしたものと考えるべきである。

葦津は、昭和三十七年に記した文章[25]では、血盟団事件や五・一五事件に「強く心を動かされていた」昭和七年頃を回想し、「当時私が最も親しくしていた故千葉直太郎君は、しきりに私に前田虎雄氏に会うように勧めた。私は千葉君の案内で、ある夜四谷の愛住町だったかに前田さんを訪問した。（…中略…）前田さんは予てから村岡清蔵、千葉直太郎の両君から私の事を、かなりに左翼的な民族社会主義者のようなものだと聞かれていたらしい。しかし言葉を飾って、あいまいな論理を用いようなどとは、決してされなかった。私は心中深く「この人は師として畏敬すべし」と思った。当時私は、諸方の先輩を訪問したが、多くの人には煽動的な感じがあったり、思想的立場があいまいだったりした。前田先生は、全く正直、真剣そのものの姿で、弱少の青年に対談された。この夜の印象は私に忘れがたい記憶である」と述べている。同様に昭和五十八年には、「この人こそ師とすべきだと思ったのが前田虎雄先生であった。村岡君に案内されて一夜先生を訪れた。うす暗い電灯の、みすぼらしい一室で相対座した。その表情の一片も見落とすまい、その語感の一語も聞きもらすまいとの緊張に満ちた一問一答だった。先生の燃える情熱、しかも沈痛厳格の信念は、その表情語感を通じて私の魂をひきつけた。私は「わが師を得たり」と思った」と記しているが、ここには千葉の名は無い[26]。ともあれ当時、葦津は千葉と村岡の両名と懇意にしており、どちらか（もしくは両名）の導きによって前田虎雄と出会っていた。

葦津と同年生まれの村岡清蔵については、その激動の生涯を記した、葦津による感動的な一文に詳しい[27]。また、満二十七歳で早世した千葉直太郎は、葦津より三歳年長であった。ここでは昆野と同様に、高畠素之を師とする国家社会主義の理論家・津久井龍雄の記述を軸に千葉の交友関係を見ておく[28]。千葉は、大正十五年（一九二六）三月に赤尾敏が津久井とともに設立した「建国会」に創立当時から鈴木善一や前田虎雄らとともに参加し、昭和四年十一月に頭山満・内田良平を顧問格として寺田稲次郎を執行委員長とする「日本国民党」（同年五月、八幡博堂が旗上げした信州国民党に萌芽を持つ）が結成されると、四谷愛住町の本部に鈴木善一、奥戸足百らとともに千葉も詰め、困苦窮乏の志士的生活を送っていた。同党には小沼正、菱沼五郎、川崎長光、黒澤大二ら後の「血盟団」メンバーや村岡清蔵も籍を置いたが、同党は、同六年三月二十日には行地社青年部や急進愛国労働者総連盟、国民戦線社などと結んで「全日本愛国者共同闘争協議会」(日協)を構成し、同年十一月二十日には内田良平を総裁とする大日本生産党(同六年六月二十八日結党)に合流した。同七年六月には、大日本生産党、神武会、日本国家社会党、勤皇維新同盟が連携・結集(後に新日本国民同盟と愛国勤労党も参加)して「国難打開聯合協議会」(国協)が創設され、十一月八日には、「国協」関係の青年分子によって「大同倶楽部」が結成された。[29]

葦津の一歳年少である影山正治が自身の半生を描いた自叙伝(創作形式を採用)『一つの戦史』[30]昭和六年八月十五日条に拠れば、影山は信州上田で大日本生産党首脳の八幡博堂(同書では変名「小幡尚道」として登場)と相知り、村岡清蔵(変名「村山清二」)らとも「結ぶことを得」ている。同七年二月十一日条には、「小幡尚道、木葉小太郎両氏と信州松本に向ふ」とあるが、「木葉小太郎」は千葉直太郎の変名として用いられている。また、同条には「旅中、木葉君より神道界の長老足津翁の子息勝彦君の話を聞く。人物の由」とも記されている。「足津翁」は葦津耕次郎、「子息勝彦君」は珍彦の変名であるが、戦前連載当時の「一つの戦史」[31]にはこの記述は無いため、後に付加された部分である。この時点では葦津と影山との間には面識は無かったが、暫くして直接対面している。

葦津は後年、影山との初対面について、「影山正治兄に初めて拝眉を得たのは、昭和七年か(神兵隊事件の前年)で、それからすでに五十年近くにもなる、旧知の間であった。紹介者は、日本生産党の書記局にゐた故千葉直太郎君で、かれは影山兄を「国学院大学の弁論部で、日本主義学生運動で活動してゐるが、雄弁にして、しかも篤学の志ふかく、政治能力も抜群で、おそらく維新の時代が来れば、現在の学生中で、第一級の重きをなす人物」と云って同行して来てくれた。初対面の場は渋谷で、その時の情況は、瞭然と記憶してゐる」と記し、「影山兄は袴を着けて端然としてゐた。私は上衣なしのジャケット姿で、なにやら勝手なことを喋った。兄は多くを語らなかったが、その時に私に対してではなく、言葉少なくではあるが、同行の千葉直太郎君に、生産党の党務について話してゐるのを聞いた。それは、千葉君の近ごろの急進的な気分は、よく諒解できるが、近来ともすれば、会議のさいに、年長者に対して不快、非礼と思はれるやうな言動進退を露出するのは「運動のためにも君のためにもならない」との忠告だった。それが生涯、私の印象につよく残ってゐる」と回顧している。(32)

また、葦津は、影山を典型的「志士の人間像」を目指し「人に師と仰がれる正統教育者の道」を歩んだ、自ら脱線を許さぬ人物と評する一方、自身のことをいわば夢想気質の「脱線奔放型」と位置付け、影山が「千葉君は、いささか私との親交の影響もあってか、時に脱線するのを、間接的に私にも注意してくれたのかとも思ふ」と述べている。一方のみの証言を鵜呑みにするのは危険だが、ここで葦津自身が千葉に対し伝染的影響力があったように記していること、影山が千葉を窘めたとされることを勘案すれば、どちらかといえば年少同志から影響を受けているのは千葉の方で、昆野のいうような、葦津が千葉から一方的に影響を受けているが如きイメージには少々疑念がある。

先述の民族派青年運動組織「大同倶楽部」は、昭和八年六月八日に例会を開いて世話人の改選を行い、大森一聲、影山正治らが留任した上、新任として、千葉直太郎、白井為雄、山本昌彦、毛呂清輝らが就任した。(33)ここに名が見られる大日本生産党書記局の山本昌彦（八幡博堂とともに信州国民党を創設）もキーパーソンの一人である。昭和七年春、山本は詩集『転換期に呼ぶ』(34)を刊行したが、同書冒頭には内田良平・頭山満の書が掲げられ、序を津久井龍雄・内藤辰雄・鈴木善一・千葉直太郎・影山正治・津田光造・八幡博堂が書いている。そのうち千葉は、「思想系統を、マルキストよりアナキストへと辿り、遂に進歩的日本主義者として国家社会主義を奉ずるまでに発展し飛躍した本詩集の著者山本兄は、卓越せる思想家であり、稀に見る純情な不言実行の人傑である」、そして「山本兄と私とは、今日では既に肉親以上の兄弟であり、離れ難き恋人である」、さらに「天才」、「純情で聡明な、私の愛人彼」とまで表現している。一方で山本も、「血盟の同志、直兄に」と題して「彼は俺に熱を与へた　彼は俺にいつも教へる　――そして彼と俺は血盟の同志！」と記し、悲しみや苦しみ、喜びなどを共に頒ち合うという内容の詩を置いている。恐らく「直兄」は千葉のことであろう。斯様に同書からは山本と千葉の「血盟の同志」関係が窺われる。

昭和七年、千葉は山本とともに「民族時代社」を設立して機関誌『民族時代』や民族時代社パンフレットを発行したが、同年八月十日付の「民族時代社創立趣意書」には、「民族運動とは、言ふまでもなく真に民族的慾求の上に立脚して、働く国民大衆の利害を代表しつゝ愛国的熱情の中に新興を闘ふ運動のことである。然して日本に就いて之を言へば、日本の伝統と、国情に即し、一君の下、万民幸福な搾取なき新国家建設を目的とする運動を指すものであつて、この運動は、凡そ日本に生を亨けたる者で、反対な者は一人もない筈である」と述べた上で、勢力を増大しつつある民族主義勢力、愛国派陣営は、右派戦線統一、大合同の問題その他多くの重要任務に当面しているにも拘らず、具体策を有していないがために本格的な運動とは到底なり得ないとして、「吾等が今提案せんとする「民族時代社」こそは、この民族運動の発展途上に於ける未解決困難な問題を研究しつゝ「明日の日本」の確信を大衆化せしめ、民族運動の戦闘性を把持体顕し、日本国民としての歴史的使命を遂行せん意図の下に組織されるのだ」と青年らしい瑞々しい筆致で宣言している。(35)

しかし、次第に経営が苦しくなり精神的・肉体的に無理を強いる状態となった千葉は、津久井龍雄に請われ、津久井が代表の国民運動社が創刊した雑誌『国民運動』に『民族時代』を発展的解消させて編輯主任格に就き、同八年四月からその発行に尽瘁したが、遂に病床に就き、一月余り経った六月十四日に上野桜木町浜野病院で逝去した。(36)十六日には青山斎場にて同志葬が行われたが、「同君は多年の間、日本主義運動の最前線に立つて奮闘して来た青年戦士だけに、当日の列席者は愛国派のあらゆる分子を網羅し、盛況を極めた」のであり、大日本生産党、愛国勤労党、国民運動社等とともに、後述する「改造日本社」からも花輪が贈られ、生産党旗や大日本青年同盟旗等が林立する中、郷里北海道の父をはじめ、ラス・ビハリ・ボースや赤尾敏、池田弘ら諸名士が焼香した。(37)「大日本主義陣営に於ける若き理論的指導者として、先鋭果敢なる実践的闘士として将来が期待されてゐた」千葉の最後の肩書は、大日本生産党・大日本青年同盟常任中央委員、国民運動社編輯委員であり、「愛国同志葬」の葬儀委員には、前田虎雄、八幡博堂、津久井龍雄、鈴木善一、白井為雄、村岡清蔵、山本昌彦とともに葦津珍彦も名を連ねている。(38)

三　改造日本社との関係と『日本民族の世界政策私見』

改造日本社は、日本国民党と密接な関係にある組織として昭和六年（一九三一）二月に創立された。その「本社同人」は、社長＝八幡博堂、副社長＝川崎清司、理事＝鈴木善一（編輯局長）、小澤薫次、永富以徳（機関紙部主幹）、庶務主任＝髙橋輝で、「本社の綱領」として、「一、日本民族の精神的革命／一、日本帝国の合理的改造／一、全亜細亜の解放復興」が掲げられた。(39)同年四月、改造日本社の機関紙（日本国民党〔さらに、同党が後に合流する大日本生産党〕の準機関紙）として『改造戦線』（月刊新聞）が創刊された。

すでに昆野伸幸によって指摘されているが、同七年五月には『改造戦線』に「（府下）葦津珍彦」名の短文が掲載されている。(40)これは、「同志通信」中の一意見（他に津久井龍雄なども寄稿）で、管見では葦津の実名初公開文である。その全文は、「改戦が各所に散在する我々の様な読者達を、単なる新聞読者として放任することなく、出来るだけ運動に近づけ、出来るだけ積極的に活動させる様にするために「読者会」といふ様なものを是非共組織せられむことを切望します。／尚、血盟学生の救援運動が活溂〔引用者註・「潑剌」もしくは「活潑」〕に行はれて、

「反資本主義者として、我が戦闘的日本主義こそ其最たるもの」（本紙前号メーデー策より）なることを、大衆に理解せしめ、反資本主義大衆を糾合することに成功せられんことを期待してゐます―戦闘的救援運動の目的とする所は、たゞ単に、犠牲者に金品の差入をすることのみを以て満足すべきではなく、大衆に対して、犠牲者は何を理想し、何を目的としたかを知らしめ、その志を大衆自らの志とせしむるに在ると考へます。小生も及ばずながら微力ではあつても、このことを知己友人達に説き、僅少ではあつてもこの運動資金の一端に、毎日の俸給の一部を割きたいと思つてゐます。（四月廿五日）」というものであった。因みに同号には「（東京）A・S生」による「読者よりの提議」で「一、改造戦線の読者グループを組織せよ！／一、革命的日本主義者は改戦の編輯に大衆的に参加せよ！／一、改造戦線旬刊のために戦へ！」と葦津構想を敷衍した「提議」も掲載された。葦津は昭和十、十一年頃まで、日本社会を大きく揺るがせた血盟団事件、五・一五事件、神兵隊事件などが次々に起こっていた時期、「改造日本社」周辺同志との交流を軸に活動していたのである。

昭和十年四月、改造日本社は月刊民族文化綜合雑誌『太平洋』を創刊し（筆者未見。『改造戦線』の広告に目次あり）、書籍や「太平洋パンフレット」も刊行した。未詳部分が大きいが、葦津は、主に「『太平洋』同人」や「南船北馬」という筆名で活動しており、『改造戦線』掲載広告の目次から『太平洋』にも寄稿していることが窺える。

葦津が二十五歳の昭和九年末に発行した『日本民族の世界政策私見』(41)は、「鮮満台の民族、住民を「安堵」せしめ、東洋十億の民族に日本天皇の聖徳を知らしめ、以て覇道に堕落せし欧米帝国主義権力に対し、道義の権威もて東洋よりの撤退を説諭」するという「理想主義的道義外交」の立場に基づき、「日本民族は敢然として被圧迫民族の独立解放戦を支持すべきである。それは、日本帝国の「利益」のためには非ず、たとへば英領印度を奪ひて、日本領土となさんがためには非ず、純乎たる独立解放のため世界道義樹立のための聖戦に外ならぬ」という、「上日本天皇の御裁可」を仰いだ詔勅の御下賜による「絶対不可侵の根本国策」を確立する必要を訴えている。具体的には「日本浪人」を中心とする一大協会を組織して、一方では「真に道義を知る高徳の人物」を選んで満洲・朝鮮・支那をはじめ、英仏蘭等の植民地に国民外交の使節として派遣し、他方、内地では、日本の指導下にある「満洲帝国」及び朝鮮・台湾の総督政治に対して「道義思想の立場より痛烈厳正なる批判を加へ、以て植民政策の根本的改革を迫」るという自国の政策に反省を促すものであり、さらに「我々は順を追つて進み、満洲も朝鮮も、日本天皇の偉大なる精神的皇化の下に、民族国家を建設せしむることを終局の理想」とした。

葦津は、「昭和九年、私は「日本民族の政策私見」なる一文を書いた。それは思想的にも未熟で、今から見れば欠陥も多いが、私としては自らの思想を署名して公開的に、世に訴へた最初のものとして記憶される。それは当時の時代的関心の問題であったゝめであらうか、送付した先の著名人から、ずゐ分と沢山の〔端書程度の読後観ではあるが〕通信をいたゞいた。軍人の中では、そのころ活動中の石原莞爾・永田鉄山氏等の名が特に記憶に残ってゐるが、私をもっとも感激させたのは、かねてから心中ひそかに畏敬してゐた有馬〔引用者註・良橘〕将軍の書状であった」と回想したが、葦津にとっては「文は、たゞ独りの知己読者を得れば足る」のであった(42)。しかし、伊藤芳男からは「君の精神は分るが、今少しく現実主義的に修正せねば、政府とも軍とも協力できぬ」と勧告されている(43)。

また、同十年五月、改造日本社が発行した山本昌彦『躍進台湾の現勢』(44)には、頭山満、内田良平、永井柳太郎〔齋藤實内閣の拓務大臣〕による書の後、拓務大臣の児玉秀雄、台湾総督府総務長官の平塚廣義、陸軍中将の高田豊樹、大日本生産党の吉田益三、八幡博堂の序文に続き、「葦津珍彦」名の序文も掲載されている。葦津は、「山本昌彦君は私の数年来の友人である。亡友千葉直太郎君から詩人として紹介されて以来の友人である。その頃、山本君は千葉君と共に、目黒に民族時代社を創立して特色のある運動をしておられた《(ママ)》。同君は、以来日本民族を始めとして、各民族が有するそれぞれの歴史、伝統、文化に深い興味を有つておられる《(ママ)》。同君の主張する所は、各民族の伝統と文化の尊重であり、その点単純な海外発展論者とは異なるものがある」と述べている。なお、同年七月の南船北馬『比律賓に於ける独立運動の概要』[45]は、山本昌彦が発行者となっており、「天皇国日本をして、断じて西欧的帝国主義の轍を踏ましむるなかれ。これ我が徒の常に繰り返し力説してやまざる主張である。天皇国日本は、常に天地の公道に基き、真実なる博愛の精神を以て、到る所の土着民族と協力せねばならぬ」、「土着民族に対して真実にその将来を慮り、その幸福のために努力するものこそが、真実の勝利を得る」と記している。

同年九月、「この論文集を故千葉直太郎兄の霊前に捧ぐ」と位置付けた『日本民族の理想精神』[46]が刊行された。「太平洋」同人・南船北馬（葦津珍彦）をはじめ、前田虎雄、八幡博堂、鈴木善一、芝野楠雄が寄稿している。

鈴木は、時折村岡清蔵の名なども出しつつ、言語を絶する窮乏や「改造戦線」において障碍・困苦を戦い抜いたこと、高利貸しや暴力団との折衝など、人事上や運動上の困難かつ面倒な諸問題の解決に体当たりで苦闘する姿、「驚く可き傍若無人振り」など、「私」を感じさせなかった千葉のタフ・ネゴシエーターぶりを語り、その夭折を嘆いている。

前田は、日本主義運動は①大正末年から昭和初年の啓蒙時代（漠然たる日本主義時代）、②普選実施からロンドン条約前後までの国家社会主義時代（国家社会主義より皇道への時代）、③実践皇道の時代（満洲事変に際し自由主義、社会主義、共産主義の清算と国体明徴維新救国即ち昭和維新の断行）を経て来たとして、千葉の「民族時代」は③の段階を通じて「皇道日本として更生せしめん為の大旆であった」と位置付け、「十年の間外に異端文化と戦ひつゝ内に朦朧日本主義を脱却し、衒学的百貨店的日洋混沌の国家社会主義を清算し、民族日本の血と魂とに訴へて思想実践の一切を精誠《(マヽ)》神化し以て維新救国の実を挙げんとしたのであります。千葉兄永遠の生命がこゝにあると私は信じて居ります」と述べている。

八幡は、内においては「皇道政治」確立、外に向かっては「日本民族の伝統的理想精神たる道義外交」樹立が

「日本民族の理想」であるとして、「同志故千葉直太郎君は此点に深く顧みるところあり逸早く同志と相謀り「民族時代社」を創立し、国内改造と併行し、我日本　天皇が亜細亜の救世主に在しますと云ふ建前から、その正しい対外方針を確立し、白色帝国主義列強の覇道に苦しむ東洋民族の解放を叫んだのであるが、当時日本主義運動は極めて若く国内改造に対する理解と関心が漸く大衆化せんとして居た時代で、民族時代社同志のこの対外方針に関する先駆的意見は、動もすれば異端者視さる傾向さへあつたのである」と記した。さらに「支那問題に於いて、ヒリッピン問題に於いて、エチオピア問題に於いて、更らに手近な朝鮮、満洲、台湾問題等々に於ける我国の対処如何は、天皇国日本が全有色民族の信をかち得て日本　天皇の御聖徳を全世界に光被せしめるか、将又、民族憎悪を激発して亡国を招来するか我国は極めて重大なる歴史的転機に立たしめられた」という状況において、「われらは千葉直太郎君の永久に死せざる尊い理想精神の実現に向つて断乎として巨歩を進めなければならぬ責任を痛感する」と述べている。つまり、「国内改造に併行し、東洋民族の解放へ」という理想を打ち出した先駆として千葉を位置付けた。

昆野が千葉の影響力を非常に高く評価するのもこの八幡の証言に基づいてのことだが、筆者は、先述した昭和七年の「民族時代社創立趣意書」に斯様な内容が文言として現れていないことにも注意を払うべきと思量する。要するに、「国内改造に併行し、東洋民族の解放へ」という理想は、明治以来の伝統的・正統的民族派の「道義外交」論の昭和版として、千葉のみならず当時の民族派青年運動のうねりの中で高まってきた一つの方向性と考えるべきである。葦津の『日本民族の世界政策私見』は、「西郷南洲先生の遺訓」や『孟子』の言葉を引いていることからも明らかなように、あくまでも西郷隆盛から頭山満、さらには父・耕次郎ら玄洋社系の正統的民族派が有してきた功利主義を厭う東洋的「道義外交」の伝統を基盤としつつも、加えて、それぞれ社会主義諸流の洗礼を受けて国家社会主義など様々な方向性を模索した末に政党議会主義的多数決思想（デモクラシー）や功利的資本主義の清算を迫るに至った遍歴を持つ当時の民族派青年たちが共有していた国内改造・東洋民族解放というベクトルの延長戦上に、我が身を切るような葦津独自のロジックが加味された献策といえよう。

おわりに

本稿では、「昭和初期いらいいわゆる左右両派の革新運動」（『思想の科学』編集委員会）を体験した一神道青年葦津珍彦の軌跡について跡付けることを試み、葦津を巡る当時の社会・思想環境の一端を浮き彫りにした。特に葦津は「回心」後、父・耕次郎を介した、頭山満をはじめとする民族派の別格的正統との関係という「強み」を持ちつつ、改造日本社周辺の青年同志と深く交わったといえよう。しかし、あくまでも「事を成すべき」戦略を主張してやまない葦津は、昭和維新運動の「棄て石」たらんとする前田虎雄やその門下をはじめとする当時の殆どの民族派青年たちとは明確に一線を画しており、「神兵隊」決起計画（クーデター未遂事件）についても反対し続けたが、前田はそのような葦津という異質の存在を尊重し、見守り続けていた[47]。その意味で葦津は、当時の民族派青年運動の渦中においても、一種独特な思考を持つ人物と見做され、特異な存在感を示していた[48]。

葦津の『日本民族の世界政策私見』は、「今、日本に於て、人々は総て昭和維新の緊急なる所以を説いている。然し昭和維新の呼び声は高いけれども、不足する所は、広く全日本民族を動かすに足る情熱の力である。広く大きな情熱を呼び起すに足る一つの中心的目標に欠けてゐる」として、「我が世界政策は、昭和維新、天皇御親政、「世界平和」確立のための情熱の焔とならねばならぬ。それは我天皇の御生命御使命は永久の世界平和確立であるからである。これ即ち皇祖肇国の御神命であり我国家の生命であるからである」と主張した。その上で、「日本が真の道義精神に還り、この方策をとり、日本志士たる者が印度に死し、南洋に斃れ、埃及に戦死する時——その死は東洋民族の強い大きな信頼を呼び起し、――日本民族に一旦緩急あるの秋、この一人の死は、軍艦一隻、一聯隊にも劣らぬ偉大なる力を表し来るや疑なし。かゝる死こそは、日本志士たる者の切願してやまぬ所、かゝる死こそは現下の日本民族が最も必要とする所である」と結んでいる。かかる葦津思想の出発点となる青年期の論考を振り返るとき、鶴見俊輔による「刃でまず自分をさし、あまったきっ先で論敵をきるという流儀」という評を想起するのは筆者だけであろうか。

註

(1)「葦津精神を継承するために」(神社新報社編『次代へつなぐ葦津珍彦の精神と思想―生誕百年・歿後二十年を記念して―』神社新報社、平成二十四年)。

(2)阪本是丸「神道・政教論解題」(葦津珍彦選集編集委員会編『葦津珍彦選集』第一巻、神社新報社、平成八年)、二二三頁。葦津の主要論考が載る『葦津珍彦選集』は全三巻が同年に刊行。

(3)鶴見俊輔「論壇時評〈下〉」(『朝日新聞』昭和四十九年十月三十一日)。葦津珍彦「韓国の人心と日本の知識人」(『浪曼』昭和四十九年十一月号)は、前掲『葦津珍彦選集』第二巻に収録。

(4)葦津珍彦「国民統合の象徴」(『思想の科学』昭和三十七年四月号)。前掲『葦津珍彦選集』第一巻に収録。

(5)鈴木正『思想史の横顔』(勁草書房、昭和六十二年)、二五九頁にも同様の言及がある。

(6)例えば、上田賢治「時代と人・葦津珍彦先生を想ふ」(葦津珍彦先生追悼録編輯委員会編『葦津珍彦先生追悼録』小日本社、平成五年)を参照。

(7)昆野伸幸「戦中・戦後における葦津珍彦の思想―神道観を中心に―」(『平成二十一年度科学研究費補助金助成基盤研究(B)一八九〇―一九五〇年代日本における《語り》についての学際的研究　成果論集』平成二十四年)、同「葦津珍彦と英霊公葬運動」(東北大学大学院文学研究科日本思想史研究室+冨樫進編『カミと人と死者』岩田書院、平成二十七年)などを参照。

(8)昆野伸幸「葦津珍彦の思想史的研究に向けて」(前掲『次代へつなぐ葦津珍彦の精神と思想』)。占領期以降の葦津に関する言及は枚挙に暇が無いが、専論は拙稿「「神道人」葦津珍彦と近現代の神社神道」(葦津珍彦著・阪本是丸註『新版　国家神道とは何だったのか』神社新報社、平成十八年）など、極少である。但し、戦前の活動については断片的に取り上げられてきたに過ぎない。

(9)前掲『葦津珍彦選集』第三巻、七八七、七八八頁。

(10)阪本是丸「葦津珍彦といふ人とその思想」（前掲『次代へつなぐ葦津珍彦の精神と思想』）。

(11)葦津珍彦研究上、悩ましい問題は、葦津自身が親近者の閲覧のみを想定した非公開著作の取り扱いである。無題の文集（毛呂清輝編集、島田和繁発行、昭和四十二年、『無題の書』等と呼ばれる）、『葦津家小伝』（昭和五十七年）、『水泡と消ゆ（老兵始末誌　夢は、たゞ水泡と消ゆ）』（昭和五十八年）、『佐助谷文箱』（昭和五十九年）などがある。しかし、『無題の書』の一部は、前掲の『葦津珍彦先生追悼録』や『葦津珍彦選集』、『神社新報五十年史（上）』（神社新報社、平成八年）に掲載され、『水泡と消ゆ』も近年、子息葦津泰國が公開に踏み切った（葦津珍彦の主張普及発起人会編『昭和史を生きて―神国の民の心―』葦津事務所、平成十九年に「老兵始末記」として収録）。葦津門下が断片的に非公開著作を引用した文も散見される。葦津の謦咳に接したことの無い筆者には躊躇いもあるが、本稿では、慎重に精査しつつ非公開著作をも含めて論じたい。

(12)葦津の幼少年時代については、『無題の書』所収「青春の日忘れがたし」に詳しい。以下、本節の記述、引用は断り無き限り同文に拠る。

(13)葦津珍彦「社会主義時代―父と子の悲劇―」（前掲『葦津珍彦先生追悼録』）。

(14)前掲葦津『佐助谷文箱』。

(15)葦津珍彦「伊藤芳男君の横顔―汪精衛が深く信頼した日本人―」（前掲『葦津珍彦選集』第二巻）、前掲『神社新報五十年史（上）』、四七五頁。

(16)赤坂一郎（葦津珍彦の筆名）「日本共産党史のデマと眞相」（『小日本』第一三一号、平成四年）。この文章では、OはSと表記。

(17)葦津珍彦「私も神道人の中の一人である」（同『神国の民の心』現代古神道研究会、昭和六十一年）、一一五、一一六頁。

(18)前掲『葦津珍彦先生追悼録』。葦津の「無署名公開第一号論文」執筆事情を記した前掲「青春の日忘れがたし」を踏まえ、非合法日本共産党機関紙『赤旗』（当時の読みは「セッキ」）各号を繙いたところ、現実政治の複雑さを指摘した論文は見出せたが、葦津のものという確証が無いため、ここではあえて典拠は挙げない。

(19)前掲葦津「老兵始末記」、六頁。
(20)東京国立文化財研究所編『日本美術年鑑　昭和四十六年度版』（大蔵省、昭和四十七年）、一〇〇頁。
(21)葦津珍彦「敵国降伏と万世太平」（『神社新報』第三四一号、昭和二十八年六月十五日）。
(22)前掲葦津「社会主義時代」。
(23)前掲葦津「私も神道人の中の一人である」。
(24)前掲昆野「葦津珍彦と英霊公葬運動」。但し、昆野は当初の見解（前掲「葦津珍彦の思想史的研究に向けて」）を聊か修正している。なお、葦津は「老兵始末記」一三頁で、「私の当時の維新の理想とは、「天皇の祭りの精神」を基底にして、近代的高度工業国における万民救済の高度政策を樹てることにあった（これは、今の私の思想とでは、いささかニュアンスがちがっている）。その万民救済の近代政治経済と云うのは、あくまでも「天皇の祭りの精神」のリアライズを目標とする」と述べている。
(25)葦津珍彦「前田虎雄大人を想ふ」（『新勢力』第七巻第七号、昭和三十七年）。「それから約七八ヶ月ののち、昭和八年の六月、千葉直太郎君は肺を病んで死んだ。上野桜木町の病院で、恋人に看病されながら淋しく死んだ。私は病院で通夜したが、その時に前田先生は私と二人だけの席でこんなことを云はれた。／（千葉君が死んで貴方も、さぞや落胆したでしょう。あと一ヶ月も生きておれば、かれも回天の大業を見ることができたろうに）／それきりむっつりと黙って終ったが、私は前田先生がテロの準備をしていることを、はっきりと認めた」とも記している。
(26)前掲葦津「老兵始末記」一四、一五頁。
(27)「山東立志工業学校長村岡夫妻の自決―中国人生徒五百人の号泣―」（不二教職員連絡会・淺野晃編『殉国の教育者―三島精神の先駆―』日本教文社、昭和四十六年。『水泡と消ゆ』に葦津の文と明記）。
(28)以下の記述は、津久井龍雄『日本主義運動の理論と実践』（建設社、昭和十年）第十二章「日本主義運動小史」、同『日本国家主義運動史論』（中央公論社、昭和十七年）、『大日本生産党十年史』（大日本生産党、昭和十六年）を参照。
(29)影山正治『民族派の文学運動』（大東塾出版部、昭和四十年）二二一―二二六頁。
(30)影山正治『一つの戦史』（大東塾出版部、昭和三十二年、増補五版昭和五十年）。
(31)影山正治「一つの戦史―創作―」（『公論』第六巻第十一号、昭和十八年）。
(32)葦津珍彦「痛惜」（『影山正治大人追悼集』影山正治大人追悼集編纂委員会、昭和五十五年）。「影山兄も私も前田先生に極め

て親近した関係にあり、その消息はよく知り、顔を合はせる機会は少なくなかったが、影山兄と私とが親しく相対坐して懇談するやうになったのは、それから十数年も後の占領時代——前田先生晩年のことなのである。（…中略…）前田先生は、正統的な青年教育家、指導者としての影山正治兄に期待して、終始その行動を共にされた。／だが先生は、脱線奔放型の私にも親近して下さったが、私に対しては、村岡清蔵君（終戦時、於山東自決）の外、二三の青年を接近させるのみで、主として前田先生よりも一世代も年長の同憂の士や、せいぜい前田先生と対等世代の同志との間の連絡や情報交換の任務を与へられた。その性格の異なる点を見て別系の指導をされたのかとも思ふ」とも記す。

(33)「国民運動全国情報」（『国民運動』第一巻第四号、昭和八年）、前掲津久井『日本国家主義運動史論』、一七三、一七四頁。

(34)山本昌彦『転換期に呼ぶ』（寸鐵新聞社、昭和七年）。

(35)「民族時代社創立趣意書」（林國雄『民族時代社パンフレット㈠　日本民族主義者は当面何を戦ふか—戦争問題と対議会闘争に就て—』民族時代社、昭和七年）。

(36)「嗚呼、千葉直太郎君」（『国民運動』第一巻第四号）。

(37)「千葉直太郎君の同志葬」（『国民運動』第一巻第四号）。

(38)「惜しむべし同志千葉君逝く　青山斎場に涙の告別式」・鈴木善一「同志、千葉直太郎君を悼む」（『改造戦線』第二七号、昭和八年六月二十七日）。

(39)「宣伝任務を帯びて改造日本社生る」（『改造戦線』第一号、昭和六年四月二十日）。福家崇洋『戦間期日本の社会思想—「超国家」へのフロンティア—』（人文書院、平成二十二年）、二五二頁。法政大学大原社会問題研究所所蔵『戦前期原資料　右翼団体　か〜け　改造日本社』も参照。

(40)葦津珍彦「同志通信」（『改造戦線』第一四号、昭和七年五月二十日）。前掲昆野「葦津珍彦と英霊公葬運動」に部分的引用がある。

(41)葦津珍彦『太平洋パンフレット第一輯　日本民族の世界政策私見』（日の丸組、昭和九年十二月、『無題の書』昭和四十二年一月に序文収録、葦津珍彦『神道的日本民族論』神社新報社、昭和四十四年に全文収録）。日の丸組発行原本は筆者未見。なお、国立国会図書館憲政資料室所蔵「中原謹司関係文書」に、序文は無いがほぼ同内容の『日本民族の世界政策私見』（昭和十年）がある。奥付に山本昌彦・高野芳信・白石忠・張祥裕という名はあるが葦津の名は見えない。

(42)葦津珍彦「有馬良橘大将」(『無題の書』、前掲『葦津珍彦選集』第三巻)。
(43)葦津珍彦「畏友伊藤芳男君へ」(『無題の書』)。また、前掲同「伊藤芳男君の横顔」を参照。
(44)山本昌彦『躍進台湾の現勢』(改造日本社、昭和十年)。山本は「そのころ右翼出版の編集者や代筆者として、よく活動した才能ある人だった」、「山本昌彦君が当時の右翼の出版や印刷では、格別に能率のいい仕事の敏活な人で、そのころ私とも親しかった」という(前掲葦津「老兵始末記」二〇、二三頁)。
(45)南船北馬『太平洋パンフレット第二輯　比律賓に於ける独立運動の概要』(改造日本社、昭和十年七月五日、『無題の書』に序文のみ収録)。資料として「一九三五年五月号雑誌『太平洋』掲載」の「太平洋」同人「比律賓独立戦争と我徒の態度―独立派志士を米国官憲に渡すな―」を収録(後に葦津珍彦『論集』兄弟会、昭和十七年、『無題の書』にも収録)。
(46)『太平洋パンフレット第参輯　日本民族の理想精神』(高野芳信・『太平洋』同人、昭和十年九月二十五日)。「太平洋」同人「東洋復興の敵は大英帝国なることを銘記せよ―伊エ紛争に関聯して―」(同年の広田弘毅外相に対する建言の引用あり)、南船北馬「サウダリスタスを紹介する」(葦津珍彦「続B・Rラモス研究」、『新勢力』第一六巻第七号、昭和四十六年に再録)の他、前田虎雄「千葉兄最後の意図は何処にあつたか」、八幡博堂「理想主義的対外方針の確立へ」、鈴木善一「噫同志千葉直太郎兄」、芝野楠雄「異邦人の不敬事件と日本臣民の責任」を収録。
(47)前掲葦津「老兵始末記」、一五―一九頁。
(48)葦津珍彦は、自身設立の小運搬、人夫供給会社「日の丸組」の事務員に裁判中の同志を随時入社させており、一時期、山本昌彦や前田虎雄門下の村岡清蔵、吉川永三郎もいた。即ち、葦津には同志の生活を世話出来るほどの実務家的才能があった。前掲葦津「老兵始末記」、四九頁。

附記

本稿は、日本学術振興会科学研究費助成事業(基盤研究(C))「国家神道と国体論に関する学際的研究―宗教とナショナリズムをめぐる「知」の再検討―」(研究課題番号:一五K〇二〇六〇、研究代表者:藤田大誠)による研究成果の一部である。

天野辰夫の天皇観・神道観について

東郷茂彦

はじめに

天野辰夫は、昭和八年（一九三三）七月に、国家改造を目指し、武装蜂起（未遂）した神兵隊事件の総帥である。当時、「公判戦」と呼ばれた法廷闘争を通じ、己の信念や主張を元に判事や検事を追究、世に喧伝される存在だったが、戦後七十年たった今、顧みられることは少ない。本論文は、天野辰夫を取り上げることにより、昭和前期、社会改革を目指した維新運動、概括的に言えば右翼運動に携わった人々の思想・信条・信仰の底に何があったのかを明らかにしたいと考えた。

神兵隊事件[1]は、多くの潮流を含む右翼運動のなかで、昭和維新の直接行動の重要な系である血盟団事件、五・一五事件に連なっていること、天野は、その理論面を担当し、膨大な著述や調書での陳述を遺していることも、天野を取り上げた理由である。

我が国の右翼運動については、「国家主義・日本主義・農本主義・国家社会主義などを標榜する個人や団体による政治行動（暗殺を含む）・大衆運動・教化運動をいう」との定義がある。そして、日本の右翼運動の思想をみるに、天皇との決定的な関わりが現在、指摘されている。「（戦前期の）右翼運動の指導原理は、天皇中心主義的国家観である。これは天皇を神とし、この神なる天皇への絶対的帰依と天皇の統治する日本国は世界に冠たるすぐれた国であるという信念よりなる[2]」。

このように〝日本の伝統に回帰する〟結果、日本右翼の特徴に〝天皇への信仰〟が加えられることになる。したがって日本の場合、（一）天皇、国家への絶対的忠誠（二）共産主義、社会主義への憎悪（三）全体主義、排外主義、伝統主義的性格（四）理論より情念の優越、と同時に行動の重視（五）一人一党的、あるいは少数精鋭主義などの特徴を持つ。思想的には「天皇主義」及び「国家主義」を軸としている[3]。こうした右翼運動の特質を前提に考える時、天野の思想・信仰の底を探すに当たり、その天皇観や神道観に着目することとした。

その天野の思想・信仰を、近代日本の国家神道の一環とすることが適切か。村上重良のように、「国家神道は、近代天皇制国家がつくりだした国家宗教であり、明治維新から太平洋戦争の敗戦にいたる約八〇年間にわたって、日本人を精神的に支配した」（岩波新書『国家神道』序説一頁）と、一眼的に見る誤りを指摘し、「無精神、無気力にして無能な世俗合理主義」としての実態を明らかにしたのは葦津珍彦だった[4]。葦津は神兵隊事件参加者と親交があり、広い意味では当事者の一人でもあった[5]。葦津は、国家神道には神道者として満足できず、己の内なる「神国思想」に突き動かされたのが在野右翼であり、彼らは「帝国政府の『国家神道』を蔑視し反対した[6]」とした。

安丸良夫は、葦津の論をそれなりに認めつつも、「葦津が真の神道だと称揚する在野の神道家と一般国民に継承されてきた神国思想＝民族意識なるものこそ、本書の立場からは、イデオロギー的作為の結実にほかならないのであるが」との立場を明らかにしている。[7]

本論では、こうした在野右翼の思想をきめ細かく見ていくことにより、それが「イデオロギー的作為の結実」と呼ぶのが妥当か、あるいは、民族の伝統に根ざす思想、または、古来よりの信仰心に基づいている、と見ることもできるのか等について、考察できればと思う。以下、天野辰夫の思想と信仰を、その誕生から神兵隊事件、それ以降とを時系列的に辿り、社会との関わりに着目しつつ、追っていくこととする。

一 人物と思想の形成

(一) 幼少期から学生時代

天野辰夫は、明治二十五年(一八九二)年二月二十二日、島根県松江市に、天野千代丸の長男として生まれる。[8]千代丸は、[9]内務省の警察官僚で、広島や横浜の保安、警務課長や署長を歴任し、明治四十年(一九〇七)から大正元年(一九一二)まで、静岡県浜名郡の郡長を務めた。

天野辰夫が、自らの育った環境について、若い頃に語った記録は発見できなかった。しかし、神兵隊事件を起し、判事や検事による前掲『訊問調書 天野』のなかで、幼少期につき語っている。昭和九年(一九三四)の供述だが、事実関係が中心であり、ここに記載する。天野は、自身の家庭について、「非常ニ厳格テアリ、……天子様ノ臣民テアルト云フ事」を常に意識させられたという。[10]祖父の代より「米ノ御飯」を食べると「天子様」と同じになるので、常に「麦飯」を食べ、自分達は「天子様ノ臣民」であることを意識し、「忠良ナル臣民タルノ本分ヲ遂クル」こと。食事の際に「天恩、君恩、父母ノ恩、農民ノ恩」に感謝する。長男の辰夫は、「一番汚イ辛イ仕事」、便所や下水の掃除をする。人が見ていてもいなくても不行儀なことをしてはならない。「自ラヲ欺キ人ヲ欺ク事ヲ得テモ神ヲ欺ク事能ハス」という真理を子供の時から、深く教え込まれたと述べている。天野が、自らの神観、信仰心に直接言及している貴重な文言と思量する。

浜松中学を経た後、天野は明治四十三年（一九一〇）、名古屋の第八高等学校に入学。高校時代、「思想的ノ研究心カ起リ」、天皇とは何か、天皇と自分、自分と国家との関係等について思索内省し、三年生になり、上杉愼吉、美濃部達吉の学説を読むに至った。美濃部の「天皇ヲ以テ国家ノ機関ナリトスル学説ノ存在ヲ知ツテ驚愕」した天野は、上杉の論を深く知ろうと、大正二年、東京帝国大学法科に進学した。(11) 入学後、病を得ての休学の後、大正八年春に卒業。その間、上杉愼吉の謦咳に接し、思想的人格的に傾倒し、生涯の師と仰ぐことになる（一七四―一七五頁）＝本文中に記載の頁数については、註（1）を参照。

当初、上杉の講義は天野を失望させた。大正三年十一月、上杉の元を訪ね、憲法講座は、国家の重きを担う国士鍛錬の道場たるべきとの信念を訴える。その真情は上杉の心に触れ、初対面の若者にこう語った。上杉は大正二年の春に、同憂の士と「国体を明徴」(12) するための学内組織「桐花會」（「桐花學會」の記載もある）を作り、「政党ノ撲滅」（一七五頁）を訴えたが、新聞や要路の反発は強く、政友会の壮士から脅迫を受け、警察の尾行さえあり、意氣沮喪の体だという。

天野は、政党の撲滅に深く共鳴し、これを「畢生ノ事業」とすることを誓い、上杉を中心とした学生組織の構築を提案した。「殊ニ私ハ大正三年ニ故上杉愼吉博士ト相誓ツテ国体違反ノ現象ヲ打倒シ皇道日本建設ノ志ヲ立テ」（一三七頁）と誓いの重要性を述べ、「陰ニ陽ニ縦ト横トノ緊密ナル同志トノ連絡画策ヲ続ケ来タリ。政党政治打倒　天皇政治復古ヲ目指シテ参ツタ」と続けている。天野は後年、「我国ニ於テ政党政治ヲ採用スル事ハ天皇ニ対スル民主的反逆タルニ外ナラナイ」とその理由の一端を述べている（七六頁）。

学生時代の天野の思想形成のうえで、もう一つ重要なのは、記紀の研究である。天野は、高校から大学にかけて憲法を研究したが、「之ニ関係アル古事記、日本書紀等ニハ深キ趣味ヲ持ツテ其研究ヲシテ来マシタ」と述べている（四頁）。『訊問調書　天野』には、膨大な天野の記紀観が記載されている（二五一―六一頁）が、その内容自体は、その後の人生での蓄積の結果であり、後述することとした。

天野の高等学校から大学の頃、即ち、明治末から大正前半、古事記研究はおおいに進み[13]、大衆にも様々な形で古事記は知られるようになったが[14]、天野が古事記をどのようにして学んだのかは、今回、明らかにできなかった。

（二）社会改革の闘士

時代は、大正デモクラシーが喧伝され、吉野作造の「民本主義」はその象徴だった[15]。天野は、それに対抗する形で、運動を行うことにもなる。学内で、上杉を中心に、大正五年（一九一六）に作った「木曜会」。それを発展させる形での「興國同士會」[16]。大正八年に大学を卒業してからは、弁護士登録を行い、一時は法政大学に籍を置き、行政法を講じる（三頁）が、志は、あくまでも政治社会の改革にあった。

関東大震災、虎の門事件、清浦奎吾の超然内閣、加藤高明による護憲三派連合等の情勢を背景に上杉と相談し、同志を一人でも議会に送るべく、大正十三年（一九二四）六月の第十五回総選挙に同志四人と立候補（四月党より）したが、全員落選。この時、天野にとって、上杉を別にすれば「唯一ノ思想的先輩」（一七七頁）とする渥美勝が応援に立ち、労組中心で反天野の空気に満ちていた会場を一変させたという[17]。

選挙という合法的な手段で、改革の道を探ろうとし、頓挫した天野であるが、実践活動を行い、世の中の実情に触れる上で、大きな経験を積むことになる。父千代丸が社長を務める浜松市の日本楽器争議事件に直接関わったことである。

天野千代丸は、浜名郡の郡長を務めことがきっかけで、大正六年から昭和二年まで、浜松の日本楽器製造株式会社の社長職にあった[18]。大正十四年秋、辰夫は、共産革命の前衛分子が日本楽器を標的にしようとしていることを知り、父親に報告。父子は、「湊川ノ合戦ヲシヨウ」と申し合わせる（一八四—一八六頁）。組合活動の本質を暴露し、その芽を摘むことは、臣民の任務であり、一会社が潰れ、身の危険が父子や家族に加えられても屈しない、との決意である。争議は、大正十五年四月から八月まで百余日の間行われ、オルグは逮捕、労働者側の敗北で終結した[19]。辰夫は、争議に対抗するため、当初の警察の事なかれ主義批判や地元での反組合活動に力を尽くした（一八四—一九〇頁）が、「大化会、黒竜会、秋水会、国粋会、青年国本社など札付きの右翼と浜松の街の与太者・チンピラ・香具師の類」の集まり等の批判があがったという[20]。

日本楽器の争議以降、天野辰夫は、愛国団体の統合をはかり、昭和二年、「全日本興國同士會」、昭和五年二月には、国家主義単一政党の「愛國勤勞黨」の「結成首謀者ノ一人」となる。これまでの団体は、政党の院外団や用心棒を兼ね、特権階級の支持者のようなものだったが、自分たちは、皇道理論に即した真の愛国団体であり、資本主義と政党、国家社会主義をも否定すると天野は、述べている（一九六—一九七頁）。

愛国勤労党綱領のほとんどに、天野自身が「関与シテ決定」した。天野の天皇観をみるに大切であり、その重要部分を記す[21]。「天皇と国民大衆との間に介在する一切の不当なる中間勢力を排撃。一君万民君民一体の本義に基づく国家建設」「天皇政治の徹底。個人主義を基調とする組織の改編、産業大権の確立」「資本主義の傀儡である特権政党と無産政党の克服」「日本民族の世界的使命を高潮し、人種平等の上の国際正義」などである。天野が後年、唱えるようになった「幕府論」は、天皇と国民の間に介在する勢力の排撃であり、天皇の直接政治、西欧の人種差別排撃等も強く主張している。この綱領の作成が始まった昭和四年秋には、天野の天皇観、国家観の基本は形成されていたと考える。

昭和五年二月から、血盟団事件の起きる昭和七年二月の間、第一次ロンドン海軍軍縮会議が行われるが、統帥権干犯の声が高まり、浜口首相狙撃事件へと発展した。天野も、「大権干犯国防放棄政党幕府暴虐ノ振舞」（二〇四頁）とし、この条約を流産させるべく、陸海軍外務等要路に献策、日本は好戦国ではなく、本来の日本の思想即ち皇道思想を世界に声明すべきと主張、ビラ撒き等の言論戦を行ったという（二一四頁）。

翌昭和六年（一九三一）には、三月事件、九月十八日の満州事変、それと連動して計画された十月事件が起きる。皇道維新について、突き詰めて思考してきた天野は、この非常時局を収拾し、皇道政治を実現するには、「陸海軍ノ首脳　内閣ノ首脳」（二二四頁）に皇族を推戴する以外にない、との考えを固め、機会あるごとに同志先輩たちに進言した。陸海軍首脳については、この年から翌年にかけて、閑院宮載仁親王の参謀総長、伏見宮博恭親王の軍令部長（後、総長と役職名変更）就任によって実現するが、内閣については道未だ遠きだった。

皇族内閣の実現は、神兵隊事件で「建設面」の責任者となった天野の究極の目標でもあった。なぜ、皇族内閣の実現が、皇道国家の要になるのか。非常時内閣の首班に皇族推戴が必要と「断言スル所以ヲ詳述セヨ」（二二六頁）との予審判事の問いに天野は、日本は、皇道に即して、天皇政治の下にある時、天皇を中心に一億万民君民一体億兆一心である事を得る、と述べる。神武天皇以来、明治維新までの天皇、皇族の果たしてきた実績を開陳（二二六―二三五頁）。皇族内閣とは、「天皇政治」の一形態と捉え、「天皇政治トハ右ノ御神勅（天壌無窮の神勅）ニ闡明セラレタル如ク　天皇ノ直接政治ヲ意味シテ居ル」（四七頁）と述べている。

具体的に誰に対し、いつ頃意見具申をしたのかは不明だが、前述のように、神話の世界から日本史を通暁する論をたて、「皇族推戴ニ関スル皇道妙諦ヲ自得セシムル様微力乍ラ努力ヲ続ケタ」（二三五頁）という。

二　神兵隊事件

(一) 血盟団事件とその盟主

昭和七年(一九三二)初め、血盟団事件[22]が勃発した。政財界の要人二人を、国家改造を目指すテロリストが相次いで暗殺、以後、事態は五・一五事件、神兵隊事件へと一直線に動き始める。

この三事件を起こした人的繋がりと、思想的影響関係について、齋藤三郎検事は、こう纏めている[23]。血盟団事件盟主の井上日召、神兵隊事件の実行部隊総司令の前田虎雄、茨城県紫山塾の本間憲一郎、木島完之の四人が、大正年間前半、大陸において満鉄関連や陸軍の諜報活動等に従事し、知己だったこと。四人がその後、「國家改造に付いて同志として固く盟約した事」。そして、「井上昭の宗教的信念である革命道が最大の原動力をなしてゐる。大川周明、北一輝の革新思想は影響して居るが、井上の強烈なる信念なくしては、同人等の成敗を無視し、捨石として仆れる底の事件は起り得なかった」としている[24]。

天野は本間と十数年前に、太田耕造の紹介で知りあい、数年前から特に親交を結び、本間が「其国家観念ニ就テハ深ク之ヲ畏敬」する間柄だった[25]。血盟団事件で官憲に追われ、自決の覚悟を固めていた井上に、天野は本間の要請で面談し、「今腹を切っては、事件は、財閥支配特権階級の亡国政治から日本を根本的に救うためであることを明らかにできない」と説得[26]。井上の出頭に付き添うことになるが、この時、井上から、海軍による第二回の行動計画(後の五・一五事件)を打ち明けられる。天野を、神兵隊の蜂起へと導く重要な出会いと情報であった。

井上より託された海軍による二回目の蹶起の件を心中に置きながら、天野は、政党国体背反論と皇族内閣の実現を目指し、「宮様内閣実現祈願運動」を構想する。学生を含めた同志千五百人から二千人を宮城前の広場に集結させ、非常時突破・国防充実の祈願をするもので、餓死運動をも想定していた（二六四頁）。また、犬養内閣の書記官長森恪等要路に働きかけてもいる[27]。

昭和七年に、海軍将校を中心に五・一五事件が勃発。天野は、皇族内閣実現の好機とみて森等と行動するが、大命は海軍の重鎮、齊藤実に下る。これ以降、政党内閣は終わりを告げたが、齊藤内閣自体、天野には現状維持を目指す勢力の結集であり、この内閣打倒が、神兵隊事件の直接の引き金にも繋がっている。齋藤実はやがて、二・二六事件の銃弾に倒れることになる。

（二） 神兵隊の蜂起へ

血盟団事件以後、神兵隊蜂起に至る関係者の動きを簡略に示す。

○本間憲一郎が上海にいた前田虎雄に帰国を促し、昭和七年五月末、天野に引き合わせる[28]。天野は前田を、「無試験合格。此男ナラハ将来行動ヲ共ニシテ行ケル」。前田は天野を、「私共全同志ノ思想上ニ於ケル主脳ニアル関係」と評している[29]。この時、ともに四十一歳。二人の出会いと蜂起の合意が、神兵隊事件の核になる。

○昭和八年（一九三三）元旦、満州の天野が、年内の蜂起を決断、前田と盟約する（二六三―二六九頁）。

○三月に、情勢の伸展を見ない以上「齊藤首相を斃する以外にない」（一〇四―一〇九頁）と合意。前田は言下に破壊の実行は自分が引き受けると明言（二六九頁）。それは死を覚悟したものであり、前田自ら実行部隊を「犠牲部隊」と呼んでいた[30]。

○爾後の建設面は天野が引き受ける。中心は皇族内閣実現だったが、事件後の戒厳令施行、多くの経済政策や社会改革の目標を示した「国家更生法案大綱」、さらに詳細な天野の私案も用意されていた（三六六―三六八頁）。葦津珍彦は、「神兵隊では明確な建設案が立てられているが、参加した同志を結集した条件は、依然として血盟団とおなじく『現状打破』の一点」と分析している。[31]
○陸軍退役中佐の安田銕之助が、資金調達面での責任者となる。[32] 安田は陸大卒業後、仏大使館付武官補佐官時代に、渡欧中の東久邇宮付武官となった。[33] 皇族内閣実現の面でも、安田と東久邇宮との繋がりは、貴重なものとなる。但し、安田が後継首班に東久邇宮を推したのに対し、天野は、他の四宮を考える等の路線の違いはあったようだ（三二三頁）。資金について安田は、財界の知己を通じ、五万七千円を入手し、天野、前田等に渡す。安田の手元に残った額もあり、事件後、世情の物議をかもすことにもなった。[34] 天野自身、資金の記録をつけない等、良く言えば「大づかみ」、悪く言えば「杜撰」だったとも言えるだろう。

神兵隊事件は、三百名を超える民間の同志を全国から糾合し、首相官邸、立憲政友会や立憲民政党等の政党本部、日本工業倶楽部や日本勧業銀行、政府要人の居宅等を襲い、警視庁を占拠する計画だった。

当初、蜂起は七月五日とされたが、慎重論が出たこともあり、次の閣議開催日の十一日に変更。十日夜、明治神宮講会館に前田をはじめ六十〜八十名の実行部隊が集合したところを、七月初旬より風聞に接して警戒を強めていた警視庁に察知され、翌早暁にかけてその大半が検挙された。[35] 実行部隊の中心は、大日本生産党のメンバーが多い。[36] 國學院大學の学生や、青森、群馬、茨城、大阪など各地の愛国勤労党員らが参加し、海軍航空廠飛行実験部の山口三郎中佐（六月に館山航空隊に転任）は、首相官邸および警視庁に爆弾を投下する予定だった。

天野は、その後しばらく、捜査線上に浮上しない。前田を別として、「実行部隊其モノトハ何等ノ関連ヲ持ツテ居リマセヌ」（三六二頁）という状況だったのだ。天野は、井上日召の弁護人も務める一方、別途の工作を行うため、八月はじめ、北支へ渡るが、十月九日、新京憲兵隊本部で身柄を拘束され、以後、二年二ヶ月にわたり、獄中の身となった。[37]

事件当初、新聞報道では、「神兵隊帝都擾亂陰謀事件」（朝日新聞）といった扱いだったが、次第に思想事件としての性格も報じ始める。天野については、当初はまったく触れられていないが、十月六日付「天野弁護士は満州に高跳び　血盟団裁判長忌避の急先鋒」、七日付「ハルビン領事館へ天野弁護士自首す」と大きく報道されるようになった。七日付の記事は、第十一面のトップ。天野の大きな顔写真が入り、「東大生時代に早くも闘士」との「横顔」も載っている。それまでは、昭和維新を目指す右翼団体の活動家の一人だった天野は、この時、国民全体に存在を示すパブリック・フィギュアになったと言えよう。

ハルビン領事館へ
天野弁護士自首す
八月渡滿、白系露人とも往來
あす内地へ身柄護送
集めた資金六萬圓
四萬圓行方不明
護送を待って取調べ
東大生時代に
早くも闘士
天野弁護士の横顔

図１　天野辰夫の出頭（『朝日新聞』昭和８年10月７日）

三　公判戦

天野ほか五十八名は殺人予備・放火予備、爆発物取締罰則違反罪の嫌疑で東京地方裁判所の予審に付されたが、予審において刑法第七八条の内乱予備陰謀の嫌疑を認められ、大審院の特別権限に属する事件として管轄を変え、昭和十二年（一九三七）十一月から大審院での公判がもたれた。法廷で被告たちは、国体明徴運動の展開等に乗じ、天皇機関説排撃の激しい「公判戦」[38]を行った。[39]

この公判戦に入る前に、神兵隊は二つに分裂した。法廷闘争に主力を置くべしとする天野や安田等の「告り直し派」、新たなる維新の行動を積極的に模索する前田や影山等らが「非告り直し派」、それに思想問題や人的な軋轢も加わり、昭和十二年に入ると、対立は表面化。[40]八月三十日には、告り直し派の中村武による相手方の斬殺事件まで惹起するに至った。しかし、同年十月に、本間憲一郎の仲立ちで両派はとりあえずは和解し、足並みを揃えて「一切の指導を天野辰夫に委嘱」[41]し、公判に臨むことになった。

昭和十二年十一月九日の第一回公判以来、予審やデマ捜査批判、裁判長や検事に対する忌避など、被告側は多くの手段を駆使するが、なによりも、天皇機関説排撃に集中したかの観がある。天野が上杉愼吉と天皇機関説批判を盟約して以来、ほぼ四半世紀たっていた。なお、天皇機関説が世の問題となったのは昭和十年であり、昭和八年の神兵隊事件勃発時の綱領や檄文等で、これに直接触れているものは見当たらなかった。

一一六回の全公判の内、少なくとも、一四回は、天皇機関説問題がなんらかの形で取り上げられている。[42]天野は、天皇機関説こそ国体に反すると激烈に主張し、検事や判事に、天皇機関説はとらない、との言を法廷で述べることを迫った。うち二例を見ておく。

第二三回公判（昭和十三年六月十四日）三橋検事は、天皇機関説を信じないのは、国体違反だからであると明言せよ、と迫る天野の求めに応じ、「本職ガ先ノ法廷ニ於テ、天皇機関説ヲ信ゼヌト申シマシタノハ、本職ハ天皇機関説ハ国体ニ反スルモノト信ジテ居ルカラデアリマス」（『速記録　上』四六五頁）と言明。

朝日新聞の六月十五日付紙面では、三橋検事のこの言明に引き続き、宇野裁判長が「これで検事の国体明徴問題に関する信念が法廷で明らかになつたわけだ」と告げた、とある。

第三二回公判（昭和十三年七月九日）宇野裁判長は、天野に対し、「斯様ナ説ハ我ガ国体ノ本義ニ悖リ、国民ノ思想ノ根本ヲ危クスルモノデアル、国体違反ノ邪説デアルト云フコトニ付テハ、少シノ疑モ入レナイノデアル」（『速記録　上』七〇三頁）と応えた。[43]

第九七回公判（昭和十五年九月十七日）では、美濃部博士の天皇機関説問題に対する元総理岡田啓介氏の態度につき、第六七帝国議会の速記録による思想的検討会も行われている（『維新公論合併号』二一五頁、註（40）参照）。

こうして昭和一六年三月十五日の第一一六回公判で、被告の主張するように、神兵隊事件は、「朝憲紊乱」には当たらず、従って、刑法第七八条の内乱予備罪は成立せず、殺人予備・放火予備罪の刑法第二〇一条ならびに第一一三条但書該当とし、これについても刑免除の判決があった。

神兵隊事件の新聞報道（朝日新聞）のほとんどは、ベタないし、二、三段であるが、十六日付は、二面のトップで、羽織袴の被告人集団の後姿、壇上に法服の判事達がならぶ大審院の写真を掲載。主見出しは「朝憲紊亂を策せず　判決理由書　殉國の意圖を強調」とあり、「感想は遠慮　天野氏談」という記事まで載っている。

神兵隊事件　空前の嚴戒裡に判決

朝憲紊亂を策せず

判決理由書　殉國の意圖を強調

歷史的汚點殘さず

寛大か、嚴格か、苛酷になるか

經費節約と強化

魚市場の重役陣刷新

感想は遠慮

図 2　神兵隊事件判決（『朝日新聞』昭和 16 年 3 月 16 日）

國學院大學の松永材は、「神兵隊感激斷片」と題し「喜ばずにをられようか。……天下の広所に於て正平の陣営を張つて天皇機関説（を）、見事に粉砕した」と書いた。[44] 山本彦介検事は、「本事件は、皇道を指導原理とする。反皇道的非皇道的なる現状を改革して、皇道その侭なる状態を出現しようといふのである」としている。[45]

血盟団事件、五・一五事件においても、死刑を含む検察の厳しい求刑に対し、新聞報道や世論は、被告の維新愛国の思いへの共感に溢れたものだった。三つの事件は、思想的に同系列にあり、法廷戦により、一般大衆の共感を得る点でも共通していた。昭和維新、革新の意義を被告が熱烈に説き、検察・裁判所もそれに圧倒され、賛意を表明。審理は、新聞等によって世に知られ、国民の強い共感や熱狂的支持が寄せられ、昭和前期の社会動向に大きく影響したのである。(46)

四　思想の全体像

天野辰夫の思想は、彼の遺した膨大な文献や供述書に現れている。その思想は、すべてが天皇観、皇道観、国体観等に結びつき、全体として神道観を構成すると考える。

天野の大部な著作は、神兵隊事件後に獄中で記された。「井上日召弁護論」(47)と、『皇道原理』である。(48)両書ともに重要部分は『維新公論』に、昭和十三年七月号以降分載されたが、同誌は、かなり専門性が高い。偶々昭和十三年六月に、関西方面で行われた天野の講演録の小冊子が広く頒布され、内容も、思想の全体を概観するのに適しており、同冊子に基づいて論を進める。

『國體皇道』と題され、内表紙の題目が「國體原理皇道講話」。全七〇頁。日本論叢社刊。十三年八月（推定）に第一版、翌年初めには第一〇版と増刷。十五年十一月の『維新公論』には、全文が転載された。表紙裏には、「天野辰夫氏が皇道の深奥に吾入透徹し、理論に於ても実践に於ても、現代日本の持つ最高の人物であることは周知の事」と日本論叢社同人が記載。雑誌『日本論叢』十三年十一月号は、この冊子を読めば、人生観も歩き方も変わる、との読者の讃辞を掲載。以下の頁数は、特記しない限り、『國體皇道』のそれである。

（一）皇道　すめらのみち

天野は、「日本国の国体原理、すめらみくに（皇国）の国体原理、皇道に関して」話したい、と切り出す（一頁）。聴衆の身に話題を引き付け、自らの心の中の悪、次いで、周囲のあらゆる悪を征伐のうえ、「日本国それ自体を道の国、神国日本——皇道国家として完成する」と説く（二二頁）。また、榊を例にとり、幹は皇室、その「頂」きが「唯一絶対至上至尊——神聖なる　天皇」、臣民は、等しく梢の枝葉と説明。これこそ君民一体の証であり、我々が神聖な天皇を現実にするときに、「皇御国の国体が万邦無比」になるとする（四四頁）。

さらに、明治維新と昭和維新を比し、歴史的、思想的、精神的に過去を回顧反省するとき、反国体、亡国、反逆の「内敵行動に対する徹底的爆撃を決意せしむる。復古革新して、はじめて、国体のまゝなる皇道日本の実證あるが故に、神の真理のまゝに、素晴らしき『躍進的日本』が生まれ出る」とした（六六頁）。皇道が、神兵隊事件の行動源、熱源になったと読める語り口ではないだろうか。

（二）古事記

話の流れは、「皇道」から、その淵源たる記紀神話へと繋がる。我々は、国体皇道を、迷信独断するのではない。記紀により明かな「天祖、皇祖の御覚り、御行事、御神勅、御歴史のうちに諸々の皇国体原理を見出しゆく」のだ（四一頁）。そこには、歴史上、厳然として存在する日本民族共通の祖先の姿がある。「これを、遠大皇祖神《とほつおほみおやのかみ》天祖　伊弉諾　伊弉冊の神」という。その御子が「皇祖　天照大神であり、而して、天照大神の直系皇統が、天日嗣《あまつひつぎ》　天皇《すめらみこと》であらせ」られる（一二頁）。

諾冊二神から「見出し得べき使命」とはなにか。天野は、アダムとイヴ《ママ》との比較を行う。諾冊二神は、アダムとイヴのように、自らの享楽——個人主義、自由主義、唯物的な生活のために婚姻されたのではない。「漂へる国を修理固成《つくりかためなす》」こと——未完成な世界を完成し、救はれぬ民族を救済する大義理想を民族の使命として自覚されておられる（二二頁）。「魂と血と歴史」を伝えるのだ（一四頁）。「救はれぬ民族」論の延長で、天野は、白人による植民地支配、差別の不当性等について、別途、強烈な論陣も張っている。

古事記を神話伝説として読むのは間違い。文学作品としてのみ評価するのも浅薄。古事記は、「厳然たる日本民族の歴史であり、政治史だけでなく、産業経済宗教哲学その他あらゆる生活思想原理」を明らかにしていると天野は論じている（三六頁）。天野のこの古事記観は、天野一人のものでは無い。古事記を行動の原点とする思想・信仰は、維新運動に身を挺する者の中に多い。大川周明、渥美勝、安岡正篤、安田銕之助、影山正治らは、それぞれ、独自の分析や思想への命名を行うこともあるが、その基底には、記紀の神話と皇道尊崇があると観取した。古事記を明確に行動の原点に据え、「古事記行動派」、「アクション古事記派」とさえ言える者もいる（影山正治の場合等）。それらの詳しい考察は、また、別途の機会としたい。

（三）日本民族我《われ》

天野が常に焦点の一つにしているのが「日本民族我」という概念で、これを縦横に展開させて論を進めている。人間にとって、我とは何ぞやという命題が最も重要。従来は、「我」とは人類か、個人かという見方だった。双方ともに間違い。「我々は、民族と云ふ全體統一の眞只中に、あらゆる祖先を経、父母を通して生み出されたもの。『人類我』に非ず、『個人我』に非ず、絶對に『民族我』である。『日本民族我』としてのみ実在して居る」という立論である（一〇—一二頁）。神道の出発点である「共同体の信仰」と、軌を一にしていると言えよう。

「我皇国ニ於ケル一切ノ所有思索認識行動ノ主体ハ日本民族我即チ皇国民族我テアリマス」と天野は、「我」を「私ノ思想ノ体系」の冒頭に据え、取調べに対して十全に語っている。(49)『維新公論』では、「井上日召弁護録」を元に昭和十四年十二月から、『皇道原理』を元に、昭和十五年二月から、「我」を主題に分載が始まっている。なお、上杉愼吉も「我在ること即ち人の存在」[50]等と論じており、天野がその影響を受けたことは考えられる。

（四）幕府という概念

天野の今一つの論点は、「幕府」、「現代幕府」という分析である。『國體皇道』において、天皇機関説と「幕府」との関係を取り上げ、「蘇我、藤原以來、北條、足利を経て、徳川に至る迄、時の豪族権門跋扈して幕府の態を為すとき、事実上、天皇を機関として取扱つて来た」という（五八―五九頁）。『維新公論』（昭和十四年十月・十一月合併号）にも、「井上日召弁護録」を元に、「現代幕府論」（八―二七頁）を掲載している。そこで論じている内容も、畢竟、『國體皇道』の幕府論に集約される。天野は、天皇へすべてが帰結する政治形態以外の体制を、「幕府」と呼んで批判の対象にしたと思われる[51]。

天野辰夫の思想について、鹿子木員信は、大意「天野は学問として法律学を遺った人であるから、皇道を、法律政治経済という外形的方面に現わして行く傾向があるかも知れない」としたうえで、「天皇については、徹底していたことは顕著な事実」と述べている[52]。本論では、天野の思想の全体像を、天皇観・神道観中心に、昭和前期の社会に結び付けて取り上げた。その結果、以下のように考察した。

（1）天野の思想の根幹を形成する、天皇、古事記、皇国といった要素は、本論を準備する過程で触れた、昭和維新を志す人々の多くに共通しているように観取された。厳密な比較研究等は、今後の課題としたいが、思想を体現する「表題」や、細かな見解の違いはあっても、同工異曲と理解するのが適切ではないか。

（2）そのうえで、天野の特徴は、天皇の直接統治、その一環としての皇族内閣。それに反する勢力を「幕府」とする社会認識。思想的、哲学的には、日本人の存在理由を、共同体の伝統に結び付ける「日本民族我」などにある。

（3）天野にとって決定的に大事なのは、大正三年の上杉愼吉との「誓」であり、宗教的な啓示にも相応すると捉える。その後の活動の元は、この時に定まっている。

五　神兵隊を超えて

神兵隊事件の公判が続くなか、保釈中の天野辰夫は、同志と図り、「勤皇まことむすび」と称える維新の活動に力を尽くした。内務省警保局保安課は天野達の動きから目を離さず、「最近ニ於ケル国家主義運動ノ概況」（昭和十四年六月二十五日）にこう録している。

本間憲一郎、天野辰夫等は、茨城県を中心に、「一県勤皇運動」を展開していたが、昭和十四年三月末、本間憲一郎、鹿子木員信、安田銕之助、小島茂雄、天野辰夫等を世話人に東京芝区に「まことむすび社」を創立。機関紙「まことむすび」を発行するなど、「積極的活動ヲ企画」している、と。昭和十七年十月の記録でも、まことむすび運動、一県勤皇運動は、査察の対象となっている(53)。

昭和十五年春になると、政治体制一元化をはかる「新体制」を目指す近衛文麿の動きが活発になり、天野も近衛に直言する一人だったという(54)。東条内閣の発足、大戦勃発とその推移、東条内閣への不満等が重なり、天野の活動は、再び維新蹶起の様相を帯びる。昭和十六年八月の平沼騏一郎国務相狙撃事件に連座(55)。昭和十八年三月、戦時刑法特別法改正に反対。十月には、内閣打倒を企図し、蹶起を準備するが、十月二十一日、天野ら三十九人が一斉摘発を受けた（起訴は、中村武ら二人）。この日は、神宮外苑での学徒出陣式の日であった。天野とともに東条内閣打倒を目指した中野正剛も摘発され、取調べの後に自決。昭和十九年三月十五日付で勤皇まことむすび、維新公論社は結社を取り消され、機関紙も発行禁止となった[56]。

昭和二十年八月十七日、天野の待ち望んでいた初の皇族内閣が誕生する。首班は、あの東久邇宮稔彦王。終戦処理に当たり、二カ月間、その任にあった[57]。

天野辰夫は、昭和二十九年、救国国民総合連合の参与[58]、昭和三十四年には、かつて濱口雄幸首相を狙撃した佐郷屋嘉昭を議長に、右翼再結集をはかる全日本愛国者団体会議（全愛会議[59]）の顧問となったほか、各団体の法律顧問や相談を行った。

昭和四十九年（一九七四）一月二十日死去。享年八十二の長命であった。

天野辰夫の直系の孫、宏美[60]によると、辰夫は、毎朝、皇居へ向けての遥拝を欠かさず、黙って座していても、侵しがたい威厳を感じたという。幼い頃は、祖父の居室へ入る事すら出来ない雰囲気だったが、中学高校生になると、いろいろな話をするようになり、「マッカーサーの作った憲法の下で、弁護活動などできるか」と言われたことがある。毎年八月十五日には、喪章をつけた国旗を自宅に掲揚していたとのことである。

辰夫の逝去に伴い、それまで浜松にあった一家のお墓は、鎌倉市十二所の鎌倉霊園に遷され、その地で永眠している。

おわりに

天野辰夫の主張につき、暴力による維新・改革はもとより、天皇の権威と権力の同一化、反ユダヤ思想、戦争指導と皇道との関連等は、先の大戦を経た現在、とても首肯できるものではない。

しかし、堀幸雄が『戦前の国家主義運動史』（三嶺書房、平成九年）の結語として、「結果は当然、敗戦。そして天皇制の変質、つまり天皇の『神から人間へ』の転身である。いうまでもなく近代国家の在るべき形への転換であった。守ろうとした『皇国日本』は崩壊した。日本主義といい皇道主義といい、それに依拠した戦前の国家主義運動は、外圧、敗戦によってようやく終わったのである」（同書四四六頁）と記すように、単純・完全に言い切ることで十全だろうか。

神兵隊事件参加者を中心に、本論で取り上げた右翼活動家は、戦後、一貫してその立場や思想を変えていない。[61] その心根の底を探るとき、現在の神道信仰で、ごく自然に感得していること。即ち、天皇は最高の祭り主であるとともに、信仰上、天照大御神の裔であらせられるからこそ尊い御存在なのだ、という思いに、通じるものがありはしないか。それが果たして、「イデオロギー的作為の結実」なのだろうか。

今となっては、ごく当然とされる天皇機関説についても、では、なぜあの時代に、あれほどの反感と批判を浴びたのか、より深い考察が必要ではないか、と思量している。

註

（1）神兵隊事件に関わる基本的な資料としては、戦後に公刊されたものとして、『社会問題資料叢書　第一輯』（東洋文化社、昭和五十一年）、『昭和思想統制史資料　第十九巻　右翼運動③』（生活社、昭和五十五年）、『昭和思想統制史資料　第二十巻　右翼運動④』（生活社、昭和五十五年）、専修大学今村法律研究室編の訴訟記録『神兵隊事件　全二巻、別巻三巻』（同研究室、昭和五十九年―平成二十六年）がある。今村研究室編の搭載内容と、その他の書には、重複も多い。戦後、公刊されていない基本資料は以下のとおり。〇神兵隊事件公判記録編輯部編刊『神兵隊事件公判速記録　上・下巻』（国立国会図書館デジタルライブラリー所収）。〇『刑法第七十八條ノ罪　被告人天野辰夫外五十三名　被告人または證人豫審訊問調書』全八冊（西南学院大学図書館、名古屋大学附属図書館に各所収）本論文では、名大所収の資料を閲覧した。以下『訊問調書　被告人の氏名』の形で略記する。天野の調書については、引用が多いことから、本文中の（　）内に頁数を表記することを原則とした。そのほかの文献でも、引用対象が明確な場合は、本文の中に引用頁を記した。天野辰夫の著作については、本論文「四」の冒頭で改めて記載する。戦後の先行研究については、四点を挙げる。〇堀真清「神兵隊事件と『北・西田派』の本質的一面（一）（二）」（西南学院大学　法學論集』第一五巻第三号・四号、昭和五十八年一月・三月）〇石村修「神兵隊事件と国体明徴運動」（専修大学今村法律研究室『今村訴訟記録第九巻　神兵隊事件（二）』（昭和六十年）の解説。〇日高義博「血盟団事件、五・一五事件、神兵隊事件の経緯と争点―今村力三郎訴訟記録を手がかりとして―（一）（二）」（『現代刑事法　第五巻第一号』、『第五巻第二号』平成十五年一、二月号）。〇立花隆『天皇と東大　大日本帝国の生と死（上）』（文芸春秋、平成十七年）の「第三十五章　日本中を右傾化させた五・一五事件と神兵隊事件」戦前の研究中、司法省刑事局に依り思想特別研究員に補された検事二人による著作を挙げる。〇昭和十三年度思想特別研究員検事齋藤三郎報告書『右翼思想犯罪事件の綜合的研究（血盟團事件より二・二六事件まで）』（司法省刑事局）。以下、『検事齋藤報告書』と略記。全文は、国会図書館の近代デジタルライブラリーに収録。また、『現代史資料（四）』（みすず書房、昭和三十八年）にも搭載。〇昭和十五年度思想特別研究員検事山本彦助報告書『國家主義團體の理論と政策』（司法省刑事局）以下、『検事山本報告書』と略記。

（2）高橋正衛「右翼運動」（『国史大辞典　第二巻』吉川弘文館＝出版社名は、以下略、昭和五十五年）一六九―一七一頁。

（3）堀幸雄『最新右翼辞典』（柏書房、平成十八年）「右翼」五〇頁。同書は『右翼辞典』（三嶺書房、平成三年）に加筆したもの。

（4）葦津珍彦著、阪本是丸註『新版　国家神道とは何だったのか』（神社新報社、平成十八年）一七二頁、藤田大誠の記載。

（5）葦津珍彦は、神兵隊事件の実行部隊の責任者、前田虎雄（後出）に深く兄事。二〇歳は年長の前田に事件の直前、蹶起に反対の旨を直言する仲だった。天野とは直接の面識はなかったがその存在は承知しており、神兵隊関係者の機関誌ともいうべき『維新公論』にも、「白旗士郎」名で寄稿していた。葦津珍彦『昭和史を生きて―神国の民の心―』（葦津事務所、平成十九年）「大東亜戦争の時代」のうち、五二―五四頁。「忘れ得ぬ人―前田虎雄大人を想う―」（『武士道―戦闘者の精神―』徳間書店、昭和四十四年）二二九―二三七頁。

（6）前掲葦津、阪本『国家神道とは何だったのか』の「第四部十五　大正昭和の右翼在野神道」、一四四頁。

（7）安丸良夫『近代天皇像の形成』（岩波現代文庫、岩波書店、平成十九年）、二〇八頁。

（8）前掲『訊問調書　天野辰夫　安田銕之助』第一回訊問調書、昭和九年五月九日、一頁。前掲堀『最新右翼辞典』「天野辰夫」（二二三―二二四頁）も参照。

(9)天野千代丸の家族等については、大庭伸介『浜松・日本楽器争議の研究』(五月社、昭和五十五年)に、天野家からの聞き書きを含めた記述がある。同書六三―六四頁、八〇頁の註一一―一三。平成二十七年十一月十五日、千代丸の次男の子息、知明氏(藤枝市在住、八六歳)より、天野家の方々等についてお話をうかがった。

(10)前掲『訊問調書　天野』第三回訊問調書、昭和九年六月十八日、一七二―一七三頁。

(11)天野を驚愕させた美濃部の論は、おそらく、雑誌『太陽』もしくは、『國家學會雑誌』に掲載されたものと推量される。この時期に於ける上杉、美濃部の論争については、星島二郎編『最近憲法論　上杉愼吉対美濃部達吉』(大正二年十月発行)に纏められている。「君主国であっても君主自身が統治権の主体と見るべきものではなく、君主は国家の最高機関であると見るべきことは、是も学者間の定説であって」(四頁)という美濃部の論辺りを指していると思われる。

(12)上杉愼吉『暴風來』(洛陽堂、大正八年)の「桐花會の志成るの秋」、八三頁。

(13)学術的には、大久保正、徳光久也、青木周平(明治期)、齊藤静隆(大正・昭和初期)等の業績がある。武田幸也「皇典講究所・國學院の神職養成における『古事記』」(『國學院大學校史・学術資産研究』第七号、平成二十七年三月)、一四五頁。

(14)近代における古事記と一般大衆の関わりについては、田中千晶の研究がある。児童書、国定国語教科書、小説・曲、絵画・挿絵・口絵等の視覚芸術の四分野に分けて研究。甲南女子大学人文科学総合研究科日本文学専攻博士課程後期三年田中千晶平成八年学位申請論文「近代における『古事記』の享受に関する研究」(国立国会図書館関西館)。

(15)吉野作造を中心に、東大では「新人会」を結成。大正七年の米騒動を端とする大阪朝日新聞の舌禍事件(白虹事件)がきっかけだった。＝松尾尊「吉野作造」(『国史大辞典　第一四巻』平成五年)、四二六―四二七頁。「白虹貫日事件」(前掲『最新右翼辞典』)、五〇四頁。

(16)興国同志會は、大正九年(一九二〇)の森戸事件の追及で名を挙げた。メンバーには、天野のほか、岸信介、三浦一雄、蓑田胸喜、太田耕造、森島守人等がおり、顧問には竹内賀久治、鹿子木員信、中野正剛ら名を連ね、学内講演会や全国遊説に力を入れたが、世間の反応は薄かった。「興国同志会」(前掲『最新右翼辞典』)、一八五頁。赤澤史朗「全日本興国同志会」(『国史大辞典　第八巻』昭和六十二年)、四七二頁。

(17)田尻隼人『渥美勝伝』(昭和刊行會、昭和十九年。大空社より平成九年に再版)。八八―九〇頁。

(18)争議については、大庭伸介『浜松・日本楽器争議の研究』(五月社、昭和五十五年)が詳しい。同書や日本楽器『社史』(昭和五十二年）は、天野千代丸に批判的だが、三浦啓市『ヤマハ草創譜』（按可社、平成二十四年）は、争議で「国家的見地に則り、共産党撲滅の為全力を挙げ、日本労働争議上に残る事績を遺した」と評している（八一頁）。

(19)松尾洋「日本楽器争議」（『国史大辞典　第一一巻』平成二年）、一二二一—一二二三頁等。

(20)前掲大庭『浜松・日本楽器争議の研究』、一一六—一一七頁。

(21)前掲『最新右翼辞典』五頁に記載の綱領を、適宜略しながら記載した。

(22)血盟団事件の盟主は井上日召。本名は、昭。日蓮宗を起点に、昭和五年まで修行を重ね、信仰による国体観念の変更と国家改造を目指す。海軍の藤井斉大尉以下の革新派青年将校グループと知りあう。藤井より、精神運動による改造の不可能を指摘され、非合法を決意。十月事件に参加。昭和七年一月に上海事変が起こり、藤井をはじめ海軍側に出征が続いたため、井上一派が一人一殺による暗殺を実行した。「井上が指導したこの事件は、暗殺の対象人物、組織なき組織による単独犯の結び合わせる事件として当時の社会状況と相まって空前の衝動を世に与えた」。高橋正衛「井上日召」（『国史大辞典　第一巻』昭和五十四年）、七五九頁。

(23)前掲『検事齊藤報告書』、一二八—一三一頁、二一五頁。

(24)前掲『検事齊藤報告書』、二〇一頁。

(25)前掲『訊問調書　第七冊』、一一頁。

(26)前掲『訊問調書　天野』、二三八—二四五頁。前掲『證人調書　第七冊』、二頁。

(27)堀真清は、前掲『西南学院大学　法學論集』（第一五巻第三号）で、「皇族内閣実現のために彼（天野）が画策したのは、前述の森恪との協働であり、合法的祈願運動であった。……神兵隊事件には……合法・非合法の二つの路線が混在していた」と記している（四九頁）。

(28)天野と前田は初対面ではない。大正十四年春に、上杉愼吉宅で出会ったことがあった。前掲『訊問調書　天野』、二五九頁。この時の紹介者は井上日召。井上『一人一殺』（日本週報社、昭和二十八年）二二七頁。

(29)前掲『神兵隊事件公判速記録（下巻）』、七頁。

(30)前掲『訊問調書　第二冊　前田虎雄』、一四頁。

(31)葦津珍彦「昭和維新の思想的潮流」（前掲葦津『武士道』）、二一三頁。

(32)安田銕之助については、吉野領剛「〈研究ノート〉昭和初期右翼運動とその思想—神兵隊事件における安田銕之助の役割—」（『法政史学』第五十七号、六四—七八頁、の詳細な研究がある。就中、吉野と天野についても、「二『命の道』と天野辰夫」などがある。

(33)東久邇宮稔彦《なるひこ》王は、明治二十年（一八八七）生まれ。陸軍士官学校、陸軍大学校卒業後、フランス留学。昭和十六年、近衛内閣総辞職時には、首相に取沙汰された。終戦後については後述。平成二年（一九八九）逝去。藤原彰「東久邇稔彦」（『国史大辞典　第一一巻』平成二年）、八四一—八四二頁。

(34)神兵隊事件の金銭面等への批判は当時からあった。三鷹尊人『財閥・政商・政黨』（公人書房、昭和九年）の「弄ばれた神兵隊事件」（八四—八八頁）では、偽造株券や不渡り手形まで登場し、「非常時の波に浮ぶ所謂國家主義運動も、こんな政商や、相場師にあつては、完全に弄ばれ、金儲けの道具にしか利用されない」とある。木下半治『日本ファシズム』（ナウカ社、昭和十一年）でも、この金銭問題は、「神兵隊は勿論、ファッショ團體一般に酷い打撃を與へた」としている（一五二頁）。

当時、日本在住の外国人の中にも、同様な批判を著す者もいた。＝ヒュー・バイアス『昭和帝国の暗殺政治』（内山秀夫、増田修代訳、刀水書房、平成十六年）、一九四頁。原著は、Hugh Byas, *Government by Assassination* (New York : Alfred A.Knopf, 1942).）。こうした批判は批判として、本論は、神兵隊事件の動機は昭和維新の遂行にあり、それなりの真剣さと誠実さがあるとの立場で記している。

(35)警察当局による内定状況等は、「神兵隊事件概要」（『特高月報』昭和八年七月分）、五五—七六頁。安倍源基『昭和動乱の真相』（原書房、昭和五十二年）、一二一—一三一頁。山本勝之助『日本を亡ぼしたもの—軍部独裁化とその崩壊の過程—』（復初文庫五、評論社、昭和四十四年）、一五四—一六二頁等にある。

(36)大日本生産党は、昭和六年に大阪で結成。黒竜会の内田良平により、日本主義の団体の合流を目指した。党名の「生産」は、無産政党の言葉使いとは違い、『古事記』の「生み」、「産（むす）ひ」に由来する。顧問は頭山満。神兵隊事件には鈴木善一、影山正治、青年部員ら計二三名が参加。大半の検挙により、大きな打撃を受けた。＝赤澤史朗「大日本生産党」（『国史大辞典　第八巻』昭和六十二年）、八三七頁。前掲『最新右翼辞典』、三八二—三八六頁。

(37)昭和十年十二月、保釈による仮出所。

(38)「公判戦」の用語は、『維新公論』による。

(39)竹山護夫「神兵隊事件」(『国史大辞典　第七巻』昭和六十一年)、九二四頁等参照。
(40)『維新公論　昭和十六年四月・五月合併号』「神兵隊公判戦経過一覧表」、前掲『昭和思想統制史資料　第二十巻　右翼運動四』の「神兵隊と前田問題」、「神兵隊粛清」、「神兵隊告り直し」等より。
(41)前掲『維新公論合併号』、一九五頁。両派の対立は、その後再び激化し、昭和十四年からは、実質的には分離公判となる。同号、二〇二頁。
(42)前掲『神兵隊事件公判速記録』、『維新公論合併号』、ならびに朝日新聞関連紙面より。
(43)島津書房編『証言・昭和維新運動』(島津書房、昭和五十二年)「神兵隊事件・片岡駿氏に聞く」にも、この時の様子や意義が語られている(八二—八五頁)。
(44)前掲『維新公論合併号』、二一一頁。
(45)前掲『検事山本報告書』、二六八頁。
(46)「井上等の裁判は、被告側が国体の名によって司法権の独立を攻撃し、裁判所がそれに屈服したという点でも注目される」＝安部博純「血盟団事件」(『日本大百科全書　第八巻』小学館、昭和六十一年)、二二八頁。
(47)小沼廣晃『血盟団事件公判速記録(下)』(同書刊行会、昭和四十三年)。証人全二六人分を集録。天野は、二六人目(一〇六七—一一三一頁)。天野のみ出廷日がない。四〇〇字詰原稿用紙で二一九枚相当。
(48)全五巻四六倍版プリント一四〇〇頁。謄写版による全五巻は、名古屋大学附属図書館に収蔵。同館には、その前文とでもいうべき「非常時局突破と皇道日本建設前言」もあり、天野手記は全六巻。
(49)前掲『訊問調書　天野』、六—一〇頁。
(50)上杉愼吉『国家新論』(敬文館、大正十年)五頁。上杉は昭和四年死去。
(51)血盟団事件の最終弁論は、昭和九年十月、判決は十一月。昭和十五年の第二次近衛内閣、昭和十六年の東条内閣時、「幕府批判」の論が議会等で喧伝されたが、天野の立論の影響は不明。
(52)前掲『尋問調書　天野』、五三頁。
(53)由井正臣編輯解説『資料日本現代史六　国家社会主義運動』(大月書店、昭和五十六年)、一八五頁。
(54)中村武彦(武を改名)『維新は幻か』(いれぶん出版、平成六年)、一三七頁。中村は、助言者に井上日召、田中正剛も挙げている。井上は、近衛の居、荻窪の荻外荘に住むに至り、近衛への助言者を「ひもろぎ会」に組織した。前掲井上『一人一殺』の第一五章「近衛文麿公と私」、三二二―三四九頁。

(55)前掲『最新右翼辞典』「平沼騏一郎国務相狙撃事件」、五一二頁。

(56)前掲堀『戦前の国家主義運動史』、四三八―四三九頁。前掲中村『維新は幻か』の「東条大獄」(一八二―一九三頁)。猪野健治『右翼民族派総覧』(二十一世紀書院、平成二年)、二二九頁。

(57)波多野澄雄「東久邇宮内閣」(『国史大辞典　第十一巻』平成二年)、八四二頁。

(58)前掲猪野『右翼民族派総覧』、二五五頁。

(59)前掲『最新右翼辞典』、三三八―三四七頁。

(60)天野宏美《ひろよし》氏は、東京都世田谷区在住、六四歳。平成二十七年年十一月十五日にお話をうかがった。

(61)葦津珍彦は、「天皇は祭神なのではなくして祭り主。その意味では人間であらせられるが、臣民の側からすれば、天皇は決してただの人間ではない。常に祭りによって皇祖神と相通じ、地上において皇祖神の真を表現なさる御方であり、まさしくこの世における神であらせられる」と書いている。「祭祀と統治の間」(『近代民主主義の終末―日本思想の復活―』、「昭和を読もう」葦津珍彦の主張シリーズ三、葦津事務所、平成十七年)一一四―一一五頁。原著は、日本教文社、昭和四十七年刊。

阪本是丸は、「天皇が皇祖皇宗を祭祀してこそ、天皇が日本を統治する権能を皇祖皇宗によつて保証されてゐるといふのが明治国家のイデオロギーであり、体制であつた」と記している。「近現代の皇室制度史」(『神社本庁教学研究所紀要　第十一号』平成十八年三月)、一四頁。

星野輝興・弘一の神道学説をめぐって

神杉靖嗣

はじめに

昭和十七年の一月から六月にかけて、天之御中主神を重視する立場の神道論文が次々と発禁処分になり[1]、神道・古典研究の権威今泉定助[2]の論文を含む皇道社の機関誌『皇道発揚』(昭和十七年二月号)も発禁処分にされる事態となった。これに対して、その弟子筋にあたる葦津珍彦、幡掛正浩らは猛然たる抗議運動を開始する。その思想統制の統一基準として星野輝興[3]とその息子弘一[4]の神道説があるとされる。

星野輝興(明治十五年(一八八二)―昭和三十二年(一九五七))は、明治から昭和時代の官吏、掌典である。皇室祭祀の実践者として活躍する傍ら、祭祀学を研究した著作も多数で、雑誌・新聞を中心に独自の古典解釈に基づく神道学説も発表する。星野輝興と弘一父子の神道説は、古事記の造化三神他五柱の別天神を天照大御神や天皇とともに重視する説を否定して、民族神としての天照大御神を唯一最高の神とした。

冒頭に述べた通り、発禁処分に対して葦津珍彦、幡掛正浩らは猛然たる抗議運動を開始したが、この星野学説糾弾運動は葦津、幡掛らの神道関係者以外にも広まっていった[5]。情報検閲当局はこのような事態の大衆運動化・政治運動化への拡大を警戒し、昭和十七年八月八日付で逆に思想統制のテキストとしていた星野輝興「国体の根基」[6]、およびその息子弘一の『日本民族の哲学序説』などの著作を発禁処分にし、さらに宮内省は星野輝興を依願免官という扱いにする旨の発令を出す。事実上の免官であった。葦津はこの時点で論争終結を宣言し[7]、事態は沈静化する。

この神典擁護運動または別天神論争と呼ばれる一連の事件については、佐野和史「昭和十七年の別天神論争」(『神道学』第一二九号、神道学会、昭和六十一年五月)に詳しくその経緯が紹介されている。比較的最近の研究として菅浩二は、星野弘一の古典解釈を父の輝興のものと同一とみなした上で、星野弘一の著作『日本民族の哲学序説』[8]では、日本の古典神話は徹底的に人間の物語として解釈され、そこにはナチズムによるニーチェ思想の我田引水的解釈の影響がみられるとしている[9]。菅は古典的祭祀研究者として著名であった星野輝興がなぜこのような新奇な解釈に傾いたのかとの疑問を呈している[10]。また、星野の思想を大正・昭和期における「国家神道」の一部を担った有力な要素と捉えた上で、近代日本におけるアマテラスとアメノミナカヌシの相克という事態に注目した昆野伸幸「近代日本における祭と政—国民の主体化をめぐって—」[11]は、星野側も神典擁護運動側も国民の積極的「主体性」の問題を重視していたことを指摘し、それゆえに神典擁護運動側からも星野説への同調者が出て一枚岩ではなかったことを指摘している。そして、これら一連の事態の歴史的な意義として重要な点は、神典擁護運動によって星野学説が葬られた結果、国家神道は一国主義的なものから「八紘一宇」的なものに傾いていくことになったことであるとしている。これらの資料に基づく詳細な研究はあるものの、星野説への最も先鋭な批判を展開した松永材「星野説の根本動機」[12]をふまえて、星野説の内実について詳細に再考し、星野の言説に寄り添って神典擁護運動の性格を検討した研究は管見ではいまだなされていない。

本論考では、まず内務省警保局保安課『特高月報』（政経出版社、昭和四十八年復刻版）により神典擁護運動の経過を辿ったうえで、星野輝興「皇祖の神勅」[13]、同「国体の根基」、また昭和十一年三月二十一日付から六月十一日付に至る『皇国時報』での九回に及んだ神道説の連載、およびその息子弘一の『日本民族の哲学序説』などの著作をもとにしてその思想的展開を把握する。さらに、星野が一番のターゲットにしたと考えられる今泉説との比較を通じて検討し、松永材「星野説の根本動機」における星野説への批判を取り上げる。その上で、当時の時代背景との関連で星野説はなぜ思想統制の基準とされたのか、またなぜ状況の変化によりすぐに情報検閲当局から逆に切られてしまったのか、さらに星野輝興の宮中での祭祀実践経験とその古典解釈との関係性、そして神典擁護運動自体の性格などに焦点をしぼって研究を深めたいと考える。このような研究の進展は、近代の神道家・神道学者の神観、国体論のより鮮明な把握のみならず、昭和期の社会と神道との関わりの一側面の把握にもつながると考えるからである。

一　神典擁護運動の経過とその性格

（一）神典擁護運動の経過

皇道社機関誌『皇道発揚』昭和十七年二月号は、今泉定助の掲載論文「皇道史観の展開」中の三位一体説が不適当であるとの理由で安寧禁止処分すなわち発禁処分に附された。神宮奉斎会会長や日本大学皇道学院院長も務めた今泉定助は古典・神道研究の権威であった。今泉本人は時勢上当局と争うべきでないとの考えから静観の構えをとった[14]が、今泉側の立場に立つ新進気鋭の葦津珍彦、幡掛正浩らは東条政権の思想統制とその統一基準である星野輝興の思想に対して猛然たる反撃を開始した。

すなわち、今泉派である葦牙寮葦津珍彦、寮長幡掛正浩は国体の本義に関わる重大問題であるとして「神祇院総裁」、「皇典講究所所長」、「大日本神祇会会長」に星野神学の是非について公開質問書を提出し、その回答をもって情報局の方針の不適切を明らかにするという作戦をとった。皇典講究所は高階研一が、大日本神祇会は常務理事三宮千春がそれぞれ個人の立場ではあるが星野説を支持しない回答を発表し、神祇院は回答を差し控える旨の応答をした。葦津側は、前二者に対しては公的な機関の代弁であるとしてその回答に満足し、他方で回答を控えた神祇院に対しては神道学上の「天皇機関説派」であるとして憤慨した。

他のいわゆる「日本主義派」の勢力（この言い方は「特高月報　昭和十七年八月分」による）も星野説に対する糾弾運動を開始した。「日本主義派」には、皇国運動連盟（伊藤力甫）、万民翼賛体制確立連盟（内田正巳）、大日本神道有志連盟（瀬尾弾正）、神祇官復古促進連盟（田邊宗英）、日本思想研究所（石井忠一）などが含まれ、また報国新報、皇道日報、帝国新報、大日本新聞などの右翼報道機関も共同戦線を張った。さらに、実行力という意味では政府にとっても脅威であると思われる五・一五事件関係者の三上卓・林正義、血盟団事件関係者四元義隆、神兵隊事件関係者前田虎雄、天野辰夫、鈴木善一等も介入してきた。運動の方法としては、懇談会・座談会の開催、当局への進言、出版物の配布、社説による論評などの方法をとった。限定的な世界での神学論争から始まって、事態は拡大していき次第に政治・社会運動的な様相を帯びるようになる。こうして、昭和十七年八月八日、星野輝興「国体の根基」、同『惟神の道』、およびその息子弘一の『日本民族の哲学序説』などの著作は発禁処分となったのである。[15]

さらに、宮内省は状況を鑑みて星野輝興を形式上は勅任待遇として昇進させた上で、依願免官という扱いにする旨の発令を出し、星野は事実上の免職となった。結果的に、両者は喧嘩両成敗という形で痛み分けとなった。この時点で葦津は論争終結を発表し、事態は一応の終結をみる。

（二）神典擁護運動の性格

佐野和史「昭和十七年の別天神論争」（「別天神論争」は葦津側の呼び方）によれば、この論争は、単なる神学上の論争ではなく東条内閣の思想統制への反撃ということが目的であり、この論争は「古事記」の神典性や、「天御中主神」の神格をめぐっての論争の形態をとっているが、より実質的には政府権力が神道思想に介入することの是非をめぐる論争であり、それがその論争の本質である。星野が糾弾の対象となったのも、それが思想統制のテキストとなったからであったとしている。また、明治十五年の神官教導職分離以後、政府は神学論などの論争には一切介入せず、国民の自由にまかせるという基本的態度を確立したが、東条内閣の時代になって自由であるべき神学論に介入し国民の思想統一を謀ろうとした。「別天神論争」はこのような政府による弾圧への抵抗運動であるという位置づけをしている(16)。佐野論文は、葦津より史料の提供を受けた旨の感謝の言葉が論文中にあることからも察せられるように、運動の当事者であった葦津側の立場からの主張であると考えられる。実際には、星野父子の著作を、発禁処分とした情報検閲当局の動きからは、確固とした思想性と思想統一のための強固な信念というものを窺うことはできない。今後、より正確な実態を把握するための研究の進展が望まれるが、これら一連の事態の性格についての筆者の考えについては後に触れる。

二　星野輝興・弘一の神道説について

星野説の要点は、第一に「古事記」と別天神について、「四大人の神代史観、本居翁に依つて大成されて以来、爾後補足又補足で今日に至つてをるが、何分にも古事記又は古事記伝の盲目的信頼といふよりは経典的信奉に依つて、学的見方とは相当距離が出て来た」として『古事記』を否定したことにある。[17]また輝興は、『皇祖の神勅』において「よく神道家が天之御中主神といふことを挙げます。これが宇宙の本體であり、宇宙の真理であると云つて説くのでありますが、この神様は高皇産霊神の祖神で、もと天照大御神とは対立的の神様であつたのです」として、造化三神を否定する。息子の弘一は、『日本民族の哲学序説』において神とは功を立てたすぐれた祖先の霊のことであり、民族における最高の道徳を確立せられた皇祖天照大神を最高神として信仰するものであるとし、造化三神を否定する。これに対して、当時の代表的古典学者である今泉定助は『古事記』を重視し、「古典の精神」[18]で「古事記は、最も古いばかりでなく、その内容が勅語そのものである」とし、「古事記が古典の中にて有する最上至上の権威は、実にここに由来する」と述べる。さらに、神と神の子（人）との関係は親子のような関係としながらも、「やはり天之御中主神、天照大御神、天皇、これが我が国体の根源である」として三位一体説をとる。

第二に、我が国体の大本としての神勅と、中国由来の思想である天命の相違に関して、今泉は神勅を重視するのは当然であり、国体の根源や祭祀の起源として重視したのに対し、星野父子はともに神勅を中国に由来する天命と対比する形でその優位性を述べる。弘一は『日本民族の哲学序説』において、皇祖の神勅は一定不変であって誰にでもわかるものであり、あらゆる面で日本の国体の根基であるとして重視する。神勅に対比すると、天命は、変化無礙であり、或時は至上心、或時は道徳の根本原理、或時は自然の運行、生物の理法等であって、その時々で意味合いを異にする。従って、哲人、或は特に知識のすぐれた人のみこれを解し得るものであり、国体の大本にはなり得ないとする。

第三に天照大神の最高至貴性について、今泉は天之御中主神と天照大神と天皇とを三位一体として捉え、天照大神の最高至貴性を強調しないが、弘一は『日本民族の哲学序説』において、大日孁貴尊すなわち天照大神が、あくまで皇祖神であり、太陽神ではないとする。「照らし」とは文字通り太陽が人や万物を光で照らすということではなく、皇祖の天下統治の働きであり、「信仰」とは、あくまで人間存在に対するものであるとする。皇祖の最高神性は宇宙神などの存在によって担保されているものではなく、皇祖自体がむしろ道徳などの価値判断の基準を人間の世界に取り戻したことに裏付けられるのだとする。

最後に高天原についてであるが、今泉は「古典の精神」において、「高天原は即ち天之御中主神の御稜威が高く上り、横に張って宇宙に充満しておる意味である」とし、天的存在ととらえており、高天原を現在進行形で存在する宇宙的存在と理解したが、弘一は『日本民族の哲学序説』において、高天原そのものは如何なる意味ももっておらず、皇祖天照大御神によって皇統及不動の国是の決定されたところであるという意味において、また皇祖および神聖な祖神のおられる場所であるという意味において、神聖な場所であるとしている。すなわち、高天原は天上にあるのではなく過去に地上に存在した場所であり、高天原それ自体に価値があるのではなく天照大神との関係性において神聖視されるとするのである。

星野がその造化三神を否定する特徴的な神道説を表明した著作として、邦人社から昭和十年に出版された『祭政一致』[19]がある。同著作の中で、星野は造化三神について特別に古い尊い神というのではなく、「我が皇室の御直系」とは別の神々であり、「別天神」の「別」の読みは、「コト」ではなく「ワケ」とよむべきであり、別格であるというような特別な意味はないこと、また、天御中主神を宇宙の大霊とするのは誤りであり、そう主張する神道家・国学者は世間に迷惑をかけているとまで主張している。その後星野は、昭和十一年三月二十一日付から六月十一日付に至る『皇国時報』での九回に及ぶ連載において、より詳細にその神道説を公表していくことになる。星野は、連載の最初である昭和十一年三月二十一日付の『皇国時報』に発表した「一外人は言ふ（一）」の中で、ゴツト思想が漸く勢いをなさんとした明治の初め頃に発表された渡邉重石丸の「天之御中主神考」に代表される思想を「ゴツト思想に抗せんとして、実はゴツト思想に致されたもの」すなわち「支那の天、若は太極両極の向ふを張らんとして、実はうまうまと彼の虜になつたもので、禍根を永く後世に残したものであつた」と批判し、「日本精神、神ながらの大道、祭祀の示すもの、皇祖 天照大御神を尊きこと二なしとする我が国の伝統、神風の伊勢の国の五十鈴の川上に鎮まり坐す皇大神宮を、最高の神、至上神と仰ぐ、我が神祇崇敬の実際は、そんな紙上の空論には関係がない」と持論を述べている。「吾々の先進の方々が、常に非自主の結果を見たのも、これと同様おのれのものに対して自信が足らなかつた。外来の眼鏡をかけねば、われとわが掌がみられなかつたのだ」として、「天之御中主神考」[20]や「古事記の序文の三神造化の礼讃」を外来文化への迎合と捉えて「デモクラシーの迎合」と同様のものとして批判している。

これらの思想的特徴は、後の星野の著作「国体の根基」（大日本青年団本部、昭和十五年）や「惟神の大道」（『興亜』二巻九号、昭和十六年六月）などにおいてもほぼ全くというほど変化はみられず、後に思想統制の基準とされる神道説を昭和十年頃から積極的に表明し、昭和十六年に発表された「惟神の大道」においてもほぼ同じ主張が繰り返されていること[21]を考慮すると、世界観の中心を「皇祖神＝天皇」に一本化しようとした政府への追従、積極的な協力というよりも、時代状況の中で自らの信念を一般人までも含めて広く吐露し、積極的に時代に関わろうとした側面が強いのではないかと考える。それは、既に昭和十一年四月二十一日付の『皇国時報』掲載の「神代史の根幹」の冒頭において、「国体の明徴と国史の究明とは、車の両輪の如きか。今や学徒は、其の思想信仰の如何を問はず、異常の熱を以て、我が国史の研究に驀進してをる。此の際国史の根幹たる神代史の究明の急を要することは、敢へて識者を俟つまでもないと思ふ」と述べ、自らの研究にもとづく神代史を開陳している点からも窺うことができる。これら昭和十年出版の『祭政一致』以降の星野説を見ると、星野は時代に翻弄されたということは言えるが、時代に迎合して自説を展開したのではないと推察されるのである。続いて、以上のような星野説を批判した松永材「星野説の根本動機」を検討することで、神典擁護運動側の思想の一端を見てみたい。それは、星野説に対する理論的に最も徹底した批判であると同時に、星野輝興個人に対する感情が逆るような批判も見られ、当時の情勢をも窺うことができるからである。

三　松永材「星野説の根本動機」に見る星野説批判

松永材[22]は神道や古典解釈の専門家ではないが、日本主義者として神道に関連する分野の素養は大変なものがあり、哲学者として論理的な組み立てをもって批判を加えた「星野説の根本動機」は、星野説への批判が多方面からなされる中、同時代に星野説を取り上げた批判としては最も詳細なものと考えられる。同論文は、昭和十七年九月十五日に発行された『維新公論』に掲載されているが、脱稿したのは星野輝興が依願免官した八月四日以前であると、同誌の「あとがき」に記されている。

「序」において松永は、天野辰夫[23]の『維新公論』(七月号、昭和十七年)所載の「皇道入門[24]」が「その「註」において断乎たる態度を示してある」、すなわち「かゝる邪説(星野説)」へ第一矢を放ったものとし、「編輯子はこれにつゞくべき第二矢を自分に督促して止まない」、「地方からも少なからず質問が到来するので一文を綴ることにした」と述べる。松永は、同論考について天野辰夫が『維新公論』(七月号、昭和十七年)所載の「皇道入門」で星野説へ放った第一矢に続く第二矢と位置づけたのである。

松永は星野説批判の資料として、星野輝興の著作「国体の根基」（昭和十五年）、「惟神の大道」（『興亜』第二巻第九号、昭和十六年）、『大嘗祭と農道』（昭和十七年）、「天壌無窮の神勅」（『文藝春秋』第二〇巻第七号、昭和十七年）を用いている。そして、彼の天之御中主神説は厳密な学究の結論ではなく、「学究以外の別箇の動機」が看取されるとする。

最初に記紀論について、星野が「国体の根基」において「古事記といふものは御承知の通り語りものでありまず」、「現代の雰囲気を一番よく現はしているのは大衆小説である」とし、『古事記』と『日本書紀』の性格の違いを強調していることを取り上げる。要するに、星野は記紀の歴史的位置づけを異なるものとし、価値的に『日本書紀』を上、『古事記』を下とみなしている。これに対して、松永は「星野氏にとつては古事記は爺さん婆さんを前に置いてお面白お可笑しいの笑ひを目的として作つた空想妄想的虚構小説である。これは全く古事記序文に明記された通りの勅を奉じて筆を執つた太安萬侶の謹厳な態度を嘲笑したのみでなく、天武天皇の御意志を蹂躙する暴虐不逞の企である」と激しく批判する。松永は批判の根拠として、「序文」から窺われる『古事記』の由来をあげ、「古の語部は断じて今の講釈師の類でないことを知つて置かねばならぬ」、「文学や書物なき時代に於ては重大なる歴史的事実は専ら語部の「云ひつぎ語りつぎ」によつて伝承される」、「一言一句も忽にされない」ものであり、「語部の口を突いて出る言葉は国家の法律であり、神の託宣であつたと云つても大過ない程であつた」とする。つまり、「記録以前の語部と記録以後の史部とは、その重要性に於て上下の差別がなかつた筈である」とし、両者に価値の差を認めていない。松永は、星野の解釈は「記紀という兄弟の間に水をさし、故意にこれを引き離して二元的に反目的に解釈、惹いては遂に皇統を二元的に強弁し曲解し、萬世一系の国体を易姓革命の多元的国家と混同せしめるが如き重大罪を犯してをる」とし、「記紀は同一本体の両面であり、両輪であつて、もともと一元的である」とする。また、松永は星野が『釈日本紀』の「古事記は頗有改易」の部分のみを取り上げて『古事記』の価値を貶めるのに対し、疑問を呈する。すなわち、『釈日本紀』は偽作である『旧事紀』を宗として『古事記』を貶した書物であり、「旧事紀を宗として古事記を貶した程の書物一箇を楯として論断するのは学者としての面目にかかる」とし、なぜ『古事記』を貶めているのかの理由については「星野氏の記紀論は目的ではなくして、結果である。根本動機は別にある。即ち古事記を貶すのは天之御中主神を別天神として排除しようと欲したところより生じた結果である」とする。

次に天之御中主神論について、星野が「天之御中主神始め天神を別系として、これを天照大神及び皇室の本系から切離」そうとするのに対して、松永は、「別天神の「別」は天照や天皇と一系との立場をとる。松永によれば、星野説はつまるところ一種の放伐革命の容認になる。つまり、輝興の思想は「天之御中主神始め天神を別系として、これを天照大神及び皇室の本系から切離し、祭政を分立せしめ」、「それは即ち分離的二元主義より当然発生する中絶論である」という意味で漢学の革命説または西洋機関説に類似しているとする。松永は「古事記の開巻に天御中主・高御産霊・神産霊の三種の神を掲げたのは、上述の如く大元の「中」と「結び」とを示したのである」、「別天神の「別」はやはり一系の立場から説かれるべきである。それは決して二元的分離的に解釈されてはならぬ」とし、天御中主神・産巣日神・天照大神を天皇に連なる一系統ととらえ、その系統を絶対的に捉える。

第三に、ムスビの思想を日本の中心的思想ではないと捉える星野に対して、日本の根本思想を「大きな結び」と捉え、「天之御中主神」を結びの大元とする松永は、「治す」と「うしはぐ」の意味についても違った解釈をとる。松永は星野の思想は「うしはぐ」を捨てて、「治す」に移ることであり、「この移行（進歩成長にあらず）から相対主義となることは当然の理である。進歩成長は一系不動であるが、放棄的移行は多元的交替即ち革命（意識しなくても）となる」とする。松永は、星野が「うしはぐ」から「治す」を統治の移行・変化と捉えるのを批判し、「うしはぐ」から「治す」へを一元的な成長・進展と捉える。

結論として、松永は、星野説が「天御中主神の系統と天照大神の系統」を二系的に解釈し、その間に「反目争闘」を生ぜしめ、天照大神の系統を勝利させた「一種の放伐革命の容認となる」説と解釈して批判する。すなわち、松永は、輝興の二系的な相対主義に対して、天御中主神と天照大神と天皇とを一系統としてとらえる絶対主義をとるべきと主張したのである。

おわりに

星野説の重要点は、神とは功を立てたすぐれた祖先の霊であり「生み」とは国を経営統治することと述べた点にある。また、中国思想の影響が強いとされる『古事記』に比べて『日本書紀』を評価し、『古事記』の天之御中主神・高御産巣日神・神産巣日神と天照大神とは別系統の氏族の祖先神であり、これら造化三神と皇室祭祀との関連を否定したこともその特徴である。また、高天原を地上の場所とし、その神聖性は天照大神が日本建国の国是を明確に定めた場所であることに由来し、その現在進行性を否定している点もその要点である。それに対して今泉定助の有力説は、①古事記を重視し、②宇宙神的性格の天之御中主神と天照大神を結び付け、③高天原を天的存在と捉えるものであった。高天原を天上の異世界であるとして垂直的な世界観を持ち、高天原を現在進行的に理解するのであり、これらすべてが星野説とことごとく対照をなしており、はっきり明言はしないものの星野は今泉的な思想には全部反対だったことが窺える。祭祀実践者の経験を踏まえ、祖先崇拝を第一とする「神道と道徳の間」ともいうべき神道説をとる星野輝興と弘一は、世俗合理的な「国家神道」の一側面を体現していると言え、その神道説は宇宙的・霊的な側面を排除しており、近代合理的という点で理解されやすい側面を持っていたとも言える。しかし、一方で『日本書紀』の本文では天孫降臨を命じている「皇祖高皇産霊尊」を天照大神に敵対する神であったと断言するなど、重要部分において逐条的な解釈の上では明らかに無理があると思われる箇所も複数あり、学問的に厳密さを欠く神道説を唱える動機が他にあったのではないかとも考えられるのである。皇室祭祀実践者である星野と、新聞・雑誌を中心にセンセーショナルな神道説を一般向けの場で発表した星野とは、客観的に見て乖離があるように見える。しかし、祭祀者として天皇に一番近くお仕えする者として、直接の祭祀対象である天照大神とそうではない天之御中主神とは歴然とした差があると考えられ、主観的には皇室祭祀実践者としての自分と、独自な神道説をとる自分には、矛盾を感じてはいなかったと思われる。

星野説へのきわめて感情的な強硬な批判を行った当時の右翼勢力は多いが、星野の著作に基づいて綿密な批判をした者は少ない。星野説に対する先鋭的な批判者である松永は、つまるところ星野説を一種の放伐革命の容認説であると理解し、「漢学の革命説または西洋機関説に全く薫染された星野氏」の思想を「争闘を通じての交代革命の原理が支配」する相対主義に立つ二元論であり、革命是認論あるいは西洋機関説（天皇機関説のことと思われる）として全否定した。星野は、『皇国時報』の連載中の論考において天之御中主神を重視する三位一体説について、西洋思想やシナ思想の向こうを張ろうとしてかえって西洋思想に汚染されてしまった思想と理解し、デモクラシーと並べて批判している。松永はおそらくそれを見ていると考えられ、あるいは星野の三位一体説理解に対して痛烈な反撃を加えたものである可能性も高いのではないか。

神典擁護運動においては、星野と日本主義者との潜在的な神学的対立は星野説を基準とする政府の検閲による統制がおこなわれることで表面化し、それに対する日本主義者の抵抗運動や星野説への排撃運動などが起こり政治運動化した。このような状況の変化により、星野説は方針を変更した情報検閲当局から逆にあっさりと切られてしまった。しかし、情報検閲当局は星野父子の著作を発禁にした後も批判者側の三位一体説を認めたわけではない。むしろ、昭和十八年になり改めて、天之御中主神を天照大神・天皇とともに信仰の根源とする三位一体説を禁止している[25]。つまり、結局どちらの方を認め、どちらを取り締まるというのではなく、運動を沈静化することに力が入れられた。政府の神道を含む思想的画一化に、国内すべての勢力が対立・摩擦なく服従すればよい。しかし、東條内閣の戦時における国民精神総動員運動の中での国体論の統一は、神道思想に関してはうまくいかず、もとより思想的な信念などない政府は逆に反発した勢力の反政府運動が拡大するのを恐れ、沈静化するために、星野と日本主義者たちを両者痛み分けとして事態の収拾をはかったというのが真相に近いと思われる。

また、星野の神道説に時代状況の影響がないとは考えられず、国体明徴運動が本格化したその時期を考えても、少なからずあることは認められる。その時代状況の中で、星野が日本一国における世界観の中心を「皇祖神＝天皇」に一本化しようとした政府へ追従したという可能性も考えられないではない。しかし、米英との開戦に到らず、その意味でいまだ時局的に切迫していない昭和十年頃から、星野がその神道説を積極的に表明し、その後終戦まで神道説に変化がほぼ見られなかった点を考慮すると、積極的に時代と関わろうとした面が強いのではないだろうか。むしろ、星野を加害者として政府の神道思想統一に積極的に協力した者というよりは、政府に一時的に利用され、政府の脅威となるような反政府運動の拡大という事態になると切り捨てられた時代に翻弄された者と捉えなおすのが妥当であると考えられる。星野説への強硬な批判を行った当時の日本主義者・右翼勢力には、「神典擁護運動」がある程度沈静化した後も星野説への強硬な態度を取り続けた者もいた。他方、「神典擁護運動」が本格化する前の神道学者や神社界では、『皇国時報』で数回連載された事実からも窺えるように、少なくとも黙認はされていたようである。こうした各勢力の「神典擁護運動」への関わり方の違いについては、さらに運動自体の性格の解明にもつながる問題点であり、今後の課題としたい。

註

(1)発禁処分の決定の時期については、佐野和史「昭和十七年の別天神論争」(『神道学』第一二九号、神道学会、昭和六十一年)によれば、「この方針決定の過程ならびに日時は公表されたものではないので明確でないが、発禁処分の結果によって推定できる。すなはち「発禁年表」によると、昭和十七年一月から六月の時期にのみ集中的に、天御中主神を重視する立場の神道的論文が発禁処分を受けてゐることが知れる。従って決定の時期は昭和十六年の末頃のこと」と推測されている。

(2)今泉定助(文久三年〔一八六三〕―昭和十九年〔一九四四〕)は、明治・大正・昭和にわたる教育者、神道家。号は竹廼舎。文久三年宮城県白石生。仙台藩家老片倉家臣今泉伝吉の第三子。明治七年(一八七四)、白石神明社祠家佐藤広見の養子となり佐藤定介を名乗る。同十二年、神道事務局生徒寮に入寮し、平田派国学者の丸山作楽の書生として薫陶を受け、同十五年、東京大学付属古典講習科に入学。文献考証的な国学の素養を身につける。同十九年卒業後は、東京学士会院編纂委員として『古事類苑』編纂に従事。同二十二年、國學院創設に参画し、同校講師に就任。この年離縁した事により今泉定介と称し、同四十一年、神宮奉斎会宮城県本部長に就任。大正十年には神宮奉斎会会長に就任し、これ以降、六期にわたって同会会長を務めた。同十年末、相州片瀬にて川面凡児の禊を修め、祭政一致の国体論を提唱し、広く政治家、軍人、経済人等に国体を講ずる。昭和七年数え年七〇歳の時から戸籍上の定助に復す。同八年陸軍参謀本部に於いて連続四日国体講義を行い、同九年血盟団事件の特別弁護に立ち、同十年満洲国皇帝に対し、帝王祭祀を進講する。同十二年神宮奉斎会本院に於いて代議士六十余名に対し連続六日間国体講義、同十三年日本大学に皇道学院を設け院長として青年の教育にも努める。昭和十九年九月十一日没、享年八二歳。主著に、『皇道論叢』、『大祓講義』、『国体原理』等。以上、日本大学今泉研究所編『今泉定助先生研究全集一』(日本大学今泉研究所、昭和四十四年)の「年譜」を参照。

(3)星野輝興(明治十五年〔一八八二〕―昭和三十二年〔一九五七〕)は、明治から昭和時代の官吏、掌典。越後国刈羽郡半田村(現、柏崎市)に星野芳造の子として生まれる。柏崎高等小学校を卒業後、検定により皇典講究所司業取得。明治四十年、二五歳の時に上京、明治四十一年、宮内省図書寮雇として『古事類苑』編纂に関わる。同年式部職掌典部掌典補をへて、大正十五年、式部職掌典部掌典となる。大正天皇の大喪儀、昭和天皇の即位礼の運営にあたった。昭和四年、神社制度調査委員会幹事をつとめる。昭和十一年には、台湾神社(後に台湾神宮)の造替について東京帝国大学名誉教授の伊東忠太(建築)、内務省嘱託本郷高徳(造園)、内務省技師角南隆(建築)らとともに招聘され、神祇の専門家として造営計画に関する意見を聴取される。

同十五年、掌典職祭事課長となる。同十七年八月四日、勅任官の待遇を受け、同日依願退職した。掌典職の独立に尽力したことでも知られる。叙正五位。輝興は、経歴からわかるように皇室祭祀の実践者であるが、その実践から進んで日本祭祀学の提唱、さらに古典の解釈者としても知られる。その古典の解釈は、当時の有力な神道説や神話学、民俗学の説とは異なるものが多い。皇室祭祀に奉仕の傍ら、「祭祀は神道の始にして終なり」、「祭祀は日常生活の精髄」などと提唱し、宮中、神宮、神社などにわたる日本祭祀学の提唱と究明を一生の目標に置いた。皇室祭祀に関する論説や祭祀全般にわたる主張の発表が多く、退官後も自宅で祭祀学会を続けた。昭和三十二年十月十四日、高円寺の自宅にて死去。享年七五歳。歿後、祭祀学会が星野輝興先生著作集『日本の祭祀』を発行した。著作に「のかよりか」、『祭祀の本領』、「復常の生活」、「地上の高天原」、『祭祀の展開』、『皇国の肇造』等がある。以上、川出清彦「星野輝興」（『神道宗教』四一、神道宗教学会、昭和四十年）、『神道人名辞典改訂版』（神社新報社、平成三年）、国史大辞典編集委員会編『国史大辞典』一二、吉川弘文館、平成三年）等参照。

(4)星野弘一については、星野弘一「父輝興を語る」（祭祀学会編『星野輝興先生著作集　日本の祭祀』（星野輝興先生遺著刊行会、昭和四十三年）に以下の記述がある。「（東京商科大学の予科から大学課程に進み）私は大学を卒業すると、病弱であったこともあり、実業界への就職を望まず、また大学に残つて教授課程をふむこともいさぎよしとせず、自分の得た思想と信念をもつて国民運動に飛び込んでいつた。日本文化中央聯盟の国内運動と研究事業に参加、産業報国聯盟に関係、さらに国民精神総動員本部から大政翼賛会、日本新聞会といずれも指導者訓練事業を担当し、正しい国民運動の推進に努めた」。

(5)星野説に反発した論説の一例として、皇国運動聯盟「星野弘一著「日本民族の哲学序説」を糺弾す」（皇国運動聯盟、昭和十七年）がある。

(6)星野輝興「国体の根基」（星野輝興・遠藤三郎『国体の根基　農村問題と食料政策』大日本青年団本部、昭和十五年）。

(7)葦津は論争終結後、「白旗士郎」名義で別天神論争の経緯を省みた論考「古典・民族・人類」（『維新公論』第六巻第九号、維新公論社、昭和十七年）を発表している。さらに葦津は別の場所で、「昨年春（昭和十七年・筆者註）、星野輝興氏の古事記冒涜問題の発生するや、私共は星野氏を重用せる神祇院当局の権威を尊重し、特に当局幹部に面談し、長時間にわたりて懇切にその善処を要望したのであります。然るに当局首脳者は、『見解の表現は来ぬ《ママ》』、『我々は学説の批判は出来ぬ』といふのみにて我々の進言を全的に拒否せられました。然して後日、我々の言明する通りに星野氏糾弾の声騒然として天下を動かし、星野氏退官しその著書発禁となるや、初めて追従的に星野氏との絶縁の形式をとるに至り、神祇院当局の無定見を天下に曝露し、そている。

の権威を失墜せる事は、閣下も既に御承知の所であらうと存じます」(「安藤紀三郎閣下に対する進言書」、昭和十八年)と述べている。

(8)星野弘一著・東亜民族研究会編『日本民族の哲学序説』(新民書房、昭和十六年)。

(9)葦津珍彦は、昭和十二・三年頃から日本の政治思想がドイツのナチスの強い影響を受けるようになってきて、神道とナチズムを集合させようとする試みが行われはじめたとみていた。菅の同論文の基本的立場は、この葦津の立場と同一であると考えられる。この傾向を心良しとしない葦津は、神道とナチズムは異質のものであるとのパンフレット『一日本人の言葉―ナチスの蒙を啓く―』(兄弟会、昭和十五年)を世に問うた。同論文において葦津は、「日本的八紘一宇の精神は、劣等民族の滅亡を目的とせず、世界万邦の救済に存する。日本民族は、同盟を通じて独逸民族の蒙を啓き、そのナチス精神を祓ひ、浄めて、日本的精神にまつらうはしめねばならぬ」と述べている。

(10)菅浩二「神権政治と世俗的動員の間に―「国家神道」と総力戦」―」(『國學院大學研究開発推進センター研究紀要』第二号、平成二十年)は、政府が星野の神話解釈を検閲方針として採用したことは、日本神話における多重構造的な「祖」の多様性を切り捨て、「聖別化された過去」と現在を直結しようとした意味で、ナチス政権の画一化政策との類似性を指摘できると述べ、このような「国体」解釈の極度の単純化をはかる意味での検閲は「国体のカルト」のあらわれであり、葦津らの運動は政治介入による信仰世界の一元化への抵抗であると捉えている。また、和辻哲郎も「別天神論争」の最中に政府の検閲責任者に招かれ、一神教的傾向を持つ天之御中主神信仰について批判的な見解を述べた事実が明かされている。和辻は「究極の神を定めないといふのが日本の神話の特徴であると自分は思ふ」と述べたが、天之御中主神信仰については対照的な葦津と和辻の主張が神道信仰の一元化に反対するという意味で通底していることを指摘したのである。

(11)昆野伸幸「近代日本における祭と政―国民の主体化をめぐって―」(『日本史研究』第五七一号、平成二十二年)。

(12)松永材「「星野説」の根本動機」(『維新公論』九月号、維新公論社、昭和十七年)。

(13)大同学院編纂『論叢』(第三輯、満洲行政学会、康徳七年十二月二十日)所収。康徳は満洲国の元号。康徳七年は西暦の一九四〇年にあたる。大同学院は満洲国の教育機関であり、序文に「我が大同学院に於ては建国聖業に殉身奉公すべき帝国中堅官吏の養成訓育に専念すると倶に、広く官民各層指導者に応へて」とある。星野輝興による大同学院での講義速記が「皇祖の神勅」である。日本での講演ではないということもあり、踏み込んだ発言も見られる。

て認めたことが窺われる。

(14)今泉は、葦津の神祇関係三団体への質問状では、頭山満、高山昇とともに名前を連ねており、後には彼らの抗議運動について認めたことが窺われる。

(15)内務省警保局保安課『特高月報』(昭和十七年八月分)参照。

(16)前掲佐野和史「昭和十七年の別天神論争」は、「別天神論争」について、「昭和二十三年五月七日の「(神社)本庁教義調査取扱要綱」に「特定の一神が一切の神を併呑するが如き教義は除外されること」といふ一項があることは良く知られてゐるところである。昭和三十八―三十九年の神社審議会において、「教義」の問題について議論がなされ、「制定教義」は立てないことが確認され、同要綱の「教義」の字句の使用も否定されたのであるが、その内容は今日も本庁の教学を語る場合の基本的な事項となってゐる。かうした「一神」の他神包摂を否定する条項が要綱として設定された背景には、神社本庁の設立の前後にかけて、それをめぐる議論が存在してゐた」と述べている。つまり、「別天神論争」は神社本庁の統一した制定教義は立てないという現在の方針に大きな影響のあった議論であったということになる。また、同論文の末尾には、「本稿を纏めるにあたっては葦津珍彦氏に多大の教示を受けた。感謝申し上げたい。葦津氏は今日までの氏の文筆活動中で、この論争についてほとんど記してゐない。これは星野氏に対する氏の深い配慮であると察せられる。官にあって、検閲の基準理念を説く時には弾劾するが、野にあれば、その学説も評価しなければならない。しかし、軍事政府当局との対決を急ぐあまり、必要以上に星野氏を傷つけてしまったといふ氏の思ひがあり、活字に記録することを差控へてこられたのである」と述べている。

(17)星野輝興は、『皇国時報』昭和十一年四月一日号から六回にわたって自らの神道説について連載をしており、これもその論文中の一節である。

(18)今泉定助「古典の精神」(『皇道論叢』桜門出版社、昭和十七年、日本大学今泉研究所編『今泉定助研究全集』第二巻、日本大学今泉研究所、昭和四十四年)。

(19)星野輝興『祭政一致』(邦人社、昭和十年)。

(20)『天御中主神考』の著者、渡辺重石丸は天之御中主神を、宇宙神的に解釈する代表的な学者である。重石丸は、同著作で天之御中主神を「日月星辰をさへに造り化し給へる」大神すなわち全宇宙的な創造神とする。我が国の古典の神々を日本(葦原中国)のみならず、世界や宇宙全体のものとして解釈する傾向は服部中庸(『三大考』)やその天地開闢観を継承・発展させた平田篤胤以降の多くの国学者に見られるものであり、重石丸のみに限られない。また彼は、諸々の外国で最も仰ぎ奉られ尊ばれている神々は、実は天之御中主神一柱のことであり、「世界万国御名こそ變」っているだけでのことであるとする。

(21)「惟神の大道」(『興亜』二巻九号、昭和十六年)以降、星野は昭和十七年七月に『文藝春秋』に発表した「天壌無窮の神勅」を除き、その古典解釈に基づく独自の神道説を発表していない。

(22)松永材(明治二十四年〔一八九一〕—昭和四十三年〔一九六八〕六月十七日出奔)は高知県室戸出身で、大正八年、東京帝国大学文学部哲学科を卒業し、翌年、早稲田大学附属高等学院講師兼学生係主任となる。大正十二年國學院大學講師を兼務し、大正十五年には國學院大學教授兼早稲田大学教授となる。その傍ら、昭和七年には内田良平、八幡博堂らにより創立された満蒙義塾の顧問となり、翌年自ら創立した日本主義研究所の所長に就任した。昭和十五年、大政翼賛会臨時中央協力会議議員に選出されている。井上哲次郎の流れをくむ哲学者でカントをはじめとするドイツの哲学者の研究者として知られ、加えて日本主義運動家として活発に活動し、小野祖教、影山正治、中村武、毛呂清輝の師でもあった。戦後も活躍したが、昭和四十三年六月十七日出奔し、没年は不詳である。著作に『カントの哲学』、『リッケルトの価値哲学』、『エロスの哲学』、『尊皇維新の論理』、『日本主義の哲学』、『皇国体精髄』、『神道と信仰論』、『神道と民俗宗教』などがある。

(23)天野辰夫は、弁護士で神兵隊事件にも関わった戦闘的な日本主義者として著名である。

(24)天野辰夫「皇道入門」(『維新公論』七月号、昭和十七年)においては、星野を明確に名前を挙げて批判してはいないが、思想統制の基準となった思想について「日本天皇の御本質に関して悪質誤謬の邪説を固執して」と批判し、天之御中主神を重視する立場の論文が情報検閲当局によって発禁処分にされたことに触れ、「萬一、従来聞くところの如く、所謂当局と雖も、この種の国体的正論—民族的信念—真理的絶対事実—に対して削除または発禁処分を為すが如き「暴挙」に出づるものあらば、先づその責任者は悉くこれを不敬罪として告発するものなることをここに宣言して置く　天皇の国体のままなる御本質を故意に曲解するが如きは寧ろ大逆にして—少くとも明かに不敬である」と述べている。

(25)三位一体説禁止に関して、前掲昆野伸幸「近代日本における祭と政—国民の主体化をめぐって—」は、情報局第二部「新聞紙等掲載制限事項調—一般安寧関係—」(一九四三—一九四四年)(『資料日本現代史』十三、大月書店、昭和六十年、一五八頁)の史料を掲げ、「天之御中主神」を宇宙神とみなし、天照大神、天皇とともに尊厳の根源性をなすととらえる三位一体説を禁止する統制方針について触れている。

難波田春夫の国体論

――戦時経済論と記紀神話解釈――

菅 浩二

はじめに

本稿では、経済学者の難波田春夫（明治三十九・一九〇六―平成三・一九九一年）の論考を、特に昭和戦時期に経済と国体との連関を論じた、全五巻本の『国家と経済』（日本評論社）を焦点として考察する。(1)

昭和十三年に、労農派マルクス主義を代表した大内兵衛らが東京帝国大学経済学部を追われた後、河合栄治郎ら「純理派」と、土方成美ら「革新派」の勢力争いが過熱する。この争いが翌年の総長平賀譲の独断による文相荒木貞夫への休職処分具申、両派教員による抗議の辞表提出と一部撤回、という「平賀粛学」を招く。大学自治と学問の自由が、軍国主義の前に屈服していく歴史の象徴とされるこの「粛学」の際、土方門下出身で当時助手であった難波田も辞表を提出するも、後に撤回し助教授に昇進している。(2)

まず初めに、大内兵衛の難波田に対する評価を見てみよう。

> 難波田君も東大が生んだ秀才であった。マルクス主義の開花期において、自らを早くからその批判者として作り上げた人であった。そしてとくにドイツのヒトラーの御用哲学を十分に研究し、それを広範な経済学的知識と混ぜ合せて軍国日本の食膳にささげたのが、かの『国家と経済』であった。日本の軍部と官僚とは、その政治と行政の理念をヒトラー政府に求めていたが、彼らは無学であって、自らゲッベルス、ゲーリングたることができなんだ《ママ》。そこで求められたものは日本における彼らの経済学であったが、旧い経済学者の某々はそれを志望してもお役には立たなかった。けだし彼らでは民衆のうちにある健全な思索力をだますには足らなかったからだ。このとき、そういう有効需要に対してともかくも一応のお役に立ったのが難波田君であったと思われる。この人の『国家と経済』が、戦時中経済学のベスト・セラーとなった。ああいう本は、戦後は忘れられるのが当然であり、忘れられて然るべきであろうが、それにしても、日本の戦争がどういう理念とどういう科学とに基礎をもっていたかの歴史を知ろうとする人にとっては、文部省撰『国体の本義』とともに代表的な本である(3)。

大内は別の個所で「日本の経済学とくに戦争経済学ほどペダンティックで、しかも無効果で、しかも無益なものはなかっただろう。…日本の戦争責任者は社会科学についての常識において、世界的な低能者であったということであろう。同じファシストでも、ファシストはバカに決まっているが、それにしても少し度がはずれすぎていた」と述べている。ナチ・ドイツと日本の指導者を比較し、後者を「世界的な低能者」とする辺りは、「日本ファシズム」の「矮小性」を論じた丸山眞男(4)と通底する態度であるが、更にはその「低能」指導者に追従した経済学者を酷評する大内が、難波田の業績についてある程度評価していることは、注目に値しよう。『日本経済学への道』（日本評論社、昭和十三年）の著者・土方に代表され、日本の特殊性の認識に立つ経済倫理を説く「日本経済学」[5]の旗手とされた難波田は、『国家と経済』全五巻他の書籍、論文、言論活動を通じ「戦時期の国家的な経済倫理の政策化に対して最も近い所に位置していた[6]」と評価される。終戦直後に東大を辞職しいったん公職追放となるが、戦後も社会思想史・経済哲学の研究を続け、多くの後進を指導育成した[7]。

約六十年の学究生活の間、一貫して研究の体系化に努めた難波田の業績全体を、一門外漢が小稿を以て検討することは不可能である。本稿はあくまでも、祭政一致の称揚と戦争経済体制という「神権政治と世俗的動員の間[8]」の空隙を描く手がかりを、日本近代化の極限たる戦時総動員下の難波田の論考に求めることを主題とする。

一　昭和戦時期の著作に対する評価

難波田先生の『国家と経済』は戦時中の旧制高校文科の生徒にとって知的興奮をおこさずにはおかない本だった。（中略）『国家と経済』で私たちがつきつけられたのは学問の方法ということである。ありていにいえば、同時代の多くの学徒は『国家と経済』で学問に対する知的割礼を施されたのではないだろうか[9]

学徒出陣経験を持つ評論家・草柳大蔵による評である。学徒出陣については昭和十八年、のち鐘紡社長を務める慶応義塾大学生・伊藤淳二が、出征前の最後に聴きたい講義として外部講師に難波田を招き百名超の学生と共に受講、以後終生の師と仰いだことも知られる[10]。ただ戦後の難波田は、戦時期ほど注目される事は無かった。故に、やはり学徒出陣経験者の経済学者・森嶋通夫による以下の評のように、戦時中の難波田の影響力についても時流追従の徒ならでは、と見なすことも可能ではあろう。

天皇制がこのような凶暴段階に達してから国民は、軍部に追従するか、あるいは逆に進んで右翼思想をあおりたてて軍部を先導するかした。（中略）私たちが大学に入学した頃の東大での売れっ子は難波田春夫であった。彼は『国家と経済』という五巻本で「わが国は、天皇を絶対不動の中心とする血縁的・精神的共同体である」（第三巻序文）となし、真珠湾攻撃の三カ月前に出版された第四巻では次のように主張した。「わが国はすでに、西洋資本主義に対抗するだけの力を持ち、またそれだけの地位に上っている。けれども、わが国をとりまく東亜は、まだ西洋資本主義の桎梏下にあるといってよい。わが国は東亜の指導的地位にあるものとして、またいわゆる八紘一宇を肇国以来の国是とするものとして、この状態を座視するに忍びず、西洋資本主義の追放のために起ったのである。」（第四巻、二二頁）（中略）さすがに難波田は「これ（西洋資本主義の追放）はなかなか重大な任務である。わが国にそれだけの国力があるのか、どうか、危ぶまれている」（同書、二二頁）と書いているが、こういう疑問を持ちながら、開戦をあおり立てたのは無責任以外の何ものでもない。戦後になって、戦争中の「便乗の徒」の研究が全て泡沫のように消えたのは当然であると言わねばならない。(11)」

一方、河合栄治郎門下である安井琢磨は、「日本経済学」について以下のように述べる。

「天皇ないし国体」をもって万能の魔杖とする立場からは、経済現象の合理的説明などははじめから問題ではなく、ひとはただ「美しき日本経済」を賛美していればよかった。（中略）国体論はまだ問題を残している。

ある経済学者は日本の経済の根底に「家・郷土・国体」という三重の民族構造を認め、この民族構造を基底として、西洋資本主義への対抗を目標とする経済が、日本の明治維新以来の「経済の本質」であると規定した。（中略）この国家主義的な歴史観のうち、東亜から西洋資本主義を駆逐することが「八紘一宇という肇国の精神にもとづく日本の使命」であるか否かについては、すでに明白な歴史の裁断が下された。いまだ学問的裁断が下されていないのは、民族の三重構造という主張がどの程度、歴史的な検証に耐えるかということである。…ひいてはそれが今日の事態と相容れるかということである。(12)

安井はかつての同僚・難波田の名前すら伏せるが、彼の「民族構造」論については検証の必要性を説いている。近年でも柳澤治が、今日の視点からの「日本経済学」検討の必要性について、以下のように指摘している。

戦時期の体験のない世代が圧倒的に優勢となった今日、時代の支配的思想として一世を風靡したこの潮流を、単なる曲学阿世の卑俗な立場として斥けるのではなく、むしろ「天皇制国家の支配原理」に関わる経済的思想として想起し、その特質を確認しておくことは決して無意味なことではないだろう。この潮流が単なるイデオロギーとしてだけでなく、日本社会の伝統主義的な特殊性の現実を自覚し、その現実に基盤を有していたこと、また今日その日本社会において、戦前・戦時と戦後との間に、断絶面と同時に連続面の存在が改めて問題とされ、また国家主義的・伝統主義的な動向が、資本主義的なグローバリゼーションの時代風潮の中でかえって（むしろそれ故に）、さまざまな局面で姿を浮かび上がらせてきている状況を考えると、戦時期においてそのような立場を経済学の分野で代表した日本経済学の特質は、その資本主義擁護論の性格と共に、社会科学的に分析してみる意味があるように思われる。(13)

総力戦体制による社会システム化と現代化論[14]の問題意識を踏まえた、今日的分析の可能性が示されている。「天皇制国家の支配原理」の語が見えるが、柳澤はここで藤田省三の同名の著書を意識している。柳澤は別の個所で、戦時期に難波田が唱えた民族構造論が、戦後に藤田が試みたこの「原理」の社会科学的分析内容に見事に符合することを指摘しているのである。[15]柳澤は、難波田の「天皇制的体制の論理化、理念化と一体となった「民族構造」論は、そのようなイデオロギー性と不可分に結びつきながら、しかも支配体制を支える思想的構造の重要な局面を捉えた自覚的な考察という面を有していた。しかしその内容は、明示されてはいないが、同時代の他の学者の研究に依拠する部分が少なくなかった。そこには難波田たちが排除しようとしたマルクス経済学者の成果も含まれていた」とする。[16]マルクス主義の影響については、後節で一部を検討する。

一九三〇年代、世界恐慌による「資本主義の一般危機」の状況下に、この「危機」への対応として経済統制の思想と政策があり、その具体的実例が、ロシア、イタリア、ドイツ等、そしてアメリカにすら存在していた。難波田が「国家と経済」の問題意識を抱いたのは、このように「経済の政治化」が前景化した時期であった。一方、当時欧米以外で唯一、資本主義が発達した日本の事例について、その特殊条件を前提にした分析が必要だとの認識は、どの立場の経済学者にもあった。それは哲学的な意味での、個別特殊と普遍一般という問題意識の掘り下げに通じる。この日本の特殊条件として難波田が提示したのが、「家・郷土・国体」の「三重の民族構造」論だった。ではこの戦時期の議論は、彼の生涯の学究の中でどのような位置を持ったのであろうか。

二　学究の展開と戦時期著作の位置

昭和五十七年『難波田春夫著作集』「月報」第一号の冒頭で、難波田は自己の研究を振り返り、次のように述べる。「五十年」とは大学卒業からの年数だろう。

「ロゴスの導くままに」ひたすら前進を続けてきた（中略）私が東大の経済学部に入学したのは、昭和三年であるから、今年（五十七年）で、ちょうど五十年になる。（中略）爾来五十年、私は四回の脱皮を経て、現在の第五段階にたどり着くことになる。[17]

「四回の脱皮」については後述する。続いて、経済の統制とは何をすることか、が問われる状況下に「国家と経済」の問題に取り組み始めたことが回想されるが、末尾に以下の興味深い一節がある。

つい数年前、或る同学の士が、国家と経済というように、異質のものを「と」で結びつけるような研究をはじめたのは、私が最初であるといっていたが、社会科学の分野では、そうかもしれない。現実の世界は昼と夜、天と地、男と女というように異質のものが共存している。なぜそうなのか。このことに気づくことによって、私の研究はさらに前進を重ねることになる。つまり、現在の第五段階に至らざるを得ない素地が、最初からあったわけである。

この「第五段階」を象徴するのが「相互律」という観点である。

矛盾するものが矛盾したままで相互に他を要請し合う、これが人間の―同時に社会の―根本規定である。私はこのどうしようもない人間存在の根本的在り方を、思惟の論理である自同律と対照させ、相互律―欧語ではallelonomie—と呼ぶことにしている。[18]

難波田は、戦後の仏教哲学への関心を経て、アレロノミー「相互律」という観点に到達したという。[19] この観点を彼は「神（キリスト教）といい、一者（プロチノス）といい大極（易）という。これら究極者は所詮、人間の思惟が自らを満足させるために考えたGedankending（思惟の構想物）にすぎない。究極なるものは、矛盾するものが矛盾しながらも相互に他を要請し合っているという実相そのものである。これが私を落ち着かせた「ついの棲み家」である。考えてみると、自分がいままで考えて来たことは、みんな逆立ちしていたのではないか」とも説明している。[20]

キリスト教徒である経済社会学者の野尻武敏は、（難波田）「先生のよく強調される「即非律」や「アレロノミー」の支配が事象の実相であることは、理解できないことはない。だが私には、問題はそれからのように思えてならないのである。物事の実相であっても、それはどこまでも〈いかにあるか〉の地平を出ない。では〈なぜ〉そうしたものとしてあるのか。古来、多くの宗教家の問いはそこから始まったのではないだろうか。それが問われるのでなければついに〈意味〉の世界は開けず、意味の世界と結ぶのでなければ規範の世界に入ることはできないのではなかろうか」と述べる。かくの如くこの「相互律」は、宗教としては出発点、また哲学においても、その判断中止の妥当性を更に論じうる課題、との印象を与える。[21]

だがここでは、彼の戦時期の経済論の位置について更に考察を進める。難波田自身が「第五段階に移行したときの考え方」を記したとする、昭和四十四年発行の『国家と経済—近代社会の論理学—』（前野書店刊、著作集六所収、以下「四十四年版」）の註に、「四回の脱皮」について以下のように説明されている。

[一] 昭和六年に「国家と経済」というテーマで勉強しはじめた頃には、当時の言葉でいうと統制経済、いまの言葉でいうと混合経済が資本主義から社会主義への過渡的、中間的なものではなくて、これら両者の対立を止揚したものであることを主張した。しかし当時は(中略)社会が現実にその方向に向かいつつあることを説くに止まり、なぜかくのごとき混合経済が体制として可能であるかという問題に気づかなかった。
[二] 昭和十四年の『国家と経済』第四巻に到って、いわゆる混合経済における経済とこれに規制を加える国家の他に、共同体としての国家があることに気づき、国民経済の三重構造を主張し、以来、あらゆる機会にこれを主張した。
[三] ところが戦後、ヘーゲルの研究を経て、昭和二十三年の『スミス・ヘーゲル・マルクス』に到り、経済とこれに規制を加える国家と共同体としての国家という国民経済の三つの構成要因の間に弁証法的な関係があり、即自としての経済、対自としての国家(政治国家)、即而対自としての国民共同体(人倫国家)とすべきことに気づいた。
[四] そうしてその結果、混合経済はいかにして可能かという問題に気づき、共同体としての国家がその根拠であることを明らかにした。
[五] ところがその後、三十八年ごろになってこの共同体が現存する共同体ではなくて、共同体のイデアであることに想到し、それまでの自分の一切の考え方が逆立ちしていることに気づいて、根本的な建て直しをしなければならなくなった。[22](中略)以来、何度も筆をとりはじめながら、現在まで新しい考え方を書くことに躊躇したのは、外見が同じであっても意味が全くちがうことを説明することが、殆ど不可能だったからである。[23]

最初の脱皮は戦時期、五巻本『国家と経済』を書き進める中で起きた。次いで公職追放期、研究に没頭する中での第二の脱皮の産物が『スミス・マルクス・ヘーゲル』(講談社、昭和二十三年)であり、弁証法的検討から再度、混合経済の根拠を求めて共同体論に進むのが第三の脱皮である。そして高度経済成長ただ中の「第四の脱皮」について、難波田は「考え方が百八十度転換したのであるから、それまで書いたものをすっかり書き改めねばならない。ところが、いざ書き直そうと思って旧著を拡げてみると、「花は紅、柳は緑」であることに何ら変わりはない。外形的には殆ど書き改めることができない」と述べる。

経済学・社会科学の基礎づけのためには、上に見たごとき上昇の道をとるより他はない。スピノーザやニコラウス・クザーヌスもいっているように、われわれは絶対者、したがって無限から出発することはできない。科学的であるためには、逆に有限なるものから出発して無限なる絶対者に上がって行くより他はない。もちろんこの場合といえども、有限なる特殊から無限なる普遍に上がって行くためには、個々の有限者が無限を分有し宿す者として意味づけられる必要があり、そうでなければ上がっているのか、下がっているのか全然分からないことになるが、そのためには普遍があらかじめ把握されている必要がある。けれども、かくのごとき無限なる普遍は、所詮個々の有限なる特殊が相互に関連し合うことによって成立する全体的統一以外にはあり得ないから、それは有限なる個々のものが順次他のものを要請して関係づけられ、ついに普遍者に到り着くという形で排列されるより他はない(24)。

ヘーゲルの影響を受けた、近代市民社会の来歴と行方はその普遍への「上昇」過程自体から読み取るほかはない、とのかかる観点が「百八十度転換」を導いたのである。即ちこの転換は「転向」ではないが、同じ『国家と経済』の書名ながら、論題として日本が全く登場しない四十四年版を見ると、やはり戦時期における過剰なほどの「日本」「国体」への言及は時流便乗だったか、とも感じてしまう(25)。

だが「第五段階」到達後も、難波田は戦時期の講義ノートを『近代日本経済社会思想史』(前野書店、著作集七に収録)として刊行している。この本には、和辻哲郎や丸山眞男の名を挙げつつ戦時期の自分の立場を述べ、戦後の高度成長に潜む危機の認識から新時代への移行の必要を説く、長文の序文が付されている。日本という個別の国家と経済一般の関係を前者の側から照射し、また再帰的に近代日本に及ぶ限定に目を向けていた戦時期の論の枠組は、のちに逆向きの照射を加えつつ、問題意識としてはその後も保持されていたと言えよう。実際、五巻本『国家と経済』のうち、第一巻、第四巻は、それぞれ著作集の四、五として復刊されている。四十四年版の結論部にも、以下のような一節がある。

最後に、経済に対し政治が外から規制を加えるようになると、自由を原理とする経済と正義を原理とする政治とは、そのままでは相互に対立し反発し合わざるを得ない。そこで、どうしてもこれら両者の内面的融合が要求されるが、矛盾する二つのものを両立させる地盤は共同体以外にはない。かくして最後に、共同体の確立を目指す道徳が回復されざるを得なくなったのである。顧みれば、近代はあらゆるものがそれぞれ自己の自律性を主張し、自由を要求した時代であった。そうしてそれは、あらゆるもののなかで経済が最も強力であるため、やがては経済が支配的な力を揮うようになって、経済時代となった。けれども、真理はものいわずして、しかもすべてのものにおのずから自己を顕現する。経済時代は上に述べた如きプロセスを経て、その根拠に復帰せざるを得なくなりつつある(26)。

論の構造としては、次節で見る五巻本『国家と経済』と同じである。「共同体の確立を目指す道徳」は、戦時期に前面に出ていた国体論と関係する。確かに「花は紅、柳は緑」のままだ。だが第四の脱皮を経て、その道徳は共同体の確立を「目指す」ものであり、「最後に」「回復され」てゆくもの、とされる。難波田の学問的展開における戦時期の著作の位置は、後に起きるこうした現存と理念の関係逆転を考慮しつつも、戦時と戦後の連続性の視角から改めて検討される必要がある。もちろん「知識人の戦争責任」の視点も必要だが、危機に直面してなお思索する人間の態度を安全圏から一方的に糾弾する如き論は、倫理的にも学術的にも意味を減ずるであろう(27)。

三　戦時期『国家と経済』と国体論の導入

次に国体論の検討に移ろう。以下に見る難波田による戦時期の国体論に、何がしか「天皇制国家」論としての既視感を持つ読者もあるかも知れない。その既視感はしかし先の柳澤の指摘を敷衍して、以下のように解釈されるべきだろう。即ち、藤田省三や丸山眞男などが戦後の仕事で対象化した、いわゆる「戦前」天皇制国家の支配構造・思想構造の一部については、既に戦中期に難波田が、自分たちが今その内に生きてある構造と日常的意識の規定として論じており、またその故に世の共鳴を受けていたのである(28)。

そもそも「国家と経済」という問題意識は、どのような意味で彼に国体を論じることを要求したのか(29)。ここでは戦時期の五巻本『国家と経済』の論旨に沿って、「国体」が考察対象とされた経緯を簡単に見て置こう（以下「第〇巻」は、この五巻本の巻数を表す）。

難波田は大学卒業当時、輸入されたばかりのドイツ新歴史学派の経済学者ゾンバルト（Werner Sombart, 1863-1941）の著作に強い影響を受けている。更に彼は、そのゾンバルトが「唯物論と観念論の統一」として高く評価するシエーラー（Max Scheler, 1874-1928）の業績に傾倒する。初期現象学者の一人であるシェーラーの影響は、現存自体を「相互律」として事象の実相と観じるに至る後年まで、難波田に及んだと想像される。

難波田は、物質的な「変容される必然」と精神的な「担われた自由」という、シェーラーの見方を適用し、経済の必然を変容させる国家の理念を見出そうとした。難波田によれば、あくなき営利追求が人間行為の第一動因となった、ゾンバルトのいう「経済時代」にあって、本来は手段たるべき経済が目的化したことの矛盾により、経済の発展はやがて崩壊の危機に至る。ここで必然の変容として、精神によって次の時代が建設される。ここに彼の眼に、変容を受ける経済と、変容する主体としての国家、の二重構造が把握された（以上、第一巻『序説』）。

次いで難波田は、国家と経済が東西の古典、そして日本の神話の中でどのように関係づけられているかを検討する。それが、ギリシャと中国の古典を扱った第二巻『古典に於ける国家と経済』（昭和十三年七月）、そして日本神話を論じた第三巻『我が国の古典に於ける国家と経済』（昭和十四年九月）である。この第二巻と第三巻については「これらは本来、自分の教養を豊富ならしめるための勉強の成果であったから、わざわざ本にして発表するほどのことはなかったのかも知れない」と後に本人が述べており、著作集からも外されている。確かにこれらは彼の関心からすれば、本流の考察課題ではなくむしろ基礎教養に属する。即ちそれは、近代日本の資本主義成立・展開の過程を視野に入れながら、その必然の変容を方向付ける理念を古典に見出し、改めて総力戦下の経済を論じるための準備作業であった。難波田は、経済一般から日本特殊の問題を導く限定要因の探究のため、社会科学の問題としては見るからに迂回路たる古典について、諸々の研究成果を読み込み、国体、そして共同体一般の問題としてこれを整理する。そしてその上で、改めて本題の国民経済論に臨んでいる。時代的影響こそあれ、これは単なる「便乗の徒」を越えた学究の態度であるといえよう。

神話観に於いて難波田が基本とするのは、倫理学者・西晋一郎の、倫理は民族の祖先が建立した教の形で神話として語られる、との考え方である。

「普遍的精神はただ特殊な民族精神としてのみ姿をあらはすもの、個々の民族精神はそれぞれその特殊的形態における普遍的精神である。」（第二巻　序言九頁）

「「科学」の時代のただ中に「神話」が厳然たる事実として再生しつつあるといふことは、必ず「科学」に何らかの欠陥があること、さうして反「科学」的な「神話」に、この欠陥をみたすだけのものがあることを思はしめるに十分である。」（第二巻　四頁）

「具体的な人間は「間柄」的存在として、つねに特定共同体に於て生活する。だが、一体この生活共同体の共同性は、どのようなものであらうか。いふまでもなくそれは、「言語」Sprache「習俗」Sitteなどとともに、同じ「神話」を共有することに存する。「間柄」的存在としての人間、具体的にいつて「民族」は、彼らが共同性をもつてゐることを、他ならぬ「神話」を共通にすることによつて自覚する。（中略）かくして「神話」は、人間が民族として共同に生活する共同の場所なのである。」（第二巻　十六頁）

以下では、第三巻をもとに『古事記』中心の日本神話論を見よう（本節で頁数を記す場合は、第三巻のそれを指す）。「本書の研究の結果は、極めて簡単である」既に紹介した通り、この第三巻の結論は「序言」に「わが国は、天皇を絶対不動の中心とする血縁的・精神的共同体であるといふこと」と、簡潔に宣言されている。

「わが国民の生活の仕方は、当然この中心への志向、即ち「忠」と規定せられる。中心への帰一こそ、わが国民の生活の仕方であらねばならない。」

「経済は、元来個人的、利己的なものである。したがつてそれは、各自の利益を追ふて、ともすれば中心を離れ去らうとする。それは遠心的である。この現実の経済に対して、天皇を中心とする血縁的・精神的統一体といふわが国家の理念が、これを正しく導いて行かねばならないのである」（序二—三頁）

この「国民の信念」の由来するところをとらえるために「古典みづからの「語り出で」」に注目し（一—五頁）、また古典の本質、主題、「そこに述べられてゐることをそれとして述べさせてゐる意味」をとり出す（一二八頁）、この姿勢に基づき、この第三巻は「国家の構造」「「まつりごと」の方法」「経済の理念」の三章で構成される。

まず難波田は、記紀自然成立説と作為成立説の間の見解を取り、「古典に描かれてゐる「古」が、その真偽のほどはすでに見たように不確実であるにも拘らず、わが国の歴史に於ける原動力として働いてきたという事実」（二七頁）を指摘し、その例として明治維新を挙げる。「明治維新といふ歴史的大転回は、「皇室帰嚮」といふ日本固有の強い理念なしには、決して実現しなかつた」日本における「革新は、如何なる場合にも、「国体への還元」といふ言葉によつて表現せらる「復古」以外ではあり得ない」（二八—三二頁）。以下本巻では記紀神話解釈について、主に国史学・国文学分野の先行研究を実に幅広く参照しており、本書が経済学の本であることを全く忘れそうな勢いである。和歌森太郎による書評(30)に「経済論を離れても、否寧ろ離れた方が興趣深く読み得る皮肉な書物」とされるのも、故なしとしない。

難波田は「「血」の統一」と「「心」の統一」という二種の「本質、意味、主題」を、記紀から導き出す。即ち「「血」の統一」については、わが国の全ての氏族が「一系の皇統からの分れであるとする構想」が神話として書かれ、それがやがて逆に「皇室を中心とする血縁的共同体としてのわが国の歴史を担ふ理念ともなつた」（一二八頁）とする。また「「心」の統一」については、天孫降臨神話が示す天皇の権威の根拠が、より究極的な神に求められながら、最究極的な絶対者としての神は留保されたままであるため、天皇の尊貴は根源的に無限に「包擁力」を持ち、同時に産霊の働きによる生成発展もまた天壌無窮に無限である、と説明される（一八八―一九二頁）。ここには、日本古典の神を「絶対者をノエーマ的に把握した意味での神ではなく、ノエーシス的な絶対者が己れを現はし来る通路としての神」[31]と捉える、和辻哲郎の日本倫理思想史の影響が顕著である。

この天孫降臨神話が、時の官府が自己の権威確立のためにつくり上げた物語であるか否かは「どうでもよい」、むしろ「歴史によつてつくられた神話」が「やがて逆に歴史を決定するようになる」事実の方が重要だ、と難波田は述べる。「日本の神話は天皇なのである。それゆゑ、わが国の歴史を通じて、この神話が最も根柢的な力を以て作用しつゞけて来たことを、誰が否定し得よう」（一九八頁）。

次に「まつりごと」について、難波田は、和辻の説く「祈る神」「祈られる神」の関係を援用し、「天皇は、この天照大御神その他を「祈る」ことによつて、自らもまた国民のすべてに「祈られ」たまう「現人神」となられる」（二二七頁）「「祈る神」は統治者であり、政治的権威である」（二二九頁）として、祭政一致を説明する。そして天石屋戸前の神事の考察を以て、「やがて神の意志が誰かを通じて聞へて来るのを「待つ」」という「「祭り」の型」の論を進める。須佐之男命の「天津罪」は、農業共同関係の破壊のみならず、神の前に慎むべき行為でもあるが故に罪である（二八〇―二八二頁）、「神集ひ」とは「個人的自覚をもたぬ成員が、相集まることによつて、群衆心に帰趨を見出さうとする」ものであり（二九四頁）、「思慮の政治」を司る思金神は「天照大御神の諮問会議に於ける議長」（三〇〇頁）だった、等の見解が挙げられる。これらにもまた、和辻の所説の影響が色濃い[32]。

難波田は、思金神の奉答により統治する天照大御神も、「また民族全体のいはゆる「総意」に帰せられたまうた」とする。一方で彼は、マルクス主義者の渡部義通による「長老又は酋長」は「共同体の全体会議に従属するところの権威ある「公僕」」だ、とする解釈に対し、天照大御神を「民族の成員の「公僕」と見ることは、絶対にできない」(三〇二―三〇三頁)と反論し、高天原を「統治する権威」だと強調する。明言はされていないが、難波田が天皇機関説論者とは別の角度で、天皇が直接に政治判断を行う「親政」に否定的であることがわかる。[33]

そして『古事記』の示す「経済の理念」が論じられる。題材となるのは穀物の起源論としての大宜都比売神の被殺の物語である。彼はこの物語の要点は、神の身体に化生した穀物を皇室の祖神が「種と成し」たことで、「高天原に於ける発生が語られた五穀その他は、如何にして葦原中国のものとなつた」か、だとする(三六七頁)。ここで改めて「天孫降臨」神話の重要性が説かれる。難波田は、書紀に見る「斎庭之穂」の神勅「以高天原所御斎庭之穂亦当御於吾児」(吾が高天原に御す斎庭の穂を以て、亦吾児にまかせまつるべし)こそが、わが国経済の起源を画するものだ、と訴える。彼によれば、「斎庭之穂」の神勅を「天壌無窮」の神勅の内容説明とする解釈は誤りである。わが国家の本質を規定する「天壌無窮」の神勅に対し、わが国における経済の在り方を規律したのが「斎庭之穂」の神勅なのである(三六九頁)。

難波田はいう。「斎庭之穂」の神勅は、天照大御神から、臣下の代表であり祭祀者である天児屋命、太玉命への「自分が高天原で御すこの斎庭之穂を、皇孫に差上げることにしたから、葦原中国に植ゑることによつて、皇孫に差上げよ」との命令である。もし経済を倫理的意味における人間についての現象と解するならば、この意味の経済現象は葦原中国においては「実に天孫降臨の際にはじまつたといはねばならない。」即ち「わが国民は、自身の欲望を満足せんがために農業に努力すべきなのではなく、…天皇に差上げるために農業にいそしむべきなのである」(三七八―三八二頁)。更に「天照大御神がその営田から稲穂を取つて、これを天孫に供奉して降臨する臣民にお渡しになり、これを葦原中国に植ゑて、収穫された稲穂を皇孫に差上げるようにと勅任し給うた」ことは、稲作だけでなく農業の、更に「農業のみならず、産業一般についての努力の仕方を規定せるもの」である。即ち「わが国民の生活の理念が忠であるように、わが国民経済の理念もまた、「天皇の御為に」の一語でつくされねばならないのである」(三八三頁)、これが第三巻の結語である。

四　国民経済と民族構造——ふたつの三重構造論——

この『国家と経済』第三巻について、前述の書評(註26参照)で和歌森太郎は「日本の経済生活は如何なる意味で国体の如何なる性格を理念とすべきかといふ点が中心問題となる筈」なのに、これでは「経済論ではなく国体論」で、むしろ古典が語る国家成立史に見る経済活動について「民俗学的研究方法」など用いて、それが如何に歴史的理念化を受けたかを検討すべきだった、と評する。だが既に見た通り、難波田が国体を論題とした目的は、そのような評とは全く主題を異にする。難波田の主題はあくまで一般的な資本主義の限界、経済の危機を、日本の特殊性に即して超克するために、いわば〈日本民族の倫理と資本主義の精神〉の基底を、民族構造の要素たる国体に見定めることにあった。

この巻で難波田の眼に映じた国体と経済倫理の関係は、更に直接に総力戦下の経済を論じる際に、前面に押し出されるに至る(34)。ただし和歌森の見立て自体は、のちに現存と理念の逆転に至る、難波田の論理的問題点の一部を早く言い当てたもの、とも言える。作り出された神話が理念として再帰的に共同体の倫理を支配し、歴史に影響を与える、という第三巻の視座は、日本敗戦による社会的価値観の転倒、ヘーゲル『法の哲学』等の検討を経て、経済の根拠となる共同体を理念と捉え直す、後の「転換」を準備したのである。また和辻の影響を受けた「神集ひ」観、最究極の一者は留保せられたまま、との世界観、などが、既に「第五段階」の論理に通じる構造を持っていることが指摘できる。

以下では『国家と経済』第四巻『現代日本経済の基礎構造』(昭和十六年八月)以降の戦時期の著作について、

先行研究を参照しつつ整理しておきたい。まず第四巻の論点をまとめよう。同巻「序言」によると、難波田は昭和十三年、『日本文化大観』（紀元二千六百年奉祝会刊）編集に関わったことを契機とし、経済政策・統制の主体となる国家のほかに、統制を受ける経済そのものを規定する、民族構造たる国家を考えるべきことを着想した。その後、ゴットル＝オットリリエンフェルト[35]の、共同生活の主体として形成される「構成体」（das Gebilde）論に示唆を受け、自らの考えを明確化したようである。

経済の自己法則を特殊的に限定するのは、実践的行為主体としての人間でなければならない、そして更に「この主体としての精神は、具体的には、たゞ民族精神のみであり得る」（二〇頁）として、難波田は述べる。即ち、民族精神の構造は、自然と歴史とによって決定せられる。主体的な民族のつくり出した歴史は、客観的に固定されて逆に具体的環境となり、再帰的に民族精神に働きかける。日本民族は自然の特徴に適応した定着型水田農業の共同的形態として、第一に、縦の親子関係を主とする「家」が、鞏固かつ最も基本的な血縁社会的結合として形成される。第二に、家と家との地縁社会的結合として、特に水利により結合され個性ある土地を縁として区切られた「郷土」が形成される。

以上二つは自然的環境からの必然的決定契機であるが、更にその日本民族が自らつくり出し、逆に自らを限定する歴史的な環境が、独自の国家である。日本民族は、天皇を血縁的・精神的統一の中心とする民族共同体を形成し、独自の秩序たる「国体」を形成した。こうして家・郷土・国体の三重の契機が日本民族精神を決定し、また民族精神が、家・郷土・国体の三重の間柄的構造をもつ民族の共同生活たらしめるよう、経済に作用した。

日本民族は農業中心の経済を営んできたが、国内的な社会矛盾と欧米資本主義の植民地化に抗するという必然の変容に、国体が理念を与え、明治維新が起きる。西洋資本主義による圧迫には軍事的、経済的の二種があったので、直接的侵略を防ぐ近代的兵器を生産する軍事工業、重工業・化学工業の第一の系列と、低廉な大量消費財の輸入を防ぐための繊維業、紡績業・製糸業・織物業の第二の系列が、政府による殖産興業の重点となった。第一の系列を政府が助成するための資本は、極めて高率な地租を負担した農家により供給された。また貨幣経済に組み込まれ、第二の系列に低廉な賃金労働力を供給したのも農村であった。西洋資本主義の強圧下にあった日本が、近代的産業を発展させてこれに対抗し得たのは、国体の下の政治主体による理念の指導と共に、その指導に対応した素材的基礎を農村が供給したことによる。

では「わが国農村は、高い公課負担に圧迫せられ、高率な地代に抑へられながら、一体どうして七十年の長きに亘つて、かくの如く近代的産業発展の基底たりつゞけて来たか。…農村のどこにかゝる強靭な力の出所があるのであるか」(四一三―四一四頁)。難波田によれば、その力の出所となり近代産業発展の根拠となったのが、家・郷土という、農村の強固な共同的意識であり、それに基づく相互扶助である。更に日本では、郷土の全てが、天皇を中心とする血縁的・精神的統一体を形成し、国体に包摂されることで守られ、根強く存続した。都市に働く農家出身者も、家・郷土という紐帯により農家の家族の一人であり、その故に都市にも民族構造が残り健全さを保つ。そしてこの民族構造の故に急速な経済の発展も可能であったし、極端な階級分裂も抑制された。「外国資本主義の東亜よりの排除というわが国の使命もまた、この民族構造の強化によつてはじめて可能となるであらう」(四五〇頁)、これが第四巻の結語である。

経済を外側から政治的に規制する国家と、内側から共同体として根源的に規定する民族構造としての国家、これが以後「国民経済の三重構造」論として強調される考え方である。昭和十八年二月刊行の第五巻『わが国戦争経済の本質』は、この国民経済論と民族構造論の、ふたつの三重構造論を基盤に、具体的な戦時統制経済を分析したものである。本稿では、内側の民族構造の強化が国民経済力を強化し、それが外側から自主国防経済の見地から統制されて「わが国戦争経済」が確立される、とのその結論(第八章)のみ確認する。

この第四巻と第五巻の間の昭和十七年五月、大日本産業報国会「理論叢書」第一輯として刊行された『日本的勤労観』で、難波田は「古き経済理念の新たなる回復」を訴え、民族の成員である労働者と資本家が「天皇への仕奉」において一致して「むすび」を実現し「皇運を扶翼」することを説いた。こうした主張の基盤となる民族構造論は、ナチズムの民族共同体（Volksgemeinschaft）思想と通底している。だが他方で難波田は、ナチズムは資本・労働を対立と捉え、それを外側から民族観念により押さえているだけで、その労働観は未だ個人主義を脱していない、と批判した[36]。

昭和十八年四月の『戦力増強の理論』（有斐閣）は、『国家と経済』第五巻の延長に書かれた概説書の性格を持つが、この中で難波田は対農村施策として、民族構造の維持強化のため「適正規模の自作農に自然村単位の共同関係を取結ばしめる」ことを論じている（一五九—一六四頁）。また『農工調和論』（朝倉書店　昭和十九年、『著作集』九に収録）では、適正規模の工場を農村に配置する政策が説かれる。しかし難波田は、既存の人倫の関係として民族構造をとらえ、経済社会は民族的共同生活の形をとるとするため、組織的な統制による日本の経済機構の革新自体には抵抗を示す。

「経済を外から統制するものは単なる国家であって、それはどこの国にもある。けれども、統制せられる経済それ自身の中に働いている国家は、かかる意味の国家ではなく、実に国体である。いま、国家と国体と経済との間の関係をこのように考へるならば、現在広く行われつつある統制経済についての一つの見解が全くの誤謬であることを明らかにすることができる。即ち、今日ひとはしばしば「国体に即した統制経済」という言葉を口にする。けれども、実はそのようなものは存在しないのである。」（『戦力増強の理論』一六九頁）

「今日の事態の下では、自治的統制を再下限とし、その自治的統制に対し、国体の自覚の程度に即応した「上

から」の統制が加へられるべきを以て正しとする。」（同書一八一頁、結語）

「組織の根本的変革は精神を変へることによつてのみ可能である。心さへ変れば、組織の持つ意味が変つて来る（中略）僕は、企業といふものを通じてでなければ皇国に具体的に奉仕することは出来ないと思ふ。」（穂積七郎との対談。『科学主義工業』昭和十八年八月号）

かかる資本主義擁護的な難波田の態度は、マルクス主義の影響が濃厚とされた昭和研究会や、企画院・革新官僚の「経済新体制」構想などによる経済機構の再編成と戦時統制強化の動きに対し、警戒感を強める財界と親和性を有していた、とされる。その一方で、日本資本主義発展に関する難波田の説明が、講座派マルクス主義者・山田盛太郎の『日本資本主義分析』（岩波書店、昭和九年）と全く裏返しの関係にあることも、先学が考察する通りである。(37) 簡単な例としては、マルクス主義により農村の半封建性として否定的に描かれる家父長的家族制度が、難波田に於いては日本の民族構造を根底で支える共同性として肯定的に扱われる、という具合である。両者をポジとネガの関係として対応させた時、農村人口の都市への流出による農村自身の疲弊、また都市との関係で商品経済と結びついて進行する社会的分化（農村工業）など、「精神」を強調する難波田が、自説の基盤たる「民族構造」の解体をもたらす恐れのある農村社会の変容に、注意を払っていない点が指摘できる。

難波田の理論的着眼点である、経済倫理の独自性と精神的理念による経済の「必然の変容」は、ヴェーバーとマルクスに依拠した大塚久雄の問題意識に重なる部分がある。(38) だが、イギリス農村社会における変容を近代社会の決定的契機と捉えた大塚と難波田との対称性は、英米および日本への評価も含め明確であろう。同世代でキャリアも重なる大塚をはじめ諸経済学者と、難波田の戦時期の業績との比較対照は、戦時と戦後の連続において社会システム変容を捉える先述の視点から、日本の個別特殊性を近代化・現代化一般の文脈に位置づけ直すことにも有用であると思われる。この視角を宗教社会史の問題としてどのように取り込むか、今後の課題としたい。

おわりに

本稿の綴目に、筆者が右の視角について考える展開可能性を示しておこう。筆者は「国家神道」の語は、学術上の目的に照らし包括的概念が必要であり、文脈上その効果が十分なことを明確にした上で用いなければ、却って議論をあいまいにする、との「目的・効果基準」を提唱している。[39]では、東西の古典と記紀の検討から導いた祭祀観を含むが、神社行政とは関係しない難波田の国体論は、「ファシズム期」の「国家神道」現象の一部と呼べるであろうか。

難波田の説く三重の民族構造について、池田元はこれを「家―郷土」と「国体（共同体国家）」の接合と捉え、以下の様に考察する。

これらは、歴史的人倫関係の一側面を、支配の立場から非政治的な形に理念化したものにほかならない。（中略）現実のヨコの共同労働がその範囲での共通の祖先神へのタテの崇拝に転換した時に、それらを束ねるものとして、信仰空間に天皇の血脈＝祖先神が外在的に登場したのである。これは端的にいえば、家―郷土での水平的関係から、国体への垂直的関係への転換なのである。難波田がこの断絶と亀裂の契機をみてとり、それを神話と神々の共有を以て論理的に補填した点に、かえって「家―郷土―国体」の同心円的拡大根拠の擬制をかぎつけさせ、解体の契機を見出させることになったのである。[40]

池田の「こと天皇神学＝国体論に関する限り、（中略）一つの「信仰」である限りでは、かえって非合理に充ちている方が奥行きの深さを与え納得性を与えられる」との指摘は重要である。筆者はこれを以下の様に解する。即ち、難波田が「家―郷土」と「国体」の接合部について試みた合理的説明自体が、「神権政治と世俗的動員の間」を照らし出し、総力戦下の戦力増強の要因と期待されるその潜在的ダイナミズムを、自ら静態化させてしまう恐れを招く逆説を生じた。その恐れの故に彼は、農村社会の変容をも直視し得なかったのではないか。

難波田は『国家と経済』第四巻で、村落と神社について以下のように述べる。

鞏固な統一体としての自然村は、如何なる意味の共同的結合であらうか。われわれはそれが、何よりもまづ共通の神社を尊信の対象としている氏子の結合であつたことに、注意しなければならない。すべての村は、それぞれ自己の氏神をもつてゐる。この氏神なる名称は、氏族の神であることを思はせるが、その当初に於いてはともかく、今日では、氏族は（ママ）、本質的には産土神、即ち郷土の神である。したがつてそれは、一定の氏族員を守護する神ではなく、村の成員としての農民を守護する神である。氏族の神ではなく、村の神なのである。したがつてまたそれは、農民それぞれの個人的な祈願の対象ではなく、農民の村の成員としての公的な祈願の対象となるものである。個人の私的な対象のためには、氏神以外の対象があつた。かくして、氏神は結局村の神であるから、村の本当の成員となるためには、氏子となることが不可欠の要因であつた。単に村へ来住して来たといふことだけでは、まだ村の成員となつたことにはならない。このやうにして、村の統一をつくり上げる紐帯は、一つの氏神に対する崇拝であるが故に、氏子の結合であることこそは、村に於ける共同意識を形成させる中心的なものであつた。神社が、村に対して以上の如き基本的な意味をもつてゐるに対し、仏寺はむしろこの村の共同的な結合を、希薄ならしめはしないまでも、混乱させる如き作用

をもつてゐた。（四二六—四二七頁）

この所説は当に、神社祭祀を共同体的結合に関する公＝非宗教とし、仏教ほかを私＝宗教とした、明治国家による神社管理政策の基底をなす論理と重なる。ここで我々は、神社非宗教の制度もまた、近代的な国家統治の世俗化と信仰の相対化・内面化、即ち「信教の自由」という西洋列強側の価値観の、流入浸透に対する明治国家側の防衛的反応であり、不平等条約改正の一階梯として成立した、という事実を想起する。(41)

既述の通り難波田も、西洋資本主義の圧迫への対抗こそ、近代日本の産業発展の基本性格だと見たのである。その見解は首肯できよう。しかし、経済の必然を変容させる精神の主体として、戦時期の難波田が依拠した民族構造は、彼自身のちに気づく如く、現存する共同体の本質ではなくて、共同体に関するひとつのイデアであった。端的には「斎庭之穂」の神勅は、わが国経済の在り方の規律ではなく理念、そして予祝であり、特殊日本の限定要因ではなく普遍への回路である、ということになろうか。

近代日本の国家と神社・宗教の関係は、従来しばしば、日本特殊の政教関係・信教の自由の問題として「国家神道」なる包括概念で表現するか、言説や思想の断面で現象を切り取るか、或いは制度の側面に焦点を絞るか、の仕方で考察されてきた。一方、家・郷土次元の共同体性と国家の次元が、接合面においてどのように変容したかについては、「民俗学的方法論」を補助的に用いる例もあるだろうが、社会経済史の視点を含めた研究の展開も可能であろう。戦時期の難波田の国体論は、「神権政治と世俗的動員の間」についてのそうした研究の導入として、重要な参照軸を提供している、と筆者は考える。

註（図書の発行年表記は、奥付による）

（1）難波田の業績については、経済学研究会編『難波田春夫　輯遺　近代の超克』（行人社、一九九二年）所収の年譜と著作目録を参照した。この年譜と目録は、本稿の基となった拙稿「戦時経済論と記紀神話解釈の一側面―難波田春夫の国体論について―」（『國學院大學研究開発推進センター紀要』七、平成二十五年三月）に引用掲載している。

（2）平賀粛学については、証言として土方成美「平賀粛学とわたくし」（『学界春秋記』中央経済社、昭和三十五年）、研究では竹内洋『大学という病―東大紛擾と教授群像―』（中央公論新社、二〇〇一年）など参照。

（3）大内兵衛『経済学五十年』下（東京大学出版会、昭和三十四年）、三〇〇―三〇一頁。なお柳澤治はこれを大内の「過大評価」とする。柳澤治『戦前・戦時日本の経済思想とナチズム』（岩波書店、二〇〇八年）二九四頁参照。

（4）丸山眞男『増補版　現代政治の思想と行動』（未来社、一九六四年）参照。

（5）土方成美は「統制経済」を日本で最初に提唱したのは自分だとする。土方前掲書一六七頁参照。

（6）柳澤前掲書、三一八頁参照。

（7）池田元は難波田の存命中に、以下のように評価している。「彼の経済学が、従来のアカデミズムの方向とは逆に、経済の固有領域を超えて国家との不可避な連関性を説きつづけ、常に「社会科学＝総合科学」として体系化され続けていることが、その関心のあり方を示している。」（「難波田経済学と国家論」、同『日本国家科学の思想』論創社、二〇一一年、二三―四頁。原「難波田経済学と国家論―権威主義国家論ノート―」『岡山商大論叢』二〇―三および二一―一、一九八五年）。

（8）拙稿「神権政治と世俗的動員の間に―「国家神道」と総力戦―」（『國學院大學研究開発推進センター紀要』二、平成二十年三月）参照。

（9）草柳大蔵「片想い」（『難波田春夫著作集』早稲田大学出版部、月報（以下『月報』）八、昭和五七年十月）。

（10）伊藤淳二「すべての師」（『月報』九、昭和五十七年十一月、『日本経済新聞』昭和四十四年八月十六日号「交遊抄」再録）。

（11）森嶋通夫「血にコクリコの花咲けば」（朝日新聞社、一九九七年）（『森嶋通夫著作集　別巻』岩波書店、六三頁）。

（12）安井琢磨『経済学とその周辺』（木鐸社、一九七九年）。

（13）柳澤前掲書、三五八頁参照。

（14）山之内靖・ヴィクター・コシュマン・成田龍一編『総力戦と現代化』（柏書房、一九九五年）など参照。

(15)柳澤前掲書、二八一―二八二頁参照。藤田省三『天皇制国家の支配原理』(未来社、初版一九六六年、第二版一九九〇年)では、丸山と同じく「日本ファシズム」の「著しい「矮小性」」が指摘されるが、藤田は難波田には言及していない。
(16)柳澤前掲書、二八一―二八二頁参照。
(17)難波田春夫「経済学研究五十年(一)」(『月報』I、昭和五十七年三月)。
(18)『難波田春夫著作集』(以下『著作集』)(一、早稲田大学出版部、昭和五十七年)、二〇二―二〇三頁。
(19)難波田は昭和四十三年以降、駒澤大学仏教経済研究所『仏教経済研究』誌上で論文十四本を発表している。
(20)難波田春夫「経済学研究五十年(二)」(『月報』II、昭和五十七年四月)。
(21)野尻武敏「泉のほとりにて」(『月報』X、昭和五十七年十二月)。批判の例として、戸田信正「難波田教授のアレロノミーについて」(同『経済学四つの視点』勁草書房、一九九三年)など。
(22)著作集版第六巻では「四十年代のはじめ」とある。
(23)『国家と経済』前野書店版、三四五頁(『著作集』六、早稲田大学出版部、昭和五十七年、三五七頁)。
(24)『著作集』六(早稲田大学出版部、昭和五十七年)、二―三頁。
(25)難波田春夫「日本の国家目標―日本の近代化のこれまでとこれから―」(社会哲学研究会『社会哲学』一九八五年秋季号)の「あとがき」参照。同論文は解説を付して『モラロジー研究』五〇号(モラロジー研究所、平成十四年三月)に再録。
(26)『著作集』六(早稲田大学出版部、昭和五十七年)、三五三―三五四頁。
(27)昭和六十年に難波田は、戦時期の自らの国体論に対する池田元の考察(註7参照)に直面して、註25同論文で「敗戦後四十年、私は天皇制については完全に沈黙を守って来た。天皇が何であるか、どうなるかを決定するものは国民であるとの理由によって」の沈黙を破り、「天皇は国民である。だからこそ天皇である」との信条を吐露するに至る。この「沈黙」は、彼の「責任」の自覚によるといえよう。
(28)『国家と経済』第四巻は刊行後二カ月で六刷、対米英開戦を挟み五カ月で十刷と、版を重ねている。
(29)この点の先行業績として、前掲の柳澤治の他、牧野邦昭『戦時下の経済学者』(中央公論新社、二〇一〇年)第三章「思想戦の中の経済学」、また難波田の国体論の問題意識を内在的に考察した池田元の前掲書から、多くの教示を得た。
(30)和歌森太郎「書評『国家と経済』第三巻」(『史潮』昭和十四年十二月号)参照。全文は註1拙稿に引用掲載している。

(31)和辻哲郎「上代に於ける「神」の意義の特殊性」(『思想』一六七号、昭和十一年四月)。
(32)和辻哲郎「祭政一致と思慮の政治」(『思想』一八五号、昭和十二年十月)。
(33)難波田は、註25同論文で『国家と経済』第三巻を要約して「天皇親政などといわれているが、これは国体に反する」との主張だ、としている。
(34)第三巻の論旨は『日本経済の諸問題』(朝倉書店、昭和十六年)第一部「国体の問題」、『経済哲学』(朝倉書店、昭和十九年)第一章「国体の経済」でも繰り返されている。
(35)**Friedrich von Gottl-Ottlilienfeld (1868-1958)**はドイツの経済学者。ナチス統制経済のイデオローグ的存在として、その著作は「ゴットル経済学」と呼ばれ、同時代の日本の経済思想に影響を与えた。吉田和夫『ゴットル―生活としての経済―』(同文館出版、平成十六年)など参照。
(36)柳澤治は、難波田のこの主張は前提においてナチズムと共通性を持つとする。柳澤前掲書、二七八頁、二八六頁参照。
(37)牧野前掲書、一三九―一四〇頁参照。柳澤前掲書、二八二―二八四頁・三二〇―三二四頁参照。
(38)難波田の農村考察は、鈴木栄太郎『日本農村社会学原理』(時潮社、昭和十五年)に依拠している。大塚の戦時期経済論については、柳澤前掲書、二七四―二七八頁・三四四―三五二頁参照。
(39)拙稿「「国家神道」論と「ファシズム」論について」(科学研究費補助金『近現代日本の宗教とナショナリズム―国家神道論を軸にした学際的総合検討の試み―』報告書(研究代表 小島伸之)、平成二十六年三月)参照。
(40)池田前掲書、一〇五頁参照。
(41)井上順孝・阪本是丸編著『日本型政教関係の誕生』(第一書房、昭和六十二年)参照。

藤澤親雄の国体論
——戦前期を中心に——

上西　亘

はじめに

本稿の目的は昭和戦前期の神道界と社会情勢を検討するにあたって、当時多くの学者が試みた、「国体」という概念や、国学者の再評価の動きなどを非常時体制に移行しつつあった「戦前期」(1)という時代を考慮に入れつつ、藤澤親雄の著作を通して、その思想を考察し、当該期の神道と社会を再考することにある。

この時期の特徴として、様々な分野の学者たちが、時局をふまえながら、専門領域に織り交ぜて国民・国家論を展開するという論考が多く見られる。それは、戦局の拡大に伴って一般書籍・雑誌にも登場し、「流行」するのであるが、幕末維新期の国学者の「再評価」および「再顕彰」もなされ、それが当時の様々な論考に取り上げられることになる。(2)かかる時局を今日取り上げる際には、世相も相俟って、一様に「オカルティズム」(3)や「ファシズム」と一括りで語られてしまいがちであるが、[4]思惟の詳細を分析した論考は思いのほか少ないのが現状である。しかしながら、昭和前期の思想を語る際に、これまで研究の対象として見られなかった人物についても、当時の影響力等もふまえながら、前後の時代状況や思想の推移などを丹念に検証・比較し、再検討することが必要であり、それが当該期の近代日本思想史研究上欠かせないものであると筆者は考えている。

一　藤澤親雄研究の意義

今回、藤澤親雄を取り上げたのは、大國隆正という近世における国学者・神道思想家の営為に影響された人物という枠組みのみならず、「超国家主義」を展開する、「時局」に直面した学者であり、なお且つ当時の思想界に大きな影響力を行使し得る位置を確保していた藤澤によって、どのように大國が「再評価」、「再検証」されたのかを明らかにすることが、戦前期の神道・国学と社会との相関関係を理解する上での一つの視点となり得ると考えたからである。

では、なぜ藤澤親雄という人物を考察すべきであるか、その履歴等を紹介することにより、明示しておきたい。藤澤は、明治二十六年（一八九三）九月十八日、帝国大学理科大学教授の数学者藤澤利喜太郎の長男として東京小石川に生まれ、開成中学、第一高等学校へと進み、大正六年（一九一七）東京帝国大学法学部仏法科を卒業。卒業後に高等文官試験に合格し農商務省に入省、商工局工場監督官補、特許局審理官（叙従七位）を経て、満鉄東亜経済調査局職員となり、外務省事務官等を歴任。大正十年一月に外務事務官（叙高等官七等）に任ぜられ国際連盟事務局員を兼務、大正十一年には同事務局情報部次長に昇格する。その後、文部省在外研究員としてドイツに留学するなど、海外情勢にも通じた人物であった。帰国後は豊富な海外経験と語学力を評価され、大正十四年には東京帝国大学にて国際連盟に関する講義を持ち、同年九州帝国大学に法文学部が新設されるにあたって同大学の教授に就任、昭和六年（一九三一）に同大学教授を辞して同七年に文部省国民精神文化研究所嘱託、同八年に海軍省嘱託、同十年大東文化協会理事兼大東文化学院教授、同十二年内閣情報部嘱託（正六位）、同十三年日独同士会思想部長となるなど、政治学者として斯界に大きな影響力を持つ人物であった(5)。

藤澤の近代政治思想における主張は、西欧を中心とした自由主義社会や資本主義社会に対する激しい排撃と、ソ連を中心としたマルクス主義政治体制批判が主であるが、日米開戦を契機として、西欧と日本の政治比較論にとどまらず、国体を講明すべく、所謂「偽書」とされる資料を用いるようになる。

例えば藤澤は、日露戦争時に鴨緑江軍兵站経理部長（後に陸軍主計監まで累進）であった浜名寛祐が明治三十八年（一九〇五）に奉天にて発見した『契丹古伝』に記載されている古代民族「東大神族」（シウカラ）の存在を典拠として、日本・満州・中国・朝鮮民族は元をたどれば同祖であり、その証左に「神代文字」の多様性があり、各文字や言語が日本を起源として展開されたと述べる。また、大國隆正の造化三神の神観念に影響を受けたと思われる箇所(6)や、万国総帝論を引き、「大東亜共栄圏」建設の理論的根拠の一つとして位置づけている点も特筆すべき点である(7)。

かかる藤澤親雄の思想に関する先行研究は数えるほどしかなく、大谷伸治(8)や今井隆太(9)が論じている程度である。大谷は藤澤を政治学の面から多くの著作にあたって言及しているが、特に政治思想の面からの言及であり、藤澤の神道説に関して分析はされていない。その一例を挙げると、藤澤が重視した「産霊の働き」の理論を「個別化的作用（個人主義）と統合化的作用（全体主義）を綜合し「道」や「産霊」という日本的・東洋的な言葉を冠しながらも、西欧的な政治思想とほぼ同一のものを説いていた(10)」と大谷は指摘している。だが、この時期の藤澤の政治体制や政治思想を論じた著作を語るには、藤澤の述べる西洋思想と関連付けて日本の国体を論じるという形式のもととなる、その天皇観、神道観、国体観についてこそ考察を加えねばならないといえよう。

以上の問題点を念頭に置きつつ、まずは国民精神文化研究所嘱託となった昭和七年（一九三二）を起点とし、日米開戦前後迄の著作を通じて、藤澤の政治思想を概観し、考察を試みたい。

二　藤澤親雄の政治思想研究の変遷

先述したように、藤澤は国際連盟での経験や文部省在外研究員としてドイツに留学するなど海外での豊富な知識を通じて、西欧近代思想と日本の国体あるいは皇道との比較を試みている。藤澤の著作は多岐にわたるが、なかでも西欧の近代政治思想を考察した上で、日本と比較検討した著作を時代別に見ることにより、藤澤の政治思想にいかなる発展・変遷が見られるのかを考察することとする。

まずは昭和八年三月三十一日に刊行された『西欧近代思想と日本国体』[11]を見てみることとする。

『西欧近代思想と日本国体』において、藤澤は西欧諸国哲学界の傾向としてカール・ヤスパースを引用し、「近代人は一つの限界的状勢（Grenzsituation）に在る…從來生活様式及び思想生活に對して根本的なる懐疑を持ち、突如として極度の精神的不安に陥つてゐる」と指摘し、従来型の個人主義に立脚した「前近代的」な政治体制には限界があると論じている[12]。このように不均衡で、人類史上初の大規模戦争となった第一次世界大戦の主戦場であった当時の欧州情勢下にあって、勃興した政治思想（ボルシェイズム、ファシズム、ナチス運動）について藤澤は解説を試みる。

まずボルシェイズムについて藤澤は論じるのであるが、その前に藤澤の理想とする政治では、国家に属する人間が宗教的信念と倫理的情操と生物的欲望衝動が本末の関係によって一体となる関係が最も望ましいと規定する。

そして、抽象遊離する人々と宗教（真の権威）が共存し、連関することによって初めて本来の国家としての政治体制が機能するという考えがその前提にあることを、まずは念頭に置かねばならない。ボルシェイズムは、個人主義の限界を示す政治体制としての「現実的解決策」の一つと藤澤は指摘しているが(13)、同時に個人主義の誤った「発展・変化」の形であり、自然の摂理と合わない非常に危険な思想であることを詳細に論じたのである。

第一に「搾取なき社会の実現」を志向し表面的には履行されている様には見えるが、実際には新たなプロレタリア階級の一握りの存在である共産党幹部によって支配され、大多数の労働者階級は絶対的な服従を強いられる新たな暴力支配階級が誕生したに過ぎない事を示唆し、その構造を「新たな奴隷制度の復興」と断じている(14)。

第二に宗教を排除する政治体制は藤澤にとって到底相容れるものではなく「思ふに、ソヴィエット国家の指導原理たるマルクス共産主義は、唯物的人間観の偏狭なる立場に執着し、すべての社会現象を唯物経済論と階級闘争論の見地より解釈せんとするものである。従つて、ソヴィエット国家に於て、宗教は阿片の如きものとして否定せられてゐる。又深き形而上的な根拠を有する人間のアプリオリな道徳的情操を不当に無視してゐる(15)」としてマルクス主義の構造的な欠陥を指摘する。

第三に自然の摂理に反することを親子の繋がりを例示として以下のように述べる。「…親と子の間に於てアプリオリに発生する深き道徳的情操関係は、ブルジョア的センチメンタリズムとして否定せられる。そこには、親が子に対する本質的な慈愛も、子が親に対する極く自然な恩誼も否定せられる。併し、親子の愛は人類道徳の基調を構成するものであるから、之を否定して、真なる意味に於ける人類愛を実現せんとする事は不可能である(16)。」このことからも、先述した藤澤の理想とする国民・国家の理想像とボルシェイズムは大きくかけ離れた思想であると言える。

つまりは、宗教或いは神を欲求する天的なるものへの志向性と経済活動や生産活動に代表される地的なるものへの志向性という人間本来の欲求の一方を湮滅させる偏った人間観を構成せしめるマルクス主義に対し藤澤は疑義を呈しているのである。

以上、藤澤のボルシェイズムに対する論点を見てきた。藤澤は、ボルシェイズムを従来の西洋の政治思想や体制への限界から生み出された新しい政治思想的試みであるとしながらも、搾取なき社会を夢想するが、結局は新たな支配構造を創出したに過ぎない事、そして人間に密接不可分な宗教的背景を一切否定する政治思想である事、そして道徳や倫理など人間のあるべき姿にそぐわない社会構造が生まれるという、大きく分けて三点にボルシェイズムの問題点を指摘していると筆者は考える。[17]次いでファシズムについて藤澤はどのように位置づけているかを見てみることとする。

ファシズムに関しては、「経済的なるもの丶土台より出発して、遂に宗教的なるものに至り、新しき意味に於ける天地人の世界観を自己の指導原理とする政治運動及び社会運動[18]」であり、同じく近代における限界状況から生み出されたマルクス主義とは異なることを藤澤は、「ファッショ革命は、精神的革命であり、政治的革命であり、又経済的革命である。それは、百姓や奴隷の一揆、または不満なる群衆の憤懣の爆発と云ふが如き低級なる革命とは異なる[19]」としてイタリアで起こった所謂「フィウメ」問題やフランス革命のような暴力的革命とは一線を画す運動であることを力説する。末文には日本とファシズム運動との関連性について「ファッシズムは飽くまでもイタリヤといふ土台から生まれたものであつて、之を直ちに移して土台が全く違ふ日本に実行しやうとする事は非常に危険である。後に述べるやうに、我が日本に於いては、ファッシズムが究極に於て達せねばならない王道主義の尤も醇乎たる形態である皇道が実践せられてゐるのであるから、今更ファッショなどを特に輸入する必要は毫もないのである[21]」と注目すべき一言を付け加えている。

ナチス運動に関しては、「無名の青年戦士アドルフ・ヒットラーによつて率ひられるドイツ国民社会労働党は、ファッショ的なる原理によりてドイツ民族の精神的更生を行ひ、且つドイツ大衆の生活を安堵せしめんと欲するものである。ヒットラーは、今や全ドイツの政局を左右し、且つ世界の国際政治に新しき方向を示し得べき帝国宰相の印綬を帯ぶるに至つた。かれは、ドイツ民族をしてそれに共通なる民族的精神と特性を意識せしめて、一大大同団結を図り、ドイツ民族をしてその文化的政治的並に経済的なる天賦の使命を全うせしめんとするものである」[22]ことが運動の発端と規定し、その究極的理念が「ヴェルサイユ条約の廃棄」、「大産業資本の国有化」、「マルキシズムの世界観を排撃」することを目的としていると述べる[23]。

　これら新しい政治思想を藤澤は以下のようにまとめている。「…イタリヤのファッシズムを率ゐるムッソリニと、ドイツに於けるナチスの首領たるヒットラーが目指してゐる理想が、ボルシェギズムのそれよりも高いものである事を看取し得たであらう。この二人の宰相は、共に大衆の中より現れたる無産者であつて、しかも民族の精神的更生による国民全体の結合融和を主張するものである。故に、彼等は偏狭にして奇矯なるマルクス主義的階級観を排撃して、すべての社会層の無理なき協調と調和とを主張するものである」[24]と。そしてファシズムとナチス運動と、我が国の皇道との比較を試みる。藤澤の規定する皇道とは「天皇を中心に仰ぎ奉る我国に於て実践的に発展し来たれる、具体的なる歴史的事実であつて、抽象的なる政治理論ではない。皇道は、実に我国に於て如実に実践し来れる東洋政治の理想たる王道の真髄であり、精華である」[25]とする。また、「皇」は百から一を差し引いた数の最も大きなもの「九十九《つくも》」を現しているとし、「白の字は、日輪の象形より出づるものとの主張をなすものがある。是等の諸説を総合して考へて見ると、皇という文字は、太陽の如く光と徳と力を与へる大なる王と云ふが如き意味を有しているのではあるまいか。この独断的なる私の解釈は、我国が日本即ち日の本であると云ふ意味と関連せしめて深き意義を有し来るのである」[26]と推測し、わずかながら当時の藤澤の神観・天皇観をうかがうことができる。その後の説は『易経』を核とした太極と陰陽二元に基づいた天の思想と、『大学』に基づいた仁に基づく政治の王道を説明することに終始している。中でも着目すべきは、天なるものと地なるものが結びついているものが人間観の理想とする考えを「この世界に於て最も優れたる東洋政治は、我国の歴史に於て如実に実践せられて来た。我国では天（高天原）と人（萬世一系の天皇）と地（豊葦原瑞穂国）とを貫く線が、日本歴史に外ならぬ。之が即ち皇道である」[27]、これら皇道を人為的に実行させようとして起こった運動が、ファッシズムであり、ナチスの運動であり、彼らの争闘主義と覇道主義の行き着くところは「治国平天下」であり、皇道の国日本と理想を同じくすることであると結んでいる。[28]次いで、昭和十年三月八日に発行された『近代政治思想と皇道』[29]を見ていくこととする。

主張するところは『西欧近代思想と日本国体』と重複するところが多いが、西欧近代思想と皇道との比較をより鮮明に引き出している。ファシズムにおいて論に発展が見いだせる点はムッソリーニと天皇との歴然たる差異を論じている所にある。すなわち、ムッソリーニは精神的指導者として全イタリアを統一したとしても、宗教的信仰の対象とは成り得ず、権威的国家として自らの国を位置づけるのであるとするならば、イタリア国王の存在も無視できず、藤澤の重視する天たるものと人とを結ぶものとして、畢竟重んじられるのは、ヴァチカンにいるローマ法王となることを指摘している。[30]

また、国民の精神的統一についても皇道に比してファッシズムは遥かに基礎薄弱であると論じる。日本は国体として既に君臣の道が備わっていることを、「我国の一大家族国家の基本的道徳たる「孝」と国家の基本的道徳たる「忠」が最も完全に一致するのである。従つて君臣関係も一面「義は君臣」であると同時に他面「情は父子」となる。詳言すれば純真なる親と子の愛たる孝がそのまゝに拡充されて臣民が天皇に対する至誠の情緒たる忠となるのである。この忠孝一致こそは我が国体の精華であり、我が国民の精神的統一を益々鞏固ならしめる所以である」[31]と述べる。それに対してイタリアは「之に対してファッシズムに於いては国民の精神的統一を遠い「ローマ帝国」への追想に求める外はない。（中略）斯くの如く単なる古代への追想と感激による国民の精神的統一は皇道に於ける現実的な統一に比して遙かに弱い事は言ふまでもない。之を要するに権威国家の理想はイタリーに於いて完全に実現する事は困難である。真の権威国家の実現は我が国の如く萬世一系の天皇を戴く家族的国家に於いてのみ可能である[32]」としており、一旦途絶した帝国に精神的復興を図るという点で明らかな違いが有り、違いが有るが故に日本に敢えて取り入れる必要の無い政治思想であるという主張は『西欧近代思想と日本国体』から一貫している。

ナチス運動に関しては、『西欧近代思想と日本国体』より更なる論及がなされ、国家主義と国民主義との違い、ドイツが内在的に抱える問題とナチス運動がどのように関係しているのかを端的に述べている[33]。また、ナチス運動にも左派と右派が拮抗し、完全なるヒトラーの独裁体制とは必ずしも言えない所があると指摘し、極端な国粋主義と拡大主義を表に出すと、覇権主義的国家体制にならざるを得なくなり、ドイツは日本と比べて、内にも外にも構造的な不安を有していることを大きく三点に分けて比較している。

第一に西欧社会は一度完全に個人主義化されており、此の傾向を根本的に改めて全体主義的政治体制を樹立することは極めて困難な作業であることを指摘している。

第二に日本のように民族精神が極く自然に結晶して出来上つた家族的国家は西欧には一つも存在しないことを指摘し、ヒットラー率いるドイツも例外ではなく何時打倒されるやもしれない政治体制であることを示唆する。

第三にヒットラーは総統と呼ばれドイツ国民の精神的指導者と目されて居るが、多くの政敵を有しており、国内の施策実行には暴力も行使しており、この点日本と比較し「仁者に敵なし」と言ふ意味に於て、真の精神指導者となり得ないとしている。

その他、日本民族は基本的に単一民族であり、藤澤の理想とする「血と血を以て繋がれたる一大家族国家」を体現したものであるが、ドイツに於いてはゲルマン民族の他、多民族が混成しており、ナチスの希求するゲルマン民族のみの血族国家を建設する事は殆ど不可能であるが故に、ナチスはドイツを精神的に統一する必要上、極端なる国粋主義を鼓吹せざるを得ない[34]と述べ、ナチス体制の潜在的問題を指摘している。次に藤澤が西洋政治思想と日本を比較する論考と、「偽書」を動員して自説を論じる画期となる日米開戦直前の著作である『日本的思惟の諸問題』を取り上げ、藤澤の思想の変遷を辿ることとする。

『日本的思惟の諸問題』は昭和十六年六月二十五日に発行された。マルクス主義に影響された学生の左傾化を懸念し、思想善導を目的として設立された国民精神文化研究所の研究嘱託として、また西欧事情のオーソリティーとしてイタリアのファシズムとドイツのナチズムを概観し、設立背景や思想の特色を冒頭に置く。また、自由主義に対しては一貫して否定的であり、マルクス主義の出発点となるとして痛烈に批判している。

前述の二冊の著作と比較して、藤澤の専門とする政治学を主として西欧政治を論じるものから次第に、古典や儒学に視点を置き国家というものを定義づけようとしている所が本書の特色でもある。

例示すると、国の読みである「くに」は「古典の言語学的研究を総合して考察」すると「きね」の発音が転じたものであると藤澤は指摘する。[35]その「ね」は根本をあらわす根であり、凡ての心神の根基を示すものであり、根は根拠根底で「き」は元来人間の有する活気、元気の「き」の音であり、「人気」の「き」を表すようなものであるとする。

このような日本語の本質を考察する手がかりとなるものは「言霊」という観念にあると藤澤は指摘し、「古来日本人は国語と云ふ客観的なる存在に霊即ち霊妙なる創造作用が内包せらるゝものと考えてきた。これが産霊と云う日本人世界観の拠って起こる所である。産霊とは霊が蒸す事即ち或者を醸成する事である。しかしてこの産霊の本体を象徴するものが高御産霊巣日神である[36]」と述べ、所謂一音一義説を説くのである。

他方で、「むすび」は、常に創造して止まざる宇宙的生命力の作用があると説く。宇宙の生成発展は天之御中主神が中点を示し、膨脹的作用を高御産巣日神に準え、収縮作用を同じく神格化して之を神産巣日神に準えている。これを古事記の冒頭に「天地の初発の時、高天原に成りませる神の名は、天之御中主神、次に高御産巣日神、次に神産巣日神」と述べてある。そして、「惟ふに我が国の神典は宇宙真理の象徴的啓示であつて、単なる物語りではない[37]」と大國隆正に影響を受けたと思われる神観を示している。何れにせよ初期の藤澤の著作には見られない「産霊」の概念や「言霊」の概念が其の論考に湧出されているのは誠に興味深い点といえる。

以上、藤澤の西洋政治思想を著作より概観した。前述したとおり、藤澤は語学に秀で、二〇代より国際連盟の事務局員から情報部次長まで累進した国際通である。藤澤にとって、英米の自由主義に基づいた国際連盟の有り様は、藤澤の考える真の国際平和とは相容れないものであったと思われる[38]。次節では、日米開戦後に刊行された『世紀の預言』を取り上げ、宇宙観・世界観に基づいた日本国体と、著作に「超古代文献」を引用することで国体を示そうとした主張を考察した上で、かかる主張が斯界にどのような影響を齎したかについて明らかにしたい。

三　『世紀の預言』にみる藤澤の日本国体

『世紀の預言』（以下、本書）の刊行は昭和十七年三月である。本書と以前の著作の違いは、大東亜戦争の勃発によって本格的な戦時体制に移行する画期となる昭和十六年十二月以降に書かれたことである。

前節までの著作は、藤澤が西欧近代思想を分析し、その不足を読者に伝えるが為に、日本の国体と比較して、日本の政治思想がどのように最も優れているのかを解説したものである。

藤澤が本書において意図するところは、大教宣布の詔における「惟神の大道」に立ち返り、国家・国民が天皇を扶翼すべく「大政翼賛」を堅持しなければならないこと、そしてその理論的根拠に『日本的思惟の諸問題』でも言及された「産霊」の概念[39]、そして「道」という字の本義を論じ、血族・「血統」（日本民族が太古より連綿として受け継いだ記憶）として惟神の大「道」に立ち返る必要があることを述べる。

まず、藤澤の大政翼賛体制に対する態度を見ていくこととする。大政翼賛運動の根本方針は日満支の新秩序を構築し「世界平和」を掲げ、西欧の国防国家の概念でなく、皇国的世界観における民族の精神的統一のもと、国防国家体制が堅持されるべきであるとする。そのためには、従来の国家体制では不徹底であり、『国体の本義』に透徹する教学の刷新を図ること[40]、また議会制は必要としながらも、「政党政治」や「官僚政治」を排し、国民が一致して天皇の政治を翼賛することによって、政治と統帥が一体化された真の国防国家体制が確立できることを述べる[41]。

次に皇国観について藤澤は、大政翼賛の精神的基礎を日本人に刻まれた民族的[42]特徴と信仰的特徴、すなわち「天なるものと人との関係」に求める。これにより日本の政治体制はこの大政翼賛を基礎に展開するものへ導くとする。

では藤澤は、「日本人」という民族をどのように位置づけたのであろうか。藤澤は、測り知れぬ太古の時代から宇宙生命を継承し続けた民族であり、他の民族と同様祖先の生命や文化、政治、経済を継承しているものを「民族」と規定する。藤澤にとって歴史は悠久なる民族精神の時間的展開[43]であり、教学の刷新に必要な新しき学問の原理として、「民族の持つ内面的な宇宙観世界観人生観」を構築することによって民族精神が涵養されると論じている[44]。

次に本書における藤澤の産霊観を見る。「日本神話にあらはれた皇国宇宙観[45]」では、『日本的思惟の諸問題』で展開された説と同じく、「人は「日（霊）止」（ひと）」、「（蒸す霊）ムスヒの神」といった産霊観を展開する。同様に、造化三神の神観念については、森羅万象の中心にある神は天之御中主神であるとし、多元的に膨張発展する遠心的作用として高御産巣日神が配され、個性を完成した凡てのものが、再び一元的に中心に収縮還元する求心的作用として神産巣日神の神格があると規定する。この産霊神の遠心と求心は「中心」となる天之御中主神が契機となり、相作用すると結ぶ。この観点は『日本的思惟の諸問題』から引き続いて述べている説であり、大國隆正の造化三神の神観念に影響を受けたものといえよう。

日本と外国の神についての比較では、聖書における創造主であるエホバを例示し、超人間的な力、造主物、絶対神的性格を持つ親近感のない神に対する疑義を「西洋の作られた神、殊にユダヤ神話に於ける神エホヴァは、人間とは全然無関係な、何等の血の繋がりを持たぬ超民族超神としてあらはれてゐる。（中略）日本の神は、民族の神であることによつて、そのまゝ実は世界人類の神にましますのである」[46]と述べるに至る。その上で藤澤は、天照大御神を世界秩序の中心神として位置づけるのである[47]。

最後に藤澤は日本と天皇を万国の中心と捉え、皇国たる日本が、世界を教導して真の平和を築く使命があることを「今や我々は惟神の大道を、我が国内は勿論、広く世界全体に宣揚すべき宣教師となり、雄渾無比の世界的大経綸を樹立して、如実に「坤輿ヲ一宇」たらしめ、全人類を　天皇のしろしめし給ふ一大家族に統合しなければならぬ[48]」と述べる。

本書以前で述べる所のドイツ・イタリアの政治体制の変化について「万邦諸民族が、夫々の民族生命に帰ることにはじまる所謂「全体主義」は、究極するところ、皇国体に於て最高完全なる其の実現を見るものである。故に全体主義国家は、必然に我国と其の意図を同じくし、遂に皇国を仰ぎ見て帰依するに至るのである」[49]と述べることからより明確に理解されよう。

本書において藤澤は、大東亜戦争下の今こそ国柄を明らかにし、「惟神の大道」の精神に立ち返り、国家国民が天皇を扶翼すべく「大政翼賛」を堅持せねばならないこと、そしてその理論的根拠に大國隆正の宇宙観・神観を援用して天之御中主神を中心とした造化生成発展の理論を展開し、血族・血統を重視した「民族」を闡明にすべきと論じるのである。

四　『世紀の預言』と「超古代文献」

ここまで見ると、『世紀の預言』は、『日本的思惟の諸問題』から、より時局に併せて国体を論じた著作と位置づけることが出来るのだが、あわせて以前の著作に見られなかった、際立って異質な主張も展開するようになる。前述したが、藤澤は著作中に「超古代文献」を引用し、国体のみならず、もともと全世界は日本が統治していていた統一国家であるという結論を導き出してしまうのである。

本書の「天皇世界光臨の事実的根拠」[50]と題された章を一読すると、その異質性が浮き彫りとなる。すなわち、「奇しくも最近、宏遠なる太古時代に於て、「すめらみこと」が、人類一家体制の絶対的中心者として全世界を統治し給ひ、皇国が天国若しくは神国と呼ばれてゐたことを記録する種々の文献が現はれつゝある。素より其の真偽は直ちに之を断定し得ないけれども、それが八紘為宇とは、決して英米ユダヤ的なる帝国主義の遂行ではない。太古地球の大変動により崩壊せる世界人類一家体制を、再びありし姿に復興せしむることなのである」[51]として、太古の昔天皇が全世界を統治していた時代があり、一旦その統治体制は崩壊して現在の世界が存在する。しかし、これを在りし日の姿に復興することこそ大東亜戦争の大義名分であることを暗に示している。

もともと世界は全て天皇の治める国であったことを裏付けるためにまず、藤澤は『契丹古伝』を引用する。『契丹古伝』によれば、中国古代民族を統治していた為政者は「東大国王」（シウクシフ）と名乗り、その民族は「東大神族」（シウカラ）と名乗っていたとし、東大国王は「日祖伊邪那岐命より出でた日孫素盞鳴尊ではないか」と推論する。

加えて『契丹古伝』の他の太古文献には「まさしくわが日本は全人類発祥の地であり、天皇は全人類の生命の根源であらせられ、太古に於て全世界に君臨せられ、世界各地に皇子皇女王として任命されたと誌されてゐる。これと関連して考へると、東大神族は、大和民族から分岐した同一民族である」と述べ、伝説の皇帝堯・舜・禹から商王朝までは東大神族の血を引くものが治めたのではないかと推論し、最近の東洋史学に於いても漢民族であるか疑わしいというのである。その後も、チャーチワードのミュウ（ムー）大陸説を取り入れ、日本に残る「太古文献」には太平洋に沈んだ国に「ミョイ国」と「タミアライ国」二大国のことが記されているとし、「このミョイ国こそは、すなはちミュウのことではなからうか。ミョイの住民は日本から渡来して行つたもので、日本の天津日嗣の皇子が、ミョイを支配されたと誌されてゐる。処が蒙古に於て発見せられた古代地図によると、わが日本と、陥没せるミュウとは、陸続きの一大島嶼を形成してゐるとのことである。もし之が真実ならば、ミョイと日本とは、当然重大なる関係を持つてゐる訳である」[52]と聊か強引な解釈を行っている。

その他、周易の神である伏儀が、鵜草葺不合第五十八代御中主幸玉天皇の御代に日本に滞在し、天皇より「天津金木」を賜ったことが、易の八卦の考案に繋がったとし[53]、『易経』が皇道の注釈書であると述べる。更に藤澤は神代文字にも言及し、日本各地に百数十種類存在する神代文字は偽作ではなく、上古に固有の日本文字があったと示唆している[54]。しかも、神代文字は日本固有のものではなく、エジプトのピラミッドから出た古代文字が神代文字であると最近の研究により「証拠」付けられたと述べる[55]。

これらの「太古文献」を引用した結論として、「崇仏派」の蘇我馬子が、「廃仏派」の物部守屋を攻め滅ぼした為に我が国の政治と文化は仏教徒の手に移り、惟神の歴史的伝統は彼ら仏教徒によって迫害され、改竄隠滅されたため、いままで「太古文献」は秘匿されており、九鬼家や竹内家などが古代文献を代々守護し続けたと論ずるのである。

こうした「太古文献」には神武天皇以前にウガヤフキアエズ朝七十三代の治世があり、万邦の人物はその皮膚眼毛の色合いによって五つに分かれ、「五色人」と呼ばれており、天国（あまつくに）である皇国を中心として、五大陸及びミヨイ、タミアラヒから国土が構成されていたが、ミヨイ（ムー大陸）とタミアラヒが海中に沈み現在の世界となったと藤澤は述べ、前述のチャーチワードの説へと接続させ、国内外の「太古文献」と整合性があると導くのである。

本書刊行直前の昭和十七年（一九四二）一月十日には皇典講究所華北総署主催の座談会[56]にて、「大政翼賛会部長」という肩書で参加し、藤澤は神武創業の古に戻って日本の姿を顕現せしめたのが明治維新であるならば、「昭和維新」は神武天皇の御代を更に遡った天地開闢即肇国の時代に復古せねばならないと述べる。そして、本書でも引用した『契丹古伝』を紹介し、太古日本は「おや国」として世界の中心におり一家体制を構築していた事実が国内外の「太古文献」により明らかになりつつあることを以下のように述べる。

我国は所謂おや国として、その中心に位して居つた。（中略）あまり今まで世間に発表されてゐない文献を集めて見ますると（勿論日本の文献丈けではありません、世界各国の文献を集めて総合して見ますと）さう云ふ結論が出て来るのであります。（中略）それがその後幾多の天変地異により、そして、地理的にも精神的にも人類はちりぐばらぐになつてしまつた。四分五裂の状態になつてしまつたのであります。（中略）従つて私は震災火山の爆発による天変地異はあるべかりし人類の姿、世界一家体制が中途にして崩壊し、支離滅裂になつたと云ふことを意味するものである。更に修理固成と云ふことは、漂へる国を修理固成することであつて漂つてゐるとは、即支離滅裂に陥つてゐる人類を、再び会つてありし姿に還すことであります。[57]

つまるところ、藤澤にとっての神武創業以前の「神代」とは、全世界が日本に帰一した一家体制であったが、幾多の「天変地異」によって世界は「支離滅裂」になってしまったのだという。そして、現在の混沌とした世界を元の姿に立ち返らせるためには、記紀神話に記される「修理固成」が必要となり、現在の漂える国々を「神代」の時代に戻す必要があるというのである。

「太古文献」における日本の立ち位置も、一家体制の国が「支離滅裂」となったものを再び「修理固成」することが日本の使命であるという考え方も、前述した大東亜戦争遂行の理由付けという側面も見受けられるが、大國隆正の日本を「なか」の国として世界の国々を当てはめていくという国家観を裏付けるためにも内外の「太古文献」は導入されたと見ることもできよう。

しかし、藤澤の主張は次第に、世界の成り立ちも皇統譜も、「修理固成」という言葉の解釈も、「神典」たるべき記紀神話とは乖離していくのである。こうした「太古文献」と呼ばれる「偽書」を多用する主張はやがて批判を浴び、転向を余儀なくされるのである。

五　藤澤の「太古文献」引用への批判と「転向」

藤澤への批判論文[58]は、昭和十八年五月発行の『公論』[59]に掲載された。批判論文の筆者は白旗士郎とあるが、これは在野神道家の泰斗であった葦津珍彦のペンネームとして知られる。白旗は思想戦に於て最も大切なことは、日本精神の顕揚であり、国体に対する信仰を確固不動のものとすることでなければならぬとしながらも、「異国的な思想」をもって教育された現代の知識人にとって、記紀に代表される皇国の神代史は「諒解しがたいものの様である」と冒頭で歴史学者や神道学者だけでなく、有象無象の知識人が勝手気儘に解釈している皇国の神代史と国体に関する主張に対して疑義を呈している。

とりわけ、記紀に反した「正しい古典の冒涜的なる曲解が生じたり、或いは正しい古典を軽視し、或いは無視して、恣に私意私見を以て神代史を解釈しようとする」行為に対して、激しい憤りを表している。

白旗にとって記紀とは「既に正実に違ひ、多く虚偽を加えたる」他の歴史文献と異なり、「正旨によりて御決定遊ばされたる最も正しき古伝承」であるという意味に於いて、こよなく尊重せらるべき「神典」なのである。

その「神典」を軽視し、「由々しき創造的疑惑をなげかけてゐる」人物の代表として、藤澤の名前が紹介される。白旗が問題視する藤澤の主張は、『古事記』成立時、古代文化が絶頂に達してゐた時代を故意に削除したものであるとし、「太古文献」こそが正しき歴史を伝える神代史が記されているという主張にある。「竹内文献」が伝来したとされる背景には武烈天皇の御代に大逆を犯した平群真鳥が関わっており、不逞の臣とされる真鳥が、「太古文献」では武烈天皇の命により密かに「正しき歴史を伝える神代史」を伝える大忠臣として取り扱われているのである。この大問題を、何ら考証を立てず恣意的に「太古文献」を用いる行為に対し、白旗は「思想上の大問題」として深刻に受け止めているのである。

かかる藤澤の論考に対し、白旗は結びにおいて、「きわめて注目すべき特徴ある歴史観」を二点に絞って概観する。

第一に、全世界の民族を同一血統図に包括せんとする国際主義的傾向が見られると白旗は主張する。前述の「造化三神の遠心的作用と求心的作用を説いた独特の信仰に基づいた極めて独特なる民族精神の展開が特徴となつてゐる」とし、「近代流行の神代文化的史観との間に区別せらるゝ所でなくてはならぬ」と、藤澤の歴史観に対する特殊性を見出している。

第二に、太古文献に影響されたとみられる救世主再臨的史観があると断じている。嘗て全世界を支配した天皇を中心とした家族的国家日本は一度崩壊し、此度の聖戦において世界の救世主として再臨し、藤澤の説くところの神武創業以前の姿に立ち戻るという考え方である。

白旗にしてみれば、最も問題とする歴史観は後者にあるといえる。白旗自身も「我等日本国民は、皇国の国運には多少の盛衰ありとは言え大局的には直線的に上昇発展の一途を辿る所の天壌無窮の国史を信仰する者である。我等に於ては、皇国の崩壊の如きは、過去に於ても将来においても断じてあり得ざる所であり、皇国の再建といふが如き観念は全くの無意味に過ぎぬ」と断ずる。三大神勅たる天壌無窮の神勅や、「修理固成」の意義を曲解し、太古文献と称する「偽書」に依拠した神代史などは白旗にとってまさしく謬説以外の何者でもなかったのである。

藤澤への批判は白旗の批判論文だけにはとどまらず、同じく『公論』誌上にて、国學院大學図書館長で国語学者の島田春雄、藤澤と『九鬼文献の研究』を著した三浦一郎、神代文字の研究家小寺小次郎との座談会が催され、島田から「偽書」を典拠とした皇国観、国体観への糾弾が行われるのであった。

島田の偽書に対する質問に対し、藤澤は白旗論文で批判されている記紀の軽視については誤解であるとして、次のように弁明する。

これは僕の主観かもしれませんが、今僕が批判されているのは、古事記及び日本書紀の絶対的尊厳性といふものを私が無視してゐるやうに考へられてゐるのぢやないかと思ふのですがね。これは誤解なんです。(中略)私自身が数回ヨーロッパに旅行し約十二、三回大陸に旅行して、異民族に接する毎に、日本のほんたうの大きな使命といふものを彼等にぜひとも教へたい、それには彼等も納得し得るやうな何か一つの説明が要るぢ

やないかと思つて、始終考へてをつたわけです。（中略）
そのうちにいろ〳〵僕の知つてゐるものが、磯原文献（竹内古文書）とか、九鬼文献とか、或いは物部文献、或は上記といふやうなものの一部を見せて呉れたわけです。さういふ文献がいかにも記紀を敷衍することが出来るやうなところがあるやうに思はれたので、それも一応読んで見たわけです。(60)

さらに藤澤は、当時大政翼賛会東亜局長をはじめ、数々の要職に就いており、終始「官」の立場にいて発言をした人物である。大東亜戦争遂行にあたり、その大義を明らかにする方法としての「偽書」は、一つの手段に過ぎなかったと考えることも出来よう。しかし、神典を絶対視する白旗を筆頭として、学問的に認められていない偽書を用いること自体が相容れないものであった。(61)無論、藤澤自身も神道に対する信仰や、強烈なまでの天皇信仰があったが、時局に直面した日本人をどのように教導するかという手段において白旗や島田とは大きく手法が異なっていた事は確かである。(62)

以上のように、島田の糾弾に対し藤澤は素直に「太古文献」からの決別を宣言し、「太古文献」に拠って論じられた『世紀の預言』と『神国日本の使命』の二冊を絶版とすることを誌上にて宣言したのである。

かかる藤澤の「転回」がその後の著作にいかなる影響を及ぼしたかについては藤澤の戦前最後の著作である『日本国家学原理』(63)を紹介したい。

藤澤は、座談会での宣言通り、「竹内文献」や『契丹古伝』などの「偽書」を典拠にした主張を一切用いていない。(64)しかしながら、造化三神に基づく世界観や宇宙観、及び音義説においては座談会以前の著作と同様、自らの主張を貫いている。特に藤澤の政治思想において一貫している天なるものと人との結びつきにおいて、無機質なキリスト教的神観を「神と人間とを愛によつて結びつけんとする崇高なる宗教」と、ある程度認めつつも、「神と人間とが血肉的生命によつて結ばれざる限り、神と人間との終局的統一は結局不可能である」(65)と断じ、藤澤の持論である「精神的文化」の連続としての「民族」を体現する惟神の大道こそが天と人とを有機的に結びつける世界的且つ全人類的宗教であると聊かも疑うことはなかったのである。この惟神の大道を説明する際においても、藤澤は「未熟の学者は我国は遅く展けたるものと言ふべし。然し其れは神代が世界一般の神代にてありしことを知らぬがためなり」という大國隆正の説を引用し、日本民族が連綿と「精神的文化」を紡いで発展したもののうち、日本固有の概念以外の「支那印度の東洋文化は勿論、西洋のあらゆる文化もみなすめら的なる綜合的日本惟神文化の有機的構成要素となるべきものである」との見解を示している。『世紀の預言』から『公論』の座談会までの藤澤の論考は、この「神代が世界一般の神代」であることを学問的に位置づけようとして、各種「偽書」を動員した結果と見ることができよう。しかし、座談会以後は、「偽書」から決別し、大國隆正をはじめとする国学者の説や記紀を典拠として国体を論ずる立ち位置に還ったことが戦前最後の著作から窺い知れるのである。

おわりに

以上、主に藤澤の著作を通じて、その西洋近代政治思想と国体思想の変遷について論じてきた。その結果、藤澤の理想とする政治とは、天なるもの（神或いは宗教）と人が結びつき、地なるもの（生活活動）と共に生きる、言わば天と人と地が密接不可分な関係にあることを希求したことが明らかになったと思われる。それは、卓絶した語学力と二〇代からの海外経験に裏付けされた、藤澤の西欧近代政治思想における学識を土台に、海外事情を通じて得た知見であった。こうした藤澤の論考は昭和八年に確立されており、時代の先を行くものであったといえよう。この国際的な感覚と、日本の国柄の優越性を明らかにすることに終始していた藤澤の言説が、戦局が拡大するに従い、次第に天照大御神や天皇を中心とした世界秩序の理論構築に比重を置くこととなる。すなわち藤澤は、『世紀の預言』で、日本と天皇を万国の中心と捉え、皇国たる日本が世界を教導して真の平和を築く使命があるという結論に至ったのである。それには宇宙観と皇国観が変化していき、我が国の国体が、日本に限定せられる政治体制ではなく、全世界ひいては全人類の政治体制に当てはめることの出来る唯一のものであることを理論付ける必要があった。そのために、内外の「偽書」を動員した世界一家体制の理論構築が試みられたのである。この思想的展開は白旗士郎こと葦津珍彦の述べるところの、藤澤の「国際主義的」、「救世主的」傾向には違いないが、藤澤が時局に応じて、皇国体を中心たらしめるために動員されたものであり、藤澤にとって軽率ではあるが、悪意なきものであった。藤澤にとって真に主張すべき事柄は、我が国体の優位性と、大國隆正の影響を受けた東洋思想を元とする公法や世界観、宇宙観であり、その理論的側面に過ぎない「偽書」の引用を糾弾された際には、素直に撤回する柔軟性が藤澤の学者としての良心と矜持を如実に示しているのである。今後もこの「異色の神道人」の更なる考察、再評価が望まれる。

註

(1)藤澤については、阪本是丸「「日本ファシズム」と神社・神道に関する素描」(『研究開発推進センター紀要』六号、平成二十四年)において、藤澤親雄に言及した次の箇所を本稿の出発点としている。

「…現実の「大東亜共栄圏」の具現化たる「八紘一宇」は官民を問わず様々な解釈で論じられたのであり、それが「超国家主義」化に向かふのは当然であり、その「理論的学問的根拠」のために古事記はもとより、内外の「超古代文献(偽書)」は動員されなければならなかつたのである」(同四三頁)。

(2)とりわけ筆者の研究対象である大國隆正に関しては、大崎勝澄『大國隆正』(大日本雄弁会講談社、昭和十八年)、大月隆仗『天皇信仰の首唱者大國隆正』(産業経済社、昭和一七年)、岡田実『大國隆正』(地人書館、昭和十九年)などがある。

(3)臼井裕之は「国際派からオカルト・ナショナリストへ―藤澤親雄の足跡を追う―」(『日本エスペラント学会紀要』第四号、平成二十二年)において、国際派として知られた藤澤が「右派」へ転向し、その後「オカルト的学説」を展開していく学問の「足跡」を戦後の活動まで視野を広げ、考察を試みている。臼井は藤澤の学問的変転を西洋への劣等感から変じた、日本の優越性において生まれたものとみなしている。藤澤のオカルト・ナショナリストなるものを一言で要約するに、臼井の言葉を借りれば「強引に日本の優越性を証明しようとしたからこそ、オカルト的な学説にまで手を出すことになったのではないだろうか」としている。臼井の視点は、藤澤が当初より、「超国家主義的」な理論を展開したものではないことを、海外経験の視点から論じているが、藤澤の著作の考察まではされていない。本稿では、臼井の視点に基づき、藤澤が著作においても、当初より突飛な「超国家主義」的論考を展開した訳ではない事を論じる。

(4)藤澤評の一例をあげると、『叢書　日本人論』(大空社、平成九年)二二に藤澤の『日本的思惟の諸問題』(人文書院、昭和十六年)が所収されており、監修者の南博の解説が付されている。南は解説の文末において「博学な著者が、ファシズムの代弁者として、知識を非論理的にふりまわした著書である」と評している。後述するが、そもそも藤澤は「ファシズム」自体を肯定も「代弁」もしていないことは、各々の著作を通して見れば明らかである。

(5)戦後公職追放解除後は芝浦工業大学・日本大学・国士舘大学教授を歴任。昭和三十七年(一九六二)七月二十三日逝去、享年六九歳。他に、『神道人名辞典』(神社新報社、昭和三十年)から戦後神社本庁参与として活動したことが知られる。また、藤澤の神道人としての活動は藤澤親雄『神道アッピールの旅―北南米知識層の反響―』(神社本庁、昭和三十四年)などを参照のこと。なお、藤澤の遺稿や追悼・随想録が収録されている、小見山登編『創造的日本学』(日本文化連合会、昭和三十九年)の「経歴年譜抄」も参照のこと。

(6)先述したように、筆者の主たる研究対象である大國隆正の音義学や神観念を取り入れた世界観を形成しているところに、近代日本思想における大國隆正の位置が見える一例として好適なのである。隆正の思想が、藤澤の神観念や政治思想にとって非常に重要な位置を占めるものであると筆者は考える。

(7)『全体主義と皇道』(東洋図書、昭和十五年)、『世紀の預言』(偕成社、昭和十七年)、などに詳しい。『全体主義と皇道』では西洋的国際法の欠陥を挙げ、大國隆正の著作である『新真公法論』を引用し次のように述べている。「明治維新の隠れたる功労者として、其の思想的確立に重大なる寄与をなした天才的国学者、大國隆正は、萬国平等の西洋流形式国際法の根本的欠陥を深く認識し、「生みたる」元霊的一者と、それから「生まれたる」分霊的多者との間に当然存在すべき上下立体の宇宙自然的関係に基き、日本的にして而も同時に世界的に普遍すべき新たなる国際公法を樹立すべきことを力説してゐる。（中略）更に隆正は、自由主義イデオロギーに立脚する西洋流国際法が、各国家を形式的平等の存在として取り扱つてゐることに反対し、国家間には、実質的なる差等的順位が存立してゐなければならないことを力説してゐる。結局、隆正は我が日本が、世界最高の道義国家であることを、「さて、その萬国の中に、只日本国の天皇の神代より皇統を伝へおはしますなり。されば、此の日本国の天皇を世界の総王とて、萬国より仰ぎ奉ること誠に理の当然なり」と述べている。」（一五七―一五八頁）。藤澤の政治思想が大國隆正に大きな影響を受けていることを示す記述といえよう。

(8)大谷伸治「藤澤親雄の「日本政治学」―矢部貞治の衆民政論に対する批判を手がかりに―」（『北海道大学大学院文学研究科研究論集』一一号、平成二十三年）。

(9)今井隆太「国民精神文化研究所における危機の学問的要請と応答の試み」（『ソシオサイエンス』第七号、平成十三年）。

(10)前掲大谷論文一〇頁を参照。

(11)『西欧近代思想と日本国体』の初出は思想問題小輯四として文部省から非売品として出版されたものであり、その後、一般に向けて販売されたものが昭和九年十二月二十五日に日本文化協会から出版されている。

(12)同、一頁。

(13)『西欧近代思想と日本国体』、二六頁。

(14)同、三〇頁。

(15)同、四四―四五頁。

(16)同、三三頁。

(17)藤澤は抽象的遊離人を宗教的なるものから引き離してしまうことが近代主義の根本的問題点であることを指摘している。

(18)前掲『西欧近代思想と日本国体』、三五頁。

(19)同、三七頁。

(20)ダヌンツィオはムッソリーニに影響を与えた「ファシズム」の先駆者とも評される人物である。しかし藤澤は、この革命を「ボルシェギズム的無統制状態」であるとし、評価をしていない点を見ても、単なる「ファシズム」の肯定者ではないことを示している。
(21)前掲『西欧近代思想と日本国体』、四二頁。
(22)同、五五頁。
(23)同、四三—四四頁を参照。
(24)同、五二—五三頁。
(25)同、五四頁。
(26)同、五五頁。
(27)同、六四頁。
(28)同、六六頁を参照。
(29)青年教育普及会、昭和十年三月。
(30)前掲『西欧近代思想と日本国体』、五二—五三頁を参照。
(31)同、五五頁。
(32)同、五五—五六頁。
(33)同、六三—九二頁。
(34)同、九四—九五頁。
(35)前掲『日本的思惟の諸問題』、一九頁—二〇頁を参照。
(36)同、二二頁—二三頁。
(37)同、五九頁。この造化三神の思想は大國隆正が述べた宇宙観・世界観と酷似している。大國隆正の神観念については拙稿「大国隆正の神観念についての一考察」(『研究開発推進機構紀要』第六号、平成二十六年)を参照のこと。
(38)国際連盟について、藤澤は「漫然と世界の国際平和を説くだけでは、決して人類としての生活は安堵せられない。やはり、王者的な国民が深い倫理的関心から全人類のために責任を負ひ、世界を覚醒して行かねばならないのである」(前掲『西洋近代思想と日本国体』、二八頁)と述べる。国際連盟の説く平和は、藤澤にとってマルクス主義的な世界主義的思想と大差なく、真の国際平和に必要なものは、人間が持つ道徳的情操を涵養する民族精神や家族主義にこそあると論じている。

(39)藤澤の「道」という概念は時代によって解釈が都度付加されていくが、これを字義のみならず音義として解釈したものに、道＝「御血」の概念がある。藤澤は道の本義を次のように解釈する。「神ながらのみちとは御血であり我々の神秘的な生命の根源から湧き出で過去現在未来を貫いて不変に流れて行く民族の「神聖なる血液」を意味するものと存ずるのであります」(『我が国体と世界新秩序』日本放送出版協会、昭和十六年)、二頁。

(40)藤澤は翼賛政治の国民に対する注意点として、翼賛体制における国民の政治に対するあり方は、時の政府を支持したり、時の総理大臣を翼成したりすることではないと注意を促している。

(41)『世紀の預言』、八頁―九頁。

(42)藤澤は「民族」という用語について、Nation の原語として「生まれて来たもの」を意味すると規定し、単に国家的機構を指す State とは異なり、Nation には「民族」を包含する「精神的文化」を意味する言葉であることを力説する。西欧近代国家はこの「生まれてきたもの」という元来意味する所の Nation を忘れ、State と Nation を意識して使い分けること無く「国家」と「民族」を混同した政治機構を展開した所に矛盾が生じていると結論づける。藤澤の Nation と State の違いについては、前掲『我が国体と世界新秩序』及び『日本国家学原理』において詳細に論じられている。

(43)前掲『世紀の預言』、二九頁。

(44)同、三三頁。

(45)同、五四頁。

(46)同、四四頁。

(47)同、四七―四八頁。

(48)同、二八一頁。

(49)同、二六一頁。

(50)同、一四四―一九〇頁。

(51)同、一五一頁。

(52)同、一六一頁。

(53)同、一六四―一六五頁。

(54)同、一七一―一七二頁。

(55)同、一七三頁。藤澤はエジプトの古代文字と神代文字との関連性について、「この神代文字は、「結縄文字」と、「すめる文字」であつて、竹内文献に因ると、太古に於て我国で創造せられたものである。此の古代文を解読すると、「日本から天降つた二柱の神の霊がピラミッドに納められてゐる。代々その子孫が伸び栄えることを祈る」といふのであつた」と述べている。

(56)『惟神道』(皇典講究所華北総署、昭和十七年二月号)を参照。参加者は藤澤の他に、神祇院副総裁飯沼一省、國學院大學教授大串兎代夫、海軍少将匝瑳胤次、宮内省掌典星野輝興らが名を連ねている。

(57)同、六五―六六頁。

(58)白旗士郎「承詔必謹と神代史観」(『公論』第一公論社、昭和十八年五月号)。

(59)『公論』は『迷宮』創刊号(白馬書房、昭和五十四年七月)の解説「戦時下における偽史論争」によると、「昭和十一年に創刊され昭和十九年十一月まで続いた当時の有力な右派系月間総合誌の一つで、保田与重郎、本間憲一郎、大川周明、影山正治、林房雄と言った論客が名を連ねていた」(同一二八頁)と記されている。

(60)前掲『迷宮』創刊号、一〇四頁。

(61)島田は大東亜戦争に日本が臨む姿勢として「戦争の場合であらうと、異民族に対しようと、なんら恐るゝところなく、恥ぢることなく」国体を明らかにすべきであるとし、藤澤の主張を「偽史により雄大な構想を以て大東亜に臨めとか、或る基本観念を立てゝ行かうなどといふことは、私は思い上つた僭上沙汰だと思ふ」と批判し、臣民が取るべき行為とは「大元帥陛下の御命令のまゝに進展して参るものであつて、これを先立ちになつて走り進むのがわれ〳〵臣民の使命であつて、構想をそこに勝手に立てたり、戦争の理念を今から立てるといふのは」思い上がった僭上であると意見し、藤澤も誤りであると認めている。

(62)島田は「偽書」の引用の他、藤澤が好んで用いる音義説に対し異議を唱えている。即ち「今の言霊をうつかりやつてゐると、「ヒ」は「ヒ」とか何とかやるけれども、これを以てして万葉集以後二十一代集全部解釈出来ない。況や　明治天皇の御製は解釈出来来ぬ」と述べ、大御歌ならばその全体を解釈或いは体得するべきものであるのに一言一言を解釈する音義説を「コ」は「コ」だの「アー」は「アー」だといふのは烏の学ですよ」(一一九―一二〇頁)と転回を促すが、藤澤は音義説に関しては「私は私なりに古典を読んでいつてゐる」のだとして自説を曲げることはなかった。

(63)『日本国家学原理』(三省堂出版、昭和十九年)。

(64)「偽書」の引用は一切見られないが、記紀の神聖性を逸脱しない程度に、典拠不明の主張を述べる所は本書でも散見する。例えば、ナチスのハーケンクロイツに太陽信仰を見出し、その根拠として、エジプトの古蹟発掘物に卍（まんじ）もその変形も見られるとし、且つ王の字も「十字」も太陽信仰に関係するものであるとし、「支那文化がバビロニア地方に発祥したといふ学説と関連して究明せらるべき一問題」であり、「皇は天地自然に陰陽として分極する太陽の創造的生命力をそのまゝ体現してゐる神聖なる存在といふが如き意味となる」（一三二—一三三頁）などと述べるあたりは、白旗の分析する「国際主義的」、「救世主的」傾向を未だ残していると言えよう。

(65)同、七六頁参照。

大串兎代夫の帝国憲法第三十一条解釈と御稜威論

宮本誉士

はじめに

大串兎代夫[1]（明治三十六年〔一九〇三〕―昭和四十二年〔一九六七〕）は、東京帝国大学において上杉慎吉（明治十一年〔一八七八〕―昭和四年〔一九二九〕）の指導を受け、ドイツ留学時代（昭和三年―昭和八年）には、ナチスドイツの公法学者として著名なオットー・ケルロイター（Otto Koellreutter,1883-1972）に師事し、カール・シュミット（Carl Schmitt,1888-1985）からも直接教示を受けた憲法学者である。そのドイツ留学時代の『日記』には、「日本国法学は、科学として成立するため実に至難なるものである。身を犠牲にして悪声の中に倒るゝ覚悟あるに非ずんばこの学問は遂に世の中に生れ出づる事さへも出来ぬ。諸先輩殊に上杉先生を想ふて実に敬慕推察万感である」（昭和五年三月二十四日条）[2]とある。まさに上杉は「悪声の中に倒」れたが、ここに「日本国法学」に対する大串の覚悟の一端が垣間見える。ドイツ留学は上杉の指示であったが、昭和四年に上杉は逝去しており、後に大串は、「訃に接して、私が学界に孤児として取残されたことを痛感し、今となっては、論文業績によって学界に地位を得るより外に道がないと覚悟した」(3)と述べている。その後、昭和七年七月、文部省留学生（在外研究員）となり、同時に「国民精神文化ニ関スル研究ヲ掌リ指導及普及ノ実施ヲ行フ」(4)文部省国民精神文化研究所（以下、精研と略す）の所員になることが予定されたが、(5)それは帰国後すぐには実現せず、昭和九年四月に研究嘱託となり、翌十年二月に所員となった。

留学時代の大串は、度重なる危機に直面したワイマール共和国において理論的かつ実際的に公法学・国家学が「政治化」した時代に(6)その学問的訓練を受けたが、帰国後は、「非常時」における帝国憲法の解釈とその具体的運用を模索し、精研の活動を中心として、國學院大學教授、文部省教学局教学官、日本諸学振興委員会法学部委員、大日本言論報国会理事なども務める傍ら、『中央公論』、『文藝春秋』はじめ多くの新聞、雑誌等に精力的に執筆し続け、戦時下においては著名な存在であった。

その憲法学の特徴は、「主権」概念に代えて「国家権威」概念を検討し、「日本国家学」の樹立を目指して、「神」の問題に取り組むとともに、「非常時」の国家体制を構想したことにある（後述）。近年の研究状況を顧みると、(7)新体制運動以降における大串の「非常大権発動論」が議論の焦点として注目される。「非常大権」とは、帝国憲法第三十一条の規定であり、「本章（「第二章　臣民権利義務」）ニ掲ケタル条規ハ戦時又ハ国家事変ノ場合ニ於テ天皇大権ノ施行ヲ妨クルコトナシ」とある「天皇大権」を意味するが、大串の「非常大権発動論」に着目した官田光史は、「非常大権論をとおして、国土の戦場化という非常事態が想定されたとき、帝国憲法の解釈と運用がどのように模索されたのか」とする問題設定により、帝国憲法が「非常大権」に関する具体的な規定を備えていなかった故に、政府・軍部が大串達の意見を参照しつつその発動を検討し、大串が「非常大権発動論」を主導した政治過程を明らかにした。[8] 大串が「非常大権発動論」を提唱するに至る経緯を顧みると、その着想は既にドイツ留学時代に萌芽があり、それが帰国後すぐの帝国憲法第三十一条解釈の論考へと繋がり、新体制運動以降の「非常大権発動論」に結実したことが理解される。本稿の目的は、以上の学説形成過程にも触れながら、何故に大串が一貫して帝国憲法第三十一条解釈に拘り、「非常大権」発動の実現に奔走したのか、その学的根拠を検討することにある。

一　ドイツ公法学の影響と「非常事態理論」

(一) ドイツ公法学の影響

昨今、「天皇機関説事件後の憲法学者」として注目される黒田覚の「非常大権論」に比して、大串は、「新体制を確立するために、黒田以上に非常大権を革新的に解釈した」と指摘される。[9] 黒田は、昭和八年の滝川事件の処分に抗議して京都帝国大学を辞職後、翌九年に復職し、昭和十年以降は京大憲法学講座を担当したが、大串を評して、「大串兎代夫氏は憲法学界・政治学界の特異の存在である。滞独五ヶ年、ナチス政権樹立前後の嵐を身をもつて体験した同氏は、ナチスドイツの国家理論の最も優れた理解者であると同時に、日本主義者である。「徹底的な国家主義者」である」、「国体理念としての権威及び稜威の解明は、正に同氏の独壇場といひうべきもの。これらの問題についてわれわれの逢着する困難さは権威・稜威についてのその憲法学的意味と政治学的意味の関連をいかにつけるかにある」[10] と述べている。

ケルゼンやシュミットの影響を受けた黒田の学説は、「国防国家体制」の構築を理論的に擁護しながら、立憲主義的憲法学説を構築したと評される。[11] 大串も同じく「国防国家体制」の樹立を支持してその理論構築を検討したが、黒田が「ナチスドイツの国家理論の最も優れた理解者」と述べる通り、当時のドイツ公法学を主導したシュミット、ケルロイターに直接学んだことが大串の強みであった。近代日本の法学者達がドイツ法学を基盤としたことは多言を要しないが、それは昭和前期においても例外ではなく、シュミット、ケルロイターの学説は、当時『国家学会雑誌』、『法律時報』、『公法雑誌』などにおいて頻繁に議論され、批判的解釈も含めて言及した研究論文は枚挙に暇がない。

かつて長尾龍一は、天皇機関説事件後の昭和十年代の法学を評して、「この時期においても、法学が「国体論」によって抹殺された訳ではもちろんない。「国体論」と法学の間には新たな住み分けが成立し、法学は法学でその権威を保持し続けた。（中略）西洋法学の中にも、歴史法学・国家有機体説・反国家法人説など、「国体論」と整合しうるような思想も存在し、特にナチ法学にはその傾向が強かったから、カール・シュミットやオットー・ケルロイターなどの理論を媒介として「国体論」に接近することも容易であった。特にワイマール期にシュミットが唱えた憲法制定権力論は、穂積流の法学的「国体論」と通ずるところがあり、その非常事態理論は帝国憲法の反自由主義的運用を正当化しうるもので、このような観点から美濃部事件以後の理論憲法学の再興を企てたのが黒田覚である」[12]と述べたが、まさしく黒田と同様に、ドイツ公法学の影響を受けて「非常事態理論」を検討したのが大串であった。

精研に所属した当初から、大串は「非常時」の法理論を模索しており、それは留学時にナチス政権樹立前後の政変を体験したことや、ケルロイター、シュミットに学んだ経験と無縁ではない。その学説は、ドイツと日本との相違にも充分留意しながら、「日本国家学」の樹立を目指して展開されたが、ドイツ留学時代の学問に着想の根源を認めることができる。

ここで確認すべきは、大串が特に「非常大権論」を構築するに当っては、従来指摘されてきたケルロイターとの関係性ではなく、シュミットに触発された傾向が多分にあったことである。たとえば、大串の『日記』には、シュミットとの会話記録として、「小生にとってはカールシュミットは心の兄だ。二年間この人の本を読み心酔し落胆し又その精髄に他の学者の持たざるものを見た。この人の学説に対するあらゆる問題は直接自分自身への問題だ。食前食後夢中になって話した」（昭和五年六月二十日）[13]とある。

シュミットの学説と対峙した記述は、その他にも見られるが、同『日記』に付されたシュミットへの手紙草稿（昭和五年九月十六日条）には、「小生は先生学説に敬服しその学説を以て、日本憲法学にとり有意義なるものと確信致し、小生論文も先生学説の根本思想の上に打立てんと試み居り（中略）「例外事態を決定する者を主権者と言ふ。例外事態の場合に於て法はその根源的なる純粋なる法の状態を出現する。」この先生の思想は日本の場合にとり驚くべき的中を示してゐる。（中略）日本の国家が危機に瀕した時（特に対外関係に於て）皇室は国家を代表して政治決定をした。（中略）日本に於ける「主権」の観念は欧州に於けるそれと異る」[14]とあり、後に第三十一条解釈を基にした「非常事態理論」を形成する萌芽がここに垣間見える。また、昭和五年のシュミット訪問を振り返って、「学問的に言へば実質上滞欧期中今迄最も収穫の多かった年で、大体カールシュミットの影響の下に国家主義的思想傾向がハッキリして来た」（『日記』、昭和六年正月元旦条）[15]と記したことも、注意を惹く。

特に、「例外事態を決定する者を主権者」（『政治神学』**Politische Theologie,1922**）と定義したシュミットの学説に、「日本の国家が危機に瀕した時」の特徴を見出した点は、大串の学説理解にとって重要である。さらに、「日本に於ける「主権」の観念は欧州に於けるそれと異る」とある通り、後に大串は、「主権」概念に代えて「国家権威」概念を用いたが、その「非常大権論」は、「国家権威」としての天皇が、「例外事態を決定」することに他ならず、その着想の原点は、シュミットとの出会いにあると言わなければならない。

(二) 初期著作と「主権」、「国家権威」

前掲『日記』の文言からも窺えるが、留学時代の大串は、「主権」概念を主たる研究対象としていた。たとえば、上杉慎吉追悼号である七生社の社誌(『上杉先生を憶ふ』)に寄稿した「カール、シュミットの主権論」[16]では、その冒頭に、「主権者とは例外状態を決定する者を言ふ」(『政治神学』)と述べたシュミットの言葉を掲げ、その学説紹介と自説とを展開している。たとえば、「主権の根本問題は、主権の概念よりも主権の主体にある。何者が一般法規外の事態を解決決定するかにある」、「例外事態とは一般的法の外に立つ事態である」、「法が之につき規定せんとするも、精々国家存亡の危機とか絶対緊急事態とか言ふが如き事態の記述しか出来ぬ事態であつて、かゝる場合にはその危険を除去する権限の内容も前提も必然的に無制限なりとなさねばならぬ」[17]とあり、例外状態か否かを決定することも主権者とする辺り迄はシュミット学説の祖述である。

これらシュミット学説からの触発によって、大串の「非常事態理論」が形成されたことは、後述する「非常大権論」からも容易に推察されるのであるが、同論文で注目すべき点は、「西洋に於ては常に国民国家或は国民主権と言ふ如き主潮流が、それが国民主権反対論に於てさへも、何等かの形に於て、その根底に横つてゐると言ふ事であつて、日本歴史に於ても国民信念に於ても未だ嘗て国民主権と言ふが如き観念のない吾が国に於て、如何に吾が国状に合する如く見ゆる学説であつても、その根底に横る宗教的或は歴史的概念が全く異ると言ふ事を忘れてはならぬ」と述べて、シュミットの主権論の重要性を指摘しつつ、それを「他山の石」であると述べた箇所である[18]。大串はシュミットの学説に敬意を払いつつも、こうした問題意識を以て、後に「主権」概念に代えて「国家権威」概念を模索し、自らの日本国家学、日本憲法学の構築を目指したのである。

これに関して、ドイツ留学時代の集大成ともいうべき『国家権威の研究』「全訳の序」に拠れば、同書は、「日本国家学の樹立といふ一生の目的」で執筆したのであり、「国家権威といふことをいひ出した所以のものも、何とかして日本国家のあり方を他の国の人にもわかるやうな形で表現したいといふ意図に基」づくと述べているが、注目すべきは、「国家権威」概念が「国家の本質的要素[19]」を表現する基礎概念であり、「主権」概念が国際法における「権利」と、国内法における「権威」とを表現する際には矛盾があるが、それは「国家権威」概念によってこそ克服されるとした点である[20]。そして、国際法と国内法との「法条件の相違」の克服を意図して、「主権の概念を以つては法と権力との結合点を見出すことが出来ないから、この概念に代ふるに国家権威を以てしよう[21]」とするのである。大串にとっては、「国家権威は国家の連続的要素[22]」であり、「権威の絶対性は精神的要素に存するのであつて、主権に於ける如くに単に権力的要素に存してゐるのではない[23]」のであり、こうした「日本国家のあり方」を概念的に捉えたところに主目的があったが、それは国際法的に捉えても「主権」概念に代えるべきものと主張したのである。こうした『国家権威の研究』を基にして、具体的な「日本国家学」の樹立を目指したのが、帰国後の研究活動であったといえる。

(三) 天皇機関説事件と「日本国家学」

帰国後の大串が所属した精研は[24]、昭和七年八月二十二日の国民精神文化研究所官制の公布（勅令二三三号）とともに事務所が文部省内に設置され（同年九月六日に神田区一ツ橋通町・旧東京商科大学跡仮庁舎、翌八年五月三日に品川区上大崎長者丸に事務所を移転）、研究部・事業部及庶務係を以て組織されて、昭和十八年十一月には国民錬成所と合併して教学錬成所となった文部省直轄の研究教育機関である。大串は昭和九年三月、精研の法律学研究嘱託となり、同十年には所員（事業部・講習会主任）となって、昭和二十年十月教学錬成所廃止に至るまで務めた。

昭和九年、大串は研究部法政科（法律学・政治学・社会学）に所属したが[25]、後に事業部・講習会主任を務めながら[26]、研究部法政科における（同科には他に、所員井上孚麿、所員河村只雄、研究嘱託藤澤親雄、思想調査嘱託水木惣太郎が所属）、「日本国家学」の研究に従事した。当時、法政科全体の研究目標が「日本国家学の確立」であり、個々の研究題目は、それぞれ「祖宗の遺訓としての帝国憲法」（井上孚麿）、「家族及び財産制度の研究」（河村只雄）、「帝国憲法と皇室典範」（大串兎代夫）、「日本政治学の基本問題」（藤澤親雄）であった。(27)

謂うまでも無く、大串が精研所員として活躍し始めた昭和十年は、昭和八年の京都大学法学部滝川幸辰を標的とした滝川事件に続いて、およそ三十年間主流の位置を占めた美濃部学説が政治問題となり、「「合法無血のクーデター」と評されてゐる程、稀に見る成果」を齎した「天皇機関説排撃運動」(28)が展開され、徹底的に機関説が排撃された時期である。帝国大学法学部を標的として過激な「学術維新」運動を展開した蓑田胸喜をはじめとする原理日本社の言説、そして第六十七回帝国議会貴族院における菊池武夫の演説を発端として、国体擁護連合会をはじめとする国家主義勢力の機関説排撃運動が展開された「国体明徴運動」こそは、全国民に「国体の本義」が徹底された基点であり、政治、教育等の様々な分野に多大な影響を与えたことは、よく知られている。

美濃部の論敵であった上杉慎吉に師事した大串は、国体明徴運動に対する政府の具体的施策の中で、次の如き役割が期待された。それは、「国体明徴ノ為執リタル処置概要」（「昭和一〇・一〇・一調」）(29)に拠れば、「国体観念徹底ニ関スル処置」として、各省開催の講習会とともに、「国民精神文化研究所ニ在リテハ、益々其ノ研究ヲ進メ、其ノ成果ハ之ヲ刊行配布シテ普及ヲ図ルト共ニ、年二回六ヶ月間全国師範学校、中学校教諭ヲ集メ、徹底的ニ国体観念体得ノ教育ヲ施シツツアリ。将来、此ノ施設ヲ拡充シ、真ノ日本ノ学問文化ノ建設ニ努メントス。殊ニ法政方面ニ於テハ研究目標ヲ日本国家学ノ確立ニ置キテ根本的研究ヲ盛ンナラシメツツアリ。其ノ研究題目ノ一、二ヲ挙グレバ左ノ如シ。／帝国憲法ト皇室典範　大串所員／教育勅語ト帝国憲法ノ関連性　藤澤研究嘱託」（傍線筆者）とある。すなわち、「国体観念体得」の教育とともに、「法政方面」における「日本国家学」の確立が、特に精研の法政科に求められたのであり、大串はその要請に応えて研究を進めたのである。

二　非常時における帝国憲法第三十一条解釈

（一）大串兎代夫の「非常大権論」

続いて、昭和十年前後の研究内容を見ると、大串が法律学研究嘱託時代に発表した「法と倫理」（昭和九年五月）[30]では、帝国憲法第一条及び第三十一条を重視する自らの憲法論を展開している。ここで注目すべきは、帝国憲法第一条（「大日本帝国ハ萬世一系ノ天皇之ヲ統治ス」）について、「統治権の主体が天皇なりや国家なりやと論じ、天皇統治権者の説と天皇機関説とが相対立する如く思惟さるれども、かかる説は我が国体の現実を基として観じ来れば、双方とも誤れる」理解であり、「統治権なる権力概念を我が国体における天皇の万古不易の権威を宣明する第一条に移入」することが「根本の誤謬」と指摘した箇所である。ここに「主権」概念に代えて、「国家権威」概念を用いた大串の本領が発揮されており、「権威」と「権力」の相違が明らかにされている。そして第一条の「統治ス」は、「統治権」の意味ではなく、第四条（「天皇ハ国ノ元首ニシテ統治権ヲ総攬シ此ノ憲法ノ條章ニ依リ之ヲ行フ」）こそが「統治権」の規定であるのに対し、第一条は「国家権威の規定」であって、「憲法の根本規範としての国家倫理的大原則」を示した条項であると主張する。すなわち、大串は第一条と第四条とは重複規定ではなく、第一条を「国家権威」の規定と解し、第四条を「統治権」の規定と解することで、「天皇機関説事件」以前において、第一条を「統治権」の条項と解する従来の「天皇統治権者の説と天皇機関説」とを批判したのである。[31]

そして帝国憲法第三十一条については、『憲法義解』（明治二十二年）に言及しながら、「憲法第一条に現るる法の精神は之を最も具体的にしては、国家の非常事態に関する第三十一条に見えたり」と述べて、「かかる非常の事態に於て、国家の真の根拠を明瞭」にする条項が第三十一条であり、「国家国民の救済が法の根本精神」であると主張する。同論文の最後には、第一条と第三十一条は両極であるが、「法と国家倫理の連関」について、「両極に通ずる精神は一なり」とある。こうして大串は、帝国憲法第一条及び第三十一条を焦点として、「非常例外の場合における国法」の在り方を検討し始めたのであるが、翌十年刊行の『天皇機関説を論ず[32]』においても、第一条及び第三十一条を解して次のように述べている。

> 第三十一条に依つて第一条に表れました　天皇統治の永久的原則が全く具体的関係に及ばぬものではなく、国家非常の場合に於いては生々と活動して参る国法の最終的原則であることが示されて居ります。通常人が国体を論ずる場合に於いて、単に第一条の永久的原則のみを見て、第三十一条に於ける国体原則の具体的方面を見ないのは未だ我が国体の真義を解するものと言ふことが出来ません。国体は永久不変のものであることは勿論でありますが、国民生活の全部が危急に瀕する場合に於いては通常の規定を覆して活動し来る動的原則であつて、単に国民信念を表はすに止る政治倫理的原則ではありません[33]。

ここに明らかな通り、第一条を国体の「永久的原則」、第三十一条を国体原則の「具体的方面」として、第一条・第三十一条が「国体の真義」を解する条項と述べた理解こそは、大串の第三十一条解釈の要点である。後述するが、これは戦後も変ることが無かった論点であり、後に「非常大権発動論」を主導した大串の国体論的根拠は、既に昭和十年前後には構築されていたと解される。

また、大串の第三十一条解釈の特徴は、帝国憲法「第二章　臣民権利義務」の規定について、「単に個々人に関する規定ではなく、日本国民全部に関する規定」であり、「若しも国民生活の全部にとつて、この個々の規定を通常のまゝ尊重することが却つて危険となるやうな非常の事態が成立する場合には、第二章の個々の規定を棄てゝも、その根本精神である国民全部の生活の安固をはからねばならぬ」[34]と述べた点にある。このことは、第三十一条が、「個人自由の保護」ではなく、「国民全部の生活確保」が目的[35]になると述べた言葉によって、さらに明瞭である。そして、「国家非常の際に於いては単に第二章の諸規定が顧みられる遑がないのみでなく、第四条の統治権の総攬が一々「此ノ憲法ノ條規ニ依」るべき通常原則も破れ」ていくのであり、このことが「第四条が根本に於いて 天皇親政を表すものである具体的内容」を示しており、「第四条が、天皇の永久統治を表す第一条の精神に直接基礎を置いて居ることもこの第三十一条の規定で明瞭[36]」であると主張したのである。つまり大串は、第三十一条こそが、第一条の精神の具体化であり、かつ第四条の天皇親政を表す具体的内容を示す規定であると述べたのである。大串は、この時点で「非常大権」の研究が未だ深く為されていないことを指摘しているが、次に黒田覚の「非常大権論」を確認することで、その特徴と相違点を明らかにしておきたい。

(二) 黒田覚の「非常大権論」

従来、昭和十年代の第三十一条解釈の議論については、政府が議会の審議なしに勅令によって「国防目的達成ノ為国ノ全力ヲ最モ有効ニ発揮セシムル様人的及物的資源ヲ統制運用」(国家総動員法第一条)することを定めた、昭和十三年制定の国家総動員法(以下、総動員法)との関係において論じられてきたが[37]、その際に総動員法を法理論的に合憲と主張したのが黒田覚であった。黒田は、帝国憲法を「正常的状態」と「非常的状態」に関する条項に大別して、「非常大権」は後者に位置する非常の措置であり、総動員法は前者に位置すると述べて、帝国議会において総動員法が「非常大権」を干犯するとした違憲論に対するアンチテーゼを提示したのである[38]。

黒田の「非常大権論」は、総動員法成立以前において、既に『日本憲法論　中』(弘文堂書房、昭和十二年)においで提示されており、その解釈は、第八条の緊急勅令に関する規定、第七十条の緊急財産処分に関する規定、

第十四条の戒厳の宣告に関する規定、いずれにおいても克服し得ない危機に対しての「最後の手段」であり、[39]第二章中の自由権の停止のみならず、同章中その他の立法事項も停止されるため、「少なくとも第二章の立法事項と直接の関連に立つ限りに於ける第二章以外の立法事項の規定の侵害も予想」[40]されると指摘するものであった。こうした理解は、第三十一条の規定が、「「非常的状態」に関する他の諸規定を以ては克服し得ない危機に対して、国家の存立のための最後の手段として存するもの」と見た故であり、以上のような場合を予想していると考えなければ、「第三一条の規定はほとんどその大半の意味を喪失する」と述べたのである。[41]さらに黒田は、「国家総動員法と非常大権」[42]において、「非常大権の規定の精神」によって国家総動員法が是認されるべきと述べた上で、「国家総動員法の規定するところは、戦時における危機の克服のための諸手段をあらかじめ現在において規定しようとするものであるに反して、憲法第三十一条はもっと具体的な形で示される危機の克服のための最後的手段としてのみ可能」として、国家総動員法は「正常的状態」に位置し、非常大権は「非常的状態」に関する規定であると指摘している。

黒田もまたシュミットに魅せられた憲法学者であり、「非常大権」を広義に解釈する点では大串と共通するが、その「最後的手段」の解釈に関しては異なる部分が多い。すなわち、大串が「第四条の統治権の総攬が一々「此ノ憲法ノ條規ニ依」るべき通常原則も破れ」て、統治権の総攬全体に及ぶとする解釈をしたのに対し、黒田は、第二章中の自由権の停止のみならず、「少なくとも第二章の立法事項と直接の関連に立つ限りに於ける第二章以外の立法事項の規定の侵害も予想」されると指摘し、その制限の度合いこそを議論すべきと主張したのである。当時、「非常大権」は、第十四条の戒厳の宣告との関係性が問われることが多く、主に戒厳の場合を意味すると述べた美濃部達吉説と、戒厳の場合の大権ではないとする佐々木惣一説があり、その異同が議論の対象であった。[43]また、「非常大権」が戦時又は国家事変に際しての一切の処置を認めると解した説として、上杉慎吉説、佐藤丑次郎説などもあった[44]。しかしながら、これらは戦時下において形成された学説ではなく、黒田理論の登場以降、具体的な危機克服の理論として、「非常大権」の運用が問われていくことになる[45]。こうした黒田理論登場以前の段階で、大串は革新的な第三十一条解釈を提示したのであるが、新体制運動以降の具体的な国家構想については、その「御稜威論」とともに次節で述べることにする。

三　「非常大権発動論」と御稜威論

(一)「日本国家学」と「神」の問題

続いて、大串が「日本国家学」の形成を目指して、如何に「神」の問題と向き合ったかを確認していく。昭和十年三月、日本政治を評して、大串は、「祭政一致に於いて、祭とは、単に神社を祭る行事のみではなく、現代的にこれを表現せば、文化である。綜合的文化が、如何にして国家全体の政治の上に生きて行くかといふことに問題が帰着する。現在に於いては、残念ながら文化が政治を離れ、文化の精神がまつりごととして生きて居らぬ。他の言葉で言へば政治の職業、職能化によつて、御稜威の光をさへぎつて居るとも言へる[46]」と述べた。ここには、日本政治の理想として、明治維新における根本理念であった「祭政一致」を掲げるとともに、後に「御稜威論」を展開する主張とも一貫する姿勢が垣間見える。管見では昭和十年前後の著作から、「祭政一致」をキーワードとする記述が散見されるが、未だ「神」の問題と直接対峙する姿勢は見られない。

大串は、精研に勤務する傍ら、当時國學院大學の学長を務めていた河野省三の懇請で、昭和十一年三月には國學院大學附属高等師範部講師となり、同十五年三月には國學院大學教授・同学監及び専門部興亜部学監を拝命し、「憲法・皇室典範」、「皇道要論」、「国体学」等の講義を担当したほか[47]、昭和十二年以降は國學院の学生団体である満蒙研究会会長（翌十三年には大亜細亜研究会と改称）を務め、満蒙研究会会員の学生寮であった志士寮の指導なども行っている[48]。さらに講演出張も多く、精研において研究室を隣にした増田福太郎が、「常時勤務からの逸脱と評せられるほど、講演出張に多忙を極めている姿を、研究室に籠り勝ちな筆者が見送っていた」[49]と回顧したほどの多忙を極めていた。執筆活動の方面でも、『国体の本義』（昭和十二年）編纂に関わり、その解説叢書『帝国憲法と臣民の道』（昭和十四年）を執筆したほか、数多の新聞・雑誌に原稿を執筆しており、当時ジャーナリズム注目の存在であった。

大串が、「神」の問題と直接対峙した契機については、ライフヒストリーの全体像を明らかにし得ない現状では、一概には判断し難い問題であり、それをここで詮索することはしない[50]。但し管見では、紀元二千六百年を迎える昭和十五年前後からそれまでとは明らかに異なる姿勢で、「神」の問題と向き合った論考が増えていることは確かである。たとえば、昭和十五年一月に発表された「日本国家学の理念」[51]では、「日本の神の意義の中では、「みおやの神」といふやうに、家的な慈愛の神の概念が中心になつてゐて、能力的な神秘的な神が中心になつてゐるのではない」、「すべて古典も、日本国家の現状も神ながらのまつりごとに集中して考へられねばならぬと思ふ」、「神ながらであるのは即ち　天皇の統治であつて、すべて現代の　天皇の御政治に集中帰一すべきである」と述べて、天皇統治こそが「神ながら」であると指摘する。また、「日本国家学の有する大きな使命は一には上述したやうに統治原理としての神の意義を明かにし之によつて日本的国家理念の内容を根底から整備することに在る」とも述べて、「神」の問題は、主に「まつりごと」、「天皇統治」を中心として検討されており、それを「日本国家学」の使命と主張する。

さらに「神」の問題は、「権威」概念と「稜威」概念の相違において語られる。たとえば、昭和十五年五月に発表された「近代国家の基本概念―権力・権威・稜威―」[52]では、「統治権の本質は、天皇の御身と離れない稜威」であり、「権威が人の業績を前提としてゐるのに対して、稜威が神の自然の働をもとにしてゐることが根本の区別」と述べて、その相違を明らかにする。また、「権威は政治的権威もあり得れば、学問的権威もあり得る。即ち異る領域に於いて異る権威が考へ得られるけれども、稜威についてはそれがない」、「権威をして真に権威たらしめるものが稜威である」と述べて、「神の御働」としての「稜威」を「権威」との関係性において捉えている。大串は、「稜威」を語ることが、「日本国家学の基礎について語ることになる」と述べており、「神」の問題の本質を「稜威」概念に求めていくのである。こうして大串は、「日本国家学」における「統治原理としての神」の意義を捉える際に、「権威」と「稜威」との相違を考察することで、その解決を目指したが、ここに黒田覚が、「われわれの逢着する困難さは権威・稜威についてのその憲法学的意味と政治学的意味の関連をいかにつけるかにある」と述べた言葉が想起される。大串にとっても、そこに本質的な課題があった。

権威と稜威の「憲法学的意味と政治学的意味の関連」については、昭和十五年八月発表の「天皇親政論[53]」が構想の一端を示している。大串は、国内外の状況も踏まえて、「国防国家体制即ち最高度の国家総力を発揮すべき体制の樹立」が必然であると前提した上で、「天皇権威の発揚」、「天皇の官府」を確立することが、「新体制の確立」であり、旧体制とは三権分立制度であると指摘する。そして、天皇親政が「我が国体本来の制度」であり、政府は直接に「天皇の政府」として、内閣制度を廃止し、「各省を全体包含する国務庁」を設置すべきであり、「各省は、国務庁といふ見地から総合或は廃止せらるべき」と主張する。ここで大串の云う「国務庁」とは、「内部部門の分け方に従つて、二乃至は三の長官を設け、この二長官乃至は三長官が、国務大臣として、天皇に直属し、輔弼し奉る」組織の構想である。こうした政務の総合によって、「究極に於ては、御稜威の下に、統帥と政治、猶詳しく言へば、統帥と内政、外交、経済、文化等を一致せしめる」ことを目的として、「権威が直接に政治決定力を集中されることが国家総力の統一」になると主張したのである。その根底には、「統帥のみ直接に稜威より発し、政治については、内閣といふ中間的存在がある」ことが国家総力を統一するに際しての問題点であり、「天皇稜威を中心とする国力の総合」を重視する理解があった。ここに、権威と稜威の「憲法学的意味と政治学的意味」とを関連付けた構想が為されていたと言えるだろう。結果的には、以上の新体制構想は採用されず、近衛文麿のブレーンであった矢部貞治を筆頭とする昭和研究会の構想を基に、万民翼賛の「国民運動」が目指され、新体制運動は大政翼賛会方式によって進められたことは周知の事実である[54]。このことは、大串にとって相当に悔しい出来事であったようであり[55]、この「天皇親政論」における構想は、やがて「天皇官府」設置を目指す「非常大権発動論」の主張へと繋がっていくのである。

大串はこうした「国防国家体制」構築に関する具体的提言も試みながら、昭和十六年には、それまでの「国家権威」研究において、「直接「神」の問題の内容に入つて行くことをしなかつた。即ち、私は世界観的に権威の内容を定めることをしなかつた。それが今後の権威論に於て私が直接に触れやうとする問題である[56]」と述べて、その学的態度を改めて宣言する。すなわち、大串にとっての「神」の問題とは、「世界観」を確立し、「権威」概念を再考する試みであり、その本質が「御稜威論」であった。このことは、「「まつりごと」は国民生活の全体を支へ、育成してゆくはたらき」であり、「神の「みいつ」の表現が政治の本質」と指摘し[57]、「御稜威の本然に基く働きが権威」であり、「権威の奥には神の世界がある。御稜威は即ち神の御光」であると述べた言説にも垣間見える[58]。

(二) 御稜威と憲法

既に見た通り、大串は帝国憲法第三十一条を国体原則の「具体的方面」と述べ、国家非常の場合における「国法の最終的原則」であると主張していた。そして、大串にとっての日本政治の理想とは、「祭政一致」であり、「天皇親政」であったことも既に述べたが、昭和十七年以降、第三十一条の発動を視野に入れて、その実際的な運用を検討することになる。ここでは、まず大東亜戦争期における大串の具体的な第三十一条解釈を紹介した上で、それが何故に「御稜威論」と結びついたのかを確認していく。

まず昭和十七年三月に発表された「軍政論」(59)では、「世界史を切開いて行く国家の「統帥権」は最早、狭義の、政治に対応する意味のものではなく、政治と一体不可分の広義のものであり、御親政の直接内容として仰ぎ見てのみ、その本質を理解しうる」と述べて、「現在の組織機構が重複的」であり、「命令系統を単純にし、明確にしてをくこと」が必要であると主張する。その具体的政策として、権力分立主義を改めて、権力綜合主義の「官庁機構改革」を為すことで、「国家の全能力を同一命令系統の下に発揮する高度の軍政的体制」を提言したのである。ここで大串が指摘する「軍政」とは、「決して単に軍司令官の下にある政治を意味するのではなく」、「国家の全機構を簡明にして上下一貫的な体制におく広義の軍政」であり、「官界新体制を含むもの」であった。そして、これを憲法の条文でいえば、「第三十一条の発動を基にするものである」と述べて、次のように指摘する。

> 憲法第三十一条は従来、非常大権の規定と言はれてゐるものであるが、私は之に反して、憲法第三十一条の天皇の特殊の大権を示すものではなく、戦時に於ける　天皇御親政の原則的規定であつて、決して単なる例外事態ではないと思ふのである。　天皇の統治権は戦時又は国家事変の場合に於いて全一的に発動し、政治と統帥とが一体不分の状態に置かれるのであると思ふ。

大串は、既に「非常時」が常態化した当時にあって、第三十一条が戦時における「天皇御親政」の原則的規定であり、「単なる例外事態」ではなく、これを発動して「政治」と「統帥」とを一体化する組織機構を構築すべきと提言したのである。このことは「総力戦体制は、真に天皇御親政としてのみ十分に発現せられうる」と述べた言葉にも明瞭であろう。[60]

また、「軍政論」と同時期に発表された「御稜威と憲法」[61]では、「天皇の御稜威」は、「直接に憲法の第一条、第三条に宣明」されており、「第四条は天皇御親政といふわが国政治の根本原則を宣明する」条項であると述べた上で、「天皇御親政は、西洋の専制君主の如くに、封建的な私の、個人的な立場に基づく権力政治ではなくして、御稜威による公の政治」であると主張している。そして、「憲法に於いて不変なる国体の要素とこの上に依拠し、時宜によつて改訂されうる相対的規範との限界」を明らかにする鍵が「憲法第三十一条」にあると指摘して、「憲法第三十一条は、形式的には憲法第二章の一例外規定の如き形で存してゐるのであるけれども、その内容は憲法第二章の諸規定の適用を停止し得る性質のものであり、而して憲法第二章の規定は規範内容として寧ろ立憲政体の柱ともいふべきものであるから、その適用の停止は、単に第二章規定の範囲に止るものではなく、第一章、第三章は勿論憲法の政体的規定の殆ど全部に影響力を有してゐるのである。従つて憲法第三十一条はわが国政治の重要なる原則規定であつて、決して一例外規定に止るのではないのである」と述べている。

さらに大串は、従来の解釈が第三十一条を「非常大権に関する規定と解し、非常特別の場合に関する特殊なる大権と規定となしたことに対しては全面的に反対せざるを得ない」と述べて、「非常大権」の呼称自体をも否定する。その上で、「従来憲法学に於いては、平常時を前提する憲法の研究はなされたけれども、戦時を前提する憲法の研究は、単に特殊の例外的場合と考へられるのみで、戦時法体系としての原理的研究が為されて居ない」と指摘し、戦時法体系の構築を示唆したのである。同論文には具体的な「天皇の官府」構想についての記載はないが、「国家の永遠の存立の立場に立つて申す場合には、天皇御親政の本体は直接的には戦時憲法の規範体系に於いて表現せらるゝ」と述べて、第三十一条が「本来原理的性質を有する規定」であると主張した点に注意すべきである。そして、戦時憲法の規範体系において確立される「天皇親政」が「御稜威に基づく憲法の本義を発揮する」[62]

と指摘した点に、帝国憲法第三十一条解釈と「御稜威論」とに一貫する大串の真意が看取される。

その後、戦局が悪化していく中で、本土決戦が予想され、第八十七回帝国議会（昭和二十年六月九日―十二日）では議会招集不能の際を想定した審議が為されるに至り、「非常大権発動論」と「戦時緊急措置法（全権委任法）」とが、その争点となった。(63) 官田光史は、その政治過程を捉えて、「非常大権」が具体的規定を欠くために、その運用方法について法学者達の意見が問われるようになったこと、それを主導したのが大串であり、「戦時的憲法規範体系」の確立を求めて邁進したことを明らかにした。(64) 当時、大串は「非常大権」と「全権委任法」との区別について、「非常大権の本質は御稜威に在り、外国流の全権委任法の思想は権力に胚胎する。この区別がわからねば、非常大権の本質を理解したとはいへない」と述べて、さらに「非常大権」の「重点は大権発動の下に統帥と国務を一体化する国家の統一力を発揮することにある」と記した。(65)「全権委任法」とはナチス憲法のいわゆる「授権法」のことであるが、ここにドイツと日本との相違を明らかにしつつ、(66)「非常大権発動論」を主張した大串の帝国憲法第三十一条解釈の学的根拠があり、シュミット学説を「他山の石」と指摘した根拠も垣間見える。しかしながら、昭和二十年六月二十二日、政府への広範な委任立法権を認めた「戦時緊急措置法」が公布されるに至り、帝国憲法第三十一条を「国法の最終的原則」と解して、「天皇稜威を中心とする国力の総合」を目指した大串の構想は、実現せずに終戦を迎えることになる。

おわりに

かつて黒田覚と大串兎代夫とを検討した宮本盛太郎は、「戦前の黒田の議論に欠落していたのは、（中略）同時代の大串兎代夫のような天皇の権威をひたすら正当化する理論であった」(67) と指摘したが、まさに大串の「日本国家学」が目指した到達点は、究極的には、天皇の権威、御稜威を憲法学的に捉える理論構築であり、特にドイツ留学時代に吸収したシュミット学説を媒介として形成された帝国憲法第三十一条解釈がその焦点となった。「非常事態理論」が要請された戦時下において、その「非常大権論」は時勢と無関係には存在し得ず、新体制運動以降における実際的な「非常大権発動論」の主張へと結実していく。それとともに「日本国家学の基礎」としての「御稜威論」も、「神」の問題も検討されたのであり、「非常大権の本質は御稜威」にあると述べるに至る。大串の「日本国家学」、「非常大権発動論」は、こうした戦時下における「非常事態理論」の要請に応えて、時局の指導原理を憲法学的に捉え、その窮極のところを模索する姿勢に貫かれていた。

その模索の中で、大串は帝国憲法第三十一条が、「非常の事態に於て、国家の真の根拠を明瞭」にする条項と解釈し、国務と統帥との一体化を目途として、「御稜威に基づく憲法の本義を発揮する」戦時憲法規範体系の構築を主張したのであるが、結局のところ、その「非常大権発動論」は終戦に至るまで実現することはなかった。しかしながら、後に大串はポツダム宣言受諾こそが、「非常大権」の発動であったと述べるに至るのであり、その論理は次のようなものであった。

終戦以後の時代は終戦の詔書を以て始まった。終戦の詔書に述べられていることこそ、戦後今日に至る時代の基調をなすものである。(中略)たとえ国体の護持の上に苦難がふりかかって来ても、君民一体となって、わが国体を守りぬいて行こうというのが詔勅の御精神である。いな苦難の到来は必然であるとお考えであればこそ、「時運の趨く所、堪へ難きを堪へ、忍び難きを忍び」と仰せられたのである。それはすでに御前会議における聖断にあらわれた精神であったと拝せられる。国体観念の究極も「我が民族の滅亡」を救うことにきわまったのである。それは法的概念としての国家や統治権よりもなお一層基底的なる民族の生命原理としての国体の発揚であった。この聖断は、日本歴史上未曽有の国体の発揚であり、光芒を放つ御聖徳の発現であって、永く年を経る毎に光輝を増して行くものである。（中略）ポツダム宣言の受諾は、帝国憲法の第十三条の講和の大権、条約締結の大権によらずして、「非常の措置」によられたのである。「非常の措置」の依拠条文は何か。直接には憲法第一条であり、憲法第三十一条であると思う。憲法第一条はわが国の永遠にわたる国体の規定であり、「非常の措置」が直接この日本歴史を一貫する国体の規定に依拠し、日本国家ならびに日本民族の生命を救済する為にとられた措置であることは明らかである。(68)（傍線筆者）

右の如く、大串にとってのポツダム宣言受諾とは、帝国憲法第一条及び第三十一条に基づき、「非常の措置」によって為された聖断であった。さらに、「帝国憲法第一条から第四条までは不変に生きて存していて、その基底の上に日本国憲法が動いており、この基底と上部構造的日本国憲法の動きとをつなぐものが、上記帝国憲法第三十一条の非常権の継続的な発動であると思われる」と述べて、これを「二重憲法状態」と指摘したのである。これは、「歴史的にして具体的な天皇国家の体制が現存しており、その法的表現としての帝国憲法の国体規定の存在は明白な事実であって、この上に立ってはじめて日本国憲法もその機能を果している」との解釈であった。その前提には、宮沢俊義のいわゆる「八月革命説」が、ポツダム宣言受諾を捉えて君主主権から国民主権への変革による「国体の変革」と解したことに対し、それは「終戦の詔書」によって示された道ではないと指摘し、「ますます国体の信念を確くし、その護持の為君民一体挙国一家をなしてその重く遠き道に専念すべきことを示して」いると捉えた主張があった。

以上のことも踏まえた上で、大串が戦後、「古事記序文の「邦家の経緯、王化の鴻基」がすなわち、国体の意義である」(69)と述べた文言を見るならば、帝国憲法における「わが国の永遠にわたる国体の規定」に依拠して、「非常の措置」がとられたポツダム宣言受諾こそは、「民族の生命原理としての国体の発揚」であり、「光芒を放つ御聖徳の発現」であったと解した真意が確認される。すなわち、「非常大権」とは、「日本国家ならびに日本民族の生命を救済する為に」発動する「国体の発揚」であり、「国家国民の救済が法の根本精神」と述べた大串の帝国憲法第三十一条解釈に一貫する学的根拠がここに看取されるのである。

註

(1)大串兎代夫は、明治三十六年一月十九日、大阪市にて、判事大村大代の三男として生まれ、後に母の実家大串家（長崎県西彼杵郡西海村面高本郷一五〇四）の養嗣子となる。大正十二年第五高等学校卒業、大正十五年三月東京帝国大学法学部英法科卒業、同年四月同学部大学院（上杉慎吉教授指導）入学、昭和二年高等試験司法科合格、昭和三年大学院修了。ドイツ国イエナ大学において国家学・憲法学を研究する（ケルロイター教授指導）。昭和七年七月、文部省在外研究員を命じられ、翌八年帰国。昭和九年文部省国民精神文化研究所法律学研究嘱託、同九年十一月遠藤源六（行政裁判所長官）三女孝子と結婚（四男六女を挙ぐ）。昭和十年二月国民精神文化研究所員、翌十一年三月國學院大學附属高等師範部講師、昭和十二年東洋大学教授兼任、日本文化中央連盟研究指導員嘱託。昭和十四年十二月兼任文部省教学局教学官、昭和十五年三月國學院大學教授・同学監及び専門部興亜部学監、昭和十七年高等試験委員（憲法）、日本諸学振興委員会法学部委員、大日本言論報国会理事。昭和十八年ドイツ（学術院）アカデミー賞を受ける。昭和十九年文部省教学錬成所指導部長。昭和二十年公職追放。『法律新報』編集に従事。昭和二十四年東京弁護士会所属弁護士登録。昭和二十六年―二十七年築地運送株式会社社長。昭和二十九年四月名城大学教授、翌三十年九月名城大学総長、昭和三十五年四月近畿大学講師。昭和三十七年三月明治大学から法学博士の学位を受ける（『国家権威の研究』）。同年國學院大學嘱託講師（明治憲法資料・井上悟陰文庫調査）。昭和三十八年四月憲法学会理事、同年九月名城大学教授辞任。昭和四十年四月亜細亜大学教授。昭和四十二年一月三日、神奈川県藤澤市片瀬海岸三丁目一〇ノ一六の自宅において、心筋梗塞のため急逝。以上、大串の履歴については、「大串兎代夫先生の略歴・主要業績」（『憲法研究』第一〇号、昭和四十九年）等参照。

(2)国立国会図書館憲政資料室所蔵「大串兎代夫文書六六二　日記」。

(3)大串兎代夫『国家権威の研究　大串兎代夫戦後著作集』(皇學館大学出版部、平成二十二年)、二頁。
(4)国民精神文化研究所官制第一条(昭和七年八月二十三日勅令第二三三号)。
(5)大串兎代夫『国家権威の研究　大串兎代夫戦後著作集』(皇學館大学出版部、平成二十二年)、六頁。
(6)宮沢俊義「公法学における政治―現代ドイツ公法学界の一つの傾向について―」(『法学協会雑誌』第五〇巻第七号、昭和七年)、大串兎代夫『国民精神文化類輯第六輯　全体国家論の台頭』(国民精神文化研究所、昭和十年)、一四―三二頁等参照。
(7)本文に掲げた以外の研究として、宮本盛太郎「大串兎代夫と日本国家学」(『知識人と西欧』蒼林社、昭和五十六年)、大谷伸治「昭和戦前期の国体論とデモクラシー―矢部貞治・里見岸雄・大串兎代夫の比較から―」(『日本歴史』第七七七号、平成二十五年)等がある。
(8)官田光史「非常事態と帝国憲法―大串兎代夫の非常大権発動論―」(『史學雜誌』一二〇巻二号、平成二十三年)。その他、大串の「非常大権論」に言及する近年の研究として、林尚之「天皇機関説事件後の憲法改正問題―一九三〇~四〇年代の主権論争を中心に―」(『歴史学研究』第八三六号、平成二十年)、同「戦時国体論のなかの憲法制定権力と改憲思想」(『立命館文学』第六四三号、平成二十七年)等がある。
(9)林尚之『主権不在の帝国―憲法と法外なるものをめぐる歴史学―』(有志舎、平成二十四年)等参照。
(10)黒田覚「大串兎代夫著『現代国家学説』」(『東京日日新聞』昭和十六年九月十五日)。
(11)源川真希「天皇機関説後の立憲主義―黒田覚の国防国家論―」(『ヒストリア』第一八三号、平成十五年)。
(12)長尾龍一「法思想における「国体論」」(野田良之・碧海純一編『近代日本法思想史』有斐閣、昭和五十四年)、二六七―二六八頁。その他、天皇機関説事件後の昭和十年代の憲法学とシュミット、ケルロイターとの関係については、長谷川正安「憲法学史(下)」(『講座日本近代法発達史　九』勁草書房、昭和三十五年)参照。なお、昭和十年段階の黒田憲法学について、「黒田覚教授は最初、行政法学、国法学より出発して、ラスキ、ケルゼンの研究より最近ではシュミット、シュメンド、ケルロイター等々の研究に移行された政治学徒であるから、今後如何なる日本憲法論を講ぜられるであろうかが、今や注視の的になつてゐる、何となれば、日本の憲法・憲法学とは全く異なつてゐるナチス・ドイツの御用学者達の国法学で以て、日本憲法を解釈する事の不可能な事は、殆ど自明の理であるからである」(田畑忍「日本憲法学界の一瞥」『明治政治史研究』第一輯、昭和十年)との評もあり、黒田の憲法理論は、その予想を覆したとも指摘される(前掲「憲法学史(下)」)。

(13)国立国会図書館憲政資料室所蔵「大串兎代夫文書六六二　日記」。
(14)同右。
(15)国立国会図書館憲政資料室所蔵「大串兎代夫文書六六三　日記」。
(16)大串兎代夫「カール、シュミットの主権論」（『上杉先生を憶ふ』七生社、昭和五年）。
(17)同右。
(18)同右。
(19)大串兎代夫『国家権威の研究』（高陽書院、昭和十六年）、六四頁。
(20)同右、一九二―一九三頁。
(21)同右、二〇四頁。
(22)同右、六五頁。
(23)同右、一七二頁。
(24)国民精神文化研究所に関する近年の研究成果として、駒込武・川村肇・奈須恵子編『戦時下学問の統制と動員―日本諸学振興委員会の研究―』（東京大学出版会、平成二十三年）がある。
(25)『国民精神文化研究所々報』第四号（国民精神文化研究所、昭和九年）、一一二―一一三頁。
(26)『国民精神文化研究所要覧』（国民精神文化研究所、昭和十一年）、一五―一六頁。
(27)『昭和十二年度研究部研究要綱』（国民精神文化研究所、昭和十二年）、一一―一三頁。
(28)玉澤光三郎『所謂「天皇機関説」を契機とする国体明徴運動』（司法省刑事局、昭和十五年）、七六頁。
(29)国立公文書館所蔵「国体明徴ニ関スル処置概要」（請求番号本館二A―〇四〇―〇〇―資〇〇〇六六一〇〇）。
(30)大串兎代夫「法と倫理」（『国民精神文化研究所々報』第四号、国民精神文化研究所、昭和九年）。
(31)大串兎代夫『邦人叢書一　天皇機関説を論ず』（邦人社、昭和十年、四五頁）、美濃部達吉『逐条憲法精義』（有斐閣、昭和二年、六六―七六頁）、上杉慎吉『新稿憲法述義』（有斐閣、大正十三年、八五―八八頁）等参照。
(32)大串兎代夫『邦人叢書一　天皇機関説を論ず』（邦人社、昭和十年）。
(33)同右、五四―五五頁。

(34)同右、五四頁。
(35)同右、五四頁。
(36)同右、五五―五六頁。但し、大串兎代夫「政治力強化の具体策」(『文化政治の諸問題』大同印書館、昭和十六年)では、「天皇大権の非常事態に於ける発動の際にも、必ずしも常に自由権が停止せられるのではなく、従つて亦帝国議会の協賛による正常の立法手段も必ずしも拒否せられるのではない」、「非常の場合といへども、個々の権義を重んずることが、国家の生存を保全するための障碍となる場合にのみ、自由権規定の効力は停止せられる」(一四七―一四八頁)と指摘する。
(37)長尾龍一「帝国憲法と国家総動員法」(『年報・近代日本研究―四―太平洋戦争―開戦から講和まで―』山川出版社、昭和五十七年)、小林直樹『国家緊急権』(学陽書房、昭和五十四年)等参照。
(38)前掲「天皇機関説後の立憲主義―黒田覚の国防国家論―」、黒田覚「国家総動員法と非常大権」(『法学論叢』第三八巻六号、昭和十三年、後に『国防国家の理論』、弘文堂書房、昭和十六年に収録)。
(39)黒田覚『日本憲法論　中』(弘文堂書房、昭和十二年)、三六六―三七一頁。
(40)同右、三七一頁。
(41)同右、三七一頁。
(42)前掲黒田「国家総動員法と非常大権」。
(43)美濃部達吉『逐条憲法精義』(有斐閣、昭和二年)、四一四―四一八頁、佐佐木惣一『日本憲法要論』(金刺芳流堂、昭和五年)、二六二―二六四頁。
(44)上杉慎吉『新稿憲法述義』(有斐閣、大正十三年)、二九九―三〇一頁、佐藤丑次郎『帝国憲法講義』(有斐閣、昭和六年)、一二八―一二九頁。上杉は、「大権トハ天皇親裁シテ政務ヲ行フコトヲ云フ、憲法第三十一条ハ、自由権ノ規定アリト雖モ、戦時又ハ国家事変ノ場合ニ於テハ、天皇ハ之ニ拘ハラス、法律ニ依ラス、又一切ノ条件ニ顧慮セス、自由ニ如何ナル行動ヲモ執ルコトヲ得ル旨ヲ定メタルモノナリ」とする(『新稿憲法述義』)。
(45)黒田覚の「非常大権」解釈については、森順次「非常大権に就ての一考察―黒田教授の所説を中心として―」(『公法雑誌』第四巻第一二号、昭和十三年)、大石義雄「非常大権に関する憲法学説の一例(一)・(二)―黒田教授の「国家総動員法と非常大権」に関する考察―」(『公法雑誌』第五巻第二号・同三号、昭和十四年)等の批判があり、森論文は、黒田の見解を「従来の諸学説と極めて相違する見解」と評する。その他、黒田説、大串説を批判した尾高朝雄「国家緊急権の問題」（『法学協会雑誌』第六十二巻第九号、昭和十九年）等がある。

(46)大串兎代夫『国民精神文化類輯第六輯　全体国家論の台頭』（国民精神文化研究所、昭和十年）、六五頁。

(47)國學院大學校史資料課編『國學院大學百年史　下巻』（國學院大學、平成六年）参照。

(48)国立国会図書館憲政資料室所蔵「大串兎代夫文書二三二　戦前の学生運動史―満蒙研究会・大亜細亜研究会―志士寮始末記（稿本）」参照。

(49)増田福太郎「権威主義国家学の地位―大串説への理解―」（『憲法研究』第十号、昭和四十九年）。

(50)管見では、大串のドイツ留学時代の『日記』（前掲「大串兎代夫文書六六二　日記」）に「神道」を考察した覚書があるほか、支那事変以降の時局論とともに「神道」を説いた論考として、『日本の勃興と政治の転換』（第一出版社、昭和十三年）、『国民精神文化研究　第四一冊　我が国体と世界法』（国民精神文化研究所、昭和十四年）等がある。

(51)大串兎代夫「日本国家学の理念」（『国民思想』昭和十五年一月）。

(52)大串兎代夫「近代国家の基本概念―権力・権威・稜威―」（『神道研究』第一巻第二号、昭和十五年）。

(53)大串兎代夫「天皇親政論」（『公論』昭和十五年八月）。

(54)伊藤隆『近衛新体制―大政翼賛会への道―』（中央公論社、昭和五十八年）等参照。

(55)後に大串は、「軍部はわたしに、米英との戦争を仮想するばあい、日本国家のとるべき体制について、意見書を提出するやう求めてきた。後で聞いたことであるが、軍部はわたしに対すると同様の意見書を矢部貞治氏にも求めたとのことであった。わたくしの意見は、憲法第三十一条の非常大権の発動と、陸海軍の統合、ことに参謀本部と軍令部の一体化であった。（中略）国民総動員のため翼賛会を結成する案が発表された。これは矢部氏の提案にかかるものであり、同氏の案が近衛内閣を支持する軍部によっても採用され、わたしの提案は不採用に決したことを知ったのであった」、「わたくしはこの案を見て一種のいきどほりを感じた。それはナチスの国民総動員の思想に似て、実は似て非なるものである。それは真に国民の総力を結集する体制ではなく、かくされたる自由主義であって、しかも表現の上では、軍部の要求と妥協せるものと思った」、「天皇のなやみも、われわれと同様、軍官の離間、陸海軍の対立にあったと思ふ。非常大権論は、形は天皇大権の発動ではあっても、それは軍官及び陸海軍の一本化に実体がある」と述べる（大串兎代夫「学者の良心と責任について」『政治公論』第四十四号、昭和三十七年)。
(56)大串兎代夫「全訳の序」(『国家権威の研究』昭和十六年)。
(57)大串兎代夫「政治と国民生活」(荒木光太郎編『日独文化の交流』、日独文化協会、昭和十六年)。
(58)大串兎代夫「御稜威と権威」(『日本諸学』第二号、昭和十七年)。
(59)大串兎代夫「軍政論」(『改造』昭和十七年三月)。
(60)大串兎代夫「天皇御親政について」(『新指導者』昭和十六年十二月号)。
(61)大串兎代夫「御稜威と憲法」(『日本諸学振興委員会研究報告 第十四篇(法学)』、昭和十七年)。
(62)同右。
(63)官田光史「「超非常時」の憲法と議会―戦時緊急措置法の成立過程―」(『史学雑誌』一一六巻四号、平成十九年)、衆議院・参議院編『議会制度七十年史 帝国議会史 下巻』(昭和三十七年)、一〇一〇―一〇一二頁等参照。
(64)大串の提案によって学術研究会議第十四部(法律学・政治学部)に昭和二十年三月、非常大権研究委員会が設置された。「学術研究会議第十四部に於ける非常大権委員会決議案(大串兎代夫氏起草)」に拠れば、その非常大権統治の構想は、憲法の下における法律命令に優先する「非常大権命令」を予定し、その施行についての輔翼機関を「最高国防会議」、「中央庁」、「審議会」、「地方行政執行官」、「査察使」と定め、「中央庁」にて国務と統帥を一元化し、「最高国防会議」の審議事項を作成して、「最高国防会議」において天皇自ら審議事項を処理する体制であった。その詳細については、官田光史「非常事態と帝国憲法―大串兎代夫の非常大権発動論―」(『史學雜誌』一二〇巻二号、平成二十三年)、国立国会図書館憲政資料室所蔵「佐藤達夫関係文書一七〇〇 非常体制研究」参照。
(65)国立国会図書館憲政資料室所蔵「大串兎代夫文書一〇九八 非常大権と全権委任法についての草稿」。
(66)大串兎代夫「憲法第三十一条とワイマール憲法」(日本法理研究会編『日本法理叢書別冊六 新秩序建設と日本法理』昭和十九年)には、ワイマール憲法第四十八条第二項における大統領の「非常処置」とは異なり、帝国憲法第三十一条が、「国家非常の場合に、無条件にいかなる方法手段を御尽し遊ばしても国家国民の危急を救済せられるといふ天皇大権」であり、「御稜威は諸規定諸体制の上にあつて之等を生かすものであつて、決して単なる権力の決定に終るのではない」とある。
(67)宮本盛太郎「黒田覚におけるケルゼン・マンハイム・シュミット」(『近代日本政治思想史発掘』風行社、平成四年)、一八七頁。

(68)大串兎代夫「憲法の効力」(『憲法研究』第四号、昭和四十年)。その他、大串がポツダム宣言受諾を帝国憲法第三十一条に依拠すると指摘した論考として、「再軍備に憲法改正の要あり―戦後憲法論の批判(二)―」(『日本及日本人』昭和二十六年十一月)、「憲法問題の根本」(『不二』第二〇巻第九号、昭和四十年)がある。帝国憲法改正が「非常大権」に拠ると指摘する里見岸雄『日本国の憲法』(錦正社、昭和三十七年、三六六―三七一頁)、日本国憲法成立に関する法理として「非常大権説」を主張する小森義峯「非常大権説の法理」『産大法学』第八巻第四号、昭和五十年)等も参照。

(69)大串兎代夫「西洋的国家観と東洋的国家観」(國學院大學編『国体論纂』昭和三十九年)。

武田祐吉の学問態度と〈万葉精神〉

渡邉　卓

はじめに

昭和前期において、学問が国民教育あるいは国民精神作興に果たした役割は大きい。とりわけ国文学は、その働きが強く、幾つかの古典作品は当時の求めに応じ、皇国史観に基づく講義がなされていた。これは、ある意味では国文学や教員が利用されたという見方もできようが、戦時下にあって、教育が国策に協力することは暗黙の義務であり、高等教育機関である大学はその中心にあった。これが戦後には、連合国総司令部の政策により、教科書などの修正が加えられ、昭和二十一年には教員の適格審査が求められ教職追放となる者も出た。適性審査についてては、私学である國學院大學でも行われ、九名の教員が事前に辞職し、学長の佐佐木行忠が不適格に指定され、公職不適格の指定にも遭ったのである。(1)これに遡ること二十年の十二月三日から、総司令部にとって教授内容の調査が行われている。『國學院大學七十年史』[2]には以下の記事が見える。

一人々々の教授から、教科書を用ゐれば教科書を提示させて、その内容と、教授参考書・学生の参考書などについて聴取し、最後にその教授にその専門によつて必ず一つの別箇な質問をするといふ、頗る念のいつた調査であつた。古事記を教授するに当つて、国家思想とどんな関係において教授するか。この質問に対して、私は古事記を上代文学として教へるのだから、上代人の文学観については講義する。併し、さうした思想には与らないといふ、武田教授の応答はさすがに堂に入つたもの。矢継ぎばやに、日本の古代文学に星の記述が少いといふが、その理由は。武田教授答へて日く、それは上代人が天体に対して一種の畏怖の念をいだいてゐたからである。例へば或る星がイーストに、またウエストに、と指さしながら答へられたのは、息づまるやうな真剣な空気のうちにも、実にほほゑましい情景。武田教授と英語、それは当時の調査とともに忘れられない一場面であった。

ここに登場する武田祐吉は、大正から昭和にかけて活躍した國學院大學出身の国文学者であり、同じく國學院大學出身の折口信夫と並び称され、一時代を担った研究者である。武田の研究対象は上代文献を中心として、とりわけ『万葉集』研究において著名であり、『万葉集』全巻にわたっての注釈書『万葉集全註釈』を著すほかにも論考が多い。武田の研究は厳密な文献学的方法に根ざしており、武田が唱えた諸説の中には、今日でも通説となっているものも少なくない。この武田も、適格審査を受けたはずであるが該当せず、事前辞任もしていない。教授内容を調査された際の出来事が『年史』の筆者にとって「ほほゑましい情景」として写り「忘れられない一場面」となったのも、息詰まる空気の中で応答する武田の姿があったからである。『國學院大學八十五年史』[3]では、この武田に対する教授内容の調査について、「特に武田祐吉教授の如き碩学に對して、我が古典に就いて訊問する様な態度に出たと謂ふが、眞に烏滸の至りである」と評されており、後進からみると武田の学問とは、武田自らが「そうした思想にはあたらない」と言うように、戦時の国策に寄与していないと見られていたのである。

武田は多くの論考を発表しながら、國學院大學教授として多方面で講演・講習を行っている。演目は『万葉集』、ときには『古事記』、『日本書紀』と、取り扱う内容は武田の幅広い研究対象を物語っており古典全般を扱うこともあったようである。講演・講習会は全国各地で開催されており、学生・一般・教員・神職など様々な人々が対象となっている。[4]武田のこういった講演内容は、基本的には武田がそれまで発表した研究や著作の上に成り立つものである。一方、武田の著作や刊行物の中には武田の講演をもととして活字化されているものもあり、研究・著作・講演が必ずしも順を追って成立しているわけではないことが窺われる。例えば、武田の『国文学に現れたる上代の日本思想』[5]は、国民精神文化講習会における講演速記をまとめたものである。これが刊行された、[6]昭和十年代には、時局の影響もあって、国民精神を教化するための講演が多く催されている。武田の年譜を繙くと、昭和十二年（一九三七）五月に、文部省より日本諸学振興委員会昭和十二年度国語国文学部臨時委員を委嘱され、翌年には中等教育検定委員会臨時委員となっており、学内外においての講演活動を行っている。また昭和十五年十月には、内務省主催の神職講習会において講義しており、その講義速記は『古典の精神』[7]上・下として神祇院から「敬神思想普及資料」として刊行され、後に改訂増補を加えた『古典の精神』[8]として、昭和十七年にまとめ直されている。この他には、当時、文部省から刊行された『日本精神叢書』などを手がけるなど、[9]時局に応じた執筆活動を行っているのは見過ごすことはできない。

こういった時局に応じた武田の活動のなかに、台湾で行われた講習会とその講義をまとめた『万葉に顕現せる日本精神』[10]なる冊子である。この冊子の冒頭には次のようにある。

本書ハ当府主催昭和十二年度国民精神文化講習会講師トシテ来台セラレタル國學院大學教授武田祐吉博士ノ講義速記ナリ
今回之ヲ印刷ニ附シ教育関係ノ希望者ニ頒ツモノナリ
昭和十三年十一月
文教局学務課

このように武田が公務で台湾を訪れ講義を行ってたことが明記されている。しかも講習会の後に、その内容が冊子としてまとめられたということは、当時の台湾に広く武田の学問を喧伝しようという働きがあったあらわれと思われる。この冊子は、後に大改訂され『万葉精神』上巻として昭和十八年（一九四三）に刊行される。この講義の速記が刊行物となるのは、先の『古典の精神』[11]同様だが、この台湾での講義は、『万葉精神』上巻から漏れた内容を中心に改訂し、更に『万葉自然』[12]として占領下の昭和二十一年に同じ出版社から刊行されている。これらの刊行物は、武田の講義をもととしながらも、形を変えつつも数年に跨って刊行されており、時局の動向を越えた出版と見ることもできよう。そこで、武田の学問的立場について、当時の講義のあり方を刊行物から確認しつつ、武田の学問意義と時局への対応といった問題について考察してみたい。

一　台湾における講習会

武田が台湾で行った講習会について、阪本是丸は武田の職歴と関連づけて次のように推測している。[13]

武田は昭和十一年九月八日文部省訓令によつて設置された日本諸学振興委員会の国語国文学部の昭和十二年度臨時委員に就任してをり、同年七月二十六日から、宮崎、熊本、高知など各地の講習会に出張してゐるなど、この講習会もその一環であらう。

先にみた年譜にもあったように、武田は文部省から委員を委嘱されており、公務として各地で講演を行っていたようである。しかし、年譜の昭和十二年には「七月二十六日より九月二十一日まで宮崎・熊本・高松・神戸――講習会に招かれる」とあるものの、台湾へ渡航したことは書かれておらず、また『万葉に顕現せる日本精神』は頒布物だったためか著作目録にも掲載されていない。

この昭和十二年の一連の講習会については、後に『万葉に顕現せる日本精神』を改訂して出版された、『万葉精神』上巻の序に詳しく書かれている。

その年の夏は、七月二十六日に東京を発して、一路宮崎に赴き、熊本に出で、転じて高松に入り、神戸を経て、八月七日、門司を発して台湾に向ひ、九日、台北に著し、それから新竹、台中、嘉義、台南、高雄等を巡遊して台北に帰り、九月十八日、台湾を発して帰途に就き、二十一日、帰宅した。その間、諸処にて出征の兵士を見送り、また台南では、空襲警報にも出会つた。
この旅行は、近年珍しく長い旅行であつた。その目的は、国民精神に関する講習会の為で、到る処に、万葉の精神を講じ、古事記の精神を談つた。中にも台北に於ける総督府の講習会には、四十時間に及んで、万葉の精神を講述した。その速記に依つて、後に台湾総督府から「万葉集に顕現せる國民精神」と題する冊子を出版して、島内に頒布したが、その原稿を見る機会を与へられなかつたので、相当に誤謬の多いのは遺憾

であつた。しかしこれと、歌集「魚腹集」と、及び一二の短文とが、この台湾旅行の記念となつた次第である。（一―二頁）

ここに記されるように、目的は「国民精神に関する講習会」のためであり、台湾に於ける講習会は四十時間に及んでいる。『万葉に顕現せる日本精神』に記してある武田の講義日に拠ると、昭和十二年九月一日から十七日まで行われていたことがわかる。[14]十八日に台湾を発ったことを勘案すると、まさに台湾渡航の目的は『万葉集』の講義に他ならなかった。[15]そしてその講義の開催理由は、国民精神教化にあったともいえよう。講義時間が四十時間ともなると、現在の大学の一年間の講義時間と同等であり、それを僅かな日数で行っていることからみると、かなり過密な日程で講習会が進められたことがわかる。この講習会における講義は、『万葉に顕現せる日本精神』としてまとめられ頒布されたが、武田自身の校閲は経ていない。そのため武田は快く思っておらず、昭和十八年の『万葉精神』上巻の刊行へと至ったのであった。その序のなかで、武田は頒布された刊行物名を「万葉集に顕現せる國民精神」と誤っており、頒布された刊行物を十分に承知していなかったと思われる。『万葉精神』上巻の序で、「国民精神作興の急務は、一層痛感せられ、こゝに古きを顧みて、万葉の精神を論ずる声も多く聞かれるやうになつた」（二頁）と述べていることから、講義の背景に時代の変化を想定しなければならないであろう。『万葉精神』上巻刊行の昭和十八年は、台湾で講習会を行った昭和十二年より六年経過し、戦局も激しさを増している頃である。序はそれに対応して書かれたものと思われるが、「国民精神作興」のために『万葉集』を講じることは、後に文献学的研究として評される武田の学問とは、少々隔たりがあるようにも感じられる。武田は「国民精神作興」のために『万葉精神』上巻を刊行したとするが、そのもととなった台湾での講習会、ひいては『万葉に顕現せる日本精神』にも同様の姿勢が認められるだろうか。武田が序の中で、『万葉に顕現せる日本精神』に

「大改訂を施し」、「初の数章は、新たに書き改め」て著したのが『万葉精神』上巻だとすることからも、当時の武田の思いと台湾での刊行物の内容には差異があったのかもしれない。これについては、両書を比較して考えてみなければならないだろう。それによって武田の学問姿勢を検証することへとつなげたい。

『万葉精神』上巻の序にみえる「魚腹集」とは昭和十三年に自ら刊行した歌集であり、その冒頭には、「昭和十二年七月二十六日より同年九月二十一日にいたる間の旅の歌」とあるところからも、一連の講習会の行程に合わせて歌がまとめられている。そこには台湾での講習会の様子を詠んだ歌が一首収められている。

台北州国民精神文化講習会
集《あつま》り来《く》るは裁縫の先生体操の先生なりといふ
万葉の道をわれ説かむとす

講習会の講師の多くは、裁縫や体操の先生という実戦的な内容だが、自分は『万葉集』に顕現せる道を説くのだと歌い、講師として登壇する武田の気概が窺われる。そして、この気概を反映した結果が、『万葉に顕現せる日本精神』としてまとめられたのである。

二　講義録から著作へ

武田が行った講義内容や構成を知るために、まず『万葉に顕現せる日本精神』の目次を確認しながら、どのような講義であったかを把握しようと思う。また、これとあわせ後に改訂された『万葉精神』上巻の目次も参照し、両書の目次を比較しながら、講義録から著作へと「大改訂」された様子もあわせて見てみたい。なお『万葉に顕現せる日本精神』の目次には講習日を並記した。

一〇　丈夫と思へる吾
一一　万葉集の強み
一二　防人の歌
一三　海山を越えて
一四　父母の恩愛
一五　太刀になりても
一六　顧みなくて
一七　火にも水にも
一八　石戸わる手力
一九　馬を買ふ
二〇　防人の妻
二一　煤けた妻
二二　末は知らねど
二三　遣唐使の母
二四　玉は授けて
二五　家族
二六　宴を罷る歌
二七　子等を思ふ歌
二八　明星が我が子
二九　人の子として
三〇　男女の道
三一　泣血哀慟
三二　姉弟の情
三三　氏族
三四　時代の情勢
三五　旅に喩す歌
三六　陸奥の国より黄金を出せるを賀ふ詔書の歌
三七　靫懸くる伴の緒
三八　社会愛
三九　聖徳太子の御歌
四〇　山野に死する者
四一　貧窮を歌ふ
四二　白水郎荒雄の妻子に代りて
四三　生物と季節
四四　千鳥に呼びかける
四五　雁の歌
四六　鴨鶯など
四七　季節観
四八　花と黄葉
四九　夏来るらし
五〇　都会の発達
五一　旅ゆく者
五二　人麻呂の旅の歌
五三　武市黒人の旅の歌

『万葉に顕現せる日本精神』は二章立て一九節の全三六〇頁でまとめられており、『万葉精神』上巻は五三項三四六頁からなる。項目数から見ると『万葉精神』上巻の方が大部に見えるが、実際は『万葉に顕現せる日本精神』

の第二章第八節の「都会と旅行」までを細分化して改訂したものであり、取り扱われる万葉歌や構成も一致する。また、文章量は『万葉に顕現せる日本精神』の方が講義をもとにした活字化であるため、実際の講義の様子をそのままに伝える箇所も多く、表現や解説などが口語体をまじえながらより丁寧に記されており、『万葉精神』上巻に比べ文字数が多い。ただし、改訂を施した『万葉精神』上巻は、文章量が減少しているものの、要点を絞り表現を簡略化しているため書物としてはまとまった仕上がりとなっている。いずれも、『万葉集』の歌の解釈が中心であり、『万葉集』の基礎知識や文法、部立・題詞から読み取れる詠歌背景などを学術的に講じている。両書は啓蒙書というよりも、『万葉集』の講義・解釈の文献として位置づけられる書物である。

『万葉精神』上巻という書名からは、下巻を刊行予定であったことが推測できるが、時局の影響もあってか刊行されず、武田（あるいは出版社）が構想していた、〈万葉に顕現せる日本精神〉が読者の目に触れることはなかった。しかし、その下巻のかわりに、武田は占領下の昭和二十一年に同じ出版社から『万葉自然』なる本を刊行している。こちらの目次もあわせて掲載する。

『万葉自然』

一九　海洋に親む
二〇　海洋に関する長歌
二一　浦島の歌
二二　天の海
二三　山部赤人の富士山の歌
二四　無名氏の富士山の歌
二五　筑波山の歌
二六　東歌の山々
二七　山の美しさ
二八　大和の山々
二九　河川
三〇　吉野川
三一　河川の伝説
三二　自然の中に生きる

この目次をみると、先の二著と同様に『万葉自然』は概説から説き始められており、冒頭部分の内容が二著とおおよそ一致している。概説部に続く「五　生物と季節」は、『万葉に顕現せる日本精神』の第七節「生物と季節」と内容・文章がおおよそ一致している。また、それ以降の項目は『万葉精神』上巻には改訂されなかった、『万葉に顕現せる日本精神』の第二章九節以降と重複する。やはり『万葉自然』は『万葉に顕現せる日本精神』を改訂したものと指摘できるのである。また最終項目「自然の中に生きる」は、『万葉に顕現せる日本精神』「山獄河川」の終盤の文章とほぼ一致している。該当箇所の最終段落は、それぞれ次のように書き始められている。

『万葉に顕現せる日本精神』「第十一節　山獄河川」

それは何故自然の美しい姿が之等の歌として現はれて来るか、此の作者達が自然に対して自ら好意を以て相対して居るので、自ら自然の中から優れた点が見出されて来るのです。総べての物は人が之を無心で此の物質的に極めて冷酷な態度で之を見る時には、そこには唯物質的な存在のみしかないけれども、一旦此方の人の精神が動いて之を或る気持で見る時には、それに応じて特色を発揮して来るものである。（以下略、二四七頁）

『万葉自然』「三二　自然の中に生きる」

それは何故自然の美しい姿がこれらの歌として現れて来るか。此の作者たちが自然に対しておのずから好意を以つて相対して居るので、自然の中からすぐれた所が見出されて来るのである。すべての物は、人が物質的に極めて冷酷な態度で見る時には、そこには唯物質的な存在のみしか見えないけれども、一旦此方の人の精神が動いて或る気持で見る時には、それに応じて特色を発揮して来るものである。（以下略、一八七頁）

『万葉に顕現せる日本精神』と『万葉自然』を比較すると、全体にわたってこのように文章が一致する。したがって、『万葉自然』には『万葉に顕現せる日本精神』の第二章第七節から第十一節を再改訂し再掲載したものと位置づけるべきだろう。武田の台湾での講義は、戦前戦後を通じて改訂されて公刊されたのである。

このように昭和十二年から二十一年まで、武田の講義が書名を変えながらも刊行し得た事実は、その内容が時局に左右されないものだったことを示すのではなかろうか。『万葉自然』の刊行に際して、『万葉に顕現せる日本精神』より収録されなかった「国土」、「天皇」、「国民性」といった項目名は、直接的に「国民精神作興」やその教化とつながるため、構成段階で省略されたとも考えられるが、そもそも『万葉に顕現せる日本精神』の章立てを眺めると、これら三項目は、それまでのものに比べると唐突な感じも否めず、不自然さを感じる。まさに「国民精神作興」のために用意された項目と見ることもできるのである。省略された項目は、占領下においては「国民精神作興」と直結してしまうがために削除されたとも考えられる。では他の項目は、「国民精神作興」となっていないのかを具体的に武田の講義内容を検討し、武田が本来の〈国民精神〉、あるいは『万葉集』の精神をどのように捉えていたかを次に検討してみたい。

三 『万葉集』と国民精神の関係

まずはじめに台湾における武田の講義が、『万葉精神』上巻の序で述べるように国民精神と如何に関わるものなのか、その講義内容から『万葉集』と国民精神の関係をみてみることにする。先にも述べたとおり、講義をまとめた『万葉に顕現せる日本精神』は、書名はさることながら、その内容は純粋な『万葉集』講義としての印象が強い。まず概説で武田が述べるところの『万葉集』の思想を端的にみてみたい。

之に対して遙か上代にあたつて又外来文化の刺戟を受けて我国の固有の文化が目覚めて来た時代、之が即ち万葉時代であります。此の上代に在つては東洋大陸に発達した文化が入つて参りまして、而して従来あり来つたものを刺戟し茲に其の発達を見るに至つたのであります。(三頁)

ここでは、万葉の時代にみる、万葉文化あるいは『万葉集』の発生は外来文化や思想の刺激によって発達して来たことを物語る。これは、今日では至極当然のことだが、当時にあって『万葉集』の成立を日本独自の力によるものではなく、またその優位性を述べるのではなく、海外との比較文化の視点の上から捉えている。その上で、歌を詠むことについては、日本国民の特質として次のように述べている。

此の国民の多数が歌を読み俳句を詠むと云ふことは、日本国民の特質の一つであります。即ち日本国民は、国民自らが、斯様な歌や俳句の作者であると云ふ立場を持つて居るのであります。之は何処の国に参りまし

ても無いことであります。我が国民の特別の性質として尊重すべき所であります。（一〇―一一頁）

歌を詠むことを日本特有のこととしているが、『万葉集』をながめると純粋な日本人の歌だけが取り込まれているわけではなく、渡来人の歌もみられる。こういった渡来人の歌も解釈するために、国民の範囲については次のように述べ、渡来人までも国民の範囲として武田は捉えている。

兎に角、斯様に今日所謂大日本国民と云ふ意味で此の集の作者の範囲を言ふことが出来るのであります。我が国民は同化力も強くいろ〳〵の系統の人々をも融合同化してしまふのであります。同時に又斯様な多種の系統を異にする人々であつて、我が国民となりますれば悉く同化作用をなして自ら進んで同化作用をなして、而して其の我が国の風に従つて歌をも詠みます。斯う云ふ様になつて来るのであります。（一三―一四頁）

このように『万葉集』を通して、つまりは歌を詠むことを通して幅広く国民の範囲を捉えている。そのため国民の範囲を示す『万葉集』は、代々と受け継がれてきた祖先の声として誇り高き歌集とみるのである。その誇りは武田の、「我が日本国民は少くも千二百年前に於て既に斯様な立派な作品を持つて居つた。即ち我が日本国民の光輝ある歴史の一面を語るものであります」（一七頁）という一文に象徴されているのであろう。

以上のような観点だけからも、概説においては日本の優位性、国民精神の教化を述べるのではなく、『万葉集』や歌によって日本の国民性をみることが出来るとしているに過ぎないのである。そのため、この講座において重要な「国民精神」との関わり方は、日本の古典（『万葉集』）を解釈することにより、そこに描かれる日本国民の特色を理解し、現代へと反映させることにあったといえる。したがって、武田の講義において最も重要なことは、やはり古典（歌）を正しく解釈し、わかりやすく聴衆に説明することであったはずであり、それが〈国民精神〉だったのである。武田は講義の中で古典について触れており、その意義を次のように説明している。

総べて斯様な古典は現代に在つては何の為に存在して居るのであるか。単に我等日本国民乃至日本の国家の過ぎ来し後を明かにするだけでないのであります。我々日本国民の住み来りました跡を明かにするのは一の手段である。それを以て今日を照し将来を律することがなければならないのであります。之は今日に於きまして万葉集其の他の古典を読む態度であります。現代に於ける古典の意義と云ふことになるのであります。独り古道を明にするだけでなしに、茲に直接に今日の生活を指導するものを見出して来なければならないのであります。（一八頁）

まさに古典を見ることにより、今日の生活に還元させることを古典の意義としていたようである。武田は『古事記』序文にみえる「稽古照今」という考え方を大切にしていたといわれるが、ここも同様の物言いである。したがって、古典に日本の本質を求めようとする態度そのものが、国民精神を考えると言うことになろう。『万葉集』を読む意義についても、国民精神と関連づけて定義している箇所がある。

之が国民精神の独り万葉時代だけに存するものであるとしたならば、今日之を読むことは殆ど意義のない昔話を繰返すに過ぎないのであります。我が国体に基く国民精神は、矢張り国家国体と同じく万個に亘つて渝らざる性質のものであります。太古以来今日に至り、又将来に亘つて日本国民の持つて居ります国民精神は同じく渝らざる性質のものであります。

そこで之を万葉集の歌に現はれる国民精神を明かにすると云ふことは、軈て今日の国民精神を明らかにすることであります。或は仮に眠つて居るかも知れない国民精神の或一面を、喚び覚ますと云ふ意味にもなるのであります。今日の国民精神に与へる所の一の刺戟でなければならないのであります。茲になりますと云ふと、単に古道を明にする、古、斯の如くあつたと云ふだけでは不可ないのであります。之を以て今日を照らし、又之を以て同様に将来を照らす所がなければならないのであります。（一九頁）

このように概説で武田は、国民精神と『万葉集』との関係を右のように理解している。こういった古典から国民精神を理解させようとする方法は、時局の活動の中においてはしばしば行われていたことである。西郷信綱は戦前の国文学、あるいは国文学の活動を振り返り、次のように位置づけている[17]。この西郷の見解は、当時としては通常の理解であったと考えられる。

これまでの国文学界の思考様式を特徴づけてきた顕著な標識の一つは、日本的なるもの＝国民性といふ形而上学的概念に、文学事象の最後的な説明根拠を求めようとしたことである。万葉集を研究するものも、源氏物語を研究するものも、新古今集を研究するものも、芭蕉を研究するものも、みな、「ますらおぶり」だとか「もののあはれ」「幽玄」「寂び」だとかいふ精神タイプをそれぞれ抽出し、いろいろと学者的あげつらひを施したうへで、さてそれらが日本的なるものであり、国民性の表現でござる、といふ風に説明するのが公式であつた、そしてただそれだけであり、それ以上の何ものをも具体的には殆ど説明してくれようとはしなかつた。

武田の講義も当然のことながら、国民精神を論じるためのものであったのであるから、西郷の主張するような活動の一環としてみることができよう。しかし、武田の講習会では、具体的に歌を解釈することによって、必ずしも右のような国民精神に対しての教化活動とはみることができない箇所があるのである。

四　講義にみる「国民精神」

『万葉に顕現せる日本精神』を繙くと第二章からは、その項にふさわしい『万葉集』の歌を取り上げて、解説していく。その注釈方法は、歌の解説は勿論、文法の説明、『万葉集』の基礎知識、背景の日本文化、歌人の人物像までも詳細に説明している。歌の注釈だけをみると今日にも通用するものがみられる。注釈に重きがおかれていたことからも、非常に学術的態度によって講義が進められていたことがわかる。確かに、国民精神と関連づけて解説するような箇所もある。例えば山上憶良の歌に触れて、

国民精神から言へば忠勇義烈の名を現すと云ふことは、勿論国民精神として貴いことであるけれども、それは一旦事有る時に際して国民精神の精華が発揚せられて初めて忠勇義烈の立つのである。平常の平和な時代に在つては寧ろ其の他の性能を以て国家にまことを致す、さうして其の人の名の立つのを以て男児の道としなければならない。（三八頁）

といった具合にである。国民精神の観点を歌の解釈と関連づけてはいるが、「貴いことではあるけれども」と逆説を用いて解説している点からも、本旨は正しい歌の解釈にあったとみえる。また、講義では概説で述べていたよ

うな、国民精神とは異なった主張もみられるようになる。

元来国民精神と云ふ如きものは平常からして十分に保つて居るべき性質のものである。例へば名玉自らにして玉としての光を保つて居る様なもので国家非常の時に際しては之がどの様にでも熱烈な精華を発揮するけれども、それは寧ろ非常な時に際しての非常な出来事である。さう云ふ時ばかり、国民精神がある訳ぢやない。国民精神の涵養と云ふことは、平常よりして固よりあるべきものである。国家に事なき時でも固より国民精神と云ふものは十分に涵養せらるべき性質のものである。続行せらるべき性質のものである。急に臨んで之が其の精華を発揚すると云ふことは望ましいことだけれども、平常から涵養して置かなければ急に間に合ふものではないのであります。一朝一夕にして国民精神を作らうと思つても作れるものでない。非常の際に特に発揮するのは平生蓄ふる所があるから初めて非常の時に之を発揮するのである。茲は十分注意して置かなければならない。例へば国民精神作興と云ふことは斯う云う非常時局に際して是非必要なことであるけれども、それは平生よりして養ひ来つたものを此の際さらに復興しようとするのである。又今日と雖も将来の為に一層其の平生の国民精神と云ふものを涵養すると云ふことが必要なのである。之が所謂国民教育の道とも思ふのです。（三九頁）

国民精神は平生より養うものであって非常時局に際して、いきなり必要としても仕方のないことを述べている。そして国家に何事がなくても、養い育ててあるべきものであるとする。これは〈国民精神〉は時局に左右されず、常日頃から養うことが重要であることを述べているのである。また精神そのものと『万葉集』の関係についても次のように述べる。

元来万葉集の歌には、何も日本精神を歌ふとか国民精神を詠ずとか云ふ様な態の歌はないのです。日常の間に自分の感じ思つたこと、さう云ふことを自然に歌で現して来る。特別に自分は丈夫の心を歌ふのだとか国民精神を作興する為に歌ふ歌とかさう云ふ歌はないのです。たまく日常の間の歌が自らさう云ふ問題に触れて来るだけのことです。で、此の歌としても何も家持が日本精神を詠ずと言ふ意味で歌つたのではない。

（四三頁）

このように一時的な国民精神と万葉の歌との差異を述べており、純粋な歌の解釈が第一にあるといえる。この主張は、『万葉精神』上巻にも改定され残されているものである。武田の主張は、国民精神を必要としながらも、時局と対応させて非常時に無理矢理求めるべきものではなく、求めるとするならば、『万葉集』の歌を「たまく」成立させた「日常」のなかなのである。そして、歌は国民精神作興のために生まれたのではなく、たまたまそのような国民精神が詠み込まれたに過ぎず、そこには享受者側の恣意的読みが反響している。作者個人の感情としては「何も家持が日本精神を詠ずと言ふ意味で歌つたのではない」との断言は、全体主義ではなく個人を尊重した発言といえよう。武田にとって国民精神を語るということは、この講義においては『万葉集』に描かれている個人の感情や考えから、万葉時代の人々の精神を説くことであり、時局の精神とそれがあたかも、つながっているように見せつつ、実は本質的には違っていると述べているのではないだろうか。また次のようにも述べている。

本来国民精神ともうしまするものは、斯様に教養のある人々に限られたる精神ではないのであつて、我が日本国民としては、教養の有無に拘はらず総べて本質的に有つてをります精神なのであります。（五八頁）

万葉集に現はれた国民精神と云ふことは、其の中の一、二の思想家の思想ではないのであつて、国民全般の思想であり国民全般の精神である。一、二の思想家一、二の精神家と言ふべき人の占有物ではないと云ふことになるのであります。（五九頁）

『万葉集』に現れる国民精神も、思想家の専有物ではないと主張している。なぜなら国民精神というものは教養の有無と関係なく、誰にでも本質的に備わっているものであり、選ばれた少数の人々によって教化されて作られるものではないからである。一見すると全体主義のようにも取れる発言だが、国民精神が本質的に備わっているのは、個が抹消されて形成される全体ではなく、それぞれの日常を持つ個人が集まって形成される全体のなかの個人であり、あくまで『万葉集』に現れた国民精神とは、万葉時代の作者個人が詠んだ歌の中に見出される精神である。先の個人を尊重した発言からも、武田の『万葉集』の捉え方には個を抹消する意味での全体主義的な思想を認めることは出来ない。個人を尊重していたからこそ、国民精神は誰かから発信されるような占有物ではないとしたのであろう。したがって、武田の国民精神とは個から全体へとむかうものであり、はじめから国民精神を全体主義として捉えていたかは別の問題である。あくまでも、武田は万葉精神を〈国民精神〉とみていたのである。

五　『万葉に顕現せる日本精神』の改訂

武田の『万葉集』講義は、『万葉集』の歌の解釈から、当時の作者の精神を明らかにし、万葉精神を説くことによって、現在の国民精神に通じることを示そうとした。

万葉集に現れてゐる国民精神は、我が日本国民の非常に広い範囲に亘っての国民精神である。今日言ふところの大日本帝国の国民とほゞ同様の立場に立つ国民精神である。（『万葉精神』上巻　二六頁）

武田の台湾での講義は、『万葉に顕現せる日本精神』としてまとめられ頒布された後、『万葉精神』上巻（昭和十八年）、『万葉自然』（昭和二十一年）として刊行されたが、その記述方法が大幅に改訂されていないことは先に述べた通りである。しかし、細かな表現を見てみると、多少の違いもあり、刊行するに当たっての武田の考えが反映されている箇所も確認できる。そこで、武田が述べようとしたことを、時局の問題も考えつつ国民精神の解釈と関連づけて見ていきたい。

例えば、『万葉集』の歌がもととなった軍歌に「海ゆかば」がある。これは、『万葉集』巻十八にある大伴家持「賀陸奥国出金詔書歌」（長歌）をもとにして作られたものである。この長歌のなかに引用された、大伴氏の祖先が歌った「海行かば　水漬く屍　山行かば　草生す屍　大君の　辺にこそ死なめ　かへり見はせじ」という古歌が軍歌の歌詞として用いられた。この大伴氏の歌については、『万葉に顕現せる日本精神』の「氏族」で、武田は「これだけの短かい歌であるけれども、如何にも日本の武士の精華をよく発揮した歌であると思ふ」（一二五頁）と評価しているが、『万葉精神』上巻では「日本の武士」を「日本の精神」として書き改めている。武田は、講義の現場では古歌を武士の歌として、その氏族の精神の素晴らしさとするが、『万葉精神』上巻では日本の精神として捉え直している。また講義の場である『万葉に顕現せる日本精神』では、この長歌で注意すべき点として「此の海行かばの古歌一章と人の子は祖の名絶たず大君に奉仕ふものと云ふことを古人が言継いで来た」（一二六頁）とする。また次の大伴氏の立場と国民性をつなげている部分もみられる。

大伴氏の立場は結局は我が日本国民の立場と同じになる。即ち大伴氏は国民の一部として最も中正なる道を尽して来た家柄であるから、其の海行かばと奉仕した精神は同じく我が日本国民と言はなければならぬ、同時に人の子は祖の名絶たず大君に奉仕《まつろ》ふものと云ふ此の思想は勇士の名を慕ふ歌に於ても現はれて居つた如く、それと全く同じ精神を現はして居るものであると云ふことが出来る訳です。之は大伴家持の歌として、一族に対して其の家名を落さずに大君に奉仕せよと云ふ思想を現はして居る歌です。（一二六頁）

ここでは大伴氏の立場が国民の立場と述べているが、帰着するところは一族の家名を背負う大伴家持の歌としている。軍歌として利用されたような解釈というよりも、武田は歌そのものの解釈を行っていることがこの点からも示されるのである。

このように、改訂されるにあたり変更された箇所もいくつか見られるが、『万葉に顕現せる日本精神』から『万葉自然』への改訂は、『万葉精神』上巻へのそれと比べ、戦後の占領下での刊行物であるため、改訂箇所が多くみられる。しかし、改訂と言っても趣旨を変更するのではなく、言葉の表現を穏やかにしているといえる。例えば次のようなものがある。

『万葉に顕現せる日本精神』

此の集の人々は自然に対して人生に好意を寄せて居ると云ふことを感じて居る。そこに幾首かの歌となつて此の集に現はれて来て居る訳です。之等を総合して行けば、要するに此の世界を美しと見、此の国土を美しと見る態度に外ならんのである。我が国に於ては、何処迄も人間の生きて居る世界を厭ふべき世界とは見てゐないのである。立派な人間の居住地として美しい国土であると云ふ様に之を讃歎して来て居るのでありま

す。（二四七頁）

『万葉自然』

此の集の人々は、自然に対して人生に好意を寄せて居ることを感じて居る。それが幾首かの歌となつて此の集に現れて来て居る訳である。これらを総合して行けば、要するに此の世界を美しと見、此の人生を美しと見る態度に外ならないのである。我が国に於いては、何処までも人間の生きて居る世界を、厭ふべき世界とは見てゐないのである。立派な人間の居住地として、美しい世界であるとしてこれを讃歎して来て居るのである。（一八七―一八八頁）

傍線を付したように、『万葉自然』では「国土」が「人生」や「世界」へと置き換えられているが、文章は殆ど同じである。語句が変化しただけで、文意には全く変化がない。これはこの場所に限らず、「国土」、「精神」といった言葉が置き換えられている。やはり、『万葉自然』は戦後の出版であり「国民精神作興」の目的を離れたといえる。『万葉に顕現せる日本精神』から改訂されるにあたり、「国土」、「天皇」、「国民性」の項目が削除されたのも言葉が変更されたのと同様に「国民精神」から離れた著作としての位置づけがあったからであろう。だが裏返せば、語句の変更のみで文意に変更を来たさずとも、戦後に出版できた内容であり、そもそも台湾における講義が、「国民精神作興」の要素もたまたま有していた日常の産物であり、日常の積み重ねによって培われた学術的講義として位置づける方が相応しいのではなかろうか。

おわりに

以上のように、武田祐吉の台湾での講義を概観しながら、その学問的立場を論じてきた。武田の講義をまとめた『万葉に顕現せる日本精神』には、歌の解釈から導き出された〈国民精神〉のあり方があった。台湾での講義をもととする『万葉に顕現せる日本精神』をはじめとする刊行物は、その語り口や歌の解釈といった論調を大きく変えることはなく、戦前・戦中・戦後を通して大きな変化はみられない。このように台湾での講義が戦後も出版されていることを考えると、内容は時局によって変化しておらず、はじめから『万葉集』について本質的な講義を行っていたといえる。武田が概説の後に論じている『万葉集』の講義は、あくまでも武田が『万葉集』に見いだした本質的な〈国民精神〉を、当時の国民精神あるいは日本文化といわれたものに表面的に逆らわない形で講義しているように思われる。この本質的な講義が、武田の学問の一貫性を物語っている。まさに、はじめに紹介した『七十年史』にみた武田の「上代人の文学観については講義する。併し、さうした思想には与らない」ということなのである。

一般的には武田が時局に沿った講義を行ったと見られており、それは武田が講義の最後で次のように述べていることなどに起因しよう。

以上回を重ねて話して参りました万葉集に顕現せる日本精神と云ふ題でございましたが、それは順次項目を分つてお話し申し上げましたことに依つても大体御推測は出来たと思ひますが先ず茲に日本精神を明らかにして即ち大丈夫であると云ふ万葉精神を明かにして参りました。其の起源がどこにあるかと云ふことを求めて、遂に国家及天皇の方面に之を求めて来た。之が大体の講義の構成であります。此のことは唯今迄挙げて参りました項目をご一覧になれば自然にお解りのことと思ひます。国民個人の精神即ち之が万葉精神とも言ふべきものである。それから出発して来て、其の淵源を国家、天皇と云ふ所に、我が日本帝国の本質と云ふ所まで遡つて求めて来たのであります。（以下略、三六〇頁）

このような表現が時局に沿ったと見なされるのであろうが、武田にとっての台湾での講義は、通常の『万葉集』の講義と同様にそこに描かれる人物を理解する活動と同じであり、それが国民精神ひいては国家理解へと解釈し直された講義であったといえる。武田自身が繰り返し述べているように、武田の講義は万葉精神を説いたものであり、歌や歌人といった個から国民精神という全体主義を考えるという手法であったのである。万葉精神と国民精神とは完全に一致しないが、武田は万葉精神を求めることによって〈国民精神〉へと転換させ、「国民個人の精神」としていったのである。だからこそ、講義内容は時代に左右されず刊行可能であったのであり、それは武田の学問も時局によって左右されないものであったことをあらわしていよう。

註

（1）『國學院大學八十五年史』（國學院大學、昭和四十五年）、七五二頁。
（2）『國學院大學七十年史』（國學院大學、昭和二十七年）、一〇四―一〇五頁。本書の引用については基本的に旧字体は新字体に改めた。なお、他書の引用についても同様である。
（3）前掲註（1）、七五二頁。
（4）武田の講演については『國學院大學百年史』（國學院大學、平成六年）や『國學院雜誌』武田祐吉追悼号（昭和三十三年十一月）所収「武田祐吉博士年譜・著作目録」に掲載される。『百年史』には以下の武田祐吉による講座・講習会の記録が掲載されている。なお講座は複数の教員で担当しているものあり詳細な武田の講演日は不明である。そのため公演日が重複しているものもある。

第一回万葉講座「万葉集演習（巻二）」昭和四年七月二十七日～　國學院大學
第二回万葉講座「万葉集講義（長歌）」昭和五年八月一日～　國學院大學
鎌倉夏季大学講座「実朝と仙学」昭和五年八月二日～
神道講習会「国文学より見たる神道」昭和六年七月二十一日～　國學院大學
第三回万葉講座「万葉集講義（奈良時代）」昭和六年七月二十七日～　國學院大學
第四回万葉講座「万葉集講義（宮廷詩）」昭和七年七月三十一日～　國學院大學
第五回万葉講座「旅人・憶良・虫麿作品講義」昭和八年七月三十日～　國學院大學
皇典講究所創立五十周年記念式典「万葉道」昭和七年十一月五日　市政会館講堂
神道講習会「日本文学の源流」昭和八年八月三日～　日光山内第一小学校
夏季講習（古事記）「古事記歌謡講義」昭和九年七月二十七日～
日本精神講座「万葉を通じての日本精神」昭和十年七月三十日～　宮城県第一高等女学校
日本精神講座「古典と日本精神」昭和十年八月一日～
国体明徴講習会「万葉と日本精神」昭和十年八月十七日～　多賀神社
国語教育講座「教材としての上代・中世文学」昭和十一年八月一日
日本精神講座「上代文学と日本精神」昭和十一年八月四日～　広島県教育会館
愛媛県神職会・同教育会共催講演「万葉集と日本精神」昭和十一年八月十三日～十五日　南予文化協会会館
日本精神講座「神代史の意義」昭和十二年七月二十五日～　第一宮城小学校
日本精神講座「神代史の意義」昭和十二年七月二十八日～　熊本第一高等女学校講堂
国文学会講演会「日本書紀について」昭和十三年五月二十八日
国語国文学講座「和歌教材の研究」昭和十三年八月一日～
国文学会講演会「梁塵秘抄ト新古今集」昭和十四年六月十日

夏季国語教育講座「国語解釈の道」昭和十四年八月一日〜
国史学会講演会「軍記物語ノ伝来」昭和十四年十一月十一日
公開講演「万葉集の類聚」昭和十七年三月　東京府養成館
神道講座「神道と古典」昭和二十四年
日本文化研究所春期講演会「万葉文化の動態」昭和三十一年七月三日
(5)武田祐吉『国文学に現れたる上代の日本思想』(青年教育普及会、昭和十一年)。
(6)『國學院雑誌』武田祐吉追悼号(昭和三十三年十一月)所収、「武田祐吉博士年譜・著作目録」。
(7)『古典の精神』上・下(神祇院、ともに昭和十六年)。
(8)『古典の精神』(創元社、昭和十七年)。
(9)武田による『日本精神叢書』には、『万葉集と忠君愛国』(文部省、昭和十年)、『祝詞と国民精神』(文部省、昭和十一年)、『万葉集と国民性』(文部省、昭和十二年)、『日本書紀と日本精神』(昭和十二年、文部省)がある。
(10)台湾総督府文教局(武田祐吉講述)『萬葉に顕現せる日本精神』(昭和十三年十一月)。
(11)武田祐吉『萬葉精神』上巻(湯川弘文社、昭和十八年)。
(12)武田祐吉『萬葉自然』(弘文社、昭和二十一年)。なお湯川弘文社は昭和二十年に社名を弘文社へと変更した。また、昭和二十三年には装丁を変更し再版されている。
(13)阪本是丸「國學院の「国学」―「非常時」に於ける河野省三・折口信夫・武田祐吉の国学―」(『國學院大學 校史・学術資産研究』第四号、平成二十四年三月)註、一〇八頁。
(14)九月五・十二・十三・十四日付けの講義の記載は無い(十一日が二度書かれているため、一つは十二日の誤りか)。仮に合計十三日で四十時間行ったとするならば、一日当たり三時間以上の講義になる。
(15)武田が台湾を訪れた様子については、『國學院大學院友会会報』にも記事が掲載されている。昭和十二年第十号(二四―二五頁)には、台南支部のたよりとし、「去る八月私共の武田祐吉先生が台湾精神文化講習会の講師として御来台北台南と数旬に亘つて御指導下さつたのですが、丁度八月二十八日台南師範に於ける御講演の砌寸暇を戴いて我々の押切れない歓迎の情を現したのがこの写真のやうな集ひでした」とあり、歓迎の様子の写真と共に掲載されている。また、同誌十三年壱月号(四一―

四二頁）には、台北支部のたよりとして、「武田先生歓迎会　今夏、武田祐吉先生、御未台《ママ》の節、当地、在住院友のうち有志の者が集りまして歓迎会を開きました。九月四日、当市構内を流るゝ新店渓といふ河の上流、新店碧潭てふ所より乗船、途中曳網をして、鯉、鮒など多くの収穫を得、夕刻、当市郊外に到着いたま《ママ》した。乗船の方には、武田先生をはじめ佐藤、小林、長田、大崎、鈴木の面々。夕刻から紀州庵なる川魚料理店で歓迎晩餐会催しました」と、これも写真を掲載して歓迎の様子を伝えている。國學院大學の卒業生（院友）にとっても、武田の訪問は特筆すべき出来事であったのである。

(16) 目次には「天皇（続き）」は立項されておらず、第一四節までとなっている。

(17) 西郷信綱「日本的といふことに就いての反省—国文学の新しい出発に際して—」（『国語と国文学』二三巻三号、昭和二十一年三月、四七頁）。

萩原龍夫と国民精神文化研究所・教学錬成所

大東敬明

はじめに

本稿は、萩原龍夫（一九一六—一九八五）の神社・神道研究のうち、国民精神文化研究所・教学錬成所に勤務していた頃のものを明らかにすること目的とする。[1]これは、萩原の生涯の業績や、「史料と伝承」という研究法を考える上で、国民精神文化研究所・教学錬成所で行われていた「神道大系」の編纂（思想）と「神社及神事調査」（伝承）とに関わったことは重要であると考えたためである。

国民精神文化研究所[2]は、昭和七年八月に設立された文部省直轄の研究所の一つである。昭和十八年十一月に国民錬成所と統合され、教学錬成所となる。第二次世界大戦終戦後、昭和二十年十月には教育研修所となった。同研究所の目的は、「国民精神」を研究し、普及することにあった。従来は、「教育」活動の側面の研究がすすめられてきたが、本稿では萩原龍夫を通して、「研究」活動の側面にも注目したい。

一　国民精神文化研究所入所以前の萩原龍夫

(一) 略歴

萩原龍夫は、大正五年(一九一六)七月十八日に東京市深川区門前仲町(現在の東京都江東区門前仲町)に生まれ、昭和十年(一九三五)に東京高等師範学校に入学した。昭和十三年、東京文理科大学史学科(国史学専攻)に入学し、同十六年に卒業する。同大学においては、松本彦次郎(一八八〇―一九五八)、肥後和男(一八九九―一九八一)らに学んだ。先輩には、和歌森太郎(一九一五―一九七七)がいる。卒業後は、教員をしたのち、国民精神文化研究所・教学錬成所に勤務した。[3]

同研究所においては、「神道大系」の編纂に携わるとともに、和歌森が堀一郎(一九一〇―一九七四)らとともに行っていた「神社及神事調査」にも関わった。また、昭和十八年頃には和歌森・堀の紹介で、柳田國男(一八七五―一九六二)と会い、以後、柳田邸で行われていた木曜会に参加している。

戦後は、東京学芸大学助教授を経て明治大学教授となる。この間、主な業績となる『中世祭祀組織の研究』(吉川弘文館、一九六二年)[4]、『神々と村落―歴史学と民俗学との接点―』(弘文堂、一九七八年)、『巫女と仏教史』(吉川弘文館、一九八三年)を刊行する。昭和六十年(一九八五)六月十九日、没。没後に、『中世東国武士団と宗教文化』(岩田書院、二〇〇七年)が刊行された。

（二）東京文理科大学での活動

先述のように、萩原龍夫は昭和十三年に東京文理科大学史学科国史学専攻に入学した。

文理科大学在学中の萩原については、『史潮』の「学内消息」欄によって知ることができる。同誌は、東京文理科大学史学科の教員・在学生・卒業生らにより組織されていた「大塚史学会」の会誌である。

昭和十四年十二月二日に行われた大塚史学会国史部会において、萩原は「近世宗教政策の一考察―信長と唯一神道―」を発表する。[5] 卒業論文のテーマは、吉田神道に関連する事柄であり、[6] この頃には既にテーマが定まっていたといえる。同十六年一月十八日に行われた卒業論文報告会においては、「卜部神道の成立と中世社会」を発表している。[7] 卒業後の同年六月一日には、昭史会研究発表会において、「吉田神道に関する二、三の問題」を発表する。[8] この昭史会は東京文理科大学史学科国史学専攻の卒業生などによって組織されていた日本史の研究会である。[9] この時期の萩原の吉田神道研究は、『中世祭祀組織の研究』の「吉田神道の発展と祭祀組織」へと繋がると考える。

萩原の卒業論文がどのようなものであったかは、明らかにしえていない。「中臣祓の史的発展」（『史潮』一一―四、一九四二年）は、昭和十七年一月二十日に脱稿したものであり、これは萩原が国民精神文化研究所に入る頃にあたる。この論文では、中臣祓の史的展開を、大祓や陰陽道、仏教との関わり、伊勢の神宮周辺や吉田神道における中臣祓の受容まで扱っている。萩原は、この論文において吉田兼倶『中臣祓抄』を通して、吉田神道あるいは兼倶の思想と中世社会との関わりについて考察している。この点は、卒業論文の内容と重なる部分があると想像する。

（三）松本彦次郎・肥後和男の影響

萩原が東京文理科大学に在学していた当時、史学科国史学専攻は、先述のように松本彦次郎（教授）と肥後和男（助教授）を中心としていた。

松本は日本文化史学を専門とし、特に精神史を重視した。

肥後は、京都帝国大学において、西田直二郎（一八八六―一九六四）に学んでいる。当時、西田は、文化史学に民俗学を取り入れようとしていた[10]。肥後の研究法は、これを取り入れたものであった。この方法が、肥後の影響により、東京文理科大学でも行われるようになったことは、萩原のみでなく、和歌森太郎をはじめとする、同大学出身者と民俗学との関わりを考える上で重要である。

肥後は、昭和八年に東京文理科大学に着任した。この後、学生とともに宮座調査を行い[11]、その成果を「近江に於ける宮座の研究」（『東京文理科大学紀要』一六、一九三八年）や『宮座の研究』（弘文堂書房、一九四一年）としてまとめている[12]。萩原と東京文理科大学との関わりを考える際には、肥後との関わりが注目される事が多い。たしかに、萩原の主著は『中世祭祀組織の研究』であり、肥後が同大学で行っていた宮座研究との関連をみることもできる。しかし、肥後の宮座調査が行われたのは、萩原が入学する以前の昭和十年・十一年である[13]。その後の調査や資料整理についても、和歌森太郎が関与したことは明らかであるが[14]、萩原との関係は明らかでない[15]。

また、萩原が在学していた当時、同大学では、千葉徳爾、直江廣治によって、茗渓民俗学会がつくられている。しかし、この会に萩原がどのように関わったのかについてもあきらかではない[16]。

以上のことから、萩原が、東京文理科大学在学中に肥後の宮座研究の影響を強く受け、その関心が持続して『中世祭祀組織の研究』を執筆したとは考えづらい。しかし、萩原は、東京文理科大学において、松本・肥後から、のちに民俗学の研究法を取り入れる下地となる文化史学の研究法を学んだ。このことが、のちの歴史民俗学者としての萩原の手法を形成すると考える[17]。

二　国民精神文化研究所への入所

先述の通り、国民精神文化研究所は昭和七年八月に設立された文部省直轄の研究所の一つである。萩原龍夫は、東京文理科大学史学科を卒業したのち、東京府立第六高等女学校に教員として務め、昭和十七年一月に国民精神文化研究所嘱託となった。『国民精神文化研究所要覧』（昭和十七年八月）（以下、『要覧』と表記する）には、編輯課のうちに「日本文化ニ関スル文献編纂臨時嘱託」として萩原の名前が見える[18]。

萩原が嘱託となった昭和十七年には、同所内に、研究部、事業部、編輯並調査に関する事務、庶務係が置かれていた。このうち、研究部には、歴史科、国文学科、芸術科、哲学科、教育科、法政科、経済科、自然科学科、思想科がおかれている。それぞれに、所員、嘱託、助手がおかれ、研究が進められていた。

事業部は教員研究科と研究生指導科がおかれ、中学校・高等専門学校教員や研究生の指導を行っていた。

編輯並調査に関する事務では、雑誌『国民精神文化』や研究成果の刊行、国民精神文化研究などに必要な調査、「神道大系」の編纂を行っていた。

当時の同所の研究環境について、哲学科の助手をつとめていた堀一郎は「何の制約もなく、小さな研究室をもらって一人で勝手な研究をやってよかった」、「月給は安かったが実際勉強はよくできました[19]」と回想している。

研究部には、吉田熊次（研究部長、教育学研究嘱託）、西田直二郎（歴史科：所員〈兼任〉）、松本彦次郎（歴史科：歴史学研究嘱託）、志田延義（国文学科：所員）、正木篤三（芸術科主任：所員）、新関良三（芸術科：演劇研究嘱託）、紀平正美（哲学科主任：所員）、河野省三（哲学科：神道研究嘱託）らがいた[20]。

国民精神文化研究所において、萩原がまず関与したのは、編輯並調査に関する事務のうち、「神道大系」の編纂である。のちには「神社及神事調査」にも関わった。

萩原が国民精神文化研究所に入所した経緯については、明らかではない。しかし、主に関わった事業が「神道大系」の編纂であり、これには神道思想に関する多くの文献が収められる予定になっていた。萩原の当時の研究の中心は吉田神道及び中世の神道思想（中世神道）である。このために「神道大系」編纂事業に参加することとなったと考える。

さらに広く国民精神文化研究所との関わりで見るならば、歴史学科研究嘱託の松本彦次郎に注目する。松本は、昭和七年以来、国民精神文化研究所に関わっており、東京文理科大学においても萩原に影響を与えている。このことから、萩原が国民精神文化研究所に勤務するきっかけとして、松本の関与を想定することができる。

三　「神道大系」編纂事業

（一）中世神道研究

萩原は、昭和十七年―二十年に祓および中世神道に関する論文を発表し、また口頭発表もおこなっている。昭和十七年―二十年の萩原の論文や口頭発表は次の通りである。

【論文】

・「中臣祓の史的発展」（『史潮』一一―四、昭和十七年四月、昭和十七年一月二十日脱稿）
・「中世神道の秘密性について」（『国民精神文化』八―四、昭和十七年四月）
・「建武の中興と神道思想」（『教学』九―一〇、昭和十八年十一月）

【口頭発表】

・「中世神道の三つの段階」（昭和十七年度大塚史学会秋季大会、昭和十七年十一月十五日、要旨は『史潮』一二―三・四に掲載）[21]

・「近世禊祓論の中心問題」（昭史会研究発表会、昭和十八年六月二十五日）[22]

・「伊勢神道の思想的背景」（昭史会研究発表会、昭和十九年六月一日）[23]

この時期の萩原の研究を概観すると、吉田神道研究から、中世神道と密教との関わり、伊勢神道、禊祓へと研究対象を広げているようにみえる。萩原自身は、この頃、柳田國男との間に次のような会話があったと回想している。

君は何を研究しているか、とおたずねになったので、伊勢神道を研究しております、と答えたらすぐさま、つまらぬことをやったものだね、と言われた。伊勢神道の前には吉田神道を卒業論文に書きましたなどといおうものなら、ますます、「つまらぬこと」の限りとなるのは必定であった。[24]

また柳田國男『炭焼日記』昭和十九年八月九日条をみると、

午後萩原竜夫君、「大神宮叢書」五冊をしょってきてくれる。この人も五部書の成立や禊祓のことなどを研究して居る。[25]

とあって、萩原自身も研究テーマを伊勢神道と述べており、柳田國男も萩原を神道五部書や禊祓を研究している人物として認識している。

また、この時期、萩原は柳田のもとに「大神宮叢書」を持参している（八月九日、八月十二日）。[26]『大神宮叢書』は、近世以前の伊勢の神宮に関する文献等を集成した叢書である。萩原がこれを柳田のもとに持参したのは、伊勢神道研究を行っていたためと考える。

同月から翌月にかけて、柳田はこれを読んでいる。[27]これは、戦後に出版する『山宮考』のもとになった。[28]

この時期の萩原の論文をみると、柳田國男の教えを受けつつも、未だ民俗学の方法は導入していない。先述の通り、「中臣祓の史的発展」は、中臣祓の展開について、時代背景を視野に入れつつ述べたものであり、吉田神道に多く言及したものであった。さらに「建武の中興と神道思想」は、南北朝時代における神道思想の発展とその性質を捉えようとしたものである。

このように、萩原の中世神道研究は、思想内容を追求するものではなく、神道思想を発生基盤・受容層を意識して社会や時代の中に位置づけるものであった。

（二）「神道大系」編纂事業

「神道大系」は、神道に関わる諸文献を集成しようとした叢書である。

この事業は、国民精神文化研究所の「編輯並調査に関する事業」のうち、編輯課において行われた。

先述の通り萩原は編輯課の「日本文化ニ関スル文献編纂臨時嘱託」である。『要覧』には、萩原とともに赤松俊秀（兼、皇国史編纂ニ関スル史料調査嘱託）、次田香澄、松尾拾、森末義彰、桑田忠親の名が挙がっている。[29]

これ以前にも、井上哲次郎は「神道大蔵」（「神道大蔵経」）を編纂する必要性を主張していた。しかし、その計画は思うように進まなかったようである。[30]この計画は、大正末から、高楠順次郎らの監修によって編纂が進められていた「大正新脩大蔵経」の編纂に触発されたものであろう。

国民精神文化研究所における「神道大系」編纂事業は宮地直一が、当時の所長であった伊東延吉にもちかけてはじめられたものであり、[31]第一期として約百冊の刊行が企画された。

「神道大系」が、いつごろ企画され、どのような準備が進められていたのかについては明らかにし得ていない。しかし、昭和十七年一月二十七日に、志田延義に対して「神道大系」編纂委員を命じる辞令が出ており、この時点から本格的に編纂がはじめられたと考える。志田は同様の辞令は紀平正美、河野省三、宮地直一にも出ていたはずとする。[32]『要覧』をみると、編纂委員には、志田、紀平、宮地、河野のほか、中村光（歴史科主任・編輯科主任）、山本饒（哲学科主任・研究会主任）、吉田熊次（教育学研究嘱託）、阪本廣太郎（考証官）、星野輝興（掌典）の名がみえる。さらに、原田敏明も昭和二十年一月十九日に「神道大系」編纂委員となっている。[33]

このほか志田は、梅田義彦、西田長男、萩原龍夫に担当をお願いしたとする。[34]萩原が同研究所に勤務するようになったのはこの時期であり、先述の通り、「神道大系」編纂のために入所したと考える。

「神道大系」の内容をうかがわせる資料は多くない。そのひとつは、昭和十七年二月十六日に、三笠宮崇仁親王、閑院宮春仁王及び両妃が国民精神文化研究所を訪れた際に用意した資料の目録（「三笠宮崇仁親王殿下　閑院宮春仁王殿下　台覧国民精神文化資料目録」）[35]であり、もうひとつは昭和二十年三月に印刷された『神道大系所収参考書目集』[36]である。

三笠宮崇仁親王、閑院宮春仁王及び両妃が国民精神文化研究所を訪れた際には、①音楽研究関係資料、②日本科学史関係資料、③大東亜教育・言語政策研究資料、④「神道大系」編纂関係資料が展示された。「神道大系」編纂関係資料については、河野省三が説明をしている。

展示は、「第一篇　古典篇」「第二篇　論説篇」に別れる。

「第一篇　古典篇」には『古事記』『日本書紀』に関する資料が挙げられている。『古事記』に関する資料の中には『万葉集』『琴歌譜』（複製）も含まれる。「第二篇　論説篇」には度会神道、吉田神道、垂加神道、復古神道に関する資料が挙げられている。

『神道大系所収参考書目集』が編纂された経緯ほかは、明らかではない。同資料には、「神道大系編纂計画案」として、各篇の篇目、予定冊数、収録候補の書目が挙げられている。

篇目は、①首篇（予定・二―三冊）、②古典篇（予定・十冊）、③朝儀祭祀篇（予定・三冊）、④神宮篇、⑤神社篇（予定・十冊）、⑥論説篇、⑦註釈篇、⑧文学篇、⑨制度沿革篇、⑩総記篇の十篇である。このうち、⑦註釈篇、⑧文学篇、⑩総記篇は略されている。
⑥論説篇は、さらに伊勢神道、白川神道、吉田神道、吉川神道、心学、復古神道、垂加神道、仏家神道（付、雲伝神道）、儒家神道、通俗神道、武士道に別けられており、それぞれに収録される候補と考えられる文献の書名が挙げられている。
「神道大系」を編纂する中での、萩原の役割もまた、明らかではない。しかし、昭和十七年、昭和二十年ともに「論説篇」があり、そこには神道思想に関する多くの文献が収められる予定となっていた。萩原の当時の研究テーマは中世神道が中心であり、このことから、この論説篇に関わったと想定できる。

以上のように萩原は、卒業論文以来、中世神道の研究を続けてきたようであるが、その方法に疑問を持っていたようである。『中世祭祀組織の研究』「序章　祭祀組織研究の課題と方法」においては、次のように述べている。

わたくしは大学卒業論文のテーマに吉田神道を取扱って以来、神道と神社のことに関心をもちつづけたが、歴史学の一分野として見た場合にいつもその研究方法の不明確さに悩まされた。一方に神社史・神祇史の研究は進められているのだが、それらは数多くの神社のうちの特殊な小部分にすぎないと思われた。（中略）神社が古文書を多数保存している場合があり、それらについて研究するのもよいが、結局荘園領主としての神社のあり方しかわからず、そうした立場と別に村落の信仰を築きあげて来た神社については一向に無視されている。その点は神道においてもよく似ていて、吉田神道や伊勢神道の教説としての面は紹介されるけれども、それがどのような基盤から発生したか、また社会のどの層に受容れられていったか、などの点は一向に省みられない。ここに神社や神道の、文献だけによる研究に何か限界のようなものがあるのではないか、とわたくしには感ぜられた(37)。

萩原の中世神道研究は教理の内容を詳細に分析してゆく方法ではなく、社会との関わりを意識したものであった。この問題や村落の信仰実態を考える際、文献のみから考えることについては、疑問を感じていたようである。次いで、

そうした状態のわたくしに、急にあたらしい視野が開かれることになった。それは民俗学の研究法である。当時わたくしは神社における神事の調査を任務の一つともしていたので、しだいに神事の内容に興味をもち、山間僻地の神社、古文書を一向に残していない神社に、すこぶる豊富な内容をもった神事が伝わっていることを知って愕然とし、そのうちにそれら神事の内容にこそ、神道や神社信仰の真髄が隠れており、古文書によるよりもこの方がさしあたって重要な仕事になるのではないかと感ずるようになった(38)。

とし、その疑問の打開策として民俗学があったとする。ここでいう「神社における神事の調査を任務の一つ」とは、国民精神文化研究所の調査課における「神社及神事調査」であろう。この事業に萩原が携わったことは、堀一郎が述べている[39]。これに関わることによって、萩原は、神道研究の方法として、思想から伝承（神事）に目を向けるようになる。

三　神社及神事調査

「神社及神事調査」（国民伝統調査）は、編輯部内に設けられた調査課において、昭和十七年から行われた[40]。その目的は「国民生活の具体的規範となり、これを現代に培ひ来たれる神社及び神事に関する基礎調査を行ひ、以て国民精神文化の淵源と伝統とを明らかにすると共に、こゝに皇国教学全般の根基を求むる[41]」ことであった。調査に直接関わったのは、正木篤三、新関良三（演劇研究嘱託）、堀一郎（国民伝統調査嘱託）、杉山誠、和歌森太郎（国民伝統調査嘱託）、萩原龍夫らであった[42]。のちの昭和十八年八月四日には肥後和男と原田敏明が「国民精神文化研究所　国民伝統調査嘱託」に任命されている[43]。

「神社及神事調査」は、堀が「鹿島神宮の軍神祭」について書いた報告を所長の伊東延吉が読んで興味を持ったことをきっかけとすると堀は回想している[44]。

この調査に加わった和歌森太郎は、東京文理科大学を昭和十四年に卒業したのち、同大学の助手（副手）や東京高等師範学校講師などをしていた。

和歌森は、卒業論文（「中世修験道成立の因縁とその展開」）やその後に執筆した修験道史に関する論文をまとめ『修験道史研究』（河出書房、一九四三年）を出版する。そこで、柳田の研究を修験道史研究に活かそうとしたが、うまく整合させることができず苛立ったと和歌森は回想している。[45]

卒業後、和歌森は東京文理科大学国史学研究室助手として、肥後和男の宮座研究の調査に携わった。この過程で、民俗学に親しむようになり、神社をたずね、フィールドワークを行うようになる。[46]和歌森は、大和盆地の調査を行ったようで、『和州祭礼記』を著した辻本好孝（一九〇四―一九五五）とも交流している。[47]

このような中で、柳田國男のもとに出入りすることとなる。昭和十七年六月二十七日には柳田の推薦で本調査に加わり、「国民伝統調査」を嘱託された。[48]

「神社及神事調査」では、昭和十七年八月に行われた鹿島神宮御船祭の調査のほか、鹿児島県、島根県をはじめ、各地の祭祀調査を行った。[49]その中で、特に重点がおかれたのが、島根県であり、昭和十七年十二月より調査が行われた。[50]和歌森太郎は、美保関に昭和十八年、十九年にも何度か滞在し、それに戦後の調査も加えて『美保神社の研究』（弘文堂、一九五五年）を執筆している。

調査に際しては、神社調査カードが作られた。[51]同調査の調査項目については「神社・神事調査質問條項」[52]がある。この「神社・神事調査質問條項」を用いた調査の例は、見出し得ていない。しかし、柳田國男が長野県東筑摩郡教育部会に依頼した「氏神信仰調査」では、「神社・神事調査質問條項」にいくつかの項目を付け加えたものが用いられている。この調査は、昭和十八年に行われ、堀一郎、和歌森太郎が指導にあたった。[53]

萩原は、「神社及神事調査」が実施される以前から、国民精神文化研究所編輯部において、「神道大系」編纂に携わっていた。しかし、いつから、どのような理由で「神社及神事調査」に携わるようになったのかは、明らかではない。おそらくは、東京文理科大学の先輩である和歌森太郎との関わりによって、参加するようになったのであろう。[54]

萩原自身は、この事業に関わることによって「しだいに神事の内容に興味をも」つようになり、「それら神事の内容にこそ、神道や神社信仰の真髄が隠れており、古文書によるよりもこの方がさしあたって重要な仕事になるのではないかと感ずるようになった」(55)としている。このことからすれば、萩原が、この調査にどのような形で関わっていたにせよ、「神社及神事調査」は、のちの萩原の研究に大きな影響を与えたといえる。

四　民俗学との関わり

当時、萩原が中世神道の研究を主としており、民俗学的研究法を用いていなかったことは、先述のとおりである。

萩原は中世神道研究の中で教説面は紹介されても、発生基盤や、社会のどの層に受け容れられたかが省みられないことに、文献のみによる神道・神社研究の限界を感じていた。このなかで、「神社及神事調査」に関わることによって、民俗学の研究法や神事調査の重要性に気づいたようである。

神事を重視して「神道や神社信仰の真髄」を見出そうとするのは、柳田國男が『日本の祭』において、「日本では、「祭」といふたつた一つの行事を透してゞ無いと、国の固有の信仰の古い姿と、それが変遷して今ある状態にまで改まつて来て居る実情とは、窺ひ知ることが出来ない」、「祭は国民信仰の、言はゞたゞ一筋の飛び石であつた。この筋を歩んで行くより他には、惟神之道、即ち神ながらの道といふものを、究めることはできなかつたわけである」(56)とすることと共通する。

萩原は、「こうしてわたくしには民俗学が新鮮な魅力をもって迫ってくるようになった」、「民俗学に熱心に携っている期間には、かって関心を寄せていた神道や大社の神事の文献的研究はしばらく採りあげることがなくなった」とする。ここで萩原のいう「神道」とは、神道説を指すのであろう。「神社及神事調査」によって、民俗学の重要性に気づいたとするならば、その時期は、昭和十七年から十八年の間であろう。そして、萩原は、この時期に研究の支柱になったものは、柳田國男の『日本の祭』(弘文堂、一九四二年)、『神道と民俗学』(明世堂書店、一九四三年)であったとする。[58]

萩原は昭和十八年に、堀一郎・和歌森太郎に連れられて、柳田國男に面会している。[59]堀・和歌森の紹介で、柳田に面会していることからすれば、国民精神文化研究所の「神社及神事調査」と、何らかの関わりを持つものと考えられる。この後、萩原は、柳田國男が主催していた木曜会などに参加している。

萩原が昭和十九年に発表したものには、「成年式覚書」(『民間伝承』一〇―四、一九四四年)や「尾張津島祭」(『民間伝承』一〇―五、一九四四年)がある。これらは、管見の限りにおいて、萩原が民俗学の成果を発表したもののうち、古いものである。「尾張津島祭」の報告は、昭和十九年の調査に基づくものと考えられる。『炭焼日記』昭和十九年七月十八日には「午後萩原竜夫君来、尾張の津島の御葭流しの神事を見て来たこと、これには深秘のまだあること、又禊祓のことなど話す」[60]とある。

萩原は、これまで述べたような民俗学の研究法と出会って以降に、肥後和男の『日本神話研究』(河出書房、一九三八年)や『宮座の研究』が重要な点を指示していた事がはっきりとわかったとする。[61]東京文理科大学において、民俗学を受け入れる下地となる文化史学を萩原が学んだことは、先述のとおりである。しかし、民俗学の研究法は取り入れず、中世神道が成立する時代背景や受容層の研究を行っていた。このような中で、「神社及神事調査」に関わることで、神事の重要性を認識し、民俗学の研究法を自らの神社・神道研究の中に取り入れるようになっていたといえる。昭和二十一年、萩原は「宗教としての神道」(『基督教文化』三、一九四六年)の中で、柳田國男『日本の祭』を用いながら、神道における「伝承」の重要性を明確に示している。そこでは、神道について

「全国に行亘つてゐる伝承としての信仰生活を顧ねばならない。神道は何よりもまづ伝承的信仰であることを知らねばならない」[62]として、神道理解における「伝承」の重要性を指摘している。さらに、神道の神学の樹立のためには「神社信仰の体験を精細に蒐集し記述」[63]することが必要であるとしている。管見の限り、萩原が神社・神道研究における伝承の重要性を示したものとしては、同稿が最も古く、さらに、「村落の神祭りの組織に於て、近代人がつい閑却してゐる重大な二つの特徴がある。一は神事組合の組織であり、二は祭をなすべき祭司職の決定的なることである」[64]として祭祀組織に注目している。『中世祭祀組織の研究』「序章　祭祀組織研究の課題と方法」においても、

わたくしは以上のような歴史学・民俗学の両者にまたがった経験から、一つの研究領域を見出すに至った。それは日本における神社を中心とした祭祀組織についてである。祭祀組織こそは神社・神道の史的研究に際してとかく見のがされていた方面であり、しかもこれを社会構造の中に位置づけ解明することが、やがて日本の社会発展の基礎的部面究明への一つの寄与となり得る、とわたくしは信ずるようになった。[65]

とする。ここでは、祭祀組織研究に注目する年代を明確に示していないが、「宗教としての神道」で述べていることに注目するならば、昭和十七年～二十年の間のことと考える。この時期が、歴史民俗学者としての萩原の萌芽期であり、後に「史料と伝承」と称される研究手法を生み出し、その成果は『中世祭祀組織の研究』に結実する。

おわりに

以上、萩原龍夫の神社・神道研究について、国民精神文化研究所・教学錬成所における活動を中心に記した。国民精神文化研究所においては、まず「神道大系」の編纂に関わった。これは神道に関する文献を類聚しようとするものであり、萩原が中世神道研究を行っていたことが、「神道大系」の編纂に関わるきっかけになったと考える。さらに、国民精神文化研究所には松本彦次郎が所属していたことも、萩原と同研究所との関わりを考える上では重要である。

次いで、堀一郎、和歌森太郎らが中心となっておこなっていた「神社及神事調査」に関わる。この調査では、各地の神事の調査が行われていた。萩原は、この調査に関わる中で、神道・神社を理解する上では、神事などの伝承が重要であることに気づき、自らの研究に民俗学の研究法を取り入れるようになった。この背景には、神社・神道研究を行う中で、村落信仰の担い手としての神社、吉田神道や伊勢神道などの成立基盤とその時代的背景を理解するための方法を模索していたことがある。

このように、国民精神文化研究所・教学錬成所において、昭和十七年~二十年に行われていた「神道大系」の編纂と「神社及神事調査」は、それに関わった萩原龍夫のその後の研究に大きな影響を与えた。

註

（1）本稿は、『國學院大學研究開発推進センター研究紀要』七号（二〇一三年）に掲載した「萩原龍夫の二十代―国民精神文化研究所・教学錬成所の活動に注目して―」を縮約したものである。また、萩原龍夫については、『中世東国武士団と宗教文化』

（岩田書院、二〇〇七年）掲載の「萩原龍夫　年譜・著作目録」に依拠した。本稿では、これに依拠した情報については、逐一、典拠を示していない。なお、これは『萩原龍夫』（萩原龍夫先生追悼会編集・発行、一九八六年）に掲載された年譜の再録である。「著作目録」は西垣晴次が整理したもので、『中世東国武士団と宗教文化』に収録するに際して、佐野和子が補っている。

（2）国民精神文化研究所については、前田一男「国民精神文化研究所の研究―戦時下教学刷新における「精研」の役割・機能について―」（『日本の教育史学　教育史学会紀要』二五、一九八二年）、鳥居美和子「国民精神文化研究所の図書館―教学錬成所・教育研修所にいたるまで―」（『現代の図書館』二四―二、一九八六年）ほかを参照した。

（3）「学内消息　国史部会」（『史潮』八―二、一九三八年）、一四一頁。

（4）初版ののち、再版（一九六五年）、増補版（一九七五年）が刊行され、それぞれにおいて改訂が加えられている。本稿では、増補版を用いた。

（5）「彙報　国史部会」（『史潮』九―四、一九三九年）、一三五頁。

（6）萩原龍夫「序章　祭祀組織研究の課題と方法」（『中世祭祀組織の研究』）二頁。以下、「序章」とのみ表記する。なお、萩原は、昭和十五年の春、卒業論文を執筆するに際、西田長男（一九〇九―一九八一）に相談をしている（西田長男「書評　萩原竜夫博士著「中世祭祀組織の研究」」（『神道史研究』一一―巻一、一九六三年）、四八頁。

（7）「彙報　卒業論文報告会」（『史潮』一一―一、一九四一年）、一四七頁。

（8）「学内消息　昭史研究会発表会」（『史潮』一一―二、一九四一年）、一三二頁。

（9）和歌森太郎「序―昭史会員の研究動向―」（東京教育大学昭史会編『日本歴史論究』二宮書店、一九六三年）、一頁。

（10）柴田實「京都の民俗学事はじめ」（『京都民俗』一、一九八四年）、同「京大と柳田先生」（『定本　柳田國男集　月報』七、一九六二年）、蘇理剛志「京都帝国大学民俗学会について―関西民俗学の黎明―」（『京都民俗』一九、二〇〇一年）、菊地暁「主な登場人物―京都で柳田国男と民俗学を考えてみる―」（『柳田国男研究論集』四、二〇〇五年）ほかを参照した。

（11）この背景には、人々が神社からはなれてゆく現実もあったと考える。特に、「宮座」という組織をめぐって、地域の神社と人々との関係のあり方を考えようとする大きな動きがあったのではなかろうか。この時期は井上頼寿『京都古習志』（館友神職会、一九四〇年）などが刊行されている。大正十三年に官国幣社特殊神事調が行われ、昭和十六年に神祇院より刊行されたこと、後述する「神社及神事調査」が行われたこともこのような事柄を背景とすると推測する。この点については「特殊神事の復興と保存」（佐上信一）（『神社局時代を語る』、近代神社行政史研究叢書Ｖ『神社局時代を語る／全国神職会沿革史要』神社本庁教学研究所、二〇〇四年所収）、宮地直一「特殊神事に就いて（前号のつづき）」（『大八洲』一四―七、広島県神職会、一九二〇年）を参照した。

(12)肥後の宮座研究については、萩原龍夫「『宮座資料』について」（『史料と伝承』三、一九八一年）、同「『宮座資料』内容総目録（中）」（『史料と伝承』四、一九八一年）、同「『宮座資料』について（続）」（『史料と伝承』六、一九八二年）、黒田一充「『神社を中心とする村落生活調査報告』解説」（なにわ・大阪文化遺産学叢書三『神社を中心とする村落生活調査報告書（一）大阪府―大阪市・三島郡・豊能郡―』関西大学なにわ・大阪文化遺産学研究センター、二〇〇七年）ほかを参照した。

(13)「学内消息　神社を中心とする村落結合の研究資料採訪」（『史潮』五―三、一九三五年）、一二七頁、「学内消息　神社を中心とする村落結合の研究資料採訪」（『史潮』六―二、一九三六年）一九二頁、肥後和男「序説」（『宮座の研究』）、八頁。

(14)「和歌森太郎　年譜・著作」（『和歌森太郎著作集』別巻、弘文堂、一九八三年）、二〇一―二〇二頁。

(15)「年譜」には、昭和二十四年九月に「滋賀県の宮座の調査を初めて行なう」とある（三九四頁）。

(16)ただし、昭和十四年に行われた日本民俗学講座には参加している（萩原龍夫「柳田國男」『神道宗教』四一、一九六五年、九八頁）。

(17)菊地暁は、京都帝国大学においては「狭義の文化史学にとどまらない新たな歴史学が模索され、それがやがて、柳田民俗学を受容する素地ともなるのである」（菊地暁「敵の敵は味方か？―京大史学科と柳田民俗学―」小池淳一編『〈歴博フォーラム〉民俗学的想像力』せりか書房、二〇〇九年、一六三頁）としており、東京文理科大学においても、同様のことがいえると考える。

(18)『国民精神文化研究所要覧』（昭和十七年八月）（国民精神文化研究所、一九四二年）、一五、五五頁。

(19)堀一郎（「紆余曲折―私の学問遍歴―」（『聖と俗の葛藤』平凡社、一九七五年）、二四六頁。

(20)『要覧』、二二―三三頁。

(21)「学内消息　昭和十七年度大塚史学会秋季大会」（『史潮』一二―三・四、一九四三年）、一八五―一八六頁。

(22)「学内消息　昭史会研究発表会」（『史潮』一二―三・四、一九四三年）、二〇〇頁。

(23)「彙報　昭史会研究発表会」（『史潮』一三―一、一九四四年）、六五頁。

(24)萩原龍夫「柳田國男」、九八頁。
(25)柳田國男『炭焼日記』(『柳田國男全集』二〇、筑摩書房、一九九九年)、六七二頁。
(26)柳田國男『炭焼日記』、六七二―六七三頁。
(27)柳田國男『炭焼日記』、六七二―六八〇頁(昭和十九年八月十一日、十四日、二十日、二十一日、三十一日、九月一日)。
(28)萩原龍夫「柳田國男」、九八頁。
(29)井上哲次郎「「神道大蔵経」編纂の必要に就いて」(『東亜の光』二二―七、一九二七年)、同「再び「神道大蔵経」の編纂に就いて」(『東亜の光』二二―九、一九二七年)(ともに、島薗進・磯前順一編、シリーズ日本の宗教学二『井上哲次郎集』九、クレス出版、二〇〇三年、所収)、同「「神道分類総目録」の序」(佐伯有義編『神道分類総目録』春陽堂書店、一九三七年)。
(30)宮地直一「神書叢刊の由来」(『三国最上の祓の研究』明治書院、一九三四年)、一―二頁。
(31)志田延義「神道大系編纂の前史と神楽歌の淵源」(「神道大系月報」八五、『(財)神道大系編纂会　記念誌』神道大系編纂会、二〇〇九年、八三―八四頁)、虎尾俊哉「『神道大系』の学術的意義」(『(財)神道大系編纂会　記念誌』、七三―七四頁)。
(32)志田延義「神道大系編纂の前史と神楽歌の淵源」、八四頁。
(33)「原田敏明略年譜」(原田敏明『宗教 神 祭』岩田書院、二〇〇四年)、四〇五頁。
(34)志田延義「神道大系編纂の前史と神楽歌の淵源」八四頁。
(35)「三笠宮崇仁親王殿下　閑院宮春仁王殿下　台覧国民精神文化資料目録」(『国民精神文化』八―四、一九四二年)。
(36)教学錬成所調査部編『神道大系所収参考書目集』(一九四五年)。同資料については國學院大學所蔵本及び國學院大學図書館所蔵マイクロフィルム(河野家所蔵本)を参照した。
(37)萩原龍夫「序章」、二頁。
(38)同右、三頁。
(39)堀一郎「紆余曲折―私の学問遍歴―」、二四七頁。
(40)「神社・神事調査」、「国民伝統調査」ほかの名称も用いられているが、本稿では『要覧』(七一頁)に依拠した。また、本調査および国民精神文化研究所と民俗学者との関わりについては、後藤総一郎監修・柳田國男研究会編『柳田國男伝』(三一書房、一九八八年)第十一章第三節一「国民精神文化研究所と民俗学者」(柘植信行執筆)が詳しく、本稿でも多くの部分を依拠した。

(41)『要覧』七一―七二頁。また、調査目的については「神社調査ニ関スル基本要項」(『国民精神文化』九―三、一九四三年)を参照した。
(42)堀一郎「紆余曲折―私の学問遍歴―」、二四七頁。
(43)「肥後和男先生　年譜」(芳賀登編監修『肥後和男歴史学を考える』教育出版センター、一九九三年)、一四九頁、「原田敏明略年譜」、四〇五頁。
(44)堀一郎「紆余曲折―私の学問遍歴―」、二四七頁。なお、昭和十七年には、鹿島神宮の御船祭、香取神宮の軍神祭が行われている。鹿島神宮は八月で、香取神宮は四月である。鹿島神宮については、正木篤三、堀一郎、和歌森太郎の連名で「鹿島神宮式年御船祭拝観記―鹿島信仰をめぐる諸問題―」(『教学』九―八、一九四三年)を発表しており、鹿島神宮では、時期が合わない。香取神宮の軍神祭については、堀が「香取神宮式年軍神祭について」(『歴史地理』八〇―二、一九四二年)を執筆しており、「香取神宮の軍神祭」の記憶違いであると考える。
(45)和歌森太郎「歴史と民俗の間で」(『日本の民俗一一　民俗学のすすめ』河出書房新社、一九七六年)、二八七頁。
(46)和歌森太郎「歴史と民俗の間で」、二八九―二九二頁。
(47)辻本好孝『和州祭礼記』(天理時報社、一九四四年)には、柳田國男、原田敏明、和歌森太郎の直接・間接の指導があり、調査態度が変わったとする(「あとがき」、四五七頁)。辻本好孝については杉本悦子『父のペン胼胝―地方記者 辻本好孝の生涯―』(私家版、二〇〇一年)ほかを参照した。
(48)和歌森太郎「歴史と民俗の間で」、二九二頁。
(49)「和歌森太郎　年譜・著作」(『和歌森太郎著作集』別巻、弘文堂、一九八三年)、二〇四―二〇七頁。
(50)堀一郎「紆余曲折―私の学問遍歴―」二四七頁、和歌森太郎「美保関をおもう―序にかえて―」(『美保神社の研究』弘文堂、一九五五年、二―四頁)。
(51)堀一郎「紆余曲折―私の学問遍歴―」、二四七頁。
(52)「神社・神事調査質問條項」(『教学』九―七、一九四三年)。この調査項目には、柳田國男・関敬吾『日本民俗学入門』(改造社、一九四二年)の「神祭」の項目の影響があったことが、指摘されている(「国民精神文化研究所と民俗学者」柘植信行執筆、八八三頁)。

(53)伊藤純郎「戦時下の民俗調査―柳田國男と『東筑摩郡誌別篇』氏神篇編纂事業―」(『信濃』五六―一、二〇〇四年)、四三頁。このほか、氏神信仰調査については、清沢芳郎「戦争中の氏神信仰調査」(『信州白樺』一八、一九七五年)、宮坂昌利「柳田國男の「氏神信仰調査」考―東筑摩郡教育部会に依頼した柳田國男の「氏神信仰調査」の実態―」(後藤総一郎編『常民大学紀要Ⅰ　柳田学前史』岩田書院、二〇〇〇年)、同「柳田国男が東筑摩郡教育部会に依頼した「氏神信仰調査」をめぐる二つの資料」(『伊那民俗研究』九、二〇〇〇年)を参照した。

(54)学生時代の萩原と和歌森の関係は、明らかではないが、昭和十四年には、ともに吉野から熊野まで踏破している(萩原龍夫「大峯十津川における和歌森さん」(『和歌森太郎』刊行会編『和歌森太郎』弘文堂、一九七八年)。

(55)萩原龍夫「序章」、三頁。

(56)柳田國男『日本の祭』(『柳田國男全集』一三、筑摩書房、一九九八年)、三七七頁。

(57)萩原龍夫「序章」、三頁

(58)同右。

(59)萩原龍夫「柳田國男」、九八頁。

(60)柳田國男『炭焼日記』、五二七頁。「尾張津島祭」の報告は、『民間伝承』一〇―四(一九七四年五月)に掲載されている。発行年月と調査年月に齟齬が生じているが、「編集後記」には「遅刊の回復が諸条件の悪い為に容易でなく」とあり、ほかの報告も七月や六月のものがみえることから、刊行が遅れたものと推定する。

(61)萩原龍夫「序章」、三―四頁。

(62)萩原龍夫「宗教としての神道」(『基督教文化』三、一九四六年)、二二頁。

(63)同右、二六頁。

(64)同右、二三頁。

(65)萩原龍夫「序章」、七頁。

真宗僧侶伊藤義賢の神道論

戸浪裕之

はじめに

明治後期から昭和前期の神社をめぐる動向の一つに、「神社問題」(「神社対宗教問題」ともいう)と呼ばれる論争がある。この「神社問題」とは、河野省三の総括に従えば、「神社の祭祀と奉仕と又これに伴ふ施設並に活動を──一言にしていへば、神社崇敬を宗教として見るのが適当かといふ問題」であり、「神社の性格を我が国の行政上、一般の若しくは特殊な宗教として扱ふのがよいか、それとも宗教を離れた一種の国事或は公共的(国家的、社会的)儀礼として扱うのが適切かといふ問題」(1)でもあった。これに対して、主に仏教(真宗教団)とキリスト教から多くの異論が提議されたことで、大きな論争に発展する。また、昭和四年(一九二九)十二月に政府が設置した神社制度調査会においても、神社の宗教性をめぐる議論が延々と繰り返されたものの、やがて個別の神社制度の審議に議論の重点を移してしまい、一向に解決を見ることなく、終戦を迎えてしまうのである。

この論争が惹起した背景には、明治十五年（一八八二）の「神官教導職分離」以来、政府が「神社非宗教」論を公権解釈として、神社を行政上、「非宗教」として扱ってきた点にあった。しかしこれは、葦津珍彦によれば、あくまで「神社対国家の関係が、非宗教的関係であったといふことを意味するのであって、……神社対神道信仰者の関係に宗教的関係の存在する側面を否定」[2]したわけではなかったのだが、その矛盾を解消することも、万人に納得がいく説明もなされなかった。仏教とキリスト教から異論が提議されたのもこの点をめぐってであり、彼らの立場は、神社の持つ宗教性を排除して、徹底した非宗教化を政府に求めたものであった。[3]「神社問題」とは、一面において言えば、政府が採用した「神社非宗教」論の矛盾を指弾した議論・論争ということができよう。

この「神社問題」に対して異論を提議した宗教団体が、真宗教団とキリスト教団であることは既述したとおりであるが、本稿では、とりわけ真宗教団の動向に着目する。真宗教団における「神社問題」は、「祈禱問題」「注連縄問題」、「神棚問題」、「神宮大麻問題」、「神社参拝強制問題」、「神社の宗教非宗教問題」など[4]、きわめて広範な領域に及んでいる。これらは重層的に絡み合っているので、明確に区分することは難しいが、本稿ではこのうち、近代の「神社問題」のなかで、最も論争的に発展した「神社の宗教非宗教問題」の段階に着目し、この段階の最も急進的な批判者であった伊藤義賢（一八八五―一九六九）を事例に取り上げ、彼の神道論を考察することを目的とする。神社界・神道人とは対立する立場の神道論を取り上げることによって、昭和前期における神道論の多様性や、神道・神社をめぐる当時の思想状況の一端を多少とも明らかにできればと考えている。この作業は同時に、（本稿では論じられないが）「神社問題」を糸口として、〈「神社（神道）非宗教」論とは何だったのか〉を検証する上での一事例ともなすことができよう。

そもそも神社の宗教性・非宗教性をめぐる問題は、明治前期に島地黙雷（一八三八―一九一一）が提起して以来[5]、真宗教団にとって避けることのできない問題であった。また、宗祖親鸞聖人以来、「神祇不拝」を宗義の一つとするゆえに、神社・神道との軋轢は、聖人の在世時より現代に至るまで続いている。その意味で、真宗教団にとって「神社問題」は歴史的に繰り返されてきたのであり、明治後期から昭和前期になって初めて生じたわけではない。こうした歴史性こそ、キリスト教と根本的に相違している点であり、本稿が真宗教団の動向に注目する最大の理由もここにある。

以下では三節に分け、まず（1）伊藤義賢の事績を簡単に概観し、（2）伊藤義賢の神道論を考察し、最後に（3）近代真宗の神道論の源流ともいうべき島地黙雷の「神道非宗教」論と比較し、その共通点について考察していくことにしたい。伊藤義賢は、昭和四十四年に歿したこともあって、島地黙雷に比べて研究が少なく、したがってその歴史的評価も十分定まっているとは言えないであろう。(6) また、史料収集も十分でないところがあって、本稿はまだ試論的な考察の段階にある。

一　伊藤義賢の事績

「神社問題」について発言している真宗僧として、花田凌雲、中澤見明、寺本慧達(7)など決して少ない数ではないが、ここでは事例的に伊藤義賢を取り上げて、その神道論を考察してみたい。伊藤義賢は、昭和を代表する本願寺派の著名な学僧の一人であり、かつ「神社問題」に積極的に発言し、当時の神社批判の急先鋒となった人物であったからである。そこで、まず義賢の略歴を押さえておきたい。彼の簡単な略歴は、平松令三監修『真宗人名辞典』（法蔵館、平成十一年）に掲載されている。(8)

大正・昭和時代の浄土真宗本願寺派の学僧。明治一八（一八八五）一・三〜昭和四四（一九六九）八・二五　諱 義賢　諡 浄華院　生 山口三隅　出 三隅明恩寺伊藤蒙摂の子　学 一九〇九年仏教大学本科（龍谷大学）　事 山口明恩寺の住職、仏教大学を卒業、平安中学校、北陸中学校、京都女子高等専門学校などの教員を歴任。一方、明恩寺内に竹下学寮（真宗学寮）を開設し、寺院子弟の教育と著述の出版事業に従事する。一九二五年「浄土教批判の批判」を著し、野々村直太郎の浄土教理解を大乗非仏説論・異義異安心として批判、これ以後西本願寺の宗義安心問題に批判的発言を続ける。二六年「神社宗教論」を、二九年「神社の両面観」を著し、当時の神社問題に対して独自の神社観（神社宗教説）を主張した。三〇年から一年間本願寺派の監正局長を勤め、その後褒賞局長、法制部長、風紀部長などの要職を兼任した。三六年「真宗より観たる大本教の批判」により当時の新宗教を批判。四三年勧学となり、翌年西本願寺の安居で「愚禿鈔」を講じる。四六年「蓮如上人と安芸蓮崇」で文学博士の学位を取得。しばしば宗門系諸学者の大乗非仏説論を批判し、「大乗非仏説論の批判」「暗黒の法城」などを著した。五五年仏教精神による政治活動を志し仏教民和会を結成。自ら総裁に就任した。著 大乗非仏説論の批判、神社宗教論、真宗より観たる大本教の批判、暗黒の法城など多数

伊藤義賢について、私はこれ以上の情報を持ち合わせていない。この記述によれば、義賢の事績として、①寺院子弟の教育と著述の出版事業に従事したこと、②宗門系諸学者の大乗非仏説論を批判し、西本願寺の宗義安心問題に批判的発言を続けたこと、③西本願寺の要職を歴任し、本願寺派学階の最高位である勧学になり、文学博士の学位を取得したこと、④仏教精神による政治活動を志したことなどがあり、とりわけ野々村直太郎の『浄土教批判』に対して批判するなど、宗義安心問題に批判的発言を続けた学僧であることがわかる(9)。義賢の本領はここにあるのだろうが、そのなかで、⑤当時の「神社問題」に対して独自の神社観（神社宗教説）を主張したという

ことが特筆されており、これと関連して、⑥新宗教を批判したという点も見逃すことはできない。

辞典の記述のみでは義賢の人柄を窺えないが、とりあえず宗門内の異安心問題や神社・新宗教に対して、批判的な発言を続けていた人物であったと見てよいであろう。それでは、彼の神社観は具体的にどのようなものなのか。この点について、管見に触れたなかでは、義賢の神道論が最も明瞭に提示されていると思われる『神社の両面観』(竹下学寮出版部、昭和四年)を通して考察してみたい[10]。

二　伊藤義賢の神道論

(一)《旧神明観》と《新神明観》

伊藤義賢の『神社の両面観』(以下、本書ともいう)は、《旧神明観》と《新神明観》という二種の神明観を対比し、真宗教徒としては後者に立脚すべきこと、また両者を混同している現行の神社制度を、後者に立脚したものに改革すべきことを論じたものである。本書は、単に「神社問題」に対して発言し、神社を批判するだけでなく、真宗にとってこれまで懸案事項であった「神棚問題」、「神宮大麻問題」、「神社参拝強制問題」等に対して、真宗教徒としていかに対処すべきか、という方策を提示したものでもある。その意味で彼の神道論は、まず真宗教徒のためにあると考えてよいであろう。そこでまず、義賢の神道論の特色と言うべきものであり、また本書の基調でもある《旧神明観》と《新神明観》について、その内容を明らかにしておかなければならない。

義賢は「神社に対する現代の観察」として、①「祭祀者の信仰より観たるもの」、②「被祭祀者より観たるもの」の二種類があることを指摘し、前者に立脚すれば、神社は「信仰的造営物」となり、後者に立脚すれば「道徳的造営物」となるという[11]。《旧神明観》は前者に立脚したものであり、後者に立脚したのが《新神明観》である。

それぞれの具体的な内容について、義賢は本書の随所で語っているが、《旧神明観》とは、たとえば「祭祀者の信仰よりするときは、神には禳災授福の超人的能力ありと信じて祭祀するが故に、神社は宗教に属すべきものとなる、是れ蓋し、古今を通じて神社成立の根本動機にして、漢土外来の思想に影響せられたるものなり、……吾人は之を名けて旧神明観といふ」[12]とあるように、神社の祭神を「宗教的」に信仰する神明観をいう（「漢土外来の思想に影響せられたるもの」という点については後述する）。義賢自身の表現に従えば、「信仰的神明観」[13]を内容とするのが《旧神明観》である。これは各神社で一般的に行なわれている祭典や祈禱等を指していると見てよい。

また《新神明観》については、たとえば、「唯被祭祀者の本質を如実に観て、兎は兎、縄は縄と観る如く、祖先は唯祖先として之を尊崇するに止め、其れ以上に出づるべからずとする者あることを知らざる可らず、吾人真宗教徒の所見の如き即ち是なり。之を不肖は新神明観と称す」[14]と説明されている。これは、義賢自身の表現に従えば「道徳的神明観」[15]と言うべきものであり、神社の祭神を宗教的にではなく、あくまで「道徳的」に見る神明観である。そしてこの神明観が、「吾人真宗教徒の所見」であるという。さらに義賢は、「真宗教義としては、神社を信仰の対象とする点に於ては手を離すべきも、俗諦に於ける祖先崇拝といふ道徳的崇敬の対象とする点に於ては、神社との調和点を見出すことを得べし」[16]と述べて、真宗教徒と神社との調和を強調するのである。

以上のように義賢は、神社を《旧神明観》と《新神明観》の二種に区別して理解しようとしている。とりわけ前者を「宗教的」（信仰的）、後者を「道徳的」と、明確に区別している点は注意しておいてよいであろう。

（二）《新神明観》の提唱

これら二種のうち、義賢の神社批判の焦点となっているのは《旧神明観》であるが、それを見ていくまえに、まず彼の立脚する《新神明観》を整理しておきたいと思う。《旧神明観》に対する批判には、《新神明観》が前提となっている部分があるからである。同様にその逆もまた然りであり、実際には明確に区分することは不可能なのであるが、まず彼の立脚点を明らかにしておくことは、本書を理解する上でも有効であろう。

義賢が《新神明観》に立脚する理由は何か。これは義賢一人のみならず、真宗教徒が《新神明観》に立脚する理由でもある。義賢は次の二点を挙げている。一つは、「祖先を禳災授福の霊能者として祭祀することは、外教の信仰にして、仏教の信仰にあらざるが故に」、もう一つは、「祖先を宗教的信仰の対象として祀ることは、被祭祀者の本質に反するを以てなりとす。何となれば、仏教徒としては、……一切の禍福は、全く宿業と現縁とに依るべきものなることを信ずるを以てなり[17]」である。第一点については、「浄土真宗に帰せんとする者は、先づ外道の法を離れて三宝に帰し、三宝中には弥陀一仏を専修専念する外なし[18]」と言うように、阿弥陀一仏への「一向専修」を本義とする真宗を考えれば当然と言えよう。祭神を宗教的（信仰的）に見る《旧神明観》では、真宗の教義に抵触するからである。

次に、第二の理由を見ていきたい。「祖先を宗教的信仰の対象として祀ることは、被祭祀者の本質に反する」と述べられているが、ここで義賢のいう「被祭祀者」とは、祭神と同義である。《新神明観》にあっては、祭神はあくまで「祖先」であるという点に一つの特徴がある。ほかの箇所では、より明確に「国家が神社に祀らしめたる我が帝国の神は、孰れも明君賢相、若くは国家社会に尽瘁せる恩人、並に其祖先[19]」、「我等に恩徳ある皇祖皇宗、若くは賢相名士[20]」と述べており、逆に言えば、これら以外の祭神は一切認められていない[21]。「被祭祀者の本質に反する」というが、まず「被祭祀者の本質」について、義賢は次のように述べている。

> 祭神其者の本質を観よ、被祭祀者は皆是れ曾て我国家社会に尽したる地上の人類なりしにあらずや（狐狸の如きものは、今は論ずるに足らず、勿論祭祀すべきものに非ず）、是れ皆其生前に於ては、自ら自由を得ずして、

生老病死の四苦は固より、愛別離苦、怨憎会苦、求不得苦、五陰盛苦等の八苦に苦み続けたるものなるにあらずや。されば、たとひ死後神となりて、国民の禍福を左右し得る霊能者となると他より信ぜられ、又は他より斯る神霊なりとして尊まると雖も、其は唯兎の耳を見て角ありと思ひたるが如く、祭祀者の勝手なる信仰に止まりて被祭祀者被信仰者たる祭神其者に取りては、何等関知するところに非ずと云はざる可らず。されば、被祭祀者の本質を中心として如実に之を観るときは（想像を加へずに）其神が禳災授福の能力の発揮を、如何にして得たりしやは疑はしむるのみにして、吾人の信仰の対象とは、断じてなり得ざるものと云はざる可らず。是れ吾人の、帝国の神を以て信仰対象とする旧神明観に立脚すること能はずとする理由の大綱なりとす。(22)

要するに、神社の祭神は「国民の禍福を左右し得る霊能者」ではなく、我々と同じ「人間」だからという点にある。ここには、祭神を「人間」と同じ地平で理解しようとする態度が窺われる。

ここで問題になるのは、こうした祭神への崇敬はどのようなものであるべきかということである。義賢によれば、「国神と云へば、唯斯る恩徳のある者の称と心得て、之を神社に於て尊敬すべきものと、ながめんとする」(23)こと、「其の神社に奉安せられたる神体（木像又は画像、其他遺品を以て神体とするとも）を通して、ゐますが如くに思ひて、其生前に於ける功績なり恩徳なりに対して、道徳的尊敬を捧ぐべき」(24)ことが崇敬となる。祭神の恩徳を「神社に於て尊敬すべきものと、ながめ」、「生前に於ける功績なり恩徳なりに対して、道徳的尊敬を捧」げるだけであり、禳災授福等は祈禱しないのである。

義賢が《新神明観》に立脚する理由の一つに、現行の神社制度の下においては、真宗の伝統的な神明観では通用しないという点が挙げられる。彼は親鸞聖人の神祇観について考察し、「我宗祖の神明観としては、経典所説の神も、本朝垂迹の神も、仏宝を中心として仰信すべき仏教徒としては、断じて是等を信仰祭祀すべからずとするに在ることは明かなりと云ふべし[25]」としながらも、次のように述べて、(文章の箇所が前後するが)聖人の神明観をそのまま堅持していくことの難しさを強調している。

然らば、今吾人は、何が故神社に対する啓蒙運動を起して新神明観の徹底を期すべしとするやと云はゞ、元来旧神明観は本質に反するものたりしのみならず、今日の我国神は古への神と同一に信仰することを許されざるに至れるを以てなりとす。……今日に在りては、本地垂迹の教理其ものは存すと雖も、事実上神社に於ては一も之を見ること能はざるに至れり。されば、今日の神は我宗祖並に蓮如上人等の教へらるゝ神に同じからずと云はざる可からず。之れ吾人の、新神明観の徹底を力説する所以なりとす[26]。

省略した箇所には、神仏習合であったものが、維新の際に神仏分離が断行された経緯が簡単に記されている。要するに、神仏分離によって、それまでの伝統的な神明観が通用しなくなったというわけである。それゆえ義賢は、「吾人は爰に、宗祖の教義に悖らざる、而も神明其ものゝ本質にも契ひたる、新しき神明観を樹立せざる可らず[27]」という。こうして樹立されたのが《新神明観》と言えよう。

さらに義賢は、《新神明観》の内容が、実は「我が国特有の神明観並に祭祀[28]」とも合致しているという興味深い主張を行なっている。まず義賢は、『古事記』に登場する諸神は「孰れも人類なり」と述べ、『古事記』によりて、我国太古の神を観るときは、未だ之を以て、宗教上の禳災授福の霊能者として、祭祀せられたるの事実あるを伝へざるなり[29]」と断定している。諸神を「孰れも人類[30]」としている点は、神社の祭神を「祖先」と見る神観と軌を一にしていると言えよう。そして、『古事記』の伝承を検討した義賢は、「『古事記』は、神に対しては、専ら道徳的崇敬の史実を伝えたるもの多くして、神代記事の如き全然宗教的祭祀の対象とせられたることを伝へざるなり。之れ我国特有の神明観の最もよく顕はされたものにして、全く吾人の主張するところの所謂新神明観に一致するものと云ふべし[31]」と断言するのである。したがって義賢にしてみれば、《新神明観》を提唱することは、「我国特有の道徳的祖先崇拝の祭祀に復古せしめん[32]」とすることにほかならない。

(三)《旧神明観》への批判

以上が義賢の立脚する《新神明観》であるが、これを前提にして、今度は《旧神明観》に立ち帰ってみたい。これまで見てきたように、義賢は、神社を《旧神明観》と《新神明観》の二種に区別して理解しようとしている。とりわけ前者を「宗教的」(信仰的)、後者を「道徳的」と、明確に区別している点は注意しておいてよいであろう。これら二種の神明観のうち、《旧神明観》が、義賢の神社批判の焦点となっている。

そこで、今度は《旧神明観》とそれへの批判を見ていきたいと思うが、これを見ていくまえに、まず前提となっている事柄を押さえておこう。義賢は「敬神崇祖」、「報本反始」という用語を引き合いに出して、次のように述べている。

敬神、崇祖、祭祀、報本反始等の語を以て、単に言語文字上より解釈を下して、神社は宗教的の信仰を意味せず、単なる道徳的の意義のみなりと称して、神社の崇敬と参拝を鼓吹しつゝ、其実は信仰を奨励せんとするが如き風あるは、甚しき曲事にして、世人を誑惑するものと云はざる可らず[33]。

要するに、本来道徳的な意味合いで使用されている「敬神崇祖」は、「超人的霊能者に対する信仰を意味する場合」が多く、また同じく「報本反始」も、「神霊の利益に依りて此幸福を与へられたるものとなし、其れを報謝せんが為の祭祀なり」としており、実際は宗教的な意味合いで用いられているという点にある。これは「神社参拝強制問題」と直接的に繋がっている点であり、そこから義賢は、各神社の事例を引きながら、次のように《旧神明観》に批判を加えていく。

① 旧神明観に立脚せる凡ての神社の祭典なるものゝ内容は、祭神其のものゝ本質に就て真の功績を数へて、其れを讃仰するものには非ずして、全く神を霊能者とし、信仰的対象として、以て種々の祈願祈禱を行ふに過ぎざるものなること明かなりといふべし。(34)

② 祭祀者の信仰即ち祝詞より神社を観るときは、神社は神を祭りて、禳災招福を行はんとする国家の祈禱所なりと断定せざるを得ざるなり。之が政府が、神宮を始め官国幣社以下無格社に至るまで、諸種の祈願祈禱の祭典を行はしめて、之を禁断し得ざる所以なりとす。(35)

③ 政府自ら神明を以て禳災招福の超人的霊能者とし、神職をして祝詞を捧げしめて信仰しつゝある以上は、国民も之に倣ひて、神を信仰対象として種々の御利益を蒙らんとする者あるに対し、政府は之を許さゞるを得ざるに至りしものならん。故に神札授与を禁止せんとするならば、政府は先づ自ら宗教的信仰の祭祀を禁ぜざるを可らず。／されば、神札護符の類を各神社より授与せしめつゝあるは、是れ即ち、神を以て道徳的崇敬の対象たらしめんとするものには非ずして、全く禳災招福を禱る為の信仰的対象たらしめんとする意嚮なることを立証せるものと云ふべし。(36)

①は神社の祭祀・祭典、②は祝詞、③は神札・護符に関する批判であるが、共通しているのはその宗教性を批

判している点である。①と②は「神社参拝強制問題」、③は「神宮大麻問題」と繋がっていることは容易に看取できる。要するに、各神社に見られる祭祀・祭典、祝詞、神札・護符は宗教性に満ち溢れたもので、神職の活動はまさに宗教活動にほかならず、「敬神崇祖」、「報本反始」を「宗教的の信仰を意味せず、単なる道徳的の意義のみなりと称して、神社の崇敬と参拝を鼓吹しつゝ、其実は信仰を奨励せん」とする実態を批判しているのである。また《旧神明観》批判として、次のような主張も見逃すことができない。

神明の関知したまはざる願事を猥に押付け、さも万能的に利益あるものゝ如くに信仰することは、神ほど人間に従順なるものはあらじとする迷妄に基くものと云はざるべからざるにあらずや。文化の進みたる今日、尚以て斯る漢土外来の旧神明観（漢土外来の思想の影響なる点に就ては、改めて別項に論ず）に囚はれて神に対せしめんとするは、実に憐れむべき時代錯誤の観念と云ふべく、又国家としても、精神文化の幼稚さを暴露せる不名誉のことなりと云はざる可からざるに非ずや。況や、宗教的信仰の対象とすることは、被祭祀者の本質に反するものなるに於ておや。[37]

ここには《旧神明観》は「迷妄」であり、「実に憐れむべき時代錯誤の観念」であることが述べられている。ここには、神社は「下等な宗教」であるという観念が見え隠れしている。同時に、「漢土外来の旧神明観」、「漢土外来の思想の影響」と述べている点にも注目しておきたい。先に義賢は、《新神明観》が「我が国特有の神明観並に祭祀」と合致していると主張していることを述べたが、《旧神明観》は「我が国特有の神明観並に祭祀」が、外来思想の影響を受けて宗教的に変化したものであると主張している。

義賢が『古事記』の伝承の検討を通じて、日本古来の神明観は道徳的なものであり、それは《新神明観》とも合致していると述べていることは、先述したとおりである。しかし義賢は、その『古事記』にも神を宗教的に祭祀したという伝承があるとして、崇神天皇の条における大物主神の伝承、神功皇后の条における住吉三神の伝承を挙げているが、この二つの伝承は、「蓋し、外来思想の影響といふの外なし[38]」と断定している。その理由として、「其れ以前に於ては（崇神天皇以前の伝承には—引用者註）、神と斯る宗教的霊能者として信仰を捧げ、禳災招福を祈り給ひしことを伝へざればなり[39]」と、さらりと述べているだけである。ともかく義賢は、このような傾向が『日本書紀』に至ってさらに潤色され、「書紀には、到底、神を超人的霊能化し、禳災招福の為の祭祀を行はれたることを屢々伝へたり[40]」という状況になったと説明し、ほぼ同時期に編纂された両書の違いは、「唯採用せられたる材料の相違に基くもの」であって、『古事記』は「『日本書紀』等に比して、比較的日本個有の思想状態を伝へ」ているとする[41]。この点からすれば、《旧神明観》は、我が国特有の神明観・祭祀（それは道徳的なものである）が、外来思想の影響[42]を受けて宗教的なものに変化したものであるということになる。そして義賢は、「就中、精神文化の上に最も著しき影響を与へたる最古のものとしては、吾人は先づ、此祭祀の思想なりと云はんとす[43]」と述べ、大陸の祭祀思想の流入経路として三段階[44]を想定し、これらの経路を経て、「終に我国特有の祭典思想の根本義たる祖先崇拝を飛び越して、漢土の風を模倣して、今日の如き宗教的信仰の祭祀を形成するに至りしもの[45]」と結論づけている。この点からも、《旧神明観》は否定されるべきものであった。

（四）神社制度の改革

以上のように、義賢は神社を《旧神明観》と《新神明観》の二種に区別した上で、前者を批判し、後者に立脚すべきことを説いているのであるが、前者への批判は同時に、現行の神社制度批判にもなっていることも見逃すことはできないであろう。これまた見てきたところであるが、最後にこの点について、もう少し補足しておきたい。

義賢の神社制度批判の要点は、「現行の神社制度は此両者（《旧神明観》と《新神明観》―引用者註）を混一し、祖神を以て信仰的対象とする」[46]という点にある。この観点から義賢は、神社制度の改革を要求する。彼の要求する神社制度とは、完全に《新神明観》に基づくところのものである。

其新制度たるや、いかんといふに、其根本は、神社より信仰を全然取り去るに在り。祝詞の如きも、従来のものは唯祈禱文に過ぎざるを以て之が根本的改作を断行し、専ら祭神の生前に於ける功績恩徳を讃歎する所の、所謂歎徳文たるに止め、天候、農作、疾病、不幸、災厄等に関する一切の祈願祈禱の祭典を廃し、祭典日の如きも、唯祭神の命日、若くは功績を記念すべき日を以て定め、専ら其祭神の功績を讃仰することを以て、祭祀並に奏上文の骨子となし、又は国の大事ある毎に之を奉告するの式典執行（勿論祈願を禁ず）に止めて、一切の祈願を行はざることゝせざる可らず。随て神札護符の類は勿論断じて之を廃止し、神社をして全然道徳的崇敬の対象たらしめざる可らず。之れ吾人の力説し切望してやまざる新神社制度の骨子なりとす[47]

要するに、神社から宗教的要素をすべて排除して、あくまで「国民道徳的崇敬」のための施設にすることにほかならない。これこそ「実に祭神の満足し給ふ所」となり、「独り我が真宗教義上必要なるのみならず、国家の上にも極めて緊要事」である、というのである[48]。

また、義賢の神社制度改革論で見逃すことができないのは、「淫祠」の徹底的な排除の要求である[49]。これも、本書の随所で語られていることであるが、たとえば次のようなものである。

たとひ神と称すと雖も、狐狸の如き、又は皇室国家に反せしものを祀りたる神社の如きは、神として崇むべき価値なきものなれば、是等は淫祠として速かに之を廃せざる可らず。又如何に拝すべき価値ある神なりと雖も、……其祭神を表示するに動物の糞石若くは生殖器の如きものを以て神体とするが如きは、祭神に対する侮辱なり。されば、斯の如きは之れ亦速かに取りかへて、他の尊むべきものを以て神体とせざる可らず(50)

義賢の神社制度改革論は、こうした「淫祠」の徹底的な排除の要求とも繋がっていたのである。

三　島地黙雷の神道論との比較

これまで『神社の両面観』を中心に、伊藤義賢の神道論を考察してきたが、近代真宗における神道論の展開を見る上で忘れてはならない人物がいる。義賢と同じ山口出身の島地黙雷である。そこで、これまで考察したところを踏まえて、黙雷の神道論と比較し、その共通点を探ってみたいと思う。そうすることで、義賢の神道論の特色をさらに鮮明にさせることができるであろう。まず黙雷の神道論を簡単に説明しておきたい(51)。

黙雷の神道論は、一般に「神道非宗教」論と呼ばれているが、私はそれを「神道治教」論と「神＝祖先」論の二つの構成要素に仮説的に区分している。このうち「神道治教」論とは、明治七年（一八七四）五月の「教部改正建議」に見られるものである。該当箇所は次のとおり。

抑本邦神道ノ如キ已ニ政教一致ノ説アルトキハ是レ上世ノ政迹ヲ尊称スルノミ其宗教ニ非サル亦タ論ヲ待タス蓋シ古今沿革一ナラスト雖トモ立極垂統ノ経綸ニ基キ継述拡充ノ　廟謨ニ出テサルハナシ之ヲ古ニ溯称シ

テ維神ノ道ト云ヒ今ニ直称シテ皇道ト云フノミ其名暫ク別アリト雖トモ同クコレ済世安民ノ大政ヲ指ス也既ニ然レハ儒仏漢洋ヲ資用スルモ時ニ適シテ悖ラスンハ即　祖詔ニ報対スルノ明政ナリ豈独リ之ヲ神道ニ非スト謂ハンヤ若漢洋ノ学政ヲ利スルハ即神道ヲ利スル也若シ儒仏ノ教政ヲ害セハ即是神道ヲ害スル也苟モ政ヲ損益ス可ヘキノ神道アルコトナキトキハ神道者流ノ古ヲ是トシ今ヲ非トシ内ヲ自尊シテ外ヲ軽侮シ　朝威ヲ仮テ不服ヲ誣ヒ文明ヲ妨ケ頑陋ヲ執スルカ如キ亦是皇道ヲ害スル者ニシテ豈之ヲ神道ヲ扶クト謂フ可ケンヤ凡ソ維神ヲ政外ニ求メ神道ヲ以テ宗門ト誤認スル者ハ本邦未曾有ノ私見ニシテ諸教ヲ廃シ百制ヲ滅シ上古草昧ニ復スルニ非サレハ以テ神道ヲ言フヘ可カラサルニ至ル況ヤ国体ノ名ヲ仮テ帰嚮ヲ誣ユル者ノ如キハ他日皇室ノ大患ヲ醸シ其害終ニ救フ可カラサルニ至ラン(52)

ここに見られるように、《神道＝「上世ノ政迹」＝「維神ノ道」「皇道」＝「済世安民ノ大政」》という論理が見られ、これが「神道者流」（の神道）と対比されている点に特徴がある。前者は《「治教」たる神道》、後者は《「宗教」たる神道》と言うことができる。

また「神＝祖先」論は、明治八年（一八七五）二月の「三条弁疑」（『報四叢談』第八号附録）に見られるものである。

所謂諸神ヲ敬スト云フハ宗門上ニ所謂我ガ現当ヲ利益シ、我ガ霊魂ヲ救済スルノ神ヲ信敬スルノ謂ニ非ズ。凡ソ吾ガ邦諸神ハ、或ハ皇室歴代ノ祖宗、或ハ吾輩各自ノ祖先、国家有功ノ名臣徳士ヲ祭リシ者ナリ。……其魂ヲ祭テ之ヲ尊ムハ即チ吾邦古昔ヨリノ通俗ナリ。之ヲ祭ルノ意他ナシ。祖先ノ恩徳ヲ思ウテ忘レズ、功臣名士ノ徳業ヲ追薦シテ之ニ倣ハンコトヲ欲スルノミ。然レバ皇祖及ビ我ガ祖先ノ神ニ事フルハ、全ク吾ガ

君父ニ事フルノ意ヲ以テ敬崇シ、他ノ諸神ヲ敬スルモ最モ其言行ヲ追践スルノ意ヲ要ス(53)

ここに見られるように、祭神が「皇室歴代ノ祖宗」、「吾輩各自ノ祖先」、「国家有功ノ名臣徳士」に限定されていること、そしてそれらへの崇敬が、「通俗」かつ道徳的行為と見なされている点に特徴を持っている。

以上が黙雷の神道論の大要であるが、結論を言えば、『神社の両面観』のみを読めば、全てが義賢の見解であるように思われるが、論理構造的には黙雷と何ら変わるところがないと言ってよい。たとえば、《旧神明観》(宗教的)と《新神明観》(道徳的)に区別し、前者を批判している点は、黙雷が《「治教」たる神道》と《「宗教」たる神道》と区別している点と同じである。また義賢は、神社の祭神を「祖先」に限定し、それへの崇敬は「道徳的」なものとしているが、この点も黙雷と軌を一にしている。以上の点を鑑みれば、義賢の神道論は、黙雷の神道論と同じ論理構造である。その意味で義賢の神道論は、島地黙雷以来の「神道非宗教」論の系譜に位置づけられる。

おわりに

以上、昭和前期における真宗の神道論を考察する事例研究の一環として、当時の「神社問題」に急進的な発言を続けてきた伊藤義賢の神道論を考察してきた。以下では、本稿で明らかにしてきた義賢の神道論の特徴を箇条書きにしてまとめておく。

○ 義賢は、神社を《旧神明観》と《新神明観》の二種に区別し、前者を「宗教的」(信仰的)、後者を「道徳的」と捉えている。

○ 義賢(延いては真宗教徒)が《新神明観》に立脚するのは、①祭神を宗教的(信仰的)に見る《旧神明観》

では、真宗の教義に抵触すること、②神社の祭神は「国民の禍福を左右し得る霊能者」ではなく、我々と同じ「人間」(祖先)であり、「祖先を宗教的信仰の対象として祀ることは、被祭祀者の本質に反する」こと、③神仏分離が断行された現行の神社制度の下においては、真宗の伝統的な神明観では通用しないことが挙げられている。この《新神明観》において、祭神への崇敬はいかなるものか。それは、祭神の恩徳を「神社に於て尊敬すべきものと、ながめ」、「生前に於ける功績なり恩徳なりに対して、道徳的尊敬を捧」げるだけであり、禳災授福等は祈禱しないことである。しかも《新神明観》は、「我が国特有の神明観並に祭祀」と合致しているものであり、《新神明観》を提唱することは、「我国特有の道徳的祖先崇拝の祭祀に復古せしめん」とすることにほかならない。

○　義賢の神社批判の焦点となっているのは、祭神を「宗教的」なものと見る《旧神明観》である。とりわけ義賢は、各神社に見られる祭祀・祭典、祝詞、神札・護符は宗教性に満ち溢れたもので、神職の活動はまさに宗教活動にほかならず、「敬神崇祖」、「報本反始」を「宗教的の信仰を意味せず、単なる道徳的の意義のみなりと称して、神社の崇敬と参拝を鼓吹しつゝ、其実は信仰を奨励せん」とする実態を批判する。また《旧神明観》に立脚することは「迷妄」であること、さらに《旧神明観》は「我が国特有の神明観並に祭祀」が、大陸の祭祀思想の影響を受けて宗教的に変化したものであると述べている。

○　以上のような義賢の神道論は、実は島地黙雷の神道論と同じ論理構造を持っている。その意味で義賢の神道論は、島地黙雷以来の「神道非宗教」論の系譜に位置づけることができる。

註

(1)河野省三「神社対宗教問題の考察―神社性格論の一面―」(『神道学(出雲復刊)』第一〇号、昭和三十一年)。

(2)葦津珍彦「帝国憲法制定期の神社と宗教」(葦津珍彦選集編集委員会編『葦津珍彦選集』第一巻、神社新報社、平成八年)、四一四頁。

(3)昭和五年(一九三〇)一月、真宗各派協和会は、①「正神には参拝し邪神には参拝せず」、②「国民道徳的意義に於て崇敬し宗教的意義に於ては崇敬する能はず」、③「神社に向って吉凶禍福を祈念せず」、④「此の意義を含める神札護札を拝受する能はず」(福嶋寛隆編『神社問題と真宗』永田文昌堂、昭和五十二年、四八七頁)の四点を概要とする「共同開陳書」を提出し、また同年五月には、キリスト教五十五団体も「神社問題ニ関スル進言」を発表、「神社ヲ宗教圏外ニ置クモノトセバ、……祭祀祭式ノ宗教的内容ヲ除キ且ツ祈願、祈禱及ビ神札護符ノ授与、又ハ葬儀ノ執行其他一切ノ宗教的行為ヲ廃止セラレタキ事」、「神社ヲ宗教圏外ニ置クモノトセバ、直接ニモ間接ニモ、其宗教行為ヲ国民ニ強要セシメザル事」、「思想ノ善導及教化事業等ノ進行ニ方ツテモ、国民各自ノ良心ノ自由ヲ重ンジ所謂生徒参拝強制問題、神棚問題等ノ如キ恨事ヲ惹起セザルヤウセラレタキ事」(戸村正博編『神社問題とキリスト教』新教出版社、昭和五十一年、二三〇頁)を提出し、いずれも神社の持つ宗教性を排除して、徹底した非宗教化を政府に求めた。

(4)本願寺史料研究所編『本願寺史』第三巻(浄土真宗本願寺派宗務所、昭和四十九年)、六三六—六三七頁。なお、寺本慧達『神社問題と真宗』(顕真学苑出版部、昭和五年)では、この五点のほかに「神社行政政策の是非」を挙げている(同書、一三頁)。また「神社問題」の経緯については、ほかに、赤澤史朗『近代日本の思想動員と宗教統制』(校倉書房、昭和六十年)、葦津珍彦著・阪本是丸註『国家神道とは何だったのか』(神社新報社、昭和六十二年)、神社新報社政教研究室編『訂正増補 近代神社神道史』(神社新報社、平成三年)などがあり、「神社問題」の経緯については、これらの先行研究に譲りたい。

(5)この問題については、福嶋寛隆「島地黙雷に於ける伝統の継承」(『龍谷史檀』第五三号、昭和三十九年)、藤原正信「国家神道確立の一側面—「信教の自由保障の口達の評価をめぐって—」(二葉憲香編『続国家と仏教 近世・近代編—日本仏教史研究4—』永田文昌堂、昭和五十六年)、葦津・註(4)前掲書、阪本是丸「日本型政教関係の形成過程」(井上順孝・阪本是丸編著『日本型政教関係の誕生』第一書房、昭和六十二年)など。

(6)伊藤義賢に関しては、藤本信隆「真宗者の大本教批判—伊藤義賢を中心に—」(『龍谷大学仏教文化研究所紀要』第二一集、昭和五十六年)、中島法昭「国家神道と真宗—伊藤義賢の抵抗と挫折—」(『眞宗研究會紀要』二四、平成四年)がある。

(7)彼らの著作として、管見に入ったものは、花田凌雲『現在の神社問題』(興教書院、昭和二年)、中澤見明『神祇の本質について』（本願寺派東海教区教務所、大正十五年）、寺本慧達『神社の本質とその啓蒙』（東林書房、昭和五年）、寺本・註（4）前掲書である。

(8)以下、引用にあたっては、算用数字を漢数字に変換するなど、表記に多少の変更を加えさせて頂いた。

(9)野々村直太郎の『浄土教批判』（中外日報出版社、大正十二年）に対する伊藤義賢の反論について触れたものとして、ワルド・ライアン「現在と未来―近現代浄土真宗における死生観の問題について―野々村直太郎の異安心事件を中心に―」（『死生学研究』九、平成二十年）がある。

(10)本稿では、昭和五年刊行の訂正四版を使用した。引用文中、「／」とあるのは改行箇所であることを示す。なお義賢の神社批判には、ほかに『神社宗教論』（竹下学寮出版部、大正十五年）、『神社と真宗教徒―根本的にして最後の帰結を明示せる―』（竹下学寮出版部、昭和九年）があり、また戦後も『真宗の神観』（真宗学寮、昭和二十六年）を出版しているが、『神社の両面観』と『神社宗教論』以外は、いずれも披見できなかった。

(11)伊藤義賢『神社の両面観』（竹下学寮出版部、昭和四年）、一頁。

(12)同書、一頁。

(13)同書、六三頁。

(14)同書、五九頁。

(15)同書、六三頁。

(16)同書、八七頁。

(17)同書、五九―六〇頁。

(18)同書、八二頁。

(19)同書、六二頁。

(20)同書、一〇六頁。

(21)とりわけ「狐狸の類を祀れる淫祠の如き、いかゞはしき神体、若くは祭神不明の神社に於ける神」（同書、六二頁）は切り捨てられている。

(22)同書、六〇―六一頁。

(23)同書、六二頁。
(24)同書、一〇六頁。
(25)同書、八三—八四頁。
(26)同書、六五頁。同じようなことは、八六頁でも述べられている。
(27)同書、八六頁。
(28)同書、一四七頁。
(29)同書、一四八頁。
(30)義賢が例証に挙げているのは、①三貴子の分治のうち、天照大御神が伊邪那岐命より御頸珠を授けられる伝承、②邇邇芸命が降臨する際、天照大御神が八咫鏡を授ける伝承、③神武天皇が東征中にしばしば霊夢を見たという伝承の三点である。
(31)前掲『神社の両面観』、一五一頁。
(32)同書、一八五頁。
(33)同書、四頁。
(34)同書、二二頁。
(35)同書、二三頁。
(36)同書、二四頁。
(37)同書、四五—四六頁。
(38)同書、一五一頁。
(39)同書、一五四頁。
(40)同書、一五五頁。
(41)同書、一五五—一五六頁。
(42)同書、一五八頁以下に詳しく述べられている。ここでいう外来の思想とは、中国・朝鮮の祭祀思想であり、その流入の背景に帰化人、なかでも秦氏の存在を想定している。
(43)同書、一八二頁。

(44)同書、一八三―一八四頁。

(45)同書、一八四頁。

(46)同書、六四頁。

(47)同書、七四頁。

(48)同書、七六頁。

(49)赤澤史朗氏は、真宗教団やキリスト教団の神社問題批判の論理に、「しばしば淫祠邪教の取り締まりの要求と強く結びついた点」があったことを指摘している。この点は義賢にも共有されていたと言うことができよう。赤澤・註(4)前掲書、一三一―一三二頁参照。

(50)前掲『神社の両面観』、一一一頁。

(51)以下、島地黙雷の神道論の詳細については、戸浪裕之『明治初期の教化と神道』(弘文堂、平成二十五年)、二九一―三二八頁、同「島地黙雷の神道論―「神道治教」論を中心に―」(『神園』第一一号、平成二十六年)を参照。

(52)色川大吉・我部建男監修『明治建白書集成』第三巻(筑摩書房、昭和六十三年)、四三三頁。

(53)二葉憲香・福嶋寛隆編『島地黙雷全集』第一巻(本願寺出版協会、昭和四十七年)、三八五頁。

神道神学者・小野祖教の誕生

赤澤史朗

はじめに

小野祖教《もとのり》は、浮き沈みの多い生涯を送った神道神学者である。小野は戦後一九四六（昭和二十一）年に國學院大学の教授から講師に降格され、(1) さらに約一年後には教職追放にあって國學院大学を退職させられた。退職の直後に彼は神社本廳に雇われて、当時最大の課題だったＧＨＱとの交渉に当たることになる。その頃ＧＨＱからは、新たに宗教法人となった神社本廳に対して、宗教となった以上その教義を明らかにしてほしいという強い要請があった。この時期に小野は神社本廳の教化課長となり、いわゆる「まこと神学」の観点で書かれた神道の著述四冊を公刊する。ただしそれらの著作は、すべて小野個人の名前で公にされたものであった。これは神社新報社の葦津珍彦が、占領下という特殊な状況の下では、神社本廳として特定教義を定めるべきでないとする意見に従ったものだった。[2] とはいえ小野のこれらの著作は事実上、この時期の神社本廳の立場を代弁していた。

小野は占領終了後には國學院大学文学部教授に復帰するが、神社本廳の教学担当者としての役割は続き、一九五六（昭和三十一）年には今度は神社本廳の名前で発行された「敬神生活の綱領」策定の中心人物となる。占領期以来の小野の著作は、全国の神職に神道の基本的知識を与え、また神職の実践的な行動規範を示したものであった。それらは事前に神社界の主要な人々に配布して、その意見を採り入れて書かれていた。その意味では、神社人の多くが合意できるような著述となっており、完全に個人の著作であるとは言えない。[3] ただし『神社神道神学入門』（一九五一年）は、記紀神話に関わらせることなく神道の理論を明らかにした点で、小野の独創性が強く、神道学における理論研究の独自の意味を示したものであった。

しかし一九六七（昭和四十二）年に「敬神生活の綱領」の「解説」（稿本）が制定されそこで「標準解釈」が示されてから、これをめぐる批判が高まってくる。これは神社本廳が、教義について多くの異なる見解があるのを無視して、特定教義を制定するものではないかという疑問に基づくものであった。小野は当該「標準解釈」の策定者と目されて、[4] 神社本廳の教学担当から遠ざけられるようになるが、國學院大学教授の地位は定年の一九七五（昭和五十）年まで続いた。

ともあれ小野の「神社神道神学」は、神社本廳を通じて一九六〇年代中葉までは広く影響力をもったが、今日では過去の議論と見られているようである。小野祖教の神道神学を論じた研究や紹介としては、安藤直彦「博士の学績をみる」と上田賢治の『現代神社研究集成（第八巻）』での解説、[5] それに中野裕三の「戦後神道神学研究概観」[6] などがある。しかしそのどれもが、戦後の小野の神道神学がどこから生まれたものなのか、またその独自性について明らかにしているわけではない。

本稿は神道神学者小野祖教が第二次世界大戦後に誕生する前の、彼のファシズム期の学問と時事発言の意味について検討するものである。ファシズム期は国体問題での思想統制が進みつつ、さまざまな神道論が登場し活性化した時期でもあったが、小野は注目すべき発想を示しているものの、神道神学としての纏まった研究が書けないでいた。ここではファシズム期の小野の研究と時事的発言の考察から、彼の戦後の神社神道神学がどのように準備されたかを考えてみたい。

一　伝統的神道史学への批判

まず一九三〇年代中葉までの、小野祖教の研究者としての出発点を考えたい。小野祖教は、一九二五（大正十五）年に國學院大学予科に入学し、一九二七（昭和二）年に予科を卒業するとともに大学部道義学科に入学している。[(7)] 道義学科は一九二二（大正十一）年、國學院が大正九年大学令による大学に昇格したときに設置された倫理・哲学学科であった。[(8)] 一九二八年に研究室制度ができると、第一研究室（倫理）河野省三主任教授、第二研究室（哲学）松永材主任教授の体制となり、[(9)] 小野は松永研究室に属していた。

松永材は戦時下の一九四〇年代には、敬神と崇祖の一体化を唱えて排仏を主張した日本主義者として知られているが、もともとはカントの研究者だったのであり、このカント研究者としての松永を小野祖教は師としたのである。神道の研究をしようとしていた小野が道義学科に進んだのは、哲学が好きだったとともに、「神道で一番手うすい哲学的研究を打開いてやろう」という野心を抱いていたためでもあった。[(10)] 道義学科は入学者が少数に止まったようで、一九三四（昭和九）年の卒業生は僅かに四人である。同年度の国史学科の卒業生は四六名、国文学科のそれは五七名、神道部は五九名に及ぶのに比べ、[(11)] 極端な違いがある。

戦前天皇制国家の支配イデオロギーは、国体論と文明開化・近代化論の二種類の異質なイデオロギーの結合によって構成されていた。この二種類のイデオロギーはその担い手も肌合いも違い、矛盾を孕んでいたが、支配イデオロギーとなるものはこの両方が折り合える地点にあった。

近代神道学は国体論を支える学問の系譜に属するが、日本の伝統思想を西洋の哲学・宗教学などの範疇・概念に基づいて位置づけ、解明するという手法は、井上哲次郎以来開発されていた。東京帝国大学では田中義能が、西洋の教育学を応用して一九〇八（明治四十一）年頃から神道学の研究を始める。しかしその神道学の内容は国民道徳論の域を出ず、論証には「学問的な手続きが欠けて」おり[12]、近代科学の精神に立つものではなかった。しかしこの明治末から大正期にかけて、新たに日本の伝統思想を西欧型の自由主義的な精神に立って考察しようとする文化科学の研究が、官学・私学を問わずさまざまな地点から生まれてくる。伝統的な国学の神道史から出発した小野も、やがて国学的な方法とは異なる研究を試みるようになる。

小野は一九三〇（昭和五）年には、在学中学術優等などの理由で卒業時に表彰され研究科に進学し、同年結婚して小野姓となった。一九三一年には國學院大学助手になり、一九三三年國學院大学専任講師に就任し「論理学」などを担当した[13]。小野の最初の論文は、木村祖教の名前で学部生の時に発表された「古代日本人の罪の観念」である。これによれば、古代の罪とは「罪、穢、過、災の四つを含むもの」であり、「一般に意識的に行はれた行為」である「罪」に限らず、「凶事、又は禍事」をさすものであったという。今は「断片的材料」しか残っていない古代日本人のツミの観念については、ヴントの『民族心理学』を手懸かりに考えると、「ツミとは人間に附着して、人間生活の完全なる発達を害する所の小さな魔物」と思われていたとし、「宗教と慣習律の分離」が成立していない段階の観念であろうという。このツミを償う「我国の贖罪法は祓と禊」であった。これからすると古代日本人のツミとは、ツミを犯した個人の主体的な問題というより、主に外部的な原因によって生じるものであり、禊や祓いという宗教行為によって取り除かれるものだった。この神道におけるツミの観念については、この後も小野によって繰り返し論じられていくことになる。[14]

また小野の「形而上学としての神道」も、新しい方法による神道理論の解明であった。ここでは古神道の世界を、W・シュテルンやハイデッガーの哲学を参考にして、「カラ」「ミ」「タマ」「モノ」「コト」の五つの基本用語を用いて説明しようと試みている。この論文によれば、「カラ」は形式を意味し、「ミ」は内容をさし、「タマ」は「魂」である。これに対して「モノ」は「モノのけ」など暗黒の世界を想像させられるが、それは「合理的なるもの」でないという意味での「暗黒」であるに過ぎず、「知識として把握せられない以前の存在」であることを意味する。「コト」に関連する語としての「コトワリ」は「真理」であり、「マコト」は「事の真実なる事」をさし、「コト」は「すでに理解されたる「モノ」」を意味する。古神道においては、この「モノ」と「コト」との二つが信仰の対象」である神々であった。ここで使われたのは、神道観を構成するキーワードを選び出しその用例を探索することによって、神道独自の宗教観を解明するという新しい手法であった。この手法は、戦後の「まこと神学」の説明に用いられることになる。

ただし西欧においては、「コトバ」は「弁証の術」として発展し、個人が「説伏し、主帳する」ことで真理を探究する手段となり、それは形而上学の理論となった。これに反し日本も「天孫降臨以前」には、「個人によって理解され、話され」た「コト」は、「天孫の降臨」によって「自由に語る一切のものは禁止せられ」、「言挙げが禁ぜられ」、その結果、皇孫を中心とした「コトバ」や「ミコトノリ」による秩序に従い、「生活そのものを神聖視」するようになったという。神道は現世主義的なもので、「存在の根源を極める哲学」即ち形而上学ではなく、「技術と道徳と政治のプラグマティズムである」という。[15]

小野は別の論文の中で、「神道は元来が平俗なる生活自体を地盤として存立すべきもの」であったのに、今日では神道は実際生活・職業・経済から遠ざかってしまったと述べている。その上でこうした神道の現世主義の立場から見れば、「人生は處理さるべきものであり、解釈され、展開され、生活され、生産さるべきものであつて、人生自体がそのものとして価値判断の対象とはならなくなる」という。[16] ここに見られるのは神道とは、経済的利益や感性の解放といった現実主義的な価値の追求を前提とするもので、生きることの意味を問いかけたり、現実主義自体を疑うことをしないものだという理解である。また小野自身も、これを良しとしているようである。

なおこの当時、「惟神」の語の読み方と意味をめぐる論争があった。従来は「カムナガラ」と読まれ、純粋な古神道を意味するものだと考えられていたのに、異議が呈されていたからである。小野はこの論争に加わって、この用語の出現する孝徳紀の分註が書かれた時代は、「本地垂迹説時代」であって「佛主神従的教義」が一般的であることからすると、ここで書かれた「神道」とは外来文化に対する固有文化の意味であり、「六道の中の天道、阿修羅道、鬼道の三を総称」したものという『佛教大辞典』[18] の記述が該当するのではないかと述べている。[17] これは伝統的に美化されてきたカムナガラノミチの理解を、真っ向から否定する議論であった。

こうした中で、この段階での一つの到達点を示すのが「本居宣長の神観・神道観」である。[19] この論文は、これまでのバラバラな小野の論考をもとにしつつ、古神道に関する本居宣長の考え方に意義を見出すとともに、そこに孕まれた問題点を指摘したものであった。小野はこの中で本居宣長が、従来の和歌など学における「秘伝奥義」を「愚にもつかぬ」ものとして否定して、「文化科学の歴史的方法」を開発したという点では、「近世日本における最も科学的な人物」との最高級の評価を与えている。

その宣長の道の探究は儒教と仏教を否定し、「神道信仰の立場の無比の優秀さ」を唱えるものであった。だがその宣長は、同時代の「封建的階級機構そのもの」が「皇室の存立と矛盾撞着するとは考へなかった」。その意味では「宣長は封建主義者である」。この「当時の封建社会体制をそのまゝ肯定してゐる所」は、我々のような「現代の個人主義的自由主義的体制中に生活するものには理解し難い所があ」るという。この説明から当時の小野が、

「現代の個人主義的自由主義的体制」を肯定する立場に立っていたことも知られる。しかし宣長は他面で、「もののあはれ」など「人間の内面性」という範囲においては「自由主義者である」のであって、それが個人の行動の自由にまで及ばない限り感性的な「自由」を認める立場であったとも指摘している。

とはいえ宣長の論理を突き詰めると、彼は性善説に立ち、人間は本来の生に従って自然に生きれば「悪ではあり得ない」のであって、そうした人が悪行を行うのは、「たゞ悪神の所為禍津日神の禍である」とするものであった。これは「一種の運命論」であり、悪をなした個人の「道徳的責任の観念は消えて」しまう。「宣長は結局悪人逆臣といふやうなものを認めない事になり、善悪一切の責任を神に負はせる事になりはしないか。所謂人間に行為の責任を持たないものであるかの疑を有する」という。そこで罪を犯した人は、「只祓ひ清むる宗教的行事」での贖罪をすれば良いということになる。これは宣長の明らかにした古神道でのツミの観念について、問題点を指摘したものといえよう。

「宣長の神道は一面政治的神道であった」というのが、小野のこの論文での大きな主張点であった[20]。小野によれば、宣長が理想と考えている制度のうちで今日でも存続しているものは、古来からの「皇室の万世一系」だけであるという。存続する理由としては、皇室が有徳であったからとは考えない。その発祥の源が尊いからとするのである。この「宣長の道に対する思想には革命の排除があり、又日本国家に於ける無革命賛美の思想」に立つ点に、「政治的神道」としての真面目が見られるというのが小野の理解であった。ともあれ宣長は「儒教の革命理論に反対」して、「再び乱臣賊子の出づる余地なからしめ、天下の大乱を誘発する事無からしむを以て第一とした」のである。そして「宣長の偉大なる点は国家を個人の幸福の手段としない事である」という。即ち他国と違って、「日本のみは国家は国家の目的のためにある」という。これは前年の国体明徴声明における、国家の存在理由の理解と一致している。こうした宣長の政治の論理の特徴の発見には、後に述べるように小野にとっての、天皇機関説事件の衝撃があったと思われる。

ともあれ一見非政治的に見える本居宣長の論理には、強い政治性が含まれていることを明らかにした点に、時代との緊張関係を孕んだ小野の本居宣長論の鋭さはあった。

二　神社の現代化の可能性

一九三〇年代に小野はしばしば時事的評論を書いている。その主張の基礎にあるのは今日の経済的・現実主義的な視点であったが、神社については復古的な観点も加わっていた。小野の神社に関する時論は、後に小野が実践的神学と呼ぶ神社の経営に関するものであったが、それは日本の神社が長期的に衰亡の過程を辿っていることへの危機感に充ちているものであった。

小野によれば、もともと神社には経済的基礎があり「世襲」の職業に基づいた民族生活と結合して、はじめてその「氏神」としての「神徳」が発揮され、「氏子」はその「使命」を果たしうる存在となるのであって、「今日の神社」は「全く合理的なる基礎をかいている」という。そうした中で昭和恐慌への対処の中で、「産業組織」は「次第に統制的」となる傾向があり、「同業組合的傾向」が発展してきていることは注目すべき点であり、「かゝる傾向は中世若しくは古代の復活とも見らるべし」と、神社の新しい基盤獲得への希望を述べている(21)。

この「同業組合的傾向」は、特に経済更生運動の中心となった産業組合への期待となって現れている。産業組合は戦後の農業協同組合であるが、昭和恐慌で膨大な負債を背負った個別農家の経済更生を、「自力更生」をモットーにして国からの補助金を受けながら村ぐるみで解決することをめざしていた。産業組合の村レベルの末端指導者たちは、農民道場で精神修養するとともに、同時に農家簿記の技術などを修得してその農家各戸への普及を図り、農家経営の合理化を実現していこうとしていた。小野はこの産業組合を基盤に「新しい神社」が作られなければならぬと説き、「新しい神社は（中略）、吾々の信仰、道義、生活の三位一体を成就」するものと、経済組織に根ざした復古的変革への期待を示している。[22]

こうした小野から見れば、国民の意識を神社に向かわせるための対策として多くの神社関係者の説くところは、いずれも非根本的で迂遠な方策に過ぎなかった。『國學院雑誌』の「神祇教育の研究」の特輯での神社関係者の発言を見ると、学校での神祇教育を増やす、国定教科書に神社関連の記載を多くする、中学校以上の教員免許に神道科を必須科目とするなどの学校教育を通じて浸透を図るという議論が多い。[23]これらの議論に対して小野は、いずれも「観念教育の範囲を出ない」と斬り捨てている。また「一時流行的であった鎮守の森の標語」についても、現実に「鎮守的産土社」には一定の影響力はあるものの、都市への人口集中の中で「次第に希薄になるのは自然の勢い」で、その重視は現実的な生活的基礎を欠く「センチメンタリズム」に過ぎないという。[24]

これに対して「将来の神社は利益社会の共同崇敬の形に於いて、地域的氏子に代わる新しい氏子を持つべきであろう」と述べるが、農村の産業組合運動は「依然地域的」であり、「新しい組合主義と神社との結合」には何の問題もないという。とはいえこうした「新しい神社」を作るためには、産業組合での「指導的な仕事」に応じた「神道の理論的方面」の発達が必要で、[25]「神職」の教育もこれまでのような「古典的な神道に閉じこもって」いるのでは、今日の役に立たないことを自覚すべきだということになる。[26]

小野の中で、その「革新」派としての体制変革への期待が高まったのが、一九四〇（昭和十五）年の近衛新体制の成立期であった。彼は神社の社会的な基盤を壊すものは、文明の必然的な過程である「大家族から小家族への分裂」の傾向だと見ていたが、ここにきて「新体制の国民組織の下では隣組が新しい大家族である」のではないだろうか、この「隣組を祭祀的に指導することは新体制の遂行上最も緊要の事柄ではないか」との発想を抱くようになる。むろん突然、行政によって上から作られた隣組に関しては、「吾々は隣組の融和が無いとか、二三のものが専横だとか、常会が不揃いだとか、いろいろなことを新聞等にみてゐる」ので、隣組が順調に発展していない実例のあることも承知している。しかし「常会をお祭りにして、益々べからず尽しにならざるを得ない、国民の生活に楽しみ、希望を與へたい。常会に酒も出よ、菓子も出よ、踊れ踊れ、かうして大人も子供も楽しんで集まってくる隣組の祭を、創出すべきなのではないか」というのである。今や「神を祭ることは、たいへん窮屈なものだ」という世間と指導者の考えを改めることが必要だ、というのが小野の提唱であった[27]。

この新体制と氏子組織の再編を体系的な構想に仕立て上げたのが、「國學院大学創立五十周年記念」として刊行された小野のパンフレット『神社と国民組織』である。しかしこのパンフレットの主張と隣組＝「新しい大家族」論との間には、大きな切れ目がある。このパンフレットは、当時の神道界の声を彼なりに纏めて書いたものと思われるが、かなり乱暴な議論を述べているところもある。

この中で小野が、新体制に伴う「暗黒らしい強圧政治は国民の無知、自覚の欠如に於いて、或は指導者の親切の不足に於いて、乃至過渡的な現象としてあらはるゝかも知れない」と指摘をしていることからすると、「強圧政治」が一時的にせよ展開されることも見込んでおり、彼も新体制に手放しで期待していたわけではなかった。

しかしここでは、隣組を氏子の基礎組織である「大家族」にするという案から進んで、「神社が戸籍を管理すべきだ」という神社界の声を取り上げている。さらに「神社は、（中略）神の指導に従ふべき事を誓約せしめ、（中略）これらの誓約に基づき、入学、青年団加入、（中略）勤労奉仕、就職、入営、婚礼、相続、失権恢復、名誉職就任等に当たり、（中略）神社は又処罰制裁宣告の伝達をも管掌し、殊に国民道徳的制裁と訓戒等の機能をも果たすことを理想とする。かくて、道徳的管理の爲めには、氏子中より委員を選任し、公平なる裁断の機構も準備せねばなるまい」というに至っては、どうであろうか[28]。

これはいわば神社を地域的道徳組織として強化し、その氏子に対する懲戒権を持たせるという案である。それは祭政一致を直ちに実現するために、氏子たち個々人の私的な選択（結婚、入学、就職、名誉職就任、葬儀、相続ほか）に神社が介入するシステムを作るという構想で、もし実現したら、おそらくは帝国憲法や民法で保障した臣民の権利への侵害となる可能性があり、重大な紛争を免れないだろう。神社が国民生活に新たに強大な力を振るうという案であり、法的に根本的な問題が考慮されていない。

小野の考える神社の再生対策は、産業組合を中心とした「新しい神社」構想でも宗教的な地域・職業組織論にしても、斬新な観点があるのだが、古代の氏子組織を現代に復活させようとする神社界の一部にある復古主義的なプランに引きずられた時には、現実味を欠く結果に陥ったように思う。

以上のような産業組合を軸とした氏子組織の現代的展開の議論と並んで、彼の時論の中には満州事変以降の日本の膨張主義と神社の海外展開のテーマがある。日中全面戦争期以降のものがほとんどだが、小野は日本の膨張主義政策については、過剰人口論と「持てる国」と「持たざる国」の理論で正当化しており、全く疑問を持っておらず、日本の「国益」の力ずくでの追求が現実主義的で正義の方策だと考えているようである。(29)『國學院雑誌』では一九三七（昭和十二）年十一月号で特輯「支那の識者に與ふ」を組み、國學院大学の教員一五名が寄稿している。ここでは「東洋平和の確立」と「欧米依存主義の廃棄」という、日本政府が声明する戦争目的の主張に賛同する点では執筆者全員が一致している。しかし中でも小野のように、もともとは西欧的学問を学んだ者を含む相対的には若い学者の十名ほどでは、その戦争支持の立場が明確であった。彼等の多くは中国は愚かな戦争をして、日本は簡単に戦争に勝てると信じているのである。また西欧的な宗教学を学んで独自の神道学を開拓した加藤玄智の場合も、年令層は高いが同様の意見である。小野は対外政策での意見に関しては、多数派の一員であった。

ところが、むしろ年長者で古い国学の伝統を引いている河野省三の場合は違っていた。そこにはおそらく日本人・中国人の立場を超えた、両国が戦争になったことを残念に思う視点があり、長い日中交流史の中で現在の政治・軍事的対立を見ていこうとする姿勢があるのである。

例えば河野は、東亜の「二大国」が「有史以来空前の壮烈なる対峙的衝突を展開してゐる」「今次の事変は、実に悲惨である」と述べている。そして「中華民国が、たゞ一途に日本の進出を恐れ、日本民族の活躍を不快視して抗日政策と反日態度とを鮮明にし来つゝあることは、全くの千秋の痛恨事である」としながら、そうなった原因には、中国側から見ると「日本の態度にも、又その情勢にも、素より幾多不可解と思はれる点があらう。殊に日本人の行動については可なり不満な場合があったであらう。更に日清戦争、満州事変が相当反日の種子を残してをるものであらう」と言っている。河野は外地での「日本人の行動」や横暴な振る舞いについて、知っていたようにも見える。そして日清戦争にまで遡って、日本が中国人に恨みを買う原因になったと考えているのは河野だけであった。[30]

これに対して小野祖教は、「日本はこれから一段と頑張って、徹底的に勝つことを期してゐる。日本としても今更他に方法もない」と述べ、「吾々は、日本が支那に対してグングン手をのばしつゝある事を、普通の侵略と同一に考へる事を排撃する」という。[31] しかし多くの日本人と同様に、小野も中国の抗戦力を甘く見ていたと思われる上、全面戦争の原因となった華北分離工作は、「満洲國」と同様に「自治」の名目を掲げただけで、「普通の侵略と同一」のものであった。しばしばあることだが、この時には小野のような現実主義者に日中戦争の現実は見えず、相対的に理想主義的な河野の方が、現実の日中関係が見えていたことになる。

日本の戦線の拡大に伴い、海外神社の問題が浮上してくる。この海外神社に関して小野は、「先住諸民族の神霊を奉齋する事が認められ」ることを提唱し、他民族である「彼等の形式により、彼等が司祭する神霊に対して」

も、神社崇敬と認めることを構想している。しかし小野の考えは少数派に属し、それが受け入れられることはなかった。また植民地において、「神社参拝をわが国力を背景として強制しようとするものがあればこれは甚だしい認識不足であらう」といっている。小野の植民地当局批判の主張は分かるが、そこで「認識不足」が横行していたのも事実であった。

小野は「何らの教義なく、神学を具へない神社が、且つ従来全く日本民族特有のものとなっている神社が、独立主権下にある他民族の上に実を結ぶことが果たして可能であるか」として、それに否定的な回答を自ら与えている。(32) もし神社が海外発展するなら「教義」と「神学」の理論が必要だと、小野は考えていたのである。つまり神道の理論構築は、小野の発想では国内での諸種の「新しい神社」の指導のためにも、海外での神社の普及のためにも、要請されていたのであった。

三　戦時下の抵抗と転向

前述のように戦前天皇制国家の支配イデオロギーは、国体論と文明開化・近代化論の二種類の異質なイデオロギーの結合によって構成されていた。ファシズム期はこのうち国体論の系列の日本主義が、国体明徴声明（一九三五年）を画期として肥大化していく時期であった。とはいえこの時代は都市化に伴う中等教育の普及によって、西欧化・近代化論の系列に立つ科学知識や自由主義・個人主義的な感覚と思考が、都会人の場合にはしばしば「常識」となっている時代でもあった。

一九三〇年代に次第に自由主義が圧迫・排斥される中で、対外的には国家主義的な膨張主義に同調しつつ、学者としては自由主義的な文化科学を用いて神道学に新たな理論を打ち立てようとしていた小野祖教は、一歩また一歩と日本主義的な方向に転向を余儀なくされていったと思われる。事実彼は天皇問題について、一九三五（昭和十）年から一九四〇（昭和十五）年にかけてが「私の生涯のうち、思想的に悩みの多かった」時期であったと回想している。一九三五年は天皇機関説事件の年であり、一九四〇年は「津田左右吉の筆禍事件」の年で神話への学問的批判は禁圧される。その間、天皇「親政」論が益々浮上してくるのだが、それは小野から見ると、「天皇の力で、何でもうまく解決されるといふ神話」であり、また「天皇利用論にすぎない天皇論」であった。彼はもともとの明治天皇の意図を、いずれは「議会」中心の政治にするだものと考えていたからである。[33]

小野にとってその転向の過程はなかなか納得のいかない苦しいものであり、その苦しみを伴う転向の方途を探った論文が一九三〇年代後半に多く見られる。それらは神話教育の拡大や教学刷新の動きに対して違和感を抱きつつ、おそらく必死に自己説得を試みた論文であったかと思われる。そしてこの姿勢によって、図らずも当時の国民の科学知識や自由主義的「常識」からの疑問を明快な言葉で位置づけ、その疑問点を深く考えさせるものとなったのである。これがこの時代の小野祖教の論文の特徴であって、逆にその転向の過程の中で新たな発見も生まれることになる。以下、その抵抗と転向の過程を細かく見ていくことにする。

一九三六（昭和十一）年四月の「日本道徳の更生」の中で小野は、「総じて現代は古き封建社会が崩れて新たに起こった個人主義自由主義に立ってゐる」が、今や資本主義の行き詰まりから「世界各国は国民主義に帰り」、「国家に対する忠実が再び育成される」時代になったという。だが、この新たな国家主義の台頭を国民はおおかた「了解」しているが、個人主義や自由主義に対する「強圧的な統制」は「成功しさうにも見えない」というのが彼の情勢判断であった。

ではなぜ、国家が個人主義・自由主義を弾圧しつくすことが出来ないのか。それは「謂《おも》ふに人間が既に一度個人的な自覚をもち自由を與へられた以上、いはゞアダムが智恵の実を食ったやうなもので、その経験を忘れる事は非常に困難」だからである。また、いわゆる物質文明である「近世文明の人類史上かつて見ざる躍進」は、自由主義・個人主義によってもたらされたからである。その結果支配体制は、国家主義と自由主義・個人主義の「折衷」にならざるを得ないというのが、この段階での彼の見通しであった。(34) 小野は既に日本社会の中に自由主義・個人主義が定着し、そう簡単には一掃できないものと理解しており、それに積極的な意味を見出していた。

なおこの時期に、『國學院雑誌』では「自由主義批判」の特輯号を二回出している。第一回目は一九三五（昭和十）年一月の小特輯で、第二回目はこの種の「没落自由主義」をめぐる論争が終末期を迎える一九三七（昭和十二）年五月号の特輯であり、それぞれの巻頭言を加えると、全部で十二本の國學院大学の教員らの論文が載っている。

その内容を概観すると、自由主義が西欧近代の所産であるという点の理解がはっきりしない、又はない論説が十二本中七本を占めていた。その七本における自由主義批判の論拠は、日本の国体＝祭政一致に合致しない、日本人の民族性に合わないといった国柄論が四名、国家主義の正しさを主帳する者が三名で、総じてこの七名は、なぜ「没落自由主義」が争点とされたのかという論壇事情に無関心であり、疎いようであった。逆に自由主義は西欧近代の所産であり、国家からの個の自由を中心とした思想だとの理解があるのは、藤澤親雄、大串兎代夫、松永材、波多野通敏、小野祖教の五名である。そのうちの波多野通敏と小野祖教の自由主義批判の論拠は、今や自由主義は世界的に没落の時代となっているという世界の大勢論だったが、これは積極的な否定論とは異なる論理といえる。日中全面戦争への態度とは逆に、この問題に関して小野は、國學院大学の中で波多野を除けば孤立派といっても良かった。

自由主義批判の第二回目の特輯号に掲載された論文で、小野は「自由主義の没落といふことは、自由の没落とは大いに意味の異なつたものである」と述べ、「自由は無論亡びるものではない。そして、自由によつて、人生の深い意味が生み出され、人間たる事の事実は恐らく自由への努力によつて成立すべきである」と語っている。小野によれば自由主義とは、今日ではその「地盤」を失い没落が世界の大勢となった、国家からの個の自由の思想をさしているのであるが、たとえ「自由主義がなくなつても、それによつて自由が失はれるとは限らない」のであった。[35] しかし小野の理解とは異なり、「自由主義がなくな」る時は「自由」も失なわれる時であろう。ただし小野のこの発言は、今後思想統制が一段と進む可能性を予測していなかったものかどうか、その真意は分からない。しかし彼は、世界で新たに台頭してきた「独裁主義」には懐疑的であった。

この頃の大きな問題の一つに神話教育の問題があった。小野はこの点に関し、文部省の教学刷新で「小学校教科書に神話が多くとり入れられ」ることになったが、それは教育現場での訓導たちの困惑の広がりをもたらしたと述べている。なぜなら「神話が子供たちの頭にも本当にありさうな事として受取れない」からであり、「既に子供の頭にも合理不合理の見分けはついてゐる」からである。また「神話学」によって「神話を合理的に説く方法」もあるが、他民族の神話と比べて「別段これが日本固有の神話とか、世界唯一のものといふ次第でなく」、それで「国体」観念が養われるわけではないという。[36] この論文で小野の神話教育批判が明快なのに比べて、それに代る代案は具体的に提起できず、おそらく小野にも解決策は見つかっていないように見える。

以上の小野の一九三六（昭和十一）年―一九三七（昭和十二）年前半の論文を見る限り、自由主義批判に一応同調するものの、自由主義の存在価値については、事実上むしろ肯定的であった。しかしこうした中で彼を追い詰めていくのは、一九三六年七月に成立した文部省傘下の日本諸学振興委員会によって、新たな学問である日本学の建設が哲学分野でも課題とされていったことである。

なお小野は教科書として一九三五（昭和十）年に『純粋論理学』の単著を出し、一九三七年にその増訂版を出版しているが、小野が謝辞を述べているのは「松永恩師」に対してであり、出版に当たって特別の「序文」を寄稿して貰ったのは、日本主義の倫理学者の紀平正美であった。その中で紀平は、論理学は西欧語の「横書」で書かれたものの翻訳であって、今や「我等の国語の如き縦書の」論理学が生まれなければならないが、「一足飛びに出来得ることではない」ので、小野のこの書も「従来の論理学」に従っていると批判を述べている。[37] その紀平は国民精神文化研究所の所員として活躍するとともに、日本諸学振興委員会の全体の常任委員と哲学会の常任委員にも就任し、「認識の主体と客体を区分する学問方法」を「個人主義」として攻撃し、日本主義的な学問を提唱していた。[38]

日本諸学振興委員会は国体論に基づき学問の統制と動員を行おうとする組織であった。統制と動員を可能とする「力関係の磁場」として着目されるのは、「大学、学会、研究助成などの制度」であったという。[39] 日本諸学振興委員会では、東大・京大などの官学が圧倒的優位に立っていたが、國學院大学からは只一人河野省三が全体の常任委員と哲学会の常任委員に就任していた。戦時下の日本諸学振興委員会の哲学会で研究発表した國學院の教員は小野祖教のみであり、[40] 小野の方向転換は時代状況の圧迫に加えて、直接には大学内での立場や師弟関係と個人的恩顧、学会での位置などが作用したのであろう。

一九三九（昭和十四）年に小野は、この問題について「所謂日本学の理據について」（以下、「理據」と略称）と「日本学の要請」（以下、「要請」と略称）の二論文を発表する。[41] これまではまず「学問」であることの基本条件は、全人類に適用可能な「普遍妥当性を有すること」だとされてきた。しかし今や建設を求められる「日本学」とは、これとは反対に、日本の「国体が万国に卓越すると共に、その国威の四海に光被すべき根本信念の把握と、その実現を扶ける如き知識」を得ることを目的としており、「日本民族」だけのための「学」である（「理據」）。こうした「学」が要請された背景には、対外的に自由経済が「停止」され「自給自足を余儀なくされる趨勢」の中、学問も従来のような「欧米に依存することが困難となった」からであるという（「要請」）。

だが他方で彼は「学の西洋的規定からいへば、かゝる学を真の学として認める事が不可能に思はれる」し、日本学は「理論理性の限界を逸脱するものがある」という。こうした「学」を「民族主義的偏見だと考へ、帝国主義の萌芽と評し、学の堕落せるもの、因循なる信念的所産と断じ去ろうとする」のは、その意味では自然である（「理據」）。つまり日本学が従来からいわれていたように、「独善的、自慰的、盲目的な独りよがりであり、無智な排他思想である」という批判を越えられるのか、また日本学が世界性を獲得するということは「世界の諸民族は日本の帝国主義的制覇の下に座服され、専制下に甘んず」る状態になることを意味するのかという疑問や、またそれが「人類理想に結合する契機を発見」できなければ、「日本が特に他の民族乃至国家以上のものであるといふ理由はないであらう」といった批評に、答えられるかは問題である（「要請」）。

それでも日本学を認めるのは、このような特殊な「学」を認めることで「各民族乃至国家が互いに研を競ふ」て「人類文化の創造的発展」がもたらされる可能性があるからである（「理據」）。ここには日本学も「学」である以上、最小限の普遍妥当性がなければならないという観点があるともいえよう。

この当時、日本学といってもその理解は各人各様であった。河野省三は単純に、これは従来から國學院で追究してきた「皇国学」の「現代的表現」であると考えていた。[42] これに対して松永材は、「一番強勢な民族や国家にもっとも大なる真理力がある」、「真理の生存競争と学の優勝劣敗とは民族や国家の競争勝敗に外ならぬ」と述べて、政治的・軍事的優越によって、その民族の唱える真理か否かが決まると考えていた。[43] これには国家・民族の力量だけで、「真理」は発見できるだろうか、それには一種の形式形成力が必要ではないかとの疑問も湧くが、諸種の日本学論を広く検討した荻野正のように、松永に同調する意見も見られた。[44]

小野の転向は、日本諸学振興委員会哲学会での研究発表の中で行われた。この発表では「日本国民は万邦に比類のない所の卓越した国民であると云ふことが吾々の信念になって居るのである。是は私共の根本の信念であって、謂はゞ批判を許さないと云ふやうな厳然たる原則が立って居るのであります」と述べて、日本民族の優秀性は日本人の「批判を許さない」「信念」であるといい、さらに「日本の国家は尊厳無比である、日本の国民は尊い神の裔であると云ふやうな、信仰を持って居る、さう云ふものがどうして成立するか、又吾々はどうしてさう云ふものを成立せしめなければならないか、斯う云ふ問題を取扱って行く、それが極く狭い意味に於ける日本学と云ふものになるのではないか」として、日本国家の「尊厳」に対する「信仰」を取り上げるのである(45)。つまりここでは国体論的な「信念」と「信仰」が日本人にあることが、現実の国民の実態であり、しかもそれが理想の国民像でもあるという論理で、その発生の根拠を明らかにする日本学が求められているのである。

つまり建設されるべき日本学は、日本の国体を万邦無比のものとして讃美するものであり、その根本的な地点への批判を許さない「学」である。そこでは自由な批判を許すことで普遍妥当性が保障される学問としての規範はないのである。この自由な批判の可能性を断つことを認めたことは、この一九四〇年の時が初めてであり、この点に彼の転向が見えるといえよう。

しかし、小野の転向はなかなか完成はしなかった。「神話と日本国家」を見ると、「ある訓導がわが紀元の二千六百年を否定する学説を生徒に紹介した爲めに、その職を失」ったという直近の事件を取り上げて、教室で神話を扱うことが困難になっている時勢を憂慮している。その上で、「道徳や法律」は本質的には「虚構」なのであるが、「この虚構、人間が我自らつくった人間のあり方が、人生価値の源泉なのである」（傍点は引用者）というのである。ただし「虚構」といっても、それが「個人の創作や任意的な虚構」であっては安定的秩序を作る事が出来ないのに対し、日本人が建国神話を「信仰」し日本を「神国」と認め、「この国の統治を皇統」によって行うような「生活を維持」してきたのは、「神話的要素」が秩序形成に不可欠であったことを示しているという(46)。ここにも「神話」を「虚構」というあたりに、彼の批判的知性が残っているのが分かる。

そして一九四二（昭和十七）年の「教学の方法」の中で彼は、「学問的」な方法は「自然科学的方法、歴史学的方法、哲学的方法」の三つがあるが、それらはいずれも結果においては、「我々の国家や伝統的信仰を相対化する」または「客観化する」方法であって、「教学」＝日本学の方法ではないという。(47) では「教学」の方法とは何か。それについて彼は、ここでも何も語っていない。語っているのは日本学の学知が従来の学問と異なるという点であり、それが今必要とされるということまでである。

振り返ってみると、彼はもともと神道を「人生自体がそのものとして価値判断の対象とはならな」い、現世主義的な生き方と結びつくものと理解し、それを良しとしていた。それがこの転向の中で、日本学の建設ということを通じて、「人生価値の源泉」を探求する方向へと転換していったのである。つまり彼にとっての転向は、神道学が人が生きることの意味を問い、生きることを支える信念や信仰を明らかにするものではないか、ということの発見に結びついていたのである。

ただし彼は明言はしないものの、「学」は批判的・懐疑的な観点を持たなければならないのではないかという見方を、維持していたように見える。それは「教学の方法」でも、何れも日本学に反する「学問的」な方法として三つの方法だけを説明し、それ以外の方法には具体的に触れないからである。そして研究の行き詰まりのためか、この一九四二（昭和十七）年七月の「教学の方法」が戦前期に発表された最後の論文となり、敗戦後まで新たな論文や著作が書かれることはなかったのである。

おわりに

戦前期の小野祖教に見られるのは、対外政策に関しても神社の衰亡対策に関しても、経済的利益を含む現実主義の観点であった。だが対外政策に関しては、それが本当に現実の実態を捉えていたかには疑問があり、神社の現代化構想には斬新な発想が見られるが、新体制期のプランについては問題があった。しかしこと学問に関しては、国学的な地点から出発しつつこれと異なる科学的な方法や普遍妥当性を重視する学問を志向し、これが日本の都市社会に広がっていた自由主義的な価値観と共鳴し合う論理を形作ったように見える。

第二次世界大戦後に書かれた小野の神道神学の主著の一つに、『神社神道神学入門』がある。これはたいへん明快な論理で、神道神学の立場を説明した著作であった。そこでは神道神学とは神道の信仰者の「主観の側を満足させ」る「護教学」であり、科学的な神道思想の分析が「あくまでも客観的で、主観をぬきにして」見るのとは異なる立場に立つものだと述べている。神学が必要とされるのは、人間が「理性に目ざめれば目ざめるほど、矛盾を排除して首尾一貫したもの丶中に身を置くことを求める」からであり、それに応えるためには神道の体系に理論上の矛盾があってはならないので、統一した論理を追究するからである。しかしそれが神学であっても、「学問」を名乗る以上は、「批判的なもの」を排することは出来ないのであって、「正しい評価といふことを離れる譯にはゆかぬもので」あるという。従って「神社神道神学は神社神道の自己批判であると見てもよい」というのが、そこでの結論であった。(48)

以上の神社神道神学の理解の中に、戦時中の小野の転向と抵抗の経験が反映しているというのが、筆者の考えである。思うに小野は戦時中の転向の経験によって、「人生価値」を裏付ける信仰の必要性や、科学とは異なる「護教学」というものがあるべきことに気がついたのである。と同時にかなり長い間、学問から批判的観点を手放すことを躊躇していた抵抗の経験が、転向したことへの悔いとなって、批判を許さない「学」はない筈だという自覚となって再生したのである。小野の戦後初期の仕事には、戦前の仕事からの連続とともに断絶や飛躍がある。本稿は、小野の戦前からのその断絶や飛躍を、彼の戦中の経験を手懸かりに埋めようとした作業であった。

註

(1)小野によれば降格は、大学が「神道指令をおそれて神道の教員を第一線から退けた」ゆえだったという。小野祖教「わが人生を顧みる」(『小野祖教博士伝　神道教学に生きる』、小野祖教教授古希祝賀会、一九七四年)、三頁。
(2)葦津珍彦「小野博士との思ひ出」(『神道宗教』八三号、一九七六年十月)、葦津珍彦「小野祖教大兄の追憶」(『神社新報』一九九〇年七月二日)。
(3)「座談　教学のための戦い」(前掲『小野祖教博士伝』)、七―四〇頁。「付録」「本庁の創立より敬神生活の綱領まで」(『現代神道研究集成』(八)神道教学研究編、神社新報社、一九九七年)、二〇一―二二二頁。
(4)小野自身は、必ずしも自分が「標準解釈」の策定の中心者とは、理解していなかったようである。「「敬神生活の綱領」について」(前掲『現代神道研究集成』(八))、一〇一―一一四頁。
(5)安藤直彦「博士の学績をみる」(前掲『小野祖教博士伝』)、五〇―五七頁。上田賢治「解説」(前掲『現代神道研究集成』(八))、六九一―六九六頁。
(6)中野裕三論文は、「第一部　戦後五十年の神道研究を振り返って」(『神道宗教』一六七号、一九九七年九月)、一五三―一六三頁。
(7)「博士の略年譜」(前掲『小野祖教博士伝』)、四二頁。
(8)『國學院大学百年史』上(國學院大学、一九七四年)、六五九頁。
(9)前掲『國學院大学百年史』上、六八頁。
(10)前掲小野「わが人生を顧みる」(前掲『小野祖教博士伝』)、二頁。
(11)前掲『國學院大学百年史』上、七七八頁。
(12)磯前順一『近代日本の宗教言説とその系譜』(岩波書店、二〇〇三年)、二一七頁。
(13)前掲「博士の略年譜」、四二頁。
(14)木村祖教「古代日本人の罪の観念」(『國學院雜誌』三四巻九号、一九二八年)、五四―六八頁。
(15)小野祖教「形而上学としての神道」(『道義論叢』第二輯、一九三四年)、九八―一四一頁。
(16)小野祖教「宗教復興と神道」(『神道』第一〇号、一九三五年)、六一―一四頁。

(17)小野祖教「カムナガラ及び神道の原義」(『國學院雑誌』四一巻一二号、一九三五年)、一―一八頁。
(18)例えば河野省三「かんながらのみち　神ながらのみち(惟神の大道)」(國學院大学日本文化研究所編『神道要語集　宗教編』、神道文化会、二〇一三年)、一七〇―一七七頁。
(19)小野祖教「本居宣長の神観・神道観」(國學院大学道義学会編『本居宣長研究』、青年教育普及会、一九三六年)、一二〇―一八二頁。
(20)これには、長谷川如是閑「本居宣長の政治学」(『中央公論』一九三六年一月号)から示唆を受けた可能性がある。
(21)小野祖教「神道原理論プログラム」(『神道』八号、一九三二年)、一六―二三頁。
(22)小野祖教「神道における祖先崇拝(続)」(『神社協会雑誌』三三年七号、一九三四年)、七―一八頁。
(23)特輯「神祇教育の研究」(『國學院雑誌』四〇巻五号、一九三四年)。
(24)小野祖教「神祇教育の前提」(『國學院雑誌』四〇巻五号)、五四―六二頁。
(25)小野祖教「神社を更生運動の中心に」(『皇国時報』五三三号、一九三四年七月十一日)、三頁。
(26)小野祖教「学制改革と神職養成」(『皇国時報』六四六号、一九三七年九月一日)、六―七頁。
(27)小野祖教「家庭・隣組・まつり」(『皇国時報』七六五号、一九四〇年十二月二一日)、一頁。引用の一部に、句点を補った。
(28)小野祖教『神社と国民組織』(皇典研究所國學院大学、一九四〇年)。
(29)小野祖教「現代への神道」(『神道』七号、一九三二年二月)、三三―三六頁。小野祖教「支那事変を斯く見る」(『國學院雑誌』四三巻一一号特輯「支那の識者に與ふ」、一九三七年)、三七―四三頁。
(30)河野省三「中華民国の識者に贈る書」(『國學院雑誌』四三巻一一号)、一―四頁。なお「中華民国」の国名を用いたのも、年長の飯島忠夫と河野の二人だけである。
(31)前掲小野「支那事変を斯く見る」。
(32)小野祖教「わが大陸経営と神社」上(『皇国時報』六八九号、一九三八年一一月一一日)、三頁。同下(同前六九一号、一二月一日)、六―七頁。
(33)「象徴天皇と明御神」(小野祖教『象徴天皇』、浪漫、一九七四年)、七―一二頁。
(34)小野祖教「日本道徳の更生」(『皇国時報』五九七号、一九三六年四月二一日)、六―七頁。

(35)小野祖教「残像としての自由主義」(『國學院雑誌』四三巻四号、一九三七年)、六二—七三頁。
(36)小野祖教「神話と国体」(『皇国時報』第六〇八号、一九三六年八月一一日)、六頁。
(37)小野祖教『(増訂版)純粋論理学』(亜里書店、一九三七年)、一—二頁。
(38)紀平正美の思想と活動については、駒込武・川村肇・奈須恵子編『戦時下の学問の統制と動員—日本諸学振興委員会の研究—』(東京大学出版会、二〇一一年)第Ⅲ部第一章・寺崎昌男「機関誌『日本諸学』にあらわれた学問論」、三七九—四一〇頁。
(39)学問の統制と動員については、駒込武「序」(前掲『戦時下の学問の統制と動員』)一—一九頁。
(40)日本諸学振興委員会での河野省三の役職については、前掲『戦時下の学問の統制と動員』八〇—八一頁・四二〇—四二五頁、哲学会での発表者は巻末附表7、同前巻末六〇—六五頁。
(41)小野祖教「所謂日本学の理據について」(『國學院大学新聞』九二号、一九三九年二月五日)、小野祖教「日本学の要請」(『道義論叢』第六輯「日本学の建設」、一九三九年)、二五—三八頁。
(42)河野省三「日本学と皇国学」(『道義論叢』第六輯)、一—一〇頁。
(43)松永材「「日本学」の基礎概念」(『植木博士還暦記念国史論集』、一九三八年)、二六三—二八二頁。
(44)荻野正「現代日本学批判」(『道義論叢』第六輯)、七七—九二頁。
(45)小野祖教「日本神話論」(『日本諸学振興委員会研究報告』第八編(哲学)、一九四〇年)、七七—八六頁。
(46)小野祖教「神話と日本国家」(『文化日本』五巻三号、一九四一年)、二二—二五頁。
(47)小野祖教「教学の方法」(『皇国時報』八二一号、一九四二年七月十一日)、一頁。
(48)小野祖教『神社神道神学入門』(神社本廳、一九五一年)、一—一六頁。

第二部

神社行政における「国家ノ宗祀」

河村忠伸

はじめに

神社行政官衙は維新以降、神祇事務科、神祇事務局、神祇官、神祇省、教部省、内務省社寺局、内務省神社局と変遷し、昭和十五年には内務省の外局である神祇院が設立された。昭和十五年十一月九日勅令第七三六号(1)により定められた神祇院官制では管掌する事務として「神宮ニ関スル事項」、「官国幣社以下神社ニ関スル事項」、「神官及神職ニ関スル事項」、「敬神思想ノ普及ニ関スル事項」を掲げた。人員を見ると総裁(内務大臣兼任)、副総裁(勅任)、局長(二名・勅任)、秘書官(一名・奏任)、書記官・事務官・理事官・考証官・祭務官・教務官・調査官・技師(各専任二名・奏任)、属(選任一一名・判任)、考証官補・祭務官補・教務官補(各専任二名・判任)・技手(専任一名・判任)である。このうち事務を司るのが書記官・事務官・理事官であり、これとは別に専門性の高い考証官・祭務官・教務官（臨時職員から常置へ）・調査官・技師が設置されている。村上重良は神祇院設立を所謂「国家神道」の絶頂期と評価したが、行政組織としての実態については阪本是丸、櫻井治男、藤田大誠、藤本頼生らにより行政文書等に基づく実証的研究が蓄積されているものの、未だ実態の不詳な点も多い。神祇院は神社局の単なる組織拡張ではなく、敬神思想の普及への取り組みが正規事業として取り込まれ、考証課、造営課など専門性の高い部署が設置されており、行政刷新を目指したものであった。その理念について神祇院書記官兼神祇院総裁秘書官兼造神宮主事の武若時一郎は、

神社は国家の宗祀であつて、神社に対する国家の崇敬は、国家の祭祀として現はれる。故に国家は、其の祭祀に関して種種の法令を定めて拠るべき基準を示すと共に、自ら神職を任命して之を執行せしめる。

と述べている。神社局員は内務省の文官であり、元より神祇祭祀の専門家として国家に採用されたものではない。にもかかわらず神社制度を概説し、神祇信仰について私見を述べた著書を残した官吏が少なくなく、当時の官吏の研究心と国民に通底する神祇信仰の篤さを伺い知ることが出来る。武若は「国家ノ宗祀」を諸法令の根源たる行政理念と述べるが、これは神祇院時代に限らず神社行政に携わった者が一貫してその理念と掲げるもので、例えば内務省神社局総務課長児玉九一は「神社の本義は、国家の宗祀たる点に存し、国家が之を崇敬祭祀し、人民亦、国家の一員として国家と共に信仰崇敬すべき性質を有する」[8]と述べる。

そもそも「国家ノ宗祀」の法令上の初出は明治四年五月十四日太政官布告第二三四号[9]の「神社ノ儀ハ国家ノ宗祀ニテ一人一家ノ私有ニスヘキニ非サルハ勿論ノ事ニ候処（後略）」である。この場合の神社には物的設備・人的設備の二つの面が想定され、それを国家が管掌することを宣言した布告と評価できる。この布告は明治四年五月

十四日太政官布告第二三五号「官社以下定額、神官職制等に関する件」[10]の社格制度並びに職員規則の制定と連動していることは明らかで、例えば社格制度は国家が神社を行政的に管掌しなくては定められない点であり、また神官職制[11]には「若官幣国幣社共従前ノ神官ヲ補スベクハ神孫相承ノ族タリト雖モ一旦世襲ノ職ヲ解キ改補新任タルベシ」とあって世襲廃止が徹底されている。おそらく政府は意識していなかった可能性が高いが、この布告を以て神社の物的・人的両面における私有性を否定したものと解釈せねば、第二三五号布告及びその後の神社制度は説明できない。

この他に大正期までに「国家ノ宗祀」を用いた法令としては明治二十四年八月十四日内務省訓令第一七号「官国幣社神職奉務規則」[12]、明治二十八年四月十六日社甲依命通牒第一七号「官国幣社宮司職務の曠廃を戒むるの件」[13]、明治三十五年二月十日勅令第二七号「官国幣社職制」[14]、大正二年四月二十一日内務省訓令第九号「官国幣社以下神社神職奉務規則」[15]があるが、これらは神職の奉務に対する規則である。

本稿では「国家ノ宗祀」という理念がどのように制度化され神祇院設立に至るかを法令と行政組織を中心に考察する。まず布告第二三四号が要求するのは「神社（物的設備）の国家管理」、「神職（人的設備）の任免」であり、次に「奉務規則」、更に布告上は直接定めがないが第二三四号を神道国教化宣言したものという評価も存在するため「敬神思想の普及に関すること」という四項目の制度がどのように構築されていったかを考察し、「国家ノ宗祀」の実現という視点から見たときに神社局から神祇院への刷新がどのような意味を有するか考究を試みたい。

一　神社の国家管理に関する制度

神祇を奉斎する施設には神職の常駐する「神社」もあれば、山野路傍の神祠、個人宅にある邸内社、更には神棚も含まれる。これら全てを国家管理することは不可能であり、また私的信仰を妨げるものとして不都合であるため、まずは神祇を祀る施設を「国家ノ宗祀」と私的信仰に分類する制度が必要となる。行政上、慣例的に「国家ノ宗祀」たる神社を「公認神社」、それ以外を「非公認神社」と称するので本稿でもその名称を用いる。

非公認神社の中には私祭神祠、無願神社がある。まず私祭神祠とは邸内社・神棚など個人や特定の集団の信仰のために奉斎する施設である。一概に「神社」といっても近代以前の状況は多種多様で、延喜式所載の式内社などの古社や宏大な社領を有した大規模神社もあれば、山野路傍の神祠（中には本殿もなく石碑を以て拝礼対象とするものも存在した）や個人若しくは特定の一族が奉斎する邸内社や神棚も存在し、維新直後の「神社」は極めて渾沌たる状態にあった。そうした神祇を祀る施設の中から「国家ノ宗祀」たる神社（公認神社）と私的信仰の対象としての祠（私祭神祠）とを区別する必要がある。行政は明治九年十二月十五日教部省達第三七号[16]で山野路傍の神祠について、同日教部省達第三八号[17]で邸内社について、それぞれ制度的に公認神社とするか、私祭神祠とするかを通達した。私祭神祠とした場合、法人格は付与されず、不特定多数の参拝や祈祷などの行為は許可されない。

「非公認神社」の第二である無願神社とは無許可にて創立された神社であるが、社寺を無許可で創立することは明治五年八月晦日大蔵省第一一八号達[18]で禁止されている。無願神社には二種類が想定され、故意に神社類似の施設を設け神職としての活動を行う場合と[19]、私祭神祠が周辺住民の信仰を集め参拝公開などの活動を行うようになった場合である。いずれにせよ無願神社は制度上違法であり、手続きを経て公認神社とするか、私祭神祠としての体裁を保つか、どちらかを選択する必要がある。

そこで公認・非公認を明確にする台帳として発明されたのが「神社明細帳」である。神社明細帳とは神社の戸籍というべきもので、児玉九一はその性質を、故に実質上如何に神社たるの要素を具備するとも、明細帳に登録せられざる限り其の神社は法律上の「神社」に非ず、単に所謂無願神社たるに止り、神社行政の対象たることを得ず、神社としての法令上の権利義務を有せざるものである。即、之を逆に考ふる時は、行政上の神社の形式的定義は「神社とは神社明細帳に登録せられたるものなり」とも言ひ得るであらう。[20]

と評している。つまり明細帳に登録されることではじめて公認神社として法律上の権利義務を得、神社行政の対象となるのである。明細帳の制度は明治五年正月神祇省第一号「府県郷村社社格区別帳を調査提出の件」[21]がその嚆矢とされ、明治十一年九月九日内務省達乙第五七号「社寺取扱概則」[22]、明治十二年六月二十八日内務省達乙第三一号[23]にて漸次整備された。最終的に大正二年四月二十一日内務省令第六号[24]（以下、本稿では「省令六号」と略す）により戦前期の明細帳の制度は一応の完成を見るが、本省令はそれまでの各法令を集約整備したものである。これによると、

第七条　神社、建物アル遙拝所及官修墳墓ニ付テハ地方長官ハ別記様式ニ依リ其ノ明細帳二通ヲ調製シ一通ヲ内務大臣ニ進達スヘシ

第十条　神社ハ明細帳ノ記載事項ニ変更ヲ生シタルトキ又ハ其ノ訂正ヲ要スト認ムルトキハ之ヲ地方長官ニ申出ツヘシ

と定められている。神社明細帳の様式は第一号（官国幣社）、第二号（府県社以下）の区別があるが、記載内容はほぼ同じで、鎮座地・社格・神社名・祭神（主祭神・配祀神・座数）・例祭（特別由緒ある祭典）・本殿（建坪・主要

建物も記載・造営の沿革）・境内（坪数）・氏子戸数・境内神社（祭神・由緒・社殿・造営の沿革）であり、地方長官が正副二通を調製し正本を内務大臣へ進達、副本は府県にて備え付ける。第十条によればこれらの記載事項に変更が生じた場合は申出ることとなっており、新規創立・廃合・移転、祭神・社格・例祭・本殿・境内・境内などの異動に関する事務（承認を含む）は明細帳の修正を以て完了するのであって、公認神社の行政上の管理は神社明細帳に集約されるといっても過言ではない。

神社明細帳は神道史上画期的な発明であり、明治神社行政の一大業績と言える。それまで明細帳に類する台帳は存在せず、神階授与に関与していた吉田家ですらその状況を完全に把握していなかった[25]。明細帳ができたことで神社名・祭神名の統一が図れ、独断で神社の登録事項の変更ができなくなるといった効果があり、神社護持という面で極めて有効な制度である。例えば歴史的に御祭神に関し複数の説が存在し、或は表記が不統一、または通称や俗称がある神社は多かったが、近代以降、明細帳への記載をもって正式名称が定まった。

このように公認神社に関する法制度は明治十二年頃に凡そ構築され、その定義は論者によって若干の異同があるものの概ね次の二つに集約される。

（一）帝国の神祇を斎祀し、公に祭典を執行し、公衆参拝の用に供する設備[26]
（二）国家の営造物かつ公法人で神社明細帳に記載された施設

（一）が実際上、（二）が法律上からの定義であり、両者は視点の相違で対立するものではない。

二　神職任用に関する制度

布告第二三四号に連動する明治四年五月十四日太政官布告第二三五号の神職職制により官幣社は神祇官、国幣社は地方官を経て弁官、府県社以下は地方官においてその職員の進退が管掌されることとなったが、後に教部省の発足により官国幣社は教部省が管掌し、府県社以下は地方官において専行し教部省に届けることとなった。これ以降、官庁の改組はあるものの神職の任免は神祇院廃止まで行政の管掌するところとなる。任用制度で大きく変わるのは神官神職の待遇である。明治五年二月二十五日太政官布告第五七号[27]における神官官等では神宮祭主から郷社祠掌までの官等を定めたが、官幣大社宮司ですら七等と神官の官等は高いものとはいえない。しかも村社・無格社は規定がなく、府県社以下神官では辛うじて府県社祠官が十五等となったものの府県社祠掌、郷社祠官・祠掌は等外である。府県社以下神官にとって決して満足のいく待遇ではなかったであろうが、この時点ではまだ官社同様の扱いであり、後年から見ればまだ優遇されていた。明治十年十二月八日太政官達第九一号[28]の官等は神宮と官国幣社を対象とし、明治十二年十一月十一日太政官達第四五号[29]で府県社以下祠官祠掌の等級が廃止されて「身分取扱ハ一寺住職同様タルヘシ」とされる。そのため明治十五年九月二十一日太政官達第五五号[30]では神宮及び官社（官国幣社）のみで民社（府県社以下）はない。

明治二十年三月十八日閣令第四号[31]で官国幣社の神官を廃し、「宮司ハ奏任ノ待遇ヲ受ケ禰宜主典ハ判任ノ待遇ヲ受ク」と「待遇官吏」であることが定められた。府県社以下神職の待遇については明治十二年より「一寺住職同様」とされていたが、明治二十七年二月二十八日勅令第二二号[32]で祠官・祠掌が改められて社司・社掌となり、更に「社司及社掌ハ判任官ノ待遇トス」と扱いが明記された。併せて功績顕著なる者一七〇名を上限として奏任官待遇となすことができるようになった。ここで神宮のみが官吏（神官）となり、官社以下は待遇官吏（神職）となる。神宮神官については明治二十九年十一月三十日勅令三七一号「神宮司庁官制」並びに明治二十九年十一月三十日勅令第三七二号「神宮司庁官等俸給改正の件」[33]で制度が整備され、次いで明治三十三年三月三十一日勅令第九〇号[34]にて官等俸給が改正される。府県社以下神職については明治三十五年二月十日勅令第二七号「官国幣社職制」[35]、同年同日勅令第二八号「官国幣社及神宮神部署神職任用令」[36]、同年二月十八日内務省令第四号「府県社以下神社神職任用規則」[37]によって制度が確立され、神官神職の任用制度は基本的に明治三十五年には神祇院廃止までの体制が構築されている。

この制度を任用から見ると、神宮司庁の神官及び官吏は普通の文官同様に文官任用令（大正二年勅令二六一号）が適用される。神宮司庁と神部署は任用制度が異なり、神部は内務大臣奏請により内閣において任免し、神部補及び伶人は神宮大宮司の具申により内務大臣が任免する。官国幣社神職のうち宮司・権宮司は神部同様の取り扱いで、禰宜・主典・宮掌は地方長官にて任免する。府県社以下の神職については氏子総代・崇敬者総代の推薦により地方長官が任免する。

官国幣社以下神職の任用制度を見ると官社と民社で完全に同一ではない。例えば官国幣社では「其ノ神社祭神ノ一族臣下ノ内祭神在世中ニ於テ之ヲ補佐シ功績顕著ナル者若ハ其ノ相続人ニシテ祭式及国典ヲ修メタルモノ」（「官国幣社及神宮神部署神職任用令」第八条第一号）は神職高等試験の銓衡を経て奏任待遇の神職に任用することができるとしているが、府県社以下にはこの規程が存在しない。官国幣社に限り世襲を復活させたかのような規程であるが、明治四年の制は世襲社家の排除ではなく、改めて補任することを認めていた。任免権が国家に属することが重要なのである。また特殊神事の問題もあり、内務官僚としても「実際に於ては社家の間に神職を求めることが望ましい場合も少くなく、従つて現在社家にして神職に補任されてゐるものが相当に多い」[38]と認めざるを得ない状態であったことも考慮しなくてはならない。このように国家として任免するという点は明治四年以来一貫しており、明治三十五年には神祇院廃止まで続く体制が構築されている。

三　奉務規則

明治二十四年八月十四日内務省訓令第一七号「官国幣社神職奉務規則」第一条「官国幣社神職ハ国家ノ宗祀ニ従事シ国家ノ礼典ヲ代表スル職務タルヲ以平素国体ヲ弁シ国典ヲ修メ躬行ヲ正シクシテ以テ本務ヲ尽スヘシ」と定められた。この法令は神社が国家管理された公法人であり、その人的設備たる神職に対して職責を規定したもので、国家による神職任免を補強する法令と評価すべきである。次いで明治二十八年四月十六日社甲依命通牒第一七号「官国幣社宮司職務の曠廃を戒むるの件」では「官国幣社宮司ハ国家ノ宗祀ニ従事スル職ニアルヲ以テ」として管外出張を制限し、明治三十五年二月十日勅令第二七号「官国幣社職制」第二条「宮司ハ内務大臣地方長官ノ指揮監督ヲ承ケ国家ノ宗祀ニ奉仕シ祭儀ヲ司トリ庶務ヲ管理ス」としたのも趣旨は同様である。

以上は官国幣社に限定してのものであり、明治二十四年七月六日内務省訓令第一二号「府県郷村社神官奉務規則[39]」第一条には「神官ハ神明ニ対シ尊崇悃誠ヲ主トシ典例ニ従ヒ各其本務ヲ尽スヘシ[40]」と「国家ノ宗祀」が存在せず、「国家ノ宗祀ト云フノハ官国幣社ニツイテ云フノデアルト云フ説モアツタ」のである。そこで大正二年四月二十一日内務省訓令第九号「官国幣社以下神社神職奉務規則[41]」では官社民社が統一されて「神職ハ国家ノ礼典ニ則リ国家ノ宗祀ニ従フヘキ職司ナルヲ以テ平素国典ヲ修メ国体ヲ弁シ操行ヲ正シクシテ其ノ本務ヲ尽スヘシ」と定められた。

このように任免の補強として奉務規則が位置付けられるのであるが、江見清風[42]は明治四年太政官布告第二三四号と大正二年奉務規則の「国家ノ宗祀」が国家の祭祀・礼典を意味していると分析している。大正二年奉務規則第三条には「祭典ハ制規ニ拠リ之ヲ行ヒ」とあって制度的に祭祀に関する規程と奉務規則は関連している。そこで祭祀に関する規程を見ると明治四十年六月二十九日内務省告示第七六号「神社祭式行事作法」[43]、大正三年一月二十六日勅令第九号「神宮祭祀令」、同日勅令第一〇号「官国幣社以下神社祭祀令」、同年三月二十七日内務省令第四号「官国幣社以下神社祭式」、同日内務省令第五号「官国幣社以下神社神職斎戒に関する件」、同日内務省訓令第二号「神宮並官国幣社以下神社において行ふ恒例式」、同日内務省訓令第四号「官国幣社以下神社遙拝及大祓次第」が定められた[44]。作法については昭和十七年に改正されているが、祭祀執行に関する規程も大正三年の時点で概ね神祇院廃止までの体制が整備されていた。

四　敬神思想の普及

上述の通り明治四年太政官布告第二三四号が直接定めるところは神社の物的・人的設備が国家に属することである。しかし時代背景として推進されてきた大教宣布運動と絡めて「国家ノ宗祀」を考察することは神社関係者及び国民の受容態度を理解する上で有効であろう。しかし行政的に見た場合、内務省社寺局の設置以降は敬神思想の普及を国家として推進しようとする姿勢は後退していく。明治五年三月十八日太政官無号[45]に定められた事務章程を見ると、

教部省事務章程

教部ハ教義ニ関スル一切ノ事務ヲ統理スルヲ掌ル其事務ノ綱領ヲ掲クル左ノ如シ

第一条　教義並教派ノ事
第二条　教則ノ事
第三条　社寺廃立ノ事
第四条　祠官僧侶ノ等級社寺格式ノ事
第五条　祠官ヲ置キ僧尼ヲ度スル事

とある。事務章程は明治九年一月十五日太政官達第一号[46]で更に詳細にされ、第九条には「教義上ノ論争ヲ判決スル事」とあって社寺の信仰・教義上の問題にまで強く介入することを業務として想定していた。教部省には社寺課・考証課（元編輯課、明治五年十一月に諸陵課・庶務課歌吹掛を合併）・庶務課・往復課があったが、このうち考証課では「皇祖天神の大道を明にし、皇統の紹運神祇の功徳、顕幽の微旨、祭祀の儀範、陵墓の制度、列聖の政謨、経世の要務より、総て天下の風教、人倫の礼法に関り、民を化し、俗を成す、日用の事理に至るまで、古を稽へ、今に求めて天地の公理の基き、大道の要を発揮し天下士民の智識を啓き、生口化育の神恩を感載し、天壌無窮の至尊に奉仕して祭政一致の盛治に帰向せしむる所以の教書を編輯することを目的とし」[47]ており、組織的にも敬神思想普及のための専門部署が設けられていた。しかし明治十年一月十一日太政官布告第四号[48]により教部省そのものが、同十五年には神官教導職の兼補も廃止された。社寺行政を継承した内務省社寺局には「教義上ノ論争ヲ判決スル事」に類する事務や考証課に類する組織はなく、三条の教則も教導職廃止と共に自然消滅しているとの見解を後年神祇院副総裁飯沼一省が述べている[49]。内務省神社局に改組されてからも敬神思想に関する施策は見られず、中川友次郎が「神社に対する正しき観念と云ふものを普及せねばならぬと云ふので、それに付いて神社協会と云ふ会を起したのであります。さうして其の会で成るべく広く雑誌等を配布して、神社の性質を明かにすると云ふことを及ばずながらしたのであります。又各神社は祭神御事歴書（一枚摺）を作り、参拝の人々に渡すことなどを奨めたのであります[50]」と述懐している通り『神社協会雑誌』発行と今日でいうところの「由緒略記」の作成勧奨の他実施されていないというのが実情である。

五　神社制度調査会と神社経済

大正末までに布告第二三四号の求める神社の国家管理体制はほぼ確立されていた。物的設備に関する規定は省令六号で整備された。本令で統一整理された諸則七五件、地方長官に委任された事項一二件と明細帳の新調も伴うものであったため施行上の注意が通達され、数度の改正を経ている[51]。神社局関係者に於いても一応の成果と評価されており、担当した長野幹が「それで丁度此の神社の明細帳なり、其の他祭神、神社名、社格とかさう云ふやうなものに関する事柄は一応相当に纏まつたものが出来たのでありました[52]」と述懐している。また官有地化された社寺境内について大正十年四月八日法律第四十三号「国有財産法[53]」により神社境内を公用財産、官有寺院境内を雑種財産と定められ、曖昧だった法律上の地位が確定した行政上の意義は大きい。任用制度は明治三十五年、祭祀をどのように執行すべきかについても大正三年で整備されており、「国家ノ宗祀」の意味を布告第二三四号の文言通り神社の国家管理と理解するのであれば大正期には終戦まで実用に耐えうる制度が完成していた。また社寺局・神社局は敬神思想普及をその使命と考えてはいなかった。少なくとも国家管理ほど重点を置いていなかったことは、教部省廃止により三条の教則が自然消滅していたと当局に認識されていたことから明らかである。人員的にも考証課だけで二十名定員がいたのに対し、社寺局全体で十数名、神社局も同様に十数名であり（ただしこの人数は嘱託雇員などを除いた人員である）、水野錬太郎の述懐[54]によれば他局との兼務もあったという。ここで神社局が「イデオロギーとしての敬神崇祖観念とは無縁の、純粋に行政的な機関」[55]として「国家ノ宗祀」の実現を神社明細帳と任用令・奉務規則・祭祀諸規則による物的・人的設備の管理で足りると考えるのであれば神社行政の刷新は不要であった。

しかし昭和期に入ると神社行政刷新へと向かっていく。その原動力となったのが神社制度調査会である。これは全国神職会（明治三十一年十一月十五日発足）[56]をはじめとする朝野の要請を受け、昭和四年八月二日内務大臣安達謙蔵の閣議請議により内務大臣の諮問機関として神社制度調査会が設置される。第一回総会は昭和四年十二月十七日に開催され、第二回総会より官国幣社の経済状況といった具体的審議に入る。昭和四年六月末時点で官国幣社が一九三社、昭和三年度の一九三社の収支決算は収入の総額は四二〇万四三二一円で、支出の総額は三七九万三三三七円である。一社当たりの平均支出額一万九六五五円となる。収支の内訳を見ていくと社入金が二四三万七八四三円、国庫供進金七三万円、支出では俸給一〇六万七六九三円が最大で、次が営繕費の五八万五七五九円である。内務省神社局の調査では官国幣社のうち経済的に独立し得るのは僅か三〇社程度で、年間社入金の最小は一二〇円（ちなみに当時米一俵が一〇円四〇銭である）と報告される。こうした状況で国庫供進金に頼る神社も多く、神社局では当該神社の経済状況で供進金の金額を変えている。例えば社入金が多い稲荷神社（現・伏見稲荷大社）への国庫供進金は三八〇円と少額に抑えられている。[57]

次に府県社以下の状況について昭和四年六月末時点で総数一一万一六九九社（うち無格社が約六万社）[58]、過去の統計で最も多いのが明治二十二年時点で総数一九万三二九一社であり、神社整理後の明治四十二年には一四万七四四〇社、大正八年に一一万五一九三社である。全く神職が置かれていない神社が昭和三年十二月末日時点で総数四万二六五三社（内、府県郷社一二九社、村社五三九五社、無格社三万七一二九社）である。[59]官国幣社以下神社の運営は公費ではなく社入に依存していたのであり、多くの神社が維持運営に苦慮していた。この報告をはじめとして調査会では神社運営について厳しい現状報告が相次いだ。

府県社以下の半数を占める無格社について、第八三回特別委員会において当局は教部省達第三七号及び社寺取扱概則により神社明細帳に登録されたものの未だ社格を付与されていない神社であると見解を示した上で、「一坪程度ノ本殿ニ鳥居ヲ備ヘテ居ルヤウナモノハ寧ロ整ツタ方デハナイカト思フノデアリマス」[60]と石の祠や石碑のみの事例もあるという状況を報告した。府県社以下神職の俸給について各府県で俸給令が定められていたが、そもそもが充分な金額ではない上に月額四十円のところ年額九十円しか支給されていないなどの違法状態も横行していた。俸給のみで生計を立てられぬ場合、兼務・兼業とならざるを得ない。兼務については第三回総会で富山県で百何社兼務している事例が報告されている。兼業については大正十二年の調査[61]だと官国幣社宮司を含め兼業総数六五一三名、農業が最大で三九七五名、次いで教職員が一一六三名、市町村吏員が七七〇名であり、其の他質屋業、旅館業、商業、紙屑回収業などもある。調査結果は『神社協会雑誌』に掲載されたが、そこに掲載されていない「遊芸稼ギ人」という例も二三あったと神社制度調査会では報告されている[62]。おそらく編集段階で削除したのであろう。

六　神社整理から見る行政の神社観

調査会の最初の諮問事項として掲げたことが象徴するように神社局の問題意識は神社経済の確立にあった。それは調査会に始まったことでなく、神社整理もまた神社の維持経営に主眼を置いた政策である。明治九年以前の小規模神祠の状況及び何社公認されたかについては史料に乏しいが、法制度の状況から多くの神祠が公認神社化することを望んだものと推測される。まず精神的な面から見るに村中の合意若しくは個人の信仰にて勧請され、氏神として仰がれた神社が「国家ノ宗祀」として「公認」されることは信仰上大きな意味をもつ。次に制度・経済的な恩典も存在した。明治六年三月二十五日第一一四号布告「地所名称区別」、翌年十一月七日太政官布告第一二〇号[64]「改正地所名称区別」[63]により地種、租税が定められるが、それによると、

神宮・官国幣社・府県社・官有郷村社地―地租地方税ともに賦課せず

官有寺院境内地―地租地方税ともに賦課せず

民有郷村社地―地租地方税を賦課する

　↓地租地方税を賦課しない（明治八年七月二日太政官布告第一一四号[65]）

民有無格社地―地租地方税を賦課する

　↓地租は賦課するが、地方税は賦課しない（明治二十一年四月二十五日法律第一号「市制」第九七条、「町村制」第九八条[66]）

民有寺院境内地―地租地方税を賦課する

地租法第二条[67]には非課税対象として「府県社地、郷村社地、護国神社地」とあって無格社を含めないため、公認神社のうち無格社のみ地租を課せられる。しかし民有地として地租地方税共に賦課される私祭神祠と比較すれば、公認神社の方が税制上有利であることは明らかで、公認性や経済上の観点から公認神社化を志向するのは自然の流れであろう。

神社整理とは維持運営の困難な小規模神社の合併整理策である。整理対象が小規模神社であることは「神社局に於て神社の統一整理を要望したのは、それは顧みらざるが如き形無しの御宮、即ち台帳面のみの神社がある、それを整理せよと云ふことであつたのであるが[68]」という中川望の述懐からわかり、その多くは山野路傍の神祠を

公認神社化した無格社であったと思料される。そのため明治九年教部省達第三七、三八号は神社整理の遠因でもあり、近代神道史において重要な意味をもつ。制度としては明治三十九年八月九日勅令第二二〇号[69]により合併跡地の官有境内地が合併後の神社の基本財産に組み込むこと、つまりそれまで甲社に乙社が吸収合併された場合に乙社境内は官有地であるから没収されていたものを合併後の神社の財産とすることを可能とし、更に神饌幣帛料供進の指定条件に神社設備と氏子数などを加えることで合併を促進した[70]。法令上の定めはないものの政府・内務省には神社及びその祭祀に「国家ノ宗祀」に相応しい体裁を整えさせるべく必要な財政措置を講じるべきという考えが存在した。例えば明治十九年「神社改正之件[71]」では「皇大神宮ハ帝室ノ根本国家之宗祀奉祀ノ禮宜ク最鄭重ナル可シ而シテ官国幣社経費営繕ノ如キハ永久保続シ得可ラサルモノナルヲ以テ今ニ於テ処分ノ方法ヲ講セサル可カラス（後略）」と上奏し、翌年官国幣社保存金制度が設けられた。また昭和九年に調査会から「神社ハ国家ノ宗祀」であるから地方公共団体から府県社以下神社に公費を供進するのは妥当と答申し制度化されている。

七　神社の本質問題

官国幣社以下神社の維持経営は厳しいものがあり、当初の諮問事項として「官国幣社以下神社ノ維持経営ヲ確立スル方策」が掲げられるなど、当局は経済的方面から神社の国家護持を図るという問題意識が強かった。しかし審議は水野錬太郎より「其前ニ官国幣社以下ノ神社ニ関シテ政府ハ如何ナル方針ニ出デテ居ルノデアルカ[72]」と切り出され、「国家ノ宗祀」を法律的にどのように解釈するかという方向へ移行する。これは「神社の本質」問題として議論が重ねられるが、法律問題だけではなくその前提として神学的な議論が展開され審議は難航する。

神社の本質とは多岐に亘る事案であるが、法律学上の主眼の第一は神社崇敬と大日本帝国憲法二八条「日本臣民ハ安寧秩序ヲ妨ケス及臣民タルノ義務ニ背カサル限ニ於テ信教ノ自由ヲ有ス」との調和にある。政府・内務省の見解は「神社非宗教」という理論であり、神社局員岡田包義[73]はそれを「神社ハ国家ノ宗祀デアツテ憲法第二十八条ニ依ツテ信教ノ自由ヲ保障セラレタル宗教デハナイ　国民ハ斉シク神社ニ対シテ、崇敬ノ誠ヲ致スベキモノデアル」と概説している。これは法律学上の問題にとどまらず、他宗教より神符守札の授与・祈祷は宗教行為であるから止めるべしという批判が出されるなど実際の行政問題に発展した。他宗教からの批判要旨[74]は、

現在神社は神札、護符の授与或は祈願、祈祷其の他の宗教的行為をなしてゐる。然るに政府は一方に於ては之を認め、他方に於ては神社は宗教に非ずとの建前の下に、神社に対し国費を支出し、神職を官吏として国家之を任免し、祭祀に当つては幣帛供進使を参向せしむる等のことをなし、神社をして他宗教に比し特別の地位に立たしめ、国民に対しては斉しく神社を崇敬すべきものとなす。之れ憲法第二十八条信教自由の条文に照し不可解なることである。
神社は宗教に非ずとの建前を固執せんとするならば、政府は宜しく神社よりその宗教的行為を除去すべし、神社の宗教的行為を其の儘認めむとするならば国家は神社より手を引き一般宗教と同等に之を取扱ふべし。

というもので、神社の存亡に関わる事案である。各神社の神符を調査し審議を進めたが、神社非宗教論を超える見解は示されなかった。法律上の主眼の第二は神社の法人格である。そもそも神社は「営造物法人」であるという考えは市村光恵[75]の説を先駆とし、織田萬、美濃部達吉、水野錬太郎、中川友次郎、清水澄、佐々木惣一らが同様の学説を発表した[76]。神社行政において広く膾炙されていたが、調査会の審議ではこの定義が学説に止まって行政上はその地位と範囲が確立されていなかったことが明らかになる。昭和九年四月十三日の神社制度調査会第四

回総会に於いて府県社以下神社は府県、市町村の営造物かという塚本清治委員の質問があり、水野錬太郎委員長は、

ソレデ個人ノ説カラ言ヘバ私ナンカナリ、清水博士等ハ小学校等ト同様ニ国家ノ営造物デアリ、施設ナリハ地方公共団体デスルノダト云フ私見ヲ有ツテ居ルノデアリマスガ、ソレヲ正式ニ決議シタカト云フト決議シタノデハナイ、ソレハ学者ノ説ニ任セタラ宜カラウト云フヤウナコトデ決メタノデアリマス(77)

と回答している。更に「即チ国家ノ……営造物ト云フ言葉ハ適当デナイト思ヒマスガ(78)」と「営造物法人」という名称に疑義を呈している。

法律の前提となる概念としても充分な定義がなされておらず、「国家ノ宗祀」の範囲について無格社まで含めるか議論もあった。昭和十六年に神社局関係者の談話を作成した際に神祇院調査官梅田義彦が大正二年奉務規則の「国家ノ宗祀」について無格社迄含めるか否かを質問し荻野仲三郎は「奉務規則第一条に判然と明示されてあるから、神社は一切之を国家の宗祀と見らるるのであると思ふ」と内務省訓令を根拠として回答している。是非の二択で回答可能な質問であり、荻野の回答は曖昧な印象を受ける。また昭和五年の調査会において水野は府県社以下神社には「国家ノ宗祀」と定める勅令が存在しないと指摘し制度上は官国幣社までが「国家ノ宗祀」ではないかと疑義を呈している。(79)つまり神社局経験者でも統一された見解が存在しないまま法令に用いられていたのである。

このように神社の本質の審議は神社行政の根幹を定めるものであったが「神社ノ本質問題ヲ中心ニシテ論ズルコトガ極メテ長キ日時ヲ要スルコトヽ考ヘラレマスノデ、一応先ヅ此程度デ神社ノ本質問題ハ打切リ、具体的ノ維持経営ニ直接関係ノアリマス事項ニ付テ調査研究ヲ進メラルヽコトヽナリマシタ(80)」と打ち切りとなって維持経

営策へ審議の重心が移行し神祇院設立に至る。

八　神祇院の発足

神社制度調査会では神社の本質や「国家ノ宗祀」たらしめる神社経済の確立が審議されたことから、国家が神社の物的・人的設備を管理するだけでは「国家ノ宗祀」を制度的に実現したと評価していなかった神社関係者が多かったことがわかる。特に神社の本質問題に対する水野の対応から神社局のなかにもその姿勢に満足していなかった者がいたことがわかる。

神祇院設立は「国家ノ宗祀」の実現をどのように考えてなされたのか。刷新された点として敬神思想の普及を業務として掲げた他に考証調査・指導監督機能の充実がある。昭和十五年十一月十一日官報「神祇院分課規程」[81]からみると神祇院組織は総裁官房（秘書課）、総務局（庶務課・考証課・造営課）、教務局（指導課・祭務課・調査課）に分課した。考証課は明細帳記載事項である御祭神や社格に関する事項を取り扱うに際し由緒・神道史・有職故実の確認を行う部署であり、造営課は官社の修繕事務だけではなく神社の伝統に則した建築、神社に相応しい造園への要請に応える部署で共に専門的知識を要求される。専門性の充実は神祇院により始められたことではなく、大正期より漸次採用されてきた。まず明治神宮御造営に際して考証と造園・建築の専門性の重要性が認知され[82]、考証官・考証官補・技師・技手が採用された。その理由は内務大臣からの閣議請議に「神社行政ノ充実ヲ図ルハ方今ノ時勢ニ鑑ミ最モ喫緊ノ事ニ属ス依テ神社行政ニ関スル各般ノ要務ヲ掌理セシムル為メ書記官及属ヲ、神社ニ関スル考証調査ニ当ラシムル為メ考証官及考証官補ヲ、社殿ノ建築修築及境内ノ整理等ニ関スル事務ニ従事セシムル為メ技師及技手ヲ増置スルノ必要アリ[83]」と説明されている。大正十三年には神社局内に考証課が設置。更に昭和十一年には「神社ノ祭祀、由緒、林苑及神職並ニ氏子崇敬者ノ指導監督等ノ事項ニ関シテハ慎重ナル調査考究ト周密ナル指導監督ノ必要アルヲ以テ増置スルノ要アルニ由ル」として考証官の増員と内務省官制に祭務官設置が、同時に「神職ノ素養ヲ向上セシメ」るため臨時職員として教務官が設置され[84]、昭和十四年には六月三日勅令第四三一号による増員に伴い造営課と指導課が増設されている[85]。この考証・造営の分野は行政に高度な神社神道の特殊性を取り込むものと評価できる。

次に地方神社の実態を当局が把握していない実情を憂慮し、祭務課・調査課や地方祭務官の制度[86]により実態調査や指導監督の機能が強められた。特に地方祭務官には昭和十六年二月二十一日付で髙橋城司・中村春雄・手塚道男・三井孝助・香西大見・宮西惟喬・三浦重義ら七名が任官され[87]、昭和十六年四月十七日、十八日には初の打合会が実施されたが、その打合せ事項には総務局や指導課から出されたものもあり、その任が祭祀に限定されず神社行政全般に亘っていたこと、地方神社の実態を詳細に把握しようとする意図が窺い知れる[88]。神祇院では専門的な学識、経験を有する者をして大いに調査研究せしめると述べており[89]、全国の神社の実態を調査し、神社について深く考究することなくして「国家ノ宗祀」は実現し得ないとの方針が示された。特に考証官設置以前には法律学を専攻してきた内務省官吏が祭式の調査を命じられることもあったことを考えると[90]、専門家を専属で登用できる制度を設けた意義は大きい。

このように神祇院の体制は従来の物的・人的設備の国家管理を確実に充実させている。しかし神社の本質に関する審議を打ち切りとしたままではそれすら砂上の楼閣となってしまう。この点について神祇院では早々に無格社の整理に着手したことが神社の本質問題解決に向けての一手ではなかったかと思われる。大規模な行政刷新を果たした上でどの課題に優先的に取り組むかに官衙の問題意識が示される。無格社について「国家ノ宗祀」、法律的には国家の営造物に含めるか明確な規程もなく、梅田が疑問を呈し荻野も断言し得なかったことは前述の通りである。無格社を「国家ノ宗祀」ではないとする理由として水野はそれを規定する勅令が存在しないことを例に挙げたが、税制上も無格社のみ地租が賦課される状態にあり児玉九一がその著書で問題視している。昭和九年地方公共団体から府県郷村社へ公費供進が可能となったが、その制度の切欠となる神社制度調査会答申に「府県社以下神社ノ維持経営ハ主トシテ氏子及崇敬者ノ報賽ニ俟ツヘキモ神社ハ国家ノ宗祀ナルヲ以テ府県及市町村等ノ地方公共団体ヨリ公費ヲ供進シテ崇敬ノ誠ヲ致スハ当ニ然ヘキ義ナリトス」とありながら実務的に無格社は供進対象にされていなかったのも問題である。(91) 従って無格社問題の解決は神社の本質と無関係ではない。

また法令には明文化されていないが、「神社改正の件」や公費供進から政府・内務省が「国家ノ宗祀」に対し国はその維持運営に対する行政上の責任があると考えていたことは明らかである。もし無格社を「国家ノ宗祀」に含めることを明文化すれば、六万社に及ぶ境内地の地租や公費供進について何等かの対応を迫られる。そのため少なくとも無格社を「国家ノ宗祀」に含めるや否かの議論は財政上の問題と絡んでくるのであり、審査会での水野の指摘や荻野の明瞭ならざる回答はこの点を念頭に置かなければその真意が見えてこない。つまり行政における「国家ノ宗祀」の議論には財政問題が伴うのである。そこで財政優先に考えるならば、先に実態調査と整理を行い必要な予算が確保できるか検討した後に「国家ノ宗祀」の定義と範囲について議論するという手順が想定される。この方針は神職の立場からすれば本末転倒に見えるが、予算を考慮しなければならない行政官としては堅実な手法と評価できる。そうなると神祇院が無格社整理から着手したのは実に官吏らしい非常に慎重な「国家ノ宗祀」実現の一手ではなかったかと思料されるのである。

おわりに

昭和期までに法令上に用いられた「国家ノ宗祀」の意図するものは神社の物的・人的設備の国家管理とその補完としての職掌の明示である。その直接命じるところは大正期までに制度化が果たされたが、「国家ノ宗祀」の実現を神社明細帳と任用令・奉務規則・祭祀諸規則による神社の物的・人的設備の国家管理で足りるとの評価を神社関係者は下さなかった。その不満部分の最たるものが根幹たる神社の本質が不明確であった点である。「国家ノ宗祀」は一貫して神社行政の理念として掲げられたが、神社制度調査会の審議から見て行政官衙に統一した定義が存在しなかったことは明らかである。更に行政の想定する「国家ノ宗祀」には維持経営基盤の確立が含まれ、内務省神社局としてはそちらに重点をおいて業務が推進されており、実際に神社制度調査会の第一の諮問事項として維持経営方法が掲げられている。全ての政策に予算が伴うように、行政における「国家ノ宗祀」の議論には公費支出とその財源確保が伴うという前提で考察する必要がある。

調査会の審議を経て発足した神祇院は単なる神社局の拡張ではなく、考証調査・指導監督の機能が強化され、行政として質的な刷新が図られている。従来の神社行政の行ってきた物的設備・人的設備の管理の面でより高度な神社の特殊性を要求し専門的な研究機関を設けた。神社の本質問題を解決するためにも「慎重ナル調査考究ト周密ナル指導監督」は不可欠であった。神社制度の研究の必要性を述べた内務官僚の一人である塚本清治は「国家ノ宗祀」を評したのち「大学等で法律を学んだ者は小さい所に入り込んでしまつて居るが、あゝいふ達観が必要ですな」と述べた(92)。確かに水野錬太郎の指摘するような勅令での規程が存在しないという理論は些末な問題との感が拭えない（しかし主旨としては府県社以下神職の心情を汲んだ発言ではある）。しかし無格社を含めるや否かについて余りに概念が大まか過ぎては行政上支障が生じるのであり、少なくとも政府・内務省内部の共通見解が形成されていなかったのは問題である。このように理念の共通見解が形成されていない神社行政を研究するに際しては、藤本頼生のように個々人の内務官僚の神社観を考察する意義は大きい(93)。

「国家ノ宗祀」について本稿では法令と行政組織に重点をおき考察を試みたが、法律学上の営造物法人に関する学説の整理や神社経済の問題など課題が多く確認された。これら諸問題については別稿を期したい。本稿では大正期までに明治四年太政官布告第二三四号の趣旨は制度上実現されていたにもかかわらず、昭和期において行政上の公的見解としての「国家ノ宗祀」の定義が確立されていなかった点、行政における「国家ノ宗祀」には財政問題が伴う点、「国家ノ宗祀」実現には専門的な調査考究が不可欠であると考えられていた点を指摘するに留める。

註

(1)阪本健一編『明治以降　神社関係法令史料』(以下『法令史料』と略す)(神社本庁明治維新百年記念事業委員会、昭和四十三年)、二四三—二四四頁。
(2)村上重良『国家神道』(岩波書店、昭和五十年)。
(3)阪本是丸『国家神道形成過程の研究』(岩波書店、平成六年)。
(4)櫻井治男「神祇政策の展開と神祇院」(『悠久』五八号、鶴岡八幡宮、平成六年)。
(5)藤田大誠「国家神道体制成立以降の祭政一致論—神祇特別官衙設置運動をめぐって—」(阪本是丸編『国家神道再考—祭政一致国家の形成と展開—』弘文堂、平成十八年)。
(6)藤本頼生「無格社整理と神祇院—「国家ノ宗祀」と神社概念—」(『國學院雑誌』第一一三巻一一号、平成二十四年)。
(7)武若時一郎『神社法』(良書普及会、昭和十八年)、一二頁。
(8)児玉九一・有光次郎『神社行政　宗教行政』(地方自治叢書第一巻、常盤書房、昭和九年)、四頁。
(9)『法令史料』、二九—三〇頁。

(10)『法令史料』、三〇—三三頁。
(11)内閣官報局『法令全書　明治四年』、内閣官報局、明治二十一年、一九八頁。
(12)『法令史料』、一四二頁。
(13)『法令史料』、一四七頁。
(14)『法令史料』、一六一—一六三頁。
(15)『法令史料』、一九三—一九四頁。
(16)神祇院總務局監輯『最新神社法令要覧』(京文社、昭和十六年)、三二四頁
(17)国立公文書館所蔵「人民私邸内ニ自祭スル神祠仏堂処分」、太政類典・第二編・明治四年~明治十年・第二五二巻・教法三・神社一、[請求番号]本館-2A-009-00・太00475100[件名番号]018[作成部局]太政官[年月日]明治九年十二月十五日
(18)皇典講究所『現行神社法規』(水穂会、明治四十年)、五一五頁。
(19)国立公文書館所蔵、「中西源八皇大神宮衆庶参詣ヲ禁ス」、太政類典・第二編・明治四年~明治十年・第二五九巻・教法一〇・神社八、[請求番号]本館-2A-009-00・太00482100[件名番号]035[作成部局]太政官[年月日]明治九年十一月二十一日。
(20)前掲『神社行政　宗教行政』、二三〇頁。
(21)『法令史料』、四四頁。
(22)大蔵省営繕管財局国有財産課『社寺境内地ニ関スル沿革的法令集』(以下、『法令集』と略す)大正十五年、一三三—一三五頁。
(23)『法令史料』、一一七頁。
(24)『法令史料』、一八七—一九三頁。
(25)井上智勝『近世の神社と朝廷権威』(吉川弘文館、平成十九年)。
(26)宮尾詮・稲村貞文『神社行政法講義』(中川友次郎・塚本清治・荻野仲三郎校閲、集成堂、明治四十四年)、一〇頁。
(27)『法令史料』、四四—四五頁。
(28)『法令史料』、一一一—一一二頁。
(29)『法令史料』、一一七頁。

(30)『法令史料』、一二〇―一二一頁。
(31)『法令史料』、一二八頁。
(32)『法令史料』、一四六頁。
(33)『法令史料』、一五〇―一五一頁。
(34)『法令史料』、一五九―一六〇頁。
(35)『法令史料』、一六一―一六三頁。
(36)『法令史料』、一六三―一六五頁。
(37)『法令史料』、一六五―一六六頁。
(38)岡田包義『神祇制度大要』(大日本法令出版、昭和十一年)、一七九頁。
(39)『法令史料』、一四一―一四二頁。
(40)神社本庁編発行『神社制度調査会議事録①』(近代神社行政史叢書I、平成十一年)、一二四頁。
(41)『法令史料』、一九三―一九四頁。
(42)江見清風『神社者国家之宗祀也』(国晃社、大正四年)。
(43)『法令史料』、一七二―一七七頁。
(44)『法令史料』、一九五―二一一頁。
(45)『法令史料』、四六―四九頁。
(46)『法令史料』、一〇五―一〇六頁。
(47)内務省神社局編「維新以降に於ける神社行政機関の沿革調(二)」(『神社協会雑誌』第二十三年第四号、大正十三年)。本稿では神宮文庫所蔵本『神社協会雑誌』全三七巻(国書刊行会、昭和五十九年―六十年)及び復刻神社協会雑誌編纂委員会編『別巻神社協会雑誌総目次・総索引』(国書刊行会、昭和六十年)を参照した。
(48)『法令史料』、一〇八頁。
(49)神社本庁編発行『神社制度調査会議事録③』(近代神社行政史研究叢書三、平成十三年)、四二五頁。
(50)神祇院教務局編『神社局時代を語る』(神祇院教務局調査課、昭和十七年)。本稿では神祇院・全国神職会編『神社局時代を

語る　全国神職会沿革史要』（近代神社行政史叢書五、神社本庁教学研究所、平成十六年）、前段二四頁。
(51)前掲『最新神社法令要覧』参照。
(52)前掲『神社局時代を語る　全国神職会沿革史要』、前段三〇頁。
(53)『法令類纂』、六七五—六七七頁。
(54)前掲『神社局時代を語る　全国神職会沿革史要』、前段四頁。
(55)前掲『国家神道形成過程の研究』、三五六頁。
(56)全国神職会編『全国神職会沿革史要』（全国神職会、昭和十年）。本稿では前掲『神社局時代を語る　全国神職会沿革史要』を参照した。
(57)前掲『神社制度調査会議事録①』、一〇—一一頁。
(58)前掲「無格社整理と神祇院—「国家ノ宗祀」と神社概念—」及び前掲『神社制度調査会議事録③』、四九三頁。
(59)前掲『神社制度調査会議事録①』、一四—一五頁。
(60)前掲『神社制度調査会議事録③』、四九四頁。
(61)『神社協会雑誌』第二四年第四号、大正十四年。
(62)神社本庁編発行『神社制度調査会議事録②』（近代神社行政史叢書二、平成十二年）、七〇三頁。
(63)『法令集』、一八〇—一八一頁。
(64)『法令集』、一八一—一八四頁。
(65)『法令集』、一八七頁。
(66)『法令史料』、一二九頁。
(67)文部省文化局宗務課監修『明治以後宗教関係法令類纂』（第一法規出版、昭和四十三年）、二四二—二四五頁、昭和六年三月三十一日法律第二十八号。
(68)前掲『神社局時代を語る　全国神職会沿革史要』、前段一六頁。
(69)『法令集』、三四六頁。
(70)土岐昌訓「明治以降に於ける神社整理の問題—神社法令を中心とした其の経過に就いて—」（『神道宗教』第一七号、昭和三

十三年）。森岡清美『近代の集落神社と国家統制―明治末期の神社整理―』（吉川弘文館、昭和六十二年）。
(71)『法令史料』、一二四頁。
(72)前掲『神社制度調査会議事録①』、一四頁。
(73)前掲『神祇制度大要』、二五頁。
(74)前掲『神社制度大要』、二六頁。
(75)市村光恵著・織田萬評『行政法原理』（宝文館、明治三十九年）。
(76)前掲『神社行政法講義』。
(77)前掲『神社制度調査会議事録②』、一五六頁。
(78)前掲『神社制度調査会議事録②』、一五五頁。
(79)前掲『神社制度調査会議事録①』、一二四頁。
(80)前掲『神社制度調査会議事録②』、一五二頁、神社局長石田馨発言。
(81)『法令史料』、二四四―二四五頁。
(82)前掲『神社局時代を語る　全国神職会沿革史要』前段五四頁、吉田茂述懐。
(83)国立公文書館所蔵、「内務省官制○高等官官等俸給令○大正六年勅令第百十五号内務省ニ軍事救護法施行ニ関スル職員臨時増置ノ件中ヲ改正ス」公文類聚・第四三編・大正八年・第三巻・官職一・官制一、［請求番号］本館−2A−011−00・類01300100［件名番号］028［作成部局］内閣［年月日］大正八年。
(84)国立公文書館所蔵、「内務省官制中○内務部内臨時職員設置制中○高等官官等俸給令中○警視庁官制中ヲ改正ス（神社祭祀、由緒等ノ為祭務官、教務官等設置、刑事警察機関ノ充実ノ為職員増置）」公文類聚・第六〇編・昭和十一年・第五巻・官職三・官制三（内務省二）、［請求番号］本館−2A−012−00・類01948100［件名番号］003［作成部局］内閣［年月日］昭和十一年。
(85)『皇国時報』七一三号、昭和十四年七月十一日。
(86)国立公文書館所蔵、「地方官官制中改正ノ件・御署名原本・昭和十六年・勅令第四三号」、御署名原本（昭和二十二年五月二日以前）、［請求番号］分館−KS−000−00・御24520100［作成部局］内閣［年月日］昭和十六年。
(87)国立公文書館所蔵、「高橋城司外六名地方祭務官任官ノ件」、任免裁可書・昭和十六年・任免巻二十二、［請求番号］本館−

2A–021–00・任B 02870100［件名番号］016［作成部局］内閣［年月日］昭和十六年。

(88)『皇国時報』七七八号、昭和十六年五月一日。

(89)『皇国時報』七六二号、昭和十五年十一月二十一日。

(90)前掲『神社局時代を語る　全国神職会沿革史要』、前段三一頁。

(91)前掲『神社制度大要』、三五七頁。

(92)前掲『神社局時代を語る　全国神職会沿革史要』、前段八三頁。

(93)藤本頼生『神道と社会事業の近代史』(弘文堂、平成二十一年)。

埼玉県神職会と氏子崇敬者総代会について

半田竜介

はじめに

本稿では、埼玉県の神職団体である埼玉県神職会を対象に、その組織と活動を検討することを目的とし、特に昭和前期の社会との関わりを検討する為に氏子崇敬者総代会との関係性に注目する。地方神職会についてはこれまで孝本貢、赤澤史朗、福島幸宏、畔上直樹、藤本頼生の各氏が検討を加えている(1)。この中で畔上氏の研究は岡山県神職会の事例を「在地神職社会的活動派」の活動に沿って検討し、地方神職会の動向と全国神職会への影響について論じている。また、藤本氏は地方神職会が刊行していた会報の史料的価値について、全国神職会の機関誌である『全国神職会会報』、『皇国』、『皇国時報』、および神社協会の『神社協会雑誌』の四誌と地方神職会会報とを比較することで、神社局や全国神職会の施策が地方へと降りて行く過程をつぶさに窺うことができると注目し、今後の神道研究の進展、深化の上でも地方神職会会報の研究・分析が必要であると提言している。(2) 畔上氏や藤本氏の研究成果や問題提起を踏まえると、地方神職会が全国神職会に与えた影響と、全国神職会の施策が地方神職会に降りて行く過程とを双方向的に捉えることが今後必要となるだろう。

注目すべき研究が多いものの、地方神職会の研究は近年本格化し始めたものであり、各道府県神職会の調査・分析が必要と思われる。今回は埼玉県神職会の刊行していた『埼玉県神職会報』を資料とし、(3) 構成としては埼玉県神職会の組織を検討する為に、まず前身組織である埼玉県神職取締所との規約の違いを比較検討する。また、神職会の活動の一例として神社由緒調査について取り扱うことで埼玉県神職会の組織と活動を概括し、その上で昭和天皇の御大典を奉祝して昭和三年以降結成された、各神社の氏子の代表である氏子総代と崇敬者を構成員とする氏子崇敬者総代会の組織化と活動の諸相をみることで神職会と社会との関係性の一端を検討したい。氏子崇敬者総代会については、京都府の神職会を対象に考察した福島氏の論考でも注目しているものの、それは結成時の言及に留まっており、福島氏自身、総代会の活動を分析することを課題としている。

なお本稿は、『埼玉県神職会報』を筆者の関心に基づいて抜粋し論じたものであり、埼玉県神職会の組織・活動を包括的に取り扱ってはおらず、全国神職会との関係についても部分的言及に留めている。近代の埼玉県神職会を研究していく上での基礎的作業であり、研究序説であることを予めお断りしておきたい。

一　埼玉県神職会の概要

埼玉県神職会は明治四十四年に結成された。事務所は埼玉県北足立郡大宮町大字高鼻の官幣大社氷川神社境内に置かれ、行政区画に基づき県内九郡に支会が設けられた。神職会の前身が明治二十年十一月に組織された埼玉県神職取締所で、県下の神職の職務を監督し学術を奨励するために埼玉県知事の認可を得て設置された（神職取締規約第一条）。取締所本所は氷川神社、出張所は官幣中社金鑽神社に置かれ、県内二十一の県・郷社に分所を設け（二条）、本所と出張所には正・副長、理事、司計、書記が、各分所には正・副長が置かれていた（三条）。本所・出張所および分所の構成員は、神職としての服務を全うさせるため部内神社を巡回して祭典に参列していた（五条）。また、神職の進退に際しても分所の正・副長の連署が必要となっており（六条）、毎年春秋の二回、正・副長は本所もしくは出張所にて集会を開き部内神職の勤務状況を報告し合い、職務研究に努めている（八条）。各分所では定期的に集会を開き神職に学問を奨励し（九条）、神道の要旨や国体倫理の大要、教育、勧業、衛生など時宜に応じた主題で氏子などに向けた講演を行うことを勧奨している（一〇条）。職務勉励・品行方正にして功績顕著な神職には賞典を与える（一一条）一方、神職として不適格な行為を行う者がいた場合にはその行為を戒め、時には辞職勧告も行った（一二条）。なお、宅神祭、竈神祭、井神祭など各戸で行う祭典は氏子区域の神職が奉仕するものとしつつも、特に崇敬する神社の神職に依頼することは差し支えないこととされていた（一四条）。

取締所は以上の規約を定めて、県内神職の職務を監督し学術を奨励していた。取締所の規約はその後、明治二十四年七月六日に内務省から府県郷村社神官奉務規則（訓令第一二号）が出されると、奉務規則の遵奉を目的に同年十二月一日付で改正[5]し、さらに明治二十七年二月二十八日の府県社以下神社の神職に関する件（勅令第二二号）を受け、同年五月十日付で規約改正している[6]。その結果、第一条に「本規約ハ明治二十四年（七月）内務省訓令第十二号府県郷村社神官奉務規則ニ基キ設定スルモノトス」が加筆される。取締所の正・副長の職務はこれまでと同様に神職の勤怠を董督し、学術徳行を奨励することで神社の隆盛を図ることであった（八条）。また、神職に皇典の講究による徳義心の涵養を勧め、人々の模範たるべきことを定めている（一九条）。

その後、明治三十五年十一月六日付改正規約[7]では、取締所本所は「神社ノ保護保存」、「神職ノ職務及学術品行」、

「祭典其他儀式上」に関することを職務とし（三条）、分所長は「国典及儀式上ニ関スル講学ノ方法」、「部内神社ノ情況」、「神職奉務規則及其他法令服務ノ情態」、「神職本務以外ニ於テ不都合ト認メタル行為ナキヤ否ヤ」、「神職ノ異動」について毎年十二月末日までに本所長に報告することが義務付けられた（一五条）。職員の任用についても改正され、官国幣社の神職に本所及分所の職員を依嘱することが可能となる（八条）。さらに比企郡松山町松山分所が新設された（四条）。また明治四十一年二月五日の規約改正(8)では分所が再編され、県内一〇カ所―北足立、北葛飾、南埼玉、北埼玉、入間、比企、大里、児玉、秩父東部、秩父西部―に分所が設置される（三条）。本所長は職務上必要な事項について分所長宛に通達し、分所長はその通達に従って職務にあたるという仕組みであった。続く明治四十三年十二月六日の規約改正(9)により、「埼玉県神職取締所」は「埼玉県神職会」に改称し、翌四十四年四月一日より新たな規約の下で活動していく。

神職会は「神職ノ奉務ヲ厳粛ナラシメ兼テ学術徳行ヲ奨励スル」ことを目的とし（一条）、県内の神職をもって組織された（二条）。本会の事務所は氷川神社に、支会が県内九郡―北足立郡・入間郡・比企郡・秩父郡・児玉郡・大里郡・北埼玉郡・南埼玉郡・北葛飾郡―に設けられた（三・四条）。神職会には総裁（県知事）と顧問（有識者）が置かれ（五条）、職員として本会に会長・副会長・幹事・録事、支会には支会長・支会副長・幹事・録事が置かれた（六・七条）。第八条に「本会長ニハ本県内務部長ヲ推戴シ同副会長ハ本会議員之ヲ公選シ他職員ハ会長之ヲ嘱託ス。支会長ニハ郡長ヲ推戴シ支会副長ハ支会会員中ヨリ之ヲ公選シ他職員ハ支会長之ヲ嘱託ス」とあるように、本会会長には県内務部長が就任し、副会長は神職の公選によって定められ、他の職員は会長が嘱託する形で決定された。また支会の場合、支会長には郡長が就任し支会副長を支会内神職が公選し、支会長が幹事・録事を嘱託した。ちなみに職員は名誉職で、任期は満四年であったが満期再選も差支えないこととされた（九条）。

会長の職務は、「神社ノ保護保存ヲ図ル事」、「神社ノ由緒及祭典儀式等ヲ調査スル事」、「神職奉務ノ実況ヲ調査シ必要ト認ムル事項ヲ支会ニ告知シ及意見ヲ地方庁ニ開申スル事」、「神職々務上必要ナル学術其他ノ講習会ヲ開設スル事」などであった（一〇条）。一方で支会長の職務は、「本会長ノ告知ヲ支会内ノ会員ニ通示シ之カ実行ノ責ニ任スル事」、「神職ノ勤惰篤志家ノ事績其他神社并神職ノ情況ヲ視察シ本会長ニ報告スル事」、「支会内会員及神社ヨリ会費及寄贈金ヲ収入シ本会ニ送納スル事」などであった。副会長・支会副長は会長・支会長を補佐し、幹事は会務処理に、録事は書記に従事した（一一―一三条、一五―一七条）。神職会は年に二度例会を開催し、緊急の協議事項が生じた場合には臨時会を開催し議事を行っていた（二二条）。功績顕著な神職または篤志家への表彰規程もあり（二六条）、職務怠慢な神職への訓戒や、神職会からの除名処分も実施された（二七条）。

ここまで「埼玉県神職取締規約」と「埼玉県神職会規約」を時系列で確認してきた。取締所と神職会とを比較してみると、県内神職の職務が厳粛に行われるように管理し、学術徳行を奨励することを組織結成の目的としている点で両者は共通している。また、本所（本会）を官幣大社氷川神社内に設け、出張所・分所（支会）を県内各地に設け、分所（支会）内の神社・神職の職務の監督を分所長（支会長）が担当し、部内の状況を本所長（会長）に報告するという体制も共通している。一方で人事の面では差異が見られ、埼玉県神職会では、総裁を地方長官、会長を内務部長、支会長を郡長が務めている（五・八条）。さらに、明治四十四年五月八日の規約改正により、第八条は「本会長ニハ本県内務部長ヲ推戴シ同副会長ハ本会議員之ヲ選挙ス、支会長ニハ郡長ヲ推戴シ同副長ハ一人ハ郡役所第一課長ヲ推薦シ他ノ一人ハ支会々員ノ互選トス、幹事録事ハ会長之ヲ嘱託ス、但会員タルヲ要セス」と改められ、支会副会長定員二人の内一人は郡役所第一課長を推薦することとなる[10]。埼玉県神職会は本会・支会ともに、神職取締所に比べ職員の要職に県や郡の官吏が就任している点が特徴的である。但し、大正十五年七月一日に地方官制改正実施に伴い郡役所が廃止されたため、同月二十一日付で「支会長同副長ハ支会理事ノ互選トス」と改正された[11]。また、埼玉県の組織改編で社寺兵事課が新設の学務部に属することとなり、第八条は「本会長ニハ学務部長ヲ推戴シ同副会長ハ一名ハ神社主務課長ヲ推選シ他ノ一名ハ本会理事ノ互選トス」と改正している。

前述のように埼玉県神職会は総裁、顧問、会長、副会長、幹事で構成され、講習会などを担当する講師も置かれた。総裁は歴代の埼玉県知事が就任し、有識者が推薦される顧問には埼玉県庁の課長、部長クラスの人物が就任していた（県地方課長→県学務部長→県内務部長と移行）。会長には県内務部長が就いていたが、大正十五年七月一日の埼玉県の組織改編以降は学務部長が就任している。会長の補佐役である副会長には、官幣大社氷川神社と官幣中社金鑽神社の歴代宮司が就任していたが、同じく大正十五年の規約改正で副会長二名の内一名は「神社主務課長ヲ推選」することとなり、埼玉県社寺兵事課長が新たにその職に就くこととなる。副会長のもう一名には氷川神社宮司が就き、金鑽神社宮司は理事に就任する。昭和三年に秩父神社が国幣小社に昇格すると、その宮司で社格昇格運動の中心であった薗田稲太郎も理事に就いている。庶務会計を担当する幹事には埼玉県属や氷川神社・金鑽神社の禰宜・主典が就任し、講師にも同様に氷川神社と金鑽神社の禰宜が大半を占めていたため異動に伴いしばしば変動があった。

神職会結成以降の氷川神社宮司は中島博光（任期＝明治四十四年―大正四年）、額賀大直（大正四年―同十年）、足立達（大正十年―昭和三年）で、昭和三年からは有賀忠義が宮司となり終戦を迎える。いずれも氷川神社をはじめ全国各地の官社の宮司を歴任してきた有力な神職であった。とりわけ中島は宮司在任中、埼玉県神職会を発行所に『即位礼及大嘗祭の意義』（埼玉県神職会、大正二年）と『祈年祭及新嘗祭之意義』（埼玉県神職会、大正三年）を刊行し、祭典の意義の周知に努めている。また、額賀や有賀は戦後にはそれぞれ千葉県神社庁・埼玉県神社庁の初代庁長を務め、戦後の社会変動の中で神社護持に尽力した神職としても著名である。

神職会に長期間在籍し活躍した人物としては、金鑽宮守が挙げられる。[12] 文久三年（一八六三）に生れ、明治初年には国学者・渡邊重石丸のもとで古典の修養を積み重ねた人物で、明治二十年に皇典講究所（同学年には高山昇や桑原芳樹がいる）を卒業後は長野県皇典講究分所教授や北海道の函館八幡宮、栃木県の日光二荒山神社への奉職を経て、三十二年に金鑽神社宮司となる。昭和四年に依願退職し宮司を嗣子・俊雄に引き継ぐまで約三十年間に亙って奉仕に勤しんだ人で郷土史にも明るく、出生地の近い塙保己一の顕彰に努め、宮司退職後の昭和十二年には『塙検校遺物集』を刊行するなど郷土の偉人の顕彰にも熱心であった。他に講師として長期間に亙って就任していた人物として、郷社（後に県社に昇格）玉敷神社社司で研究者としての顔も持ち、後に國學院大學学長となる河野省三と、埼玉県属で県内の史蹟調査を担当していた小川元吉（幹事も兼任）の二人が挙げられる。

埼玉県神職会は以上のような組織と人物で構成されていた。次に具体的な活動を見ていくが、その際に資料とするのが機関誌『埼玉県神職会報』である。『埼玉県神職会報』は明治四十五年六月五日に創刊され、創刊当時は隔月一回、五日付で発行（年六号）されていたが次第に時期にずれが生じる。それでも一〇二号（昭和十五年七月）までは定期刊行だったが、時局の悪化のため不定期刊行となり、雑誌名も『埼玉県神職会会報』に変わる。[13] 歴代の編輯兼発行人は氷川神社禰宜・埼玉県神職会幹事兼講師が務め、村田正夫（一号〈明治四十五年六月〉―五号〈大正二年二月五日〉）、齋藤利敬（六号〈大正二年四月〉―一一号〈大正三年二月〉）、東角井楯臣（一二号〈大正三年四月〉―五三号〈大正十四年一月〉）、武智章（五四号〈大正十四年五月〉―六七号〈昭和四年一月〉）、後閑克秀（六八号〈昭和四年五月〉―九〇号〈昭和十年八月〉）、額賀大興（九一号〈昭和十一年一月〉―九六号〈昭和十三年六月〉）、宮川俊直（九七号〈昭和十三年十一月〉―一〇二号〈昭和十五年七月〉、『埼玉県神職会会報』の編輯も担当）という顔ぶれで、総じて氷川神社禰宜の後には各地の官社の宮司に就任している。最も長く編輯を担当していたのは氷川神社の社家出身の東角井楯臣で、他にも香取神社の社家に生れ、戦後には日光東照宮宮司、栃木県神社庁長、神社本庁評議員会議長、神道政治連盟会長など神社界の要職を歴任する額田大興の名前も見られる。

会報は、「本会記事」（埼玉県神職会の活動報告、全国神職会や皇典講究所の人事異動や活動報告）、「支会記事」（神職会支会の活動報告）、「通牒」（神社や神職関係の法令）、「説苑」、「県内神職の異動」、「文苑」、「雑録（雑報）」（県内神社数や神職数、神職の給与状況、神職副業調、神社昇格など）といった内容で構成され、県内神職の情報交換・意識共有の場となっていた。

埼玉県神職会では、会報の他にも冊子・パンフレット類の出版活動や、県内の神社由緒、史蹟名勝天然記念物の調査など地域に根ざした活動を展開していた。次章ではその活動の中でも神社由緒調査について見ていきたい。なお神職会では県費補助を受け神職受験準備講習会を開催し、講習修了者を埼玉県皇典講究分所での学階試験に送り神職資格を取得させ、神職欠員神社の補充に努めていた。講習会は他にも祭式祝詞作文講習会や学術講習会があり、現任神職ないしは将来神職となる者を対象に神職として必要な修養を教授していた(14)。分所と神職会との関係は今後の課題としたい。

二　埼玉県神職会の活動——神社由緒調査——

埼玉県神職会では結成当初の事業として祭神御事歴書の編纂を行っていた。同事業は神職会から調査を嘱託された國學院大學・皇典講究所講師の植木直一郎を中心に進められた。植木を交えての原稿審査会も開催され、中島博光・金鑽宮守の両副会長や河野省三らが出席して原稿を推敲し、精査に精査を重ね、遺漏の生じないように注意を払いながら編纂作業が行われた(15)。その結果、大正元年十一月に『諸社祭神御事歴』（上・下、埼玉県神職会）が刊行されており、県下における諸社の祭神の事歴を、五〇音順に配列して記している。その奥書から、編纂の目的が県下神職の参考に供することと、氏子崇敬者に祭神の事歴を理解させることで敬神の念を増進させることであったことが分かる。編纂の方針としては「簡易に失せず考証に陥らず寛厳其の宜を得む事に勤めたり之本書の編纂に就き特に注意を払ひたる要点なりとす」と注意されていた。また「全国各府県の神職会に於ても近時頻にこの種の書の必要を感じ寄々企画せらるゝと聞けり然も其の発表せられしもの未だ管見に入らず蓋し之が嚆矢の功は本会之を治めたるものなりと謂ひつべし」と、本事業が全国各府県の神職会に先駆けてのものであると、刊行の意義を謳っている。(16)

注目されるのは、神職会北足立郡支会では大正二年三月二十二日の総会で、「神社調査費」を計上した次年度予算を議決し、郡内各神社の由緒調査に着手した点である。(17)同支会では同年十一月に「神社御由緒調査綱目」を作成して支会神職と氏子・総代に配布し、資料の収集を行う。(18)「神社御由緒調査綱目」には二一の項目―神社の所在地、神社名称、祭神、神階勲等、旧社格、社殿、神体、神異神話神助、神領及社人、氏子の区域、旧神職、祭祀行事、神社及祭神に関係ある地名、氏子村落内の習俗、神社及び旧神職家に伝来の宝物古文書、本社と境内及び境外の摂末社との関係、旧神社附属の寺院、現在維持状況、現在に於ける神社恒例の祭日並に神職奉仕の状況現在に於ける神社の主たる祭日及び神職奉仕の状況、合併合祀・移転・境内地移転、雑載―が盛り込まれている。同支会では神社由緒の調査組織として、同年十一月に「埼玉県神職会北足立郡支会神職研究会」を発足する。支会を三部に分け、各部に部長・副部長各一名を部内神職の互選によって決め研究会を定期的に開き、神社の由緒をはじめ社殿の設備、境内の拡張、会計整理など社務全般に関わることを調査・研究している。

神社の由緒調査は一度の研究会で三社以上五社までを限度として、研究会の際に次回の神社を決め該当の神社の神職が由緒調査書を編纂し、その材料を添付の上、該区の主事に送った後、主事がその由緒書を調査して研究会に提出するという流れで行われていた。早くも十一月七日には第二部研究会が官幣大社氷川神社社務所で開かれ、中島博光宮司を部長とすることや、会費、次回の開催地などを協議するとともに北足立郡七郷村村社八幡社・同郡大砂土村村社鷲神社の二社の由緒を検討している。また、十一月十八日には第三部研究会が北足立郡箕田村郷社氷川八幡社社務所で開催されており、部内神社の由緒を調査している。その後も各部は研究会を開催し、神社由緒の調査を進めている。

支会単位で行われていた神社由緒調査は、その後、県神職会の事業となる。大正三年十二月十六日に氷川神社社務所で開かれた神職会副長協議会では、協定事項の一つに「神社調査会ヲ起ス件」があり、調査委員を嘱託の上、規則を設けて各神社を調査し、合わせて社格の当否なども査定することが協議された(19)。その結果、大正四年二月十三日の県神職会例会で「埼玉県神職会神社調査会規定案」を可決し、「神社調査費」が新たに予算に盛り込まれ、神職会の事業として県内神社の調査が行われる(20)。神社調査会には神職会長より嘱託され(21)、委員長=伊藤仁吉(埼玉県地方課長、神職会顧問)、委員=額賀大直(副会長)・金鑽宮守(副会長)・東角井楯臣(講師)の他、各支会副長が委員となっている。神社調査会では主に社格昇格出願神社について、県当局からの諮問に応じる形で由緒調査を行っている。例えば、大正七年九月二十六日に埼玉県知事が県神職会会長宛に左の諮問をしている(22)。

埼玉県知事

埼玉県神職会長殿

管下左記神社より昇格出願有之候に付ては当該神社由緒に関し貴会神社調査委員の考証意見承知致度候に付詳細取調の上答申相成度別冊相添へ及諮問候也追て別冊昇格出願一件書類調査済の上は格別考証書を附し返付相成度申添候

記

入間郡吾妻村大字久米村社　八幡神社

同郡山口村村社　中氷川神社

その後、大正八年一月二十二・二十三の両日に神社調査会委員の額賀大直が両神社の視察調査を行い、その結果を同月二十五日に開かれた神社調査会で報告している。(23)調査の結果を県当局に答申した結果、大正九年九月十七日付で中氷川神社が、大正十年六月二十九日付で八幡神社がそれぞれ郷社に昇格している。(24)また、県神職会は支会に「神社調査規定及同綱目」を配布して調査を依頼しており、比企郡支会では規定及綱目を受け取った後、支会内神職各位に配布し、深甚なる注意を払いつつ迅速に調査を行うことを指示している。(25)

祭神御事歴調査の動きは神社由緒調査に繋がっていると言えよう。由緒調査はその後、土木勧業の発達に伴い、古社名社で考古学資料などが破壊されることが多々発生したことを危惧し、大正十二年より事業を拡張、式内社・古社を中心に調査が行われる。その一例として神社調査会委員である河野省三の調査事例を以下に紹介する。大里郡奈良村に鎮座する奈良神社についての調査で、大里郡支会よりの調査書提出を受けて大正十三年十二月二十五日に実施された。(26)

先般調査神社トシテ指定サレタル大里郡奈良村大字中奈良村社奈良神社ヲ河野委員調査セル大略左ノ如シ当社ハ延喜式ニ武蔵国播羅郡四座（並小）ノ内奈良神社トアルモノニシテ、神名帳考證（度会延経）、神名帳考證土代（伴信友）、新編武蔵風土記稿（巻二二九）、暦朝神異例（巻六橘守部）、神社覈録（鈴鹿連胤）、神祇志（大日本史）等何レモ該社ヲ以テ当村ノ鎮座ニ擬シテ疑ハサルモノナリ。
（中略）
実地ニ就イテ検スルニ、現存ノ社殿境内ハ狭隘ニシテ老樹亦少ク、古社ノ俤ヲ偲ブベカラズ、加フルニ中古以来時代ノ感化特ニ此地方ノ影響ヲ蒙リ、熊野権現ト称シ久シク別当長慶寺ノ管理スル所トナリシヲ以テ、十分ニ式社タル奈良神社トシテノ本質ヲ発揮スル能ハサリキ。従ツテ特殊ナル関係文書等ノ資料ニ乏シキ憾ナキニ非ス、然レドモ当社カ式社ノソレナルベキコトハ、鎮座ノ地名ニヨリテモ、他ニ論社若クハ擬定スヘキ神社ナキ点ヨリシテモ、或ハ又文徳実録伝フル所ノ農事的霊験ヲ示シタル湧泉ノ遺跡トモ思ルヽ沼沢ノ尚弘化二年マデ存在シタル事実ニ由ルモ、殆ト疑無シト知ルベシ（後略）(27)

あくまで一例だが、神社調査は近世の国学者の著した書籍などを参考にしつつ、実際に神社を視察することで行われていたことが分かる。大正期からの継続事業である神社由緒調査の結果、昭和前期にはいくつかの郡で神社誌が刊行される。昭和五年刊行の『大里郡神社誌』（埼玉県神職会大里郡支会編、同会刊）と、同十年の『児玉郡神社一覧』（埼玉県神職会児玉郡支会刊）がその代表例である。なお、これら書籍の編纂作業では柳瀬禎治大里郡支会長、土師眞吾児玉郡支会長が中心となっていた。

三　埼玉県神職会と昭和前期の社会——氏子崇敬者総代会との連携——

埼玉県神職会では神社の由緒を調査することで敬神思想の涵養に努めていたが、氏子崇敬者との関係をより強固なものとするために氏子崇敬者総代会が組織される。

昭和三年五月二十七日、神職会臨時会議での協議の結果、昭和天皇の御大典奉祝の記念事業として郡単位で神社氏子崇敬者総代会を結成することが決定する。足立達（副会長）、金鑽宮守（理事）や各郡市支会長が参加して創立計画を審議し、創立趣意書案と規約案が作成された。総代会は神職会の支部に重なるように組織され、神社護持・神徳宣揚を期した活動を展開していく。例えば、昭和四年三月十日結成の埼玉県入間郡川越市連合神社氏子崇敬者総代会の会長には井上勘兵衛会長（川越市県社氷川神社氏子総代）、副会長には山田年風神職会支会長らが就任している。(28) 発会式での井上会長の以下の挨拶から総代会の立場・役割が看取される。

惟フニ今更申上グル迄モナク我々氏子総代ハ神社ニ対シ正シイ理解ヲ持チ神職ニ対シテハ深イ誠意ヲ持チドコマデモ氏子ノ代表機関デアリ神職ノ諮問機関デアリ神社ノ協賛機関デアルコトヲ自覚シ断ジテ執行機関デナイコトヲ忘レテハナラヌコト丶存ジマス而シテ祭祀ノ執行神徳ノ宣揚神社ノ維持経営ニ勉メ境内地ノ整備等ニ就テハ其方法ヲ確立シ難局ニ際シテハ其ノ第一線ニ立チ泱シテ神職ヲ其ノ渦中ニ入レシメズ専ラ擁護ノ立場ニ立チ神社ト氏子崇敬者トノ関係ヲ円満密接ナラシムルニ努ムルコトガ尤モ必要トスル処ト存ジマスガ此事タルヤ言ヒ易クシテ行ヒ難ク常ニ苦心シテ居リマス次第デアリマス本会創立ノ必要ヲ認メマシタノモ蓋シ茲ニアルコト丶信ジマス幸ニシテ茲ニ本会ガ創立致シマシタ以上之レカラハ会員相互ニ協力一致シテ研究ニ研究ヲ加ヘ神社視察ニ視察ヲ重ネ本会ノ目的トスル神社施設ノ改善ヲ図リ敬神崇祖ノ気風ヲ振興シ祭祀ノ実ヲ挙ゲ以テ此ノ意義アル美シキ麗シキ記念事業ヲ健全ニ永遠ニ立チ栄エシムベク努力致ス考デアリマス

注目されるのは「ドコマデモ氏子ノ代表機関デアリ神職ノ諮問機関デアリ神社ノ協賛機関デアルコトヲ自覚シ断ジテ執行機関デナイコトヲ忘レテハナラヌコト丶存ジマス」とあるように、氏子崇敬者総代会は「協賛機関」であったことである。

これは、神社の存立が「氏子ノ協力ニ俟ツモノ多ク殊ニ最モ多数ナル府県社以下ノ神社ニ在リテハ其ノ維持ハ殆ド専ラ氏子ノ崇敬心ニ倚ルモノナレバ神社ハ氏子トノ間ニ密接ナル利害関係ヲ有」しているからである[29]。但し、「然レドモ多数ノ氏子ガ各自ニ神社ノ事務ニ関与スルコトハ互ニ其ノ煩ニ堪ヘザルヲ以テ氏子ハ其ノ総代ヲ選出シ多数ノ氏子ヲ代表シテ神社事務ノ奉仕ニ当ラシム、之即チ氏子総代ナリ」とされていた[30]。その具体的な職務権限は「神職推薦ニ関スルコト」「社掌ノ定員議定ニ関スルコト」「神社ノ願届等ニ連署スルコト」にあった[31]。さらに「神社事務ノ管掌ハ元来神職ノ職務ニ属シ氏子総代ハ単ニ氏子ヲ代表シテ神社ノ管理繁栄ノ為ニ神職ニ協力スルコトヲ目的トシ（中略）氏子総代ハ濫ニ神職ノ職務ニ干渉スベカラザルモノナリ」とされていたため[32]、氏子総代は、あくまで神社の管理維持に協力はするものの、神社財務の管掌や祭祀の執行などの職務への関与はしないという立場にあった。故に、前記井上の挨拶でも氏子崇敬者総代の立場を明確に示した上で、「神社施設ノ改善ヲ図リ敬神崇祖ノ気風ヲ振興シ祭祀ノ実ヲ挙ゲ」ることが組織の目的とされており、その考えは同日付で定められた「埼玉県入間郡川越市連合神社氏子崇敬者総代会規約」の第一条「本会ハ神社施設ノ改善ヲ図リ崇祖敬神ノ気風ヲ振興シ祭祀ノ実ヲ挙クルヲ以テ目的トス」との文言に明確に表明されている。

また、同規約で事務所が神職会支会内に設置され（四条）、副会長の内一人は神職会支会長が務めている（九条）ことから、神職会との関係性の強い組織である。具体的な事業としては、「祭祀及祭式ニ関スル研究ヲ為ス事」「社殿及附属建物工作物ノ建築ニ関スル研究ヲ為ス事」「神社ノ設備ヲ改善スル為実地見学ヲ行フ事」「神社ノ維持経営ニ必要ナル事項ハ其ノ普及徹底ヲ期スル事」などを定めている（二条）。

氏子崇敬者総代会はその後、随時組織化される[33]。各会では理事会などの会議を開き事業を協議しているが、特に盛んに行われたのが神社視察であった。入間郡川越市連合神社氏子崇敬者総代会の昭和四年九月十二日の理事会では協議の結果、「神社視察ノ件」が可決される。「本件ハ理事（三三名―筆者註）ノ全員ヲ六組ニ分チ一組ニテ一社ノ祭典ニ就キ本年十月ヨリ昭和五年四月ノ間ニ於テ視察スルコト而シテ其神社名祭典日時及視察員ノ氏名ハ左記ノ通リトス。但視察員差支ノ場合ハ同村神社氏子総代タル会員ニ於テ代理スルコトヲ認ムルコト」として、部内神社の祭典を視察し設備の改善点などを調査している。(34) また、昭和五年九月十三日の理事会でも神社視察が実施事業として選定され、神社の祭典に参列し、「社殿ノ装飾及境内建物ノ状況」、「祭具及神饌ノ状況」、「祭員服装及行事作法」、「奏楽ノ状況」、「学校職員生徒、軍人分会、青年団、処女会其外団体員参拝ノ状況」、「境内ノ風致」、「幣帛供進使及随員並警備官ノ状況」、「氏子総代及来賓参列者ノ状況」などを視察している。

各郡市に総代会が組織された後、総代会の連合組織が結成される。昭和六年十一月五日に神職会主催で埼玉県郡市氏子総代会長協議会が開催され、「連合会組織ノ件」を審議し、規約を検討している。(35) 松平外與麿神職会長は席上、昭和六年九月二十八日の北葛飾郡氏子総代会設置によって全郡市に総代会の設立が達成されたことと、九団体で加盟神社数八九五社、会員総数二六七四人に上ることを確認した上で、連合会結成の意図を「郡市氏子総代連合会の組織は勿論総代会事業の統制を図るべき目的に他ならないのでありますが系統的常設機関でなく毎年一回郡市総代団体全部の総会を開催して相互研究協議の機会を得て事業執行方針の連絡統一を図る機関たらしめんとする次第であります」と説明している。

昭和七年四月二十六日に神職会主催による連合会発会式が開催される。(36) 「埼玉県郡市氏子崇敬者総代会連合会規約」の第二条では「本会ハ氏子崇敬者総代ノ職務上必要ナル事項ヲ講究シテ相互ノ気脈ヲ通シ郡市氏子崇敬者総代会ヲ鞏固ニシ神社ノ隆盛斯道ノ発揚ヲ図ルヲ目的トス」と結成の目的を規定している。埼玉県下の各郡市氏子崇敬者総代会を構成単位とする連合会（一条）は、各総代会が年番で事務を担当し（三条）、毎年一回総会を開き、各郡市氏子崇敬者総代会から提出された議案について検討し、実施すべき事業を協議・決定している(37)（次頁表1を参照）。

この内、昭和十一年五月十八日の第六回総会の協議事項の一つに「郡市氏子崇敬者総代会連合会組織改善ノ

郡市氏子崇敬者連合会ノ開催ヲ機トシ主催郡内郷土資料展覧会ヲ開催スルノ件	南埼玉郡
本会ニ於ケル知事訓示及可決議事ヲ収集印刷シ会員ニ配布方ノ件	北葛飾郡
連合会開催ニ関スル負担金制度ニ関スル件	北足立郡浦和川口両市連合
第6回（昭和11年5月18日）	
郡市氏子崇敬者総代会連合会組織改善ノ件	全総代会合同
府県社以下神社氏子ニシテ特ニ有力又ハ功績顕著ト認ムヘキモノノ奏任官待遇者ヲ増員セラレタキ旨主務省ニ請願ノ件	入間郡川越市連合
神社付近ニ俗悪ナル広告建設防止ノ件	秩父郡児玉郡
額殿、絵馬殿建設ニ関スル件	大里郡熊谷市連合・北埼玉郡
神社類似ノ施設ヲ厳重取締方其ノ筋ニ建議スルノ件	北葛飾郡南埼玉郡
第7回（昭和12年10月9日）	
皇紀二千六百年記念事業選定ノ件	入間郡川越市連合
国威宣揚皇軍健勝祈願祭執行ノ件	比企郡
氏子区域内出動軍人遺家族ノ扶助ニ関スル件	北足立郡、浦和・川口両市連合
神社ニ武術競技ヲ奉納シ武道ヲ奨励スルノ件	北埼玉郡
社務出張旅費実費支弁ニ関スル件	北葛飾郡
第8回（昭和13年11月11日）	
祭典ノ神饌ニ付其ノ品目台数ノ一定センコトヲ埼玉県神職会ニ対シ要望スルノ件	入間郡川越市連合
氏子維持社ニ於ケル大祭及中祭ニ奉仕スル助勤者ノ員数ヲ一定センコトヲ埼玉県神職会ニ要望スルノ件	比企郡
神社ヲ中心トスル銃後援護ニ関スル件	児玉郡
敬神行事ノ実践申合セニ関スル件	大里郡熊谷市連合
出征皇軍ニ慰問袋発送ノ件	北埼玉郡
時局ニ対スル宣言発表ノ件	連合会
第9回（昭和14年11月13日）	
県宝指定調査規程制定方ヲ其筋ニ建議ノ件	北足立郡、浦和、川口両市連合・入間郡、川越市連合・比企郡・秩父郡・南埼玉郡
神社ニ名士ノ揮毫作品ヲ収集保存スルノ件	児玉郡
神社賞制定ノ件	大里郡熊谷市連合
氏子総代教養施設ノ改善ニ関スル件	北埼玉郡
一般家庭婦人ノ神社ニ対スル常識教養ニ関スル件	北葛飾郡
時局ニ対スル宣言発表ノ件	連合会
第10回（昭和15年11月4日）	
家庭祭事ニシテ特例アルモノノ調査発表方ヲ連合会ニ要望スルノ件	北足立郡、浦和、川口両市連合
神社ノ森厳化ヲ図ランカ為献木奨励ノ件	入間郡川越市連合
県社以下神社ニ神職及総代ノ退職積立金並ニ退職手当ノ方途ヲ請スルノ件	比企郡
満二十五歳ニ達シタル氏子男子ノ神前元服式執行ノ件	秩父郡
本殿及摂末社ニ祭神ノ名札ヲ掲クル件	大里郡熊谷市連合
神木ノ保護保存上調査指導ノ為メ技術員ノ派遣方ヲ斡旋セラルルヤウ連合会ニ要望スルノ件	北埼玉郡
県ヨリ参向ノ幣帛供進使随員一名ヲ二名ニ増員方連合会ヲ通シテ其ノ筋ニ建議ノ件	南埼玉郡・北葛飾郡合同
時局ニ対スル宣言発表ノ件	連合会

（『埼玉県神職会報』80・82・85・88・90・92・95・98・101号、『埼玉県神職会会報』1号より作成）

表1　氏子崇敬者総代会連合会協議事項一覧

第1回（昭和7年4月26日）	提出総代会
氷川祭御奉納東游拝観ノ件	北埼玉郡
各郡市神社功労者ヲ選抜シ本県知事ヨリ表彰セラルル様申請スルノ件	入間郡川越市連合
各郡市ニ於ケル優良神社調査方ノ件	大里郡
第2回（昭和7年10月16日）	
祭典ノ厳粛ヲ期スルノ件	北足立郡
神社境内ノ風致並社殿ノ神聖保持ニ関スル件	児玉郡
大祓実施普及ノ件	南埼玉郡
神宮大麻頒布普及方ノ件	秩父郡
農村神社初穂組合組織ニ関スル件	大里郡
国旗掲揚ニ関スル件	比企郡
氏子総代会県費補助増額ヲ其筋ニ建議スル件	入間郡川越市連合
氏子総代会会員徽章制定ノ件	北葛飾郡
物故氏子総代慰霊祭執行ニ関スル件	北埼玉郡
第3回（昭和8年10月26日）	
参列者玉串奉奠順位ニ付大体標準ヲ設クルノ件	児玉郡
神前結婚ノ普及ニ関スル件	大里郡熊谷市連合
寿命長久祈願祭執行ニ関スル件	秩父郡
国定ノ祝祭日ニ氏子崇敬者ノ神社参拝ヲ奨励スルノ件	北埼玉郡
毎月一日十五日ニ於ケル神社恒例ノ小祭ニ氏子崇敬者ノ参拝ヲ奨励スルノ件	南埼玉郡
神社大祭参列者ノ服装及作法ヲ統一スルノ件	比企郡
男女青年団員ノ神社奉仕状況調査発表方ノ件	入間郡川越市連合
郡市総代会連合視察員派遣制度設定ノ件	北足立郡川口市連合
神社境内林木ノ補植ニ付各郡市総代会ニ巡回講話会ヲ開催スルノ件	北葛飾郡
第4回（昭和9年10月26日）	
氏子被表彰者奉告祭執行ノ件	入間郡川越市連合
神社関係史蹟調査保存ニ関スル件	同上
神社ノ興隆ヲ図ルノ件	比企郡
氏子総代伊勢神宮参拝ノ件	秩父郡
県下延喜式内社巡拝次第調査発表方ノ件	児玉郡
神域清掃ニ関スル件	大里郡熊谷市連合
神社及地方風教功労者表彰ノ件	北埼玉郡
神饌用新穀蔬菜果実等依嘱栽培ノ件	南埼玉郡
郡市連合視察員選抜報告方ノ件	北葛飾郡
古神事及余興ノ中絶又ハ廃滅セルヲ復興スルノ件	北足立郡浦和川口両市連合
郷土ニ関スル座談会開催ノ件	北足立郡浦和川口両市連合
第5回（昭和10年5月12日）	
神社境内附属建物配列基準設定ニ関スル件	大里郡熊谷市連合
神饌幣帛料供進未指定村社ノ指定具申方ヲ市町村長ニ要望スルノ件	入間郡川越市連合
氏子青年ノ雅楽伝習奨励方ヲ県神職会ニ建議スルノ件	比企郡
神職候補者選抜養成ニ関スル件	児玉郡
神社ニ対シ公費供進金ノ供進徹底方ニ関スル件	秩父郡
氏子崇敬者総代ノ伊勢神宮参拝ニ汽車割引乗車券ヲ交付セラルヽ様其筋ニ請願ノ件	北埼玉郡

件」がある。事務処理の便宜を図り総会開催費の負担軽減の為、常設機関として改め、より一層充実した組織とすることが改善の理由であった。新機構の具体的な立案は各郡市総代会長に一任された為、第六回連合会総会後に郡市神社氏子崇敬者総代会長会議が開催され、審議を経て規約改正を決定する。その結果、事務所が埼玉県学務部社寺兵事課内に置かれ、総裁(県知事)一名、会長(学務部長)一名、副会長二名の他顧問・理事・評議員・講師・幹事が置かれ、神職では会務を処理する理事に有賀忠義・金鑽俊雄・薗田稲太郎が、事務処理担当の幹事に額田大輿が名を連ねている。(38)

昭和十二年一月二十五日に官幣大社氷川神社社務所で開催された氏子崇敬者総代会連合会評議員会で作成された事業計画書には「氏子総代講習会」(神社の祭祀施設維持経営方など総代の任務上必要な教養を教授する講習会を開催)、「国体講演会」(敬神思想の向上と国体観念の普及徹底を図った講演会を開催)、「神社視察」(郡市総代会より選抜された視察員を近隣府県の神社に派遣し、境内の整頓電車の配置など神社の維持経営上参考となるべき事項を調査し会議で報告)と、連合会総会を開催し郡市総代会相互の連絡と事業の統制を図ることが事業となっている。

このように氏子崇敬者総代会連合会で協議した事項は各郡市の氏子崇敬者総代会がそれぞれ実施することとなっており、社殿の整備や神域の保善、社頭における祭典への協力など、各種活動を行って神社の興隆に貢献すると共に、地域と神社を繋ぐ重要な役割を果たそうとしていた。

氏子崇敬者総代会の活動では神職会の活動の協賛も多く、例えば第二回総会(昭和七年十月十六日)で協議された「神宮大麻頒布普及方ノ件」では実施の理由を「神宮崇敬ノ信念ヲ高調シ国民思想ノ統一ヲ図ルハ現下ノ世相ニ鑑ミ最モ緊要ノコトト信ズルカ故ニ郡市総代会ハ本県神職会ノ神宮大麻頒布事業ヲ援助シ各神社氏子ニ頒布ノ趣旨ヲ周知セシメ益々其ノ実績ヲ挙ケンコトヲ期シ国民精神ノ作興ニ努メントスルニアリ」と説明している。(39)神職会による大麻頒布事業は、大正十五年に神宮神部署から各道府県神職団体に事業が委託されたことを契機とする（神宮大麻及暦頒布規程、神宮司庁達第七号）。埼玉県神職会の規約も改正され、会長・支会長の職務の内に「神宮大麻暦ノ頒布ニ関スル事務」が新たに加えられている。[40] また、「埼玉県神職会神宮大麻及暦頒布事務細則」を定め、支会を単位として頒布活動に従事し、支会長が管理していた。[41]

さらに、第四回総会（昭和九年十月二十六日）での協議事項「神社関係史蹟調査保存ニ関スル件」は「神社付近ノ大小史蹟ヲ明確ナラシムルコトハ郷土ノ歴史ヲ明ナラシムルト共ニ神社ノ崇敬ヲ増大ナラシムル所以ナルヲ以テ先人ノ遺業ヲ偲フニ足ルヘキ遺蹟アラハ本会ノ決議ヲ以テ各神社総代協力一致之レカ調査保存ニ努力センコトヲ提唱セル所以ナリトス」と理由を説明している。神職による史蹟の調査・保存活動は、県が組織する調査会に神職が参画する形でも行われており、史蹟名勝天然記念物保存法（文化財保護法の前身）の制定を受け大正十年六月二十七日に「埼玉県史蹟名勝天然記念物調査会」が結成されると、額賀大直・金鑽宮守両官社の宮司と、県社寶登神社（大正十四年に寶登山神社に改称）社司の塩谷俊太郎が委員となり、視察調査を通して保存法の適用対象となるかを協議・決定している。[42] 県が神職に対して史蹟などの調査・保存活動を期待していたことは、大正十一年九月十八日に開催された埼玉県県郷社社司会での横山内務部長による社司への指示事項「史蹟勝地ノ調査保存ニ関スル件」に、「史蹟勝地ヲ調査シ之ヲ保存スルコトハ先人ノ遺業ヲ偲ヒ郷土愛重ノ情趣ヲ敦カラシメ自ラ愛郷愛国ノ念ヲ起サシムル所以ニシテ政府ハ先ニ史蹟名勝天然記念物法ヲ発布シテ専ラ之カ保存ニ努メ県亦調査会ヲ起シテ調査保存ニ意ヲ致シツヽアル此趣旨ニ外ナラス殊ニ古来由緒アル古墳ノ如キハ郷土開拓ノ祖先タル恩人ノ瑩域ニシテ神社トノ縁由浅カラサルモノアルヲ以テ濫リニ発掘スルカ如キコトナク之カ保護保存ニ付一段ノ留意アランコトヲ望ム」[43] とあることからも分かる。神職は地域の史蹟名勝天然記念物の造詣厚い人物として県からも評価されており、昭和三年に埼玉県史の編纂が企画されると、文献・遺物・遺跡の資料収集を目的とする実地調査を足立達・金鑽宮守・塩谷俊太郎が担当している。[44] また神社単位での活動も見られ、金鑽神社では金鑽宮守の嗣子・俊雄のもと昭和初期に西武名勝保勝会が設立される[45]。同会は事務所を金鑽神社社務所に置き、パンフレットやポスター刊行、名所旧蹟案内記刊行、遊覧団体招致などを通じて郷土の名勝旧蹟を宣伝すると共に、保存に努めることで郷土愛を涵養し、地方の繁栄や神社への崇敬心の涵養を図っていた。

また、時局の変化に対応した活動もある。昭和十二年七月に支那事変（北支事変）が起きると、同月三十日に内務省神社局長名で「北支事変ニ関スル件依命通牒」が各道府県地方長官宛に出される[46]。同通牒では、「北支事変勃発以来官国幣社以下神社ニ於テ国威発揚皇軍戦捷ノ為祈願奉賽ヲ為ス者日ヲ逐ウテ多キヲ加ヘ皇国精神ノ愈々更張セラレツツアルハ洵ニ慶賀ニ堪ヘサル次第ニ有之候貴管下官国幣社以下神社ニ於テモ夫々適切ナル方途ヲ講シ遺漏ナキヲ期セラレツツ有之候コトト存候」と現状を踏まえ、「時局ノ重大性ニ鑑ミ今後益々祭祀ヲ厳修スルト共ニ祈願祭ノ執行神符守札ノ授与等ニ当リテハ国民奉賽ノ赤誠ヲ遺憾ナク達成セシメ以テ皇威ノ発揚国運ノ進展ニ努力スル様」に官国幣社以下神社の神職に督励すべきことを通知している。また全国神職会では、「国威宣揚皇軍健勝祈願祭詞」を作成して全国神社に配布している[47]。配布の意図は「氏子国民を指導して事変の真相を正視せしむると同時に、国威の宣揚と皇軍の健勝とを祈願」することにあり、全国神社で一斉に祈願祭を斎行する必要性があることを訴えている。この全国神職会の呼び掛けに各神職会も呼応し、群馬県神職会では「国威宣揚皇軍健勝祈願祭」を、兵庫県神職会では「国威宣揚祈願祭」を県下神社で一斉に斎行しており、群馬では全国神職会が作成・配布した祈願祭詞を全会員に配布し祭典に臨んでいる[48]。神社局長の通知や全国神職会の呼び掛けを受け、埼玉県神職会でも八月二十五日から六日間に亘り郡市支会長会議を開催し、神社の時局対策に関して協議しており、その結果、「氏子崇敬者ヲシテ国難ニ当ルノ覚悟ヲ強調スル[49]」ために九月一日より毎月一回以上「国威宣揚・武運長久祈願祭」を斎行することなど一定の方針を協定した。同年十月九日の第七回氏子崇敬者総代会連合会総会の協議事項の一つ「国威宣揚皇軍健勝祈願祭執行ノ件」では「今次ノ事変ハ其ノ起因スルトコロ極メテ遠ク事態ノ推移予測シ難キモノアリ我等総代ハ時局ノ重大性ニ鑑ミ協力一致神社ノ維持経営ニ努力シ氏子ノ結束ヲ強固ナラシメ毎月一回以上各神社ニ於テ国威宣揚皇軍健勝祈願祭ヲ執行シ益々敬神奉公ノ赤誠ヲ致シ国民銃後ノ任務ニ遺憾ナキヲ期セントス」と議案提出の理由があり[50]、原案通り可決され、神社の維持経営に努力し、氏子の結束を一層強固にするために毎月一回以上「国威宣揚・皇軍健勝祈願祭」を斎行することとなっている。

おわりに

本稿では、埼玉県神職会の組織について規約と人事から確認し、活動の一例として神社由緒調査を取り上げて見てきた。大正期から行われていた神社由緒調査は昭和前期に実を結び、神社誌の刊行がなされている。また、昭和前期の社会との関係性を氏子崇敬者総代会との関係に焦点を当てて見てみると、埼玉県入間郡川越市連合神社氏子崇敬者総代会長の井上勘兵衛の「(氏子総代は―筆者註)ドコマデモ氏子ノ代表機関デアリ神職ノ諮問機関デアリ神社ノ協賛機関デアルコトヲ自覚シ断ジテ執行機関デナイコトヲ忘レテハナラヌコトヽ存ジマス」との言葉にもあったように、氏子崇敬者総代会は神社への「協賛機関」という立場を守りつつ、神社護持・神徳宣揚を期した各種活動を行っていた。その中には県神職会が実施していた活動を協賛するものも多く、支那事変に対応する活動も見られる。変化する時局の中でも一貫して神社に関わり、維持運営の協賛に努め、地域と神社を繋ぐ役割を果たしていたと言えよう。

なお、埼玉県神職会は昭和十六年に全国神職会が大日本神祇会に機構改革したのに伴い、大日本神祇会埼玉県支部となる。敗戦後の昭和二十一年二月三日に民間の神社関係団体であった皇典講究所・大日本神祇会・神宮奉斎会の発展的解消により神社本庁が設立されると、同月五日に大日本神祇会埼玉県支部も解散し、その後、埼玉県神社庁が組織され現在に至っている。[51] 戦前、県神職会講師として一貫して神職の指導に努め、神社調査委員として神社調査にも従事した河野省三は、昭和二十七年に二代目の県神社庁長に就任した後、神社誌の編纂を始め、國學院大學教授の西角井正慶と共に調査項目である「埼玉県神社調査要目」を制定し各神社の神職に調査を依頼している。[52] 神社由緒調査・神社誌刊行といった戦前の活動は戦後にも継承されており、ここに戦前・戦後で連動する神社神職の活動が見て取れるのである。

註

(1)孝本貢「思想困難と神社」（下出積與博士還暦記念会編『日本における国家と宗教』大蔵出版、昭和五十三年）、赤澤史朗『近代日本の思想動員と宗教統制』（校倉書房、昭和六十年）、福島幸宏「近代の神職と神職団体」（『資料館紀要』三四、平成十八年）、畔上直樹『「村の鎮守」と戦前日本―「国家神道」の地域社会史―』（有志舎、平成二十一年）、藤本頼生「地方神職会会報にみられる神宮大麻頒布の諸相」（『明治聖徳記念学会』復刊第四九号、平成二十四年）。

(2)藤本頼生「地方神職会会報からみる近代神道史」（『宗教研究』八七巻別冊、平成二十六年）。

(3)本稿で用いる『埼玉県神職会報』は國學院大學、埼玉県立文書館、埼玉県立浦和図書館（平成二十七年三月に廃止され、所蔵資料は埼玉県立熊谷図書館に移管されている）での所蔵を確認している。

(4)『新編埼玉県史　資料編二五』（ぎょうせい、昭和五十九年）。

(5)『埼玉県行政文書』明八二一―七五、埼玉県立文書館所蔵。

(6)『埼玉県行政文書』明六六四―三一、埼玉県立文書館所蔵。

(7)『埼玉県行政文書』明二三八四―一、埼玉県立文書館所蔵。

(8)『埼玉県行政文書』明二四〇九―四、埼玉県立文書館所蔵。

(9)『埼玉県行政文書』明二四一六―一〇一、埼玉県立文書館所蔵。

(10)この時の規約改正で、副会長と支会副長の定員を一名から二名に改めている（『埼玉県行政文書』明二四二〇―二四、埼玉県立文書館所蔵）。

(11)『埼玉県行政文書』大一七八二—二三、埼玉県立文書館所蔵。
(12)経歴は金鑽宮守『椿乃舎集』(昭和八年)を参照。
(13)『埼玉県神職会会報』一号(昭和十六年三月)。旧埼玉県立浦和図書館所蔵。冒頭の会告には非常時局のため不定期刊行となったものの県内神職の連絡機関雑誌として必要に応じて刊行していく予定にあると説明しているが、現在のところ『埼玉県神職会会報』は第一号のみ現存を確認している。
(14)埼玉県神職会編『埼玉県の神社』(泰文堂、昭和五年。昭和五十九年に国書刊行会が復刊)参照。埼玉県での神職養成事業については志賀桜子「二十世紀初頭における府県社以下神職(二)—任用をめぐる議論と神社経営の実況から—」(『東京大学日本史学研究室紀要』第一五号、平成二十三年)に詳しい。
(15)『埼玉県神職会報』(以下、『会報』と表記)二号(大正元年八月)。
(16)『会報』四号(大正元年十二月)。
(17)『会報』五号(大正二年二月)。
(18)『会報』一〇号(大正二年十二月)。
(19)『会報』一六号(大正四年一月)。
(20)『会報』一七号(大正四年四月)。
(21)『会報』一九号(大正四年九月)、二一号(大正五年一月)。
(22)『会報』三六号(大正七年十二月)。
(23)同右。
(24)『会報』四三号(大正十年一月)、同四五号(大正十年十一月)。
(25)『会報』二二号(大正五年二月)。
(26)『会報』五三号(大正十四年一月)。
(27)『会報』五五号(大正十四年七月)。
(28)『会報』六八号(昭和四年五月)。
(29)足立収『神社制度綱要』(中外印刷、昭和五年)、九九頁。

(30)同右、九九頁。
(31)同右、一〇〇—一〇一頁。
(32)同右、一〇〇頁。
(33)総代会の会長には郡市内でも有力な氏子総代が就任しているが、その中でも昭和六年五月十日結成の大里郡氏子崇敬者総代会の石坂養平会長と同年六月二十八日結成の南埼玉郡神社氏子総代会の大野伊右衛門会長は有力な人物として知られる。特に石坂は大正期に『文章世界』、『新潮』、『中央公論』などで評論・随筆を発表している評論家で、昭和三年から四期に亙り衆議院議員（政友会）に在職した政治家でもある。大正四年に『文学と哲学との間』を自費出版して以降多くの著書があり、昭和九年刊行の『文明の高士』（清和書店）は満州事変勃発、国際連盟脱退など対外関係の悪化が進む昭和八年から九年の間に書かれた論文・随筆集で、「日本国中心、日本人中心に物を考へ、物を処理する事が一番肝要だ。日本を良い国にし、日本を興隆させる一番の本道はこれだ。しかし日本人中心に物を考へたり処理したりすると云ふ事は決して一から十まで欧米人を排斥する事でもなければ罵倒し去る事でもないのである。（中略）勿論欧米の事物を高く評価するは不可であるが、是れを不当に低く評価するのも同様に不可である」（「葉桜の頃」）など、日本主義が喧伝され外国文化・思想の排斥が盛んな社会に対しての批判的言説も見られる。

石坂は戦後も大里郡市連合氏子総代会長を務め、昭和二十七年七月には大野の後任として埼玉県氏子総代連合会長に就任し神社運営に協力する。三十一年、宗教法人法改正の問題点を検討する為に神社本庁内に設置された神社制度調査委員会の委員にも就いているが、同委員には長谷外余男熱田神宮宮司、高階研一橿原神宮宮司などの神職や伊勢神宮奉賛会理事長の宮川宗徳、神社新報論説委員の葦津珍彦が名を連ねており、三十二人の委員中で総代は石坂と大金益次郎（神宮総代、元侍従長）、池田清（靖國神社総代、元神社局長）の三人のみ。石坂が神道・神社への学識豊かな人物として認められていたことが分かる（『神社本庁十五年史』（神社本庁、昭和三十六年）、『神社新報』四九六号（昭和三十一年十月六日）、一一〇八号（昭和四十四年八月二十三日））。神社を支えた総代には当然ながら多様な経歴・思想を持った人物がおり、その思想や言説の検討は今後の課題となる。ちなみに石坂は戦後、神社神道の人間救済の側面を強化し宗教としての発展の必要性を提唱している点に特色がある（「神道談義」『石坂養平著作集　第二巻』関東図書、昭和三十七年）。
(34)『会報』七〇号（昭和五年一月）。

(35)『会報』七八号（昭和六年十二月）。
(36)『会報』八〇号（昭和七年五月）。
(37)協議事項には各郡市氏子崇敬者総代会からの議案提出の理由も記されているが、今回は協議事項を概観することが目的のため表題のみを記載した。
(38)『会報』九四号（昭和十二年六月）。
(39)『会報』八二号（昭和七年十一月）。
(40)註（11）と同様。
(41)『会報』六〇号（大正十五年十月）。
(42)『会報』四五号（大正十年十一月）。
(43)『会報』四七号（大正十一年十一月）。
(44)『会報』六六号（昭和三年九月）。
(45)『会報』八六号（昭和九年三月）。
(46)『神社協会雑誌』第三六年第八号（昭和十二年八月）。
(47)『皇国時報』六四二号（昭和十二年七月二十一日）。
(48)『皇国時報』六四三号（昭和十二年八月一日）。
(49)『会報』九五号（昭和十三年一月）。
(50)同右。
(51)埼玉県神社庁『埼玉県神社庁三十年誌』（昭和五十四年）参照。
(52)同右。西角井は昭和三十三年に氷川神社・香取神社・久伊豆神社の分布図をまとめ祭祀圏の問題を考察している（『古代祭祀と文学』中央公論社、昭和四十一年）が、神社分布についても戦前から調査が行われている。大正二年に氷川神社分布数（西角井正男稿）、久伊豆神社の分布（河野省三稿）がまとめられている（『会報』九号、大正二年十月）。また前掲の『埼玉県の神社』（記述・調査は小川元吉が担当）にも昭和初期時点での県内神社の分布が記録され、延喜式内社をはじめ県内神社分布の特徴を考察している。西角井は前掲論文で小川の業績についても言及しており、研究の参考にしていたと思われる。

なお、埼玉県下全ての神社を網羅した神社誌の刊行は『埼玉の神社』（全三巻。昭和六十一年から平成十年。県神社庁設立四十周年記念事業）を待つこととなる。

戦中期における皇典講究所祭祀審議会の活動

齊藤智朗

はじめに

明治維新の根本理念である祭政一致に基づき、祭政の権を天皇―太政官に統一した、実質的な天皇親祭・親政体制に基づく「近代的祭政一致」の体制が明治初期に確立した。「近代的祭政一致」は、古来の神祇官・太政官並立制の否定を基調とし、ここから神祇官を廃止して、「賢所」、「皇霊（皇霊殿）」及び神祇官が奉祀した八神を天神地祇とあわせた「神殿」の、宮中三殿の原型が整備された。また、これに伴い神社・神職のことは太政官（内閣）下の神社行政担当官衙が担い、祭祀は明治十年以降宮内省の主管となり、宮中・府中の別に基づく神社行政と祭祀行政の分離がなされた。

明治四年五月、全国の神社は「国家ノ宗祀」に位置付けられ、「神社の祭祀主体が国家なること」[1]が定められた。

しかし、神祇特別官衙であった神祇省の廃止に伴い、神社行政が教部省に移管されて以降、神社は仏教寺院と同じ官衙で管轄され、明治十年にはさらに小規模な内務省社寺局の管轄へと変わり、政府の神社・神職に対する待遇も大きく低下していった。それゆえ、神社界でも祭政一致を基本理念として、明治前期より神祇官興復運動が断続的に行われ、議会開設以降は同志の議員と協働して議会の場で展開された(2)。明治三十一年十一月には全国神職会が結成され、当該運動がより活発化されたこともあり、明治三十三年四月に神社・神職は内務省社寺局から特立・新設された内務省神社局の管轄となった。ただし、神社局はその規模が小さく、管掌事項も事務的なものに限定されたため、この後も全国神職会を中心に、大規模かつ広範囲な管掌事項を有する神祇特別官衙の設置を求める運動が展開された。

神社局特立以降の神祇特別官衙設置運動(3)では、祭政一致の確立が引き続き謳われるとともに、その規模・所属や管掌事項に関して、①各省から独立していること、②伊勢神宮をはじめ大部分の神社を管轄する内務省、別格官幣社靖國神社を管轄する陸海軍省、海外神社を管轄する朝鮮・台湾両総督府や樺太庁など、個別に管轄されている神社行政を統一して管掌すること、③祭祀行政を管掌し、かつ神祇官が奉祀した八神を奉斎する祭祀官衙としての機能を有すること、が主眼とされた。しかし、大正・昭和前期を通して、神社界が希求する官衙が設置されることはなく、昭和十五年十一月に神祇院が設立されるも、独立官衙ではなく内務省の外局であり、それゆえ各省を超えた神社行政統一も祭祀の管掌もなされず、八神奉斎に代表される祭祀官衙としての機能も有さなかったのである。

このように、神祇院は神社界の要望に応じた機関ではなく、殊に祭祀官衙の機能を持たなかったことから、神社界では祭祀官衙設置のための調査審議を行う組織が設けられた。それが皇典講究所に設置された祭祀審議会である。同会は昭和十六年八月、祭政一致の具現化のため、祭祀の本義を明らかにすることを目的に発足し、上古以来の祭祀制度沿革の調査や祭祀官衙設置構想の審議を行って「大典府（仮称）設置大綱」を策定し、祭祀官衙設置を小磯国昭総理大臣に進言するなど、昭和戦中期を通じて活動し続けた。

本稿は、こうした神祇院設立後に展開された皇典講究所祭祀審議会における祭祀の調査研究とその活動について、同所を母体に設立された國學院大學に所蔵されている関連資料を中心に取り上げるものである。(4)

一　祭祀審議会の設置

昭和十四年十二月、前総理大臣である平沼騏一郎を中心に「祭祀に関する懇談会（祭祀懇談会）」が発足された。平沼は、同年一月から八月まで総理大臣を務め、在任中に神祇院設立の素地を作るとともに、総理就任前は内務大臣監督下の調査審議機関である神社制度調査会の委員や会長、またこの後の第二次近衛文麿内閣では内務大臣となって神祇院総裁を兼務するなど神社界と接点が多かった。また、個人としても『祭祀と事業』(5)（昭和十三年）や神祇院が発行した『我が国体と祭政一致』（昭和十五年）などにおいて、「三大神勅」（平沼は「天壌無窮の神勅」、「宝鏡奉斎・斎庭稲穂の神勅」、「神籬磐境の神勅」と解釈した）(6)を精神の淵源とする「祭政一致」を説くなど、殊に祭祀を最重要視していた。

第一回祭祀懇談会は、十二月五日に、水野錬太郎（全国神職会長）、有馬良橘（官幣大社明治神宮宮司・海軍大将）、吉田茂（皇典講究所専務理事・貴族院議員）、荒木貞夫（前文部大臣、陸軍大将）、今泉定助（神宮奉斎会長）、清水澄（法学博士）、千秋季隆（貴族院議員）、宮地直一（東京帝国大学教授・文学博士）、三宮千春（全国神職会常務理事）、高山昇（神社局参与）、桑原芳樹（神社局参与）、高階研一（皇典講究所理事）が集って開催された。(7)主宰である平沼は冒頭の挨拶で、現前の時勢において神祇祭祀の精神の発揚は最も重要だが、神祇院は祭祀を伴っておらず、かつ公的な機関での祭祀に関する調査研究では本質的な部分を見過ごす恐れがあるため、私的な集まりとして祭祀懇談会を設立したと説明している。また、同会は元内務省神社局長で当時貴族院議員・皇典講究所専務理事であった吉田茂の肝煎りであるとし、続いて挨拶に立った吉田も、「今日の神社制度調査会は自分が神社局長時代に膳立てしたのであるが、今日稍もすれば枝葉末節の問題のみに終始して遺憾に思つてゐる」と述べて、「祭祀精神」に副う体制の確立と、そのための「祭祀の本義」の究明を説いている。祭祀懇談会では、第二回以降、今泉や石井鹿之助（官幣大社白峯神宮宮司）による研究発表がなされ、さらに皇典講究所・全国神職会と協力して十余回にわたる研究懇談が続けられ、祭祀の本義を明らかにする上での問題点や調査すべき事項がまとめられた。(8)

皇典講究所祭祀審議会は、この祭祀懇談会を前身とし、昭和十六年三月に平沼が皇典講究所副総裁に就任したのを機会に、同所の事業として同年五月より引き継いで開催されたものを、さらに斯界の権威を集めて本格的な調査審議を行う組織として設置された。皇典講究所は明治十五年の創立以来、旧儀典礼を含めた古典研究を行い、昭和前期にも十二年六月に所内に礼典課を設置して、同年九月に全国神職会との協同により神式の国礼に則った『葬場祭並慰霊祭次第』を公表した。昭和十五年に同課を拡充してからは、神社祭式行事作法改正案の作成（昭和十七年に神社祭式行事作法改正が告示され、これに伴い改正神社祭式講習会を開催）や、家庭祭祀の普及のための講習会の開催及び「家庭祭祀ノ行事作法」の頒与を行うなど、皇典講究所は祭祀関連制度の整備・拡充や普及に一貫して従事した、祭祀に関する調査研究機関の最高峰であった。

祭祀審議会設置までの経緯は、まず昭和十六年七月三日に吉田茂、宮地直一、平木弘（内閣恩給局長）、住田平彦、葦津正之（皇典講究所庶務課長）の五名が集まり、「祭祀審議会ニ関スル準備打合」が開かれ、祭祀懇談会でまとめられた調査事項の修正や、祭祀審議会において祭祀の本義に関する重要事項を審議する「審議員」と祭祀各般の事項を調査研究する「調査委員」の人選についての確認などがなされた。同月三十日には、吉田、宮地、葦津と今泉定助の四名による「祭祀審議会ニ関スル打合会」が開催され、「祭祀審議会要綱案」が策定された。これにより八月八日に第一回調査委員会、十三日に第一回審議員会が各々開催された。発足当初の審議員ならびに調査委員は次の通りであり、祭祀懇談会時の会員が基礎となっている一方、軍部高官や内務官僚のほか、神道学者、憲法学者などの人員を増加したものとなっている。

審議員(9)

平沼騏一郎〔審議員長〕、水野錬太郎、有馬良橘、佐佐木行忠、林銑十郎、荒木貞夫、清水澄、小磯国昭、山本英輔、柳川平助、安井英二、飯沼一省、高山昇、桑原芳樹、今泉定助、池田清、吉田茂

調査委員

吉田茂〔調査委員会主幹〕、宮地直一、佐伯有義、河野省三、植木直一郎、大串兎代夫、平木弘、石井鹿之助、星野輝興、秋岡保治、三宮千春、阪本広太郎、高階研一

また、神祇院からも石井政一（総務局長）、宮村才一郎（教務局長）、伊藤謹二（指導課長）、葛西嘉資（調査課長）が参加したほか、前述の「祭祀審議会ニ関スル準備打合」に参加した住田が昭和十六年十月より調査委員となっている。

ここにおいて祭祀審議会が正式に発足し、その要綱には、皇典講究所創立の使命に鑑み、「祭祀の本義」を明らかにし、祭政一致を政治・社会に具現する方途を調査審議することが主旨であると謳われている。また、これに基づく「調査研究要目」として、「一、古来ノ祭祀制度ノ沿革大要（神宮並宮中祭祀ノ由来、八神ノ由来、神祇制度

沿革、白川・吉田両家ノ職掌)」、「二、明治維新後ニ於ケル祭祀制度沿革大要（宮中ト府中トノ祭祀並事務分掌、明治初年ノ神祇官制度ノ検討、神社制度ト宗教制度)」、「三、現行法制ト祭祀（帝国憲法ト祭祀、祭祀大権、祭祀ト神社行政)」、「四、新設セラルヘキ祭祀奉行官衙（仮称神祇府）（所属及機構、権限及職掌、他官衙トノ関係)」、「五、其ノ他必要ト認メラル丶事項」が挙げられ、殊に前身の祭祀懇談会では明示されなかった「新設セラルヘキ祭祀奉行官衙」の調査研究という、祭祀官衙設置に向けた活動を行っていくことが明確にあらわされている。

二　調査委員会での議論

祭祀審議会調査委員会は、昭和十六年中は毎月二回開催された。同委員会には出席可能な審議員も毎回若干名参加し、右の要目に則って、祭祀制度の沿革に関する調査研究が主に進められた。具体的には、「神宮並に宮中祭祀の由来」、「神祇官の由来」の二章からなる「古来の祭祀制度の沿革大要」と題した調査資料がまず作成され、その文面や内容に関する検討がなされた。第一回調査委員会の冒頭、吉田は挨拶の中で「当会デハ委員各位ノ間ニ多少ノ意見ノ相違ノアル事ハ、当然ノコト丶思フガ、一歩一歩研究ヲ進メテ行キ度イト思ツテキル」と述べているが、実際には「多少ノ意見ノ相違」どころか、各委員間に神学や古典解釈に隔たりがあり、調査委員会では毎回のごとく激しい議論が交わされた。

殊に神祇官興復・神祇特別官衙設置に伴う八神奉斎は、議会開設期となる明治二十年代より提唱されてきた[10]一方、その賛否をめぐり神社界内部で意見が分かれていた。八神奉斎は、神祇官が奉祀した八神を、神祇特別官衙でも「臣下」として天皇守護のため奉斎すべきとして主張されたもので、その根拠・由来は『日本書紀』一書における天孫降臨に際しての高皇産霊尊による「神籬磐境の神勅」や、『古語拾遺』での「天祖天照大神・高皇産霊尊」二神による同趣旨の神勅とともに、神武天皇条における「皇天二祖」の詔に従い、「神籬」をたてて八神を奉斎した記述にあるとされた。こうした八神奉斎論は、天皇親祭を根拠に神祇官存立を否定する「近代的祭政一致」における神祇官不要論に対して、神祇官を「臣下」による祭祀官衙として天皇親祭と対置・並立させることで、当該官衙の設置を正当化する理論であったが、八神が宮中三殿の神殿において奉祀されている以上、八神奉斎を当該官衙の問題と結び付けることには批判もあり、大正・昭和前期の神祇特別官衙案には掲げられてこなかった。それゆえ八神奉斎をめぐっては、調査委員会でもしばしば議論となり、かねてから八神奉斎論に疑義を呈していた河野省三[11]は、「古語拾遺ノ文ヲ今一度検討スベキダ、神籬磐境ノ神勅ト八神トノ関係ニツイテ克クワカツテヰルノカ」と、神籬磐境の神勅と八神奉斎の関係を根本的に見直すべきことを主張し、「神籬磐境ト八神ノ問題ハ別ニシテヤツタラドウカ」と提案している。また、星野輝興も「私ハ神籬磐境ノ神勅トハ申上ゲヌ、臣下ニ賜ツタ神勅デアルカラ、神籬ノ神勅デヨイ」とした上で、「ソノ奉斎スベキ神ヲ八神ニ限ルノハドウユウワケカ、延喜式ノ三千余社ノ神々ヲドウ解釈スルカ、御神勅ノ真義ヲ明ラカニシテ欲シイ」と主張し、さらには「八神ハ神武天皇ノ時代ノ奉斎神ト見ルベキダ、コレガ延喜式ノ時代三千余社トナル、現在ノ十一万トナツテヰル」と自らの八神論を展開している。宮内省掌典職掌典であった星野は、後に調査委員会において、「神殿ハ掌典即チ我々神祇官カラ来タモノノ手デ奉仕スル。〔…中略…〕神祇官ノ祭祀ハ現在宮中デヤツテヰルノデ、決シテ無クナツテハオラヌ。神籬ノ神勅ハ現在尚生キテヰルノデ死ンデオラヌ」と述べるなど、掌典が神祇官に由来するとの自負があり、八神奉斎に代表される神祇官祭祀をめぐる議論では妥協しない姿勢を貫いている。

また、新嘗祭を取り上げた回では、神祇官の関与がどこまであったのかが議論され、そこで宮地直一は、「新嘗祭ノ如キ重要ナル祭祀ニ、神祇官ノ関係ガ薄イトスレバ、宮中ノ祭典ト国家トノ関係ハドウナルノカ。国家ノ祭典ニ神祇官ガ関係セヌトスレバ、如何ニコレヲ説クカ」とした上で、「将来仮リニ神祇府トイフヤウナモノガ設ケラレタ場合、神祇府ノ与ル祭ヲ如何ナルモノトスルカ。サウイフ点デ令制ニ於ケル神祇官ノ本質範囲ヲ篤ト究明セネバナラヌ」と主張している。古代の祭祀制度をめぐる調査委員会での議論を総合すると、右の宮地の発言に示されるように、神祇官祭祀の性質・範囲を明らかにすること、これは同時に祭祀官衙が管掌すべき祭祀の性質や範囲を明らかにすることを意味したが、こうした議論は、天皇の祭祀との間の性質や範囲の違いをめぐる問題につながることになり、さらには天皇の祭祀の根本にある「宝鏡奉斎・斎庭稲穂の神勅」と、神祇官祭祀の根本とされる「神籬磐境の神勅」との関係をいかに捉えるかという、「三大神勅」の意味や関係性にまで踏み込むものとなった。

「古来の祭祀制度の沿革大要」に対する検討が進められた一方、「明治維新以後に於ける祭祀制度沿革大要」の調査資料も作成されて、第五回調査委員会の途中から検討が開始された。当該資料は、明治初期における「神祇官制度」、明治五年の神祇省廃止に伴う式部寮の設置と祭祀関連制度の整備について主にまとめた「式部寮及び祭祀制度」、同様に教部省設置から廃止までを中心とした「教部省設置以後に於ける事務分掌」の三章からなり、加えて明治神祇官以後、当時までの「祭事祀典」・「神社行政」・「宗教行政」を管掌する官衙の沿革をまとめた表が添付されている。明治維新後の祭祀制度をめぐっては、引き続き八神の本質をめぐる問題から、明治以前の皇霊祭祀のことや、神道と仏教・キリスト教との信仰上の関係など、多岐にわたる議論がなされたが、一方で神社・祭祀管轄官衙の変遷を振り返ることにより、「二本立」と化している宮中祭祀と国家祭祀を「一本立」にすべきこと、また「宮中ニ祭祀府ヲ置キ宮中府〔中〕ニ分レルコトナキヤウ取扱ハネバナラヌ」といった祭祀官衙の設置の必要が改めて説かれて、調査委員会における祭祀制度沿革に関する調査検討を終了している。

このような昭和十六年中の調査委員会での検討は、結局は八神の本質に対して統一した見解を提示するには至らないままで、各委員間の神学的理解にも隔たりがあったために議論が噛み合わず、まとまった検証がなされたとはとても言い難いものとなっている。しかし、祭祀を追究していく中で、従来議論となっていた祭祀をめぐる事案が取り上げられるのは当然であり、また祭祀の本義を明らかにしようとするならば、祭祀で奉斎される神（祭神）の神格もまた明らかにしなければならず、それゆえ神学的な議論へと発展したことはむしろ必然であったと言えよう。また、祭祀制度について古代から明治維新後当時までの沿革を調査研究し、これに基づいた検討を行ったことで、改めて明治以後の神祇行政への反省が促されるとともに、現行の祭祀制度が有する問題点が浮き彫りとなり、ここから祭政一致に基づき、かつ神祇省廃止に伴う教部省・式部寮の設置に始まる神社行政と祭祀行政の分離を超えた、新たな祭祀官衙案が構想されることになるのである。

三　祭祀官衙案の策定

昭和十七年一月二十三日、審議員会が開催された。平沼審議員長による簡単な挨拶の後、吉田より今後設置すべき祭祀官衙（仮称「神祇府」）の所属や管掌事項をいかにするかといった基本かつ重要な事案に関する審議がここから始まるとの説明がなされた。また、審議員である飯沼一省（神祇院副総裁）からは、①内務省神祇院における神社行政と宮内省での祭祀事務という両省での取り扱いについて考え直してほしいこと、②海外神社が外務省・拓務省との関係が深く、神祇院と制度上関係ないことは、現今の状勢からも望ましくないこと、③神祇特別官衙設置運動が結局のところ実を結ばないのは、国民の間にこれに応じる機運が盛り上がっていないことにあり、そのため地方の祭祀に関する関心を深めなければならないことの三点の要望が出され、この後の議論も以上の諸点に基づいて展開された。殊に平沼は、宮内省と内閣に分けられている「祭祀輔〔弼〕」の実を挙げる神祇特別官衙の設置が必要で、たとえ当該官衙が設置されても「除ケ物」、「別物」となっては祭政一致が崩れるため、総理大臣が当該官衙の長官を兼任するのも一つの方法であると述べた。これに対し吉田も、根本的には祭祀の本義を明らかにして、明治神祇官の二の舞にならないよう慎重を期したいとして、この結果、幹事のもとで祭祀官衙案が作成されることとなり、翌二月から吉田を中心に幹事による打合会（幹事打合会）[12]が毎月一度開かれて、新設すべき祭祀官衙案が考案・検討されていった。

これにより、同年三月三日に開催された第八回調査委員会では、「八神ノ典拠及諸説」[13]や「明治以来神祇官資料」を参考資料に、「神祇府（仮称）設置大綱案」が議案とされ、そこでは「第一問　神祇府ノ所属如何」、「第二問　神祇府ノ所属ニ伴フ職務権限如何」、「第三問　神祇府ト行政官庁、帝国議会、裁判所等トノ関係並ニ地位如何」の三つの問いが提起された。当該委員会では、昭和十六年時と同様、途中から八神の本質や天御中主神など造化三神の相互関係をめぐる神学的な議論になったものの[14]、主題としては「第一問　神祇府ノ所属如何」における①「宮中ニ設置シ天皇ノ直隷トスル案」（宮中設置案）、②「府中ニ設置シ内閣総理大臣ノ管理トスル案」（府中設置案）、③「宮中府中ニ設置スル案」（宮中府中設置案）をめぐって意見が出され、まず皇室祭祀と国家祭祀を一元化するためにも、③宮中府中設置案はすぐに否定されたが、①宮中設置案と②府中設置案をめぐっては議論が紛糾した。

神社局特立以降の神祇特別官衙設置運動では、宮中か府中（内閣）かの二つの設置案があり[15]、宮中設置案は主に祭祀事務が宮内省掌典職の管掌である上、天皇の「祭祀大権」[16]に関わることもあり、祭祀全般を掌る上で宮中に設置すべきとするもの（八神奉斎を管掌事項とした場合は、八神を奉祀する宮中三殿の祭祀に直接関与することになる）であった。一方の府中設置案は、明治初期の「近代的祭政一致」の成立過程において、神祇官僚を担った国学者らが構想した、太政官と神祇官を統一して「太政大臣が「祭祀大権」を輔弼する」[17]体制に通ずる案で、こうした太政大臣による神祇伯兼任の体制は、実際にはごく短期間であったが、「政」の長が「祭」の長を兼ねることで「祭政」の長となることにより、祭政一致を実質的に具現化することを目的としたものであった。これら両案は、いずれも祭政一致の理念に基づくとされた点は変わりないが、宮中設置案が描く祭政一致体制は、結局のところ古代の神祇官・太政官の並立制と同型の、神祇特別官衙と内閣の並立制が想起されるものであり、こうした並立制は「近代的祭政一致」成立においては、むしろ「祭政二途」であるとして否定された体制であった。一方の府中設置案も、宮中・府中の別に基づいて、宮中祭祀を管掌することが叶わないことになるため、宮中・府中の二案をめぐっては、神社界内部で意見の統一がなされず、神祇特別官衙の所属も各案で区々であった。

それゆえ祭祀審議会でもこれら二案をめぐって意見が分かれ、①宮中設置案を支持する者は、即位礼・大嘗祭の「大礼」に際して内閣総理大臣の管理のもと宮中に置かれる「大礼使」[18]が参考になるとし、府中設置案に対しては、祭祀は天皇のみが行うものであり、摂政であっても「摂祭」はしておらず、それゆえ摂政ができない祭祀を総理大臣が行うのはおかしいことや、総理大臣の交代に伴って祭祀も左右される事態が生じる恐れがあることなどを挙げて批判した。これに対し、②府中設置案を提唱する者は、内閣は天皇直隷であるため、内閣に設置しても祭祀の本質に反するものではなく、かつ祭政一致を具現化するためには内閣に置くほうが至当であり、また祭祀を政変の影響外とする方法はいくらでもあると反論した。結局結論は出ずにこの時の委員会は終了したが、同月二十三日の第九回調査委員会には、幹事のもとで最初に作成された祭祀官衙案（起草者は平木）である「祭政庁（仮称）設置要綱試案」が提出され[19]、そこでは「惟神ノ大道乃チ祭政一致ノ道ヲ愈々闡明ニシ之ヲ内外諸般ノ施策ニ浸透徹底セシムル為メ其ノ中枢機関」としての祭政庁を「内閣総理大臣ノ管理ニ属スル外局」として設置するとともに、その職掌には「宮中三殿」に関する事項が含まれ、宮中祭祀・神宮祭祀・神社祭祀の統一という、神社行政統一を超えた、祭祀全般を含めた神祇行政統一（ただし、祭政庁案には靖國神社と海外神社に関する管掌事項は含まれていない）も掲げられた。ただし、祭政庁案は神祇行政のみならず、官吏の人事や重要国策の立案、社会教化とその調査研究など、広範囲な管掌事項となっており、実現にはあまりにも多くの困難が予想されるものであった。[20]この後、四月から七月上旬にかけて幹事打合会が四度、調査委員会が五月と六月の二度（第十回・第十一回）開催されており、この間に祭祀官衙の管掌事項については、祭祀と典儀・栄典に限定すべきとの方向に修正され、さらにここから祭祀官衙は内閣所属ではなく宮中に設置すべきとの構想に転換された。

つまり、祭政庁案を廃棄し、新たな祭祀官衙案として「大典府」設置の構想が立てられ、七月十八日開催の審議員会において、「大典府（仮称）設置大綱」が策定された。大典府は、祭政一致を実質的に具現化する「祭祀ニ関スル最高ノ官衙」として、「天皇ニ直隷シテ宮中（宮内省ニ非ズ）ニ設置」されるべきものであり、組織は祭祀庁（神祇局・陵墓局）、典儀庁（儀式局・音楽局）、栄典庁（爵位局・賞勳局）の三つの庁から構成され、祭祀のほか「典儀栄典」を管掌するものと構想されている。また、祭祀庁内の神祇局の管掌事項には、「宮中三殿」や「靖國神社」、「外地奉斎ノ神社」に関することも含まれており、真の神祇行政統一が図られている。[21]また、職員も「皇族ヲ以テ之ニ任ス」とする「総裁」と、親任の「副総裁」をはじめとする大所帯であり、加えて大典府における最高諮問機関として、「内閣総理大臣、枢密院議長、宮内大臣、内大臣、国務大臣、枢密院副議長、枢密顧問官及ビ其ノ他ノ学識経験アル者」により組織される「大典審議会」を置くと定められている。このように、宮中設置案と府中設置案をめぐって、大典府案では天皇直隷による祭祀機能を有した宮中設置案が採用されたが、一方で総理大臣をはじめ各省大臣などを含めた「大典審議会」を組織するという、昭和三年に全国神職会において構想された「神祇会議」[22]案に通ずる面も見受けられる。こうして大典府案を議了した祭祀審議会は新たな段階に入り、同年九月に調査委員会を解散し、この後は幹事打合会が祭祀に関する調査研究を行って大典府案の細目を補足していくとともに、祭祀審議会の実務運営を進めていくこととなった。

四　「祭祀の本義」の作成

大典府案が策定された後、吉田茂、藤巻正之、宮地直一、阪本広太郎、平木弘、住田平彦の六名にほぼ固定された幹事打合会では、祭祀の本質についての調査研究が着手された。この結果まとめられた「祭祀の本義」と題する資料は、「賢所祭祀」、「皇霊殿・神殿の祭祀、八神」、「大嘗祭」、「神宮祭祀」、「神祇官の祭祀・官国幣社以下神社の祭祀」、「総括」の全六章からなる、宮中祭祀、神宮祭祀と「神祇官の祭祀に於ける意義の漸く一般諸社に拡充せられたるもの」とする官国幣社以下神社祭祀の各々の祭祀について、由来や概要を説明した上でその意義を説いたものとなっている。これらは章ごとに順に作成され、数種の草稿が残されているが、これらの中では最終稿と思われる草稿の「総括」では、天皇親祭による宮中祭祀・神宮祭祀が「宝鏡奉斎・斎庭稲穂の神勅」に基づくことと、神祇官・官国幣社以下神社祭祀が「神籬磐境の神勅」に基づくことを述べた上で、これら「皇国の祭祀」はすべて「神勅に垂示」されたものであり、「天皇即ち国家」を「皇国本来の体制」として、ここから宮中祭祀・神宮祭祀・神社祭祀を「等しく総べて天皇祭祀に帰一」するものと位置付け、祭祀は「宮中府中の別無きもの」であると結論付けている。この「祭祀の本義」は、昭和十七年十二月二十六日の審議員会の議案とされ、続いて翌十八年一月十五日にも審議員会が開催されて、いずれも詳しい審議内容は不明だが、同月三十日に開かれた幹事打合会において、「一、神籬磐境の神勅に関する説」、「二、皇天二祖に関する説」、「三、斎鏡奉斎の神勅と神籬磐境の神勅との関係」の三つの項目にわたり協議されていることから、「祭祀の本義」に書かれた内容に対して若干の疑義が呈せられたものと考えられる。

この幹事打合会で協議された三項目は、これまで八神奉斎をめぐって議論されてきた問題を取り上げたもので、

「一、神籬磐境の神勅に関する説」では、「『古語拾遺』に謂ふ皇天二祖の詔に従ひて神籬を樹て、以て神祇を奉斎せられしことは、『日本書紀一書』に曰へる神籬磐境の神勅に基づけるもの」とする、主に八神奉斎論者が唱える従来の説に対して、「神籬磐境の神勅は、天社・国社として奉斎する一般神社の場合を垂示し給へるものにして、延喜式祝詞に見ゆる神漏伎命・神漏彌命以て斎き奉りし所以に外ならず、之に反し神武天皇が橿原に於て神籬を樹て、以て奉斎し給へるは、天神地祇の一部としての八神、即ち鎮魂祭に於ける特定の祭神なりと説くべきなり」と、神籬磐境の神勅の内容は八神奉斎と直接は結び付かないものとしており、これに基づいて「二、皇天二祖に関する説」では、「『古語拾遺』に云へる皇天二祖、『日本書紀一書』に云へる神籬磐境の神勅を下し賜へるときの高皇産霊尊、或いは又『延喜式祝詞』に見ゆる神漏伎命・神漏彌命等は、総じて高天原に於ける皇祖の神即ち天御祖神或は天神とも解すべきなり」と、多様に捉えられる「皇天二祖」、「神漏伎命・神漏彌命等」について包括的な解釈を下している。そして、「三、斎鏡奉斎の神勅と神籬磐境の神勅との関係」では、「斎鏡奉斎の神勅」は祭祀の「道義的要素」を、「神籬磐境の神勅」は祭祀の「宗教的要素」を各々基調としており、それゆえ両神勅は祭祀の道義的・宗教的要素を補完するとともに、両神勅に基づいた宮中・神宮・神社のすべての祭祀が国家的大典であることを明示するものであるという、つまり両神勅を一体のものとすることで、各神勅を淵源とする宮中祭祀・神宮祭祀と神社祭祀もまた一体であるとの説明がなされている。以上三つの項目における説明は、無論、祭祀審議会幹事らの考えを示したもので、神社界の代表的な意見をあらわしたものではなく、また内容にも曖昧な点があるが、これまで議論されてきた主要な課題に対する祭祀審議会としての回答を概ね導き出したものと受け取ることができる。かくて、同年五月二十二日に改めて審議員会が開催され、ここで「祭祀の本義」に対して大綱がある程度決定されたものと推察される。

同年七月、主幹である吉田が福岡県知事兼九州地方行政協議会長に就任し、福岡県庁に赴任するが、引き続き皇典講究所専務理事とともに祭祀審議会主幹を務めて、同年中の幹事打合会にもほぼ参加している。さらに吉田は、同年末には、祭祀審議に関する内務大臣との懇談会開催の手筈を整えるなど、祭祀審議会はその目的を果たすための具体的な動きを起こすに至り、翌十九年になると、将来大典府が行うべき「祭祀令」作成を目的とした調査方針が立てられ、まずは新嘗祭の調査研究が進められて、この結果、「新嘗祭儀調査議案」がまとめられている。[26]

五　祭政一致の具現化に向けて

昭和十九年中旬になると、「情勢ノ変化」により、幹事打合会は開催日時が突如変更ないし無期延期となり、しばらくは開かれずにいたが、同年九月二十日、佐佐木行忠皇典講究所長も出席しての幹事打合会が開催される運びとなった。この時、明二十一日、吉田が同年七月に総理大臣に就任した小磯国昭と要務により面談することから、その際に祭祀審議会として祭祀官衙の設置を総理に進言・内交渉することが決せられた。面談の結果は、同二十四日に吉田から佐佐木宛に送られた書翰に示されており、そこにはかつて祭祀審議会審議員であった小磯も、祭政一致の具現のため、祭祀行政を一元化することに同感の意を表し、また政府において祭祀の調査に着手することにも同意したため、当該調査機関については祭祀審議会で試案を作成して総理に提示する旨を約束したことなどが記されている。[27]この結果を受けて、同二十九日に再び佐佐木所長臨席のもとで幹事打合会が開催され、「適当なる時機に祭祀審議会より大典府の件につき小磯総理に進言する事、尚又其に先立ち一応総会を開催する事」、「調査機関とは如何なるものなりやを明らかにすべき事」の二項が決せられ、この旨佐佐木より吉田に書翰が送られている。十月十八日には、再び要務により小磯総理と会見するために上京した吉田も出席し、先の佐佐木からの書翰に対する回答を含めた幹事打合会が開催され、大典府の設置を小磯に上申すべきかについての議論がなされた。吉田は、「祭祀の一元化」を図る大典府のことは総理もすでに承知しているが、「実現についての腹は作らずば事の進行は成り難き」とし、かつ「聖上が御宸念を戦局の上に垂れさせ給ふ今日、祭政一致を確立する機構を作る事は時期尚早」と、大典府設置の上申に反対の意を唱えたが、会見の際に小磯に向け祭祀審議会として私的懇談会の開催を申し込むことは約束した。かくて十一月十六日、佐佐木や吉田をはじめ幹事打合会委員の合計七名が小磯と懇談し、改めて大典府案が小磯に提示され、天皇直隷による祭祀官衙設置の進言がなされた。

この四日後の二十日、「総理との会見に対する感想並今後の方針」を議題に開催された幹事打合会では、まず平木が「大典府案に総理大臣の関係せられ居らざる事に関し、総理は不審を持たれしならん」と指摘して、自ら修正した大典府案を提示した。大典府は天皇直隷にして、総裁は皇族をもって任ずるとあった原案に対し、修正案では内閣に置いて内閣総理大臣が総裁に当たるとされ、平木は皇族を総裁に戴くことは大多数の神職が賛成し、かつ畏き極みでもあるが、これは祭祀が政治を超越する「祭祀至上主義」の考えにして、ひいては祭祀と政治が遊離するに至る恐れがあり、祭政一致の実現が遠ざかることになると主張した。これに対し、内閣に設置した場合、かえって組織が弱くなり、そのため神祇院を内務省に設置した経緯があるとの意見が出て、議論は次第に神祇院の内閣移管をめぐってのものとなり、神祇院を内閣に移管した場合に生じる内務省が管轄する地方行政との分離の問題[28]については、地方の人事権を内閣が有し、かつ祭務官を各県に置くとともに組織の拡充や地位の向上が必要であるとの対策が提唱され、また祭祀を国民生活に広く浸透させる上でも文部省をはじめ他省との接触を密にすべきとの意見も出された。この時の結論としては、平木が提示した大典府修正案を第一案とし、その後の議論で展開された神祇院を内閣に移管する案を第二案として、殊に第二案では神祇院の内閣移管により総裁を内閣総理大臣とし、副総裁は皇室祭祀との遊離を避けるため掌典次長が兼ねること、さらに神社行政を統一することや文部省はもとより他省行政との連絡を密にする方途を講じること、地方庁における祭務官制度を拡充強化することが盛り込まれた。この時の幹事打合会には、佐佐木・吉田両者ともに欠席であったが、結果を聞いた佐佐木はこれら二案について吉田へ書翰を送り、幹事打合会の今後については、吉田の出席を待って諮ることにした。

そして、昭和十九年十二月に吉田が小磯内閣の軍需大臣に任ぜられた後の昭和二十年一月六日、同大臣官邸にて佐佐木・吉田両者ともに出席のもと、幹事打合会が開催された。そこではまず吉田から、先般要務により小磯総理と面会した際、総理のほうから祭祀官衙のことを進めようと先に申し出があったため、当方より案を練って提出したい旨の挨拶がなされ、それゆえ第一案はそのままとし、第二案に対する検討が始められた。まずは、宮内省所管の皇室祭祀との結合を担保する上で、掌典次長による副総裁兼務が至当であるかをめぐる議論がなされ、続いて前回から引き続き地方における神社行政の強化の重要性などが各委員より説かれた。このように議論が多岐に展開される中、吉田は「祭政一致の実」を挙げる方策を考えなければならず、「諸政万般神事」とするためには「祭祀と行政との結び付き」を考えるべきことを主張し、これに対し平木も「祭政一致の実を挙ぐるためといふ事を各省行政云々の上に書き加へねばならぬ」と呼応した。これに吉田は「内閣に持つて行く以上、諸政万般神事を以て基とすといふ事にせねばならぬ」と、祭祀官衙としての機能を有した上での神祇院の内閣移管は、「諸政万般神事」をもって基本とするためであることを再度強調している。このように、祭祀官衙の設置が現実味を帯びてきた中で、祭祀審議会ではその本来の目的である祭政一致の実質的な具現化が第一義であることが改めて示されるとともに、共通の意識としての確認もなされている。

この約十日後の十五日に開催された幹事打合会では、地方の神社行政についての具体的な問題が取り上げられたが、そこで祭祀に関するさらなる講究が必要であるとの判断がなされたのか、同月中に開催された二回の幹事打合会では、座田司氏（国幣中社鶴岡八幡宮宮司）、高橋誠司（国幣中社二荒山神社宮司）、安津素彦（日本文化中央連盟第三課長）、西田長男（國學院大學講師）、佐伯有義（文学博士）より、祭祀の本義に関する講演が開催された。しかし、この頃より主要都市への大規模な空襲が開始され、戦局も重大な段階に入ったため、幹事打合会は二・三月に計三回開催されるものの特に進展は見受けられない。その後、四月七日には小磯内閣が退陣し、これにより大典府に代表される祭祀官衙設置の実現が途絶えたと察してか、四月十四日に佐佐木主催のもと、國學院大學院友会館広間にて、「時局柄何の御構ひも出来兼ね候へ共、御高説拝聴旁々粗餐差上度候」と晩餐会が催され、これ以降は祭祀審議会の活動を確認することができない。そして、この約四ヶ月後の八月十五日に終戦を迎え、その後の占領政策における神社と国家の分離により、皇典講究所は他の神社関係団体とともに神社本庁へと結集すべく、翌二十一年一月二十六日、解散奉告祭を斎行したのであった。

おわりに

昭和十六年八月から終戦直前までの戦中期に展開された祭祀審議会の活動は、何よりも祭政一致を具現化することを目指してのものであった。祭政一致は明治維新の根本理念に掲げられ、これにより神祇官の存立を否定した「近代的祭政一致」が成立した一方、神社界においては逆に祭政一致が神祇官興復・神祇特別官衙設置の基本理念に据えられ、明治期以来主唱され続けてきていた。それゆえ大正・昭和前期における神祇特別官衙設置運動の展開については、時代と世相を反映した面もあるが、根本には明治期からの一貫した理念があったことは注意すべきであろう。加えて、祭祀審議会の目的に祭政一致の具現化が掲げられたことは、昭和十五年設立の神祇院を不満とし、祭祀官衙の設置が必須であるとする神社界の想いを投影してのことであり、これらのことを前提に祭祀審議会の活動が展開されたのである。

ただし、祭政一致を具現化するには、「祭政」の「祭」とはなにかを具体的に明らかにしなければならず、それゆえ祭祀審議会ではまず祭祀の考究に努めるべく、古代から明治維新以後当時までの祭祀制度沿革の調査研究が行われ、これに基づく協議がなされた。そこでは、従来の八神奉斎をめぐる問題をはじめ、神学的な議論もなされたが、新旧制度の比較により、神社行政と祭祀行政の分離に基づいた明治以後当時までの神祇制度が有する問題点が改めて浮き彫りとなり、こうした議論を経て構想された祭政一致を実現する祭祀官衙としての祭政庁案、さらに大典府案ではともに、宮中祭祀・神宮祭祀・神社祭祀の統一という、祭祀全般を含めた神祇行政の統一が掲げられたのである。

しかし、祭政庁案が内閣総理大臣の管理による府中設置案であったのに対し、大典府案は天皇直隷による宮中設置案という、これも従来意見が分かれた所属の問題をめぐって試行錯誤が繰り返されることになる。つまり、宮中設置案の説く祭政一致体制は、明治維新以降の「近代的祭政一致」において否定された古代の神祇官・太政官の並立制と同型の体制となる恐れがあり、一方の府中設置案は、宮中・府中の別により、宮中祭祀を管掌する上で困難が生じるものであった。さらに、宮中設置案が天皇親祭の祭祀をあらわす「宝鏡奉斎・斎庭稲穂の神勅」に基づく一方、府中設置案は「臣下」による祭祀という「神籬磐境の神勅」に淵源をもつとされたことから、この二案をめぐる問題は本質的に「三大神勅」の意味や相互の関係性の問題に結び付くことになった。それゆえ祭祀審議会では、当該問題を解決するためにも、「三大神勅」に遡って祭祀の本義の究明に努め、この結果、従来八神奉斎の最大の根拠とされた「神籬磐境の神勅」を、八神奉斎とは直結しないものと解釈した上で、両神勅の関係を一体とし、ここから宮中祭祀・神宮祭祀・神社祭祀もまた一体であると位置付けることで、祭祀は「宮中府中の別無きもの」との結論に達し、これにより従来の宮中・府中をめぐる所属の問題や「三大神勅」相互の関係性をめぐる問題を乗り越えたのである。

こうして祭祀審議会の活動は最終段階を迎え、天皇直隷による大典府の設置を総理大臣に進言し、その後は祭祀官衙としての機能を有した神祇院を内閣へ移管する案をまとめるに至る。当該案は、掌典次長を副総裁とすることで宮中祭祀との結び付きを保証し、さらに内閣総理大臣を総裁に据えて「祭政」の長とするという、祭祀審議会の本来の目的である祭政一致を実質的に具現化する構想そのものであった。

このように、明治初期に確立した「近代的祭政一致」に反対して唱えられた、明治期以来の神祇官興復・神祇特別官衙設置をめぐって生じた祭祀に関する諸問題に取り組み、祭祀の本義を追究して、祭政一致の具現化という目的に合致した祭祀官衙案を構想するに至った祭祀審議会の活動は、「近代」最後の神祇特別官衙設置運動であったとともに、近代を通じて展開された当該運動の集大成であったと位置付けることができるのである。(29)

註

(1)下中彌三郎編『神道大辞典』(平凡社、昭和十二―十五年)「国家之宗祀」の項目。以下、本稿では引用文に適宜読点や中黒を付し、引用文中の〔 〕内は引用者による註をあらわす。

(2)教部省時代の明治七年における平田篤胤歿後の門人である北原稲雄の「神祇官再興の議につき建白」や、同年の神宮大宮司田中頼庸による「神祇官を復し教導寮等設置につき建白」には、「祭政一致」の理念に基づいた神祇官再興が夙に唱えられている(両建白書はともに、安丸良夫・宮地正人校註『日本近代思想大系5 宗教と国家』岩波書店、昭和六十三年、に所収)。初期議会における神祇官興復運動でも、明治二十六年に早川龍介らにより提出された「神祇官復興上奏案」に、「祭事と政事とは、一にして二ならず。二にして是れ一。故に天皇神祇を崇重し、祭祀を尊厳にするは大孝を申る所以にして、臣民の神祇を崇重し、祭祀を尊厳にするは、至忠を表する所以なり」と、祭政一致と神祇官興復が明確に結び付けられている(大津淳一郎『大日本憲政史』第九巻、原書房、昭和四十五年、二八八頁)。

(3)神社局設置以降の神祇特別官衙設置運動については、小室徳『神道復興史』(神祇官復興同志会、昭和十八年)、赤澤史朗『近代日本の思想動員と宗教統制』第二・五章(校倉書房、昭和六十年)、神社新報社政教研究室編『増補改訂 近代神社神道史』第五章（神社新報社、平成三年）、阪本是丸『国家神道形成過程の研究』第九・十章（岩波書店、平成六年）、藤田大誠「国家神道体制成立以降の祭政一致論―神祇特別官衙設置運動をめぐって―」（阪本是丸編『国家神道再考―祭政一致国家の形成と展開―』弘文堂、平成十八年）、同『近代国学の研究』第八章（弘文堂、平成十九年）、鈴木紀彦「神祇院の設立過程の研究」（『明治聖徳記念学会紀要』復刊五一、平成二十六年）、参照。

（4）皇典講究所祭祀審議会については、國學院大學八十五年史編纂委員会編『國學院大學八十五年史』（國學院大學、昭和四十五年、七〇九―七一五頁）、國學院大學校史資料課編『國學院大學百年史』下（國學院大學、平成六年、八八五―八九三頁）を参照。國學院大學所蔵の関連資料としては、國學院大學研究開発推進機構校史・学術資産研究センター所蔵「祭祀審議会ニ関スル書類綴」や、整理作業中の宮地直一旧蔵資料の中に「祭祀審議会書類一括」があり、どちらも祭祀審議会の動向を詳細に伝えている。ただし同会には、後述のように、審議員会・調査委員会・幹事打合会の三つの委員会・会合があったが、いずれも議事録が十分に整っておらず、殊に審議員会の議事録についてはごく一部しか残されていないため、今後さらなる資料の探索が必要である。なお、調査委員会における配布資料の一部が、「河野省三博士記念文庫」所収の「皇典講究所祭祀審議会調査委員会議案」（文書番号七二九三）にある。本稿では、以上の書籍・資料を参照して記述した箇所には註を付さない。

（5）『東洋文化』第一五五号（昭和十二年）には、『祭祀と事業』の最初の草稿と位置付けられる、平沼が結論部分のみを述べた「祭祀と事業」が掲載されている。

（6）『日本書紀』天孫降臨の段に示される三大神勅は、一般に「天壌無窮の神勅」、「宝鏡奉斎（同床共殿）の神勅」、「斎庭稲穂の神勅」をあらわす（『神道大辞典』「三大神勅」の項、執筆者は佐伯有義）が、神祇官興復・神祇特別官衙設置の文脈では、「天壌無窮の神勅」のほか、「宝鏡奉斎の神勅」と「斎庭稲穂の神勅」が一つの神勅として捉えられた上で、「神籬磐境の神勅」が「三大神勅」の一つに位置付けられ、後述する「神籬磐境の神勅」を淵源とする八神奉斎に基づいた神祇官祭祀の重要性がしばしば説かれた。本稿では、三大神勅について、「神籬磐境の神勅」を含めた解釈を「三大神勅」と括弧付けで表記する。

（7）『皇国時報』七二八（昭和十四年十二月十一日）、九頁。ほかに佐佐木行忠（皇典講究所長）と林銑十郎（元内閣総理大臣・陸軍大将）も招待されたが、当日は欠席であった。

（8）吉田茂については、『吉田茂』（吉田茂伝記刊行編輯委員会、昭和四十四年）を参照。吉田の神社界における活動を中心に取り上げたものとして、阪本是丸「吉田茂」（『悠久』三〇、昭和六十二年）、藤本頼生『神道と社会事業の近代史』第一部第五章

（弘文堂、平成二十一年）、参照。

(9)この後、昭和十八年五月二十二日に開催された審議員会（結果的に最後の審議員会となった）では、林銑十郎（同年二月に死去）、小磯国昭（昭和十七年五月に朝鮮総督に就任。ただし、昭和十八年一月までは審議員在任）、桑原芳樹（同年三月に死去）の三名が審議員より外れている。

(10)藤田『近代国学の研究』第四章、参照。

(11)河野省三は大正三年に八神奉斎に基づく神祇特別官衙の設置の声が神社界において高まりを見せた際、『全国神職会会報』（第一九一号）に「八神殿を離れて」を寄稿し、そこで神祇官衙設置問題と八神奉斎とは分離して捉えるべきことを主張している。

(12)幹事打合会について、すでに昭和十六年の時点で、調査委員会の開催に臨んで下打合会が組織されており、第一回は吉田茂、高階研一、宮地直一、平木弘、住田平彦で構成され、第二回からはさらに星野輝興、阪本広太郎、今泉定助が加わり、昭和十七年二月からの幹事打合会委員も当初はこれを踏襲したものとなっている。ただし、その後清水澄が一時参加して、逆に星野が外れるなど、一部の委員については流動的であった。後述のように、同年九月における調査委員会解散の前後から、吉田、宮地、阪本、平木、住田、藤巻正之の六名にほぼ固定された。

(13)「八神ノ典拠及諸説」については、祭祀審議会のこともあわせて、藤田「国家神道体制成立以降の祭政一致論」などで取り上げられている。

(14)調査委員会を通して、神学的な意見を展開した中心人物が石井鹿之助であり、ここで天御中主神をはじめ造化三神に纏わる議論も石井と星野輝興との間でなされたものである。川面凡児に師事した石井は、自らの著作で天御中主神を天照大神や天皇と「不三御一体」と述べて、その重要性を説いたのに対し、星野は天御中主神を「中臣氏ノ祖先」と、皇統とは別系統の神と捉えた。殊にこの昭和十七年の一月から六月にかけて、政府による思想統制の一環として、神道思想の統一基準に星野の説が採用されたことにより、天御中主神を重視する著作が発禁処分となっており、ここで石井が天御中主神の位置付けを主張したのも、星野の説に対する反発があったものと考えられる。なお、こうした神道思想への統制は、在野神道人であった葦津珍彦が反対運動を行った結果、星野が同年七月四日に掌典職を辞したことにより終結した。星野はこの退官をもって公的な活動を一切停止しており、これ以後の祭祀審議会においても星野の名は出てこない。昭和十七年の神道思想への政治介入に対する葦津による反対運動を中心とした一連の動向については、佐野和史「昭和十七年の別天神論争」(『神道学』一二九、昭和六十一年)を参照。

(15)内務省神社局が特立する以前の神祇官興復・神祇特別官衙設置の建議における当該官衙の規模・所属や管掌事項については、時期の違いなどにより多少の違いはあるものの、多くは宮中祭祀を管掌するものとし、その規模や所属も宮内省や宮中に設置する、あるいは太政官(内閣)の上に立つ、文字通りの「独立」官衙が主唱されていた。神社局特立後は、現行制度を踏まえた、より現実的な案が構想されるようになり、神祇院設立までには、宮中・府中の二案のほか、その実現に近づく上での当面の策として、内務省内で神社局を拡充して外局とする内務省設置案や、一つの省として設置する案もあった。なお、内務省設置案が説かれた別の理由として、同省が主管する地方行政との連携が考慮されたこともあった。この点については、註(28)も参照。

(16)美濃部達吉『憲法撮要』(有斐閣、大正十二年)、二二二—二二四頁、参照。美濃部は、天皇の「祭祀大権」について、「他ノ総テノ大権ハ摂政ヲ置ク場合ニ於テ摂政ガ当然大権ヲ代行スト雖モ、独リ祭祀ハ必ズシモ摂政ノ当然ニ代行スル所ニ非ズ」と説明している。

(17)阪本『国家神道形成過程の研究』、三四〇頁。「近代的祭政一致」成立の背後にあった、明治初期の神祇官僚を務めた国学者らによる太政官・神祇官の統一に基づく祭政一致構想については、井上順孝・阪本是丸編『日本型政教関係の誕生』(第一書房、昭和六十二年)に所収の阪本是丸「日本型政教関係の形成過程」や武田秀章「近代天皇祭祀形成過程の一考察—明治初年における津和野派の活動を中心に—」をはじめ、武田秀章『維新期天皇祭祀の研究』第七章(大明堂、平成八年)、藤田『近代国学の研究』第四章を参照。

(18)大礼使は、大正天皇及び昭和天皇の即位礼・大嘗祭の「大礼」の際にその事務を掌理した官職で、内閣総理大臣の管理に属し、宮中に設置された。総裁は皇族の中から勅命により任命され、長官一人、次官二人、参与官・事務官・典儀官・書記各若干名で構成された(必要あるときは御用掛を置く)。昭和大礼では、総裁に閑院宮載仁親王、長官に近衛文麿、御用掛として平沼騏一郎、伊東巳代治が各々就任したほか、次官に鳩山一郎内閣書記官長と関屋貞三郎宮内次官が任命された。殊に、次官二人に内閣と宮内省各々の官僚のトップが就任しているように、人事の面において宮中・府中の別を超えた機関であった。なお、大正初期に初めて大礼使が設置される際、「大礼使官制」を勅令とするか宮内省令とするかで論争が生じるという「大礼使官制問題」を惹起し、この議論からは宮中・府中の関係をいかに位置付けるかをめぐる問題が顕在化した。「大礼使官制問題」における宮中・府中の関係をめぐる問題については、国分航士「明治立憲制と「宮中」—明治四〇年の公式令制定と大礼使官制問題—」（『史学雑誌』一二四—九、平成二十七年）を参照。また、「大礼使官制問題」に関する基本資料を翻刻したものとして、牟禮仁「大礼使官制問題関係資料」（一）～（七）（『芸林』三八—一～三九—三、平成元、二年）がある。

(19)この時調査委員会の参考資料として、昭和十四年六月八日付で有馬良橘ら五名が木戸幸一内務大臣宛に提出した神祇特別官衙設置に関する「建白書」及び「実施ニ関スル要綱」、昭和十・十一年の両度における全国神職大会での決議を受けて策定された「神祇行政機構ノ拡大強化　神祇ニ関スル特別官衙設置案大綱」、同年に筧克彦が教学刷新評議会特別委員会で披瀝した「神祇府新設案」の、計三案の謄写本が付されている。前二案については、『増補改訂　近代神社神道史』第五章を、筧の「神祇府新設案」については、長友安隆「昭和十年代文教政策に於ける神祇問題—神祇府構想と神社制度研究会を中心として—」（『明治聖徳記念学会紀要』復刊四三、平成十八年）を各々参照。

(20)「祭政庁（仮称）設置要綱試案」の末尾には、他の省庁から移管すべき事項がまとめられており、そこには①「宮内省掌典職ノ所管事項全部」、②「内閣所管事項中「官吏ノ身分進退ニ関スル事項」」、③「企画院所管事項中「総合国力ノ拡充運用ニ関スル事項」」、④「総力戦研究所所管事項全部」、⑤「神祇院所管事項全部」、⑥「文部省所管事項中「社会教化ニ関スル事項」」、⑦「教学局所管事項全部」、⑧「国民精神文化研究所所管事項全部」とある。

(21)「大典府（仮称）設置大綱」には、初稿と第二稿となる二種の草稿があり、ともに「大典府（仮称）（一名司典府）設置要綱試案」と題する。これらの中で「総裁」・「副総裁」については、第二稿は審議員会議案とほぼ同じ規定だが、初稿の段階では「総裁」は「皇族（直宮）ヲ以テ之ニ任ス、大御手代トシテ祭祀ヲ奉行シ府内ヲ統督ス」とあり、「副総裁」も「皇族」ないし別案として「宮内大臣、内務大臣之ヲ兼ヌ」と定められていた。

(22)全国神職会は昭和二年に神社制度調査委員会を設置し、翌三年には天皇に直属し、皇族、神宮祭主、内閣総理大臣、枢密院議長、宮内大臣、掌典長などを顧問に、神祇祭祀に関する重要事項の諮詢に応じる「神祇会議」の設置の建議を作成して、総理大臣をはじめ神社・祭祀行政を管掌する各省大臣に提出した。全国神職会に置かれた神社制度調査委員会とその活動については、『全国神職会沿革史要』（神社本庁教学研究所、平成十六年）を参照。

(23)『神道要語集』宗教篇（神道文化会、平成二十五年）「神漏岐神漏美命」の項目や「天神地祇」の項目を参照。

(24)ここでの両神勅に関する、祭祀の「道義的要素」と「宗教的要素」をもっての説明は、大正末期から昭和前期にかけての神社宗教・非宗教をめぐる「神社問題」において、神社の本質を「道徳的信念」と「宗教的信仰」の両面とした神社界の主張に即してのことと考えられる。

(25)「祭祀の本義」には、その後も度々修正がなされていることから、調査内容の大筋は認められたものの、さらに文案については修正を重ねていくことになったものと考えられる。

(26)「新嘗祭儀調査議案」は、新嘗祭に関する古代から近世までの制度沿革と明治維新後における制度を説明したものである。前述の調査委員会の時と同様、幹事打合会では、当該案における新旧制度の比較を通じて、現行制度の改善点が見出され、新嘗祭には国務大臣が参列し、殊に内閣総理大臣は南庇の前につくべきや、饗宴を行う方法を定めるべきといった意見が出されている。

(27)小磯国昭は今泉定助を師として敬慕し、昭和十七年に今泉の郷里である宮城県白石町(現、宮城県白石市)に建立された頌徳碑の頌徳文を揮毫し、昭和十九年に逝去した今泉の葬場祭では現任の総理大臣ながら臨席して弔辞を捧げている。また、今泉が昭和十五年に設立し、初代総裁を務めた財団法人皇道社の顧問となり、総理大臣辞任後には逝去した今泉の後を継いで第二代総裁を引き受けている。高橋旲「今泉定助先生正伝研究―その国体論と神道思想史上の地位―」(『今泉定助先生研究全集』第一巻、日本大学今泉研究所、昭和四十四年)を参照。祭祀審議会でも審議員ながら、調査委員会にも数回出席し、「三大神勅」や八神に関する自らの所見を述べている。

(28)大正・昭和前期における神祇特別官衙の所属をめぐっては、前述のように、大きく宮中・府中の二案があったが、いずれも地方行政を主管する内務省から離れることになるため、地方における神社行政の停滞を招くとの意見も神社界内部であった。地方における神祇事務所管機構は、昭和十六年に重要七府県に地方祭務官及び同祭務官補が置かれて整備・拡充されたが、現実にはあまり芳しい成果が得られずにいた。

(29)さらに言えば、祭政一致の実質的な具現化を目的に、祭祀審議会が最終的にまとめた神祇院の内閣移管案が、同時に明治維新の根本理念である祭政一致を確立するため、明治初期の神祇官僚が構想した「太政大臣が「祭祀大権」を輔弼する」体制に通ずるものであったことも指摘しておきたい。無論、明治初期の神祇官僚らによる「近代的祭政一致」構想では神祇官存立が否定されており、この点においては祭祀審議会が主張し続けた祭祀官衙の設置と相反するが、一方で「政」の長が「祭」の長を兼ねることで「祭政」の長となり、これにより実質的に祭政一致を具現化するという根本の部分では軌を一にしているのであり、この意味において祭祀審議会の活動には、明治初期の神祇官僚を務めた国学者らが抱いた「近代的祭政一致」の真のあるべき体制に、「近代」最後の時期に回帰した面も見出すことができよう。

戦時期村役場文書にみる無格社整理
——新潟県矢代村・上郷村を事例に——

畔上直樹

はじめに

本稿の目的は、近年研究に新たな展開がみられる戦時期の神祇院下における地域神社行政問題、具体的には無格社整備政策の実施実態について、新潟県中頸城郡矢代村・上郷村（現、妙高市）の役場行政文書を用いて新たな知見を提示し、今後の研究進展の方向性につき、問題提起的な展望をおこなうことである。ただし、本格的な分析をすすめる段階には至ってはおらず、分析途上における現時点での中間総括を試みたものである点、あらかじめことわっておきたい。

昭和十五年（一九四〇）、内務省内部の一部局であった神社局の同省外局神祇院への昇格は、「国家神道」研究の事実上の出発点である村上重良『国家神道』で、「国家神道は名実ともに絶頂期を現出した」と位置づけられていた問題である。[1]そうであるなら神祇院は、「国家神道」研究上の最重要検討課題といってもおかしくなかったはずであるが、阪本是丸による研究等をごく一部の例外として、[2]具体的な研究蓄積は極端に乏しい状況が続いていた。しかしごく最近、鈴木紀彦も指摘するように、研究具体化への機運が高まってきたようである。[3]そのなかで、とりわけ成果として挙げたいのが、藤本頼生「無格社整理と神祇院」である。[4]同論文は、阪本によりつとに指摘されてきた神祇院の画期的特質、新たな管掌事項「敬神思想ノ普及」がはじめて明確に神社行政事務に加えられた点にかかわり、[5]この管掌事項の担当部局「教務局」が最初に取り組んだ神祇院下の地域神社行政問題の重要項目、無格社整理政策形成に至る全体像を、政策の軸となった神祇院教務局調査課編『神社振興整備関係事務提要』(昭和十八年〔一九四三〕、以下『提要』)の成立過程に焦点を絞り込みつつ、あきらかにしているのである。

本稿において藤本の論考で特に注目したいのは、各地での政策実施について、奈良県の事例に言及しながら、神祇院の『提要』刊行ののち各地で要項等は整備されたが、戦局の悪化とともに人員・予算措置を含め、実際に各府県の施策として展開することは困難になったとして、「実施されることがほぼ無いままに無格社の整備は終息」したとみる点である。[6]藤本は、そこから、村上の「国家神道」論の神祇院の実力評価は過大であり、敬神思想の普及どころか、無格社整理すら満足にすすめられない無力な存在であったと、「国家神道」研究にとってきわめて重要な意味を持つ展望をひきだしているのである。[7]

ただし、無格社整理の実施実態、特に神祇院『提要』刊行後のそれの問題自体は必ずしも藤本の論考の分析対象ではなく、展望も含め率直にいって議論に性急な感があることは否めない。つまり、藤本の画期的な論考の成果をひきつぐ作業の一つとして、無格社整理の各地での実施実態を、神祇院『提要』刊行以前以後を意識しつつ具体的に解明することが重要なのである。本稿はその作業の一端を、戦時期の村役場行政文書を用いて試みようとするものである。

使用する史料は、新潟県妙高市が所蔵する「旧役場行政史料」中の、①『昭和十九年一月　無格社整備関係文書綴新潟県中頸城郡矢代村役場』と、②『昭和十七年度以降　神社寺院ニ関スル文書綴　中頸城郡上郷村役場』という、戦時期の村役場行政文書綴である（以下、両史料出典表記は文章中に①、②として略記）。なお、「旧役場行政史料」は目録上八二点あり、明治初年から戦後にかけて妙高市域となる旧中頸城郡内町村役場の、社寺行政関係綴を中心とした文書群である。

一　昭和十八年春の新潟県「無格社現状調」と市町村

(一)「無格社現状調」の内容

昭和十八年（一九四三）二月十二日、新潟県は、内政部長名で県下各市町村に直接、「無格社現状調ニ関スル件」につき「別表ニヨリ」調査し、「本件ハ秘密ヲ可要ニ付……社寺兵事課長宛親展」で回答するようにもとめている（②）。上郷村では十八日、その「別表」に基づいたと考えられる記入表「無格社現状調（無願神社又ハ神社明細帳脱漏神社）中頸城郡上郷村　昭和十八年二月一日現在調　新潟県」を作成、村内の関係四区長にあて、表1にみるような項目で、二十三日を報告期限として調査・報告を求めた（②）。この記入票の備考には、「本調査ハ神社明細帳並神社財産登録台帳登載ノ如何ニ係ハラズ凡テ実情ヲ正確ニ調査シ、適正ナル記述ヲナスモノトス」とあり、「神社明細帳脱漏神社及無願神社モ、本表ニ基キ実情ヲ正確ニ調査」すること、その際、無格社と混同して記述しないことが記されていた。

この備考や表1の項目a・b・c・gの項目からよみとれるのは、「明細帳脱漏神社」や「無願神社」と制度上の「神社」としての無格社の線引きの実態も問題にしつつ、新潟県が従来の神社行政の基礎であった神社明細帳

表1　上郷村「無格社現状調」（昭和18年〔1943〕2月）項目

a.　境内地（国有地・社有地共有地等坪数、「無願移転シタルモノ」は概要記載）
b.　社殿工作物（本殿拝殿の間口奥行・建坪数、鳥居の高さ柱間の間数、その他工作物について、社殿設備欠如の場合は詳細な事情説明）
c.　氏子崇敬者数（両者ともに戸数で、神社経費の実際の負担者のみ記載するため）
d.　基本財産（現金、有価証券、土地）
e.　氏子社費負担額・市町村供進金額等
f.　祭祀執行月日、祭典費、神職俸給、社殿境内営繕費
g.「祭仕者」（社掌（町村内に籍の有無も）、「一時神勤代理神職」、「事実上ノ奉仕者」）
h.「整備ノ見込」（「維持経営ノ計画概要」、「村社昇格意嚮ノ有無」、「合併希望ノ有無」、合併希望の場合、村内合併先神社（新設の場合を含む）の場所・社格、「整備見込ニ対スル市町村長ノ意見」）
i.「同一地域内神社数」（「小字」表記）
j.　近接神社との距離

〔出典〕上郷村役場文書②（上郷村長→新潟県内政部長　庶収第431号「無格社現状調ニ関スル件」、昭和18年〔1943〕3月18日）より作成。

等の台帳に依存せず無格社の現状を正確に把握しようとしていることである。項目aの社地「無願移転」把握、bの社殿設備欠如の詳細の把握、dの実質的な無格社の管理維持者が把握できない従来の人数把握の廃止、gの多様な形態の祭祀執行者の把握は、その具体例である。

この背景にあるのが項目hである。村社列格候補を選定、それ以外の無格社の整理について具体的な方針が各市町村には求められていた。その現実的な「整備見込」について「市町村長ノ意見」を付さなければならなかったのである。

（二）上郷村「無格社現状調」にみる市町村の無格社整理計画

上郷村では、「無格社現状調」回答を翌月の三月十八日に、村長が内政部長宛で提出している（②）。それでは上郷村は、どのような無格社整理の方針を、昭和十八年（一九四三）春の段階で策定していたのだろうか。明治以来の経緯も含め、以下にみていこう。

上郷村は長沢、猿橋、長沢原、東関、楡島の五つの旧村からなり、神社明細帳によれば、当初、各旧村に無格社が猿橋に三社、他は各一社あった。同村域には村社以上の社格をもつ神社は存在せず、すべて無格社だった。ただし、同じく無格社といっても、神社明細帳上では「産土神」表記の有無、氏子信徒数における戸数／人数という表記上の区別があり、「産土神」記述と戸数表記は連動している。同村の旧村に一社の場合の無格社は、いずれもこの「産土神」—戸数の表記タイプで、三社ある猿橋の場合は一社、諏訪神社のみがこれに該当した。通例、村社以上の氏子は戸数表記、無格社崇敬者は人数表記であり、こうした「産土神」表記の無格社は、村社に準ずる存在とみなされていると判断しうる。無格社内部をこのように区別する表記は、後述する矢代村はもちろん、新潟県における神社明細帳の各地の神社記述に、村社（以上）がきわめて少ない状況のもとで、よくみられる（他の妙高市域各旧町村でも、大部分「産土神」表記と戸数表記は連動する）[8]。

明治末年における同村の神社合祀（明治四十年（一九〇七））は、猿橋の三つの無格社のうち、村社的ではない（＝「産土神」と戸数記述のない）二社を、同地区の村社的な無格社・諏訪神社に合祀するかたちで行われた。これによって、合祀後、一旧村に一つの村社的な無格社、という状況になった[9]。

その後、昭和三年（一九二八）、他社にくらべ飛び抜けて氏子信徒数の多い長沢の八王子社が村社に列格[10]、戦時期の無格社整理の時点で問題となったのは、長沢以外の四つの旧村のそれぞれ一社ということになった。上郷村の「無格社現状調」回答の特徴の一つは、こうした状況下で、四つある無格社のうち、猿橋の諏訪神社の記入票のみに村社昇格の意向があることを書き記し、他三つの無格社を同社に合併するとした点である。明治末年の神社合祀より、はるかに大規模な合祀が計画されていたということになる。

回答の二つ目の特徴は、いま述べた無格社四社以外に、楡島の「地蔵様」も、おそらく備考にいう「神社明細帳脱漏神社及無願神社」という「神社」とのグレーゾーン部分に該当する存在とみなし一社に数えあげ、計五社について報告していることである。村長は「地蔵様」の記入票で、「地蔵様」を「本字楡島神明社ニ合併スルヲ最良」とし、神明社の記入票の方には「地蔵様」も含めて、楡島「二社ト東関一社猿橋一社長沢原一祀《ママ》ヲ会議ノ上合併整備スルヲ最良」との意見を書いている。

三つ目の特徴は社殿工作物の記述である。いずれの記入票も（鳥居や石灯籠を除き）社殿拝殿等の神社施設の記述がない。代わりに記されているのは、その他工作物としての「石祀一基」（楡島神明社、長沢原十二神社）、「石祠一基」（楡島地蔵様）、「石祀大山二基」（東関諏訪社）である[11]。同村の神社施設がほぼ石祠のみなのは、神社明細帳登録時からの状況であった（但し、長沢の八王子社のみ、石祠一基＋拝殿）[12]。村社列格が計画されている猿橋の諏訪社の記入票には、「石祀」すらない現状（鳥居と石灯籠のみ）と[13]、「寄附金百円申込アリ、寄附金募集ノ上、近年中ニ社殿設備見込」であることが書かれている。先述のように、この無格社整理における村社列格には「神社らしい」社殿設備が必須とされているからである。神社施設が石祠のみという状況は、後述の矢代村をはじめ（後掲表2）、妙高市域、新潟県内各地の神社明細帳の無格社記述にきわめてよくみられる特徴である[14]。新潟県の「無格社現状調」による無格社整理は、従来の県内神社施設のあり方自体に大きな改変を加える性格をもっていたことになる。

後述の矢代村含め県内の各市町村では、この段階に上郷村同様の無格社整理の方針が策定され、県内政部は各市町村の計画と、各無格社（ならびに「地蔵様」のようなグレーゾーン）についての情報を集約していったはずである。新潟県の神祇院『提要』による無格社整理政策への対応は、このような前提のもとでなされていくと考えることができよう。

二　神祇院『提要』と新潟県における無格社整理の本格化

第一節にみた新潟県の「無格社現状調」は、神祇院『提要』策定以降の全国的な無格社整理の動きに先行しており、県独自の動きとみられる。ただし、後述するように、神祇院の『提要』に結実する全国的な無格社整理の政策方針確定の大詰め段階での動向である以上、関連性が強いことも当然想定される。その意味するところは今後より慎重に検討し、確定していく必要があるだろう。

神社制度調査会（昭和四年〔一九二九〕官制公布）で、昭和十六年（一九四一）以降に焦点となった無格社の扱いをめぐる国家レベルでの議論は、翌年七月十六日、調査会第一三回総会の「無格社整備ニ関スル要綱」で政策の基本的枠組が決定され、これをもとに、昭和十八年（一九四三）九月三十日、神祇院教務局調査課により、「府県社以下神社の整備振興に関する要綱」を含む『提要』が刊行された(15)。この神祇院『提要』刊行年の秋以降、無格社整理政策が全国的な実施の段階にはいったと考えられる。新潟県の場合、中頸城地方（以下、本稿では中頸城郡と高田市〔現、上越市〕の領域を指して用いる）にそくしてみると、地元神職組織と、それに連携した県の地方祭務官の動きが推進力となったようである。『提要』刊行から一ヶ月もたっていない十月十八日、大日本神祇会新潟県支部の中頸城郡高田市部会部会長は、同部会主催の「本県祭務官ヲ中心」とした「無格社整備ニ関スル座談会」を高田市の第四銀行高田支店ホールを会場に開催することについて、市町村長に出席依頼と関係する神社氏子総代一名以上の出席取り計らいを依頼している（②）。上郷村についてみると、この依頼は村長から各区長に通達されたほか、村内無格社の兼務神職（楡島を除く）である、同郡寺尾村の長峯義丸からも各区長に依頼が通達されている(16)。地方祭務官は、府県学務部で神社祭祀を担当する奏任官として、神祇院官制公布の翌年の昭和十六年（一九四一）一月十六日、地方官官制改正（勅令第四三号）で当初、専任七名の設置として、二月二十一日付で東京、京都、大阪の三府と兵庫、愛知、静岡、福岡の四県に各一名が配置された。この地方祭務官が新潟県に配置されることになったのは、翌昭和十七年（一九四二）二月三日の地方官官制改正（勅令第六一号）により六人が増員された際で、このとき新潟、千葉、静岡、福島、岡山、広島、熊本の六県に各一名が追加設置された（三月十九日付）。新潟県の地方祭務官として、このとき内務省から勤務を命ぜられたのは、別格官幣社霊山神社の宮司であった脇山好孝（明治三十八〔一九〇五〕〜昭和五十四〔一九七九〕）で、官社層の人物として戦前のみならず戦後も神社界に大きな発言力をもった人物である。[17] 神祇院の政策推進における新潟県の位置づけのもつ意味について考えさせるが、座談会でなにが議論になったのかといった基礎的な事実確認も含め、今回は指摘するにとどめておきたい。

他方、神祇院『提要』以後の無格社整備策の実施本格化で重要な役割をはたしていくのが、郡役所廃止後の昭和十七年（一九四二）、町村と府県の間に設置されていた町村監督機関の地方事務所である。中頸城地方事務所は、昭和十九年（一九四四）一月の定例町村長会同において、『提要』を各町村に配付しており、二月二日開催予定の「無格社振興整備振興」についての町村吏員会同に、これを持参するようもとめた（①、中頸城郡地方事務所→町村長、同年一月二十七日）。その二月二日の町村吏員会議は、中頸城地方事務所で地方事務局長、山田総務課長他四名、新潟県祭務官の脇山、猪俣社司（高田市日枝神社、県社）他二名の神職が出席し開催され、地方事務所の山田総務課長が「指示注意事項」を説明した（①、「指示注意事項」同年二月二日の書き込みによる）。矢代村から出席した書記の岡田清司による復命書（翌日提出）から、同会同の「会議ノ状況」部分（一部）をみよう（①、原文は加筆がおびただしく煩雑になるため、すべて文章中に組み込んだ）。

一、神社並宗教事ム箇（管）掌ニ関スル件

　追而県広報ヲ以テ発表スルトノコト

二、無格社ノ整備振興ニ関スル件

　整備ハ県ニ於テ三ヶ年ノ間ニ終了ノ見込

第一年度ニ於テ四市、中頸城郡、岩船郡ノ二郡
整備委員、頸南地区ハ高田市日枝神社々司猪俣氏
整備計画案ハ此月中ニ立案作成（但シ村長ニ於テ）シ最寄別ニ委員ヲ加ヘ具体適《（的）》内容ニ就テ熟議検討スル由
整備案ハ左ニ依ルコト
一、他ノ神社ニ合祠《（祀）》スルコト、二、他ノ神社境内神社トスルコト、三、他ノ神社ノ境内神社ニ合祠《（祀）》スルコト、四、飛地境内神社
村社ニ昇格スベキ神社ノ具備スベキ条件
本殿　四坪、拝殿八坪、境内地　三〇〇坪
氏子　二〇〇戸、基本財産　一、〇〇〇円以上
但シ、立案ハ本殿三坪、境内地三〇〇坪、氏子一〇〇戸見当
尚、詳細ノコトハ神社振興整備関係事務提要ニアリ

神祇院『提要』による昭和十九年（一九四四）の県「無格社整備振興」も、前年の県「無格社現状調」同様、（市町）村長のもとで具体的な市町村無格社整理案（合祀と村社列格）を短期間で策定することが求められている。ただ、前年の「無格社現状調」の場合と異なる、注目すべき点がある。第一に、計画の進め方がより具体的である。新潟県は三年計画として明確に時期を設定している。復命書の記述はややはっきりしない部分があり、今後のさらなる検討の必要性も感ずるが、新潟県は、おそらく前年の「現状調」の結果なども勘案して、一年ごとに県内地域をわけて政策を推進しようとしていると考えられる。その第一年目の実施区域が、上郷村・矢代村の位

置する中頸城郡と、四市（三条市、新潟市、長岡市、高田市）、岩船郡だったということだろう。加えて、『提要』に基づく村社への昇格条件が明示されている。このあたりも『提要』との比較等、さらなる検討の必要を感ずるが、さしあたり、本殿ほか社殿が必要となる昇格条件がここでも示されており、石祠が大部分の県内各地域の無格社の現状にとっても、この無格社整理がかなり大きな影響を与える問題であることに再度注意しておきたい。

第二に、前年の「無格社現状調」にくらべ、より慎重で柔軟な措置が指示されている。特に重要なのは、無格社の合祀方法に選択肢を設定している点で、「無格社現状調」には確認できなかったものである。あらためて記せば、（Ⅰ）他の神社に合祀する、（Ⅱ）他の神社の境内神社とする、（Ⅲ）他の神社の境内社へ合祀する、（Ⅳ）他の神社の境内社とするが、飛地扱いとする、の四通りである。どの方式でも統計上、神社の減少数は同じなのだが、社地移転を伴わないとみられる（Ⅳ）の措置に至っては、合祀といっても実質的な存置に近い。実際、後述するように、（Ⅳ）の措置は上郷村・矢代村の計画で多用されていて、おそらく計画の現実的策定に大きな意味をもったと思われる。この四つの合祀措置については、『提要』のベースとなった先述の神社制度調査会「無格社整備ニ関スル要綱」（昭和十七年〔一九四二〕）にすでにみられるもので（他の神社に合祀／他の神社の境内社化／他の神社の境内社への合祀／他の神社の「境外神社」化／「私祭神祠」化／廃止）、『提要』以後の政策展開の特徴をよく示すものと考えられる。[18]また、市町村長主導といっても、計画案策定にあたっては、関係神社にかかわる地域ごとに委員を選出しての検討が各市町村に求められている。

以上のように神祇院『提要』を軸とした新潟県「無格社整備振興」は「無格社現状調」にくらべ、より具体的、慎重、柔軟で格段に本格的実施に向けての体制をととのえていることがわかる。その背景について確定的なことを指摘する段階ではないが、神祇院『提要』の内容と、すでにのべたように、同県の「無格社現状調」の結果がふまえられていることは、ほぼ確実であるように思われる。

さて、このような神祇院『提要』後の新潟県の動向は、藤本前掲「無格社整理と神祇院」で、例示された奈良県の動向と比較すべきものといえるだろう。奈良県は神祇院『提要』を受け、昭和十九（一九四四）八月『神社振興指導要綱』を刊行している(19)。ただ、藤本は県レベルのその後の実施動向について具体的に分析しているわけではない。以下本稿第三・四節では、その点を上郷村・矢代村役場文書①②を用いて、さらに確認してみることとする。

三　中頸城地方における町村の無格社整理計画案の策定

第二節にみた、二月二日の中頸城地方事務所での町村吏員会同の結果、各町村は同月中旬までに「自町村ノ整備計画」を樹立することがもとめられ、さらに、同月後半、管内を四群にわけて各町村計画書をもとにした町村主務者・神職らによる合同協議会を開催するというスケジュールが、十七日に同地方事務所から提示された（②、中頸城地方事務所長→各町村長「無格社整備振興ニ関スル件」）。その後、「無格社ノ整備振興ニ関スル件」合同協議会の日程が四群ごとの会場で、三月七日もしくは八日に設定され、矢代村・上郷村を含む「頸南一九町村」の場合、新井町役場で八日開催とされた。この合同協議会では、自町村の整備計画と『提要』を持参することが指示されていた。神祇院『提要』のもとでの無格社整備計画は、戦時地方行政機関である地方事務所を軸に、きわめて組織的・計画的なやりかたで実現がはかられていったと考えられる（①、中頸城地方事務所長→各町村長「町村吏員会同ノ件」、同年三月二日）。以下、矢代村・上郷村役場文書①②に、両村における昭和十九年（一九四四）段階の無格社整備計画をみていくことにしよう。

（一）矢代村の場合

表2は、「中頸城郡矢代村無格社整備計画」(20)の内容を、同村における明治以来の神社の状況、明治末年の神社合祀とあわせて示したものである。矢代村は一一の旧村からなる行政村で、神社明細帳に当初記載されていた二二社の神社は、すべて無格社であった。詳しくみれば先述のように、村社的な「産土神」と戸数標記の無格社が各旧村（あるいは内部小村落）に大体一社あり、他は村社的でない無格社という構造であった。二二社には（不明の一社を除き）、当初、社殿施設というべきものはなく、いずれもシンプルな石祠であった。同村の明治末年の神社

表2　矢代村の神社と無格社整備計画案（昭和十九年（一九四四））

旧村	社名（全て無格社）	氏子（戸）信徒（人）	当初設備	産土神表記　明治末年の合祀	整備計画案時点状況	整備計画案
岡沢	**諏訪神社**	**一二五戸**	**石祠**	**「岡沢産土神」表記**	**氏子二一八戸 本殿幣殿拝殿石造鳥居**	**村社列格**
	春日神社	一二五人	石祠	諏訪神社へ合祀、登録抹消（明治四〇・一九〇七）		
	神明社	一二五人	石祠			
西福田新田	神明神社	一二戸	石祠	「西福田新田産土神」表記　諏訪神社へ合祀、登録抹消（明治四一・一九〇八）		
西菅沼新田	諏訪神社	五〇戸	石祠	「西菅沼新田産土神」表記	氏子六二戸 石祠	合祀（飛地境内社扱い）**諏訪神社へ**
両善寺	**石動神社**	**二四戸**	**石祠**	**【合祀で霊山神社に改称】**	**氏子八七戸 本殿拝殿向拝鳥居三**	**村社列格**
	諏訪神社	二四戸	石祠	「両善寺内伏龍沢産土神」表記　石動神社へ合祀 登録抹消（明治四二・一九〇九）		
	十二神社	二四戸	石祠	「両善寺内中町産土神」表記		
	白山神社	二六戸	石祠	「両善寺内新田産土神」表記		**石動神社へ**

西野谷	諏訪社	五五戸	石祠	「西野谷産土神」表記	氏子五五戸	石祠	合祀（飛地境内社扱い）見込＊
西野谷新田	八王子社	二五戸	石祠	「西野谷新田産土神」表記	氏子四一戸	石祠	合祀（飛地境内社扱い）見込＊ （＊両社合併、村社列格希望あり）
窪松原	**諏訪神社**	**六七戸**	**（不明）**	**「窪松原産土神」表記**	**氏子八〇戸**	**本殿拝殿幣殿鳥居**	**村社列格**
	天狗社	六七人	石祠	諏訪神社へ合祀、登録抹消（明治四一・一九〇八）→			
志	**荒神社**	**七五戸**	**石祠**	**「志産土神」表記**	**氏子七〇戸**	**本殿拝殿玄関鳥居**	**村社列格（位置交通良好、応召兵等祈願・崇敬者増加しつつあり）**
	八幡社	二二戸	石祠	「志産土神」表記	氏子二五戸	石祠	合祀（合併廃止）見込 （氏子少数、振わず）
東志	八幡社	一三戸	石祠	「東志産土神」表記	氏子一五戸	石祠	合祀（合併廃止）見込 （由緒古いが氏子少数、維持困難）
三本木新田	八坂神社	一八戸	石祠	「三本木新田産土神」表記	氏子二三戸	本殿拝殿玄関鳥居	合祀（飛地境内社扱い）見込 （祭礼は盛大だが氏子少数、村社列格見込みなし）
	神明神社	一八人	石祠	八坂神社へ合祀、登録抹消（明治四一・一九〇八）→			
上中	八幡神社	二六戸	石祠	「上中村産土神」表記	氏子二八戸	本殿拝殿	合祀（飛地境内社扱い） （社殿荒廃の傾きあり、氏子少数、村社列格見込みなし）
	神明神社	二六人	石祠	八幡神社へ合祀、登録抹消（明治四一年・一九〇八）→			
	諏訪神社	二六人	石祠				
	山王神社	二六人	石祠				

（志の八幡社・東志・三本木新田・上中の合祀）→ **荒神社へ**

〔出典〕「中頸城郡矢代村無格社整備計画」（昭和十九年〔一九四四〕三月十一日、①）、『新潟県神社寺院仏堂明細帳』新潟県立文書館所蔵より作成。

〔備考〕畔上直樹「近現代の地域社会と神社」（妙高市教育委員会編・発行『斐太歴史の里の文化史―鎮守の森の文化財と斐太神社を訪ねて』）【表4】を加工したものである。

網掛けの神社は、明治末年の神社合祀後も存置された神社。

合祀は、例外はあるが、基本的に旧村単位で村社的な無格社へ合祀するものであった。結果として一一旧村に二二社あった同村無格社は、すべて村社的な無格社となり、ほぼ旧村一社となる一〇旧村一一社まで減じた。

同村の無格社整備計画の特徴をみていこう。第一に、明治末年の合祀をふまえつつ、今度は旧村を大きく超え出ての合祀が計画されている。一一の無格社を旧村をまたいで四社までにまとめ、その四社を実際に村社に列格させるという大規模な計画である。ただし、第二に、合祀される予定の七社について具体的な措置（見込み含む）の型をみると、名実共に合併廃止（Ⅰ型）となったのは、維持困難とされた二社のみである。維持見込みがあるとされた残りの五社は、村社列格の四社の飛地境内社扱いとする、すなわち社地の移動を伴わないⅣ型となっており、大規模な計画とはいっても、実情に変化が及びにくく、旧村ごとの合意を比較的とりつけやすい計画になっているといえる。第三に、それでもなお、各社地元の意向と村役場の計画にはズレが存在することである。計画書には、飛地境内社扱いとされた（Ⅳ型）社をそれぞれ有する西野谷と西野谷新田が、共同して独自の村社列格の意向をもっていたことも併記されているのである。また、計画書での併記にはいたらなかったが、同じく計画で飛地境内社扱いとされた社をもつ三本木新田からも、計画策定時に村社列格の意向を同区長が村役場に伝えていた(21)。これらの異なる村内意向をなんとか調整しながら、村役場は計画をまとめていったと考えられる。第四に、村社に列格予定の四社とそれ以外の無格社の間の違いが、この整備計画立案時点での神社施設の違いにあらわれている。同村の無格社はもともと同じような石祠ばかりの設備であったが、明治末年の合祀をへて昭和十九年（一九四四）にいたる間に、本殿や拝殿を整備していく傾向が強まった。列格対象となった無格社は例外なく本殿や拝殿を備えており、他の無格社の多くは石祠のままであった。神祇院『提要』による村社列格要件からすれば、当然ということになろう。

このようにみてくると、無格社整理政策の実施実態を考える上で、神祇院『提要』のもとでの政策本格化に加え、政策の実行現場の問題として、行政町村における明治末年の合祀の段階とは質を異にする旧村（とその神社）間の調整能力や、有機的な村内組織化の進展を想定する必要もでてくるだろう。もちろん、こうした点を確定的に論ずるには地域史的分析が必要になるだろうが、現時点では指摘にとどめたい。

(二) 上郷村の場合

上郷村とその神社、明治末年の神社合祀の状況や、昭和十八年（一九四三）春の「無格社現状調」での無格社整理計画については、すでに第一節でみたとおりである。そこで指摘した点をふまえて、昭和十九年（一九四四）の同村無格社整備計画をみていく（②）。第一に、前年「無格社現状調」の方針が、楡島「地蔵様」の問題を除き受け継がれる。猿橋の諏訪神社の村社列格と、ここに長沢原、東関、楡島に各一社あった無格社を合祀する、という計画に変わりはない、ということである。今後の検討は必要だが、おそらく矢代村をはじめとした他市町村も、同様に各町村「無格社現状調」からの計画の継続性が想定できるだろう。第二に、しかし具体的にみると、矢代村同様、明治末年の合祀より大規模な計画といっても、実際には飛地境内社扱いでのそれ（Ⅳ型）であったことである。第三、楡島の「地蔵様」の問題については、次のような経緯をたどった。まず、計画の草稿もしくは当初提出稿とみられる史料（訂正印つき訂正各所あり、全体に赤鉛筆で×が書かれている）で、「地蔵様」は「地蔵神社」として神社制度の枠外にある「私祭神祠」の扱いとされ、無格社整理そのものとは区別しながら併記される扱いとなった。このような整理措置は、『提要』の原型である先述の「無格社整備ニ関スル要綱」にもすでに「私祭神祠」化や、「私祭神祠等神社類似ノ施設ト神社トノ間」の区別として述べられていたものである。[22] さらに、最終的に三月一日に村長から中頸城地方事務所長あてに提出された計画書では、計画への記載それ自体が削られた。神祇院『提要』による無格社整理が、こうした無格社を含む「神社」とそれ以外のグレーゾーンを問題にするものだったことの重要性については、藤本も「神社」概念の問題としてすでに指摘しており[23]、さらなる検討の必要性を感ずるが、現時点ではやはり指摘にとどめざるを得ない。

以上、矢代・上郷両村の昭和十九年（一九四四）の無格社整理計画からみえてくるのは、新潟県の神祇院『提要』のもとでの無格社整理において、計画一年目の各地域の市町村では、前年の県「無格社現状調」での策定された整理計画案を下地として、かなりの程度、計画案が策定されていった可能性がやはり高いだろうということである。ここで仮に挫折していれば、次節でみる中頸城地方での次の段階への政策展開はきわめて想定しづらくなる点もふまえ、現時点ではそのように考えておきたい。そのうえで次節では、神祇院『提要』にもとづく新潟県の無格社整理策の大詰めの段階が―戦局悪化のなか―どのように展開したのか、みていきたい。

四　新潟県・中頸城地方事務所による実地調査と村社列格申請

（一）各町村計画についての実地調査

昭和十九年（一九四四）春先、神祇院『提要』のもとでの県「無格社整備振興」による各町村整備計画（第一年目）は、地方事務所―県のルートで集約や調整、確認が行われたものと推測される[24]。おそらく、その確定をうけた次の段階が、県と地方事務所による実地調査であると思われる。同年八月下旬、中頸城地方では県庁や地方事務所から職員が派遣され、各町村に入っての実地調査が実施されている。中頸城地方事務所は、「無格社ノ整備振興ニ関スル件」での実地調査の実施を、八月五日の頸南町村長会（「頸南一九村」で構成されると思われる）上で告知、八日、中頸城地方事務所長は各村長にむけて調査日時を提示（矢代村は十七日）、次のような指示をだしている（①）。

一、当日ハ貴職（故障ノ場合代理助役）及事務担任者調査ニ参加アリタキコト、但シ関係区長、氏子総代ハ強テ立会ニ及バス
二、当日ハ自転車利用ヲ便宜トスルヲ以テ、凡ソ三、四台予メ用意アリタキコト
三、調査「コース」ヲ予メ計画シ置カレタキコト

この実地調査は、自転車であらかじめ設定されたコースで―つまり限られた時間で数多くの―対象神社をまわるとあるから、まさしく文字通り徹底的な実地調査だったと考えられる。当該史料にある書き込みをみると、矢代村の場合、脇山県祭務官と地方事務所の山田総務課長が直接来村するようであり、同村の宮崎助役と岡田清司書記が案内役として記されている。

一方、上郷村での実地調査は二十九日であった。その前日、通達「神社整備ニ付実地調査ノ件」が、上郷村長から同村無格社整理に関係ある旧村の区長と常会長にだされている（②）。

明八月二十九日、標記ノ件ニ付キ県及地方事務所ヨリ係官来村シ、無格社ノ四社ヲ実地調査致ス旨通知有之候ニ付テハ、明日午前八時迄ニ上郷村農業会ニ各区長、常会長御参集御待申上ゲ御案内ヲ得度、此段取急ギ御願申上候也
追而　係官ハ一番ノ上リ自動車ニテ来村ノ予定ナルニ付、申添候

「無格社ノ四社」実地調査であるから、当時の同村内無格社すべてを調査することになる。新潟県と地方事務所からの「係官」が朝早くからやってきて、村内無格社の実地調査が実施されること、これに対し、戦時下の村の

行政組織である区・常会の長を動員、「御案内」することがもとめられている。先にみた地方事務所の指示内容からすると、関係区長等はかならずしも立ち会う必要はなかったはずだが、これをむかえる町村側では、上郷村のように戦時行政の整備された機構を動員して、これに積極的に対応する動きをみせる場合もあったのである。

新潟県における三年計画の神祇院『提要』による無格社整理計画一年目は、前節にみた、地方事務所のもとで組織化・調整をまじえた各町村での計画策定段階を経て、さらに本節でみたように、県の役人や県祭務官と地方事務所が、戦時期の整備された町村行政機構に支えられて綿密な実地調査を加えるという、きわめて組織的かつ慎重な手続きをすすめていったのである。

(二) 村社列格整備計画書の作成

さて、このうえで最終的にすすめられたのが、選定された無格社を村社に列格する手続きであった。昭和十九年(一九四四)十月七日、中頸城地方事務所は、中頸城郡新井町役場で「頸南町村長又ハ担当者」を集め(約二〇名、おそらく先述の「頸南一九町村」に対応するのだろう)、県から脇山県祭務官、金子属、土木技手一人、中頸城郡から地方事務所の山田総務課長、神職五名出席のもと、「神社振興整備ニ関スル打合会」を開催した。矢代村からは助役の宮崎武治が出席している(①、助役宮崎武治→矢代村長「復命書」同年十月九日)。その打合わせ内容をみていこう(同前、以下、史料引用にあたっては、書き間違いの修正や追加の書き込み等は煩雑になるので、すべて文中に組み込んだ)。

指示事項は七つ、「一、神社振興整備ニ関スル件」、「二、神社列格申請書調整製ニ関スル件」、「三、大東亜戦争必勝祈願ニ関スル件」、「四、大麻暦奉斎ニ関スル件」、「五、疎開児童ノ教護指導ニ関スル件」、「六、氏子惣代会並ニ常会開催ニ関スル件」、「七、供出米及白金、銀等ノ回収ニ関スル件」である。出席した宮崎助役の書き込みをみると、「一」は山田総務課長、「二」は県の金子属、「三」から「五」は脇山県祭務官の説明である（「六」「七」は不明）。「一」〜「二」が無格社整備計画に関連するものといえるもので、特に各町村の整備計画で確定した無格社の村社列格についてのものであった。宮崎による筆記によると、「整備計画書」の作成については、「社殿坪数算出方法」や、境内地坪数は村社は三〇〇坪が標準で七〇〇坪の制限があるといった記述のほかに、坪数が神社明細帳記述と実情でズレている場合は実情を記入するとした、神社明細帳をベースとしない戦時期の無格社整理策の特徴がみられる。また、村社への列格にあたっての「神社列格申請書調製」については、社掌を必ず確保することのほか、「由緒ヲ今ヨリ研究シ置ク」必要や、写真撮影の必要（全景のほか、拝殿正面、本殿・幣殿・拝殿側面、拝殿からの内部、また「手水舎ハ必ズ写ス」）があった。戦時下とはいっても、無格社整理にむけ、神社行政事務としての煩瑣な役場書類作成の注意事項が、事細かに説明されていた状況がよくわかるだろう。

他方、「三」や「五」、「七」は、この時期の戦局悪化を反映する内容となっている。宮崎の書き込みや筆記によると、脇山県祭務官は「三」について、「熱祷ヲ捧ゲテ祈願スルコト」として、その式や時期、場所について説明したが、特に場所については、「必ズシモ村社ト限ラズ、其字ノ氏神様ヲ以テ適当ト認ム」と、自らその推進にかかわっている無格社整理と対応する説明をしたといえる。また、「五」について、宮崎の書き込みには、脇山の説明として「1、宿舎ニハ必ズ神宮大麻ヲ奉斎セシムルコト　2、〔疎開〕児童ヲ氏子仝様ノ取扱ヲ為スコト」とある。「七」のうち白金・銀回収について宮崎の筆記には、「（1）近日中、町村長会ニ於テ特ニ勧奨アル筈ナルモ、推定所有者ニ付キ至急探リ入レ、供出ヲ早ムルコト、（2）白金ノ用途ハ不明、即チ極秘ノモノナル由」とある。この背景にあるのは、昭和十九年（一九四四）後半以降、戦局の悪化による飛行機生産に必要な資源の著しい不足であった。同じ中頸城地方の高田市（現、新潟県上越市）の広報には、打合会翌日の十日、市役所が白金や銀などを買い上げることが実際に告知されている。(25)

ここにみられるのは、戦局の悪化が地域神社行政にも色濃く反映していく中で、しかし、県の無格社整備計画が地方事務所を通じ、村社列格手続きという大詰めにむかって、煩瑣な行政事務の準備を着々と整えていくという姿であり、また、これをうけとめる町村側、担当吏員に、その事務内容を日常的な行政事務の一つとして実行に移すべく行動することが求められている姿である。

十二月二十日、中頸城地方事務所は、管内町村長に当てて、「昇格候補神社ニ付打合」せのため関係吏員をあつめた会同を開催するので、「曩ノ会同ニ指示セル神社整備計画書類」を作成して持参するよう通達した（①）。同会同は、やはり中頸城地方事務所管内を四地域にわけて、矢代村や上郷村の属する「頸南十九ヶ町村」の場合、二十八日に新井町役場を会場に開催されることになった。ここにいう神社整備計画書類は、おそらく、先にみた十月の「神社振興整備ニ関スル打合会」で指示された、「整備計画書」と「神社列格申請書」のことと考えられる。暮れも押し詰まるなか、中頸城郡内では、町村が村社列格にむけての計画書類を作成、これをまた中頸城事務所が管内四地域ごとに検討、調整をはかっていくことになった。整備計画第一年目に対象の一つとなっていた中頸城地方は、無格社整備にむけての煩瑣な役場行政事務が計画の最終段階にむけて、戦局が悪化する中でも着々と中断されることなくすすめられていったと考えられる。

おわりに

それでは、新潟県における無格社整理は最終的に実現したのであろうか。矢代村・上郷村役場文書①②では、その後について残念ながら史料がみあたらない。ただし、旧矢代村域については、妙高市教育委員会が『斐太歴史の里の文化史』刊行にあたって、市域を中心に広大に広がる斐太神社（旧斐太村宮内、旧郷社（昭和十七年））の兼務社二一六社を対象に、その現況や歴史等について各社地元に依頼した（平成二十四年〔二〇一二〕調査・記述と、市教育委員会で撮影された各社の現況写真をてがかりとすることができる。[26]それを参照すると、無格社整理計画で飛地境内社扱い（Ⅳ型）となった五社どころか、合併廃止（Ⅰ型）予定の二社までも、すべて現存していることがわかる。旧矢代村域を含む各神社地元による記述にも、戦時期の無格社整理の影響があったことなど、明治末の神社合祀とは対照的にまったくみあたらない。戦時期の無格社整理の動きなぞ、まるで最初からなかったかのようである。

ここで考えうる一つの見通しは、三年計画だった新潟県の無格社整理計画の二年目が昭和二十年（一九四五）にあたっており、つまり、県全体としては結局、計画は実施寸前ではあったが、未完のまま終焉したのではないか、というものである。とはいえ、矢代村・上郷村を含む中頸城地方は、県の三年計画の第一年目に整理をすすめていた部分（四市、中頸城郡、岩船郡）と考えられるわけだから、もうすこし丁寧な見通しも可能かもしれない。自治体史においてもすでに、同じ中頸城地方の金谷村や直江津町（現、上越市）での無格社整理の記述が短いながらもあり、特に金谷村で翌昭和二十（一九四五）七月に「無格社五社の村社昇格が行われた」という。[27]この記述が正しいのであれば、少なくとも計画第一年目の県内地域で、部分的には無格社整理は実現していたことになるのである。

以上をふまえて研究の方向性について現時点での展望を試みるならば、無格社整理政策を満足に実行に移すことすらできない「無力」な神祇院という見方は、実施実態にそくした「無力」の中身の検討がなければ、やはりあまり生産的ではない、ということになろう。つまり、明治末年の神社合祀にくらべて格段に慎重・丁寧で組織的な神祇院の無格社整理政策は、戦時期日本の地方行政能力とそれによる社会の組織化水準のもと、戦争末期ですら十分政策実現が可能だったと判断されるものであり、実際に実現寸前の段階に（さらには一部実現していた可能性すら）あったのではないか、ただ途上で体制レベルの「切断」があったため（昭和二十一年〔一九四六〕二月には神祇院廃止）、全体としてはなにもなかったかのようにみえているだけではないのか、ということである。これを単に、戦争末期の状況下の神祇院の「無力」ということで片付いたことにしてしまうには、今回示された史実はあまりに「饒舌」であるというほかはないのである。

もちろん、分析途上における、このいかにも荒っぽい展望も、今後の検証の必要がある。細部のつめももちろん必要だが、なにより問題なのは、事例の一般性をめぐる問題に見通しが得られていない点だろう。素材として用いた史料①②があきらかにするのは、矢代村や上郷村、中頸城地方、郡、これを含む県内の計画初年実行地域、そして新潟県といった場であり、藤本が提示した奈良県のケースとも進め方が違っていること一つをとっても、どれだけ一般性をもつのか、未知数のところが多い。むしろ、これまでの分析から示唆されるように、当事例は、無格社整理におけるモデルケース的なものだったのではないか。全国においては新潟県が、新潟県においては中頸城地方等の計画初年目部分のもつモデルケース性である。いずれも新潟県と県内各地の動向を、まずは当該期、さらにはその前後で、他府県との比較も含め十分ふまえたうえで、矢代村・上郷村役場文書①②の内容をあらためて位置づけることが必要だろう。関連して、地方祭務官制度や地方神職会―大日本神祇会支部組織の問題も考えていく必要があろうし、そもそも、矢代村や上郷村（さらには金谷村）、あるいは中頸城地方事務所が、政策を推進しうる特殊に高い行政能力や政策推進に有利な特別な条件にあった可能性はなかったのか等、地域史的分析を多角的にすすめていくことも必要と思われる。

註

＊史料引用に際しては、一部省略（「……」）、引用者付記（〔　〕）のほか、（ママ）等の注記を適宜施し読点を加え、合字は開き漢字は新字体にあらためた。

(1)村上重良『国家神道』(岩波書店、昭和四十五年)、二〇六頁。
(2)阪本是丸『国家神道形成過程の研究』(岩波書店、平成六年)、三二四―三三二頁、三五三―三五八頁、他。
(3)鈴木紀彦「神祇院の成立過程の研究」(『明治聖徳記念学会紀要』復刊五一、平成二十六年)。
(4)藤本頼生「無格社整理と神祇院―「国家ノ宗祀」と神社概念―」(『國學院雑誌』一一三―一一、平成二十四年)。
(5)阪本前掲『国家神道形成過程の研究』、三二九・三五六頁。
(6)藤本前掲「無格社整理と神祇院」、八二頁。
(7)同前、八三頁。
(8)記述内容と新潟県の『神社明細帳』(『新潟県神社寺院仏堂明細帳』新潟県立文書館所蔵)については、妙高市教育委員会編・発行『斐太歴史の里の文化史　鎮守の森の文化財と斐太神社を訪ねて』(平成二十六年)における拙稿「近現代の地域社会と神社」を参照されたい。
(9)前掲『新潟県神社寺院仏堂明細帳』。
(10)同前。他四社は三四~六七戸であるのに対し、長沢の八王子社は一九〇戸である。なお、上郷村は、「明治の大合併」後の明治三十四年(一九〇一)に、新潟県が実施したさらなる町村合併で、旧村長沢のみからなる長沢村と、四つの旧村からなる瑞穂村が合併して成立した猿橋村が改称したものである。
(11)後述する昭和十九年(一九四四)の整備計画では、石祠の数は一社である(②、「中頸城郡上郷村無格社整備計画」同年三月一日)。
(12)前掲『新潟県神社寺院仏堂明細帳』。
(13)後述する昭和十九年(一九四四)の整備計画では石祠四社、鳥居(木造一石造一)石灯籠一対などとある(②、前掲「中頸城郡上郷村無格社整備計画」)。
(14)(8)に同。
(15)藤本前掲「無格社整理と神祇院」。
(16)長峰↓各区長(葉書)、昭和十八年(一九四三)十月二十日(②)。長峰については、各「無格社現状調」(同年三月十八日、②)。

(17)『官報』四二〇五（昭和一六〔一九四一〕・一・一五）、四二三七（二・二二）、四五二〇（昭和一七〔一九四二〕・二・四）、四五五七（三・二〇）、四五五八（三・二三）、『神道人名辞典』（神社新報社、昭和六十一年）、六二六―六二七頁。地方祭務官制度ならび脇山については、本書編者である阪本是丸國學院大學教授に種々ご教示をいただいた。記して感謝したい。
(18)藤本前掲「無格社整理と神祇院」、八一頁。
(19)同前八一―八二頁。奈良県『神社振興指導要綱』は、藤本頼生『神道と社会事業の近代史』（弘文堂、平成二十一年）、四八六―四八九頁（注32）に抄出あり。
(20)計画書は昭和十九年（一九四四）三月十一日に村長から中頸城地方事務所長宛提出とある。協議会開催日（八日）の後である。また、協議会開催日翌日（九日）、村長は一部区長に対し、「無格社神社ノ整備振興ニ関シ本県ヘ至急報告ノ必要」から、「貴字神社」について別紙「神社ニ関スル調査報告書」書式による報告を十一日午前中までに提出することを求めている（①）。つまり、一度策定された計画書の地方事務所―県の協議過程での修正版かもしれない。
(21)三本木区長小池岩三郎→宮崎助役、昭和十九年（一九四四）三月十一日（①）。調査報告書を提出後、その日のうちにだされた要望書。
(22)藤本前掲「無格社整理と神祇院」、八一頁。
(23)同前、七二―七六頁。
(24)矢代村での整備計画策定をめぐるいきさつ（註20）はそれを示唆する。上郷村の計画書の史料状況（先述のとおり、最終提出稿以外に訂正・抹消された計画書が存在する）も、これに関連するものかもしれない。
(25)上越市史編さん委員会編『上越市史』通史編５近代（昭和十六年、上越市）、五九三―五九四頁。
(26)前掲『斐太歴史の里の文化史』所収「特論　斐太神社とその兼務社」。なお調査経緯は、二二五―二二六頁を参照。
(27)前掲『上越市史』通史編５近代、六〇九頁。

付記

本稿は、ＪＳＰＳ科研費二六二八四〇一七、七〇一四三三三六の助成をうけたものです。

二・二六事件と「八紘一宇」
――道義性と政治性の分岐点――

黒岩昭彦

はじめに

近年、大東亜戦争のスローガンとされる「八紘一宇」をテーマとする論考が増えつつある[1]。批判派の論は、戦争との関係を必要以上に強調して八紘一宇が「国是」であったと主張している。一方擁護派は、この熟語の道義性に着目して平和用語と唱えている。もちろん両論共に歴史事象と照合して符号する点もあるが、その前提として、何故にこの二つの対立意見が現出したのかという事実確認及びその契機となった事象への検証なくして、その原因究明には至らないと思われる。

筆者は、戦争の侵略性を象徴するとされる宮崎市の「八紘之基柱」(「八紘一宇の塔」、現「平和の塔」)の建設過程と、八紘一宇の全国展開を研究課題として幾つかの論考を発表して来たが[2]、その些末な知見も踏まえて述べれば、「日本ファシズム」の転機とされる二・二六事件以降に、この熟語が政治性を増したことに淵源があると考えている。具体的には、その「蹶起趣意書」の中の一文、「八紘一宇ヲ完フスルノ国体ニ存ス」に見出したいのである。

いうまでもなく、昭和十一年（一九三六）二月二十六日、大雪の降る東京において陸軍皇道派の青年将校らが一四八三名の兵を率いて蹶起した事件である。陸軍青年将校らが起こした「昭和維新」と称されるこの事件の衝撃が、如何に甚大であったかは、時の内大臣斎藤実、大蔵大臣高橋是清、教育総監渡辺錠太郎らは射殺され、侍従長鈴木貫太郎が重傷を負ったという一事を見ても明白であろう。二十七日には東京全市に戒厳令が布かれ、首都は完全に麻痺したのであった。この社会を騒然とさせた二・二六事件によって、初めて八紘一宇は公衆に知られたのであって[5]、いい換えれば、政治の舞台に突然表出した熟語であったともいえよう。しかしながらこの言葉は、青年将校らの鎮圧後においても危険思想用語とはならずに、逆に大きく展開されることとなる。

本論で問題とすべきは、神武天皇の「橿原奠都の詔勅」からの造語である道義性（宗教的）を多分に含むであろう八紘一宇が、何故に、これを契機として戦争用語としての政治性（国家権力・国家主義）を増したか、という背景を知ることにある（以下、本文並びに引用文中の傍点は全て筆者）。ここに道義性と政治性の分岐点があったのではないかと考えるのである。

そこで、その論旨を明確にする為に先ずは青年将校らの「蹶起趣意書」を検証する。次に、事件の当事者ではないが、図らずも事件に巻き込まれていった人物（石原莞爾、相川勝六、平泉澄）との相関を整理し、三人の八紘一宇観も検討したいと思う。これによって、八紘一宇の政治性の現出が二・二六事件にあったことを究明することが目的である。

一　「蹶起趣意書」に見る目的と思想

それでは、二・二六事件の青年将校らの示した「蹶起趣意書」に見られる彼らの蹶起目的と、その思想とは如何なるものであったのかを先ずは見てみたい。そこには、

> 謹ンテ惟ルニ我カ神洲タル所以ハ万世一神タル、天皇陛下御統帥ノ下ニ挙国一体生々化育ヲ遂ケ終ニ八紘一宇ヲ完フスルノ国体ニ存ス。此ノ国体ノ尊厳秀絶ハ天祖肇国神武建国ヨリ明治維新ヲ経テ益々体制ヲ整ヘ今ヤ方ニ万方ニ向ツテ開顕進展ヲ遂クベキノ秋ナリ。然ルニ頃来遂ニ不逞兇悪ノ徒簇出シテ私心我慾ヲ恣ニシ……万民ノ生々化育ヲ阻碍シテ塗炭ノ疾苦ニ呻吟セシメ、随テ外侮外患日ヲ逐フテ激化ス。……其ノ滔天ノ罪悪ハ泣血憤怒真ニ譬ヘ難キ所ナリ。中岡、佐郷屋、血盟団ノ先駆捨身、五・一五事件ノ噴騰、相沢中佐ノ閃発トナル……内外真ニ重大危急今ニシテ国体破壊ノ不義不臣ヲ誅戮シテ稜威ヲ遮リ御維新ヲ阻止シ来レル奸賊ヲ芟除スルニ非ズンバ皇謨ヲ一空セン。……茲ニ同憂同志機ヲ一ニシテ蹶起シ奸賊ヲ誅滅シテ大義ヲ正シ国体ノ擁護開顕ニ肝脳ヲ竭クシ、以テ神洲赤子ノ微衷ヲ献ゼントス、皇祖皇宗ノ神霊冀クバ照覧冥助ヲ垂レ給ハンコトヲ。[6]

とある。

この「蹶起趣意書」を執筆したのは、歩兵第一連隊中隊長野中四郎大尉であった。その経緯については、大尉が事件鎮圧日の二十九日に自決しているので詳しくは解らない。ただ、村中孝次元陸軍大尉によると、二月二十

二日午後四時頃に安藤輝三大尉と磯部浅一元陸軍中尉と共に野中大尉宅を訪問した際に預かった文書という。村中はこれを持ち帰って北一輝にも見せたところ、「大変立派な文である」と褒めたと証言している。そして、これを村中が若干の修正を加えて起案、清書もした上で「蹶起趣意書」とした。なお、北一輝宅で書かれ北が添削したという説もある。(7)

次に、この「蹶起趣意書」の要諦（四点）について見ておこう。

一点目は、天皇親政（目的）であり、二点目は神武建国精神、八紘一宇の発揚（理念）であって、三点目には社会情勢の緊迫化（背景）、そして四点目が「昭和維新」（手段）が挙げられよう。

先ずは三点目の社会情勢から見ると、青年将校らは、「不逞兇悪ノ徒簇出シテ私心我欲ヲ恣ニシ……万民ノ生々化育ヲ阻碍シテ塗炭ノ疾苦ニ呻吟セシメ」ているとしている。政治腐敗が進み、財閥や不逞の輩が私利私欲を恣にし、国民に塗炭の苦しみを与えていると訴えるのである。確かにその背景には、世界恐慌や昭和初期の農村の飢饉に端を発する婦女子の身売りや不況から派生した生活苦があったことが知られている。農村出身の多い軍隊にとって、この困窮は党利党略に呻吟している政治の無為無策が生んだ状況であるとの認識が拡がっていった。この社会描写は、陸軍の秘密組織とされた「桜会」の橋本欣五郎大佐らが企てていた未遂事件、三月事件（昭和六年三月）や十月事件（同年十月）の「趣意書」と類似している。また、五・一五事件（同七年）の「日本国民に激《ママ》す」とも同趣旨である。(8)

その状況を改善すべく、四点目の昭和維新が決行されたとする。

曰く、「滔天ノ罪悪ハ流血憤怒真ニ譬ヘ難キ所ナリ。中岡、佐郷屋、血盟団の先駆捨身、五・一五事件ノ噴騰、相沢中佐ノ閃発」となって顕れたと認識する。「中岡」とは中岡艮一のことで、大正十年の原敬首相の刺殺者である。「佐郷屋」とは佐郷屋留雄のことで、東京駅で浜口雄幸首相を狙撃し（同五年）、後に首相はその傷がもとで死去している。「血盟団」とは、血盟団事件(同七年)のことで、井上日召率いる血盟団員が「一人一殺」を掲げ、元大蔵大臣の井上準之助や三井財閥の団琢磨を暗殺した事件を指している。そして海軍青年将校らが犬養毅首相を暗殺した五・一五事件、更には、「相沢中佐ノ閃発」とは、陸軍統制派の永田鉄山軍務局長が皇道派の相沢三郎中佐に白昼惨殺される相沢事件(同十年)である。二・二六事件の青年将校らの行動が一連の「昭和維新」に繋がる蹶起であることは、「御維新ヲ阻止シ来レル奸賊ヲ芟除スル」を見ても明白である。

ところで意外なことに、これらの一連の事件は、その足並みや思想が必ずしも一致してはいなかったという。神道思想家の葦津珍彦は、「この時代の維新派の思想は、錯綜し混線している」と分析しており[9]、橋川文三は、事件の黒幕とされた北一輝の天皇観には、「青年将校のいただいたような天皇=現人神の信仰が欠如していた」と指摘している[10]。昭和維新者の思想一致点は、政治を支配していた重臣や政党に対して強く向けられ、総じて経済発展のみを重視した財閥への不満を有し、更には、二・二六事件では幕僚(陸軍統制派)にさえ向けられていたのである。

このような「奸賊ヲ芟除スル」為には、「万世一系タル天皇陛下御統帥ノ下ニ挙国一体生々化育ヲ遂」げねばならないとある。即ち一点目の「天皇親政」である。

二・二六事件より遡る昭和十年二月には所謂「天皇機関説事件」が起こり、貴族院議員でもあった菊池武夫陸軍中将は、憲法学者でもあった美濃部達吉貴族院議員の学説は国体に背くと批判、遂に「国体明徴運動」と相俟って美濃部議員は貴族院議員を辞職、その学説の教授も禁じられたのであった。そして政府は、日本が如何なる国であるかを説明した『國體の本義』(昭和十二年文部省)を刊行するのである[11]。青年将校らの主張する天皇親政とは、このような天皇機関説事件や国体明徴運動と深く結びついている。要は天皇は「君臨すれど統治せず」という一般に信じられていた天皇機関説の原理を、天皇御親ら親裁される国家に戻すことを目的としていた。

その規範としたものが明治維新であって神武建国精神（二点目）である。「八紘一宇ヲ完フスルノ国体」と謳い、「此ノ国体ノ尊厳秀絶ハ天祖肇国神武建国ヨリ明治維新ヲ経テ益々体制ヲ整ヘ」ともいう。なお、五・一五事件では、「陛下聖明の下、建国の青《(精)》神《ママ》帰り国民自治の大精神に徹して」と訴えている。その中心人物たる大川周明は「神武会」を組織し（昭和八年）、神兵隊事件（同八年）の関係者が神国思想を堅持していたことはいうまでもない。(12)

八紘一宇とは、神武天皇のご即位前に発せられた「橿原奠都の詔勅」の中の一文、「六合ヲ兼ネテ以テ都ヲ開キ、八紘ヲ掩ヒテ宇トセムコト、又可カラズヤ」を原典とすることが知られている。一つ屋根の下に家族が仲睦まじく生活するように、世界を一つの大きな「家」と見立てた民族協和であって、その実現の為には、八紘一宇の道義性を堅持した挙国一致体制を速やかに布くべきであるとの強い姿勢が示されている。神武天皇のご詔勅からの造語である八紘一宇は、彼らにとって特別の意味があったはずである。(13)

因みに、陸軍大臣として初めて八紘一宇を使用した荒木貞夫陸軍大将は、愛国労働農民同志会結成式の「陸相荒木貞夫大将の祝詞」(14)（昭和八年十二月十七日）のなかで、「日進日新ノ国是ヲ顕現シ、八紘一宇ノ理想ニ邁進センコトヲ」と述べている。一方、『躍進日本と列強の重圧』（同九年七月二十八日付）には、「皇国は肇国の始めより、厳として存する大理想たる八紘一宇の精神により」とあり、初めて陸軍が公的に使ったのである。(15) そして日本文化連盟は、「天業恢弘八紘一宇化これご理想の真髄にして又実に日本民族永遠の使命」と、「皇紀二千六百年記念事業に関する建議書」（同十一年一月二十四日付）の中で述べている。(16)

ここに初めて、「理想」から「現実」の行動を伴った八紘一宇が政治の舞台へと登場したことに注意を払いたい。

二　石原莞爾の二面性

二・二六事件に際して昭和天皇は厳しいご姿勢で臨まれたのであった。[17]

一方、動揺する陸軍にあって、事件の制圧を早い段階において主張したのが参謀本部作戦課長石原莞爾[18]大佐であった。安藤輝三大尉配下の部隊が占拠している首相官邸に単独で乗り込んで、即時の原隊復帰とその非を問い糾している。後年、昭和天皇は石原を評して、「満州事件《ママ》の張本人であり乍らこの時の態度は正当なものであつた」と回顧されている。[19]「一体石原といふ人間はどんな人間なのか」と怪訝に思われているのは、満洲事変の時と比較しての激変振りを指してのご感想であったことはいうまでもない。石原が関東軍参謀将校として、柳条湖爆破を口火として満洲事変（昭和六年・一九三一年）を起こし、後に傀儡国家たる満洲建国への道を開いたことは周知の通りである。

ところで、石原は田中智学の「国柱会」に属し、熱心な法華経信者であったことが知られている。満洲建国に先だって開催された東北行政委員会（昭和七年二月十八日）では、「南無妙法蓮華経」と大書した幅一メートル高さ五メートルの垂れ幕を掲げ、「五族協和」「王道楽土」の理想国家建設を目指したのであった。何故に石原は「南無妙法蓮華経」を掲げたのか。評論家の福田和也は石原論を展開していくなかで、「近代日本を、信仰の面から云えば、法華の時代であると考えることもできる」と述べている。[20]「法華の時代」とは、余りにも大げさな形容と思われるかもしれないが、「蹶起趣意書」にも見られる血盟団事件や、五・一五事件に連座した井上日召、更には、二・二六事件の北一輝や西田税など、「日本ファシズム」と日蓮（＝日蓮法華宗）という視座なくして、近現代史は語れるかという問題でもある。[21]

事実、青年将校らの中にも法華信者が少なくなかったのである。「蹶起趣意書」を毛筆で清書した村中孝次は、「渋川善助氏の影響を受け法華経を読んで居ります」と述べている。更に香田清貞大尉は、「日蓮宗の太鼓を叩くことと御題目を唱へること丈はやつて居ります」と答えている。[22]

一方、石原が真っ先に面談した安藤大尉も熱心な法華経信者で、石原の仙台幼年学校の後輩でもあった。陸軍内部にあって断固制圧を主張した石原であったが、信仰的には彼らと近い存在にあったことが解る。

そしてもう一点は「昭和維新」への同情である。占拠中、乗り込んで来た石原に対して栗原安秀中尉が昭和維新の考えを尋ねると、「僕のは軍備を充実すれば昭和維新になる」と答えている。[23] 事実、後に実行に移して「国防国策大綱」（昭和十一年六月三十日）や「戦争準備計画方針」（同年七月二十九日）と銘打った一連の総力戦計画を立案した。[24] 陸軍皇道派が一掃されると、石原の予てからの念願であった国家改造計画を推し進めていく。昭和十二年二月にはこの計画を支持した林銑十郎内閣を発足させ、石原の息のかかった人物の入閣を試みるなどの政治的動きも強めた。[25]

このように、石原は青年将校らの説いた「昭和維新」を非難したわけでもなく、また、信仰や精神は近いものがあったのである。にも拘わらず、何故に終始制圧を主張したのか。

その理由は、安藤大尉に向かって石原が、「陛下の軍隊を私するとは何事か、不届千万な奴だ。……兵隊の手を使って人殺しをしようなどとは、何たる卑怯な奴だ」と怒鳴りつけたという発言から推測できよう。[26] 五・一五事件とは大きく異なり、陛下の軍隊を私兵化して事に及んだことによる詰問である。一連の事件に比して、二・二六事件の青年将校らは実に身辺が純粋であったと思われるが、石原の感性では全く逆で、自らの手を汚さずに部隊を動員して事に及んだ二・二六事件の方が不純であるというのである。

加えて、将校らが八紘一宇を掲げて蹶起したことも理由の一つと考えられる。

何故ならば、信奉する田中智学こそが「八紘一宇」の熟語造語者であったことにある。[27] 天皇陛下の軍隊を勝手に動かした不敬に併せ、高潔な神武天皇の八紘一宇を卑怯な方途で汚されたという意味においてである。事実二人の関係は洵《まこと》に強いものがあった。前述した満洲建国の際には、智学から石原に「曼荼羅」が贈られている。小林英夫によれば、これは単に石原が国柱会の信者であったからではなくて、「石原と国柱会のイデオロギーがみごとに結合している」からという。[28] また八紘一宇についても、未だこの熟語が社会に浸透していない昭和六年四月、石原は既に「現在及将来ニ於ケル日本ノ国防」という論考において「八紘一宇ノ皇謨」という表現を使っている。[29] 石原こそが、陸軍内で最も早く八紘一宇を使用した人物でもあったのである。

ところで、順風満帆に見えた石原であったが、その後は陸軍統制派の東条英機との確執に敗れ失脚、そして「東亜連盟」(昭和十四年十月八日結成式)を組織すると、『最終戦争論』の中で八紘一宇を説き続けた。その中で石原は、「昭和維新は東亜の維新」であり、更に「われらは数十年後に近迫し来たった最終戦争が、世界の維新即ち八紘一宇への関門突破であると信ずる」と述べている。[30] 因みに『最終戦争論』の内容であるが、武道大会に世界の国々が選手として出て来てその勝敗を争うような想定の下に、世界各国がトーナメント方式の世界戦を展開して、その決勝戦に残ってゆくのが、「ぐうたらのような東亜のわれわれの組と、それから成金のようでキザだけれども若々しい米州」であるとする。そして太平洋を挟んで人類の最後の大決戦に臨むという、いわば、戦争史の大観と、世界統一のための最終戦争の必至を説いた予言書とも称すべきものである。

この書のキーワードが八紘一宇にあることは、何度もこの熟語が登場していることからも窺えよう。彼の八紘一宇観が如何なるものであったかは、前述した「現在及将来ニ於ケル日本ノ国防」を見れば明白である。つまり、「明治大帝カ神武大帝ノ八紘一宇ノ皇謨ヲ具体的ニ示シ給ヘル世界統一ノ大宣告ナリ」というように、国柱会の山川智応の著書を引用しつつ、八紘一宇を世界統一の一つの大目標として掲げて論じている。ところが一方では、二・二六事件鎮圧直後に語ったとされる辻政信大佐の証言がある。満洲統治について日本人は過去の一切の特権を放棄すべきだとして、「鉄兜を被ったり、モーニング姿では、ほんとうの民族協和はできない」と訴えている。そして、満人がどんなに偉くなっても強くなっても良いとして、「この自信がないならば、八紘一宇の看板と大日本の「大」の字を外して」、大陸から退くべきだと述べるのである。[31] 石原は熱心なアジア主義者でもあった。[32]

青年将校らへの思想信仰に同情を寄せながらも、その鎮圧を強硬に主張した性格の二面性。また、満洲事変の実行者であったが、満洲に「王道楽土」の理想国家造りを目指した二面性。この覇道と王道こそが石原莞爾の人格を形成している。前掲の小林は石原を「日本の第一級のファシスト」と評しているが、[33] その反面で最も五族協和の八紘一宇の理想国家造りを夢見た、「日本の第一級の道義主義者」であったともいえよう。事実、「第一級のファシスト」とされる石原莞爾は、本人の申告にも拘わらずＧＨＱ（連合国軍最高司令官総司令部）の戦犯指定すら受けなかったのである。[34] 石原のファシストの顔と道義主義者の二面性こそが、八紘一宇の政治性と道義性にも重なるのである。

三　相川勝六の「大失敗」

一方、二・二六事件を事前に察知出来ずに、「我々警察実務者の大失敗であった」[35]と嘆いた人に、内務省警保局保安課長兼高等課長であった相川勝六がいる。

一連の昭和維新の事件が頻発し、更に昭和九年（一九三四）には「陸軍士官学校事件」[36]（十一月二十日事件）などの伏線があったにも拘らず、その警備を怠ったのであるから、油断があったというしかない。あろうことか警保局は、事件前日の二月二十五日と二十六日にかけて全国特高課長会議を京都で開催しており、唐沢俊樹局長はじめ幹部は東京を留守にしていたのである。不穏な動きをしていた大本教の本質理解のため教団本部を視察させて、取締りを強化すべく会議を開いていたのであった。何故に警保局は大本教を危険視していたかといえば、その主宰者たる出口王仁三郎が、当時最も右翼勢力として力を誇示していた国龍会の内田良平らと協力して、「昭和神聖会」を結成したからに相違ない。「宗教弾圧」というものではなくて、その結成式には陸海軍関係者はじめ有力者が多数参列したことからも解るように、「昭和維新」を目指す勢力に影響を及ぼしていたからである。[37] よって、「治安維持法」を拡大解釈して適用したのである。[38] ともあれ、如何なる理由であったにせよ二・二六事件での対応不備があったことは明白であって、国民の厳しい目が警察当局に向けられたことはいうまでもない。警保局長を務めた松本学や警視庁特高部長であった安倍源基、更には特高課長福本亀治等が厳しい批判の記録を残している。[39] 相川ら幹部と現場関係者との間には、時局認識の上での見過ごせない大きな温度差があったことは確かである。

このように「大失敗」を犯したとする相川であったが、二十六日早朝に東京駅へ到着して概要報告を受けている。事件の全容を聞いて「唖然とした」というが、直ぐに職務に就いて大言壮語ともいうべき話を残している。例えば、姫路第十師団長建川美次中将に蹶起軍鎮圧の内勅を昭和天皇に受けてほしいと頼まれた話や、宮内省宗秩寮の岩波武信事務官から、秩父宮雍仁親王に直ぐに宮中に戻るよう説得してくれと依頼されて、秩父宮に「涙をふるって申し上げた」とする話である。[40] この二つの相川発言の真偽の程は定かではないが、秩父宮と相川に接点があったことは事実である。というのも、秩父宮がイギリス留学された際に相川も留学しており、既に「お近づきを得て」いたからである。三月四日には、事件後の治安問題と、特に叛乱軍の占拠した赤坂や永田町一帯のその後の状況報告を行っている。[41] そして、事件処理後は、朝鮮総督府警察部警察局外事課長に転任となっているが、その左遷理由は、二・二六事件の不手際だけではなさそうである。[42]

というのも、相川もまた現状の社会状況を打破すべく動いた革新官僚の一人であって、自らを「新官僚」と自認していたからである。上司の唐沢局長や内務大臣後藤文夫も然りである。[43]社会全般に政党への不信が渦巻いている時代であって、軍部や官僚、更には社会全体に革新の空気が充満しつつあった。警保局の有力な新官僚であった菅太郎によると、「新官僚運動といえば、もう一つほかの、もっと運動的で政治的な一翼があった。はっきり当時の日本主義的革新思想の立場にたち…官界を基軸として、軍部革新将校や民間の有志とも交友連携し…次第に勢力をはりつつありました」とし、更に「新官僚運動の主力はやはり警保局でした」と明確に述べている。[44]この証言を裏付けるように相川にあっては、新官僚に思想的影響を与えた安岡正篤の金鶏学院に接点を持ち、更に陸軍統制派の池田純久少佐らと接触していた。池田によると、国家革新の建設計画となると、「軍人だけでは到底できない。それは専門的知識を必要とする」との理由から新官僚との関係を緊密化させたという。[45]陸軍統制派の影響下に置かれつつあった中に二・二六事件は起きた。つまり、蹶起した側も押さえた側も革新的思想を堅持していたのであって、その方法が、蹶起将校らの実行した非合法的な下からの武力行動か（皇道派）、事件以降に見られるような軍の暴走を餌にした上からの合法的な国防国家の建設（統制派）か、との違いがあっただけなのである。そして相川は後者に属した。

その点は二・二六事件後の相川の行動が如実に物語っている。二月二十八日に岡田啓介内閣が総辞職すると、その人事に介入している。つまり、首相選定にあたって、警保局を中心とする少壮の内務官僚が「昭和維新の大改革を断行できる新内閣を組織」するように元老の西園寺公望に嘆願書を出すのである。更に、川崎卓吉（民政党）が内相に擬せられると反対の動きを起こし、潮恵之輔の名があがると「潮排斥」を首脳部に申入れた。そして相川は、[46]「軍部ハヤリカケタ以上何処迄モヤル考ナルヤ否ヤ」[47]と、陸軍の動きを探るようなニュアンスの発言も残している。相川らは「下克上的動き」を見せたのであった。

因みに、既述の池田少佐と会談（昭和八年春頃）した労働組合界の「超怪物」とされる矢次一夫[48]の発言によると、「観念論的で政策的には無内容のアラキイズムを陸軍部内から一掃し、合法的で合理的、かつ斬進的な国政改革運動を推進しようという意図が……抬頭しつつあることを理解した」という[49]。「アラキイズム」とは、皇道派の荒木貞夫大将の唱えた日本精神を鼓舞する主張で、八紘一宇を陸軍大臣として初めて公式の場で使用した人であることは既に触れた。つまりこの矢次の証言は、荒木大将のいう「観念的」な皇道派の八紘一宇を一掃して、「合理的」な統制派の八紘一宇に改革しようとも読み解けるのであって、それは本論の説く道義性と政治性との分岐点を考える上においても、極めて示唆的である。果たして本当に「大失敗」であったのかとの疑惑も生じる。

さて、朝鮮に赴任した相川は勅任官であったが、風雲急を告げていた満洲に度々出張することとなる。石原莞爾も深く関わった満洲の地で彼は一体何を感じたであろうか。「五族協和」、「王道楽土」を目指した理想国家としての満洲国は、八紘一宇の精神が最も顕現されねばならない地でもあった。初代皇帝となった愛新覚羅溥儀は、その著『わが半生』に、東京帝国大学教授筧克彦からご進講を受けたとして、「いわゆる八紘一宇という意味は、すべてが日本という祖先に源を持っているということなのだった」と記している[50]。また八紘一宇の造語者田中智学も昭和十年六月に渡満、同二十九日には溥儀にご進講、「而シテ八紘一宇ノ洪範ハ、則チ人類一道ニ帰スルノ意ナリ」と説いたという[51]。まさに王道主義を以て民族協和が図られたのであったが、その政治の実務者たる相川によると「五族協和とひとくちに言っても、その実なかなかうまくゆかず」という厳しいものであった[52]。

そして、昭和十二年の七月七日付で宮崎県知事に就任すると、紀元二千六百年奉祝事業の一環として八紘之基柱を建てた。塔正面には、二・二六事件の騒擾に巻き込まれた秩父宮雍仁親王の「八紘一宇」の揮毫が刻字されている。デザインは彫刻家の日名子実三が手懸け、塔の形は神社の神事で使う「御幣」を摸した。その点について相川は、「この国民の総力による御幣を以て吾々自分の罪穢を祓ひ、日本の罪穢れを祓ひ、支那の罪穢を祓ひ、世界の罪穢を祓ひ、真に八紘一宇の正しき平和を確立する」と説明している。[53] つまり国内外の罪穢れを八紘一宇の精神でお祓いするというのである。青年将校らが唱えた国内維新の概念は弱まり、八紘一宇は世界維新の用語へと飛躍している。

四　平泉澄の苦悩

東京帝国大学教授を務めていた平泉澄の憂悶も深いものがあった。[54] 平泉は二年半に亘り秩父宮雍仁親王に「日本政治史」をご進講しており、また陸軍との繋がりも浅からぬものがあったのである。

蹶起に加わった第一師団所属の歩兵第三連隊は、秩父宮のかつて所属された部隊で、リーダー格の野中四郎大尉や安藤輝三大尉は、秩父宮の部下であった。とりわけ安藤大尉は、秩父宮がご信頼を寄せられた一人で、「安藤起てば歩三は起つ」といわれた程に、事件の大量動員の背景には大尉の存在が大きかった。故に、秩父宮が青年将校らの国家改造運動に理解を示されているのではないか、との憶測が拡がったのである。[55] 実際に橋本欣五郎大佐の十月事件で青年将校らの維新気運が熱調を帯び出した折、昭和天皇に対して、「御親政の必要を説かれ、要すれば憲法の停止も亦止むを得ずと激《ママ》」せられたという。[56] いうまでもなく、御親政は「蹶起趣意書」にも説かれ、憲法停止は北一輝の『国家改造案原理大綱』（大正十二年に『日本改造法案大綱』に改題）の根幹でもあり、三年間の憲法停止を謳っている。[57]

一方、平泉と陸海軍との関係が生まれたのは昭和九年からのことであった。なかでも陸軍の小畑敏四郎中将は平泉を敬慕し、皇道派重鎮の荒木貞夫大将（前述）の腹心であったことが知られている。[58] 平泉の私塾「青々塾」では定期的に日本精神に関する講話が行われ、東大生や軍関係者が聴講したという。[59] とりわけ陸軍では、皇道派と統制派とが熾烈な抗争を一層激化させていて、遂には相沢事件に至ったのである。従って二・二六事件を知った時の衝撃も大きく、「思ひも寄らぬ障害の、地より湧き起つたのは、昭和十一年の初めでありました」と綴っている。[60]

そして直ぐにその「障害」を取り除くべく行動に移した。弘前から上京中であった秩父宮を群馬県の水上駅までお迎えし拝謁したのである。ところが、この拝謁の際に平泉が何を秩父宮に言上したのか、また事件後に近衛文麿に青年将校らの恩赦を働きかけたことから、[61]平泉の事件黒幕説が書かれたりしている。保阪正康によると、「大胆な推測をすれば、平泉は決起将校に肩入れしていたのではないか」という。[62]ただこの点については、平泉の「孔雀記」によって、その「疑惑」は払拭されるであろう。平泉は断固鎮圧の姿勢を採っており、陸軍が躊躇している状況を案じて自らの門弟らと「討ち入り計画」さえもたてていたのである。[63]その行動の背景にあったのは、「皇室が二つに割れる事」であり軍が二分することであった。つまり、平泉の脳裏に浮かんだのは、南北朝の争い、壬申の乱や保元の乱の如くに国内が二つに割れて内乱が勃発することにあった。よって、水上駅での拝謁の際には、「終始高松宮殿下と並んで、陛下の御左右に御立ちになり、最高の地位に於いて陛下を御補佐遊ばされますやうに御願申上げ」たという。[64]それは、途上で政治的な意図を持った人物に会われて、状況判断を誤られてはと心配した結果の行動でもあったが、この歴史を知るが故に採った憂国の行動が、逆に「叛乱軍」との内通疑惑を生んでしまったのである。

実際に平泉が危惧したように、陸軍が二つに分かれて皇軍相撃つような危機的状況は想定されたのであろうか。磯部浅一元中尉は、「中央部軍人を皆殺しにしたら、賊と云はれても満足して死ねるのだつたに、……なまじッかな事をしたので、賊でもない官軍でもないヨウカイ変化になつてしまつた」という怨嗟の言葉を残している。[65]しかしながら、河野壽大尉の「同志ニ告グル」に見られるように、無条件の中に帰順し自決すべき思想の方が圧

倒的に多数派であったこともまた事実なのである。(66)

この点について平泉は、前述の「孔雀記」に所収されている「檄」の中で、「我等と相通ずるところなしとせず」としながらも、若し真に国体を擁護せん為に非常の手段をとったならば、「遂行の暁に於ては、直ちに割腹自決するか、しからざれば二重橋の御前にひれふして謹んで罪を待つべきのみ。しからずして要地を占領し、朝廷に要請し奉りてやまざるが如きは、全く外國革命の手段に同じく、叛軍逆徒にあらずして何ぞや。之を誅戮する事なくして　皇国の中興いつをか期すべき」と訴えている。(67) 相対して、磯部の怨嗟の言葉から触発されて『英霊の声』や『憂国』を執筆した作家の三島由紀夫は、二・二六事件の悲劇は、「方式として北一輝を採用しつつ理念として國體を戴いたその折衷性」にあったとして、「この矛盾と自己撞着のうちに、彼らはつひに、自己のうちの最高最美のものを汚しえなかつた……何ものにもまして大切な純潔のために、彼らは自らの手で自らを滅ぼした。この純潔こそ、彼らの信じた國體なのである」と論じている。(68) 三島は、青年将校らが彼らの信じた「國體」に負けたというのであるが、平泉の視点からいえば、彼らが「外国革命の手段」を最終的にはとらなかったので、日本的な維新の姿が護られたということになろう。しかしながら二人共に、その実際の関与は別におくとしても、二・二六事件に北一輝的な「革命」の臭いを嗅ぎとっていたことは留意すべきである。二・二六事件は「革命」と「維新」の異質性さえも浮き彫りにしている。

この青年将校らが汚さなかった「國體」を中核に据えた日本民族の一体化こそが、平泉の戦時下における国体論（「皇国史観」）の神髄であったと思う。(69) その平泉の非常時における「一体化」への焦りは、本人の八紘一宇理解にも影響を与えたのではあるまいか。

帝国在郷軍人会本部講師研究会での講演録『八紘一宇』（昭和十四年三月六日発行）の中で、八紘一宇が全世界を指すことが間違いであるとか、帝国主義でありインターナショナル（国際親善主義）であるなどと、その解釈が多岐に及んで纏まっていない現状を危惧している。そして、国民の向う所がなお分かれていることに「憂を懐かざるを得ない」とし、「この問題の解決は極めて重要」と平泉は述べている[70]。

そして、「ブレーン的存在[71]」として遇されていた近衛文麿首相によって八紘一宇は、「皇国ノ国是ハ八紘ヲ一宇トスル肇国ノ大精神ニ基キ」(「基本国策要綱」昭和十五年七月二十六日)とされ、また、「日独伊三国条約締結の詔書」(同年九月二十七日)にも、「大義ヲ八紘ニ宣揚シ坤輿ヲ一宇タラシムルハ実ニ皇祖皇宗ノ大訓ニシテ朕ガ夙夜眷々措カザル所ナリ」と記されたのである。実体はともかくとしても、表面的な「一体化」が指向されたのは事実である。

ところが平泉は、飯田季治の『日本書紀新講』(昭和十一年刊)によって、初めて八紘一宇が全世界を指す言葉であるとされたとも紹介している[72]。更に、「言葉の言ひ廻しが間違ふならば帝国主義・侵略主義と誤解される虞の多分にある」とも述べ、「此の言葉を用ひる場合は、此の点に余程注意すべき」と警鐘を鳴らしている[73]。前後はするが、教育審議会や帝国議会においても、この言葉の解釈を巡る議論が展開されるのである。

平泉にとって八紘一宇とは、「真の日本人の一体化」を目指す為の道義用語であったと思われるが、自身が危惧したように、政治外交に使う場合には「余程注意すべき」熟語でもあった。ここに、国体護持という道義性と、近衛内閣のブレーン的存在という政治性の中で苦悩する姿が浮かび上がるのである。それは別の見方をすれば、八紘一宇の政治性と道義性の理解を巡る葛藤ともいえるのである。

おわりに

以上、見てきたように本論は、二・二六事件の「蹶起趣意書」の中の次の一文、「八紘一宇ヲ完フスルノ国体ニ存ス」を検証して、八紘一宇の道義性と政治性について論考を加えたものである。

一節においては、二・二六事件の蹶起の目的が、「八紘一宇ヲ完フスルノ国体ニ存ス」にあることと、その思想展開についても確認した。そして二節では、事件を鎮圧した側の石原莞爾大佐の二面性を、満洲事変を仕掛けた「覇道」と五族協和の「王道」に見て、そのスローガンとされる八紘一宇に重ねて論じてみた。また三節では、内務省警保局の担当課長であった相川勝六の事件との相関の中から、昭和維新を目指していた「新官僚」の政治性と、相川の建てた八紘之基柱についても触れた。更に四節では、秩父宮雍仁親王や陸軍との関係も浅からぬ平泉澄博士の苦悩を読み解き、二・二六事件の革命と維新との異質性が、八紘一宇の政治性と道義性とに連動していると指摘したのである。

そして、軍人、官僚、学者というキーマンを通して明らかとなった点は、一点目は、三名が各々の立場で政治的に振る舞ったことであり、二点目は、蹶起した側も鎮圧した側にも共に「昭和維新」の必要性においての共有が認められることである。そして三点目が、青年将校らの説いた八紘一宇は抹殺されることなく、事件に関与した人たちによってその後に広められていったことにあろう。

但し、三点目については注意が必要である。

何故ならば、昭和維新の用語としての八紘一宇は、事件後には世界に向けた標語へと大きく進展してゆくからである。具体的には、八紘之基柱を建てた相川勝六は、「日本の罪穢を祓ひ、世界の罪穢を祓ひ」と述べ世界中から石材を集めて塔を建てた。また石原莞爾は、「世界の維新即ち八紘一宇への関門突破」と更にその想いを深め、平泉澄は八紘一宇が「全世界を意味する言葉」となったことを前提にして講演している。いうならば、事件鎮圧における八紘一宇の政治性理解の優位よって、その使用も飛躍するのである。もちろんそこには厳酷な世界情勢があり、支那事変勃発という対外的な緊張状態や、事件以降の陸軍皇道派の衰退と統制派の擡頭という情勢も加味されてゆく。そして陸軍統制派や新官僚等の革新派の政治性が、国内向けの「理想」としての八紘一宇を、世界に向けた「現実」のものへと変えてゆく。近衛文麿内閣の「基本国策要綱」と「日独伊三国条約締結の詔書」に八紘一宇を盛り込む力となるのである。

よって本論では、この八紘一宇の道義性と政治性の分岐、つまり初めて八紘一宇が政治の俎上に乗せられたという意味において、二・二六事件がその淵源であったと結論付けたい。そして、その政治用語としての優位が八紘一宇の展開を容易にしたと総括するが、これ以降については既に拙稿で述べた。(74) 八紘一宇の道義性は大東亜戦争の「アジア解放」という意識の中で発揮されてゆき、逆に、八紘一宇の政治性についての批判が続出するのである。

註

(1)川村湊『戦争の谺―軍国・皇国・神国のゆくえ―』(白水社　平成二十七年)、一四五―一七七頁。伊勢弘志『石原莞爾の変節と満州事変の錯誤―最終戦争論と日蓮主義信仰―』(芙蓉書房　平成二十七年)、四二―五二頁。島田裕巳『八紘一宇―日本全体を突き動かした宗教思想の正体―』(幻冬舎、平成二十七年)、「八紘一宇」の塔を考える会編『新編　石の証言―「八紘一宇」の塔「平和の塔」の真実―』(鉱脈社、平成二十七年)、日本国体学会編「国体文化」(平成二十七年五月号、※八紘一宇の特集号)等がある。

(2)拙稿「『八紘一宇』の展開―帝国議会の審議経過を中心に―」(『神社本庁総合研究所紀要』第一九号、平成二十六年)、「占領下の八紘之基柱―『神道指令』と『八紘一宇』の護持―」(『神道宗教』第二三三号、平成二十六年)、「北原白秋と八紘之基柱」(『みやざき民俗』、平成二十四年)、「聖火リレーの起点地―宮崎神宮と『平和の塔』―」(宮崎神宮社報『養正』、平成二十六年七月一日号)、「石碑に見る「八紘一宇」の今日的意義」(『神社新報』平成二十七年六月二十二日号、同七月六日号、同七月十三日号)等。

(3)丸山真男「日本ファシズムの思想と運動」(『増補版　現代政治の思想と行動』未来社、昭和四十五年)、七一頁。筆者の日本ファシズム観は、阪本是丸のいう「柔構造型ファシズム」―「国家意思」の表面的統一性と内実的雑居性―（阪本是丸「『日本ファシズム』と神社・神道に関する素描」國學院大學研究開発推進機構研究開発推進センター研究紀要』第六号、平成二十四年、二頁）に近い。日本ファシズムを指向した近衛文麿内閣に見られる八紘一宇の国是（表面的統一）と、八紘一宇の使用形態に見られる多面性（内実的雑居性）こそが、日本ファシズムの「柔構造」を示していると思う（前掲、「『八紘一宇』の展開」、一四〇頁）。

（4）高橋正衛『二・二六事件―「昭和維新」の思想と行動―』（中央公論社、昭和六十一年）、北博昭『二・二六事件全検証』（朝日新聞社、平成十五年）、末松太平『私の昭和史』（みすず書房、昭和三十八年）、橋川文三・松本三之介編『近代日本政治思想史Ⅱ』（有斐閣、昭和四十五年）等を参照した。

（5）内藤英恵「『八紘一宇』はなぜ『国是』となったのか」（『現代日本を考えるために』梓出版社、平成十九年）、八〇頁。内藤によると、「『八紘一宇』が、陸軍だけが使う用語でなくなるきっかけ」になったという。

（6）太平洋戦争研究会編、平塚柾緒著『図説2・26事件』（ふくろうの本、河出書房新社、平成十五年）、六頁。

（7）池田俊彦編・高橋正衛解説『二・二六事件裁判記録―蹶起将校公判廷―』（原書房、平成十年）、二一一頁。前掲、『二・二六事件』二七頁。福田和也『地ひらく―石原莞爾と昭和の夢―（下）』（文春文庫、文藝春秋、平成十六年）、六九頁。

（8）「桜会趣意書」には、「高級為政者の悖徳行為、政党の腐敗、大衆に無理解なる資本家・華族、国家の将来を思はず、国民思想の頽廃を誘導する言葉機関、農村の荒廃、失業、不景気……寒心に堪へざる事象の堆積」とある（秦郁彦『昭和史の謎を追う（上）』文芸春秋、平成五年）、七三頁。一方、「日本国民に激《ママ》す」には、「政治、外交、経済、教育、思想、軍事、何処に皇国日本の姿ありや　政権党利に盲ひたる政党と之に結託して民衆の膏血を搾る財閥……悪化せる思想と塗炭に苦しむ農民労働者階級」とある（『検察秘録　五・一五事件Ⅰ』角川書店、平成元年）、七三頁。

（9）葦津珍彦『武士道―戦闘者の精神―』（徳間書店、昭和五十六年）、二〇五頁。

（10）橋川文三『昭和維新試論』（朝日新聞社、昭和五十九年）、二四二頁。

（11）前掲、「『日本ファシズム』と神社・神道に関する素描」、二五―三七頁。葦津珍彦著・阪本是丸註『国家神道とは何だったのか』（神社新報社、昭和六十二年）、一九一―一九三頁。

（12）大川周明「神武会時代」（『大川周明全集第四巻』大川周明全集刊行会、昭和三十七年）、六二三―六三三頁。中村武彦『維新

は幻か―わが残夢猶迷録―」（いれぶん出版、平成六年）、影山正治「神兵隊事件」（『影山正治全集第六巻』影山正治全集刊行会、平成二年）、二七三―三七三頁。

(13)前掲、『二・二六事件裁判記録』、六九頁。磯部浅一は、「日本改造法案大綱は、欧州大戦後の日本は印度の独立、支那本土の保全、豪州の領有にあります。これは八紘一宇を完ふすべき我が国体」と述べている。

(14)三六倶楽部編『一九三六』（三六社、昭和九年）、五一頁。本書は「一九三五・一九三六年の危機」を強く意識して結成された三六倶楽部の機関誌。

(15)陸軍省新聞班編『躍進日本と列強の重圧』（昭和九年）、九四頁。

(16)拙稿「紀元二千六百年奉祝事業の審議経過について―宮崎神宮への追加事業を中心に―」（『神道宗教』第二二二・二二三号、平成二十三年）、一一五―一一六頁。

(17)木戸幸一『木戸幸一日記（上）』（東京大学出版会、昭和五十五年）、四六五頁。本庄繁『本庄日記』（原書房、昭和四十二年）、二七五―二七六頁。

(18)五百旗頭真「石原莞爾における日蓮宗教」（広島大学政経学会『政経論叢』一九巻五・六号、昭和四十五年）、佐治芳彦「覇道から王道へ―石原莞爾の平和思想―」（月刊『アーガマ』、平成二年一月号）、片山杜秀「未完のファシズム―『八紘一宇』の構想と挫折―一～三」（新潮社『波』、平成二十三年七、八、九月号）等参照。

(19)『昭和天皇独白録―寺崎英成・御用掛日記―』（文藝春秋、平成三年）、三二頁。

(20)福田和也『地ひらく―石原莞爾と昭和の夢―（上）』（文春文庫、文藝春秋、平成十六年）、九一頁。

(21)玉井日禮編『法華経は国運を左右する』（たまいらば、平成六年）、一〇頁。玉井は「日蓮主義のほうが国家神道よりも普遍的」と述べ、寺内大吉は「当時のマルクス主義と自由主義に対抗できる日本的な思想論理として、やっぱり日蓮主義というものが、一番強力なものをもっていた」と述べている。

(22)前掲、『二・二六事件裁判記録』、二・一一一頁。前掲、『地ひらく（下）』、八九頁。

(23)大谷敬二郎『二・二六事件』（図書出版社、昭和四十八年）、二八頁。

(24)角田順編『石原莞爾資料―国防論策篇―』（原書房、昭和四十二年）、一八三―一八五頁。

(25)伊藤隆『昭和史をさぐる』（吉川弘文館、平成二十六年）、一一五・一二一頁。

(26)高木清寿『石原莞爾―東亜の父―』(錦文書院、昭和二十九年)、一〇七頁。
(27)松岡幹夫『日蓮仏教の社会思想的展開―近代日本の宗教的イデオロギー―』(東京大学出版会、平成十七年)、大谷栄一『近代日本の日蓮主義運動』(法藏館、平成二十一年)等を参照。
(28)小林英夫「石原莞爾」(『昭和ファシストの群像』、校倉書房、昭和五十九年)、九五頁。
(29)前掲、『石原莞爾資料』、五九頁。
(30)石原莞爾『最終戦争論』(中公文庫、中央公論新社、平成二十一年)、八五頁。
(31)辻政信「『知謀』辻政信『天才』石原莞爾を語る」(『太平洋戦争の肉声』第四巻、文春ムック、文藝春秋、平成二十七年)、五三―七二頁。
(32)石原莞爾の仙台陸軍幼年学校の友人に南部襄吉がいる。父は南部次郎でアジア主義者の先がけ的存在であった(国龍会編『東亜先覚志士記伝(下)』、原書房、昭和四十九年)、三六七―三七一頁。石原は、明治四十四年の辛亥革命の際には感動して、「支那革命万歳」と叫んだことが知られている(前掲、「石原莞爾」)、七九頁。
(33)同右、「石原莞爾」、七一頁。
(34)前掲、『石原莞爾―東亜の父―』、二五頁。石原は、「満州事変の中心はすべて石原である。……しかるに石原が戦犯とされぬことは腑に落ちない」と述べている。
(35)相川勝六『思い出ずるまま』(講談社出版サービスセンター、昭和四十七年)、一〇三頁。
(36)大谷敬二郎『昭和憲兵史』(みすず書房、昭和四十一年)、一二四―一二六頁。大谷によると「デッチ上げ」という。なお、これによって、二・二六事件の主犯格であった磯部浅一と村中孝次は逮捕され後に免官となる。
(37)安丸良夫『日本ナショナリズムの前夜』(朝日新聞社、昭和五十二年)、一二二頁。大本教団が弾圧されたことは、「そのころの大本教が超国家主義団体としての性格をもっていたことと矛盾するものではない」と述べている。
(38)新田均『「現人神」「国家神道」という幻想』(PHP研究所、平成十五年)、二二〇頁。小島伸之「特別高等警察と『国家神道』―近代国家のアポリアを踏まえて―」(『明治聖徳記念学会紀要』五一号、平成二十六年)、四二五頁。
(39)伊藤隆・広瀬順皓編『松本学日記』(山川出版社、平成七年)、一五〇頁。安倍源基『昭和動乱の真相』(原書房、昭和五十二年)、一五一頁。福本亀治『兵に告ぐ』(大和書房、昭和二十九年)、一〇五頁。

(40)前掲、『思い出ずるまま』、一〇一―一〇二頁。
(41)秩父宮を偲ぶ会編『秩父宮雍仁親王』(昭和四十五年)、五五七頁。
(42)古川隆久「二・二六事件前後の内務官僚」(『日本歴史』五八九号、平成九年)、八六頁。
(43)池田純久『日本の曲り角―軍閥の悲劇と最後の御前会議―』(千城出版、昭和四十三年)、二四頁。
(44)「菅太郎」(中村隆英・伊藤隆・原朗編『現代史を創る人びと』、毎日新聞社、昭和四十六年)、二三六頁。
(45)亀井俊郎『金雞学院の風景』(邑心文庫、平成十五年)、六六頁。前掲、『日本の曲り角』、二四頁。
(46)安井藤治「備忘録」(松本清張・藤井康栄編『二・二六事件＝研究資料Ⅰ』、文藝春秋、平成五年)、三五頁。
(47)林博史「日本ファシズム形成期の警保局官僚」(『歴史学研究』五四一号、昭和六十年)、一四頁。
(48)『大宅壮一全集　第十三巻』(蒼洋社、昭和五十六年)、三一六頁。
(49)矢次一夫『政変昭和秘史―戦時下の総理大臣たち―(上)』(サンケイ出版、昭和五十四年)、九九―一〇〇頁。
(50)愛新覚羅溥儀『わが半生(下)』(筑摩書房、昭和六十三年)、五六頁。
(51)田中智学「満洲国皇帝陛下御前進講欽録」(師子王全集第三輯『師子王紀行扁続々』、昭和十三年)、二二三頁。
(52)前掲、『思い出ずるまま』、一〇八頁。
(53)相川勝六『紀元二千六百年奉祝と県民の覚悟』(紀元二千六百年宮崎奉祝会、昭和十四年)、四二頁。
(54)長谷川亮一『「皇国史観」という問題』(白澤社、平成二十年)、立花隆『天皇と東大』(文藝春秋、平成十七年)等を参照。
(55)前掲、『秩父宮雍仁親王』、五五〇頁。松本重治『上海時代―ジャーナリストの回想―(中)』(中央公論社、昭和四十九年)、一六六頁。保阪正康『秩父宮と昭和天皇』(文藝春秋、平成元年)、二四六―二四七頁。
(56)前掲、『本庄日記』、一六三頁。
(57)北一輝『北一輝著作集第二巻』(みすず書房、昭和三十四年)、二二一頁。
(58)若井敏明『平泉澄―み国のために我つくさなむ―』(ミネルヴァ書房、平成十八年)、二一一頁。
(59)前掲、『昭和史の謎を追う(上)』、七八頁。
(60)平泉澄『悲劇縦走』(皇學館大学出版部、昭和五十五年)、四五一頁。
(61)矢部貞治『近衛文麿』(時事通信社、昭和三十三年)、八一―八二頁。前掲、『平泉澄』、二三五―二三六頁。

(62)前掲、『秩父宮と昭和天皇』、二五三頁。
(63)田中卓『平泉史学の真髄』(続・田中卓著作集五、国書刊行会、平成二十四年)、三四―六四頁。岩田正孝「未遂に終わった斬り込み計画」(『中央公論』、平成四年三月号)、三二〇―三二九頁。
(64)前掲、『悲劇縦走』、四五八頁。
(65)磯部浅一「獄中日記」(河野司編『二・二六事件―獄中手記―』、河出書房新社、昭和四十七年)、二九五頁。
(66)河野壽「同志ニ告グル」(同右、『二・二六事件』)、三一頁。
(67)前掲、『平泉史学の真髄』、四九―五〇頁。
(68)三島由紀夫「二・二六事件と私」(『三島由紀夫評論集第一巻』新潮社、平成元年)、一〇八四頁。
(69)昆野伸幸『近代日本の国体論―「皇国史観」再考―』(ぺりかん社、平成二十年)、一四〇頁。
(70)平泉澄「八紘一宇」(帝国在郷軍人会本部、昭和十四年)、二二一―二二三頁。※本書は講演録である。
(71)前掲、『平泉澄』、二二八頁。
(72)前掲、「八紘一宇」、六頁。
(73)同右、「八紘一宇」、二四頁。
(74)前掲、「『八紘一宇』の展開」、一四〇頁。

海外における日本神話研究
――ファシズム期の視点から――

平藤喜久子

はじめに

客観性を重んじる学問であっても、時代精神の影響と無縁でいることはできない。神話は、民族や国家の成り立ちを語る場合が多く、そのためとくに神話研究は、研究者の生きた時代の民族意識や歴史認識と結びつきやすいという性格を持つ。

本書のテーマである「昭和前期」の状況について、筆者は、これまでとくに日本の神話学がどう時代と向き合っていたのかという点から研究をしてきた。松村武雄、松本信広、三品彰英、岡正雄といった、戦後も活躍し、現代の神話学にも影響を与え続けている研究者たちも、植民地と日本との支配、被支配の関係を比較神話学に持ち込んだり、神話から民族性を論じて日本人の優越を語ったり、さらにはそこから植民地支配の正統性を語ったりしていた(1)。彼らもやはり時代精神とは無縁ではいられなかったのである。では、この時期の海外における日本神話研究はどうだったのだろうか。やはり日本との国際関係が深く関わっているのだろうか。

この課題に取り組むに当たり、本稿では「昭和前期」を、その時代状況の特徴を示す言葉として「ファシズム期」という言葉であらわすこととしたい。日本を含めヨーロッパの諸国においては、一九二〇年代前半からファシズム運動が席巻した。ムッソリーニによる政権獲得のためのいわゆる「ローマ進軍」は一九二二年、ルーマニアでファシスト政党の「国家ファシスト運動」が結成されたのが一九二三年である。ファシズム期には国民統合のための民族の聖化や政治体制の正当化に、古代的なるもの、神話的な表象などが動員されていた。先に挙げた日本の神話学者たちも、その渦中にあったといえよう。昭和は一九二五年にはじまるため、ファシズム期は昭和のはじまりに先行する。なので「昭和前期」とは時期に若干のズレが生じるが、本稿では分析の対象年代を一九二〇年代から四五年としたい。

ここではファシズム運動を、その時代を特徴付けるグローバルな現象ととらえることから、対象とする国としては、この時代にファシズムを経験し、日本と同盟関係にあった国々のほか、比較のためにもファシズムを直接的には経験していない国、日本と敵対的な関係にあった国々も取り上げる。なかでも日本と歴史的にも比較的関わりが深く、日本研究の蓄積がある程度ある国の日本神話研究とする。具体的には、イギリス、アメリカ、フランス、ドイツ、オーストリア、イタリアである。取り扱う地域が広いため、言語の問題もあり、すべてを網羅的に調べることは難しいが、本稿では地域ごとの特徴について、見通しも含めて概観し、今後のさらなる研究の展開の手がかりを得たいと考えている。

一　イギリス

一九世紀後半、マックス・ミュラー（Friedrich Max Müller）やエドワード・B・タイラー（Sir Edward Burnett Tylor）が活躍し、神話学や比較宗教学への関心が高まった頃、開国したばかりの日本の神話がイギリスにも紹介された。彼らは日本神話に注目をしていたらしい。たとえばタイラーは留学生としてイギリスに来た馬場辰猪に古事記の翻訳を頼み、それをもとに講演も行っている。(2) そしてB・H・チェンバレン（Basil Hall Chamberlain）、W・G・アストン（William George Aston）はそれぞれ古事記、日本書紀の翻訳を行い、アーネスト・サトウ（Ernest Mason Satow）は神道研究の先鞭を付けている。

なかでもチェンバレンは、古事記の翻訳の目的について、古代日本の習慣や伝統、思考などを明らかにし、ヨーロッパの研究者の研究の展開に寄与することにあると述べている。(3)

こうして日本学、日本神話研究の草創期を彩る研究者を輩出したイギリスだが、一九二〇年代以降をみてみると目立った研究はほとんどみられない。チェンバレンが願った日本神話研究の展開がすっかり途切れたといってよいようにみえる。

この時期のイギリスの研究は、とくに社会人類学のマリノフスキー（Bronisław Kasper Malinowski）に代表されるように、植民地支配について直接的に役立つような、実用的な研究が重んじられていく傾向にあったようである。また日本は第二次世界大戦では敵対国となるが、イギリスにとっては日本以上にドイツのほうが目に見える敵であったろう。その点からもドイツ以上に遠い日本の、しかもイギリス社会にとってあまり役に立つとは考えにくい神話についての関心は持たれ得なかったと考えられる。

現在ではイギリスの日本研究の中心の一つとなっているロンドン大学のＳＯＡＳであるが、ここに日本語のコースが開始されたのは一九四二年のことであった。そのコースでは一八ヶ月のトレーニングが行われていた。責任者であるラルフ・ターナー学部長は、コース開講にあたって次のように述べたという。

十八ヶ月間日本語を習った後、東南アジアの戦場で敵の通信を傍受し押収した書類を翻訳し、捕虜を訊問したりして、情報を取り、全軍の作戦に貢献するために行われる。イギリスの旧領土を奪い返し、そこの人民を解放しなければならない。当面の敵は頑強な日本兵でも、ジャングルでもマラリアでもなく、日本語である。これを早くマスターし、本当に弾丸の飛び交う戦線で活躍できるようにしてほしい……[4]

まさに短期間で実用的な学びが行われていたようである。こうしたなかで神話研究などは入り込む余地もなかったのだろう。

日本の民族学者、神話学者である岡正雄は、昭和のはじめにウィーンに留学し歴史民族学を学び、神話についても論文を発表していた。しかし彼もまたファシズム期においては、実用的な民族学、植民地主義に対応した民族学を志向し、イギリス人類学に方法を変えている。このとき彼もまた日本神話研究から離れていった[5]。こうした事実とも呼応した流れだといえよう。

二　アメリカ

イギリスと異なり、同じ英語圏でも真珠湾攻撃を受けるなど、日本と直接的に対峙することになるアメリカでは、日本研究もきわめて盛んになっていった。

まず宗教学、歴史学の立場からの研究をみてみよう。ダニエル・C・ホルトム（Daniel C. Holtom）は、GHQによる「神道指令」（Shinto Directive）に代表されるような、アメリカによる戦後日本の宗教政策にも多大な影響を与えたとされる研究者である。彼が研究を始めたのは一九二〇年代のことであった。彼の研究内容は、日本人の「神」について考察し、キリスト教の神理解との関わりなどを論じるものであった。[6] また、古事記にもとづき神道の世界観を説明する研究なども刊行している。[7]

ロバート・K・ライシャワー（Robert Karl Reischauer, 1907-1937）は、その著書 *Early Japanese History, c. 40 B.C.-A.D. 1167* において、古代日本史の冒頭に神話を置き、その紹介をしている。神話が歴史としてあらわれてくることについて、読者には奇妙に思われるかもしれないが、日本を理解する上では必要であると述べている。ロバートの弟で戦後の日米関係にも大きな影響を及ぼし、駐日大使も務めたエドウィン・O・ライシャワー（Edwin Oldfather Reischauer）もこの時期に研究をはじめている。彼は、東洋史の枠組みのなかで石器と雷、雷神の関係を神話も用いながら論じた。[8]

これらホルトム、ライシャワー兄弟による研究は、日本文化についての価値判断を行うことはなく、客観性のある学術的な研究であったということができる。そのため戦後も比較的信頼される先行研究として参照されてきた。

他方、きわめて親日的な立場から神話を取り上げるものもあった。J・W・T・メイソン（J. W. T. Mason）である。アメリカ出身の新聞記者であった彼は、神道の熱烈な信奉者となり、一九二〇年代、三〇年代に神道に関する著作を多く執筆した。[9] 彼が一九三九年に発表した *The Spirit of Shinto Mythology* では、チェンバレンやアストンの研究を参考に、独自の神道神学的な神話解釈を展開している。そして〝むすび〟が神道の精神ととらえられ、その精神が神話時代以降も発展を「遂げしめて」いるとされる。この著書は一九四〇年に今岡信一良によって翻訳され、『神道神話の精神』と題されて日本で刊行されている。今岡はこのメイソンの著書について、「皇紀二千六百年の劈頭に於て、日本精神の世界的宣揚に資する上に、原著書の演ずる役割に対して、我等日本人は正しき認識を持つと共に深き謝意を表すべきであると思ふ」とその価値を述べた。しかし、メイソンへの評価は同時代的にも低いものであり、「信用できない解釈の典型的な例である A typical example of an unreliable interpretation」と断じられている。(10)

日本人の民族性を天皇制とからめて論じる際に神話が参照される例もある。この場合はやはり批判的な視点からとなるようだ。シュタイナー（Jess F. Steiner）の *Behind the Japanese Mask* は、天皇と神の関係について神話から論じたものである。(11) 優生学などに凝り、「アーリア人」の純潔性を重んじるヒットラーと、万世一系と主張する日本の天皇を、血の尊さへのこだわりという点から比較し、類似すると論じている。バロウ（Robert O. Ballou）が一九四五年に刊行した *Shinto, the Unconquered Enemy* は、アメリカを手こずらせている日本人の精神的な強さについて、それを神道が生み出したという観点から分析する。(12) このなかでかなりの分量が神話の紹介にあてられている。いずれも敵としての日本人を分析しようとする視点であり、学術的とは言いがたい。ただし民族性を分析するてがかりとして日本神話が位置づけるという視点は、日本でも同時期に松村武雄が試みたものである。立場によって注目するポイントはかなり異なるが、この時期の神話論の一つの方法であったとみることができるだろう。

興味深い研究として、アメリカ人類学の代表的な研究者であったポール・ラディン（Paul Radin）が、一九三四年に日系アメリカ人の間でどのように神話や昔話が伝承されているのかを調査したものがある。報告されたのは戦後の一九四六年のことである。(13) このなかでは浦島太郎、桃太郎、猿とカニ、花咲かじいさん、舌切り雀、腰折り雀、かちかち山、安珍清姫、ぶんぶく茶釜、養老の滝、ヤマタノオロチ、大江山、兎と鰐鮫などが報告されている。オロチ退治の神話や因幡の白兎の神話が取り上げられていることがわかる。
敵対する日米関係を露骨に反映した研究だけではなく、学術的な関心から執筆されたものも多く、幅広い視点からの研究が行われていたことが確認できる。

三　フランス

フランスにおける日本神話研究は、レオン・ド・ロニにはじまる。部分的ではあるが、はじめて古事記をフランス語に翻訳した人物である。一八八二年のことであった。日本を一度も訪れたことがなかった彼は、日本から送られた本をもとに、神代文字を用いて古事記の書き下し文を記し、さらに神の文字という連想からデーヴァナーガリー文字でも記した。このような工夫がなされた独創的なもので、独自の創造された古事記を築き上げたといえよう。フランスのジャポニズムが生み出したともいえるかもしれない。

しかし、クリストフ・マルケによれば、このようなジャポニズムへの関心からはじまったフランスの日本研究は、第一次世界大戦以降、一九二〇年代になると、芸術的なものから現代の日本社会へと移り変わっていったという。[14] その流れで一九二三年には *Japon et extrême-orient* という雑誌の刊行がはじまり、そこで政治、経済、芸術、文学に関する現代日本の情報が発信されるようになった。一九二四年には日本とフランスの交流の拠点となる日仏会館が開館し、一九二九年には機関誌として『日仏会館学報』が発刊されるが、当時盛んであった中国研究との関わりがあるのか、仏教への関心は高いものの神話研究はほとんど見受けられないようである。

そのなかでカトリックの神父で、仏和辞典の編者としても知られるジャン・マリ・マルタン（Jean Marie Martin）は、一九二七年に *Le shintoïsme ancien* を刊行している。[15] 日本神話の紹介も行っているが、日本で布教活動を行う神父という立場からで、学術的な観点からの研究とはいえず、その評価は低いものであった[16]。

先の *Japon et extrême-orient* の執筆者の一人でもあったシャルル・アグノエル（Charles Haguenauer）の場合は、神話や神道に深い学術的関心を寄せていた。彼は一九二四年から三二年にかけて日本に滞在し、その間に柳田國男や折口信夫らと交流をもっていた。そして一九二九年には出雲国造神賀詞のフランス語訳を行っている[17]。一九三七年の論文では古代日本における死の問題を取り扱い、殯や神話のなかのアジスキタカヒコネの話などが論じられている[18]。フランスの日本神話研究の代表的存在であるフランソワ・マセは、アグノエルをフランスにおける日本研究のはじまりと位置づけている[19]。マセも殯の研究で知られており、アグノエルが先鞭を付けた日本神話、あるいは日本の古代宗教の研究は、細い流れではあったが現代へも受け継がれているといえよう。

四　ドイツ

ドイツと日本は、第一次世界大戦では敗戦国と戦勝国となり、国交が一時断絶するが、一九二一年に復活した。そして一九三六年に防共協定を結び、同盟国となった。一八九〇年にベルリンで発足した独日協会は、同盟国となって以降一九三八年から四一年にかけてナチスとの関わりでドイツの各地一五カ所に支所が創立され、文化交流も活発に行われるようになった。

この間にドイツでは日本の宗教史、神道史についての研究が蓄積され、そこで日本神話が取り上げられている。神言会の宣教師であったカール・ライツ（Karl Reitz）のように延喜式の一部を翻訳したり、神道についての基本的な用語や儀礼を由来から詳しく説明したりする論文を執筆したものもいた[20]。

とくに国学研究が盛んであり、本居宣長の翻訳もあり[21]、水戸国学への関心も高かった。そのなかではもちろん古事記にも触れられている。たとえば、イエズス会の神父であったハインリッヒ・デュモリン（Heinrich Dumoulin）は、石橋智信の指導の下で賀茂真淵や宣長について研究し、賀茂真淵についての著書を刊行している。[22] ホルスト・ハミッチュ（Horst Hammitzsch）は平田篤胤の研究や『倭姫命世記』の翻訳をしている。[23] 彼については、神道学者のベルンハルト・シャイドによってナチスに同調していたことが論文にもあらわれていると指摘されている。[24]

日本学の草創期において日本書紀のドイツ語訳を行ったカール・フローレンツは、マックス・ミュラーの影響も受けており、神話学的な関心を持った研究者であったが、ハンブルク大学でその後任となったグンデルト（Wilhelm Gundert）は、全く違っていたようだ。グンデルトの関心は宗教史にあった。「ドイツ学生キリスト教運動 Deutschen Christlichen Studentenvereinigung（DCSV）」に入っており、宣教師として来日し、内村鑑三とも親しくしていたらしい。しかしナチスに入党していたため、一九四五年に大学の職を辞めさせられている。そのグンデルトが一九三五年に執筆した日本宗教史に関する著書は、日本国内の言説との距離の取り方において、戦後強い批判を浴びている。たとえばフィッシャーは、ホルトムらの研究が現在でもそれなりに利用価値があることに比べ、グンデルトの『日本宗教史』の神道の章（神話もそこに含まれている）は一九三〇年代、四〇年代の日本の精神、すなわちいわゆる皇国史観に満ちていると厳しい批判を浴びせている。[25]

シャイドは、これらのドイツの研究について、「個々の学問的業績を否認するわけではありませんが、ドイツ語圏日本学の研究方向には政治的現実が決定的な影響を与えているという印象は免れません。それは、特に戦後になると神道との取組みが突然中断するからです」と述べている。[26] 戦後、ドイツではかつて神道研究をしていた人びとの多くが仏教研究に流れ、神道研究の流れは断絶してしまっている。神話研究に関しても、同様の扱いを受けることになったといえる。

ドイツにおける日本神話研究に関連する出来事として、木下祝夫がまさにファシズムの時代において古事記のドイツ語訳を刊行しようとしていたことを記しておきたい。予定では、『独訳古事記第一巻古事記原文』、『KOJIKI』（独訳古事記第二巻古事記羅馬字文）、『第三巻独逸語訳古事記』、『第四巻古事記注釈』、『第五巻古事記総論』の全五巻での刊行を目指していた。昭和十五年に第一巻、第二巻を刊行するが、あとの三巻は原稿が出来上がっていたにもかかわらず、昭和十九年に空襲で焼失し、この時期に刊行されることはなかった。[27] 肝心のドイツ語訳の部分は、第三巻であり、焼失したものに含まれていた。そのため昭和前期のドイツにおける日本神話研究に木下の影響が及ぶことはなかったといわざるを得ない。

五　オーストリア

ファシズムの時期のオーストリアの研究をドイツと区別するかどうかという判断は難しい。オーストリアが一九三八年から四五年まではナチスのドイツに併合されたという経緯があるからだ。人事交流については、いまもオーストリアとドイツは盛んであり、ドイツ語圏ということで括られることも多い。しかし、本稿ではとくに日本の神話学者岡正雄が留学していたオーストリアのウィーン大学を中心とするウィーン学派に注目するため、やはりドイツとはわけて考えてみることにしたい。

岡正雄は、日本文化の多層性、多起源性を論じ、古代日本に渡来した文化複合（culture complex）を解明しようと試み、戦後の日本の神話学、民族学に多大な影響を与えた研究者である。彼は一九二九年にウィーンに留学し、ウィーン大学民族学研究所で学ぶことになる。そこには当時シュミット（Wilhelm Schmidt）やハイネ＝ゲルデルン（Robert Heine-Geldern）といったウィーン学派（文化圏学派ともいう）と称される歴史民族学者たちがおり、岡は大いに刺激を受けることになった。歴史民族学では、神話の比較は、その神話を有する民族がどの文化圏に入るのかを決める手がかりを得ることであり、また文化圏が拡大していく歴史的な過程を知るためにも必要なことであった。そのため神話研究は比較的盛んであったということができるだろう。日本神話については岡に影響を与えたメンヒェン＝ヘルフェン（Otto Mänchen-Helfen）や、岡とともに研究をしたスラヴィク（Alexander Slawik）が論じていた。メンヒェン＝ヘルフェンの論文としては、因幡の白兎の神話やアマテラスの天の石屋の神話を環太平洋の文化圏のなかに位置づけるものが挙げられる。[28] 天の石屋の神話についてはカリフォルニアの先住民の神話との比較も行われており、彼の授業に出ていた岡正雄は影響を受けたと述べている。[29] その後、メンヒェン＝ヘルフエンはナチスへの協力を拒み、アメリカへと移住している。

岡と大変親しくしていたスラヴィクは、マレビトの研究を行っていた。出雲国風土記の翻訳も行っていたが、これは戦災で失われてしまっている。彼は一九三八年にナチスに入党し、徴用されている。彼の研究で注目されるのは"Kultische Geheimbünde der Japaner und Germanen"（「ゲルマンと日本の祭祀秘密結社」）という論文である。のちに翻訳され日本でも読まれるようになったものだ。[30] このなかで彼はスサノオとオーディンの比較を行い、マレビトをともなう秘密結社が古代日本にもあることを論じ、その信仰の深さを述べている。この研究は、岡とオットー・ヘフラー（Otto Höfler）の影響を受けたものである。[31] その後、比較宗教学者ミルチァ・エリアーデ（Mircea Eliade）によって『永遠回帰の神話』（一九四九年）など、いくつかの著作、論文にも引用されている。

ところでスラヴィクの研究にも影響を与えたオットー・ヘフラーの男性結社研究は、ナチス・ドイツの文脈のなかで高く評価されていたことが知られている。印欧比較神話学者のジョルジュ・デュメジル（Georges Dumézil）もその影響を受けてゲルマン神話研究をおこなった一人である。たとえばデュメジルは、『ゲルマン人の神話と神々』（一九三九年）のなかで、ヘフラーの研究を受けて、オーディンの支配下にある凶暴戦士ベルセルクが、インド・ヨーロッパ語族期に起源を有する男性結社、若者結社の性格を持つことを論じ、古代ローマでロムルスによって創始されたとされるルペルキや、ギリシアのケンタウロス、インド・イランのガンダルヴァなどと比較している。こうしたヘフラーやデュメジルのゲルマン神話の戦闘性や男性結社の研究については、一九八〇年代頃からイタリアの中世史学者のギンズブルクらによって、ナチズムに迎合した研究として厳しい批判を浴びせられている。

本稿は批判の妥当性について論じる場ではないが、ナチスにも入党していたスラヴィクが、新ナチス的とされるヘフラーの研究を参照しつつ日本神話の研究をしていたということ、また同じ研究を参考にしてなされたデュメジルの男性結社研究が、やはりナチズムとの関連で批判されているということを確認しておきたい。

六　イタリア

この時期にイタリアでは二度の古事記翻訳が試みられ、出版されている。一つは宗教学者のラッファエーレ・ペッタッツォーニ（Raffaele Pettazzoni）によるもので、もう一つはサレジオ会の神父、マリオ・マレガ（Mario Marega）によるものである。

一九二九年に刊行されたペッタッツォーニの古事記は、一二〇頁ほどで、古事記の上巻のみの翻訳となっている[32]。翻訳の内容をみてみると、チェンバレンの英語訳、フローレンツのドイツ語訳を参照している。そのため、彼らが参照した本居宣長の解釈に負うところが多い。また、大部分は英訳からイタリア語に訳したものになっており、ペッタッツォーニの独自性はほとんどないといえる。興味深い点としては、二八頁ほどが神道史の説明になっていることを挙げることができる。穂積陳重、姉崎正治、加藤玄智ら日本人の研究者による英語、イタリア語、フランス語などで刊行された研究書を参照し、宗教史のなかに古事記を位置づけようとしていたことがうかがえる。また、彼は古事記について、仏教やキリスト教、イスラームの経典や聖書と異なり、聖典ではないと明言している。その理由としては、神道が自然宗教であって、創始者がいる制度宗教とは違うということを挙げている。そのことから、古事記はインドのヴェーダなどと比較しうると述べた[33]。

他方、一九三八年に刊行されたマレガの古事記はまったく反対の立場を取る。マレガは神父として一九二九年に来日し、主に大分で布教活動を行った。戦後も日本に残り、一九四七年にいったん帰国するも、再び来日。一九七四年まで日本で過ごした。古事記の翻訳のほか、能や狂言、昔話の翻訳も行っている。

宗教学者として古事記と向き合ったペッタッツォーニと異なり、彼は古事記には日本の明治維新や、近代化をなさしめた力である大和魂の根源をみることができると述べる。そして古事記は、聖典であり、日本の聖書(Kogiki, il libro sacro, la bibbia del Giappone) だという。マレガの蔵書調査を行ったロバート・キャンベルは、マレガが古代研究に資するような文献を、戦前に積極的にそろえようとしていたことを指摘し、「そこには、古代神話の当然の帰結として、大日本帝国の政体を捉えようとする訳者のおもわくもあった」と述べている[34]。

ちなみにイタリアでは古事記だけではなく多くの日本文学がこの時期に翻訳されている。マレガは、その翻訳提供者の一人であった。のちに日本へのファシズムの紹介者と言われるようになる下位春吉が、一九二〇年から二一年にかけてナポリで雑誌 Sakura を五巻発刊し、日本文学を紹介するということがあったが[35]、イタリアにおいて日本文学の翻訳が集中するのは一九三七年の日独伊防共協定のあと、一九四〇年前後からである。日本友の会(Societa degli Amici del Giappone) が設立され、一九四一年からは雑誌 Yamato が発刊され、日本文化が写真や絵によって紹介されるようになり、古事記だけではなく百人一首や方丈記、源氏物語の翻訳もなされた。夏目漱石、徳冨蘆花、谷崎潤一郎のほか、Yamato の第一号には芥川龍之介の『蜘蛛の糸』の翻訳も掲載されている。ほぼ同時代の小説も数多く紹介されていたのだ。このような日本文化の紹介は、他のヨーロッパ諸国やおなじ同盟国であったドイツとは比べものにならないくらい多い。古事記が同じ時期に違う立場から二度翻訳されているということについても、イタリアにおける日本文学の受容という文脈で読み解いていく必要があると考える。

おわりに

ここまでイギリス、アメリカ、フランス、ドイツ、オーストリア、イタリアについて、ファシズム期における日本神話とそれに関連した研究を概観してきた。

全体的な傾向としては、日本の宗教史を理解する上で神話を取り上げるという立場が多いといえよう。ペッタッツォーニによる古事記の翻訳はその目的でなされたものであり、ホルトムやロバート・ライシャワーも歴史への関心であった。ドイツでも神話そのものというよりも神道史、日本宗教史への関心が高かったといえよう。

しかしこれらのなかでホルトムの研究については、その分析の当否も含めて現在でも研究の俎上に上げられることがあるが、そのほかのものは、ほとんど顧みられることがない。とくにドイツのライツ、デュモリン、ハミッチュの研究にみられる神道理解が、はたして現在ではまったく通用しない水準なのかどうかは、神道学者の判断を待ちたい。

これらドイツの神道史研究が戦後ほとんど参照されなくなった一方で、オーストリアのメンヒェン＝ヘルフェンやスラヴィクの研究は、戦後になって日本で広く知られるようになった。それは彼らと親しくしていた岡正雄が、戦後の沈黙期を経て、一九四八年に行われた江上波夫、八幡一郎、石田英一郎との座談会「日本民族＝文化の源流と日本国家の形成」で学界に復帰し、ウィーン時代の研究を再開したことによる。この座談会で披露された江上波夫のいわゆる「騎馬民族説」が注目され、岡の日本文化起源論も注目されるようになった。そのなかで彼らウィーン学派の日本神話研究も紹介されることになる。ウィーンの歴史民族学は、第二次世界大戦前後のヨーロッパではすでに時代遅れの学問とみなされていたが、日本では岡の活躍により戦後になって光を浴びることになったのである。岡の研究については、近年民族学の戦争協力という問題も含めて客観的に論じられるようになってきた。[36] とくにスラヴィクの研究については、日本でも影響力のあったデュメジルの印欧比較神話学とも交錯するため、今後神話学の学説史研究において取り組んでみたい課題である。

本稿ではファシズムの時代ということで、とくに国家体制との関わりで取り上げる必要があると考え、国別に日本との関係を考慮して概観してきた。しかし、こうしてみるとキリスト教関係者による研究が多いことがわかる。プロテスタントでは、ホルトムがバプテストであり、ライシャワーは長老派である。カトリックでは、神話を紹介したマルタンはパリ外国宣教会、古事記をイタリア語に訳したマレガはサレジオ会、延喜式の一部をドイツ語に訳したライツは神言会、宣長の研究をしたデュモリンはイエズス会であった。彼らの研究をみるとき、それぞれの出身国と日本との国際的な関係の文脈で理解することが適切なのか、それともそれぞれの宗派の宣教という文脈で考えるべきなのだろうか。とくにマルタン、マレガ、ライツ、デュモリンといったカトリック教会の聖職者たちの場合、パリ外国宣教会、サレジオ会、神言会、イエズス会という修道会にも属している。デュモリンについては、イエズス会の総長から日本宗教の研究をするよう指示されたことがきっかけとなっている。[37] ライツやデュモリンの研究が南山大学や上智大学でなされ、マルタンによる執筆もマレガの翻訳もまた日本在任中になされたことを考えると、カトリック教会、さらには修道会の日本への対応という論点が浮かび上がってくる。彼らの研究が出身国と日本との関係を受けているのか、それとも修道会、カトリック教会の宣教の使命が強く意識されていたのか。明確にすることは難しいだろうが、ファシズム期の日本神話へのまなざしがどのようなものだったのかを考える上で、きわめて重要な課題が残されたといえよう。

カトリック教会の問題を別にしても、それぞれの国の傾向もたしかに浮かび上がってくる。実用性を重んじるなかで、日本神話への関心を失っていったイギリス、親日的なものから排日的なものまで、幅広い視点が併存し、そのなかで現代にも通用する研究を生み出したアメリカ。中国や仏教への関心が強かったフランス。神道史に深い関心を寄せていたドイツ、ウィーン学派の歴史民族学の文脈で日本を取り上げるオーストリア。日本文学への関心が高いイタリア。今後はそれぞれの国の学問伝統における神話研究、あるいは日本研究の位置づけとファシズムの時代との関わりを、より詳しく検討していきたい。

註

(1)平藤喜久子「植民地帝国日本の神話学」(竹沢尚一郎編『宗教とファシズム』水声社、二〇一〇年)、三一一—三四七頁。

(2)Edward B. Tylor, "Remarks on Japanese Mythology", *The Journal of the Anthropological Institute of Great Britain and Ireland*, Vol. 6, 1877, pp. 55-60.

(3)Basil Hall Chamberlain, *The Kojiki Records of Ancient Matters*, Transactions of the Asiatic Society of Japan, 1882. Translator's Introduction 参照。

(4)田山博子「第二次世界大戦中のイギリスにおける日本語教育—敵性語として学ばれた日本語—」(『立命館法学別冊山口幸二教授退職記念論文集　ことばとそのひろがり(四)』立命館大学法学会、二〇〇五年)、二一七—二四六頁。

(5)平藤、前掲論文。

(6)Daniel C. Holtom, "A New Interpretation of Japanese Mythology and Its Bearing on the Ancestral Theory of Shinto", *The Journal of Religion*, Vol. 6, No. 1, The University of Chicago Press, 1926, pp. 58-77, Daniel C. Holtom, "The Meaning of Kami. Chapter II. Interpretations by Japanese Writers", *Monumenta Nipponica*, Vol. 3, No. 2, Sophia University, 1940, pp. 392-413.

(7)Daniel C. Holtom, *The National Faith of Japan. A Study in Modern Shinto*, Kegan Paul, Trench, Trubner & CO., LTD, 1938, London.

(8)Edwin O. Reischauer, "The Thunder-Weapon in Ancient Japan", *Harvard Journal of Asiatic Studies*, Vol. 5, No. 2, Harvard-Yenching

Institute, 1940, pp. 137-141.

(9) J. W. T. Mason, *The Meaning of Shinto, the primeval foundation of creative spirit in modern Japan,* Dutton, 1935, New York.

(10) Borton, Hugh, Eliseéff, Serge, and Reischauer, Edowin O., *A Selected List of Books and Articles on Japan,* American Coucil of Learned Societies, 1940.

(11) Jess F. Steiner, *Behind the Japanese Mask,* The Macmillan, Company, 1943, New York.

(12) Robert O. Ballou, *Shinto, the Unconquered Enemy : Japan's doctrine of racial superiority and world conquest: with selections from Japanese texts,* Viking Press, 1945, New York.

(13) Paul Radin, "Folktales of Japan as Told in California", *The Journal of American Folklore,* Vol. 59, No. 233, American Folklore Society, 1946, pp. 289-308.

(14) Christophe Marquet, "Le développement de la japonologie en France dans les années 1920 : autour de la revue Japon et Extrême-Orient", *Ebisu*, 51, Maison franco-japonaise, 2014, pp. 35-74.

(15) Jean-Marie Martin, *Le shintoïsme ancient,* Impr. de Nazareth, 1927.

(16) フランソワ・マセ「フランスにおける神道研究」（21世紀ＣＯＥプログラム神道と日本文化の国学的研究発信の拠点形成『神道・日本文化研究国際シンポジウム（第一回）各国における神道研究の現状と展開』、國學院大學21世紀ＣＯＥプログラム、二〇〇三年）、三八―四六頁。

(17) Charles Haguenauer,"L'adresse du dignitaire de la province d'Izumo", *Bulletin de la Maison Franco-Japonaise*, 1, Maison Franco-Japonaise, 1929, pp. 7-47.

(18) Charles Haguenauer, "Du caractère de la représentation de la mort dans le japon antique", *T'oung Pao,* Second Series, Vol. 33, Livr. 2, BRILL, 1937, pp. 158-183.

(19) マセ、前掲論文参照。

(20) Karl Reitz, "Heihaku, Mitegura, Gohei（幣帛）", *Folklore Studies,* Vol. 1, 1942, Nanzan University, pp. 85-90, Karl Reitz, "Der Ritus Des Shinto-Gottesdienstes（The Ritual of Shinto Worship）/ 神道祭祀之儀式", *Folklore Studies,* Vol. 2, 1943, Nanzan University, pp.19-38, Karl Reitz, "Die Opfergaben zum Hanashizume Matsuri（"Blumenberuhigungsfest"）nach dem Engishiki（The Sacrificial Objects of

the Hanashizume Matsuri（Festival to Soothe the Flowers）according to the Engishiki）/ 延喜式所載鎮花祭之祭品”, *Folklore Studies,* Vol. 3, No. 2, Nanzan University, pp. 130-143.

(21) Hans Stolte, “Motoori Norinaga: Naobi no Mitama. Geist der Erneuerung”, *Monumenta Nipponica,* Vol. 2, No.1, Sophia University, 1939, pp. 193-211.

(22) Heinrich Dumoulin, *Kamo Mabuchi, (1697-1769). Ein Beitrag zur japanischen Religions- und Geistesgeschichte,* Sophia University, 1943, Tokyo.

(23) Horst Hammitzsch, *Yamato-hime no Mikoto Seiki. Bericht über den Erdenwandel Ihrer Hochheit der Prinzessin Yamato. Eine Quelle zur Frühgeschichte der Shintō-Religion,* Universität Leipzig, 1937, Leipzig.

(24) シャイド、ベルンハルト「二十世紀のドイツ語圏における神道研究」（21世紀ＣＯＥプログラム神道と日本文化の国学的研究発信の拠点形成『神道・日本文化研究国際シンポジウム（第一回）各国における神道研究の現状と展開』、國學院大學21世紀ＣＯＥプログラム、二〇〇三年）、八―二三頁。

(25) Peter Fischer, “Zu einigen Problemen der ‘Shintô’-Wörterbücher in westlichen Sprachen im Kontext der ‘Shintô’-Forschung allgemein.” *Nachrichten der Gesellschaft für Natur- und Völkerkunde Ostasiens* (NOAG) 167-170 , 2001, pp 347-381.

(26) シャイド、前掲論文参照。

(27) 木下祝夫の古事記翻訳については、下記の論文にその経緯等が詳しくまとめられている。矢毛達之、大庭卓也、武田弘毅「香椎宮宮司木下祝夫と『古事記』研究―その旧蔵古典籍紹介を兼ねて―」（『文獻探究』三九、二〇〇一年）、一―三六頁。

(28) Otto Mänchen-Helfen,” Zu den Zwerghirschgeschichten”, *Anthropos, Bd.* 30, H. 3./4., Anthropos Institute, 1935, pp. 554-557, Otto Mänchen-Helfen, “Japan-Kalifornien. (Zum Amaterasu-Mythos)”, *Anthropos,* Bd. 31, H. 5./6, Anthropos Institute, 1936, pp. 938-943.

(29) 岡正雄『異人その他』（言叢社、一九七九年）。

(30) アレクサンダー・スラヴィク著、住谷一彦、クライナー・ヨーゼフ訳『日本文化の古層』（未来社、一九八四年）、四三―一五八頁。

(31) Otto Höfler, Kultische *Geheimbünde der Germanen,* Diesterweg, I, 1934.

(32) Raffaele Pettazzoni, *La mitologia giapponese : secondo il i libro del Kojiki,* Nicola Zanichelli, 1929, Bologna.

(33)Pettazzoni 前掲書、三〇頁。

(34)ロバート・キャンベル「マリオ・マレガ文庫」（『文学』二〇〇一年五—六月号、岩波書店）、三四—三八頁。

(35)下位春吉の経歴、著作については下記に詳しい紹介がなされている。藤岡寛己「下位春吉とイタリア＝ファシズム—ダンヌンツィオ、ムッソリーニ、日本—」（『福岡国際大学紀要』二五号、二〇一一年）、五三—六六頁。

(36)中生勝美「民族研究所の組織と活動」（『民族学研究』第六二巻第一号、一九九七年）、四七—六五頁、坂野徹『帝国日本と人類学者　一八八四—一九五二』（勁草書房、二〇〇五年）、ヨーゼフ・クライナー編『日本民族学の戦前と戦後—岡正雄と日本民族学の草分け—』（東京堂出版、二〇一三年）など。

(37)Kate Wildman Nakai, “Coming to Terms with “Reverence at Shrines”: The 1932 Sophia University-Yasukuni Shrine Incident”, Berndhard Scheid (ed) with Kate Wildman Nakai, *Kami Ways in Nationalist Territory: Shinto Studies in Prewar Japan and the West*, Austrian Academy of Sciences, 2013, pp. 109-153.

付記

本研究はＪＳＰＳ科研費基盤研究Ｂ「ファシズム期の古代理解に関する総合的研究」15H03161の助成を受けたものです。

戦時期の国語世界化と国学

川島啓介

はじめに

日本が積極的に世界史の舞台に登場し出した近代、「特殊」の地位に甘んじていた日本は、自分達の文化を「普遍」へと転換させようとした。それは、「国語」も同様であった。

日本語の海外進出が活発に論じられるようになった戦時期において、日本の特殊性・歴史性を重視した「国学」と強い関係を持つ学者達は、どのような国語観に基づき、それに対してどのような反応を示したのか。ここに焦点を絞った先行研究は、今のところ存在しない。そもそも、戦時期の「国学」の立場からの国語論自体、決して研究対象として多く取り上げられているとは言えない。

勿論、「国学」の定義という困難な問題は生じる。そこで、昭和十七年の国語改革に対する反対運動の代表例として、同年設立の日本国語会[1]に参加し、安易な国語簡易化に反対しつつ、宣長の「古言をしらでは、古意はしられず、古意をしらでは、古の道は知がたかるべし」(『うひ山ふみ』)の言葉に見られるように、古典を尊重しつつ「古の道」を志向する者を「国学」の立場に立つ者とした。それに該当する人物として、同格に扱うのが難しいながらも、山田孝雄、松尾捨治郎、時枝誠記、島田春雄、志田延義の五人を選んだ。

日本語の海外進出と国語簡易化は、連動していることが多い。そうした時勢の中で、国語の歴史性を重視する「国学」の立場から、どのような国語論を展開し、その海外進出をどう捉えたのか。「保守派にとっては言語政策は必要ではなかった[2]」と言うことはできるのか。そもそも、「国語世界化」という語自体、どういった意味を持つのか。これらを含めて、戦時期に展開した「国学」の意義を改めて問い直す。

戦時期の「国学」に触れたもの、もしくは国語世界化自体に関する先行研究としては、明治以前より現代に至るまでの国語国字問題の流れを、国語改革反対の立場から概観した土屋道雄『國語問題論爭史』(玉川大学出版部、平成十七年)、同様に、漢字渡来以前から戦後までの国語国字問題の歴史を、国語改革推進の立場から概観した平井昌夫『国語国字問題の歴史』(昭森社、昭和二十四年)、「国語」成立以前からその成立、そしてそれの戦時期における世界化に至るまで、上田万年・山田孝雄・時枝誠記・志田延義・保科孝一の国語論も交えつつ社会言語学の立場より幅広く論じたイ・ヨンスク『「国語」という思想―近代日本の言語認識―』(岩波書店、平成八年)、「国語」「日本語」「東亜共通語」という三つの語の関係に注目し、戦時期の日本の言語政策に関する言説を纏めた安田敏朗「「国語」・「日本語」・「東亜共通語」―帝国日本語言語編成・試論―」(『人文学報』八〇号、平成九年三月)、戦時期の日本語簡易化に焦点を当てた同「基礎日本語の思想―戦時期の日本語簡易化の実体と思惑―」(『比較文学・文化論集』一二号、平成八年)等が挙げられる。

一　世界化すべきは国語か、日本語か

「国語」の辞書上の意味は、「その国において公的なものとされている言語。その国の公用語。自国の言語」（『広辞苑』）や「ある一国における共通語または公用語。その国民の主流をなす民族が歴史的に用いてきた言語で、方言を含めてもいう」（『日本国語大辞典』）が第一の意味としてあり、第二の意味として、「日本語の別称」（『広辞苑』）、「特に、わが国で、日本の言語。日本語。みくにことば。邦語」（『日本国語大辞典』）とあり、第三にその他の意味も掲載されている。一方で「日本語」は、「日本民族の言語」（『広辞苑』）、「日本国の国語」（『日本国語大辞典』）とある。「国語」の意味は「日本語」よりも広く、それを包含するが、時に「日本語」と一致する関係にある。

「国語」という語が使われ出したのは近世後期頃からで、定着したのは幕末から明治初期だという。この「国語」は日本人同士の対内的・仲間内的な呼称であり、対して「日本語」は「諸言語の中の一つの言語として対外的に開かれた呼称」であり、こうした両者の相違はその当時から見られたともいう。そして、「国語」は明治中期以降、国家意識を濃厚に反映させて使用され、「日本語」と併用されて現在に至っているとされる（『日本国語大辞典』）。古田東朔によれば、「国語」（及び国詞、国辞）は幕末から多くの用例が見られるが、今の意味とは違い、「国家」「国民」という点からの規制、ないしは意味の付与が著しくなってくる」ことで、今の意味に近づいてくるのは明治二十年代からという(3)。亀井孝も同様に、「近代的な意味における国家という概念に多少でもこだわるならば、そのかぎりでは、「国語」というこのかたちを明治以前にさかのぼってせんさくすること自体、それは無意味であるといえる(4)」という。更にその時期と成立要素を特定したものとして、日清戦争後の国家意識の高揚を背景に、明治三十三年（一九〇〇）の文部省の国語調査事業、初等教育での「国語科」の設置、「口語表現」に留意した教科書作成が「体制的な「国語」成立の画期」とするものもある。(5)「国語」が、「近代」、そして「国家（意識）」という概念と密接な関係にあることが明確に分かる。

それでは、国語と日本語の関係を見てみたい。その上で理解し易いのが、時枝の「国語は国家的見地よりする特殊な価値的言語であり、日本語はそれらの価値意識を離れて、朝鮮語その他凡ての言語と、同等に位する言語学的対象に過ぎないものである」(6)とする説であろう。また、「「国語」がより〈国家内〉的な言語として、防衛的に、より閉鎖性をもって概念構成」され、「そのことと相関的に「日本語」が、〈国家外〉的な言語として、学習主体にとっては「外国語」である「東亜共通語」としてより一般性をもって概念構成されうる」と両語を内と外で截然と分けた見方もある。(7)更に極端な、イデオロギーを帯びた「国語（意識）」から中立的存在である「日本語」に移行することが時代の流れだとする説もある。(8)また、先に引用した時枝の言説では、日本が異民族を包含することで国語問題は日本語問題となったともいう。以上を踏まえると、「国語」は国内（対内的なもの）に収まるものであり、世界化するべき対象は国語ではなく日本語であるとして、この議論は終結する筈であるが、そのように一筋縄では行かない。

近代日本の言語政策の本格化の始点は、日清戦争の最中に国民形成・国民教化という機能や異言語・異変種を排除する意図を盛り込んだ「国語」概念が設定され、その普及のために簡便さを求めたところに置けるだろう。(9)

対内的と思われる「国語」に、当初から強い対外性も含まれていることが分かる。そこで、「日本語の「国語」概念の成立は、明治後半期以降の文部省の言語政策機関に深く関わった上田万年の議論を追うことで明らかになる」[10]という説を手掛かりに、「国語」成立の第一人者上田に注目したい。

「国語は帝室の藩屏なり」、「国語は国民の慈母なり」[11]の言葉で知られる上田は、国語を国民国家統合の重大な要素と捉えた。そのことは、「日本語は日本人の精神的血液なりといひつべし。日本の国体は、この精神的血液にて主として維持せられ、日本の人種はこの最もつよき最も長く保存せらるべき鎖の為に散乱せざるなり」[12]と、言語と国体を結びつけて論じていることからも分かる。また、ここでは「日本語」が「国語」と同様に使われている。

一方で上田は、「国語」の語を、以下のように対外的にも用いている。

（前略）この国語問題は自国の国民を養成するためばかりでなく、一歩進んでは日本の言葉を亜細亜大陸に弘めて行く上に大いに関連して居る。此理想を実現させる為には、なほ〳〵王朝時代とか幕府時代とかのものは成るべく整理して使はぬやうにし、今日の立憲国国民の言語として恥かしからぬ立派な国語を早く作りだすやうにしたいものであります。[13]

上田の言う「国語」が古典から切り離されたものだということと同時に、「国語」概念成立当初より、「国語」が他民族への普及を前提としていたことが分かる。ここで注意が必要なのは、国家主義的な傾向が強い上田が、現行の漢字仮名混じり文の維持を訴えたのではなく、国民に普く通用する平易な標準語を志向したあまり、国語のローマ字化が念頭にあった点である。[14]

こうした背景を持つ「国語」は、昭和前期に入ると大きな転換点を迎える。「さらに注意すべきは、昭和の今における国語国字問題は、新に、日本語の海外進出といふ大きな題目を加へてゐることである」[15]といわれる点である。こうした状況に対し、「内に於ける国語国字問題を外国語問題として客観的にその立場から再吟味して、国外・国内における日本語諸問題を同時に解決すべき必要がある」[16]として日本語普及と国語改革を一体化して考える派[17]と、「進出する日本語は、国内の現行の国語そのものであるべき」とし、「日本語普及と国語整理問題との分離」を図る派である。[18]大雑把にいうと、前者はカナモジ派・ローマ字派も含めた改革派で、後者は「国学」の立場を含む保守派に該当する傾向が強い。[19]

こうした戦時期には、雑誌『日本語』[20]等を中心に、多くの国語（日本語）世界化論が展開される。その際、世界化される対象は国語なのか日本語なのか、判然としない例も多い。例えば、改革派の重要人物である石黒修は昭和十四年に『国語の世界的進出』という著作を刊行しているが、その翌年『日本語の世界化』（修文館）を刊行している。

その一方、現代の「国語」から「日本語」という流れとは逆行し、「国語」の語を意識し、「日本語」に対して優先的に使っている例もある。例えば、外地における「日本語」を「国語」とし、「皇化」のために「国語教育」を行うべきとするものである。[21]また、「外地に於ける国語教育機関紹介」という例もある。そこでは朝鮮と台湾の機関が紹介され、朝鮮の機関では「皇道精神の振起昂揚と内鮮一体の強化徹底」の目的の為に「国語の普及に力めてゐる」ことが謳われ、台湾の機関では「国語によつて皇国民の錬成を徹底」していることが紹介されている。[22]

国語改革に反対し、「国語」を重視する立場からも、それの世界化を明確に言及している例もある。「日本国語こそは、実に肇国以来日本民族の精神的血液の貫流であつて、その悠久なること、正に国体と共に窮まりがない」という国語観を持つ日本国語会の「趣意」には、以下の文言がある。

吾々は世界に於ける日本の大使命と地位とに鑑み、国語の愛護と純化との肝要なるを痛感し、醇正国語を標

榜して、之が検討と普及とに乗出すものである。(23)

以上の点を踏まえて、「国語」が強い対内性と「国家（意識）」を持ち、それでいて「世界化」と結び付けられる例も少なからずあり、今回中心的に論じる戦時期の「国学」の立場において重要な日本国語会の国語観と国語の用例にも沿うものとして、論題を「日本語世界化」ではなく、「国語世界化」とした。

二　戦時期の国語世界化と「国学」の歴史(24)

昭和前期には、昭和六年（一九三一）と同十七年（一九四二）に、二回の大きな国語改革の波があった。同六年は満洲事変の年でもあり、論題の「戦時期」を広い意味に捉え、本稿では昭和六年からの歴史を取り上げたい。

昭和六年五月、臨時国語調査会（大正十年設立）は大正十二年に発表したものを修正した「常用漢字表」（一八五八字）と、同十三年に発表したものを修正した仮名遣改訂案を発表。これは、大正期の改定案が「ぢ」「づ」を全て「じ」「ず」としているのに対し、「ぢ」「づ」の従来通りの表記を認めている点等を特徴としている。

これに対しても明治三十八年（一九〇五）、大正十三年の仮名遣い改定案と同様に、激しい反対運動が起こった。そして大正期のそれと同様に、山田孝雄を始め、与謝野寛、与謝野晶子、島崎藤村、佐藤春夫等多くの著名人も反対の声を上げた。同年十月には、松尾捨治郎が起草した改定案反対の建白書が政府に提出された。署名者は大学教授を中心として一七五名にも達し、折口信夫、土居光知、久松潜一、和辻哲郎等もいた。『國學院雜誌』では、同年九月から十一月号にかけて、仮名遣改訂案反対の特輯を続けた。その九月号に於いては、改定案全文を冒頭に掲げ、山田孝雄や松尾捨治郎を始め、三二名による反対論が掲載された。結果、文部省は当案を実行せずに終わる。尚、同年六月には、改革派の中心人物である臨時国語調査会幹事の保科孝一が、天皇に対して国語国字問題の御進講を行っている。

昭和九年（一九三四）四月、外務省の「国際文化事業」として、日本語の普及、日本語教育等に携わった国際文化振興会が、外務省と文部省より財団法人の認可の下、設立。[25]同年十二月、文部大臣の諮問機関として国語審議会（会長南弘）が発足し、それと同時に臨時国語調査会が廃止された。日中戦争が勃発した同十二年（一九三七）の六月には、国語改革を目的とした国語協会が、他の二団体と合併して改組。[26]同年十一月、国語審議会で「漢字字体整理案」が可決され、建議案が政府へ提出される。これは昭和六年に発表された「常用漢字表」の漢字の字体を第一種と第二種に分け、二三八字の簡易字体が採用された点に特色を持つ。しかし、社会には余り浸透しなかった。

同十三年には、第三次に亙って近衛声明が出されたが、この第二次に「東亜新秩序」の語が見られ、第三次においても「新秩序」への志向が見られる。[27]同年十二月には、戦争に伴う占領地政策を統括する興亜院が設立。一方で教育界では、同十四年（一九三九）から十九年（一九四四）にかけて、全国二十県の師範学校に「大陸科」が設置された。その正式名称は「満支方面日本人小学校教員養成師範学校特別学級」といい、満洲や中国に派遣する小学校教員養成の為の課程であつた。[28]

尚、「昭和十一、二年ごろから論ぜられはじめた日本語の海外進出についての問題は、昭和十四年になると、にわかに盛んになつた」[29]とされる。同十五年（一九四〇）二月には、陸軍は「兵器名称及用語ノ簡易化ニ関スル規定」を出し、漢字を一二三五字に制限した。翌年には、陸軍において大正十三年の仮名遣改訂案よりも徹底した仮名遣いが採用された。同年には「東亜新秩序」とも深い関係を有する「大東亜共栄圏」といふ語が、当時の外相松岡洋右によって最初に公的に使われたとされる。[30]

同十五年九月には、華北日本語教育研究所が設立。[31]十二月には、興亜院と文部省により日本語教育振興会が設立。[32]翌年六月から同二十年一月まで、機関誌『日本語』が発行される。日本語教育振興会と同年同月に内閣直属の情報機関として発足した情報局は、対外文化工作の一環として、簡用語三〇〇語を選定した。

前述の通り、同十七年（一九四二）三月、国語審議会は「標準漢字表」[33]を作成し、中間発表を行う。同年六月には修正して二五二八字（常用漢字一一三四字、準常用漢字一三二〇字、特別漢字七四字）とし、文部大臣に答申。同年七月には、昭和六年とほぼ同じ字音仮名遣いの改定案である「新字音仮名遣表」[34]及び左横書き案も答申。

これに対しても各界より猛烈な反対運動が起こり、[35]その代表例として「新字音仮名遣表」発表の翌日、国語審議会の「標準漢字表」に反対する建白書が、頭山満、今泉定助、市村瓚次郎、松尾捨治郎、葦津正之等計一六名の名で文部大臣へ提出された。[36]同年十月には、同案に対抗して「全国の学者、思想家、宗教家、文藝家等各界の権威者七百余名を発起人として誕生した」[37]という日本国語会（理事長松尾捨治郎）が設立された。同年十二月には、文部省は「標準漢字表」から常用漢字、準常用漢字、特別漢字という区別を取り払い、字数も二六六九字に増やし、漢字の使用を制限しようとするものではないという注意と共に、その発表を行った。[38]同年十一月には、拓務省や興亜院等を統合し、占領地統治の一元化を図った大東亜省が設立。

昭和十八年（一九四三）五月、日本国語会より、大西政雄、橋本進吉、山田孝雄、新村出、藤田徳太郎の共著『国語の尊厳』[39]が出版される。同会は、その後間も無く、事実上の自然消滅となる。

尚、国語調査機関（及び委員）の変遷を纏めると、以下の通りとなる。

○国語調査委員（委員長前島密）…明治三十三年四月～同三十五年三月

○国語調査委員会（会長加藤弘之、主事上田万年）…同三十五年三月～大正二年六月

○臨時国語調査会（会長森鷗外、後に上田万年）…大正十年六月～昭和九年十二月

○国語審議会（初代会長南弘、初代幹事長保科孝一）…昭和九年十二月～平成十三年一月[40]

国語調査委員会以下は、全て官制で定められた機関だが、右の幹部名は鷗外を除いて全員改革派が占めており、これらの機関による国語改革とは、全て国語簡易化を表している点は注意を要する。

三　国学の諸相

(一) 山田孝雄

先ずは、山田孝雄を取り上げたい。山田の国学との関わりは、幼少の頃より始まる。座談会[41]では、「わたしのおやぢは平田先生の門人だつた」と言い、平田の本は子供の時より読んでいたことを語っている。大正八年（一九一九）には国学研究所を設立し、所長となっている。そして、「国学とは何ぞや」、「国学の真髄」、「国学と国語学」、「国学の本流と其要義」といった著作を残しており、これらは『国学の本義』（国学研究所出版部、昭和十四年）に収められている。「われ〳〵国学者[42]」と自らを任じていることも確認できる。そして、「国学はその研究の基礎を国語と古典とにおいて、国史を通じて古代より今日までの文化を通じて見、以て、わが国家の特性本質を明かにし、わが国民精神をさとり、更に古今を通じて存する一貫の道を明かにするを目的とする[43]」という言葉通りに実践し、国語・古典・国史の研究に於て大きな業績を上げている。

一方で、山田の国語問題との関わりとして最初に確認できるのは、明治四十年（一九〇七）、国語調査委員会補助委員となり、大正二年（一九一三）の廃止まで務める。ここでの活動内容は確認できないが[44]、同十三年（一九二

四）及び昭和六年（一九三一）の臨時国語調査会、そして同十七年（一九四二）の国語審議会による国語改革に全て反対の姿勢を明確に示している。こうした反対運動に関連して、「山田孝雄氏の名は、神格化されて[45]」いたとされる。

次に、戦時期に出版された『国語の本質』（白水社、昭和十八年）所収の論文を中心に、山田の国語観の要点を述べたい。山田は、国語には通有性と限定性があるという。前者は、世間一般に通用することである。その通有性に、客観的（社会的・歴史的）な限定性、つまり大和民族・日本国という限定が加えられた言語ということである。それは、今現在の口語のみを指すのではない。古語の認識・知識によって古代からの文化を貯蔵する文献が現代に結び付けられることから、古語もまた極めて重要である。

人間の生活に公私が存在するように、国語にも文語と口語が存在する。明治以降の国語学は、その一方である口語のみを国語としているが、公的で儀礼的な語としての文語もまた尊重すべきである。そして「国語は国家の精神の宿つてゐる所であり、又国民の精神的文化的の共同的遺産の宝庫であると共に、過去の伝統を現在と将来とに伝へる唯一の機関である[46]」から、言葉の正しさは「伝統の通りに用ゐられてゐるかゐないかに在る[47]」のであり、言葉を覚えるというのは、それが難しかろうと「それが伝統として存する、その伝統を無条件で、継承するといふこと[48]」だという。更に突き詰めると、「国語の正しさは、伝統以外に何ものもない。これは世界共通の道理である」とし、「伝統などはどうでもよいといふ考へ方は、我が大日本皇国の忠誠なる臣民として、夢にも考へてはならない思想ではないだらうか[49]」とする。

こうした伝統至上主義の立場からは、国語改革は断じて認められず、「今日は西洋崇拝思想から生じた所謂国語問題なるものが学問上の問題だといふ擬装を施して巧みに余命をつないでゐる時代[50]」と一蹴する。

このように国粋的な印象が強い山田ではあるが、一方で対外関係にも強い関心が窺える[51]。そして、国語世界化自体にも、「日本語が大東亜の共栄圏に滔々として拡がってゆくことは、われわれ望ましいことだと思ふ」と肯定的に捉えている。しかし、英語の普及は英語の簡易性ではなく単に国力の反映である例を示しつつ、普及の為に簡易化した「輸出用日本語」を作ることには断固反対する。そうすることは、外国人を騙すことにもなるし、彼らは日本人が自分達に追従しているとも考えるであろうし、結果的に「天皇の大御稜威を害」うことに繋がると捉えている。(52)

(二) 松尾捨治郎

山田とほぼ同世代の松尾捨治郎(53)も、「国学」の立場における重要人物である。松尾の生涯に渡る国語研究は、「国語を通じて日本精神乃至国体の闡明を期」することにあったという。(54)そして松尾は「古の語を明かにして、古の書を読み、古の道を知るのが、国学の眼目である」(55)とする。松尾の著作である『国語学史講義』において、国語学史上の国学者の比重は極めて大きい。

松尾の国語観は、国語の特質を音韻組織（母音の多さと子音の少なさ、濁音の少なさ）、敬語法の発達、語序の自由さ、省略の多さ、外来語に対する同化力の盛んなことの五つに見出し、それらと日本精神の密接な関係を指摘する。その日本精神とは、一言で「全一的民族意識を基礎とする天皇中心の信念。——明淨直——自然を貴び作為を斥ける」ものと表される。(56)

松尾は、昭和六年の国語改革に対する反対案の建白書を起草し、同十七年の日本国語会では理事長を務める。(57)「仮名遣改定」、「標準漢字表」、「字音仮名遣」等、長い中学校勤務や国語研究の経験に基づき、個別の改革案に対し、詳細且つ具体的に反論を加えている。例えば、仮名遣改定に関しては、それが文法の根本原則を守っていないことや問題点を列挙し、その反対に現行の仮名遣いは難しくないとして、自らその教授案を提示してもいる。(58)

「標準漢字表」に対しては、そこで区分された「特別漢字」に勅語や詔書の語を括って一般から遠ざけたこと、同様の「準常用漢字」に教育勅語や詔書等に用いられた語が含まれており、それは徐々に使用を減らして行く方針であることに問題があるとする。但し、日頃用いる訳ではない「字音仮名遣」に関しては、国語審議会の案を許容する姿勢も見せている。

一方で松尾は、日本語教育振興会評議員でもあり、日本語教育にも強い関心を示している。その例として、「外国人に教える日本語の基本文型」を提示したりもしている(59)。また、「国語進出」の必要性が増した昨今、国語を巡る混乱状況に悲しみつつも、その為の国語問題の研究・解決の気運の勃興という点は喜ぶべきという姿勢も見せている(60)。しかし、学習者には進歩次第では日本語の複雑さをも味わわせるべきであり、外国人の為に日本語を変えるというのは論外という態度も示す(61)。

(三) 時枝誠記

国語学者として著名な時枝誠記も、「国学」で括ることができよう。時枝には、戦前戦中において「鈴木朖の国語学史上に於ける位置」、「本居宣長及び冨士谷成章のてにをは研究に就いて」、「契沖の文献学の発展と仮名遣説の成長及びその交渉について」、「本居宣長と鈴木朖―初山踏と離屋学訓について―」、「国学に於ける国語研究と現代国語学の筋書」というように、国学に関する論文を複数著していたというだけでなく、国学を積極的に評価し、「国語学といふものを、国学に於ける国語研究の伝統の上に築かねばならない」という意識の下に、「国学に還れ」とまで主張し(62)、強い西洋言語学への対抗意識の下に、「時枝理論は純粋に日本語を対象として生まれてきた江戸時代以前の国語研究の伝統的言語観に根差(63)」すことで自説「言語過程説(64)」を生み、それに基づいて様々な著作を世に問うたとされる。

時枝の考えた国語観は、以上の点にも見られるように、人間にとっての言語という所まで根本から捉えようとする点に特色がある。言語の本質が主体的表現過程であれば、国語の特質は日本民族に規定されるものであり、それは言霊信仰に見られるという。その他、敬語的表現等文法上の特徴も国語の特質と捉えているが、言語は主体的表現である以上、その主体を超えた言語の変遷を歴史的に捉える「通時言語学」は成立しないという認識は[65]、極めて重要であろう。

当時の国語問題については、便宜主義的革新にも伝統のみに囚われる姿勢にも否定的態度を示しながら[66]、「国語調査会も、その後の臨時国語調査会も、現在の国語審議会も、その目標とするところは、旧態依然として道具としての言語の改良に専念してゐる[67]」と歴代の国語調査機関を、自説に基づいて根本部分から批判している。言語は「主体的表現」であるから、道具として対象化し得ないものとする。また、「国語に対する主義主張の議論は盛んにありながら、国語それ自体に対する認識は一向に深められなかつた[68]」と今までの国語問題を総括もしている[69]。そして、改革派のいう世界化の為の国語簡易化には自主的立場を欠いていると批判し、その一方、外国人の視点から国語を見ることはその改善に有益とも捉える[70]。

時枝は自身が京城帝国大学で一〇年に渡って教鞭を執っていた体験を有し、日本語教育振興会評議員でもあったことから、国語というものの有り様を真剣に考え、国語世界化については具体的な提言を行っている。国語問題の歴史を四期に分ける方法は、異民族を日本が取り込み、今や国語と日本語が無条件で一致し得なくなったことを表すものである[71]。「国語は実に日本国家の、又日本国民の言語を意味する」とし、近代国家においては標準語を優先するのと同様に、「方言や朝鮮語に対して国語の優位を認めなければならない」とする。それをそのまま拡大すれば、「大東亜共栄圏に於ける日本語の優位」という考えが導き出される。しかしそれは、「異語民族或は外国人に対するものとして国語を反省することによつてのみ国語が国際的普遍性を持ち得るに至る[72]」と日本側の努力も要することが示される。

それでは、日本に取り込まれた異民族の母語はどうするかというと、「半島人は須く朝鮮語を捨てゝ国語に帰一すべきであると思ふ」[73]と断言する。そして日本語普及の具体策として、リズムを通して思想感情を表現し理解すること等、国語に於いて楽しむよう導くべきだとする。また、子は母から言語を授かることから、女子に対する国語教育を重視し、国語を母語化するべきとも提言する。[74]

(四) 島田春雄

島田春雄[75]もまた、「国学」の立場上、極めて重要な役割を果たしている。國學院大學で教鞭を執った島田は、「国学とは国体を講明し、道義を宣揚する学問である。国学者とは古典に織り込まれた日本の伝世面に身を投じ、祖先と同じ忠誠行為を実践し継承せんと志す人々をいふ」[76]と国学への志向を示し、その実践性を称揚する。また、伝世面との関係から神事は絶対に変えるべきでないと言い[77]、「血の続いてゐる神」を重視する等、神道への強い志向も見られる。[78]

そうした島田の国語観は、国語には現実性に即して口語や平易さを志向した応世言語と、歴史性に即して文語や歴史的な敬語・漢字・仮名遣い等を志向した伝世言語があり、後者の意義を充分に考えるべきとする点に特徴が見られる。[79]その伝世言語の価値は、国の中心に位置する宮廷を根拠とし、それへの近さゆえと捉えている。[80]

国語改革に対する行動としては、昭和十七年の国語改革に対して建白書を起草し、同年成立の日本国語会では理事を務めている。また、自らが國學院大學新聞学会長を務めていることから、同新聞上で活発に国語改革反対運動を行った。そして、国語改革以前に、そもそも国語審議会自体に不当性があることも訴えている。[81]その改革案に対しては、国語の応世面のみを見ており、伝世面を考えていないと批判する。[82]「標準漢字表」に対しては、松尾と同様の理由で反対している。[83] また、漢字を捨てることで文化の断絶が生じた安南（ベトナム）の例を悲劇として繰り返し取り上げ、改革の牽制をしている。[84]

国語世界化に対しては、「異邦人に日本語習得を哀願して、自ら伝世面を破壊してまでもその普及を図る如き」を批判し、[85]「真日本の姿は歴史に温められた伝世文にある」ことから、国語の伝世面をこそ伝えるべきとしている。[86]

（五）志田延義

最後に、志田延義[87]にも簡単に触れたい。志田を取り上げる理由は、その著作『大東亜文化建設の基本』（大東亜文化建設研究六、畝傍書房、昭和十七年）が保守派による日本語の「大東亜共栄圏語」化の代表例として取り上げられている点にある。[88]

志田は、生涯を通して歌謡という古典の研究を続けることで、「皇国の道」を明らかにしようと実践して来た。彼の国学及び国語観は、以下の言葉に明瞭に表れる。

国語認識といふのは、国語が国民精神乃至国民の思想、感情を具現してゐるのみでなく、これによつて国民精神乃至国民の思想、感情を涵養してゐるものであつて、わが国がらの真面目、皇国の道を体認する一つの徹底せる仕方としては、国語を通じてその全きを得る意味が見出されるといふところに、根拠を置くものである。[89]

国語教育が国民の国語生活に於ける皇国臣民としての錬成即ち国民錬成をなすものであり、それ故に国語を

学ばしめ、国語を十分に体得せしめる教育である。(90)

以上からは、国語と国民の精神性との密接な関係だけでなく、それらの相互作用も確認できる。国語改革に対しては、当時国民精神文化研究所に所属していた志田は、『大東亜言語建設の基本』の中で「国語問題」として、分量の三分の一以上を割いてその問題点を網羅的に論じている。その内容としては、歴史的仮名遣を記紀時代の第一次仮名遣に対して、第二次仮名遣としている。そして表音的仮名遣は第三次仮名遣となるから、国体明徴と国民精神涵養にとって重要な記紀時代の仮名遣からより遠くなるという独自の視点から批判している。(91)「制限漢字表」に対しては、その修正前と後を『大東亜言語建設の基本』に全て引用し、一定の理解を示した上で、「漢字使用の範囲をここに釘づけして国語の生成発展の余地をなくすることは許されぬ」と注意しつつ、漢字を一々参照する実務上の不都合を批判してもいる。(92) 字音仮名遣の整理には、松尾と同様に理解を示している。(93)そして、過剰な外来語や漢語の造語の整理統一と古語の適正な使用により、「醇正なる国語」の生成を志向する。(94)尚、志田は戦後、国語審議会委員を務めてもいる。

志田の国語世界化についての考えは、以下の言葉に明瞭に表れる。

対外的に日本語を普及する分肢的目的の一つは、大東亜の諸地域等に行はれる土語もしくは諸地域住民の母語は別として、然らざる外国語を制限し、分けて思想的に米英的なるものを植ゑ付けるのに大きい役割を果たして来た米、英、蘭語等を駆逐排除して、日本語を以て大東亜の標準語、共同語たらしめ、大東亜の団結、諸住民の安堵を招来し、一体的な共感を有たしめることにあるから、かゝる第三国語に対する徹底した政策を確立することが、一応付帯的な問題ではあるが言語政策として非常に重要な問題である。(95)

日本語の普及は、米英の世界秩序に抗する日本主導の世界秩序において、必須の要素であることが窺える。一方で、国語の歴史性を無視し、対内的な醇正化を度外視し、ただ簡易化して普及しようとする「輸出用日本語」への批判を行ってもいる[96]。

更に、日本語教育振興会評議員でもあった志田の日本語教育論も、看過できない。

(前略)日本語教育は日本語普及自体を必ずしも全面的な目的としないで、皇国史的建設、皇国を中心とする新秩序建設に参加するものである[97]。

志田の説く国語教育と日本語教育は、皇化という目的で軌を一にし、表裏一体の関係にあることが分かる。それは見方によっては大東亜の人々と日本人とを同等に扱っているようでもあるが、結局は日本による新秩序の為ということで、大東亜の人々からの視点が欠如していると指摘することもできよう。

本章では、「国学」の立場に立つ五人を見て来て、それぞれ特徴を有しながらも、国語の「世界化」という横軸以上に、その「歴史性」という縦軸を重視していることが明らかとなった。それは当然国との関係が密接であり、国民へという対内性を重視していることからも、「国学」に立つ者にとってはやはり「日本語」ではなく「国語」である方が妥当であるということを確認できた。しかし、それぞれがまた対外性を意識しており、人物にはよるものの、それを真摯に追求する姿勢も見られた。

おわりに

以上、「国学」の国語世界化論に注目しつつ、「国語世界化」が論じられる社会状況の中での「国学」の動向を見て来た。複数の視点によった為に、時に混乱と見られる箇所もあったかもしれない。しかしそれも、今まで余り顧みられて来なかった戦時期の「国学」を捉える上での試みとして、本分野の今後の研究の可能性を示すものと思っている。

改革派は、国語簡易化によって国民が普く（そして占領下の外国人も普く）自在に使える標準語を徹底的に追求して来たのと対照的に、「国学」が国語の歴史性、伝統性、国体との関係を徹底的に護持しようとして来た姿が見えて来た。しかも、「保守派」等のレッテルによって一括化されて顧みられなくなる傾向に対して、彼等の個々の特徴と多様性を少しは示すことができたとも思っている。また、彼等が対外性、つまり言語政策に無縁とは言えないことも見えて来た。「国語」と「日本語」の相違の追究も、「国学」という巨大な対象の一角を照らす縁となることも窺えた。

同時に、改革派が目指した確固たる標準語の確立、延いては識字率の向上を度外視してまで志向した「国学」の歴史性への志向は、どの程度まで一般の国民に受け入れられていたのか。「国学」の側から、標準語の確立や識字率の向上（更には、外地に於ける外国人の視点からの日本語習得）については、どのように考えていたのか。これらの点は、今後の研究の課題である。

また、「「戦後」になって、この保守派＝国粋派の勢力はほとんど消滅した」(98)とも言われるが、そのことは彼等に対する研究の無意味を表すものではないと考える。その理由を明らかにすることも、今後の課題である。というのも、我々が古代から連続する国において、古代から連続する言語を使っている以上、そしてその言語が国や様々な文化に密接に関わる以上、国語というものを表記という表面上の問題だけではなく根柢から考えようとする時、彼等の論は今でも余りにも多くの示唆に富んでいると考えられるからである。

註

(1)日本国語会設立の模様は、「日本国語会の叫び」(『大法輪』第九巻第一一号、昭和十七年)、八〇―九三頁。
(2)イ・ヨンスク『「国語」という思想―近代日本の言語認識―』(岩波書店、平成八年)、一六七頁。
(3)古田東朔「「国語」という語」(『解釈』第一五巻第七号、昭和四十四年)参照。
(4)かめい たかし「《こくごとは いかなる ことばなりや》―ささやかなる つゆばらいの こころを こめて―」(『国語と国文学』第四七巻第一〇号、昭和四十五年)、一三頁。
(5)長志珠絵『近代日本と国語ナショナリズム』(吉川弘文館、平成十年)、六三頁。
(6)時枝誠記「朝鮮に於ける国語政策及び国語教育の将来」(『日本語』第二巻第八号、昭和十七年)、六〇頁。
(7)子安宣邦「「国語」は死して「日本語」は生まれたか」(『現代思想』第二二巻第九号、平成六年)、五〇頁。
(8)山口幸二「日本語のゆくえ―日本語の「国際化」論とその言語観をめぐって―」(『立命館言語文化研究』二巻五・六号、平成三年)、九五頁。
(9)安田敏朗「「国語」・「日本語」・「東亜共通語」―帝国日本語言語編成・試論―」(『人文学報』八〇号、平成九年)、八一頁。
(10)同右。尚、邢鎮義は、「周知のとおり日本における「国語」の概念は、上田万年によってもたらされた」としている(「近代日本の「国語」概念の成立と文法」『日本近代学研究』第四六輯、平成二十六年)、九頁。
(11)上田万年「国語と国家と」(『国語のため』平凡社、平成二十三年)、一〇頁(初出は、『国語のため』冨山房、明治三十年)。
(12)同右、一七頁。この「精神的血液」の語は、国語世界化の文脈での使用例もある。「実に東亜語としての日本語は亜細亜人の精神的血液である。この精神的血液によって、亜細亜民族の一体なる共通なる生命を感得し…」(大志万準治「巻頭言」『日本語』第二巻第一一号、昭和十七年)。

(13)上田万年「国民教育と国語教育」(前掲『国語のため』)二七七頁(初出は、『国語のため』第二、冨山房、明治三十六年)。

(14)上田の念頭に国語ローマ字化があったことは、上田万年「新国字論」(前掲『国語のため』)より窺われる。また、そうした上田のローマ字への志向を論じたものとして、アリポヴァ・カモラ「上田万年の国字改良―ローマ字導入と漢語の排除という問題―」(『人間・環境学』第二三巻、平成二十六年)がある。

(15)安藤正次「日本語の進出と日本語の教育」(『日本語』第一巻第二号、昭和十六年)、五頁。

(16)石黒修『国語の世界的進出』(厚生閣、昭和十五年)、まへがき。

(17)宮島達夫「言語政策の歴史」(鈴木康之編『国語国字問題の理論』むぎ書房、昭和五十二年、一六頁)では、「国内での改革に困難が多いと見て、国語運動家たちが、日本語普及という国策に便乗してまず外地で改革をすすめよう、としたせいもある」と指摘がある。

(18)輿水実「日本語普及に於ける日本的自覚」(『外地・大陸・南方 日本語教授実践』国語文化研究所、昭和十八年)。

(19)日本語普及と国語改革の関係が論じられるようになった情勢に対して、当時の文部省(図書局長 松尾長造)は、国語を指して「これを整理統一し、その整理統一されたものを、国内に於て実行すると共に、国外に普及させるといふことになつて、始めて国内に於ける国語教育の基礎は確立し、同時に国外に於ける日本語教育も正しい方向が与へられ、真の意味の内外一如の実を挙げることが出来るのであります」と宣言している(「文部省に於ける国語対策の根本方針」『日本語』第一巻第二号、昭和十六年五月)。その約一年後、同省(国語課長 大岡保三)は、日本語普及と国語改革を一体化する考えに対して、「是は本末転倒した考であつて、先づ日本語を整理して、其の整理したものをあちらに実施するといふのが正しい考と言はなければなりません」という見解を示している(『大東亜共栄圏と国語問題』貴族院彙報附録、貴族院調査部、昭和十七年八月)。

(20)雑誌『日本語』は、「まさに「大東亜共栄国(ママ)」と運命をともにした」とも言われる。

山口幸二前掲「日本語のゆくえ―日本語の「国際化」論とその言語観をめぐって―」、九四―九五頁。

(21)大石初太郎「「日本語」より「国語」へ―関東州に於ける日本語教育の現状―」(『日本語』第四巻第五号、昭和十九年)。

(22)「外地に於ける国語教育機関紹介」(『日本語』第一巻第八号、昭和十六年)、三二―三三頁。

(23)「日本国語会趣意書」(日本国語会編『国語の尊厳』、国民評論社、昭和十八年)、二三九頁参照。

(24)主に、土屋道雄『國語問題論争史』(玉川大学出版部、平成十七年)、平井昌夫『国語国字問題の歴史』(昭森社、昭和二十四

年)、山田孝雄「国語の本質」(『文藝春秋』第二〇巻第九号、昭和十七年)(これは、前掲『国語の尊厳』には「国語の伝統」、『国語の本質』(白水社、昭和十八年)には「国語の本質」としても所収)、安田敏朗前掲「基礎日本語の思想―戦時期の日本語簡易化の実体と思惑―」、河路由佳『日本語教育と戦争「国際文化事業」の理想と変容』(新曜社、平成二十三年)等を参照した。

(25)総裁に高松宮宣仁親王殿下、会長に近衛文麿。言語政策に限らず、国際交流や文化発信等、幅広く活動を展開した。その設立の経緯や事業内容は、『KBS三〇年のあゆみ』(国際文化振興会、昭和三十九年)に詳細に記されている。また、翌年十二月、同じく外務省文化事業部の「国際文化事業」を担うべく設立された「国際学友会」は、「国際文化振興会」が日本の外に向けて活動したのに対し、こちらは在日留学生の日本語教育等を主とした(河路由佳前掲『日本語教育と戦争「国際文化事業」の理想と変容』、七八―七九頁)。「国際学友会」の設立経緯や活動内容は、他に『国際学友会五〇年史』(国際学友会、昭和六十一年)に詳しい。

(26)昭和五年創立の国語協会(会長近衛文麿、理事長南弘)は、国語愛護同盟・言語問題談話会と合併する。合併後の会長も近衛、副会長は南。この経緯は、国語協会の機関誌『国語運動』(創刊号、昭和十二年)の「新しい国語協会の生れるまで」に詳しい。

(27)『近衛首相演術集　その二』(厚地盛茂編、出版社不明、昭和十四年)、一一―一五頁。

(28)逸見勝亮「師範学校「特別学級」について」(『北海道大学教育学部紀要』第三二号、一九七八年)。

(29)平井昌夫前掲『国語国字問題の歴史』、三三二頁。

(30)栄沢幸二『「大東亜共栄圏」の思想』(講談社、一九九五年)、一四頁参照。松岡外相談の内容は、『東京朝日新聞』(一九五一八号、一九四〇年八月二日)で参照可。

(31)華北日本語教育研究所は、興亜院に於ける華北連絡部の文化局に設置された華北日本語普及協会の附属機関。現地での日本語教育や中国人日本語教員養成、月刊誌『華北日本語』や『華北日本語教育研究所叢書』の出版等を行った。

(32)日本語教育振興会は「興亜院と文部省による中国向け日本語普及事業を目的に設立され」、戦争との関係が深かったことが指摘されている(河路由佳前掲『日本語教育と戦争―「国際文化事業」の理想と変容―』、二九〇頁)。「日本語教育振興会創立趣意書」には、「大東亜共栄圏内ニ日本語ヲ普及シ、日本語ノ振興ヲ図ルハ刻下ノ急務ナリ」とある(「彙報」『日本語』第一巻第八号、昭和十六年)。
(33)「標準漢字表」の文部省による修正後のものは、『週報』(三二四号、昭和十七年十二月二十三日)にて発表。
(34)「新字音仮名遣表の発表」の名で『国語国字教育史料総覧』(国語教育研究会、昭和四十四年)に所収。
(35)この時反対運動を行った団体は、島田春雄「国語擁護の総進軍」(『日本語の朝』第一公論社、昭和十九年)で網羅的に取り上げられている。
(36)『國學院大學新聞』(第一二二号、昭和十七年八月十二日)で参照可。起草者は島田春雄。島田春雄「建白書草案」(前掲『日本語の朝』)、七〇―七四頁にも収められている。尚、この建白書の「カゲの仕掛人は葦津珍彦で、のちに葦津が書いた非公開の文章によると、反対の本当の目的は国語政策反対というより、政府の統制政策に風穴を開け、言論の自由を回復させるところにあった」という説もある(斎藤吉久「井上ひさし「東京セブンローズ」が書かない「美しき国語」の歴史」『正論』三二六号、平成十一年、二五七頁)。
(37)前掲「日本国語会の叫び」、八〇頁。
(38)前掲『週報』、一二頁参照。
(39)『国語の尊厳』の出版は当会の数少ない業績の一つだが、所収の論文は大西政雄「日本国語道」以外は以前発表したものの転載か講演筆記よりなる。
(40)国語審議会が官制で定められたのは、昭和二十四年七月まで。それ以降は、「国語審議会令」による。尚、幹事長は昭和十六年五月より置かれた。
(41)山田孝雄他「復古の真意義」(『文藝春秋』第二〇巻第一〇号、昭和十七年)。
(42)山田孝雄「国学とは何ぞや」(『國學の本義』(国学研究所出版部、昭和十四年)二八頁(初出は、『国学』創刊号、昭和十年)。
(43)同右、六〇頁。
(44)山田は国語調査委員会に関し、「自分もその責を免れない訳だが」としながら、「殆ど何等の実績を挙げ得なかった」と評している(前掲「国語の伝統」)。
(45)松坂忠則『国語国字論争』(新興出版社、昭和三十七年)、七六頁。
(46)山田孝雄「国語とは何ぞや」(『国語文化講座』第二巻、朝日新聞社、昭和十六年)一八頁。本論文は、後に前掲『国語の本質』にも所収。
(47)同前掲「国語の本質」、四七―四八頁。
(48)同「所謂国語問題の帰趨」(『文学』第八巻第四号、昭和十五年四月)、三四二頁。
(49)同前掲「国語の本質」、四八頁。
(50)同前掲「所謂国語問題の帰趨」、三三七頁。
(51)山田の対外関係への関心は、例えば「近衛篤麿のこと」(『文藝春秋』第二〇巻第一〇号、昭和十七年)によく窺える。
(52)同前掲「国語の本質」、五二頁。
(53)松尾捨治郎は、明治八年(一八七五)、茨城県で生まれる。國学院大學を卒業後、各地の中学教諭・校長を歴任し、國學院大學教授。助詞、助動詞、敬語や、国語学者東条義門の研究で知られる。昭和二十三年(一九四八)死去(『日本人名大辞典』講談社、平成十三年)。
(54)松尾捨治郎『国語論叢』(井田書店、昭和十八年)、はしがき。
(55)同『国語学史講義』(大岡山書店、昭和十年)。
(56)同「日本精神と国語の特質」(『皇典講究所』第三集、皇典講究所、昭和九年)。
(57)松尾は、明治三十四年と大正十三年の国語改革にも反対していたことを明かす(『国語と日本精神』白水社、昭和十四年、一二一―一二三頁)。尚、明治三十四年とは、同三十三年の小学校令改定による棒引き仮名遣いの実行を指す。
(58)松尾の示す仮名遣教授案としては、例えば「国民教育に於ける仮名遣教授案」(前掲『国語論叢』)が挙げられる。
(59)「外国人に教える日本語の基本文型」(『コトバ』第三巻第二号、昭和十六年二月)。一方で、松尾の提示する文型は、実際の日本語教育の立場から批判的に見る指摘もある(関正昭『日本語教育史研究序説』スリーエーネットワーク、平成九年)。
(60)同前掲『国語論叢』、一一頁。
(61)同右、二七頁。
(62)時枝誠記「国学に於ける国語研究と現代国語学の筋書」(『国語と国文学』第二〇巻第一〇号、昭和十八年)、五一頁。
(63)『国語学辞典』(国語学会編、東京堂出版、昭和五十五年)の「言語過程説」。
(64)「言語過程説」を時枝自身の言葉で一言で言うと、「言語が言語として存在するための存在形式を主体的表現過程と観る言語観であつて、言語を、概念と音声との結合体としてではなくして、表現素材である事物或は観念を、概念化し更にこれを音声によつて表白する主体的表現行為の一形式と観ずる」ものである（「国語の特質」『国語文化講座』第二巻、朝日新聞社、昭和十六年、六六頁）。

(65)時枝誠記「言語学と言語史学との関係」（『国語学論集』橋本博士還暦記念会編、岩波書店、昭和十九年）。

(66)同「国語に対する伝統論と革新論」（『国語と国文学』第二一巻第一一号、昭和十九年）。

(67)同「最近に於ける国語問題と動向」（『日本語』第四巻第二号、昭和十九年二月）、一三頁。

(68)同右、七頁。

(69)時枝の国語問題に対する意見としては、戦後に『国語問題のために』（東京大学出版会、昭和三十七年）に纏められている。

(70)同前掲「朝鮮に於ける国語政策及び国語教育の将来」、六一頁。

(71)同右、五七―五八頁。今に至り、国語の「問題は国家の領域を超えて、国語問題は日本語問題へと進展した」とする。

(72)同右、六〇―六一頁。

(73)同「朝鮮に於ける国語―実践及び研究の諸相―」（『国民文学』第三巻第一号、昭和十八年）、一二頁。

(74)同前掲「朝鮮に於ける国語政策及び国語教育の将来」、六一―六三頁。以上のような時枝の言説に関連し、「近代「国語」の成立は国民国家日本の確立とその対外膨張の仮定と不可分の関係にあり、その不可分さを示す一例として時枝誠記を取り上げる」と批判的に捉えた研究書も存在する（安田敏朗『植民地のなかの「国語学」』三元社、平成十年）。

(75)島田春雄は、明治三十九年（一九〇六）東京生まれ。國學院大學卒。冨山房、朝日新聞社を経て、國學院大學教授兼図書館長。戦時中は、大日本言論報告会理事も務める。戦後は公職追放となり、神社新報社嘱託。国語改革反対等に取り組む。昭和五十年（一九七五）、死去（『神道人名辞典』神社新報社、昭和六十一年）。

(76)島田春雄「常若なる古典」（『公論』第五巻第七号、昭和十七年）。

(77)島田春雄他「日本の神と道を語る（座談会）」（『文藝春秋』第二一巻第四号、昭和十八年）。

(78)同右。

(79)同右。

(80)島田春雄「文語のいのち」（『明日の日本語』冨山房、昭和十六年）。

(81)同「国語変革と国民思想」(『公論』第五巻第九号、昭和十七年)。
(82)同前掲「常若なる古典」。
(83)前掲『國學院大學新聞』。ここでは、国語審議会幹事長の保科孝一が「準常用漢字」に対して「将来は段々なくしてしまふ」(『朝日新聞』第二〇一二五号、昭和十七年四月五日)と言っていることも批判の対象となっている。
(84)岩月純一「近代ベトナムにおける「漢字」の問題」(村田雄二郎・C・クマール編『漢字圏の近代—ことばと国家—』東京大学出版会、平成十七年)によれば、ベトナムのローマ字採用は、フランス植民地政府の言語政策が絡んでいたことが指摘され、必ずしもベトナム人による自主的な採用だったとは言えない。
(85)同前掲「国語変革と国民思想」、一一八頁。
(86)同前掲「常若なる古典」。
(87)志田延義は、明治三十九年(一九〇六)、富山市で生まれる。東京帝国大学卒業後、国民精神文化研究所員(後に、教学錬成所錬成官)、日本大学講師、教学局教学官を経て、鶴見女子短期大学教授、山梨大学教授等も歴任。歌謡の研究で知られ、日本歌謡学会を創立。平成十五年、死去(「志田延義博士略歴」『日本歌謡研究』第四三号、平成十五年)。
(88)イ・ヨンスク「保科孝一と言語政策」(『文学』第五七号、平成元年)、三九頁。
(89)志田延義『大東亜言語建設の基本』(大東亜文化建設研究六、畝傍書房、昭和十八年)、九頁。
(90)同右、一三九頁。
(91)同右、六〇—六一頁。
(92)同右、五四頁。
(93)同右、五七—五八頁。
(94)同右、八八—八九頁。
(95)同右、一一頁。
(96)志田延義「日本語をひろめるために考ふべき若干の問題」(『日本語』第二巻第四号、昭和十七年)、二三頁。
(97)同「国語教育の深化拡大」(『日本語』第一巻第三号、昭和十六年)五五頁。
(98)イ・ヨンスク前掲『「国語」という思想』、一六八頁。

軍学校における校内神社の創建とその役割

坂井久能

はじめに

旧陸海軍が軍施設内に設けた神社には、部隊衛戍地の場合に「営内神社」または「隊内神社」、陸海軍諸学校（以下軍学校と記す）の場合は「校内神社」、海兵団の場合は「団内神社」、軍の工場や研究所などの場合は「構内神社」、艦艇内には「艦内神社」などがあった。これらの神社を以下に便宜上「営内神社等」と総称する。この他に、旧陸海軍が管理した神社として靖國神社があった。

校内神社は、海軍兵学校教授嘱託鎌田春雄が「八方園神社ハ海軍兵學校内ニ設ケタル神社ナルガ故ニ之ヲ法令上私邸内神祠又ハ第内社トイフ。軍艦内ノ神社モ然レバ家毎ニ祭ル神棚モマタ同ジ」(1)と述べているように、法令上は「神社」と区別された「神祠」であった。「神社」は公衆の参拝を認める公的な施設で、管轄は昭和戦前期に内務省神社局（昭和十五年から神祇院）、「神祠」は内務省警保局であった。軍学校の神祠の管轄は、陸海軍省及び軍学校所管の機関（例えば陸軍幼年学校や士官学校の場合は教育総監）であったと思われる。

軍学校の校内神社は五十三社確認している。それらを営内神社と比較すると、創建の時期が概して遅く、大正五年創建の陸軍士官学校の雄健《おたけび》神社が管見による初見である。以後は殆ど昭和十年代に集中している観がある。その歴史的な背景を探ることや、創建の経緯、祭神の特徴、軍学校での役割などが検討課題である。筆者はこれまで営内神社等について幾つかの拙論を発表し、[2]近年は営内神社や艦内神社に関する研究も散見するようになった。しかし、軍学校の校内神社については先行研究が殆どないことから、[3]本稿は先ずは校内神社を概観してその実態を把握するとともに、上記のような課題を検討することを通して、校内神社創建の意味や果たした役割を考えようとするものである。

一　校内神社創建時期の特色とその歴史的背景

（一）校内神社創建時期の特色

軍学校は、陸軍の場合に将校・下士官の養成にあたる「補充学校」と、将校・下士官の学識技能練磨にあたる「実施学校」に区分された。但し、両者の機能を併せ備えた学校もあったので厳密には区分しえない。補充学校には、陸軍幼年学校、陸軍予科士官学校、陸軍士官学校、陸軍航空士官学校などがあり、高級指揮官や幕僚養成のための陸軍大学校、下士官養成のための陸軍教導学校もあった。実施学校は、兵科、兵種、各部に必要な学術や技能を実施する学校で、科学技術の進歩によりその種類を増し、海軍の場合は術科学校とも呼ばれた。軍学校は時代により新設や統廃合などの変遷があったのでその数を把握しにくいが、陸軍で六十校以上、海軍で二十校以

表1　軍学校校内神社一覧（創建年順）

No.	神社名	陸海	軍学校名	都府県	創建年月日
1	雄健神社	陸	陸軍士官学校	東京都	大正　5　10.27
2	六号艇神社 佐久間神社	海	海軍潜水学校	広島県	大正　15　以降
3	豊秋津神社	陸	豊橋陸軍教導学校	愛知県	昭和　2　9.1
4	八方園神社	海	海軍兵学校	広島県	昭和　3　11.23
5	三柱神社 護國神社	陸	仙台陸軍教導学校	宮城県	昭和　7　4.3
6	躑躅丘神明社 招魂社	海	海軍機関学校	京都府	昭和　10　6.17
7	航空神社	陸	陸軍航空士官学校	埼玉県	昭和　12　9.25
8	肇國神社	陸	広島幼年学校	広島県	昭和　13　42124
9	校内神社	海	海軍経理学校	東京都	昭和　13　10.23
10	校内神社	陸	豊橋陸軍教導学校	愛知県	昭和　13　7 認可
11	雄健神社	陸	仙台陸軍幼年学校	宮城県	昭和　14　1.15
12	稜威神社	陸	陸軍重砲兵学校	神奈川県	昭和　14　3.27
13	建空神社	陸	陸軍航空整備学校	埼玉県	昭和　14　4
14	防空神社	陸	千葉陸軍防空学校	千葉県	昭和　14　7.28
15	水雷神社	海	横須賀海軍水雷学校	神奈川県	昭和　15　2.11 銘燈籠
16	雲雀原神社	陸	熊谷陸軍飛行学校原町飛行場	福島県	昭和　15　11.3
17	雄健神社	陸	熊本陸軍幼年学校	熊本県	昭和　15　8.5 許可
18	旌忠神社	陸	名古屋陸軍幼年学校	愛知県	昭和　16　2.12
19	桜ヶ岡神社	陸	陸軍輜重兵学校	東京都	昭和　16　4.1 遷座
20	報國神社	陸	大阪陸軍幼年学校	大阪府	昭和　16　5.14
21	細戈神社	陸	陸軍兵器学校	神奈川県	昭和　16　7.15
22	雄健神社	陸	陸軍予科士官学校	埼玉県	昭和　16　9
23	雄健神社	陸	久留米陸軍予備士官学校	福岡県	昭和　16　12.28
24	雄健神社	陸	前橋陸軍予備士官学校	群馬県	昭和　17　1か
25	工作神社	海	海軍工作学校	神奈川県	昭和　17　9.24
26	工兵神社	陸	陸軍工兵学校	千葉県	昭和　18　10.28
27	航空神社	陸	熊谷陸軍飛行学校館林分教所	群馬県	昭和　18
28	若桜神社	陸	陸軍少年戦車兵学校	静岡県	昭和　18
29	雄鵬神社	陸	東京陸軍少年飛行兵学校	東京都	昭和　18　11 祭神調査
30	雄健神社	陸	陸軍幼年学校	東京都	昭和　19　11.2
31	機雷神社	海	海軍機雷学校	神奈川県	昭和　20　4.28
32	十方園神社	海	海軍兵学校針尾分校	長崎県	昭和　20　4～8
33	宮内神社	陸	熊本陸軍予備士官学校	熊本県	昭和　8　以降
34	航空神社	陸	熊谷陸軍飛行学校	埼玉県	昭和　10　以降
35	憲徳神社	陸	陸軍憲兵学校	東京都	昭和　12　以降
36	航空神社	陸	水戸陸軍飛行学校	茨城県	昭和　13　以降
37	戦車神社	陸	千葉陸軍戦車学校	千葉県	昭和　14　以降
38	楠公社	陸	陸軍中野学校	東京都	昭和　14　以降
39	通信神社	海	海軍通信学校	神奈川県	昭和　14　以降
40	雄健神社	陸	豊橋陸軍予備士官学校	愛知県	昭和　14　以降
41	雄鵬神社	陸	宇都宮陸軍飛行学校	栃木県	昭和　15　以降
42	航空神社	陸	陸軍航空通信学校	茨城県	昭和　15　以降
43	館砲神社	海	館山海軍砲術学校	千葉県	昭和　16　以降
44	雄建神社	陸	仙台陸軍飛行学校	宮城県	昭和　18　8 以降
45	大八洲神社	陸	千葉陸軍高射学校浜松分教所	静岡県	昭和　18　以降
46	肇國神社	陸	岐阜陸軍航空整備学校	岐阜県	昭和　18　3 以降
47	岩国神社	海	海軍兵学校岩国分校	山口県	昭和　18　12 以降
48	制空神社	陸	大刀洗陸軍飛行学校甘木生徒隊	福岡県	昭和　18　以降
49	御楯神社	海	大楠海軍機関学校	神奈川県	昭和　19　8 以降
50	大原神社	海	海軍兵学校大原分校	広島県	昭和　19　10 以降
51	若松神社	陸	陸軍経理学校	東京都	不詳
52	千代田宮	陸	陸軍野戦砲兵学校	千葉県	不詳
53	自動車神社	陸	陸軍自動車学校	東京都	不詳

表2　校内神社（営内神社・構内神社を含む）の創建年別一覧表

創建年	陸軍校内神社		海軍校内神社		合計	営内神社	構内神社
	補充学校	実施学校	兵・機関・経理	術科学校			
明治31						1	
38						1	
41						1	
大正　1						1	
5	1				1		
14						1	
15				1＊	1＊	1	
昭和　2	1				1	1	
3			1		1	2	
4						1	
5						2	
6							
7	1				1	4	
8						2	
9						1	1
10			1		1	5	1
11						4	
12	1				1	3	1
13	2		1		3	1	1
14	1	3			4	5	1
15	1	1		1	3	2	2
15頃						8	
16	5	1			6	1	1
17	1			1	2	1	2
18	2	2			5	1	1
19	1				1	5	
20			1	1	2	3	
年不詳（昭和9年以前）	1				1	1	
年不詳（昭和10年以後）	2	10	2	3	16	7	2
年不詳	1	2			3	15	3
計	21572	19	6	7	53		
合　計	40		13		53	81	16

＊は海軍潜水学校の六号艇神社

上存在した（予備士官学校は七カ所設けられたので七と数え、分校・分教所は含まない）。(4)

校内神社は、表1の五十三社を確認している。これには分校・分教所を七社含んでおり、差し引くと四十六社となる。軍学校数のおよそ半分であり、未確認の校内神社がまだ多くあるものと思われる。すなわち、軍学校の半数以上は校内神社を設けていたといえよう。

確認している校内神社を創建年別に一覧し、営内神社、構内神社も参考に載せたものが表2である。これを見ると、構内神社は昭和九年以降の創建という顕著な特色が認められる（屋敷神的な神祠を除く）。営内神社は、明治三十一年（一八九八）創建の工兵第一大隊の「営内神社（赤羽招魂社）」が管見による初見である。それ以後はほぼ継続的に建設され、昭和十年代に多く同十五年頃がピークとなる。校内神社は、大正五年（一九一六）十月創建の陸軍士官学校の雄健神社が初見で、次いで昭和二年（一九二七）に豊橋陸軍教導学校の豊秋津神社、同三年に海軍兵学校の八方園神社、年不詳であるが大正十五年四月またはそれ以降に海軍潜水学校の六号艇神社が続く。その後は昭和七年に仙台陸軍教導学校の三柱神社・護國神社、昭和十年六月に海軍機関学校の躑躅丘神明社・招魂社が創建され、昭和十二年以降は建設が継続する。確認している校内神社五十三社中創建年不詳の三社を除く五十社のうち四十四社が昭和十年以降の創建であり、殆どがこの時期に創建されたという顕著な傾向が認められる。そして、営内神社と同様昭和十五年の「紀元二千六百年」前後がピークであったといえる。

また、創建年から軍学校の機能による区分の違いを見ることができる。海軍は、昭和三年に海軍兵学校の八方園神社、同十年に海軍機関学校の躑躅丘神明社・招魂社、同十三年に海軍経理学校の校内神社というように、先ずは士官養成の「海軍三校」で創建された。陸軍も、陸軍士官学校、豊橋陸軍教導学校、仙台陸軍教導学校に続いて、昭和十二年に航空士官学校の航空神社、同十三年に広島幼年学校の肇國神社、同十四年に仙台幼年学校の雄健神社など所謂補充学校の創建が続く。ここまでは、校内神社として特殊な潜水学校の六号艇神社を除くと、実施学校、術科学校を含まないという特色が認められる。

（二）校内神社創建の歴史的背景

ここでは、昭和十年以降に軍の校内神社が多く創建された歴史的背景を探る。

第一次世界大戦後に国家総力戦を模索してきた陸軍は、大正十四年に陸軍現役将校学校配属令により中等学校以上の学校での教練を現役将校が担い、翌十五年には青年学校令が実施されて、一般青年にまで軍事教練を拡大することになった。その教官には在郷軍人を宛てたことで、入営前の青年層と在郷軍人の結びつきができ、地域の青年団は在郷軍人会の影響下に置かれるなど、陸軍による民衆動員の組織化が進むことになった。同十五年は陸軍省内に動員課・統制課からなる整備局が置かれ、翌昭和二年には田中内閣のもとで内閣外局に資源局が置かれるなど、国家総力戦を国の政策として進めていく機関が設置された(5)。

昭和四年九月に文部省が主導した教化総動員運動は、中央教化団体連合会やその傘下に入った道府県の教化団体、各種団体・学校とともに、陸軍が民衆動員の組織化をすすめた在郷軍人会や青年団が取り込まれた。運動は、「国体観念を明徴にし、国民精神を作興すること」と「経済生活の改善を図り、国力を培養すること」の二項を目標として掲げ、各道府県知事の訓示などで管内各種団体に目標に沿った「自発的活動」を促すものであった。第一項の実行状況を見ると、「祝祭日の国旗掲揚」、「神宮大麻・暦の頒布徹底」、「各戸に神棚の安置と礼拝」、「村社例祭に全校児童職員参拝」、「毎朝神社参拝」などがみられ、静岡県は知事の諭告で県下三百二十八市町村一斉に神社に参集し、官公吏・生徒・各種団体など三十万人を動員したという(6)。第一の目標である国体明徴・国民精神作興は、日常生活のなかでは国旗掲揚や神棚の設置、神社への参拝などに収斂され、神社は国体明徴と結びついた施設として民衆動員の役割を担ったことがわかる。

この国体明徴と神社との関係は、既に大正八年一月に臨時教育会議が内閣総理大臣に提出した「国体ノ本義ヲ明徴ニシテ之ヲ中外ニ顕彰スルコト」という建議に、「国体尊重ノ念ヲ鞏固ナラシムルニハ…神社ノ荘厳ヲ維持スルカ如キ祭祀ノ本旨ヲ周知セシムルカ如キ神官神職ノ地位ヲ向上セシムルカ如キハ其ノ最モ必要ナルモノナリ」と説明され[7]、国体明徴に神社が果たす役割が述べられている。さらに同年三月に内務省の主導で始まった民力涵養運動では、五大要綱の第一条に「立國ノ大義ヲ闡明シ國體ノ精華ヲ発揚シテ健全ナル國家観念ヲ養成スルコト」を掲げて国民に国体観念を注入することを第一とし、五大要綱に応じて道府県・郡市町村、各団体に実行計画を樹てさせた。岩手県は、第一条の実施目標として「神宮大麻並ニ神符ヲ神棚其他清浄ノ場所ニ安置シ朝拝スルコト」、「神社ノ祭日ニハ勿論元朝詣ヲ為スコト」、「市町村ニ於テハ神社ニ自治奉告祭ヲ行フコト」などを掲げた。鹿児島県出水郡は「神社参拝シ以テ神社ノ尊厳ヲ維持シ我国民性ノ涵養ニ資スルコト」を掲げ、神社を国民性の涵養と結びつけている[8]。民力涵養運動のなかで、神社は国体の精華の発揚や国家観念の涵養の場としての役割を担ったことがわかる。

ところが、昭和五年に始まった昭和恐慌は、日本経済を危機的な状況に陥れるとともに、国際協調体制の経済的基盤が崩れるなかで、翌六年に満州事変が勃発した。恐慌と戦争は日本の国際的孤立を招くとともに、国内では事変を起こした軍部を民衆が支持し、排外主義・国家主義・日本精神が高揚した。政治国難・経済国難・思想国難が叫ばれ、日本主義に基づいて国家を改造しようとする革新運動が盛んになった。一方、満州事変により神社は戦勝祈願や出征兵士の安全祈願、戦死者慰霊の場としてその役割が急浮上した。在郷軍人会・青年団・学校など各種団体が神社に組織的に動員され、神社は事変により国家や戦争を擁護し、日本精神を発揚する場としての役割を急速に高めることになった[9]。昭和七年九月に内務省が主導して始まった国民更生運動は、「建國ノ大義ニ立脚[10]」して難局を打開しようという運動であり、日本主義による革新運動を取り込んだものといえる。

事変を契機としたこのような動きは、軍による三月事件、十月事件、五・一五事件、神兵隊事件などを引き起こし、昭和十年の天皇機関説問題に端を発する国体明徴運動へと展開した。同年二月に貴族院本会議で菊池武夫議員（男爵・陸軍中将）が美濃部達吉の天皇機関説を国体に反すると攻撃すると、陸軍部は機関説に絶対反対を表明し、在郷軍人会と呼応して政府を突き上げ、政友会も倒閣のために同調し、満州事変以後活発化した日本主義の右翼団体を含めて機関説排撃の運動が全国に展開した。及び腰となった政府は、同年四月に美濃部の著書を発禁処分とし、八月三日に岡田首相は国体明徴声明を発表した。しかしこれに不満の軍部らはさらに政府に迫り、十月十五日に首相は天皇機関説を「嚴ニ之ヲ芟除セサルヘカラス」と再度国体明徴声明を発表したことで、陸軍大臣は在郷軍人会長等と懇談して運動を収めた。軍部は、軍隊とともに在郷軍人会や青年団などを掌握し、そのことで民衆と結びつく要素を持ち、また天皇の股肱として天皇に忠節を尽くす最も天皇を崇拝する集団でもあった。その強大な民衆動員力と天皇崇拝が国体明徴運動を推し進めたといえる。この国体明徴運動を、司法省刑事局の玉沢光三郎検事は「所謂天皇機関説排撃運動は燎原の焔の如く全国に波及し、重大な社会問題政治問題となり、単純な学説排撃運動の域を脱して所謂重臣ブロック排撃、岡田内閣打倒運動へと進展し、「合法無血クーデター」と評されてゐる程、稀に見る成果を収め革新運動史上に於ける一時代を劃した」と評し、日本主義革新運動が画期的な成果を挙げたと述べている。[12] 運動の結果、十月十八日に「國體觀念、日本精神ヲ根本トシテ現下我ガ國ノ學問、教育刷新ノ方途ヲ議」する教学刷新評議会が文部省に設置され、[13] 同評議会の建議で昭和十二年には「國體ノ本義ニ基ク教學ノ刷新振興ニ關スル事務ヲ掌ル」教学局が文部省に設置された。[14] 国体明徴は運動の終結で終わらず、国体明徴機関が政府内に設置されて一層の高まりを見せた。日本精神を根本とする国民思想はこの運動を契機に確立したといえる。この後は国民精神総動員運動や紀元二千六百年記念事業で日本精神がなお一層の高揚を見せるようになった。

神社は、国体の明徴及び国体の精華としての敬神崇祖や日本精神、愛国心涵養の場として、ますます重要な役割を担うことになった。昭和十年以降は、神宮大麻の頒布数や参宮人数が飛躍的に増加し、学校や官公庁に神棚が設置され、海外神社も盛んに創建されるようになった。[15] 営内神社や校内神社などの建設がこの時期に飛躍的に増加したのは、軍が推し進めたこの動向を背景とするものであろう。陸軍航空士官学校長を務めた菅原道大は、「満洲事變後愛國心の昂揚を見、軍中枢に於ても敬神崇祖の思想の推進奨励があり、具躰的にハ軍隊、学校等隊内、校内に神社の建設を見ることが一つの流行となった」と記し、[16] 昭和十二年の航空神社創建の頃に軍中枢で敬神崇祖を奨励し軍学校内に神社を建設することが流行したと述べている。校内神社建設の歴史的背景を語るものといえよう。

二　校内神社はどのようにして創建されたのか

（一）校内神社建設委員の任命と建設認可

校内神社創建の経緯について、陸軍防空学校の防空神社を事例として挙げる。同校は、昭和十三年四月に野戦砲兵学校内で開校を準備し、同年八月に千葉市小仲台の新校舎に移転開校した陸軍防空関係の実施学校である。防空神社の建設は翌昭和十四年にすすめられた。『学校歴史』からその経過を辿る。

二月十日　入江莞爾大佐外九名を神社建設委員に任命し、神社建設に着手した。
四月一日　千葉市登戸神社社掌外神官二名により防空神社地鎮祭を実施した。
七月二十五日　入江莞爾大佐は皇大神宮（天照大神）・船玉神社（天鳥船命）に出向、二十七日に渡邉裕少佐

は香取神宮・鹿島神宮に出向、二十八日に伊谷貞治主計大尉は明治神宮に出向し、それぞれ「御神符」を拝受した。

七月二十八日　二十時より防空神社鎮座祭を執行した。

神社建設委員の任命や登戸神社神官による地鎮祭、祭神の「御神符」拝受、鎮座祭の執行という経緯がわかるとともに、学校幹部が主体となって取り組んだ様子がうかがえる。

昭和十六年七月創建の陸軍兵器学校細戈《くわしほこ》神社は、細戈神社建設委員に長林中佐以下少佐一名、大尉十一名が任命され、業務を庶務、奉仕、寄付、会計の四班に区分した。(17) 学校幹部が建設委員となり学校が主体となって建設に向かったことは防空神社と同じである。神社建設が決まると陸海軍大臣の許可を得る必要があった。熊本陸軍幼年学校の場合は、昭和十五年七月十六日付で留守第六師団経理部長が陸軍大臣宛「陸軍用地ニ神社建設ノ件伺」を提出し、「熊本陸軍幼年學校長ヨリ別紙寫ノ通仝校々庭ニ神社建設方申請アリタルニ付許可シ差支ナキヤ指令セラレ度」と伺いを立て、同年八月五日付で副官より「伺ノ通實施差支ナキニ付依命通牒ス」の回答があり認可された。(18) 軍用地に神社（雄健神社）を建設するための手続きであり、これは宮内神社等の場合も同様であった。

(二) 校内神社建設の費用と労力奉仕

校内神社の建設費用について、細戈神社の場合は「高等官集會所醵出一〇〇〇、判任官集會所醵出二〇〇、酒保醵金五〇〇、學校職員以下醵金三七〇〇円、計五四〇〇円」を集め、社殿その他の建設費や鎮座祭費用等に支出した。昭和十六年七月十五日の鎮座祭後も同月二十日付で「同窓各位ヨリ應分ノ寄付ヲ仰ギ更ニ獻燈其ノ他ニ依リ神域ニ一段ノ壯嚴ヲ加ヘ度キニ付テ奮テ應募セラレ度切望ス」と寄付を呼びかけている。(19) 熊本陸軍幼年学校は、昭和十五年の雄健神社建設資金決算報告の収入に「当校出身者拠出金五七六〇四七〇、当校職員拠出金二九六九二〇、振替貯金利子三四二六〇、合計六〇九一六五〇」とあり、出身者と職員から寄付を得ている。[20] 名古屋陸軍幼年学校は、「職員生徒ヨリ成ル名幼会ハ、校域ニ本神祠ヲ建設寄贈セラル」とあり、名幼会からの神祠寄付という形をとった。[21] 公費で建設した記録は管見では見当たらない。営内神社も同様に建設費用は隊員等からの拠金によっていることから、校内神社も同様に考えるべきであろう。神祠建設に公費を当てないという点では私的な施設であるが、陸海軍大臣の許可を得て軍用地に建設し、軍学校の教育に組み入れられていることからは、公的な性格をもっていたといえよう。

　校内神社の建設にあたっては、学生・生徒が労力奉仕した事例が散見する。細戈神社の「校内神社建設要綱」には、「労力奉仕　1. 土運ビ及土盛リ、2. 植樹作業、3. 手洗舎建築、4. 泉水池ノ構築、5. 芝張リ、玉砂利敷」とあり、学生・生徒の労力奉仕が記されている。東京陸軍幼年学校雄健神社も「雄健神社、遙拝所の地鎮祭は昭和一九年五月五日で、工事は生徒の手で進められた」とある。[22] 仙台陸軍幼年学校雄健神社の場合は、昭和十三年「十一月十三日は、終日の校外散歩であったが、雄健神社の玉石拾いをやった。(中略)昭和十四年の新春を迎え、(中略)その十五日に、雄健神社の鎮座式があげられた。昨秋拾った玉石は、見事にその境内に並べられていた」とあり、[23] 神域に敷く玉石は生徒が集めたものという。校内神社建設に学生・生徒を労力奉仕や拠金等で関わらせたことは、完成後の神社を修養の場とする上での教育効果を狙ったものであろう。

（三）校内神社祭神の奉遷と鎮座祭

　社殿が完成すると、鎮座祭前に祭神を迎えることになる。上掲の防空神社では、それぞれの神社に出向して「御神符」を拝受したが、豊橋陸軍教導学校も、昭和二年七月の開校後に「校長陸軍歩兵大佐武田秀一皇大神宮ニ、学生隊長陸軍歩兵中佐辻権作明治神宮ニ参拝シテ、御神符ヲ奉戴シ、九月一日之レカ奉祀祭ヲ行ヒ校内神社トシテ奉祀ス」とあり、伊勢神宮・明治神宮に参拝して「御神符」を拝受したという(24)。

陸軍士官学校の雄健神社は、校長與倉少将からの依頼で賀茂百樹靖國神社宮司が社号と祭神を選定し、軍神として天照大神・大国主神・武甕槌男之神・経津主神、配祀として士官学校出身将校戦役死没者之霊、地主神として従前の稲荷祠の祭神稲荷明神を祀った(昭和七年に明治天皇を増祀)。大正五年十月二十七日の鎮座祭における祭神奉斎は次のように記されている(25)。

一　移靈式

先齋主進ミテ軍神ノ靈位並ニ諸靈ヲ招ク　　警蹕　此時諸員立ツ

一　奉遷式

先齋主進ミテ奉遷ノ由ヲ白ス

奉遷次第、齋員大麻　次ニ軍神靈校長奉戴　次ニ諸靈生徒隊長奉戴　次ニ齋主、齋員、次ニ地主神奉遷、先齋員大麻　次神靈副官奉戴　次ニ齋員

これによると、霊璽は校長奉戴の軍神霊、生徒隊長奉戴の諸霊、副官奉戴の地主神の三体であったことがわかる。賀茂宮司は、祭神の奉斎について「軍神ハ殿内上段正中ニ安ス、配祀ハ下段少シ左方ニ之ヲ安ス」と與倉少将に回答していることから、出身死没者の諸霊は軍神に合祀されず下位に祀られたと思われる。なお、右の式次第の記事の上部に「神剣授与ハ本日ナラン（塩崎）」と書き込みがあることから、靖國神社は雄健神社に神剣を授与したことがわかる。神剣は恐らく出身将校戦役死没者の諸霊を鎮霊した霊璽であろう。

陸軍士官学校予科は、昭和十二年八月に陸軍予科士官学校として独立した。本科は座間（相武台）に移転し、翌十三年六月九日に市ヶ谷台の雄健神社御神体を奉遷した。そのことで予科士官学校は新たな御神体が必要となり、同校の城戸中佐は陸軍省副官櫛渕大佐に奉遷前の昭和十三年四月二日付で「豫て御配慮御願上候當校雄健神社の御神體として奉祀すべき御神刀の件は、何卒宜しく御願申上候。実は相武台に於ける雄健神社の新築も落成致し、近く市ヶ谷台より奉遷申上ぐる事と相成申候により、特に御考慮を煩はし申候」との書翰を送り、その了解のもとに四月十日付で予科士官学校長は靖國神社宮司宛「今般當校雄健神社ノ御神體トシテ御神刀一振御下渡シ下サレ度願上候」との書翰を送った。これに対して、賀茂百樹宮司は次のように回答した。

靖庶第一一八號

神刀授與ノ件　宮司ヨリ陸軍豫科士官学校長へ回答

四月十一日附豫士乙第三六〇号首題ノ件御申出ノ通授與方可取計候也

追テ授與時期ハ遷座祭執行ノ時ヲ適當ト認ムルニ付申添候

書翰（控）には、「四月十八日回答」「神刀ハ昭和十三年六月九日、神奈川縣座間村所在陸軍士官学校々域内雄健神社鎮座祭當日授與ヲ了ス」という朱筆追記がある。市ヶ谷台の雄健神社の御神体は相武台に遷されることから、靖國神社が新たに神刀を授与したということである。[26]予科士官学校は昭和十六年に埼玉県朝霞（振武台）へ移転し、新たに建設した雄健神社の「霊璽は靖國神社例祭に獻備せられた神劔の交附を受けたもの」という。[27]

東京陸軍幼年学校も昭和十九年四月に市ヶ谷台から南多摩郡横山村に移転すると、雄健神社を建設し同年十一月に鎮座祭を行った。これに先立って神社建設委員の長嶺秀雄少佐は靖國神社宮司宛八月三十一日付書翰で「今般本校に於ては精神修練の中心たる校内神社として、陸軍士官學校に準じ雄健神社（御祭神天照大神、神武天皇、明治天皇、大國主命、經津主命、武甕槌神、靖國ノ大神）を建設中にして、鎭座祭を十一月三日に實施し得る如く準備致居候。（中略）手續上のこと又靈璽は如何なる形式のものなりや等祭祀のこと其の他不明の点有之候間何卒御教示賜り度」と尋ね、靖國神社は来社願いたい旨を九月二日付で回答した。十月二十五日付幼年学校から社務所宛書翰には、十月三十日に校長長谷川大佐が靖國神社に出向するので、「神霊ハ左ノ寸法トナシ被下度、初穂料ハ當日持参可致候」「希望寸法縦一尺一寸、横三寸二分、厚二寸五分」と記し箱形を図示している[28]。その寸法からは霊璽として剣や鏡は想定できない。祭神「靖國ノ大神」の神符と思われる。

名古屋陸軍幼年学校は、昭和十五年三月に再興されると翌年二月に旌忠神社を創建した。前年十二月二十日に「陸軍少佐廣田健兒　校内神社奉安ノ御神刀拜受ノタメ靖國神社並ニ教育総監部ニ出張ヲ命ズ」とあり[29]、靖國神社から霊璽として神刀を授与されたようである。

以上、市ヶ谷台から座間へ移った陸軍士官学校、朝霞へ移った陸軍予科士官学校、横山村へ移った東京陸軍幼年学校の雄健神社及び旌忠神社について述べた。霊璽は士官学校が神剣、予科士官学校・名古屋幼年学校が神刀、東京幼年学校が恐らく神符で、ともに靖國神社から授与された。出身戦死病没者を祀る霊璽であろう。靖國神社から鏡や刀剣を授与された事例は営内神社に散見するが、校内神社では陸軍士官学校・予科士官学校・幼年学校以外は見出せない。防空神社や豊秋津神社のような「御神符」が多かったものと思われる。但し、八方園神社は「神宮ノ別大麻ヲ奉安シテ天照皇大神ヲ祭ル御社ナリ」、躑躅丘神明社は「皇大神宮特別大麻ヲ奉鎮スル特殊ノ御由緒」とあるように、別大麻あるいはそれに類する耐久性があり更新を必要としない神符が想定される[30]。

なお、陸軍士官学校関係の雄健神社祭祀に靖國神社が奉仕したように、防空神社は千葉市登戸神社の神官、名古屋陸軍幼年学校は鎮座祭に「神霊ヲ護国神社宮司捧持シ」とある護國神社宮司、広島陸軍幼年学校の肇國神社の例祭には厳島神社の神官が奉仕するなど、校内神社の祭祀に神職が奉仕した事例を見ることができる。

三　校内神社はなぜ創建されたのか

(一) 校内神社の祭神とその特色

校内神社を把握している五十三社のうち、祭神を確認できるのは二十二社である。それらは、①神祇を祀る、②出身戦死者・戦病死者（以下戦死病没者と記す）、殉職者を祀る、③両者を合わせ祀る場合に分類できる。以下に祭神を通して校内神社の性格を探る。

1　神祇を祀る

校内神社の祭神は、天照大神が一番多く十五例である。昭和十五年十一月三十日付官房第六二二八号「艦船部隊官衙學校等ニ於ケル祭神奉齋ニ關スル件」で、「天照大神ヲ主神トシテ神座ノ中央ニ奉斎ス」とあり[31]、海軍施設内の神社は天照大神を主神とするよう命じている。また既述のように満州事変以後の日本精神や敬神崇祖の念の高揚の中で神祠や神棚が設けられ、天照大神が奉斎されたことなど、最高神天照大神奉斎の背景はいろいろあった。次いで武神として著名な経津主神・武甕槌神二神併祀が八例、明治天皇が五例である。防空神社の天鳥船命(船玉神社)は兵科と関係のある神である。これらの祭神の傾向は営内神社の場合と類似しており、軍の神社としての性格を示すものといえよう。

2　戦死病没者と殉職者を祀る

校内神社の祭神として天照大神に次いで多いのは、軍学校出身戦死病没者の十二例である。陸軍少年戦車兵学校の若桜神社は「靖國神社の祭神を奉祀」したとあり[32]、昭和十七年の開校後に戦死者を出しているので同様に扱えば十三例となる。天照大神に迫り軍神をしのぐ事例の多さは注目される。これらは更に次の三タイプに分類できる。

A　神祇と併せて祀る…士官学校・予科士官学校・東京幼年学校・前橋予備士官学校の雄健神社、豊秋津神社、若桜神社、海軍機関学校の躑躅丘神明社・招魂社、仙台陸軍教導学校の三柱神社・護國神社

B　出身戦死病没者のみを祀る…名古屋幼年学校の旌忠神社、広島幼年学校の肇國神社、東京陸軍少年飛行兵学校の友鵬神社、仙台幼年学校の雄健神社（神祇併祀か不詳）

C　殉職者を祀る…陸軍航空士官学校の航空神社、海軍潜水学校の六号艇神社

これらは招魂社的性格をもつもので、B・Cはその性格が強い。Cは殉職者が靖國神社に祀られないことから、靖國神社とは異なる補完する性格の招魂社的神祠といえよう。

戦死病没者・殉職者を祀る校内神社は、創建時期の古いものが多い。以下列記する。

①大正五年　陸軍士官学校の雄健神社（既述の通り）

②昭和二年　豊橋陸軍教導学校の豊秋津神社（皇大神宮・明治神宮、昭和七年戦死病没者合祀）

③昭和三年　海軍兵学校の八方園神社（皇大神宮）と名牌（戦死将校の英霊）

八方園神社創建の八ヶ月前、昭和三年三月に「海軍戦死将校名牌」の除幕式を行い、「兵学訓第一五一号」に「名牌ハ大講堂南側階上ニ於テ　玉座ニ面シ奉掲セラル、其ノ刻名スルトコロノ戦死将校、明治十年之役以降大正三、九年戦役マデ計百四十三名ナリ。名牌ノ建設タルヤ一ハ以テ其ノ英霊ヲ慰ムベク、一ハ以テ列世不磨ノ芳名ヲ千載ニ伝フベク」とある。[33] 出身戦没者の慰霊・顕彰は名牌で行っていた。

④大正十五年またはそれ以降　海軍潜水学校の六号艇神社（佐久間艇長以下十四柱。佐久間神社）

明治四十三年四月十五日、第六号潜水艇の佐久間勉艇長以下乗員十四名全員が潜航訓練中に沈没して殉職し、

艇長の遺書や乗員が最期まで持ち場を離れなかったことで反響を呼んだ。六号艇は大正十五年二月十五日に海軍潜水学校校庭に陸揚げされ、四月十五日に六号艇安置祭が行われた。その前後に「六号艇神社遷座祭」が行われたが時期は不明である。[34] 六号艇前に石祠が安置されて佐久間神社とも称した。

⑤昭和七年　仙台陸軍教導学校の三柱神社（天照大神・神武天皇・明治大帝）・護國神社（幹部職員と卒業生の英霊）

⑥昭和十年　海軍機関学校の躑躅丘神明社（皇大神宮）・招魂社（出身戦死病没者）

⑦昭和十二年九月　所沢陸軍飛行学校の航空神社（天照大神・航空殉職者、陸軍航空士官学校に引き継がれる）

⑧昭和十三年　広島幼年学校の肇國神社（出身戦死病没者）

⑨昭和十四年　仙台幼年学校の雄健神社（出身戦死病没者）

以上に出身戦死病没者と殉職者を祀る事例を昭和十四年まで列記したが、それはまた創建年と祭神がわかる大正五年からの校内神社の全てである。すなわち昭和十四年までの校内神社は管見の限り全て出身戦死病没者や殉職者を祀っており（海軍兵学校の名牌を含む）、校内神社の基本的性格を示すものと考えるべきであろう。営内神社の場合は、天照大神を凌ぐ最多であり、最古の事例と思われる明治三十一年鎮座の工兵第一大隊営内神社で既に「當隊將校下士卒の靈」を祀っていた。[35] 校内神社・営内神社は、出身戦死病没者・殉職者を祀る招魂社的な性格を当初から強くもっていたといえる。なお、昭和十五年以降の事例は表1のNo.18・22・24・28・29である。

(二) 校内神社の創建理由

校内神社の創建理由は、A守護神、B慰霊・顕彰、C精神教育の三つに分類できる。

A　守護神

陸軍輜重兵学校の桜ヶ岡神社（天照皇大神・経津主大神・武甕槌大神）は「創立以來學校ノ守護神トシテ朝夕禮

拝セシ」とあり[36]、軍神に守護を祈るためであった。陸軍航空士官学校の航空神社（天照大神・航空殉職者）は「陸軍士官學校分校の守護神として永く全校崇敬の中心となり奉祀せらるることとせり。将来英霊の照覧加護の下に学校の光輝ある歴史と伝統の精神は必らずや壮心溌剌たる航空候補生の琴線に觸れ彼等をして發奮興起愈々益々航空進展に邁進し国軍の期待に副ふへきを信して疑はす[37]」、海軍機関学校の躑躅丘神明社末社招魂社（出身殉国ノ英霊）は「英霊加護ノ下益々軍人タルノ本分ニ徹セシメンコトヲ期シ」とあり[38]、この両社は戦死病没者・殉職者を「英霊」として加護を祈るものであった。神祇と同様に英霊も加護をもたらすものと考えられていた。熊谷陸軍飛行学校館林分教所の航空神社は、九四偵の事故が続いたので宇佐見隊長が「航空神社」を建立したところ事故が無くなったといい[39]、その効果が語られている。

B　慰霊・顕彰

出身戦死病没者・殉職者を祀る校内神社は十二例確認している。名古屋陸軍幼年学校の旌忠神社は、鎮座祭で校長が「旌忠神社ヲ建立シ此ノ国家保護ノ大任ヲ果シ給ヘル四十六柱ノ忠魂ヲ迎ヘ奉リ挙校奉拝ノ誠ヲ奉クル所以ノモノハ一ハ以テ其ノ神霊ヲ弔ヒ以テ其ノ忠誠勇武ニ学フ所アラントスレハナリ」と祭文で述べ、「旌忠神社建設由来」には「旌忠ト奉称スルハ…其忠勲ヲ万代ニ旌表スルノ意」とあるので[40]、慰霊と顕彰が創建の目的であった。併せて先輩達の忠勲を精神教育に結びつけることも祭文からうかがえる。殉職者の慰霊・顕彰は陸軍航空士官学校航空神社に見られた。慰霊顕彰を明記した事例は他に見出せないが、戦死病没者・殉職者を祀った校内神社は例祭で合祀祭・慰霊祭を行っていたことから、創建理由は旌忠神社と同様に慰霊・顕彰のためと考えるべきであろう。

C　精神教育

精神教育を創建の目的とした事例は多く、育成を目指す「精神」を三つに分けて述べる。

まず第一は敬神崇祖の念の涵養である。昭和十三年創建の広島陸軍幼年学校の肇國神社は、その創建を「広幼の伝統精神たる敬神崇祖、剛健闊達の気風確立の有力な後拠《ママ》を得たのである」と述べている[41]。昭和十六年創建の陸軍兵器学校の細戈神社は、鎮座祭の祭文で校長は「コノ重大時局ニ直面シ日本精神ノ根源タル敬神崇《(ママ)》ノ念ヲ昂揚シ學生生徒ノ精神教育ニ資スル爲校内神社建設ノ議ヲ決シ」と創建理由を述べている[42]。これらは、既述の国体明徴運動以後急速に高揚した日本精神や敬神崇祖の念を背景としたものであろう。なお、肇國神社が祀る出身戦死病没者も敬神の対象となっていたことがわかる。

第二は尽忠報国の精神の涵養である。陸軍重砲兵学校稜威《みいず》神社は、跡地に残る「稜威神社之記」に「伊勢大神宮明治神宮及香取鹿島両宮ヲ奉祀シテ禮拜ノ儀典ヲ継承シ絶ヘス神前ニ忠誠ヲ誓ヒ益々盡忠報國ノ志ヲ鞏ウセンコトヲ期ス」とあり、旌忠神社は出身戦死病没者を祀ることで「忠誠勇武ニ学フ所アラン」とあり、ともに忠誠の涵養が目的であった。陸軍少年戦車兵学校の若桜神社は「皇大神宮、鹿島、香取の両神璽、湊川、四条畷、靖国の三神社の祭神を奉詞《ママ》したもので、生徒が毎日ここに参拝し、富士を仰いで心を清め、尽忠報国の志を固め誓わせる」ことが目的であったという[43]。

第三は、神明照覧の下での人格の陶冶である。陸軍予科士官学校雄健神社は「本校生徒タルモノハ本社祭神タル本校出身諸先輩ノ神靈ニ對シ毫末モ愧ヅル所ナク、至誠純忠、壮烈果敢ナル皇軍將校タルベク、造次モ必ズ是ニ於テシ、顚沛モ必ズ是ニ於テセンコト是ナリ」と鎮座祭の祭文にある。陸軍憲兵学校の憲徳神社は「憲兵の往くところに必ず憲徳神社在すの印象の涵養」が目的であった[44]。海軍兵学校の八方園神社は「在校生徒に海軍将校生徒たる矜持と自覚信念を深めさせるために与えた影響は大きかった」という[45]。

以上に述べた育成を目指す精神は、もとより関連しており厳密に分類できるものではない。忠誠や尽忠報国の精神、武勇などは軍人勅諭に示された軍人精神であり、そのことでは上記の第二・第三は結びつくものである。

第一の敬神崇祖は第二の尽忠報国に通じるもので、仙台陸軍教導学校の場合は敬神崇祖と忠君愛国を創建理由に掲げている。そして、祭神が神祇でも出身戦死病没者の霊でも精神教育の役割を果たし得たのである。校内神社は、軍人精神を教育する施設としての性格を強くもっていたといえよう。

(三) 軍学校における校内神社の役割

校内神社は、軍学校の教育にどのような役割を果たしたのかを、事例をもとに見ていく。

陸軍士官学校の昭和十九年制定「生徒心得綱領」の第一に、「左記要綱ノ修養具現ニ邁進スルヲ以テ本分トスベシ」として第一に「国体及建軍ノ本義ニ透徹シ、至誠純忠、八紘為宇ノ皇謨ニ殉ズルノ信念ヲ養成ス」と記され、同年の「生徒心得要則」には、「忠孝一本ハ我ガ国道義ノ精粋ナリ　毎晨雄健社頭ノ聖域ニ立チテ心ヲ正シ、篤ク尊皇敬神、崇祖感恩ノ誠ヲ捧ゲ、皇運ノ無窮ヲ祈念シ奉リ、誓ツテ神明ノ照覧ニ対ヘ、祖先ノ遺風ヲ顕彰センコトヲ期セザルベカラズ」とある。[46] 毎朝の雄健神社参拝は、生徒心得綱領第一に掲げた修養を具現するためであり、生徒の修養として最も重視されたものといえよう。

陸軍予科士官学校も、昭和十七年三月発行の『生徒訓育の實際』に、精神教育の要旨を「凡て精神教育の根源は國體に發す。之れ綱領第一に「國體ニ透徹シ皇謨ニ殉ス」とある所以なり」、「精神徳目の歸する所、皇運を扶翼し奉るに在り」と記され、目指すところは士官学校と同じである。入学した生徒の三月・四月の訓育として「雄健神社參拜と行修養の必要とを説き、進んで參拜するに至らしむ」、「雄健神社參拜作法」などが実施され、雄健神社は訓育の施設として教育計画に組み込まれていた。[47]「此の雄健神社にお詣りすることは、職員にとっても生徒にとっても重要な日課の一つである。殊に生徒にとっては朝に容儀を正して神前に忠誠を誓ひ、夕に精神を澄まして社頭に決意を新にする修養の聖地である」ともあり、[48] 生徒にとって雄健神社参拝は日課であり、修養の聖地であった。

仙台陸軍幼年学校は、昭和十九年四月の『仙臺陸軍幼年學校生徒心得』の要則九に「生徒ハ宜シク毎晨心身ヲ潔斎シテ　宮城　神宮ノ遙拜竝ニ雄健神社ノ參拜ヲ行ヒ併セテ父母ヲ禮拜シ至誠至孝ヲ念ジ以テ君父ニ報ズルノ大義ニ徹スルト共ニ感恩報謝ノ誠ヲ實現セザルベカラズ」とある。(49) 昭和十三年の神社創建で「毎日雄健神社に参拝することとなった。時刻は各人の自由である。掃除は一訓育班ずつ、一週間交代制である」という。(50)

熊本陸軍幼年学校も、生徒心得第三十四条に「毎朝心身ヲ潔斎シテ　宮城ヲ遙拝シ　勅諭勅語ヲ奉読シ且雄健神社ニ参拝シテ至誠盡忠ヲ誓ヒ祖先、父母ヲ礼拝シ至孝ノ誠ヲ捧グベシ」とあり、(51) 毎朝参拝して至誠尽忠を誓うことになっていた。

広島陸軍幼年学校では、肇國神社創建時の校長だった山田鐵二郎が「校庭の一郭肇国神社を奉設し…全校生徒の崇拝の中心とした。又毎日起床後神前において自発的に勅諭の奉読を全生徒に行わせ、精神修養の道場たらしめるよう指導していた」と記している。(52)

陸軍兵器学校の細戈神社は、昭和十六年七月十五日の鎮座祭で校長が「職ヲ當校ニ奉ズルモノト來リテ當校ニ學ブモノトヲ問ハズ校内ニ於ケル尊崇ノ中心修養ノ道場トシテ常ニ神域ノ清淨ニ奉仕シ旦ニ禮拜、夕ベニ感謝ノ祈ヲ捧ゲ相共ニ滅私奉公ノ至誠ヲ致シ以テ本校ノ精華ヲ更ニ顯揚センコトヲ期ス」と祭文で述べ、(53) 朝夕に参拝し修養の道場となることを期待した。しかし実際は自主的な参拝であった。在校生の日記の同年九月十七日の記事に「毎日各自神社ニ参拜シテイル者ハイルカト言ハレタ、毎日参拜セント胸ガツマッテイル様ナ氣分ガ悪イ位デナケレバダメデアルト、後各区隊ゴトニ参拜ス」とある。区隊長であろうか、生徒に毎日参拝を尋ね、その後区隊ごとに参拝したという。九月二十二日の日記も「点呼アリ、後神社参拜アリ」とあるので、区隊毎の参拝のようで、参拝の定着を狙ったものと思われる。日記には毎日のように参拝の記事があり、十月十九日には「細戈神社ニ参拝武運ノ長久ヲ祈ル」と記し、記載者の敬神の念をうかがわせる。

以上から、校内神社は軍学校の教則に組み込まれた公的な精神教育の施設ではないが、生徒心得などに日課としての参拝と神前での心得などが規定され、軍学校の生活の中で軍人精神を涵養する修養道場としての役割をもった重要な教育施設であったことがわかる。出身死没者を祀る場合は、在校生徒らを合祀祭に参列させることで、慰霊・顕彰、さらには精神教育の役割を担う施設でもあった。

四　校内神社の終焉

昭和二十年七月上旬、陸軍士官学校は相武台から長野県望月に移り、「陸軍士官学校長期演習隊」と総称した。雄健神社の神霊も遷されて望月の大伴神社に合祀したという。終戦により残留者も長野県へ移駐することになった八月二十三日の前日、遙拝所で候補生の割腹自殺があり、雄健神社で二人の下士官の拳銃自殺があった。米騎兵第一師団の接収前に社殿を焼き、相武台碑も埋めた。昭和三十一年六月、「雄健神社ご祭神は…有志の手により、靖國神社に移され、翌十日昇神の儀が行われた」という[54]。雄健神社はここに終焉を迎えた。現在市ヶ谷台には御神体がなくなった雄健神社社殿が残っている。

陸軍予科士官学校は、八月二十九日の閉校前の二十日から二十五日まで、「振武台」碑下に穴を掘り「御神体の御剣二体、御鏡二体、その他社殿内の器物」を埋設し、霊璽簿は御真影と共に八月十六日に奉焼したという。『陸軍士官学校』には「連合軍により本校が接収された際、雄健神社が彼らから辱しめを受けることを最も恐れたのである」と記されている。跡地は陸上自衛隊朝霞駐屯地となり、昭和四十年十二月に卒業生有志と自衛隊の手で御神体等が掘り起こされ、靖國神社に納められた。昭和四十五年十一月には靖國神社で昇神の儀が行われた[55]。社殿は朽ち果てたので、昭和五十三年に許可を得て解体したという。

陸軍航空士官学校の航空神社は、八月十四日のクーデターに加わった第三中隊区隊長上原重太郎大尉が十九日に神社前で割腹自殺した。米軍進駐前の九月三日、入間郡小手指村北野（現、所沢市）の北野神社宮司に懇請して御神体と社殿を移し、爾来祭祀を続け、防衛庁関係の航空殉職者も合祀した。(56) 社殿は小手指神社として現存している。

広島陸軍幼年学校は、昭和二十年六月二十八日に郡部に転営し「肇國神社ハ轉營先ニ於ケル本部ノ位置ニ假奉遷ス」とある。八月六日の原爆で校舎は全焼した。八月二十八日付復命第二号「廣幼復員命令」に「肇國神社御神體ハ御真影ニ準ジ奉焼ス」とある。(57) 東京陸軍幼年学校は、柴田寿彦元生徒監の日記に「(八月) 十六日校長訓示ニ続キ、御真影、勅諭、勅語、雄健神社ノ御神体ヲ奉焼ス」とあり、(58) 十六日には御神体を奉焼した。熊本陸軍幼年学校は、八月十九日「一六〇〇ヨリ天覧台ニ於テ御真影、御紋章、御神体及先輩遺影等ヲ全校君ヶ代奉唱裡ニ奉焼ス　万感胸ニ迫リ言ハン所ヲ知ラズ」と、校長加藤年雄大佐は「大詔渙発ヨリ学校復員ニ至ル迄ノ状況報告」(59) に記している。

以上、相武台、振武台、修武台や幼年学校という陸軍士官学校関係の校内神社の戦後処理について述べた。敗戦直後に校内神社にて自決した職員がいたこと、米軍進駐によって神社が辱めを受けることを恐れ、霊璽簿や御神体を焼き、あるいは埋納し、社殿を焼き、別な神社に御神体を移したことなどは、校内神社が生徒・職員にとって学校の象徴であり精神的な支えであったためであろう。

校内神社が戦後生き残った事例もある。熊谷陸軍飛行学校の航空神社の社殿は、占領軍の進駐前に三ヶ尻の八幡神社境内に移された。社号標に「三尻村靖國社」、「靖國社奉斎　昭和二十一年五月　昭和二十六年九月建之宮司篠田千代」とある。社殿内の唐櫃に納められた巻物二本は、それぞれ「維時昭和二十一年五月五日　三尻村従軍将兵英靈奉齋」、「維時昭和二十二年四月十六日　三尻村内防人命等合祀」で始まる村の戦争死没者の霊璽簿である。終戦後一年を経ないで航空神社は村の靖國社となって地域に生き残った。北野神社に移された陸軍航空士官学校の航空神社も、その後霊璽を奈良県の航空自衛隊幹部候補生学校に遷したことで（現在は修武台記念館）、北野地区の戦没者を祀る小手指神社となった。横須賀海軍水雷学校の水雷神社は、関東自動車工業（株）が跡地を使用し昭和二十八年七月に伊勢神宮を奉祀する関東神社として鎮座祭を行い、企業の神社として現在に至っている。校内神社の記憶が性格を変えながらも地域に生きている事例といえよう。

おわりに

市ヶ谷台の陸軍士官学校は、大正五年にそれまであった屋敷神的な稲荷祠を改築して雄健神社を創建した。稲荷明神を取り込み、新たに天照大神をはじめとする軍神四神と士官学校出身戦死病没者を祀ることで、校内神社が成立したといえる。その後は陸軍の教導学校・幼年学校、海軍の兵学校・機関学校・経理学校で校内神社が創建され、昭和十四年までは陸海軍ともに実施学校・術科学校が含まれないという特色が見られた。

校内神社の創建は、その殆どが昭和十年代であった。それは、軍部主導による昭和十年の国体明徴運動が、日本精神を飛躍的に高揚させたことと関わるであろうと考えた。当時軍施設内に神社を建てることが流行したという菅原道大の記録も、その雰囲気を物語っている。なぜ神社なのかについては、神社が国体明徴及び国体の精華としての敬神崇祖、日本精神、愛国心の涵養の場として捉えられていたからであろう。但し、軍学校内に校内神社を建てることについては、天皇への忠節や武勇などの軍人精神を涵養する教育施設としての役割が強かったものと思われる。神社にその役割を持たせたことは時代の反映というべきであろう。そして、出身戦死病没者・殉職者を祀る事例が多いことは、この昭和十年代の流行による創建とは別に考えなければならない。営内神社の場合も、祭神として戦死病没者や殉職者を祀る事例は最も多く見られており、営内神社・校内神社の本源的な性格を示すものと思われる。それは軍と招魂社との関係であり、東京招魂社（靖國神社）の創建、さらには幕末の長州藩諸隊と招魂場との関係にまで遡る系譜を考えるべきであろう。

校内神社は、敗戦により終焉を迎えた。校内神社で自決した職員がいたことや、米軍進駐前に昇神の儀を行い、御神体を奉焼し、埋納し、社殿を焼いたことなどは、校内神社が軍学校の象徴であり精神的な支柱であったことを物語るものであろう。殆ど記録を残さないで校内神社は消滅し、今その記憶も消えようとしている。今のうちにできるだけ多くの資料を収集し、校内神社の研究を深めることが必要である。軍隊・戦争と神社との関係などを捉える重要な課題と思えるからである。

註

（1）鎌田春雄「法令上ヨリ見タル神社」（『海軍兵学校歴史資料・三』、昭和十七年、靖國神社偕行文庫室所蔵）、二頁。

（2）営内神社等に関する拙稿は、「営内神社等の創建」（『国立歴史民俗博物館研究報告』第一四七集、二〇〇八年）、「軍隊と神社―神奈川の営内神社等を中心として―」（神奈川地域史研究会『神奈川地域史研究』第二九号、二〇一一年）、「営内神社・陸軍墓地等から見た霧社事件死没軍人の慰霊」（神奈川大学非文字資料研究センター『海外神社跡地から見た景観の持続と変容』二〇一四年）、「護國神社と賀茂百樹」（明治聖徳記念学会『明治聖徳記念学会紀要』復刊第五一号、二〇一四年）などがある。

（3）校内神社そのものを論じたものは管見では見当たらない。個別には、陸軍航空士官学校の航空神社について春日恒男「航空神社小史」（『文化資源学』六号、二〇〇七年）、陸軍教導学校の豊秋津神社について本康宏史「営内神社と地域社会」（『国立歴史民俗博物館研究報告』第一四七集、二〇〇八年）などの論考がある。

（4）百瀬孝『事典昭和戦前期の日本　制度と実態』（吉川弘文館、一九九〇年）、二五三―三七〇頁参照。

(5)古屋哲夫「民衆動員政策の形成と展開」（現代史の会『季刊現代史』第六号、一九七五年）、二四―五四頁参照。

(6)文部省『教化動員實施概況』一九三〇年。

(7)海後宗臣『臨時教育会議の研究』（東京大学出版会、一九六〇年）、九五七―一〇一八頁。

(8)岩本通弥「可視化される習俗　民力涵養運動期における「国民儀礼」の創出」（『国立歴史民俗博物館研究報告』第一四一集、二〇〇八年）、二六五―三二二頁。

(9)赤澤史朗『近代日本の思想動員と宗教統制』（校倉書房、一九八五年）、一九九―二四二頁。

(10)内務省社会局社会部『國民更生運動概況』（内務省、昭和九年）、二・三頁。

(11)『陸軍省大日記』簿冊昭和十年、国体明徴に関する件、防衛省防衛研究所所蔵。

(12)玉沢光三郎『所謂「天皇機関説」を契機とする国体明徴運動』（司法省刑事局、一九四〇年、『現代史資料四　国家主義運動』所収、みすず書房、三四七―四五四頁）。

(13)「教学刷新評議会官制制定ノ件」（一九三五年、国立公文書館所蔵）。前川理子『近代日本の宗教論と国家』（東京大学出版会、二〇一五年）、四二二―四五八頁参照。

(14)『官報』昭和十二年七月二十一日。

(15)拙稿「営内神社等の創建」（前掲）、三一八―三二一頁。

(16)菅原道大「航空神社の由来」（『祭神霊璽の控　附航空神社の由来』一九六五年、修武台記念館所蔵）。

(17)陸軍兵器学校『細戈神社ニ關スル綴』（相模原市立博物館所蔵工華会資料）。

(18)『陸軍省大日記』大日記乙輯、昭和十五年乙輯第二類第一冊、防衛研究所所蔵。

(19)陸軍兵器学校『細戈神社ニ關スル綴』（前掲）。

(20)深瀬和巳『熊本陸軍幼年学校』（熊幼会本部、一九九八年）、二五三頁。

(21)名幼会『名幼校史』（名幼会、一九七四年）、九八・九九頁。

(22)東幼史編集委員会『東京陸軍幼年学校史 わが武寮』（東幼会、一九八二年）、二九頁。

(23)松下芳男編『山紫に水清き 仙台陸軍幼年学校史』（仙幼会、一九七三年）、七九九頁。

(24)浪崎敏武『豊橋陸軍教導学校史（稿）』（私家版、一九九〇年）、五〇頁。

(25)『自大正五年至同八年　庶務書類』所収「陸軍士官學校内ノ社祠ノ称號祭神ノ選定ノ件」、靖國神社所蔵。
(26)『昭和十三年　庶務ニ關スル綴　第壹號』所収「神刀授與ノ件」、靖國神社所蔵。
(27)陸軍予科士官学校高等官集会所『振武臺の教育』(開成館、一九四四年)、三二・三三頁。
(28)『昭和十九年　庶務　來翰發翰綴』所収「神社建設ニ関スル件」、靖國神社所蔵。
(29)名古屋陸軍幼年学校『學校歴史自昭和十四年至昭和二十年』防衛研究所所蔵。
(30)別大麻については、拙稿「営内神社等の創建」(前掲)、三一九、三二六―三二九頁参照。
(31)海軍大臣官房編『海軍諸例則、巻四(1)』昭和十年改版(原書房、明治百年史叢書)、四一四頁。
(32)毎日出版企画社編『別冊一億人の昭和史　陸軍少年兵』(毎日新聞社、一九八一年)一二一・一二二頁。
(33)有終会『続海軍兵学校沿革―大正九年～昭和二十年―』(原書房、明治百年史叢書、一九七八年)、一一六頁。
(34)海上自衛隊潜水艦教育調練隊海軍潜水学校史編纂委員『海軍潜水学校史』(一九九六年)に、「陸揚げ後、六号潜水艇神社遷座祭、大正一五年四月一五日に潜水艇安置祭を行い」とあり、安置祭の前に「六号潜水艇神社」の遷座祭が行われた記載になっている。法本義弘『正傳佐久間艇長』(国民社、一九四四年)の四五九―四六〇頁には、大正十五年三月二十六日の伏見宮六号艇視察の記事に続いて、「のち六號艇神社遷座式が行はれ、六號艇の前に神社を造營して、殉難烈士を祀ることゝなった」とある。「のち」がいつか不明であるが、遷座祭は大正十五年の六号艇安置祭前後またはそれ以降に行われたようである。
(35)工兵第一大隊将校集会所『工兵第一大隊歴史概要』(一九二八年)、二六頁。
(36)『昭和十五年十二月起　陸軍輜重學校歴史』防衛研究所所蔵。
(37)所沢陸軍飛行学校『昭和十二年九月　所澤陸軍飛行學校沿革ノ大要』防衛研究所所蔵。
(38)宮内寒弥他『海軍兵学校・海軍機関学校・海軍経理学校』(秋元書房、一九九〇年)、九六頁。
(39)堀山久生『館林の空　第30戦闘飛行集団館林集成教育隊』(著者発行、二〇〇二年)、一四四頁。
(40)名幼会『名幼校史』(前掲)、九八―九九頁。
(41)広幼会『鯉城の稚桜―広島陸軍幼年学校史―』(広幼会、一九七六年)、二五八頁。
(42)陸軍兵器学校『細戈神社ニ關スル綴』(前掲)。
(43)毎日出版企画社編『別冊一億人の昭和史　陸軍少年兵』(前掲)、一二二頁。

(44)ノーベル書房編集部編『軍服の青春　旧陸海軍諸学校の記録　写真集　陸軍編』(ノーベル書房、一九七九年)。
(45)宮内寒弥他『海軍兵学校・海軍機関学校・海軍經理学校』(前掲)、四一―四三頁。
(46)山崎正男責任編集『陸軍士官学校』(秋本書房、一九六九年)、一三五―一三九頁。
(47)陸軍予科士官学校生徒隊光森勇雄『生徒訓育の實際』所収「第六期生徒精神教育、計畫實施表　第九中隊第四區隊」(高野邦夫『近代日本軍隊教育史料集成』第六巻、柏書房、二〇〇四年、四八―五一頁)。
(48)陸軍豫科士官學校高等官集會所『振武臺の教育』(前掲)、三一頁。
(49)仙幼四十六期一訓誌編集委員会編集・発行『勁草萌ゆる三神峯　仙臺陸軍幼年學校第四十六期第一訓育班誌』(一九九五年)、二五二・二五三頁。
(50)松下芳男編『山紫に水清き　仙台陸軍幼年学校史』(前掲)、八〇〇頁。
(51)深瀬和巳『熊本陸軍幼年学校』(前掲)、五〇一頁。
(52)広幼会『鯉城の稚桜―広島陸軍幼年学校史―』(前掲)、二六二頁。
(53)第二期機工科池田宏「自昭和十六年六月貳日至昭和十六年九月二十八日　日記1」「自昭和十六年九月二十九日至昭和年月日日記2」、相模原市立博物館所蔵。
(54)山崎正男編集責任『陸軍士官学校』(前掲)。靖國神社の記録には「昭和三十一年六月十一日(日)午後六時招魂斎庭に於て雄健神社昇神祭執行」とあり、十一日と思われる。
(55)奈良部光孝「雄建神社御神体の埋設と発掘」(『偕行』十二年八月号)。
(56)菅原道大「航空神社の由来とその変遷」(航空神社奉賛会『奥武蔵の名祠航空神社』、昭和三十五年か)。春日恒男「航空神社小史」(『文化資源学』第六号、二〇〇八年)参照。
(57)『広島陸軍幼年学校歴史　自昭和十一年至昭和二十年』防衛研究所所蔵。
(58)記念文集編集委員会『建武臺　東幼49期3訓入校50周年記念文集』(一九九五年)、四一頁。
(59)深瀬和巳『熊本陸軍幼年学校』(前掲)所収「昭和二十年八月　復員ニ関スル綴」、三三一頁。

陸軍における戦場慰霊と「英霊」観

中山　郁

はじめに

戦後、営々と営み続けられてきた海外戦死者の遺骨収集や慰霊巡拝の原点が、「空の骨箱」という言葉に代表されるように、多くの遺骨が戦地から還ってこなかった事態にあることは夙に知られている。遺族会と共に、こうした営みにとりわけ力を注いだのは戦友会であった。彼らは昭和四十年代には旧戦地における大規模な遺骨収集を実現し、また昭和五十年頃からは現地への慰霊巡拝にも力を注ぐなど、民間による海外慰霊を支える大きな柱となってきた。加えて多くの戦友会が靖国神社で慰霊祭を行うなど、同神社を支える有力な崇敬者集団であったことも周知の通りである。それでは、戦友たちにとって「英霊」やその遺骨とは、何であったのだろうか。

戦後日本における海外戦死者の遺骨収集に対する戦友・遺族の強い熱意については、これまで日本人の民俗信仰、すなわち遺骨信仰との関連にその理由を求める議論がなされてきた(1)。ことに、日本の地域社会が「英霊」という、非日常的な死を遂げた者たちにいかに向き合い、そうした営みが国家や軍が築こうとした戦時体制に回収されていったかという点については、民俗学者たちの研究によって明らかにされている(2)。一方、近年の歴史学的研究の著しい進展とともに、戦時体制下における政府、軍による遺骨（「英霊」）の内地への還送体制や地域社会における慰霊祭、葬送、そして遺族援護体制の概要も解明されてきている(3)。かような体制を藤井忠俊氏は「戦死をめぐる体系」と呼び、この整備こそ、戦時体制下における遺族の不満を抑制し、国民をさらなる戦争協力へ導く基礎となるものであったと指摘したうえで、その前提として戦地における遺体収容と遺骨の日本への帰還が密接不可分の関係にあったと論じている(4)。また、浜井和史氏は、日本軍の遺骨処理の変遷を史料的に辿りつつ、日露戦争以後、軍は「戦場掃除」、「内地還送」という二大原則を立て、以後、これに沿って戦死者処理が実施されていったものの、それが大日本帝国の崩壊と共に崩れてゆく過程を明らかにした。そのうえで、これが戦後の遺骨収集をはじめとする援護行政の出発点となったと位置付けている(5)。

こうした歴史学による戦時体制下における戦没者の処遇に関する制度的な研究は、疑いなく重要なものであると言えよう。反面、これらの先行研究は、主に内地における戦時体制の問題の解明に軸足が置かれていることから、戦地で直接戦死者に向かい合う人々の宗教的な観念に対する関心が欠けているという憾みがある(6)。しかし、遺体の埋葬と遺骨採取、内地への還送とは、軍の戦死者処理システムの問題である以上に、戦友や遺族が死者と、どのように向き合うかという意味において、すぐれて宗教的な問題なのである。それでは、最前線の将兵たちは、戦死者をいかに葬り、その魂を慰めようとしていたのであろうか。また、彼らにとって戦死者のたましい、即ち「英霊」とは、どのような存在として捉えられていたのであろうか。

以上の問題意識のもと、本稿では主に支那事変から大東亜戦争における、前線部隊での戦死者慰霊、すなわちり手としての戦友や部隊の戦死者の遺骨や「英霊」に対する宗教観念について若干の考察を試みたい。

一　日本陸軍における遺骨還送体制

日本陸軍が戦死者の遺体の日本への還送問題に直面したのは、日清戦争からであった。同戦役中、軍は『戦時陸軍埋葬規則』を定め遺体を現地埋葬することを原則としたものの、遺族の希望に基づき、各部隊で火葬遺骨を日本に送る例も多くみられた。さらに戦後の三国干渉による遼東半島の清国返還により、そこに現地埋葬された将兵の遺骨を日本に改葬する必要に迫られたのである。この、遺体の現地埋葬から遺体の火葬、遺骨の日本への還送という流れは日露戦争開戦後に定められた「戦場掃除及戦死者埋葬規則」において火葬が原則化されることで定着していくのである(7)。

昭和六年（一九三一）、満州事変が勃発し戦闘が本格化するとともに、戦死者遺骨の還送体制を整備する必要にせまられた関東軍司令部は、昭和六年十二月、「満州事変戦死者遺骨還送規定」、翌七年二月には「満州事変戦病死者遺骨還送規定」を定めている(8)。また同時に陸軍は陸満普第一八八号（甲）「遺骨輸送ニ関スル件陸軍一般へ通牒」を発し、遺骨は戦死者の所属部隊から内地の受領部隊（留守隊、または原隊等）に送り、そこから遺族または留守担当者に届けることを通牒した(9)。この、所属部隊から内地の受領部隊（原隊）への遺骨の還送とそこから遺族への伝達という流れは、以後、支那事変、大東亜戦争を通じて陸軍における遺骨処理の原則となるのである。

昭和十二年（一九三七）、支那事変が始まると陸軍は改めて遺骨後送の規定を設け、戦地からの遺骨後送の体制を整えている。例えば昭和十三年（一九三八）六月十三日に中支那派遣軍兵站監部が制定した「中支那派遣軍戦病死者遺骨還送規定」では、前線各部隊は死没者の遺骨及び遺留品については遺骨名簿、遺留品目録を付して地区の兵站司令部に送ることとされていた。そして全ての遺骨は上海主地兵站司令部に集められ、告別式を行ってから碇泊場司令部の手で内地に海送し、留守部隊を経て遺族に渡されるという経路が定められていた。[10] この規定は昭和十四年（一九三九）十一月二十五日に新たに「中支那ニ於ケル戦病死者遺骨還送規定」として改定されたが、ここでは戦後、上海に建立が予定されている上海忠霊塔へ祀るため、上海兵站司令部に到着した遺骨から分骨をとり、保管することが新たに盛り込まれている。[11] このように、支那事変当時、遺骨は前線部隊から兵站部隊の手によって内地の港湾、または留守部隊に届けられてから部隊での告別式を経て遺族のもとに引き渡されるという流れが形成されていたのである。

なお、こうした「遺骨還送規定」は後に、方面軍だけではなく、軍単位でも作成されたと考えられる。[12] また、兵站部隊が遺骨還送業務を担当することは大東亜戦争時の南方戦線でも行われている。例えばビルマ方面軍においてはラングーン（現、ヤンゴン）駐屯の第七三兵站地区隊司令部が遺骨還送業務を担当し、昭和二十年（一九四五）四月にラングーンを撤退するまで、全ビルマから送られてきた遺骨の内地還送やラングーン周辺の部隊死没者の火葬業務等を行っていた。[13] また、東部ニューギニア戦線に展開した第一八軍の場合、補給基地のウエワクとハンサに配置された第四四兵站地区隊が、内地からの輸送が途絶する昭和十九年（一九四四）三月まで遺骨の後送を担当していた。[14] 支那事変期に形成された前線部隊―兵站部隊―内地留守隊―遺族へという、遺骨還送の基本的な形態は大戦後半においても、内地との補給線が続く限りは維持されていたといえよう。

とはいえ、これまで述べた遺骨還送体制は、あくまで戦死者の遺骨を内地の遺族のもとに送るための、いわば輸送体制の問題である。それでは、こうした規定に基づいて兵站部隊のもとに届けられるまでに、戦死者の遺体にはいかなる処置がなされたのであろうか、そして、その戦友や所属部隊は死者にどのような祈りを捧げたのであろうか。

二　前線における戦没者の埋葬と遺骨の扱い

戦場での戦死者遺体の取り扱いは、明治二十二年（一八八九）に作成された「野外要務令」、大正十三年（一九二四）にこれを改訂した「陣中要務令」において「戦場掃除」作業の中で行われるものとされていた。そこでは自軍の死者については身分、階級、所属部隊、死亡原因、地点、日時を調査したうえで証書を作成し、遺品を取り集めた後に火葬（敵兵は埋葬）し、死者の所属部隊に書類を以って報告すること、そして遺骨（遺髪）、遺品を留守部隊に後送すると定められていた。(15) しかし、激しい機動と激戦が繰り返された支那事変や大東亜戦争初期には、戦場に遺体を仮埋葬しておき、全作戦が終了した後に改めて戦場掃除を行い遺体を収容することもしばしばであった。

右のように戦場掃除は書類を用いた正確さが求められていたが、これは軍としては、戦死者を正確に掌握し、その遺骨を内地に送る責任からといえよう。ことに戦闘による「戦死」は本人の勲功とされ、遺族に対する国からの恩典や、さらには戦死者の靖国神社への合祀にも関わるため、とりわけ正確さ、厳正さが求められていた。しかし、こうした戦場掃除や、さらに後に紹介するような苛烈な戦況下でも遺骨の採取に示される将兵の熱意は、かような制度の存在のみでは説明できない。むしろ、部隊、ことに下士官兵にとっては母隊とされる中隊構成員の、戦友意識の強さにその理由を求められる。戦記作家の伊藤桂一氏によれば、「戦友」とは「お互いの骨を拾いあう仲間」を指すという。将兵たちは自身の替わりに戦死した戦友の、骨だけは故郷に戻ることを互いに約すことで戦場での死に向き合い、互いの身を支え合っていたのである。[16]この、「骨を拾う」ということが、戦友同士、さらには部隊と隊員の暗黙の、そして絶対の務めと認識されていたからといえよう。

野戦において戦死者が発生した場合、戦死の確認は厳密に行われた。状況が許す場合、衛生兵や軍医による検死が行われた後、遺体は現地で収拾された薪や家屋の木材を積み上げた上に、しばしば白布に巻かれて安置され、そのうえで部隊による敬礼をうけ荼毘に付された。そして遺体が焼けるまでの間、部隊から出された当番が荼毘を見守り、火がおさまった後、戦友たちの手によって、喉仏からはじめ主要な骨が集められ、白木の箱か、それが無ければ故人の用いていた飯盒、あるいは空缶などに納められ、その上に白布を巻き、戦友が胸に抱いて運んでいった。なお、残灰は一か所にまとめて埋め、そこに木の墓標が建てられたのである。[17]また、遺棄死体が発生した場合は、遺体収容隊が出され、場合によっては遺体を収容するための戦闘が実施されることもしばしばであった。

無論、こうした埋葬のありかたは、戦況に大きく左右されたものの、可能な場合はできるだけ丁重に、儀礼的手続きを踏むことが求められた。例えば歩兵第七九聯隊では、支那事変初期の戦闘では内地の兵営における死亡者の扱いと同等に、遺体を守る「屍衛兵」を立て、告別式をおこなったのちに火葬に付している。[18]また、一〇一師団通信隊では、昭和十二年十月十五日、戦死した兵二名の「告別式」に伊東部隊本部から「従軍僧」二名を招き読経させたうえで「火葬」を行っている。[19]状況が許す限り、内地の「地方」で行われている、通夜、告別式、火葬、骨上げという、一般的な葬儀形態を踏襲することが志向されていた。

しかし、こうした遺体の収容と全身の火葬は常に行うことができた訳ではなく、そのため、作戦中の部隊では、頭骨、腕骨、手首、更には状況が悪い場合には小指など、身体の一部を切り取り火葬することがしばしであった。こうした戦況の悪化に伴う遺骨収容方法の変化について、昭和十二年、歩兵第四三聯隊の一員として第二次上海事変の激闘を戦い抜いた伊藤一男氏は、次のように回想している。[20]

最初は内地と同様に戦死者を一まとめにして、民家の戸や建具を外し焼いていたが時間がかかるうえ、煙が敵の砲撃の目標となることから片腕を肘から外し、それのみ焼いて屍を埋葬するようにした。それでも手間がかかるので、その次は小指だけを外すようにしたが、焼くと小さすぎて区別がつかなくなり間違う恐れがあることから「戦死者の顔の上の髪を一部鋏で刈り取る。次に、前歯を二本抜く。この方法も窮すれば通ずるで、剣を抜き前歯に突き刺し、こじると二本が簡単に抜ける。この役は専ら私が引き受けた。即ち遺髪と遺骨である。次に貴重品を取り出し内容品を調べ、金額幾ら、写真何葉と記入し、認識票と共に一括し、何某分と書き、私が背中に負うわけだ。一番多い時は二十四人分の遺品を背負っていた事がある。私が弾丸に当たらなかったのは背負った戦友の霊が私を護ってくれた為と思う。

右の文では小指を遺骨にすると骨が非常に小さくなり、扱いが難かしくなるとされている。[21] しかし、遺骨を持つ者の肉体的負担は軽くなることから、小指からの遺骨採取は、後の大東亜戦争時でも戦況の極めて悪い場所で広く行われた手段であった。しかし、こうした遺体の一部切断は、必ずしも望ましいものとは思われておらず、抵抗を感じる者も見られた。昭和十八年、東部ニューギニアのフィニステイール山脈で戦っていた独立工兵第三七聯隊の中野清香准尉は、兵の遺体から遺骨用に手首を切る際、切れない小刀でやるよりもひと思いに切ったほうが死者も痛くないだろうと鉈で切断した経験について「酷い事をしたものだと今でも胸が疼く」と述べている。[22]
また、西部ニューギニアのマノクワリを守備していた第五揚陸隊は、内地からの補給が途絶したことから飢えと病のため多くの戦病死者を出したが、最悪の時期には遺体を土葬し、遺骨を採るため手首や歯を切断し荼毘に付したという。これについて同部隊の戦友は、「無残極まり無い方法」だが「一片のお骨でも良いから、ご遺族に送り届けて上げ度い、只その一念と戦友愛の絆によって為される処置である。きっと戦友の霊も許して下れるだろうし亦斯くする事に依って御成佛して貰えただろうと確信して已まなかった」と記している。[23] 土葬や身体の一部から遺骨を採る方法は、非常手段であると考えられていたのである。

以上、戦場における遺骨の採集と埋葬について紹介してきた。支那事変以降の日本陸軍では、遺体及び遺品の収容後、「陣中要務令」に従い、「火葬」、すなわち全身を荼毘に付したうえで遺骨を採取することが、最も望ましく、死者に対して丁重な扱いであると将兵にも考えられていたことが理解された。これに加え状況が許せば、可能な限り内地の葬儀に近いかたちでの儀礼が望まれたのである。反面、遺体の扱いは作戦や戦況に左右され、状況によっては腕骨、手首、小指など身体の一部を切断し、それを「火葬」して遺骨を採っているものの、こうした方法は本来望ましい手段とは思われてはいなかったのである。とはいえ、それでも遺骨の一部でも遺族に届けることが優先され、そのために将兵は力を尽くしていたのである。それでは、こうして採取された遺骨は、どのように扱われ、祀られていたのであろうか。

三　戦場の慰霊祭

戦友の胸に抱かれ、或いは背嚢に納められた遺骨は部隊が駐屯地に帰還すると、隊長室か、あるいは別に隊内に設けられた遺骨の安置場に納められた。こうして安置された遺骨は、先に紹介した「遺骨還送規定」に基づき、中隊から大隊、連隊、そして師団へと、上級部隊を経由して兵站司令部に送られ、内地へ還送されることになるが、その前に各部隊では、遺骨を上級部隊に送る前に慰霊祭を行うのが通例であった。

表1　歩兵第二聯隊慰霊祭（「二聯隊戦闘概要」昭和12年9月14日〜14年12月31日より）

12年	9月27日	永定河渡河戦闘から大冊河畔石頭村付近の戦闘まで。細貝三郎少佐以下94柱。
	11月1日	磁県迄の戦傷死者加藤四郎大尉、戦死者山村寿春小尉以下55柱。
	11月16日	磁県城内において師団慰霊祭。代表者参列。
13年	3月8日	河北かん定戦で戦死の故飯田光蔵大尉以下58柱。
	6月27日	徐州会戦終了後、開封城で実施。
	11月7日	黄河河畔秋季作戦終了後、新郷、及県警備中。懐慶以降の故陸軍大尉小島直以下69柱。
	11月17日	新郷城外の飛行場で師団合同慰霊祭。
14年	9月11日	河南省地区の警備及び掃滅作戦中の、故陸軍大尉池田敏雄以下62柱。
	11月30日	睡県広場。10月の扶楽城付近の討伐で戦死した故陸軍中尉勝間田二郎以下27柱。
	12月31日	水戸に凱旋。

例えば、日華事変に出動した歩兵第二聯隊の「二聯隊戦闘概要」によれば、同聯隊は昭和十二年九月から、原駐地の水戸に凱旋する十四年十二月までの間に、表1のように慰霊祭を実施している。ここからは一連の作戦期間が終結するたびに、その間に戦死・戦病死した将兵の慰霊を行っていたことが窺われる[24]。

こうした慰霊祭の実施は、なにも二聯隊が特別なのではなく、陸軍各部隊、すなわち中隊から師団、独立部隊において一般的に見られたものであった。一例を挙げると、昭和十九年、河南作戦に出動した戦車第三師団機動歩兵第三聯隊の場合、作戦目標の洛陽を攻略後、それまで戦地に仮埋葬してきた戦死者の遺体を全て掘り起こして火葬のうえ遺骨箱に納め、先ず中隊毎に慰霊祭を行った。さらにその後、連隊本部で合同慰霊祭を実施し、河南作戦での全戦死者三五六柱の英霊が祀られている[25]。また、慰霊祭は地上戦の後にだけ行われたのではなく、海上輸送作戦が終了し、任地に到着した際にも行われた。例えば東部ニューギニアに出動した陸上勤務七六中隊では、昭和十八年五月に無事任地のウエワクに到着し揚陸ならびに駐屯作業を終えてから、隊内の神職二名によって慰霊祭を行っている[26]。

こうした慰霊祭には、どのような意味があったのであろうか。昭和十九年、ボルネオのタラカン島を目指して内地を出港した独立歩

図１　タラカン島での独歩四五四、四五五大隊合同慰霊祭
（宮地喬『タラカン島絵戦記』29頁）

兵（以後「独歩」と略記）第四五四、四五五大隊は、輸送途中に戦病死者や、さらにバシー海峡で海没戦死者九〇名を出したことから、任地のタラカン到着後の一月、長野県の住職であった岡本軍曹を導師として、両大隊将校、現地の海軍、州知事、居留民、企業関係者代表、そして一五〇名の下士官・兵が参列して仏式の合同慰霊祭を営んでいる。此の慰霊祭に参列した独歩四五五大隊の宮地喬氏は、「生き残った者の、せめてもの務めである法要が出来て初めて我々の明日からの軍務に張り合いが出て来た。将兵の気持ちは一段と明るくなった。宗教の力もまた大なりと言わねばならない」と感想を記している[27]。慰霊祭は、部隊の作戦終了と新たな任務の合間に行われることで、戦死者の慰霊と共に、部隊と、そしてそこに所属する生き残った戦友たちに前作戦のけじめと、新たな作戦への橋渡しをする機会を果たしていたといえよう。

慰霊祭を終えた遺骨は、遺骨宰領者に守られ部隊を出発し帰国の途についてゆく。昭和十七年（一九四二）四月十九日、マレー作戦に従事した歩兵第一一聯隊第七中隊の陣中日誌は、故中本軍曹以下九名の遺骨の見送り情景について「三　本日十三時五十分中隊ノ英霊故中本章軍曹以下九柱ハ遺骨宰領者仁井上等兵ニ護ラレ中隊全員ノ涙ノ惜別裡ニ懐シノ兵営ヲ故山ニ向ヒ出発ス中隊長以下舎前ニ整列心ヨリ御見送ヲナス　「マレー」作戦以来生死ヲ共ニシタル戦友ガ今ハ悲シキ無言ノ凱旋ヲナスニ当リ中隊員一同英霊ノ冥福ヲ祈ルト共ニ益々団結ヲ鞏古ニシ此ノ英霊ニ恥ヂザル様大東亜戦争貫徹ニ努力セントノ覚悟ヲ固メタリ」と記している[28]。慰霊祭と遺骨の祭祀（告別式）は、生きている戦友たちに、死者の思いを受け継ぎ、新たな任務に邁進することで死者の思いを果たすことを誓い、新任務に向かわせる心の節目ともなっていたのである。

以上のように、部隊で行われる慰霊祭は、遺骨との告別式という性格を帯び、中隊から師団に至るまで、各級部隊単位で行われていたのである。また、慰霊祭は部隊にとって、一つの作戦期間の終了を告げる節目に行われることによって、将兵に気持の切り替えを促し、新たな軍務に向かわせる機会としても機能していたのである。ただし、慰霊祭を終え、遺骨が部隊から送り出された後も、戦死者の霊が忘れられたわけではない。部隊長が隊内戦没英霊を祀るために、隊長室に位牌を設けて祈り続ける例もよく見られるうえ[29]、さらには戦地で招魂祭を行った例も見られる。歩兵第三十聯隊の一員として中支に出征した福岡県箱崎宮主典の田村軍曹は、上海付近の江湾に駐屯中、上官から聯隊の軍旗祭に併せて英霊を祀る祭壇の準備を依頼された。そこで上海神社より境内の真榊らしい樹を根付きのまま貰ってきて御幣を付け、その周りに注連縄、注連竹を巡らせ英霊の御霊を降神した。翌日の軍旗祭ではこの神籬の側に軍旗と聯隊長が並び、これに対して部隊は分列行進を行ったのである。さらに彼はその後、南支の西湖においても出征以来戦死した自隊の戦友二二柱の招魂祭を奉仕している[30]。このように、部隊では遺骨に対する慰霊祭（告別式）のみならず、しばしば、戦死者の霊魂を慰める、招魂祭的な性格をもつ祭りも行われたのである。

これまで見てきた事例を端的にまとめると、前線の部隊とは、自隊の死者の遺骨や霊魂を祀る、一種の祭祀共同体という、宗教的な性格を有していたということができると考えられる。それでは、こうした慰霊祭に、宗教者はどのように関与し、いかなる儀礼を行っていたのであろうか？

四　慰霊祭と宗教者

戦場における葬送の様子を調べていると、しばしば宗教者による儀式の執行が記録されている。こうした宗教者のうち、とくに従軍僧の活動については、これまで幾つかの研究が積み重ねられてきた。そして、彼等が戦死者の葬送を行うほか、戦地での将兵や、さらには現地住民への布教を任務としていた事、また満州事変以降は占領地に対する軍の宣撫工作にも積極的に協力することが期待された存在であることが明らかにされてきた。さらに、支那事変においても多数の僧侶が部隊に従軍し、前線での葬送を担当していたことが知られている(31)。しかし、戦記に記録されている「従軍僧侶」という用語の全てが、仏教各宗派から派遣された従軍僧であったと即断してはならない。なぜならば、全ての部隊に従軍僧が存在していたわけではないうえに、各部隊の戦記や記録を見ると、むしろ将校や下士官・兵として軍務に就いている僧侶や神職が、葬送を適宜依頼され、奉仕する姿が多くみられるからである。

例えば、東部ニューギニアで終戦をむかえた第四一師団軍医の真辺武利氏は、武装解除された日本兵の収容所となったムッシュ島の墓地では、死者が発生すると「従軍僧」により各隊毎にささやかながら葬儀が営まれたと記している(32)。東部ニューギニア作戦を担当した第一八軍及びその隷下部隊には専属の僧侶を置いていた事例はないことから、この場合の「従軍僧」とは、各宗派から派遣された存在ではなく、先に紹介したタラカン島の慰霊祭を奉仕した岡本軍曹のように、僧籍を持つ将兵、と考えたほうが正しいであろう。それでは、こうした宗教者たちは、最前線でどのような役割を果たしたのであろうか。ここでは真宗僧侶一名と、神社の神職四名の事例を紹介しながら考えてみたい。

新潟県寺泊町の真宗仏光寺派聖徳寺住職の窪澤泰忍師は昭和十五年（一九四〇）に近衛師団に召集、後に近衛歩兵第五聯隊機関銃中隊の一員として南支、マレー・シンガポール、インドネシアと南方各地を転戦した人物である。部隊の出征前、窪塚師は小隊長、班長から数珠と袈裟だけは持って出かけるように勧められた。理由を聞くと、「自分たちが戦死した場合、お経をあげてもらわにゃならんからなー」とのことであったという。そして十六年一月に広東省に上陸してからは、部隊内で戦死者が出るたびに中隊長よりの命令として「葬送勤務」が頻繁に回ってくるようになった。また、シンガポール陥落後の二月二十日には、ラッフル大学ラグビー場で行われた第二五軍慰霊祭に各師団から集められた僧たちとともに慰霊祭を奉仕をしている。その後、戦場掃除のためマレーに戻り、仮埋葬していた戦死者の遺骨の火葬と中隊単位で行われた慰霊祭での葬送勤務が余りに多忙となったため、遂には悪性マラリアに罹患し死線をさまようことになったという(33)。

このように窪塚氏は、真宗僧侶として八面六臂の活躍をしている。しかし、彼の本務はあくまで重機中隊員としての任務であり、宗教者としての活動はいわばパートタイムとして位置づけられていた。そのために中隊における「勤務」に加え「葬送勤務」が重なり、過労で倒れることになったのである。こうしたいわば、パートタイム的な宗教活動は、僧侶だけではなく、神職が担当することもしばしば見られた。

岡山県高梁町（現・高梁市）御前神社社掌の伊達真直氏は、昭和十三年、第七師団通信隊の一員として北支に出征した。師団通信隊は隊長の姓を取って通称、大神部隊と呼ばれていたが、隊長はその名の通り敬神の念が厚かったことから、出征に当たって伊達氏は装束（斎服）の持参を命ぜられた。そして北支に上陸して間もない八月には、天津西方の慶応蛇鎮付近の戦闘で自身の目の前で戦死した兵隊の葬儀を務め「祭詞も涙に咽び奏上した」という。伊達氏はこれ以後も、保定、石家荘など部隊の慰霊祭や葬儀の奉仕をたびたび続けたほか、将校集会所の落成式や部隊の創立記念式典、石家荘神社での紀元二千六百年祭などの祭典も奉仕している(34)。伊達氏の場合、予め神職としての活動が大神部隊長から期待されていたことから、装束持参で出征し、葬儀や慰霊祭、記念式典などで活躍したのである。しかし、このように出征前から宗教活動を求められる事例は多くは見られず、寧ろ、現地でのニーズに合わせ、宗教者としての経歴を買われて奉仕の依頼がなされるのが普通であった。次に挙げる松橋氏の例は、突然、慰霊祭奉仕の機会に巡り合った例である。

青森県北津軽郡中里町、中里八幡宮宮司の松橋泰彦は、皇典講究所で学んだ後、実家の中里八幡宮に奉仕していたが、昭和十六年（一九四一）に召集を受け、キスカ島の北海守備隊野戦病院に衛生上等兵として勤務していた。アッツ島玉砕後、キスカ島にも漸く敵上陸の気配が濃くなった昭和十八年（一九四三）六月末、松橋氏は突然、野戦病院長と北海守備隊司令部副官から電話に呼び出され、七月一日に七夕港の北海守備隊司令部で隷下部隊、ことにアッツ島で玉砕した山崎保代大佐以下二千五百名の部隊慰霊祭を執行するので祭典に奉仕するよう命令を受けたという。そこで氏は翌日、敵の爆撃を退けつつ守備隊司令部に行き、祭典準備の確認をしてから空襲下で祝詞作文に取り掛かった。そして七月一日の朝、炊事で賄った白米、神酒、野菜、落雁や羊羹などの菓子や、各部隊から届けられた大きな鱈を神前に供え、注連縄が張り巡らされたなかに立てられた神籬台と、「故山崎保代大佐外二千六百余柱英霊之標」の前で四十分ほどの祭典を行ったという。氏はこのとき奏上した祝詞の内容については触れていないが、代わりに奉仕の感慨を「風寒く濃霧の這寄る祭場に戦友の英霊を祀る今日はも」、「天翔けり国翔けりたる英霊はや皇軍人を守らざらめや」という二首の和歌に託している。戦後、この慰霊祭の経験について「明日の生命も知れぬ激しい孤島の戦場で、祈りを捧げたことは、私にとって未曾有の意義を感じさせてくれたのである。」と回想している(35)。

なお、松橋氏は守備隊司令部で祭典準備をしながらも、「司令部では六月の末には新しい作戦段階に入るらしく将校らの動きの中にも、それとなく察しられるものがあった」と記している。この氏が感じた気配とは、「ケ号作戦」すなわちキスカ島撤退作戦を指す[36]。つまり、北海守備隊は新たに撤退作戦を開始する前に、それまでの作戦期間に戦没したアッツ島やキスカ島守備隊の慰霊を行おうとしたのである。

ところで、僧侶の場合、輪袈裟と数珠があれば、僧らしく儀礼を行うことが可能である。しかし神職の場合、装束がないと祭典奉仕が様にならないものである。伊達氏のように出征時に斎服を持参した者はともかく、なにも持たずに出征した者はどのように装束を整えていたのであろうか。先に挙げた松橋氏の場合、遺漏なき祭典を期した北海守備隊司令部により、工兵隊が祭壇を、縫工場に装束の製作が下令された。その結果、ボール紙に墨を塗った烏帽子、敵のパラシュート爆弾の生地から作った装束、梱包箱の板を削った笏、黒ズックの運動靴で作った浅沓が揃えられたという[37]。また、終戦後、ボルネオで第三七軍慰霊祭を奉仕した独歩三六七大隊の広瀬正三中尉（岡山県荒井神社宮司）によると、この祭典に奉仕する広瀬氏と行森正雄軍曹（岡山県重岡神社社司）、中島達夫曹長（湊川神社奉務経験者）の三名の装束は、在留邦人の女性が縫製してくれた。しかし、当初は斎服も縫うとの申し出があったものの、素人の縫製では演芸会の芝居じみたものになってしまうことから、白衣、白袴、白足袋のみを用意してもらったという[38]。

とはいえ、装束が準備できる環境にない場合、軍服のまま奉仕せざるをえない。そうした状況の中で部隊の慰霊や祈願祭を行ったのが、先に紹介した田村軍曹である。彼は出征後、自部隊の武運長久の修祓や、上陸作戦に用いる舟艇に故障がないように願う祈願祭の斎行を上官から依頼された際、軍装のまま、笏の替わりに銃剣を、大麻の替わりに御幣を付けた三八式歩兵銃を用いて祭典を行っている[39]。また、先に紹介した広瀬氏も、自身の陣中日誌に二十年四月にブルネイで戦病死した大隊長の慰霊祭を神式で奉仕したことを記しているが、そこに装束の記載がないことから、軍服で行ったと考えてよかろう[40]。

以上、僧侶一名、神職四名の戦場における宗教活動の一端を紹介した。彼らは「従軍僧」のように、軍に随う宗教者ではなく、あくまで軍人として部隊に所属していた。彼らにとって機関銃中隊、通信隊、野戦病院での勤務こそ本務であり、その合間に隊長命令の任務として葬儀や慰霊祭、祭典への奉仕に当たっていたのである。但し、彼らは宗教的な任務に当たっているときは、宗教者として尊重された処遇を受けている。例えば伊達氏は石家荘の将校集会所落成式の直会場で「田舎の村幣大社の社掌の私が師団長の次に列ばされ、恐れおののいたものでした」とか、他部隊の合同慰霊祭出張の際には「師団長用の車に黄旗を立ててお迎いを受け、衛兵が捧銃をしてくれたのには苦笑いたしました」というように、そのときだけは宗教者として、階級を超えた扱いがなされていることが窺われるのである。(41)

とはいえ、彼らは単に宗教者だから「葬送勤務」に付いたのではない。むしろ、同じ軍人として、ことに所属部隊においては、「戦友」だからこそ戦死した「戦友」の弔いを果たすことができるし、それが死者にとっても最も相応しいと把えられていたように思われる。例えば、窪澤師の場合、小隊長や下士官達が出征に当たって袈裟と数珠を持ってゆくように勧めたのは、まさしく「自分たちが戦死した場合、お経をあげてもらわにゃならんからなー」の言葉に示されるように、身近な部下に弔ってもらいたいという願いが反映されているといえよう。(42)そして伊達氏が出征に当たり、部隊長から装束持参が命ぜられたのも、同様の気持が反映されている者と思われる。一方、奉仕する宗教者側も、戦友の霊魂のため祈りを捧げることに使命感とやり甲斐を感じていたことは、病に倒れるまで「葬送勤務」に奔走した窪塚師や、自身の目前で戦死した兵の葬儀の場で「祭詞も涙に咽び奏上した」伊達氏、そして孤島の戦場で祈りを捧げたことに「未曾有の意義を感じ」たと語る松橋氏の行動や感慨から明らかに窺われるのである。彼らは部隊の一員であったからこそ、真摯に葬送や慰霊に向き合う事を得たのではないだろうか。

なお、彼らの宗教活動から気が付くのは、彼らには内地の宗教者としての活動の延長上が求められていた点にある。窪塚氏の場合、求道者への説法、臨終の兵の看取り、終戦後に動揺する部隊将兵の心を安定させる為の法話といった活動も見られる。とはいえ、隊での宗教的任務の中心は葬儀・慰霊祭であり、その意味では葬祭を中心とする当時の日本仏教の在り方に準じた活動が現場では求められていたといえる。一方、神職の場合、田村氏や伊達氏の事例にあるように、葬儀や慰霊祭のほかに、武運長久祈願や集会所、橋の落成式、紀元二千六百年祭などの記念式典への奉仕など、寧ろ、内地で神職に求められる祈願祭のニーズも多かったのである。

五　将兵の「英霊」観

これまで戦地における遺体の埋葬、遺骨の収容、そして「慰霊祭」とそこに奉仕する宗教者の姿について述べてきた。陸軍各部隊においては余程の事情が無い限り、可能な限り埋葬と遺骨の採取、そして慰霊祭を行うなど、状況が許す限り戦死者を丁寧に扱おうとしていた事が窺われた。そしてさらに、遺骨の還送後も部隊のなかで位牌として、或いは招魂祭の実施というかたちで祀られていたのである。いうなれば、部隊とは、戦死者を祀る機能を含みこんだ存在であったといえよう。それでは、これらの戦死者の霊魂は、部隊の戦友とどのような関係性をもち、いかなる存在として捉えられていたのであろうか？

「英霊」という言葉の語源や用語の変遷の考察については先行研究に譲るが[43]、本稿の考察範囲となる支那事変以降の陸軍部隊においては、戦死・戦病死した部隊構成員（軍人、軍属）を指す言葉として用いられている。とはいえ、「英霊」は死者の霊魂を表すだけにはとどまらない。これは戦場においても同様で、慰霊祭に関する記述で「隊長室の奥に安置される二木中尉の英霊に対し、焼香し合掌して隊長室を辞した」などと表現されることがよくあり、遺骨箱とその中の遺骨を指して用いられている場合も多い[44]。さらには戦死した遺体そのものを「英霊」と呼ぶ事例も見られる。例えば昭和十八年二月、東部ニューギニアのワウ攻撃に失敗した岡部支隊では、撤退開始にあたって支隊長は「途中ニ於ケル戦没将兵ノ尊キ英霊ノ埋没処置ニ遺憾ナキヲ期スヘシ」と命じているが、この場合、「英霊」すなわち遺体を指して用いられている。(45) 以上のことから、部隊において英霊とは、戦死者の霊魂と、それが宿っているモノ（遺体や遺骨）を指して用いられていたといえよう。

次に、将兵にとって英霊とは、どのような存在であったのであろうか。昭和十二年、山西省の省都太原攻略後、歩兵第三〇聯隊は城内大教場で慰霊祭を行った。その時の情景について後に聯隊本部が編纂した『支那事変史』第八章では左記のように描いている。

急造の祭場であるが、黒幕を背景にして戦没英霊が安置され…来会者の胸は早くも深い哀愁に似た敬虔さに包まれる。友よ、兄弟よ、昨日までは、太原へと共に励まし合って進んできた君達を、今日はかうして落莫たる愁風の中に祭らなければならぬ吾等の胸中を思ってくれ。君たちは今や護国の神としてここに鎮座する。護国の神、しかしこれは何という親しい神であらう。君たちは拍手を打って遠くから拝む神ではない。おい君と言って手をさしのべれば力強く握り返す神である。兄弟よ、戦友よ、何か言ってくれ。なぜ何も言わないのだ。立派に君国に殉じ、軍神として大安心立命の境に在る君たちには、我々のこの満ち足りぬ気持が解って貰へるだらう。(46)

この資料は戦意高揚のために刊行されたものであるから、その表現をそのまま受け取ることには注意が必要とも考えられる。反面、それだからこそ、当時の英霊観念が強調されて表現されているとも捉えることが可能なのである。この文章を見る限り、「英霊」は、「君国に殉じ」た「護国の神」であり「軍神」と位置付けられている。

その一方、それは自分たちの仲間として、生死を分けた今ですら気心の解りあえる親しい仲間として表現されていることが窺われるのである。「英霊」が即ち「神」という考えは、戦時中の陸軍においては公的にはなかった。寧ろ、靖国神社宮司に就任した陸軍大将鈴木孝雄の記した「靖国神社に就いて」によれば、英霊は靖国神社における合祀祭において、初めて護国の神として永遠に鎮まるものと説かれていた。(47) 加えて、これまで見て来たように陣中の慰霊祭の様子を見ると、必ずしもそこでは「神」として祀られているのではなく、あくまで「英霊」として祀られている。それだからこそ僧侶による司式が成り立つのである。その意味で言うならば、「英霊」ということばには、神格よりも死者の霊魂としての性格が強いと考えられよう。とはいえ、こうした「英霊」と「護国の神」が、前線の将兵たちにどこまで区別されていたかは疑わしい。先に紹介した広瀬中尉は陣中日誌に、中隊員が戦没するとたびたび「靖国の御霊と相成ったものと」、「護国の神となる」と記している。(48) 神宮皇學館を卒業し、神職として一般将兵よりも神道知識を持つ氏においても、戦場での死者、即ち、靖国神社の神として捉えていたことが窺われる。こうした観念は他にも見られる。友人の設営隊員がアッツで玉砕したとの報を聞いたキスカ島守備隊員の一人は、「その人もお国のために神になられたかと思うと、あの別れぎわの嬉しそうな顔がありありと浮かんでくる。「よし、俺もやるぞ」私の胸いっぱいに闘魂が湧いてくるのだった」と記しているように、戦死、すなわち靖国神社の「神になられた」というように捉えているのである。(49) その意味で言えば、英霊とは、身近な戦友として、仲間意識に結ばれつつもその延長線上に「護国の神」すなわち靖国神社の祭神との連続性を有した存在と認識されていたと捉えた方が良いかもしれない。

次に、英霊とはいわば、作戦の犠牲者であり、慰霊祭はその霊魂を慰めることが目的で行われている。しかし、それは単に死者の慰霊のみを目的としたものではないのである。昭和十二年十月、一〇一師団通信隊は加納部隊との通信連絡確保中に戦死した深澤上等兵の葬儀を行った。このときに部隊長の坂本嘉四郎少佐が読んだ弔詞を見ると、まず、「江南の野戦雲未だ霽れず兵馬倥偬たる陣中須臾も安きを愉むを許さず此時に方り吾等隻手に戈を執り他の手に野草を捧げて以て深澤清松君と永訣の式を擧げんとす」と始まり、彼が戦況重大の中、重務に勇躍挺身し「壮烈無比」に戦死を遂げる様を語り、その死が「平素盡忠報國の念期せずして顕現せるもの詢に鬼神をして哭かしめ懦夫をして起たしむるものと謂ふへし」として讃え、その後の戦況の好展は彼の力もあったものとしてその死を位置付けたうえで、「君よ、吾等将兵今後益々奉公の志を固ふし困苦に堪へ任務に邁進し皇軍最後の目的を貫徹し誓て英霊をして地下に泣かしめさらむ事を期す、君以て冥せられよ。茲に江南の野戦陣の間に君と永訣せんとするに方り将兵一同に代り肚裏感慨の一端を述へ以て弔詞とす」で結ばれている[50]。すなわち、任務に斃れた戦友を慰めるためには、任務の完遂こそが求められるものとされ、戦没戦友に恥じない戦いをすることが誓われているのである。

こうした弔詞の形式は、聯隊や師団などの上級部隊においても大体同様の形式がとられている。例えば先に示したように歩兵二聯隊では、保定会戦後の昭和十二年十一月一日、戦傷死者加藤四郎大尉、戦死者山村寿春小尉以下五十五柱の慰霊祭が行われた。このとき連隊長の石黒貞蔵大佐が述べた弔詞では、先ず会戦当時の聯隊の任務と戦闘、そして聯隊が挙げた戦果を述べたうえで、それが「コレヒトヘニ諸英霊ノ偉勲ニシテ讐ウルモノナク軍旗ノ威武ハ保定戦以上ニ発揮セラレタリ　英霊願クハモッテ満足セラレサラニワガ将兵ノ上ヲ護リ給エ」と結んでいる[51]。戦没英霊は部隊に勝利をもたらした存在と位置づけられると共に、さらに今後は聯隊将兵を守る存在となることが期待されているのである。こうした祭詞で述べられている観念は、先に紹介した四三聯隊の伊藤伍長が、遺骨を預り戦闘していたからこそ、英霊の加護に因って弾丸に当たらなかったと考えていたように、広く将兵に共有されていたと考えられる。このように、英霊とは、部隊や戦友たちを加護する存在と考えられ、反面、部隊や戦友たちは、彼らの戦功を顕彰し、その死と戦果を無駄にしないために、更なる任務の完遂を誓い、これを果たすことでその魂を慰めることができると捉えていたのである。

こうしたイメージが持たれる一方、英霊には生々しい、死霊としてのイメージを持つ見方も見られる。よく知られているのが、遺骨宰領者となって内地に帰還した者が再度戦場に出ると戦死するというジンクスである。これは内地帰還によりそれまで張りつめていた気持が緩み、戦場感覚がずれるからとも考えられているが、兵士たちは、しばしば英霊によって死に引きずり込まれたと捉えたのである。[52]さらに、戦死した戦友の遺骨や遺品を持つことを気味悪く感じる者も存在した。先に紹介した伊藤一男氏は、英霊の遺品を背負って戦ったおかげで弾が当たらなかったと考えていた。しかし、彼の戦友は氏に「伊藤よ、ワシはお前みたいな事はようせん。戦死者の亡霊にとりつかれるように思うて気色が悪うていかん」と述べたという。戦友の霊は戦友を守るだけではなく、反対に、親しかった者の霊であるがゆえに、戦友を死に誘う可能性があると考えられていたのである。また、東部ニューギニアに進出した、飛行六八戦隊の戦闘機搭乗員の小山進氏も、「英霊」にそうした不気味さを感じていた一人といえよう。彼は戦隊の遺骨を安置する宿舎の祭壇の前に立つのは気が進まなく、次第に増えてゆく遺骨箱をみると、いずれ自分もこの台に上がらなければならぬのかと思われ死に対する戦慄に襲われたと述べている。[53]このように、「英霊」は死者の属性をも帯び、それは生きている戦友を死の世界にいざなう者としても捉えられていたのである。

以上をまとめると、先ず「英霊」は部隊の生存者を守護し、誓う存在であることが期待されていたのである。とはいえ、英霊は「護国の神」に結びつく、神的な存在としてのみとらえられたのではない。同時に、英霊は生々しい、そして生存戦友とより近しい関係にある死者であるがゆえに、生者を死の世界に導く霊威を持つ存在としてもイメージされていたのである。また、下は中隊から上は軍に至る軍組織は、戦闘単位であると共に、それが故に死者祭祀の単位でもあった。言い換えるならば、部隊とは、自隊の戦没英霊を奉ずるコミュニティーとしての側面があったといえよう。そこで行われる英霊に対する慰霊祭とは、単に死者の霊魂を慰撫するだけのものではなく、寧ろ積極的にその死を意義付け、勝利への貢献に結びつけ顕彰することで達成されると考えられていたのである。さらに生き残った隊員たちは、英霊に対し、それに愧じない敢闘を通じて新たな任務の達成―即ち、勝利―を目指すことによって、英霊を慰めることができると捉えていたのである。いわば、遺体の収容と火葬、慰霊祭の実施と遺骨の還送という部隊での死者儀礼は、戦友同士の仲間意識、部隊構成員の共同体意識によって支えられ、死者の慰霊と顕彰を通じて部隊の伝統と、さらなる敢闘を促す機能を果たしていたのである。

おわりに――そして遺骨収集へ――

以上、支那事変から大東亜戦争に至るまでの、前線における陸軍部隊の慰霊、すなわち「戦場の慰霊」の諸相について紹介してきた。日本陸軍の戦死者処置は「戦場掃除」、「内地還送」という二大原則のもとに運営され、支那事変以降、「遺骨還送規定」に従って遺骨の還送が行われていた。一方、前線部隊においては、「骨を拾いあう」関係を柱として結合した戦友関係をもとに、困難な戦況の中においても遺体埋葬と遺骨の採取が行われていたのである。また、「戦場の慰霊」は遺骨の還送だけではなく、部隊での慰霊祭も重要な要素であった。すなわち、慰霊祭では戦死者の死を積極的に部隊の勝利へと結びつけ勲功として顕彰することで死者を慰める、そして生き残った戦友は英霊に愧じない戦いを通じて勝利を獲得することで英霊に応えることができるのであり、また、英霊もそれを加護するという観念の元に営まれていたのである。なお、そこで祀られる「英霊」は、戦友や部隊を守護する「護国の神」につらなる存在として捉えられていた一方、戦友を死に導く、いわば死者としての属性もイメージされた、両義的な存在と考えられていた。そして部隊とは、戦闘単位であるだけではなく、こうした英霊を祀り、その死を意義づける存在という意味において、宗教的な性格を帯びた共同体としての性格を持つともいえるのである。また、これらの慰霊祭では、「従軍僧」に限らず、しばしば召集によって隊に所属する僧侶、神職によって司式がなされていることも注目される。慰霊祭が部隊の共同性を前提として行われている以上、戦友による戦友の慰霊ということが、最も望ましい在り方であると考えられたからである。以上のように、「戦場の慰霊」は慰霊の主体である部隊や戦友と、戦没英霊の間における慰霊と顕彰、そして加護という双方向的な関係を縦軸に、遺骨の採取と内地還送を横軸に展開されていたのである。

しかし、こうした関係は、大東亜戦争の戦況悪化とともにほころびをきたしてきた。ことに南方戦線における制海権、制空権の喪失は前線部隊への補給を途絶させたが、これは死者に対しては内地への遺骨還送の途を塞ぎ、生者にはむごたらしい飢えと病と弊死をもたらす事となった。さらに十八年末以降の中部太平洋における米軍の進攻は、孤島の相次ぐ「玉砕」という事態を生みだしたが、「玉砕」は、骨を拾う戦友も、慰霊祭を行う部隊も消滅し、見捨てられた遺棄死体だけが放置されることを意味した。そして玉砕を免れた地域でも、極限の状況に追い込まれたニューギニアやブーゲンビル島等においては、軍組織が機能している間はなおも遺骨の採取や部隊による管理が行われていた。しかし、軍の玉砕が真近になり、かつ、敵と飢えと病に迫られた将兵の生存が絶望的になるとともに、遺骨、遺品の採取は行われなくなり、遂には部隊管理の遺骨も現地に埋葬されることになるのである。いわば、軍事的な敗北の結果としての軍組織の解体と、極限状況の中での戦友同士の共同性の動揺とともに、顕彰と密接不可分であった部隊での慰霊も意味を喪失し、また、英霊と戦友・部隊との双方向的な関係性も崩れていったといえよう。その結果、戦場には無念の思いを残した、報われぬ、そして弔われぬ遺骨と魂が残されたと考えられたのである。

そうして戦地に残された遺体（遺骨）や、そこに留まると考えられている「英霊」と、内地に復員し得た戦友たちとの関係が復活するのには、敗戦後約二十年の歳月を待たねばならなかった。「戦友会」による慰霊祭の実施や靖国神社参拝、遺骨収集や慰霊巡拝は、終戦により関係性を絶たれた、戦没英霊との関係性を紡ぎ直し、その死の意味を問うものに他ならなかったのである。

註

(1)山折哲雄『死の民俗学―日本人の死生観と葬送儀礼―』(岩波現代文庫、岩波書店、平成十四年)。また、近年では西村明氏が旧戦場と、そこに残された遺骨や霊魂に対する遺族・戦友の宗教観念について検討を行っている。西村明「遺骨への想い、戦地への想い」(『国立歴史民俗博物館研究報告』第一四七集、平成二十年)。

(2)例えば田中丸勝彦『さまよえる英霊たち―国のみたま、家のほとけ―』(柏書房、平成十四年)。岩田重則『戦死者霊魂のゆくえ―戦争と民俗―』(吉川弘文館、平成十五年)。矢野敬一『慰霊・追悼・顕彰の近代』(吉川弘文館、平成十八年)など。

(3)とくに一ノ瀬俊也氏の業績は非常に重要であると思われる。一ノ瀬俊也『近代日本の徴兵制と社会』(吉川弘文館、平成十六年)。同『銃後の社会史―戦死者と遺族―』(吉川弘文館、平成十七年)、同『皇軍兵士の日常生活』講談社、平成二十一年)。

(4)藤井忠俊『兵たちの戦争―手紙・日記・体験記を読み解く―』(朝日選書、平成十二年)。

(5)浜井和史『海外戦没者の戦後史　遺骨帰還と慰霊』(吉川弘文館、平成二十六年)。

(6)この点については、波平美恵子氏が戦死者の遺体に対する取り扱いについて詳細に論じられてはいるものの、霊魂観念についてはあまり触れられてはいない。波平恵美子『日本人の死のかたち―伝統儀礼から靖国まで―』(朝日選書、朝日新聞社、平成十六年)。

(7)羽賀祥二「戦病死者の葬送と招魂―日清戦争を例として―」(『名古屋大学文学部研究論集　史学』四六号、名古屋大学文学部、平成十二年)。荒川章二「兵士が死んだ時」(『国立歴史民俗博物館研究報告』第一四七集、平成二十年)。

(8)「JACAR(アジア歴史資料センター)C04011477000　満州事変戦死者遺骨還送規定送付の件」。

(9)「JACAR(アジア歴史資料センター)C01002654300　陸満普第一八八号(甲)遺骨輸送ニ関スル件陸軍一般へ通牒」。

(10)「JACAR(アジア歴史資料センター)C11111766900　中支那派遣軍戦病死者遺骨還送規定」。

(11)「JACAR（アジア歴史資料センター）C04121646800　中支那ニ於ケル戦病死者遺骨還送規定」。
(12)「JACAR（アジア歴史資料センター）C11110039500～C11110040100　第三十二軍（傷病）死者　遺骨運送規定（第32軍司令部）　昭和19年7月1日」因みに第三二軍とは沖縄防衛にあたった軍である。
(13)全ビルマ戦友団体連絡協議会『勇士はここに眠れるか―ビルマ・インド・タイ戦没者遺骨収集の記録―』（昭和五十五年）、三二〇・三二一頁。
(14)三田寺午之助『東部ニューギニア猛四八一七部隊第四十四兵站地区隊・行動の記録　第四十四兵站史』（第四十四兵站史刊行委員会、平成七年）、「JACAR（アジア歴史資料センター）C14020304500　猛四八一七高兵還第九号　第三回内地還送遺骨関係書類送付の件通牒」。
(15)「JACAR（アジア歴史資料センター）C14010008900　陣中要務令　太部/第十篇、戦場掃除」。
(16)伊藤桂一・野田明美『若き世代に語る日中戦争』（文春文庫、文藝春秋、平成十八年）、一四二・一七一・一七九・一八〇頁。
(17)伊藤桂一『藤井軍曹の体験―最前線からの日中戦争―』（光人社、平成十七年）、三四・三五頁。藤井信一氏の回想から。
(18)歩兵第七十九聯隊史編集委員会編『歩兵第七十九聯隊史』（歩兵第七十九聯隊史編集委員会、昭和五十九年）、一五四頁。
(19)「JACAR（アジア歴史資料センター）C11112137600　陣中日誌　自昭和十二年十月一日至昭和十二年十月三十日。百一師団通信隊（二）」
(20)伊藤一男『随想　私の戦場』（昭和四十八年）、一九一―一九五頁。
(21)ブーゲンビルで終戦まで戦い続けた第六師団将校の蔵原惟和氏によると、小指を荼毘に付すと耳かき一杯程度の分量になるという。蔵原惟和『再訪のブーゲンビル』（日本談義社、昭和五十三年）、二四三頁。
(22)中野清香編『回想東部ニューギニア戦　前期』（独立工兵第三七聯隊戦友会、平成八年）、六一・六二頁。
(23)マノクワリ会『暁　濠北派遣西部ニューギニア第五揚陸隊戦史』（マノクワリ会、昭和五十九年）、四一七―四一九頁。
(24)水戸歩兵第二聯隊史刊行会『水戸歩兵第二聯隊史』（水戸歩兵第二聯隊史刊行会事務局、昭和六十三年）二九七―三〇五頁。
(25)今立鐵雄『河南作戦写真譜』（三恵出版貿易、昭和四十八年）、二三九・二四〇頁。
(26)温田市助『父の戦歴』（鵬和出版、昭和六十二年）、五八頁。
(27)宮地喬『タラカン島絵戦記―眼で見る敗戦記―』（実業之日本社、昭和六十年）、二九頁。

(28)「JACAR（アジア歴史資料センター）C14110591100　陣中日誌　第六号　自昭和十七年四月一日至昭和十七年四月三十日（二）」。
(29)東部ニューギニアのウエワクに駐屯していた第二七野戦貨物廠では、廠長が自室にニューギニア上陸以来の貨物廠戦没者の英霊を祀り、朝夕読経をしていた。また、第一八軍の安達二三軍司令官は終戦に至るまで、自室に祭壇を設け、そこに「第十八軍陣没将士之英霊」と記された大きな位牌を祀り続けていたという。針谷和夫『ウエワク―補給途絶二年間、東部ニューギニア第二十七野戦貨物廠かく戦えり―』（昭和五十八年）、一五七・一七五頁。
(30)神祇院『戦ふ神国』（日本青年教育会出版部、昭和十八年）、七〇―七二頁。
(31)従軍僧の活動も含めた、日本の仏教界の戦争協力に関する動向については、小川原正道『日本の戦争と宗教 1899-1945』（講談社、平成二十六年）、南方方面の占領政策と日本仏教の関係については、大澤広嗣『戦時下の日本仏教と南方地域』（法藏館、平成二十七年）がくわしい。
(32)真辺武利『「戦争無用」回想録』（金華堂、昭和五十六年）、一七四頁。
(33)窪澤泰忍『戦場の僧』（近代文芸社、平成七年）。
(34)伊達美徳「父の十五年戦争」『まちもり通信』。https://sites.google.com/site/matimorig2x/15senso
(35)松橋泰彦「陣中慰霊祭」（キスカ会編『キスカ戦記』原書房、昭和五十五年）、二八九―二九五頁。なお、松橋氏は千木田克夫のペンネームで『鳴神島』（中里神社社務所、昭和四十年）も発行している。因みに鳴神島は戦時中、日本軍がキスカ島に付けた島名。
(36)前掲『キスカ戦記』、二九二頁。
(37)望月四郎「北海守備隊野戦病院長の日記（五）」（前掲『キスカ戦記』）、三三四頁。
(38)広瀬正三編『あゝボルネオ　独歩三六七大隊の足跡』白鷺ボルネオ会、昭和四十六年）、一一九頁。
(39)前掲『戦ふ神国』、四八・四九・五三・五四頁。
(40)前掲『あゝボルネオ　独歩三六七大隊の足跡』、一〇三・一〇四頁。
(41)前掲「父の十五年戦争」。
(42)前掲『戦場の僧』、四二・四三頁

(43)新谷尚紀『お葬式―死と慰霊の日本史―』（吉川弘文館、平成二十一年）。
(44)山本勝江『山砲隊木偶の坊物語―ある農民兵士の体験―』（戦誌刊行会、昭和六十年）、一〇九頁
(45)秋葉太郎『ニューギニアの戦い』（基友会本部、昭和六十三年）。
(46)「JACAR（アジア歴史資料センター）C11110620900　第八章第一節　帰還行」。
(47)鈴木孝雄「靖国神社に就いて」（『偕行社記事』第八〇五号、昭和十六年）。
(48)前掲『あゝボルネオ　独歩三六七大隊の足跡』八九・一〇七頁。
(49)河西要「アッツ玉砕当時の心境」（前掲『キスカ戦記』）、二八二・二八三頁。
(50)「JACAR（アジア歴史資料センター）C11112137600　陣中日誌　自昭和十二年十月一日至昭和十二年十月三十日。一〇一師団通信隊（二）」。
(51)前掲『水戸歩兵第二聯隊史』、一九〇・一九一頁。
(52)伊藤桂一『兵隊たちの陸軍史』（番町書房、昭和四十七年）、二五六頁。
(53)小山進『あゝ飛燕戦闘隊―少年飛行兵ニューギニア空戦記―』（光人社、平成二十二年）、八五・八六頁。

「国家神道」と特別高等警察

小島伸之

はじめに

戦後、「国家神道」と特別高等警察（特高警察）・治安維持法は、第二次世界大戦終戦前のわが国の国家体制の負の側面を象徴する存在として、語られてきた。それらに関する近年の学術的成果を取りまとめた新書として、平成二十二年（二〇一〇）に島薗進『国家神道と日本人』（岩波新書）が、平成二十四年（二〇一二）には、荻野富士夫『特高警察』（岩波新書）、中澤俊輔『治安維持法―なぜ政党政治は「悪法」を生んだか―』（中公新書）が、相次いで刊行されている。

平成二十四年（二〇一二）刊行の両書のうち、荻野は特高警察に、中澤は治安維持法に焦点を当てているが、注目すべき点は、特高警察・治安維持法に関する荻野と中澤の評価の差異である。

荻野は、特高警察の存在意義について、一九三〇年代前半までは「国家の警察」という役割が自覚されていたが、一九三〇年代後半からは「国体の本義」が「国家の警察」と並んで強調され、一九四〇年代には「国体擁護」が最優先の事柄となったと述べる(1)。このように特高警察の存在意義の時期的変遷を指摘しつつも、結論として、「「特高警察とは何だったのか」という問題にあらためて向き合えば、戦前日本における自由・平等・平和への志向を抑圧統制し、総力戦体制の遂行を保障した警察機構・機能といえよう」とし、「その特高警察機構・機能の全面的発揮の末にもたらされたものは、敗戦と大日本帝国の崩壊であった」とする(2)。いわば時期的変遷を超えた特高警察の本質の一貫性とそれに対する全面的否定的評価が荻野の論の基調をなしている。

一方、中澤は政党政治の全盛(一九二〇年代)、衰退(一九三〇年代)、消滅(一九四〇年代)という時期区分と治安維持法の拡大を強く関連付け、三〇年代に力を失った政党は「テロから身を守ろうとして同法に保護を求める」ことになったとし、結論として「個人の言論を不当に抑圧することは方法を問わず許されない。そのような結社はやはり規制されるべきである」と治安維持法の立法目的に理解を示すとともに、政党政治の展開の段階的区分に応じて、治安維持法の取締拡大が生じたとする(3)。いわば中澤は、治安維持法の「悪法」性を、その立法目的ではなく、「国体」の定義が「漠然とし過ぎていた」という立法技術上の問題点に見出しているといえよう(4)。

両者の主張は、準戦時下、戦時下ないし総力戦体制下における特高警察の活動、治安維持法の運用に、それ以前との質的画期を見るか否かについて対照的である。この点についていては、治安維持法の「現在定着しているイメージは、一九三〇年代後半から太平洋戦争末期に偏重しているともいえる」とする中澤の主張に、妥当性が存するように思われる。昭和十三年前後までの特高警察には、議会制を否定する全体主義的諸社会運動から議会制と個人の自由を守るという志向が明確に見られるからである(5)。

むろん荻野の主張するように特高警察の抑圧統制的性格は否定すべくもないが、一方でそれのトータルな否定・

批判に終始することは、「自由な人々には、「安全保障」と「自由」の両方がなければならない。この二つは対立しあう要素である。しかしながら、その一方がなければ他方もあり得ない」[6]という自由民主主義社会のアポリアからの逃避にしかならない。

さて、いずれにせよ昭和十年（一九三五）のいわゆる第二次大本事件以降において特高警察が多くの宗教団体、宗教運動、宗教者の取締を行ったことは周知の事実であり、荻野と中澤もそれらを総力戦体制下・戦時下における特高警察の抑圧取締りの強化や治安維持法の「膨張」を示す事例として位置づけている。これらの特高警察による宗教取締は、「ファシズム期」における「国家神道」による「宗教弾圧」としても語られてきているが、荻野も中澤も「国家神道」との関連性については特に触れていない。準戦時下・戦時下の思想弾圧を扱う特高警察研究・治安維持法研究と「国家神道」研究は、それぞれ重なる領域を扱いながらも、特高警察による宗教弾圧が「国家神道」といかなる関係にあるのかについては、先行研究においても詳細な検討が加えられてきたとは言えない状況にある。[7]果たして特高警察と「国家神道」には、どのような関係があるのであろうか。本稿では、この問題について、検討を加えてみたい。

一　「国家神道」と「宗教弾圧」の語られ方

まず、戦前期における我が国の「国家神道」と「宗教弾圧」の関係が、如何に語られてきたのかについて整理しておく。例えば、昭和五十二年（一九七七）の津地鎮祭訴訟最高裁大法廷判決[8]は、大日本帝国憲法下の我が国の信教自由保障の状況について「国家神道に対し事実上国教的な地位が与えられ、ときとして、それに対する信仰が要請され、あるいは一部の宗教団体に対しきびしい迫害が加えられた」と述べる。平成二十二年（二〇一〇）

の砂川政教分離訴訟最高裁大法廷判決では[9]、藤田宙靖裁判官補足意見が「過去の我が国における国家神道下で他宗教が弾圧された現実の体験に鑑み」と述べている。憲法学者の多くもこれら最高裁判決と同様の見解に立っている。例えば、長谷部恭男は「日本国憲法が政教分離の規定を定めている背景には、戦前の日本において神道が事実上の国教としての扱いを受け、国民の信教の自由を抑圧した歴史への反省がある」[10]と述べており、辻村みよ子も、「神社神道が事実上の国教（国家神道）として、国から特権を受け優遇された。その反面、基督教や大本教など他の宗教が弾圧されたり冷遇されたりした」[11]としている。

実は、これらにおいて「国家神道」と「宗教弾圧」の関係は、微妙な表現で関連付けられている。津地鎮祭判決（「あるいは」）、砂川判決藤田補足意見（「国家神道下で」）、辻村（「その反面」）の表現においては、「国家神道」と「他（の）宗教」に対する「迫害」、「弾圧」、「抑圧」、「冷遇」の関係は直接的ではなく〈間接的〉である。

また、「他宗教」の範囲も実は明確でない。「国家神道」研究をリードした村上重良によれば、「国家神道」は「神社神道と皇室神道を結合することによって成立」したものであるが[12]、鑑みれば、明治十五年（一八八二）一月の「神官教導職の分離令」以降、上級神職であり官吏でもある神宮・官国幣社の神官・神職は「宗教と最も関係の深い人生儀礼である葬儀には一切関与」できなくなった[13]。宗教的活動を政府（国家権力）によって禁止されるという点において、宗教活動の自由に対する制度的抑圧をもっとも直接的に受けたのは「神社神道」（の一部）であるという捉え方も論理的には可能なように思われ、そうであれば〈事実上の国教である神社神道が神社神道を抑圧〉したことになるが、右の諸見解がこの点についてどう理解しているのかについては明らかではない。さらに、「大日本帝国憲法下」や「戦前」という長期にわたる時期を、時期的変遷を捨象してひとくくりにして語ってよいのかという問題もここには存している[14]。

以上の点からすれば、村上の「国家神道」論の批判的継承を試みている島薗進が「神道と神社は同一ではない」[15]

と述べ、「国家神道論が混迷している大きな理由の一つ」として「村上だけではなく、かなりの数の神道学者、歴史学者、法学者などに共有」されている「近代法制度上の存在にすぎない「神社神道」を基体として国家神道を捉えようとする見方」を挙げていること、[16]および「村上重良の国家神道論は、天皇の神格化が進んだ戦時中の国家神道をモデルとし、しばしばそれをもっと早い時期にまであてはめてしまっている」と批判することには、[17]十分な正当性がある。島薗は前者の点について、キリスト教における「教会や教派のような、自発的信仰者からなる（と理解された）宗教組織」を前提にした宗教概念や認識方法を神道にあてはめた場合には、「用語法と現実とのギャップははなはだしいものになる」と述べている。[18]

一方、島薗は「国家神道と信教の自由、思想・良心の自由の間にはせめぎあいがあり、国家神道が信教の自由、思想・良心の自由を脅かす事態が度々生じた」と述べ、[19]この点については一般的に精神的自由に対する抑圧性（や対外的侵略性）と関係づけて「国家神道」を語ってきた最高裁判例や従来の研究と同一の立場に立つ。ここで、島薗の議論にとって一つの難問が生じることになる。つまり、主語・主体としての「国家神道」という問題である。[20]村上の主張のように、キリスト教的なイメージによって想定された神道的宗教組織が宗教弾圧の主体になったという語り方には、現実とのギャップはさておき、文法的論理的違和感は存在しない。宗教組織は他宗教弾圧の主語・主体足り得るからである。島薗は「神社神道」を基体とする「国家神道」観を排して、皇室祭祀と神社神道と国体論の三要素の結合を「国家神道」の中心的要素と位置付けるが、主体性や位相の異なるこうした諸要素の複合を「国家神道」とした場合、「国家神道」を「宗教弾圧」の主語・主体にすることが困難になってくる。例えば皇室祭祀が宗教弾圧を行うという語り方は、イメージや比喩としては成立し得ても、実態を考えた時には一定以上の違和感を伴わざるを得ない。こうした用法における「国家神道」は、主語・主体というより、むしろ信教自由制限の背景やそれに用いられる文化資源として考えたほうがよいようにも思われる。[21]

少なくとも、憲法論の観点に立った場合明確に言えることは、信教の自由が憲法上保障された自由権である以上、私人間効力の問題を措くとすれば、論理必然的にその「抑圧」、「弾圧」の主体は法制度や行政に関わるなにかであることになる。従って論点は、主として、宗教制度、公教育関連、[22]および警察、検察等による取締、規制関連に帰着するであろう。

以上を確認したうえで、あらためて特高警察による宗教弾圧と「国家神道」の関係について考えていきたい。

二 「非常時」以前の特高警察

まず、特高警察の成立とその基本的性格について概観する。特別高等警察は、明治四十三年（一九一〇）の大逆事件を契機に、明治四十四年（一九一一）、警視庁が庶務細目を改正し、政治警察や宗教警察を管轄する高等課から特別高等課を分離させたことによって誕生した。特高警察はもっぱら社会運動への対処を管轄する警察部局として発足している。[23] 特高警察は社会運動一般をすべて取締の対象としたわけではなく、「過激な社会運動」、すなわち破壊活動等の非合法活動を伴う社会運動を取締対象としていた。[24] ここでの焦点は、特高警察が過激な社会運動から〈何を〉守ることを目的にしていたのか、という点である。

大逆事件という天皇の暗殺計画が特高警察設立の契機であったことから、特高警察の設立は端的に天皇・皇室（天皇制・君主制）を守ることが目的であったと解されかもしれない。しかし、大逆事件のインパクトは、単に国内的な事件にとどまらず、同時期すでに生じていたマッキンリー大統領暗殺事件（明治三十四年〔一九〇一〕、アメリカ）、カルルシュ一世暗殺事件（明治四十一年〔一九〇八〕、ポルトガル）のような無政府主義者、社会主義者、共和主義者によるテロが、我が国にも波及したと目された点にあったことは見落としてはならない。共和主義運動においては、主として君主制の打倒が目的となるが、無政府主義運動、社会主義運動においては、国家そのものが打倒の対象となる。例えば、最も過激な社会主義運動と目されていた共産主義運動がなぜ取締の対象となるのかについて、特高警察の教則本（「特高教本」）[25]の一つは以下の様に述べている。

共産主義が特に危険なるものとされ、特高警察上重要視される所以は、其の方法論の反国家性、反社会性にある。特に其のプロレタリア革命論は、共産党運動の実践的論拠を為し、現在の法律乃至制度を徹底的に否認した非合法運動となる。（略）此のプロレタリア革命は非常に危険な思想であつて、国家権力の破壊は統ての国家組織乃至国家機関の破壊を意味することになるのである。議会、裁判所、警察、軍隊、夫等は何れもプロレタリア革命に依つて破壊されんとするものであり、（略）旧権力を破壊して新権力即ちプロレタリアートに依つて把握された支配、所謂プロレタリア独裁に依つて共産主義社会の実現に近づくと言ふのが彼らの主眼である。[26]

ここでの国家組織乃至国家機関の筆頭には、「議会、裁判所」が挙げられている。つまり、「共産党運動」が「特高警察上重要視される」理由は、それが天皇・皇室＝君主制のみならず、「議会」＝議会制民主主義や「裁判所」＝法治主義の破壊を意図していたからなのである。したがって特高警察は、共産主義運動同様、国家社会主義（ファシズム）運動も、議会制・資本主義経済を否定する独裁体制を企図するという同一の理由によって取締の対象としていた。

次に確認しておくべき点は、特高警察が議会制のもとでの政権交代を前提とした〈国家の警察〉として発足したことである。すなわち、全体主義・共産主義国家における「秘密警察」一般が特定の政党や政治思想を前提とする、いわば〈党の警察〉として発足したのとは異なり、特高警察は議会制民主主義の下での政党間による政権交代の可能性を前提に、時の政府・特定の政党に加担しない「国家の警察」(≠「政府の警察」)として設立された。

そもそも特別高等課が高等課から分離された理由は、従来の高等警察の「政党化」の問題があった。特高警察の母体となった高等警察は、帝国議会開設後、選挙運動の不正行為の取り締まりをその任務の一つとしたが、「政権の交代ごとに警保局長から警察部長まで更迭が繰返され、警察の政党化の弊害」[27]を生んでいた。いわゆる猟官制の下で、高等警察は時の政権与党の影響下で野党候補に厳しい選挙取締活動を展開「人権蹂躙」との批判を招くに至っていたのである。特別高等警察は、こうした問題への反省を踏まえ、設立時より時の政権の利害に基づいて活動することを厳に戒められていた。[28]なお後に、戦時下で唯一行われた昭和十七年(一九四二)四月のいわゆる「翼賛選挙」において、陸軍軍務局長武藤章の影響下、全国の特高警察が大政翼賛会の推薦を受けられなかった候補者の選挙妨害に関与している。[29]これは昭和十三年(一九三八)年の国家総動員法、昭和十五年(一九四〇)の大政翼賛会結成を経て、内実はともあれ形式的に「一国一党体制」に我が国が転じた後の出来事であり、むしろ戦時下における特高警察の〝変質〟を示すものと考えられる。[30]

以上述べてきたように、特高警察は、君主制+議会制+私有財産制の複合を基礎とする立憲体制を守るために設立され、少なくとも準戦時・戦時体制となる「非常時」以前にはその性格は維持されていた。

なお、荻野は、ナチスという一政党の党内警察を起源とするゲシュタポと、政党・政府の警察ではなく国家の警察として誕生した特高警察の差異を主張する議論を、「都合のよいところだけをつまみ食いし、本質から目をそむけた論」として批判する。[31]荻野の言う「本質」が何であるのかは明確でないが、[32]一党独裁を守る〈党の警察〉と、議会制を守る〈国家の警察〉を同一視する荻野の主張こそ、まさに同一表現の批判の対象となるように思われる。むろん大日本帝国憲法体制は明治維新という「革命」を経て成立したものであり、その体制の防御に当たる警察活動にはいわゆる「秘密警察」一般に共通する抑圧性が存在するであろう。しかし、すでに述べたように、自由と安全保障の矛盾という自由民主主義社会のアポリアを忘れてはならない。はたして、ゲシュタポや旧ソビエトのチェーカー、GPU、KGBのような一党独裁を前提にした「秘密警察」と、一党独裁や「全体主義」を目指す運動を摘発対象とした特高警察の差異を指摘することが、「都合のよいところだけをつまみ食い」したことになるのであろうか。防諜・対テロ組織として性格や機能からいえば、特高警察は、ゲシュタポやGPU等よりも、イギリスの内務省保安局（SS）やアメリカの司法省連邦捜査局（FBI）と性格が近いともいえよう。

では、「非常時」以前の特高警察と「国家神道」には、いかなる関係があったのであろうか。ひとつの試みとして、戦前期を通した内務省内の局長クラスの人事を確認してみると、歴代警保局長（明治七年〔一八七四〕警保頭から昭和二十二年〔一九四七〕警保局長までの計七〇代）と同神社局長（明治十年〔一八七七〕の社寺局長から昭和十七年〔一九四二〕の神祇院教務局長までの計三七代）で両者を経験した唯一の例は松本學のみ[33]（大正十四年〔一九二五〕九月神社局長、昭和七年〔一九三二〕五月警保局長）であり、準ずるものとして神社局長から朝鮮総督府警務局長に転じた池田清（昭和四年〔一九二九〕七月神社局長、昭和六年〔一九三一〕六月朝鮮総督府警務局長）を挙げることができるにすぎない[34]。両局の人事的つながりは強いとは言えないと考えられよう。

では、特高の取締理念の内実に関する例として、「特高教本」の内容はどうであろうか。既に述べたようにそもそも特高警察が宗教取締りを管轄としたのは、昭和十年（一九三五）以降のことであったが、すでに別の拙稿で明らかにしたように、それ以前の諸「特高教本」には神社的乃至神道的性格、すなわち村上重良のいう意味における神社神道的「国家神道」要素は全く含まれず、また島薗進のいう意味における皇室祭祀、国体論的「国家神道」要素も全くみられない[35]。「特高教本」に国体論的要素が登場するのは管見のところ国家総動員法制定以後のことであり、「非常時」以前の「特高教本」の内容は、極めて「世俗的」な〈社会運動論とその取締りに関する記述〉に尽きているのである。[36]

特高警察に関して「建国精神」、「日本精神」、「天皇中心国家」などの「国体」的要素が見られるようになるのは、昭和九年（一九三四）より新官僚運動と関連して警察精神作興運動が展開されたことに始まる。[37]警察精神作興運動の背景としては、昭和六年（一九三一）の満州事変、昭和八年（一九三三）の国際連盟脱退、翌年のワシントン軍縮条約からの離脱という対外的緊張において、国内で「非常時」の掛け声が氾濫するという全体状況があった。警察関連で言えば、昭和七年（一九三二）五月の五・一五事件発生に伴う国家主義運動による警察批判や、翌年六月のゴー・ストップ事件における軍と警察の対立に際し「陛下の軍隊」に対応する「陛下の警察」という用語が用いられるようになるという状況が、警察と国体論を接近させたのである。「非常時」（準戦時下）という国家の対外的国内的緊張状況を独立変数とし、従属変数として「国体」的要素が動員・強調されるという関係がここに見られる。

三　「非常時」以降の特別高等警察

繰り返しになるが、特高警察が宗教運動の取締を管轄にする契機は、昭和十年（一九三五）の「第二次大本事件」であった。昭和期における二大不敬事件の一つとされる「第二次大本事件」は、これもすでに別の拙稿で明らかにしたように、その内実は全体主義的右翼ファシズム運動に対する取締りの性格を有するものであった。[38]「第二次大本事件」に関わった内務官僚永野若松は、戦後における聞き取り調査において、同事件検挙と村上の言う意味における「国家神道」（神社界）との関係性を明確に否定している。次の引用文中の「これ」は皇道大本に対する検挙を指し、永野はそれが当時の内務省警保局長唐沢俊樹でもなく、地元京都の特高課でもなく、内務省警保局保安課長であった相川勝六のイニシアチブによるものだと述べている。

○永野 （略）これは相川さんが言い出したのです。（略）

○伊藤 相川さんはそういう神職の人とは密接な関係があるわけなのですか。

○永野 どうですかね。自分ひとり神様を信じているのでしょう。神社局あたりに勤務された事もないと思いますが、宮内省には居られたことがありますよ。宮内省の事務官をしておられたことがあるのです。人並以上皇室中心主義、天皇崇拝忠君愛国の念のお強い人で毎日、衣装を附けて神様を拝まれるお方であります。

○宮地 内務省だと国家神道的な色彩がますます強くなるということではなかったのですか。

○永野 私は、そういうことは何にも考えなかったのです。治安維持法の条文ばかりみておりました。

（略）

○伊藤 この問題で国家神道の人たちは何かするというようなことはなかったのですか。

○永野 何処からも何も言ってきませんでした。[39]

相川勝六は明治二十四年（一八九一）、佐賀県出身で、代々熱心な真宗信者の家柄に生まれ、本人も篤信であったという。[40]第二高等学校から東京帝国大学法科大学独法科にすすみ、大正八年（一九一九）内務省に入り、以後警察畑を歩む。神奈川県警察部長時に政党による警察の猟官人事を批判し、県警全般に「警察官は民衆のためのものであり、国家のためのものである。国民のほんの一部でしかない政党のための警察官であってはならない。天皇陛下が国民すべてを一様に慈しまれるその大御心を推し計り、それに恥じないよう、己の一切の私心、私利を捨て去り、神の前にぬかずいて起る純粋な精神をもって、事に当たる覚悟がなければならない」という戒めを常にし、本部の課長以上を毎月初めに鎌倉の鶴岡八幡宮に朝参りさせたという[41]。昭和七年には同職にて「死のう団」事件を担当。第二次大本事件、翌年の二・二六事件当時の保安課長。昭和十二年（一九三七）には宮崎県知事に就任、宮崎神宮の整備費要求や宮崎市内平和台公園の「八紘之基柱」建設を推進している[42]。先に引用した永野の言で興味深いのは、相川の篤い「天皇崇拝忠君愛国の念」が、神社界（「神職の人」）とも切り離された相川の個人的特性とされ、また内務省一般の空気とはされていないことである。

　永野は明治三十一年に小倉に生まれ、第五高等学校から東京帝国大学工学部電気工学科に入学という理科畑を進んだ後、法学部政治学科に編入するというユニークな経歴を有し、「第二次大本事件」や「企画院事件」に関わり、長崎県知事として原爆被爆を経験した内務官僚である。永野は、第二次大本事件後、「宗教警察」論として特別高等警察による宗教取締の論理を取りまとめている。永野による「宗教警察に就て」（『警察協会雑誌』「大本事件特輯」第四三四号、昭和十一年七月）は、以下のように「科学合理主義に基づく神秘的新宗教圧迫[43]」の論理を基底としている。

> 蓋し全国に無慮数百を算する類似宗教の中には其の教義に於て、其の活動に於て固より既成宗教以上に真摯であつて、其の健全なる発展が望まるゝが如きものがあることは勿論であるが、之と同時に一面に於て所謂インチキ宗教なる流行語をすら生みたる位、社会上幾多の弊害を流しつゝある淫祠邪教に属するものが、滔々洪水の如くに跋扈跳梁を恣にしつゝあるの状況であつて、治安上断じて許す能はざるものがあるからである。即ち其等の中には殆んど健全なる精神状態を存するや否やを疑ふべき、常時的神経衰弱症若は神経耗弱症の状態にある人々の集団としか受取れない、全くの荒唐無稽の迷信信奉団体であるか、然らざれば宗教を以て一つの生活手段、営利行為として之を営んで居るに過ぎない、謂はゞ全くの宗教営業団体としか目されない

ものが無数にあるのである。斯くて之等の邪教は、或は紊りに除病壌災等の迷信を流布して人心を誑惑し、或は信者大衆よりの財物搾取に汲々として、各種の陰険悪辣なる方法に依り不当の喜捨献金を強要し、或は信仰療法等と称して、如何はしき方法に依り、甚しく医療妨害の行為をなして国民保健に重大なる障害を招来し、更に或は紊に荒唐無稽の神話的説話を捏造流布し、国史古典の紛淆を来して、国民の神話若くは国史に対する正しき信仰を破壊せしめ、甚だしきに至つては不敬の言辞を弄して国体の尊厳を冒涜するが如きものすら尠なしとせざるの実情である。斯かる淫祠邪教の蔓延は、啻に国民生活の平安と幸福とを破壊するのみならず、健全なる国民精神を弛緩退廃せしむること甚大であつて、治安上断じて之を放任するを得ないのである。(44)

「新官僚」や「新々官僚」と呼ばれる官僚層も生み出した当時のエリート内務官僚に共通する「科学性」がここでの主旋律であるといえよう。一方、上記引用文後半には神話・国史・国体の尊厳に関連する記述も見ることができる。神話・国史・国体の尊厳とは、「天壌無窮の国体」、「万世一系」、「祭政一致」といった日本書紀を基幹とする「国体イデオロギー」(45)に関わるものであると考えられる。永野は、「国体の擁護と不敬思想の撲滅とは、宗教警察の第一の目標とならねばならぬ」としているが、その理由については、「自らの宗教に対する盲目的信仰は、軈て自派の祭神又は宗祖に対する没常識的過信に依つて現実の国家権力を否定又は蔑視」し、甚しきに至っては「現実の国家社会機構の転覆」を企図するためであるとしている。(46)「国体の擁護と不敬思想の撲滅」の背景にある主題は、「現実の国家社会機構」の防御である点には留意が必要なように思われる。

特高警察の宗教取締と「国体イデオロギー」の関係は、昭和十六年(一九四一)三月の治安維持法改正により「国体ヲ否定シ又ハ神宮若ハ皇室ノ尊厳ヲ冒涜スベキ事項ヲ流布スルコトヲ目的トシテ結社ヲ組織シタル者又ハ結社ノ役員其ノ他指導者タル任務ニ従事シタル者ハ無期又ハ四年以上ノ懲役ニ処シ情ヲ知リテ結社ニ加入シタル者又ハ結社ノ目的遂行ノ為ニスル行為ヲ為シタル者ハ一年以上ノ有期懲役ニ処ス」（第七条）、「前条ノ目的ヲ以テ集団ヲ結成シタル者又ハ集団ヲ指導シタル者ハ無期又ハ三年以上ノ懲役ニ処シ前条ノ目的ヲ以テ集団ニ参加シタル者又ハ集団ニ関シ前条ノ目的遂行ノ為ニスル行為ヲ為シタル者ハ一年以上ノ有期懲役ニ処ス」（第八条）、「前八条ノ罪ヲ犯サシムルコトヲ目的トシテ金品其ノ他ノ財産上ノ利益ヲ供与シ又ハ其ノ申込若ハ約束ヲ為シタル者ハ十年以下ノ懲役ニ処ス情ヲ知リテ供与ヲ受ケ又ハ其ノ要求若ハ約束ヲ為シタル者亦同ジ」（第九条）という、「国体」の否定と、「神宮」・「皇室」の尊厳冒涜を並記し、主として宗教団体の取締を企図した条文が設けられたことによって新たな展開を迎える。

『特高月報』（内務省警保局）に掲載された取締報告によれば、改正治安維持法第七条によって検挙された「国体否定」事件は、多くの場合「国体の本義の紊乱」（天皇統治の否定）が嫌疑の中心であり、「神宮の尊厳冒涜」が問疑される場合も天皇統治の否定と合わせて問題にされる事件がほとんどであった。また、大半の事件の取締のきっかけは、反戦反軍言動（ないしはキリスト教系教団の場合はスパイ行為）(47)もしくは無許可医療行為等の呪術迷信的宗教活動が当局に着目されたことによるものである。(48)

天皇統治の否定との関わりを抜きに、「神宮」の尊厳冒涜を嫌疑の中心に検挙された事件としては、「耶蘇基督之新約教会」事件（昭和十六年〔一九四一〕九月十一日検挙、有罪）(49)、「天土御典教団」事件（昭和十八年〔一九四三〕九月十一日検挙、治安維持法違反は嫌疑不十分で不起訴）(50)等の僅かな例が挙げられるが、「耶蘇基督之新約教会」は陸軍刑法違反、「天土御典教団」は無許可医療行為や時局に対する造言蜚語が取締のきっかけとなっている。特高警察による反戦反軍言動や時局に関する流言飛語に対する取締は、陸軍刑法（第九九条）、海軍刑法（第一〇〇条）、及び昭和十六年十二月の大東亜戦争（太平洋戦争）開戦直後に制定された言論出版集会結社等臨時取締法（第一七条、第一八条）によるものであるが、それらはむろん神社・神道と直接的な関係を有するものではない[51]。

特高警察による宗教取締は、一般状況としての立憲君主制や、特殊状況としての戦時体制・総力戦体制を守るための取締、つまり「世俗的」性格が基調となっており、神宮すら単体としてはごく例外的にしか取締上主題化されない状況にあったと言える。昭和十三年（一九三八）以降から戦争末期における「特高教本」には、「国体」、「皇道」などの強調がみられるようになるのも事実であるが[52]、戦局の悪化に伴い昭和二十年（一九四五）には治安維持法違反の検挙者数が激減している[53]。結局のところ国家の対外的国内的緊張状況を独立変数とし、従属変数として「国体」的要素が強調されるという関係そのものは、敗戦に至るまで一貫していたように思われる。

おわりに

以上の検討を踏まえてみれば、少なくとも村上重良的意味における神社神道を基体とした「国家神道」と特高警察の宗教取締の関係を示す歴史的実体は見られないことが確認できる。一方、「非常時」以降の特高警察においては、天皇のみならず神宮にかかわる「国体論」的要素による取締りの例がみられたことも また、既に見たとおりである。

いずれにせよ、特別高等警察にとっての「国体」は、主として「君主（天皇）制国家日本」とでもいうべき意味であり、それを超えた神社神道的意味合いは基本的に有していなかったと言い得るであろう。むろん、ここでの神社神道的ではないとの言明には一定の留保が必要となる。天皇はなぜ天皇なのか、というその地位の正統性の次元において確かに天皇は神道的要素と不可分だからである。したがって「国家神道」の定義が「国家の機軸」（君主・象徴）としての天皇の存在を焦点化してなされるならば、すなわち皇室祭祀と天皇崇敬の存続を以て「国

締は「国家神道」によるものと表現し得る。

しかしこのような島薗進的な「国家神道」定義は「国家神道と天皇制の同一視[55]」を帰結する。そもそも戦後展開された「国家神道」論は「国家神道」が有していたとされる精神的自由に対する抑圧性、とくに準戦時下・戦時下における抑圧性の激化こそが最大のテーマであったはずである。[56]「国家神道」に対する批判者はその抑圧性を戦前の国家体制（大日本帝国憲法体制）に帰因させ、それと「断絶」した戦後の日本国憲法体制を擁護することが議論の前提にあった。[57]それに対し「国家神道」の戦前戦後連続論は、「あの戦争」における自由の抑圧はなんだったのかというテーマを後景化し、さらに日本国憲法体制擁護論からも距離をとったことにより、いったい何が「問題」なのかを曖昧にしてしまう。子安宣邦が島薗の論を「怒りを忘れた国家神道論」と批判したことを契機にインターネット上で展開されたいわゆる「ちきゅう座論争」は、この意味においては必然的に生じた論争であったと言えよう。

国家社会学者のカール・レーヴェンシュタインは「君主制は人類の有する制度の中でもっとも古く、最も恒久性のある、それゆえもっとも光栄ある制度の一つである。まさにそのために君主制の本質は、極めて強く感情的価値によって満たされており、その結果、君主制はしばしば形而上学、神秘的、神話的な特徴をおび、理性よりもむしろ信仰がこれを解く鍵となっている」と述べているが、[58]「国家神道」の戦前戦後連続論は、こうした君主制の神秘性・宗教性が伴う抑圧性に対する批判（君主制批判）としては理解可能である。しかし、「あの戦争」における自由の抑圧の主要因を専ら君主制（天皇制）に帰因させることははたして妥当であるのかという疑問は残る。

集団的アイデンティティーの危機が生ずれば、集団凝集性の再確認の動きとそれに伴う抑圧性・排他性の強まりは必然的に生じる。人権や民主主義という「戦後的価値」が集団的アイデンティティーであったとしても、その動員される文化資源や抑圧性・排他性の現出形態の違いこそあれ、集団的アイデンティティーの危機が、抑圧性・排他性を高めることに変わりはない。例えば「自由と民主主義の国」である共和制国家アメリカにおいても、第一次大戦下や第二次大戦下において国家権力の肥大化や市民的自由の抑圧が生じている。(59)

「国家神道」や特高警察によってもたらされたと言われる精神的自由の抑圧性を考える際、我々は田中悟がいうように、「(近代国民)国家とは何か」という問いをあらためて見つめなおさなければならないように思われる。(60)長尾龍一は、「いかなる社会集団も、その集団のアイデンティティーを確保するための信条・信仰を有し、成員のそれへの信従を確保しようとする。このようなものを欠き、完全に「開かれた」人群は、集団とは呼べないであろう。明治国家において、このような信条・信仰は「国体」とよばれた」と述べる。(61)遡ればアリストテレスが人間は本性上ポリス的動物であると喝破したように、社会集団の存在という前提を欠いて、我々が一般的にイメージする意味においての「人間」は存在しえない。他方社会集団の「信条・信仰」が個々の人間にとって抑圧的なものとなる契機は常に存在する。この意味において、古今東西のあらゆる社会集団は抑圧的で「不自由」なものなのである。そして、内外の国家以外のあらゆる存在の優越性否定を前提する主権国家(近代国民国家)はあらゆる社会集団を超越した強力な権力性とそれに伴う抑圧性を「万人の万人に対する闘争」(T・ホッブス)を回避するために保持している。自由のために自由を抑圧するリヴァイアサンたる国家の抑圧性と権力性は警戒すべき存在であるが、「安全保障」と「自由」の矛盾性と相互補完性というアポリアから目をそむけるのであれば、行き着く結論はアナキズムになってしまうのではないだろうか。

註

(1)荻野富士夫『特高警察』(岩波新書、平成二十四年)、五八―六〇頁。

(2)同前二三一頁。
(3)中澤俊輔『治安維持法』（中公新書、平成二十四年）、二三五―二三六頁。
(4)同前二三六頁。
(5)小島伸之「自由権・民主制と特別高等警察―「特高教本」を題材として―」（『宗教法』第二九号、平成二十二年）参照。
(6)ティム・ワーナー『ＦＢＩ秘録上巻』（文藝春秋、平成二十六年）、九頁。
(7)新田均『「現人神」「国家神道」という幻想―「絶対神」を呼び出したのは誰か―』（神社新報社、平成二十六年）、二二二頁参照。
(8)「津地鎮祭事件」最高裁判決（最大判昭和五十二年七月十三日民集三一巻四号五三三頁）。
(9)「砂川政教分離訴訟空知太神社事件」最高裁判決（最大判平成二十二年一月二十日民集六四巻一号一頁）。
(10)長谷部恭男『憲法第三版』（新世社、平成十六年）、一九八頁。
(11)辻村みよ子『憲法第二版』（日本評論社、平成十六年）、二二〇頁。
(12)村上重良『国家神道』（岩波新書、昭和四十五年）、一六頁。
(13)阪本是丸『近代の神社神道』（弘文堂、平成十七年）、一三九頁。
(14)こうした問題意識を前提とした関連研究の代表として、渡辺治「一九二〇年代における天皇制国家の治安法制再編成をめぐって」（『社会科学研究』第二七巻第五・六合併号、昭和五十一年、赤澤史朗『近代日本の思想動員と宗教統制』（校倉書房、昭和五十五年）、安丸良夫『近代天皇像の形成』（岩波書店、平成四年）を挙げておく。
(15)島薗進『国家神道と日本人』（岩波新書、平成二十二年）、ⅲ頁。
(16)同前七三頁。
(17)同前六七頁。
(18)同前八一頁。
(19)同前四一頁。
(20)国家神道が「主語」として用いられるようになった経緯について、菅浩二は、「「国家神道」は、「神道指令」の標的対象（OBJECT）から研究者の研究対象（OBJECT）になり、ここで研究者の主題（SUBJECT）となったところから更に歴史記述の主語（SUBJECT）、そして歴史を動かした主体（SUBJECT）へと、即ち研究者の視点の介在によってOBJECTからSUBJECTへ転換せしめられて来たのである」、と述べている（菅浩二「「国家神道」論と「ファシズム」論について―方法論的試みのために―」科研費成果報告書『近現代日本の宗教とナショナリズム―国家神道論を軸にした学際的総合検討の試み―』（研究課題番号：23520079）、平成二十六年、一二八頁）。

(21)藤田大誠は、「果たして神社・神道は、「国家」（もしくは政府、官僚機構、地域社会など）に動員されるべき〈文化資源〉に留まらず、明確な〈主体〉たり得たのだらうか」と問うている（藤田大誠「「国家神道」はいかに論じられるべきか―島薗進著『国家神道と日本人』を読む―」前掲科研費成果報告書『近現代日本の宗教とナショナリズム―国家神道論を軸にした学際的総合検討の試み―』、一二二頁）。

(22)前川理子は、昭和前期の国民教育における「天皇本尊教」の成立について、東京帝国大学を中心とする「宗教学」の影響の大きさを明らかにしている。そこでの神社や神道の位置づけも、主体というより文化資源の一つである。前川理子『近代日本の宗教論と国家』（東京大学出版会、平成二十七年）。

(23)そもそも高等警察とは、政治に関連する結社、集会、新聞雑誌図画およびその他の出版に関わる事柄を管轄する警察概念であり、民権運動の激化を背景にし、明治十九（一八八六）年の警視庁官制改正において初めて「高等警察」の語が用いられ、明治二十一（一八八八）年に、大阪府警に初めて「高等警察課」が設置されている。荻野富士夫『特高警察』（岩波新書、平成二十四年）、九―一〇頁。

(24)小島前掲「自由権・民主制と特別高等警察―「特高教本」を題材として―」、七八―八一頁参照。

(25)特高警察は警察の一部局・一作用であり、採用も特別な枠に依っていたわけではない。したがって警察内の他部局からの人事移動を前提に、一般警察官向けに多くの特高警察「教本」が出版されていた。この点について、伊藤隆「〔解説〕治安維持法・特高警察・日本共産党」（宮下弘『特高の回想』田端書店、昭和五十三年）、三〇六頁参照。

(26)城南陰士『特高教科書』（松華堂書店、昭和七年）、四九―五一頁。

(27)荻野富士夫『増補新装版特高警察体制史―社会運動抑圧取締の構造と実態―』（せきた書房、昭和六十三年）、二一九頁。

(28)特別高等警察を総じて批判的に評価する荻野富士夫も、この点については、特高警察が高等警察の「二の舞を踏むことを自戒し、政党政派から超絶して「国家の警察官」「陛下の警察官」という姿勢を貫き続け」たことを認めている。荻野前掲『増補新装版特高警察体制史』、一五頁。
(29)小林五郎『特高警察秘録』（生活新社、昭和二十八年）、一九九―二〇〇頁。
(30)なお、第二次大戦下で挙国一致内閣を成立させたイギリスでは一九三五年から一九四五年まで総選挙は行われなかった。
(31)荻野前掲『特高警察』、一九九頁。
(32)荻野は、おそらく警察一般が有する抑圧性を、「本質」と想定しているのであろう。
(33)松本學については、海野福寿「一九三〇年代の文芸統制―松本学と文芸懇話会―」（『駿台史学』第五二号、一九八一年）、上田誠二『音楽はいかに現代社会をデザインしたか―教育と音楽の大衆社会史―』（新曜社、二〇一〇年）、伊藤隆監修『現代史を語る4松本学―内政史研究会談話速記録―』（現代史料出版、二〇〇七年）を参照。
(34)大霞会『内務省史』第四巻（財団法人地方財務協会、昭和四十六年）、六七〇―六七七頁。なお、警保局と神社局のより詳細な人事関係については、今後の課題としたい。
(35)小島前掲「自由権・民主制と特別高等警察―「特高教本」を題材として―」、九一―九四頁参照。
(36)同前同頁。
(37)荻野前掲『増補新装版特高警察体制史』、二八六―二八七頁。
(38)小島伸之「特別高等警察による信教自由制限の論理―皇道大本とひとのみち教団「不敬事件」の背後にあるもの―」（『宗教と社会』第一四号、平成二十年）参照。
(39)内政史研究会「永野若松氏談話速記録」（内政史研究資料第八六、八七集、内政史研究会、昭和四十五年）、三五―三七頁。
(40)相川勝六『思い出ずるまま』（講談社出版サービスセンター、昭和四十七年）、一二頁。
(41)同前七八頁。
(42)相川勝六「紀元二千六百年奉祝と県民の覚悟について」（『紀元二千六百年奉祝と県民の覚悟』紀元二千六百年宮崎県報祝会、昭和十四年）。
(43)葦津珍彦『新版国家神道とは何だったのか』（神社新報社、平成十八年）、一三二頁。
(44)永野若松「宗教警察に就て」（『警察協会雑誌』（財）警察協会、昭和十一年）、一五頁。
(45)阪本是丸「「日本ファシズム」と神社・神道に関する素描」（『國學院大學研究開発推進センター研究紀要』第六号、平成二十四年）、二〇頁。
(46)永野前掲「宗教警察に就て」、二二頁。
(47)中澤前掲『治安維持法』、一九〇頁。
(48)この点に関する改正治安維持法によるキリスト教会取締について、佐々木敏二「治安維持法改悪とキリスト教会―国体否定と神宮・皇室の尊厳冒涜―」（『キリスト社会問題研究』第一〇号、昭和四十一年）参照。
(49)内務省警保局保安課『特高月報』昭和十六年一〇月分、一三―二〇頁。
(50)同前昭和十八年九月分、一一七―一二二頁。
(51)永野は、言論出版集会結社党臨時取締法について以下の様に述べている。「〇（略）これは元々上のほうから話があって、法制局にその案ができて、その法制局の案をわれわれのところへ廻してきたものなのです。初めわれわれの方ではそんな法律はいらない。いまの規則で十分取締まれるからといって提案に反対したのですけれども法制局は仲々腰が強くどこの国でも戦争になったら必ずそういう取締法を特別につくるものなのだ、作ってなかったら必ず戦争の中途から、そういう事柄が喧しくなって規則を作っておけばよかったということになるからと言うものだから提案に賛成した訳でした。（略）議会では大した反対意見もなく楽に通ったのでありますけれど、ずっと後になって考えて見ると此の法律は戦争の勝ってる時はよかったけれど敗戦状態になったとき憲兵に依って乱用せられて非常に国民に迷惑を掛けたのではないかと思って居ます。（略）終戦後になって、よく戦争中の特高警察のやり方が横暴であったと言って、いろいろ悪口を言われるのでありますけれどよく聞いて見ると其の大部分は憲兵隊の特高と間違えられて居るのでありまして、憲兵の特高の不評を、みんな警察の方で引っ被せられて居るのであります。我々の方の仕事は一般大衆とは関係ないのであって治安維持法に基て共産党乃至共産党を支援する者を検挙するという左翼の取締と、所謂不穏事件やテロ事件防止の為の右翼運動の取締に浮身をやつして居る訳で一般人民には用はないのでありますす。従って特高警察が如何にも人民を、虐げたようなことを終戦後になって言われることは甚だ心外に思って居る次第であります。」（内政史研究会前掲「永野若松氏談話速記録」七四―七五頁）。
(52)小島前掲「自由権・民主制と特別高等警察」、九一―九四頁。
(53)中澤前掲『治安維持法』、一九八頁。
(54)島薗前掲『国家神道と日本人』、iv―v頁、一八五頁。

(55)磯前順一『近代日本の宗教言説とその系譜―宗教・国家・神道―』(岩波書店、平成十五年)、九八頁。

(56)昆野伸幸は村上重良の『国家神道』を、「「あの戦争」へと帰結した日本の近代に対する」村上重良の「痛恨とも憤怒とも言いうる強烈な思いに駆り立てられて書かれた問題指摘著作」と評している(昆野伸幸「村上重良『国家神道』」『日本史研究』第六一六号、平成二十五年、五六頁)。

(57)荻野富士夫は、島薗と同様な論法により、すなわち公安警察や破壊活動防止法の存在を以て特高警察や治安維持法の「復活」を指摘するが、日本国憲法がそれらに対する歯止めとなっていると主張する点では島薗とは異なる立場に立つ(荻野前掲『特高警察』、二二一―二三三頁)。

(58)カール・レーヴェンシュタイン(秋元律郎・神島二郎訳)『君主制』(みすず書房、昭和三十二年)、一九頁。

(59)今津晃『第一次大戦下のアメリカ―市民的自由の危機―』(柳原書店、昭和五十六年)、上杉忍『第二次大戦下の「アメリカ民主主義」』(講談社選書メチエ、平成十二年)、和泉真澄『日系アメリカ人強制収容と緊急拘禁法』(明石書店、平成二十一年)等参照。

(60)田中悟「関係論としての「国家神道」論」(『宗教研究』八三(一)号、平成二十一年)、一五七頁。

(61)長尾龍一『日本憲法思想史』(講談社学術文庫、平成八年)、一〇頁。

付記

本稿は、拙稿「特別高等警察と「国家神道」―近代国家のアポリアを踏まえて―」(『明治聖徳記念学会紀要』復刊第五一号)を改稿したものである。改稿にあたっては、特高警察設立の世界的背景、内務省警保局・神社局両局長の人事、及び相川勝六に関して追記した他、細部の修正を加えた。

あとがき

本書は、國學院大學研究開発推進センター（以下、本センター）の研究事業「昭和前期の神道・国学と社会」の成果論集であり、当該テーマに関する優れた業績を発表している外部の研究者にも寄稿頂き、一書に纏めたものである。

本研究事業の発端は、平成二十三年五月二十五日に開催された、阪本是丸國學院大學神道文化学部教授（研究開発推進センター長）の研究報告「「日本ファシズム」と神社・神道」（平成二十三年度第二回研究開発推進センター研究会）にあり、後に同報告をもとに、「「日本ファシズム」と神社・神道に関する素描」（『國學院大學研究開発推進センター研究紀要』第六号、平成二十四年三月）が発表された。その所論の前提には、村上重良『国家神道』（岩波書店、昭和四十五年）を批判的に継承し、「斬新な「国家神道」論を精力的に展開」する島薗進東京大学名誉教授の著作『国家神道と日本人』（岩波書店、平成二十二年）の存在がある。特に同書が「ファシズム期」（昭和六年―二十年）と称する時期の「国家神道」を詳細に論じていないことへの批判は、大枠の議論が為される一方で、精緻な実証研究が未だ蓄積されていないことに対する問題提起でもあったと思料される。

この研究報告を契機として、我々研究開発推進センター構成員一同も、阪本センター長の問題意識を共有しつつ、それぞれの専門領域を中心とする当該期の研究を進め、適宜研究報告をおこなった。特に平成二十四年度からは、研究開発推進センター研究事業「昭和前期の神道・国学と社会」として正式に位置づけることで、定期的な研究会を開催するとともに、その成果を『國學院大學研究開発推進センター研究紀要』などに公開した。

本研究事業の一環として実施された毎回の研究会では、「昭和前期」という時代背景と、当該期の神道・国学と社会との関係性を問うことを主題として、それぞれの問題関心に基づく多様なアプローチからの研究報告が為された。また、参加者個々の専門領域を踏まえた議論が為されることで、それぞれの問題意識が醸成されるとともに、相互に刺激し合い、本書のテーマに関する各自の考察を深化させることができたと思う。これらの研究会は、本センターの専任教員を中心として開催されたが、本センターの兼担教員、客員研究員、共同研究員をはじめ、研究開発推進機構日本文化研究所の専任教員、近代神道史を専攻する本学大学院生にも呼びかけをおこない、その研究成果を報告頂いた。

こうして研究蓄積を重ねた上で、弘文堂編集部に本書刊行の計画を相談し、平成二十七年七月十日、弘文堂に提出した「刊行趣旨」には、「昭和前期における神道と社会との関わり」を対象として、神道学、宗教学、歴史学、社会学、神話学、法学、文学などを専攻するそれぞれの研究者が連携し、多角的な視点からその実態を明らかにすることを目的として、思想・制度の両面から実証的に検討することを目指した研究論集であることを掲げた。特に総力戦期における非常時の国家体制を視野に入れながら、当該テーマを問うことが一つの課題であったが、「昭和前期の神道」をテーマとして一書とした研究論集が殆どないとも言える現状において、本書の刊行による新たな議論が展開されることを期待している。

最後になるが、本書刊行の基礎となった「研究開発推進センター研究事業」に対する國學院大學院友神職会からの御篤志に対して、特に深く感謝を申し上げたい。また、本書の企画時点から御担当頂き、タイトなスケジュールの中で編集作業を進めて頂いた弘文堂編集部の三徳洋一氏、そして本書への執筆依頼をご快諾頂いた論文執筆者の皆様、さらには多くの先人達の業績をはじめ、本書刊行の縁となった全ての皆様の労力に対して、心より御礼を申し上げる。

國學院大學研究開発推進センター　宮本誉士

人名索引

ア行

カ行

サ行

タ行

ナ行

ハ行

マ行

ヤ行

ラ行

ワ

年　表

凡例　1. 本年表は、大正12年（関東大震災.国民精神作興ニ関スル詔書）を起点に、昭和21年（帝国憲法改正.日本国憲法公布）に至る時期を対象として、本書に関連する事項を収めた。

2.「年」欄は和暦（西暦）を記載した。「事項」欄は各事項の月日を略符合で記し（たとえば、「1.5」は1月5日を示す）、各事項を記載した。日付が不明確な事項は、月のみ記した（たとえば，「1－」)。

年	事項
大正12年 (1923)	7. 2神社調査会官制公布（勅令第327号，大正13年11月廃止）. 7. 9神社調査会を内務大臣官邸で開催. 9. 1関東大震災（M8，死者10万余人，罹災者150万人，家屋の焼失倒壊70万戸）. 9. 2山本（権兵衛）内閣成立（～大正13年1月7日），内閣非常徴発令(緊急勅令396号). 一定ノ地域ニ戒厳令中必要ノ規定ヲ適用スルノ件（緊急勅令398号，大正12年11月15日廃止）公布. 9. 7治安維持令（「治安維持ノ為ニスル罰則ニ関スル件」緊急勅令403号）公布. 9. 12帝都復興の詔書. 9. 27帝都復興院官制（勅令425号）. 11. 10国民精神作興ニ関スル詔書. 12. 27虎ノ門事件（難波大助，摂政宮を狙撃）.
大正13年 (1924)	1. 7清浦（圭吾）内閣成立（～大正13年6月11日）. 1. 15教化団体連合会結成(昭和3年4月に中央教化団体連合会に改称). 2. 25帝都復興院を廃止して帝都復興局官制公布（勅令第26号）. 4. 15内閣の諮問機関として文政審議会設置(勅令第85号，昭和10年12月廃止). 6. 11加藤（高明）内閣成立（～大正15年1月28日）. 7－全国の神社で国威宣揚祈願祭を斎行. 8. 2内務次官，神官神職の綱紀粛正に関して通牒を発する.
大正14年 (1925)	1. 10文政審議会「学校における軍事教育実施案」を答申. 1. 30若槻（礼次郎）内閣成立（～昭和2年4月20日） 4. 13「陸軍現役将校学校配属令」公布（勅令第135号），同施行規程を制定（中学校以上で，現役将校による学校教練を実施）. 4. 22治安維持法公布(法律第46号，治安維持ノ為ニスル罰則ニ関スル件廃止，5月12日施行). 5. 5衆議院議員選挙法改正（法律第47号，25才以上男子の普通選挙実現）公布. 10. 15官幣大社朝鮮神宮（祭神天照大神・明治天皇）創建，鎮座祭. 11. 7蓑田胸喜・三井甲之等が原理日本社結成.

大正15年 (1926) 昭和元年 (12月25日改元)	2. 11前東京市長永田秀次郎の主唱により，第1回建国祭を開催. 5. 13宗教制度調査会官制（勅令第116号）公布. 10. 21全国神職会，財団法人となり組織整備・強化される（11月12日～第1回評議員会で「神祇ニ関スル特別官衙設置促進ニ就テ」を決議） 12. 25大正天皇崩御，皇太子裕仁親王践祚，改元の詔書.
昭和2年 (1927)	1. 25貴・衆両院，明治節（11月3日）制定建議案可決. 2. 7大正天皇大葬，恩赦の詔書（大赦13万余人，減刑4万余人）. 3. 3明治節制定の詔書. 3. 15金融恐慌はじまる. 3. 31兵役法公布（法律第21号，徴兵令廃止）. 4. 20田中（義一）内閣成立（～昭和4年7月2日）. 4. 22金融恐慌のため非常措置として全国に「支払猶予令」（緊急勅令第96号）を発令（猶予期間は3週間） 5. 28山東出兵を声明(幣原平和外交に終止符,9月8日派遣軍撤退). 6. 20ジュネーブで英米日三国による軍縮会議（8－ジュネーブ軍縮会議決裂）. 7. 2神宮大麻及暦頒布規程（神宮司庁達第7号）. 11. 3初の明治節.
昭和3年 (1928)	1. 17御即位及大嘗祭期日奉告の儀宮中三殿で斎行,ついで神宮以下官国幣社で奉告祭執行. 4. 17文部省，思想問題に関して訓令. 4. 19閣議で蒋介石北伐に対し第2次山東出兵を決定. 5. 3済南事件（山東省済南で日本軍と国民政府軍衝突）. 5. 19全国神職会皇道振興に関する建議附神祇会議設置案要綱を公表. 6. 4張作霖爆死事件. 6. 29治安維持法改正を緊急勅令第129号で公布（第55回帝国議会で審議未了のため，緊急勅令で強行．死刑・無期刑を追加）. 7. 14台北市にて台湾治政三十年記念事業として建功神社を創建鎮座祭を執行，明治28年以降台湾戦死者以下殉職者16019柱を合祀. 7. 24司法省に思想係検事を設置. 10. 30文部省，専門学務局に学生課を設置し学生の思想問題を分掌，直轄学校に学生（生徒）主事を置く. 10－神宮司庁大麻頒布趣意書125万枚を全国に配布. 11. 10天皇,即位礼を挙行. 神宮臨時祭. 即位礼の勅語. 養老賑恤を沙汰. 11. 11賢所神楽. 11. 12神宮・皇霊殿・神殿並官国幣社に勅使発遣. 11. 15大嘗祭．神宮臨時祭が斎行.
昭和4年 (1929)	4－真宗十派協議会神社問題研究会を開く. 7. 1文部省官制改正，社会教育局に学生部を設置（勅令第217号）. 7. 2濱口（雄幸）内閣成立（～昭和6年4月14日）. 9. 10文部省，教化動員に関する件を各学校へ訓令. 10. 2皇大神宮式年遷宮執行（第58回）.

	10. 5豊受大神宮式年遷宮執行（第58回）. 10. 24米国株式市場大暴落，世界的恐慌に拡大. 11. 21金解禁に関する大蔵省令公布（昭和5年1月11日金輸出禁止解除）. 12. 10神社制度調査会官制公布（勅令第347号）. 12. 17神社制度調査会第1回総会を内務大臣官邸に開いて同議事規則を定める.
昭和5年 （1930）	1. 13真宗各派神社問題につき要望書を政府に提出. 1. 21全国神職会機関誌『皇国』を『皇国時報』と改題，月刊を旬刊とする. 2. 28神社制度調査会第2回総会（以降，昭和10年7月13日の第6回総会に至るまで「官国幣社以下神社の維持経営の確立」につき審議，これに関わって神社の本質や神社と宗教の関係等について議論される）. 3. 24帝都復興を宮中三殿に御奉告. 3. 26帝都復興完成式典，神宮及官国幣社以下神社帝都復興奉親祭. 4. 2文部省，国民精神作興推進のため市町村に社会教化委員会の設置を指導. 4. 22海軍軍備の制限及び縮小に関する条約調印（ロンドン海軍軍縮条約）. 4. 25統帥権干犯問題，この後ロンドン条約反対運動が起きる. 5－キリスト教55団体神社問題の進言書を神社制度調査会に提出. 8－神社参拝拒否問題頻々と起る. 11. 14濱口首相，東京駅で愛国社員佐郷屋留雄に狙撃され重傷. 12.11文部省，私立大学総長・学長思想問題協議会を開催.
昭和6年 （1931）	3. 5三月事件（軍部クーデターによる宇垣内閣樹立を企図，未遂）. 4. 1重要産業ノ統制ニ関スル件（法律第40号）公布. 4. 14第2次若槻（礼次郎）内閣成立（～昭和6年12月13日）. 7. 1文部省に学生思想問題調査委員会設置. 9. 18満州事変勃発. 10. 17十月事件（軍部内閣樹立のクーデター企図発覚，未遂）. 12. 13犬養（毅）内閣成立（～昭和7年5月16日），金輸出再禁止を閣議決定. 12－関東軍司令部「満洲事変戦死者遺骨還送規定」定める. ・この年，学生の思想事件395件，処分者991人を数える．東北地方凶作．軍部の指導で市町村に防護団が結成.
昭和7年 （1932）	1. 28上海事変. 2. 9血盟団事件（井上準之助暗殺される）. 2－陸軍「遺骨輸送ニ関スル件陸軍一般へ通牒」を発す. 3. 1満州国政府，建国宣言を発表. 3. 5血盟団事件（団琢磨暗殺される）. 4－靖國神社大祭日が全国的休日として定められる. 5. 5上海停戦協定成立. 5. 15五・一五事件，犬養首相暗殺. 5. 26斎藤（実）内閣成立（～昭和9年7月8日）.

	6. 29警視庁に特別高等警察部設置（勅令第97号）. 8. 23国民精神文化研究所官制（勅令第223号）公布. 8－文部省が思想問題講習会を各地で開催する. 9. 15日満議定書調印により満州国を承認. 9－上智大学学生靖國神社参拝拒否が問題化.
昭和8年 （1933）	1. 30ドイツにヒットラー政権成立. 3. 27国際連盟事務総長に国際連盟脱退を通告，政府声明を発表，国際連盟脱退の詔書が煥発される. 4. 8東洋大学に神道専攻科設置. 5. 10文部省，京都帝国大学滝川教授の休職を要求（滝川事件）. 5. 31塘沽休戦協定成立（満州事変の軍事衝突停止）. 7. 8文部省『非常時ト国民ノ覚悟』を外務. 陸軍. 海軍各省と共同編集し学校. 社会教化団体に配布. 7. 11神兵隊事件おこる.
昭和9年 （1934）	3. 13建武中興六百年記念祭全国各地関係神社にて祭典斎行. 4－京都帝国大学文学部に神道講座開設. 6. 1文部省，学生部を拡充し，思想局を設置（勅令第147号）. 7. 8岡田（啓介）内閣成立（～昭和11年3月9日）. 10. 1陸軍省『国防の本義と其強化の提唱』を頒布する（陸軍パンフレット事件）. 11. 20陸軍士官学校事件（クーデター計画容疑，統制派・皇道派の対立激化）. 12. 27ワシントン海軍軍縮条約廃棄を通告. ※この年，東北地方大凶作
昭和10年 （1935）	1. 17文部省，橋田邦彦，和辻哲郎ら7名を，思想視学委員に任命. 2. 18美濃部達吉博士の天皇機関説，貴族院で問題となる. 3. 23衆議院，国体明徴決議案を可決. 3. 27国際連盟脱退効力発生. 4. 9美濃部達吉博士を不敬罪で告発，著作3冊を発売禁止. 4. 10文部省「建国ノ大義ニ基キ日本精神作興等ニ関シ教育関与者ノ任務達成方」を訓令. 6－同志社高商講武館神棚事件. 7. 13神社制度調査会第6回総会で内務大臣への一部中間答申案を可決. 7－文部省が全国大学高専校長. 生徒主事らに対し国体明徴に関する憲法講習会を開催. 8. 3政府，国体明徴を声明（8月5日諸対策を発表，10月15日重ねて国体明徴を声明）. 8. 12永田鉄山軍務局長，陸軍中佐相澤三郎に刺殺される. 9. 18美濃部達吉博士，貴族院議員を辞職，不起訴処分となる. 10. 15神社制度調査会第7回総会で「特別官衙設置の件」が特別委員会に附託（以降，昭和11年11月17日の第8回総会まで議論される）. 11. 5総理大臣，内閣審議会に「我カ国現下ノ情勢ニ鑑ミ文教ヲ刷新スル根本方策」を諮問. 11. 18教学刷新評議会設置（文政審議会12月29日廃止）.

	11. 28宗教的情操の涵養に関する留意事項（文部次官通牒発普第160号）. 12. 8大本教幹部検挙（第2次大本教事件）.
昭和11年 （1936）	1. 15ロンドン軍縮会議の日本全権，脱退を通告. 2. 26二・二六事件おこる，陸軍部隊の一部叛乱，斎藤内大臣，高橋蔵相，渡邊教育総監らを殺害. 2. 27東京市に戒厳令適用（緊急勅令第18号，7月17日廃止）. 3. 9広田（弘毅）内閣成立（～昭和12年2月2日）. 3. 13内務省，大本教に解散命令. 5. 28思想犯保護観察法（法律第29号）公布. 5－立命館大学に神道講座開設. 8. 28神社局に考証官・官補増員，祭務官・祭務官補，教務官・属を設置（勅令第276号・第277号）. 9. 8文部省に日本諸学振興委員会を設置（11月12日第1回教育学会を開催）. 10. 29教学刷新評議会，教学刷新の中心機関の設置その他について答申，また内閣に有力な諮詢機関設置についても建議. 11. 17神社制度調査会第8回総会で特別官衙設立に関する建議案が可決. 11. 25日独防共協定調印. 11－文部省，国体明徴の観点から小学校国史教科書を改訂. 12. 1神社制度調査会第60回特別委員会（以降，昭和13年7月12日の第9回総会に至るまで「官国幣社以下神社神職に関する制度に付て改善整備を要する事項」について審議が行われる）.
昭和12年 （1937）	2. 2林（銑十郎）内閣成立（～昭和12年6月4日），文部大臣を林が兼務. 3. 27国体明徴・教学刷新と関連して，中学校，師範学校，高等女学校および実科高等女学校，高等学校高等科の教授要目を改訂. 3. 30文部省編『国体の本義』刊行. 4. 9東京・京都両帝国大学，東京・広島両文理科大学に，国体および日本精神に関する講座を新設. 4. 30文部省直轄学校における「日本文化講義要綱」を制定. 5. 1「国民精神文化長期講習会並国民精神文化短期講習会実施要綱」を制定. 5. 26文教審議会設置. 5. 27国家総動員に関し内閣訓令. 5. 31文部省編『国体の本義』を諸学校へ配布. 6. 4第1次近衛（文麿）内閣成立（～昭和14年1月5日）. 6. 23教学刷新評議会官制廃止. 7. 7盧溝橋事件発生. 7. 21文部省思想局を拡充，外局として教学局を設置（勅令第347号，思想局廃止）. 7. 30神社局，北支事変に関し国民の赤誠達成のため神職督励を各地方庁に依命通牒. 8. 9第2次上海事件. 8. 15政府，事変の不拡大方針を放棄，南京政府断固膺懲を声明.

	8. 24国民精神総動員実施要綱を閣議決定. 8. 31神社局，神職の銃後活動の強化徹底を地方庁に依命通牒. 9. 9国民精神総動員に関する件（内閣告諭）. 9. 25内閣情報部官制公布（勅令519号）. 9－全国神職会戦歿者公葬は神式により厳修せられたき旨通牒，全国神職会と皇典講究所が『葬場祭並慰霊祭次第』を公表. 10. 8支那事変に付官国幣社以下神社で祭祀斎行（17日神嘗祭当日）の旨仰出さる. 10. 12国民精神総動員中央連盟を結成. 11. 20大本営設置（軍令第1号）. 12. 1大倉精神文化研究所設立. 12. 6東京で敬神奉公会設立協議会を開催. 12. 10内閣の諮問機関として，教育審議会設置（勅令第711号，文教審議会廃止）. 12. 13日本軍，南京を占拠.
昭和13年 (1938)	1. 16政府，国民政府を相手にせずとの対支声明を発表. 2. 11憲法発布50年の勅語. 3. 13ドイツ，オーストリア併合. 4. 1国家総動員法公布（法律第55号，5月5日施行）．東京帝国大学神道講座新設（主任教授宮地直一）. 4－文部省宮城・神宮遥拝順序を定める. 5. 1官幣大社平安神宮（祭神桓武天皇）に孝明天皇を増祀. 5. 26荒木貞夫が文部大臣に就任. 5. 30内務省，現行祭祀制度の整備を目的とする祭祀調査委員会を設置. 6. 1関東神宮を関東州旅順市に創立（祭神天照大神・明治天皇，昭和19年10月鎮座） 7. 22橿原神宮境域拡張整備工事のため建国勤労奉仕隊全国より参加. 8. 1内務省内神社協会解散，機関誌『神社協会雑誌』（第37年第8号）廃刊（『皇国時報』に使命を承継）. 10. 3軍人援護に関する勅語. 10. 27神社制度調査会第10回総会で「招魂社制度改善整備」について審議がはじまる（以降，同年12月15日の第11回総会に至るまで審議）. 11. 3内閣が東亜新秩序の建設を声明. 11. 25日独文化協定調印. 12. 15神社制度調査会第11回総会において「招魂社の制度を改善整備するの方策」について内務大臣への答申案を可決. 12. 22近衛首相，日華国交調整根本方針を声明. 12. 27文部省に神武天皇聖蹟調査委員会を設置. 12－道府県市町村等支那事変戦歿者慰霊祭を斎行，各地神社より郷土出身出征兵に慰問袋を送る.
昭和14年 (1939)	1. 5平沼（騏一郎）内閣成立（～昭和14年8月30日）. 1. 28平賀粛学（東京帝国大学総長平賀譲が経済学部河合栄治郎・

	土方成美両教授の休職処分を上申). 2. 9政府，国民精神総動員方策強化を決定. 3. 15「招魂社を護国神社と改称の件」公布（内務省令第12号，4月1日施行). 3. 27国民精神総動員委員会官制公布（勅令第80号). 3. 30大学における軍事教練が必修となる. 3－護国神社の例祭鎮座祭及合祀祭に神饌幣帛料供進せらる旨公布，神社局招魂社制度の改善整備に関し地方庁宛通牒. 4. 1「社司を置く護国神社の指定に関する件」公布（内務省告示第142号). 4. 8宗教団体法公布（法律第77号,昭和15年4月1日施行). 5. 2首相平沼騏一郎，地方長官会議で祭祀は政治の大本なる旨訓示. 5. 12ノモンハン事件. 5. 22「青少年学徒ニ賜ハリタル勅語」下賜. 6. 8全国神職会長水野錬太郎以下神社界の代表連署を以て首相宛神祇特別官衙設置促進を建白,神道本局その他各団体より国民総動員委員長宛支那事変戦死者の公葬祭は総て神式とすることを請願. 7. 8国民徴用令公布（勅令第451号). 7. 14神社制度調査会第75回特別委員会（以降，昭和16年7月8日の第12回総会に至るまで「神職待遇問題」について審議). 7. 26水野全国神職会長政府に神祇特別官衙設置促進を具申. 8. 8興亜奉公日を定める（毎月1日). 8. 15従軍神職制度公布（陸軍省達第42号). 1師団3名1兵站官2名1独立旅団1名とする. 8. 23独ソ不可侵条約締結. 8. 30阿部（信行）内閣成立（～昭和15年1月16日). 9. 26水野全国神職会長等神祇官特別官衙設置実施方を首相に懇談. 10. 22宗教制度調査会解散. 10. 25神社局が従軍神職取扱方を各地方庁宛通牒し従軍神職は地方長官の許可を得て現職のままとする. 12. 5前首相平沼騏一郎を中心とする祭祀懇談会を設ける. 12. 23全国神職会従軍神職に関する件を地方神職会に通牒. 12. 26掌典職官制公布（皇室令第4号，昭和15年1月1日施行). 神社局従軍神職取扱方法を地方庁に通牒.
昭和15年 (1940)	1. 10「宗教団体法施行規則」を制定（文部省令第1号). 1. 16米内（光政）内閣成立（～昭和15年7月22日). 2. 11紀元2600年の詔書，パラオに官幣大社南洋神社創建（祭神天照大神). 2. 22内務省案神祇院設置に要する予算第75議会衆議院を通過,全国神職会で神社制度調査会神祇院機構について審議. 3. 8『神代史の研究』の著者津田左右吉，出版法により起訴. 4. 1宗教制度調査会廃止. 4. 24神宮皇學館大学官制公布（勅令第288号).

	4－立正大学学部に神道講座を開設，大阪市立商業学校神祇講座を正科とする. 6. 24近衛文麿が枢密院議長を辞任，新体制運動を推進. 7. 22第2次近衛（文麿）内閣（～昭和16年7月18日）. 7. 26近衛内閣において「基本国策要綱」が閣議決定. 9. 18満洲国建国忠霊廟鎮座祭. 9. 27日独伊三国条約締結の詔書，日独伊三国同盟調印. 10. 12大政翼賛会発会式. 10. 22神祇院官制法制局の審議を経て閣議を通過. 10. 30教育勅語渙発50年の勅語. 11. 6枢密院本会議で神祇院官制原案通過決定. 11. 7滋賀県大津市に官幣大社近江神宮創建（祭神天智天皇）. 11. 9神祇院官制公布（神社局廃止，勅令736号），神祇院分課規程定により総裁官房秘書課のほか総務局（庶務課，考証課，造営課），教務局（指導課，祭務課，調査課）を設置，総裁に内務大臣安井英二，副総裁に神社局長飯沼一省が就任. 11. 10紀元2600年記念式典. 11. 20全国神職会編『神社読本』刊行. 11. 23大日本産業報国会結成. 11. 25八紘之基柱竣工. 11. 26「神祇院設置に付神官神職督励方の件」（内務省訓令第18号），全国神職会長水野練太郎全会員に神祇院開設にあたり協力一心民衆指導にあたるべき旨を伝達. 12. 6情報局官制公布（勅令第846号,内閣情報部は廃止）. 12. 11神祇院大祓の意義徹底方につき各地方庁に通牒. 12. 13全国神職会神社大祓式の普及指導を各神職会に通牒. 12. 23神祇院総裁「大祓ニツキテ」全国放送. 12－大政翼賛会各府県支部発会式を各地神社社頭で挙行.
昭和16年 （1941）	1. 14地方官官制中改正（勅令第43号，府県職員中に地方祭務官・地方祭務官補を加える）. 2. 21地方祭務官発令（京都，大阪，愛知，東京，兵庫，静岡，福岡）. 3. 1国民学校令公布（勅令第148号，小学校を国民学校と改称）. 3. 10治安維持法改正（法律第54号，全面改正，予防拘禁制を追加，5月15日施行）. 4. 1大日本産業報国会全国に時艱克服産業報国大祈願式典を斎行. 4. 2大政翼賛会改組（府県知事を正式に支部長に指名）. 4. 13日ソ中立条約調印. 4. 15文部省中等国民学校に礼法要項を通牒特に神社参拝の作法を確定する. 4. 28大政翼賛会国民訓練協議会が国民訓練に「みそぎ」を採用. 6. 22独ソ戦始まる. 7. 8神社制度調査会第12回総会「神職待遇改善」問題を答申. 7. 14全国神職会を改組し財団法人大日本神祇会を設立. 7. 18第3次近衛（文麿）内閣成立（～昭和16年10月18日）. 7. 21文部省教学局編『臣民の道』を刊行し，各学校に配布.

	8. 2大政翼賛会中央訓練所特別禊修練会を開催. 8. 15皇典講究所が祭祀審議会を設置. 9. 30神社制度調査会第82回特別委員会で「無格社問題」の審議はじまる（昭和17年7月16日の第13回総会まで審議が行われる）. 9－神祇院神宮大麻奉斎趣意を謹解全国に配布. 10. 17新嘗祭全国民一斉に神宮遥拝. 10. 18東條（英機）内閣設立（～昭和19年7月22日）. 11. 27文部省が学校教練の目的および訓練要項を改定. 12. 8米英両国に対する宣戦の詔書，真珠湾攻撃. 12－各地神社社頭で大政翼賛会推進隊結成式を開催,各地神社神職会等家庭祭祀祭行事の講習を行いその普及に務める,各地方神職会を改組し大日本神祇会各府県支部を組織.
昭和17年 (1942)	1. 8大詔奉戴日を定める（毎月8日，興亜奉公日は廃止）. 1. 9国民勤労報国協力令施行規則に基づく学徒動員命令出る. 1. 24「国民錬成所」設置（勅令第28号，主として中等教員に学寮制で練成を行う）. 1－政府の情報統制により天之御中主神を重視する立場の神道論文が発禁処分となる（6月まで）. 2. 3内務省官制改正（地方祭務官6名増員）公布. 2. 23翼賛政治体制協議会発足（会長阿部信行）. 2－今泉定助「皇道史観の展開」（『皇道発揚』昭和17年2月号）が発禁処分となり葦津珍彦・幡掛正浩の反対運動によって神典擁護運動が起る,神祇院教務局祈年祭についての一枚刷を全国学校に配布. 4. 18本土初空襲（東京，名古屋，神戸など）. 4. 30第21回衆議院議員総選挙（翼賛選挙，当選は翼賛政治体制協議会推薦者381，非推薦85）. 5. 13中央教化団体連合会都市民に対する氏神氏子観念涵養に関する具体方策を決定. 5. 26日本文学報国会創立（会長徳富蘇峰）. 5. 27厚生省及神祇院武道体育行事並に施設は神社を中心として行うように通牒. 6. 5ミッドウエー海戦. 7. 16神社制度調査会第13回総会で「無格社整備に対する要綱」を決定し答申案を内務大臣に提出. 8. 4宮内省掌典職祭事課長星野輝興が依願免官（8月8日には星野輝興『国体の根基』『惟神の道』，および息子弘一の『日本民族の哲学序説』が発禁処分となり，神典擁護運動が沈静化）. 8. 14大政翼賛会を部落会・町内会・ 隣保班を指導する組織とする. 11. 1文部省宗教局を廃止し，教化局を置き，同局に宗教課を設置（勅令第748号）. 12. 15臨時内務大臣事務管理東条英機全国神官神職に対し祭祀の厳修神威顕揚せしむへき旨訓令. 12. 23大日本言論報国会設立（会長徳富蘇峰）.

昭和18年 (1943)	1. 8大詔奉戴日を毎月8日に定める. 2. 7ガダルカナル島撤退. 2ー大政翼賛会が神拝行事草案を制定. 4. 25東京府並びに大政翼賛会東京府支部・大日本神祇会東京府支部の共催で4日間国民錬成神拝行事神職錬成会を開催. 5. 29アッツ島日本軍守備隊玉砕. 5ーコミンテルン解散. 6. 25「学徒戦時動員体制確立要綱」を閣議決定. 6. 26防空待避施設の整備強制を通牒. 9. 28官庁の地方疎開方針を閣議決定. 9. 30神祇院教務局調査課編『神社振興整備関係事務提要』刊行. 9. 8イタリア無条件降伏. 10. 10「戦時国民思想ニ関スル基本方策要綱」を閣議決定. 10. 12「教育ニ関スル戦時非常措置方策」を閣議決定. 10. 15帝都及び重要都市における工場，家屋等の疎開及び人員の地方転出に関する件を決定. 10. 23「教育ニ関スル戦時非常措置ニ関スル件」を通達. 11. 1文部省教学錬成所を設置（勅令第814号，国民精神文化研究所と国民錬成所を統合），文部省教化局を廃止し，教学局を置き，同局に宗教課を設置（勅令第812号）. 11. 5大東亜会議開催. 11. 10内務大臣より各地方長官宛，全国神社における皇軍の武運長久並に国威宣揚祈願斎行のため式次第及祝詞を定める. 11. 25教育局長より12月8日宣戦布告2周年につき官国幣社以下神社での祈願祭執行に関する件通牒. 12.1学徒出陣.
昭和19年 (1944)	1. 4戦時官吏服務令公布（勅令第2号）. 1. 10国民学校教育の戦時非常措置について通達. 1. 18緊急国民勤労動員方策要綱を閣議決定. 1. 26東京・名古屋へ防空法による疎開命令，以後各都市で強制疎開実施される. 2. 25「決戦非常措置要綱」を閣議決定. 2ードイツ軍戦線で全面敗退. 4. 12非常時の警備隊の設置についての勅令公布（勅令第243号）. 4. 18決戦非常措置要綱に基づく中央官庁の許認可等の事務廃止及び地方委譲に関する件決定. 5ー国民総蹶起運動始まる，文部省より学校の工場化を指令. 6. 19マリアナ沖海戦. 6. 26神祇院編纂『神社本義』刊行. 6. 30学童の集団疎開を閣議決定. 8. 4集団疎開第1陣上野を発す. 7. 7サイパン島守備隊玉砕. 7. 22小磯（國昭）内閣成立（～昭和20年4月7日）. 8. 3テニアン島守備隊玉砕. 8. 4国民総武装を閣議決定（竹槍訓練始まる）. 8. 7各都道府県に「思想指導委員会」の設置を指示.

	8. 10グアム島玉砕. 8. 15総動員警備要綱を閣議決定. 8. 20集団疎開児童の教育について通達. 8. 23「学徒勤労令」(勅令第518号),「学徒勤労令施行規則」(文部・厚生・軍需省令第1号) 公布 (学校報国隊を組織). 10. 16国内防衛方策要綱を閣議決定. 10. 24レイテ沖海戦 (神風特別攻撃隊初めて米艦を攻撃). 11. 24B29が東京を初空襲.
昭和20年 (1945)	1. 25最高戦争指導会議「決戦非常措置要綱」を決定. 大日本教化報国会結成 (中央教化団体連合会解散). 1ー米軍ルソン島に上陸. 戦局苛烈の極に達し大都市の官庁学校工場は悉く疎開し神社境内地は唯一の公設防空壕構築地となり空襲警報時毎に避難者が殺到. 2. 4ヤルタ会談 (米英ソ, 2月11日協定締結). 3. 5国民勤労動員令公布 (勅令第94号, 国民徴用令などを統合). 3. 9B29が東京大空襲 (～3月10日). 3. 15大都市における疎開強化要綱を閣議決定. 3. 17硫黄島守備隊玉砕. 3ー内地の大中都市の大空襲始まる. 4. 7鈴木 (貫太郎) 内閣成立 (～昭和20年8月17日). 4ーソ連, 日ソ中立条約の不延長を通告す. 5. 7ドイツ無条件降伏. 5. 12「寇敵撃攘必勝祈願の為官国幣社以下神社において行う祭祀(大祭) に関する件」(勅令第284号). 5. 21戦時教育令公布 (全学校・職場に学徒隊を結成). 6. 13大政翼賛会解散. 6. 21戦時緊急措置法公布 (法律第38号, 全権委任法, 内閣に独裁権限を付与). 6ーB29等による全国中小都市の焼夷弾爆撃など激化, 沖縄守備隊玉砕. 国際連合憲章成る. 7. 26「ポツダム宣言」発表. 皇典講究所祭祀審議会は神祇防護に関する件外5件の最後の善処案を神祇院に提出. 8. 6B29が広島に原子爆弾を投下. 8. 8ソ連が対日宣戦布告. 8. 9B29が長崎に原子爆弾を投下. 8. 14御前会議でポツダム宣言受諾を決定.「終戦の詔書」. 8. 15正午に終戦の詔書を放送. 8. 17東久邇宮 (稔彦王) 内閣成立 (～昭和20年10月9日), 終戦に際し陸海軍軍人への勅語. 8. 18神祇院が各都道府県知事及び官国幣社宮司に対し「あらゆる困難を排して祭祀の厳修を期す」べきことを指示, 大東亜戦争終結に伴ふ神職奉務に関する件を神祇院より通牒. 8. 28連合軍第1陣, 厚木飛行場に到着, 横浜に連合軍総司令部(GHQ) を設置 (9月15日東京日比谷の第一生命相互ビルに移る). 9. 2ミズーリ艦上で降伏文書調印. 9. 9GHQが日本管理方針を声明.

	9. 10GHQが言論及び新聞の自由に関する覚書を交付. 9. 11GHQが戦争犯罪人の逮捕を命令. 9. 12国民学校および中等学校に対し戦時教育から平時教育への転換のための緊急事項を指示. 9. 15文部省が「新日本建設ノ教育方針」を発表. 9. 20「ポツダム宣言の受諾に伴い発する命令に関する件」公布(勅令第542号). 9. 22GHQが「降伏後における米国の初期の対日方針」を交付. 9－全国各神社で大東亜戦争終戦奉告臨時大祭を斎行，併せて国体護持と国家再建を祈願. 10. 4「政治的，社会的及宗教的自由に対する制限除去の件」(連合国最高司令部発日本政府宛覚書). 10. 9幣原（喜重郎）内閣成立（～昭和21年5月22日). 10. 15「治安維持法廃止などの件」公布（勅令第575号，治安維持法・思想犯保護観察法など廃止). 10. 15文部省官制を改正し教学局を廃して社会教育局を置き同局に宗教課を置く(勅令第570号)，文部大臣「新教育方針」を声明，中央講習会開催，私立学校における宗教教育取扱方に関し訓令(私立学校に宗教教育を許す). 10. 22GHQが「日本教育制度ニ対スル管理政策」を指令（教授内容の改訂，教育者の調査追放等). 10. 25大日本神祇会・皇典講究所・神宮奉斎会の関係者が神社将来の対策につき協議. 11. 12官幣大社関東神宮・同南洋神社廃止（外務省告示第11号). 11. 17神祇院最後の神社制度調査会を開催. 11. 20治安警察法廃止（勅令638号). 11. 22官幣大社樺太神社以下16社廃止（内務省告示第264号). 11－全国各神社にて新嘗祭を斎行（国家・公共団体よりの幣帛供進はこれが最後). GHQが財閥の解体を指令. 12. 1陸軍省・海軍省廃止（勅令第675号・680号). 12. 14第59回神宮式年遷宮中止の御沙汰公表. 12. 15GHQ「国家神道，神社神道ニ対スル政府ノ保証，支援，保全，監督並ニ弘布ノ廃止ニ関スル件」(神道指令）を指令（連合国最高司令部日本政府宛覚書). 12. 19国家総動員法及び戦時緊急措置法廃止. 12. 28宗教団体法廃止（勅令第718号)，宗教法人令公布（勅令第719号). 12. 31GHQが「修身，日本歴史及ビ地理停止ニ関スル件」指令.
昭和21年 (1946)	1. 1新日本建設に関する詔書. 1. 4GHQ，軍国主義者の公職追放，超国家主義団体の解散を指令. 1. 31「行政整理実施の為にする内務省官制中改正等の件」(勅令第59号，神祇院官制・造神宮使庁官制・神社制度調査会官制を廃止，2月2日施行). 2. 2宗教法人令改正（勅令第70号，神社を宗教法人令による法人とする). 2. 2神祇院官制廃止，神社の国家管理が終了.

	2. 3神社本庁開庁. 2. 13GHQが日本政府提出の憲法改正案を拒否，独自の改正要綱を示す. 2. 27就職禁止，退官，退職等に関する件公布（公職追放令). 3. 6憲法改正草案要綱を発表，GHQ全面的承認を発表. 4. 17憲法改正草案正文を発表. 5. 3極東国際軍事裁判所開廷. 5. 22吉田（茂）内閣成立（～昭和22年5月24日). 6. 20帝国憲法改正の勅書．帝国憲法改正案（新憲法案）を議会に提出. 8. 24衆議院が憲法改正案を修正可決（10月6日貴族院で修正可決，10月7日衆議院同意で成立，10月29日枢密院で憲法改正案を可決). 10－教育勅語奉読を廃止. 11. 3日本国憲法公布の詔書，日本国憲法公布（昭和22年5月3日施行)，恩赦の詔書.

参考文献　兵庫県神社庁編『神祇史年表』上・中・下（明文社，昭和43年），文部省文化局宗務課監修『明治以後宗教関係法令類纂』(第一法規出版株式会社，昭和43年)，阪本健一編『明治以降神社関係法令史料』(神社本庁明治維新百年記念事業委員会，昭和43年)，大霞会編『内務省史』第四巻（昭和46年)，文部省編『学制百年史　資料編』(昭和47年)，『官報』.
※神社制度調査会の議事内容については，昭和4年12月17日開催の第1回総会以降，昭和17年7月16日まで開催された13回の総会及び89回の特別委員会議事録を収めた『近代神社行政史研究叢書　神社制度調査会議事録』①・②・③（神社本庁，平成11年・12年・13年）参照.

責任編集者

阪本是丸（さかもと・これまる）　國學院大學神道文化学部教授
國學院大學研究開発推進センター長

執筆者（50 音順）

赤澤史朗（あかざわ・しろう）　立命館大学名誉教授
畔上直樹（あぜがみ・なおき）　上越教育大学大学院学校教育研究科准教授
神杉靖嗣（かみすぎ・やすし）　國學院大學研究開発推進機構共同研究員
上西　亘（かみにし・わたる）　國學院大學研究開発推進機構助教
川島啓介（かわしま・けいすけ）　國學院大學大学院博士課程後期
河村忠伸（かわむら・ただのぶ）　秋葉山本宮秋葉神社権禰宜
黒岩昭彦（くろいわ・あきひこ）　宮崎神宮権宮司
小島伸之（こじま・のぶゆき）　上越教育大学大学院学校教育研究科准教授
齊藤智朗（さいとう・ともお）　國學院大學神道文化学部准教授
坂井久能（さかい・ひさよし）　神奈川大学外国語学部特任教授
菅　浩二（すが・こうじ）　國學院大學神道文化学部准教授
大東敬明（だいとう・たかあき）　國學院大學研究開発推進機構准教授
髙野裕基（たかの・ゆうき）　國學院大學研究開発推進機構助教
武田幸也（たけだ・さちや）　國學院大學研究開発推進機構助教
東郷茂彦（とうごう・しげひこ）　國學院大學研究開発推進機構客員研究員
戸浪裕之（となみ・ひろゆき）　明治神宮国際神道文化研究所研究員
中山　郁（なかやま・かおる）　國學院大學教育開発推進機構准教授
半田竜介（はんだ・りゅうすけ）　國學院大學研究開発推進機構研究補助員
平藤喜久子（ひらふじ・きくこ）　國學院大學研究開発推進機構准教授
藤本頼生（ふじもと・よりお）　國學院大學神道文化学部准教授
藤田大誠（ふぢた・ひろまさ）　國學院大學人間開発学部准教授
宮本誉士（みやもと・たかし）　國學院大學研究開発推進機構准教授
渡邉　卓（わたなべ・たかし）　國學院大學研究開発推進機構助教

昭和前期の神道と社会

2016（平成28）年2月29日　初版1刷発行

編　者　國學院大學研究開発推進センター
（責任編集・阪本是丸）

発行者　鯉渕友南

発行所　株式会社　弘文堂　101-0062　東京都千代田区神田駿河台1の7
TEL 03(3294)4801　振替 00120-6-53909
http://www.koubundou.co.jp

装　丁　松村大輔
組　版　堀江制作
印　刷　大盛印刷
製　本　牧製本印刷

ISBN 978-4-335-16082-0